中國歷代
畫家存世作品總覽

第六冊

佘　城　編著

文史哲出版社印行

名稱	形式	質地	色彩	尺寸 高x寬cm	創作時間	收藏處所	典藏號碼

清　代（續）

董 閤

| 玉堂富貴圖 | 軸 | 金箋 | 水墨 | 119 x 47.5 | 庚午（喜慶十五年，1810）嘉平月 | 日本 大阪橋本大乙先生 | |

畫家小傳：董閤。畫史無載。流傳署款紀年作品見於仁宗嘉慶十五（1810）年。身世待考。

成大用

| 秋景山水圖 | 軸 | 綾 | 水墨 | 132.5 x 47.8 | 庚午（？嘉慶十五年，1810）秋日 | 日本 盛田昭夫先生 | |

畫家小傳：成大用。畫史無載。流傳署款作品紀年疑為仁宗嘉慶十五（1810）年。身世待考。

王步蟾

附：

| 五福居尊圖（壽星） | 軸 | 紙 | 設色 | 122.5 x 60.3 | 時年八十（？） | 紐約 蘇富比藝品拍賣公司/拍賣目錄 1980,10,25. | |

畫家小傳：王步蟾。畫史無載。身世待考。

祚 增

附：

| 活色生香（花卉圖，13幀） | 冊 | 紙 | 設色 | （每幀）18.7 x 22.8 | 嘉慶庚午（十五年，1810）八月 | 紐約 蘇富比藝品拍賣公司/拍賣目錄 1986,12,04. | |

畫家小傳：祚增。畫史無載。流傳署款紀年作品見於仁宗嘉慶十五（1810）年。身世待考。

馮承輝

| 梅花樓圖（？幀） | 冊 | 紙 | 設色 | 不詳 | 丁酉（道光十七年，1837）春日 | 北京 故宮博物院 | |
| 梅花樓第二圖（？幀） | 冊 | 紙 | 設色 | 不詳 | 戊戌（道光十八年。1838）五月 | 北京 故宮博物院 | |

畫家小傳：馮承輝。字伯承。號少眉、梅花畫隱。江蘇婁縣人。生於高宗乾隆五十一（1786）年，卒於宣宗道光二十（1840）年。工書及篆刻，旁通繪畫。畫人物、花卉，皆脫去凡俗；尤善墨梅。（見墨林今話、耕硯田齋筆記、中國畫家人名大辭典）

湯圭年

| 聽雨樓圖（與人合作，為桂齡作第2卷） | 卷 | 紙 | 設色 | 不詳 | 辛未（嘉慶十六年，1811） | 鎮江 江蘇省鎮江市博物館 | |

畫家小傳：湯圭年。畫史無載。流傳署款紀年作品見於仁宗嘉慶十六（1811）年。身世待考。

名稱	形式	質地	色彩	尺寸 高x寬cm	創作時間	收藏處所	典藏號碼

葉道本

名稱	形式	質地	色彩	尺寸 高x寬cm	創作時間	收藏處所	典藏號碼
山水圖（羅辰、葉道本合作）	卷	紙	設色	不詳		南寧 廣西壯族自治區博物館	
荷鷺圖	軸	絹	設色	不詳		唐山 河北省唐山市博物館	
雪梅仕女圖	軸	紙	設色	不詳		南京 南京博物院	
風雨歸舟圖	軸	紙	設色	不詳	辛未（嘉慶十六年，1811）	南京 南京市博物館	
雪竹梅禽圖	軸	紙	設色	170 × 100	甲戌（嘉慶十九年，1814）	武漢 湖北省博物館	
觀鵝圖	軸	紙	設色	不詳	庚辰（嘉慶二十五年，1820）	武漢 湖北省博物館	
水閣飛泉圖	軸	紙	設色	330 × 65		武漢 湖北省博物館	
綬帶花石圖	軸	紙	設色	119 × 53.1	辛亥（咸豐元年，1851）九月	日本 京都國立博物館	A甲 01118
古柏花鳥圖	軸	絹	設色	236.5 × 115		日本 高山先生	
門前邀飲圖（藝林清賞冊之9）	摺扇面	紙	設色	18.1 × 51.2		台北 故宮博物院	故畫 03490-9
雜畫（12幀）	冊	絹	設色	不詳	癸酉（嘉慶十八年，1813）	北京 故宮博物院	
人物圖	摺扇面	紙	設色	不詳		石家莊 河北省博物館	
鵪鶉圖	摺扇面	紙	設色	不詳		石家莊 河北省博物館	
山水圖（12幀，為星齋作）	冊	紙	設色	不詳	咸豐元年(辛亥，1851)三月	上海 上海博物館	

畫家小傳：葉道本。畫史無載。流傳署款紀年作品見於仁宗嘉慶十六（1811）年至文宗咸豐元(1851)年。身世待考。

羅　辰

名稱	形式	質地	色彩	尺寸 高x寬cm	創作時間	收藏處所	典藏號碼
山水圖（羅辰、葉道本合作）	卷	紙	設色	不詳		南寧 廣西壯族自治區博物館	

畫家小傳：羅辰。畫史無載。與葉道本同時。身世待考。

周　凱

名稱	形式	質地	色彩	尺寸 高x寬cm	創作時間	收藏處所	典藏號碼
米家山水	軸	紙	水墨	不詳		台北 故宮博物院	國贈 031085
青燈課讀圖	軸	紙	設色	不詳		台北 故宮博物院	國贈 031084
拄杖吟詩圖	軸	紙	設色	110 × 34		台北 長流美術館	
花卉圖（撫元人筆意）	軸	紙	設色	130 × 30		台北 私人	
桃柳鳴禽圖	軸	紙	設色	不詳	道光元年（辛巳，1821）初伏	北京 故宮博物院	
山水圖	軸	絹	設色	148 × 43	道光甲午（十四年	福州 福建省博物館	

名稱	形式	質地	色彩	尺寸 高x寬cm	創作時間	收藏處所	典藏號碼
					，1834）		
山水圖（2幀）	冊頁	紙	水墨	（每幀）26.5 x 27.5		台北 台灣博物館	AH001538-1 AH001538-2
山水圖（8幀）	冊	紙	水墨、設色	（每幀）27 x 25.3	嘉慶己卯（二十四年，1819）三月	美國 鳳凰市美術館(Mr.Roy And Marilyn Papp 寄存）	

畫家小傳：周凱。字仲禮。號芸臬。浙江富陽人。仁宗嘉慶十六（1811）年進士。工畫山水，兼師元、明諸大家，筆墨渾雅蒼秀；兼工花卉。流傳署款紀年作品見於宣宗道光元(1821)至十四（1834）年。(見墨林今話、萍　開記、中國畫家人名大辭典)

紀大復

山水圖	卷	絹	設色	不詳		南京 南京市博物館	
香雪海圖	軸	絹	設色	不詳	嘉慶十六年，辛未（1811）	上海 上海博物館	
水閣雲樓圖	軸	絹	設色	不詳		上海 上海博物館	
佛手（清花卉畫冊四冊之）	冊頁	紙	設色	不詳		台北 故宮博物院	故畫03520-7

畫家小傳：紀大復。字子初。號半樵，又號迷航外史。上海人。工隸書及篆刻。善畫山水。流傳署款紀年作品見於仁宗嘉慶十六(1811)年。(見海上墨林、耕硯田齋筆記、中國畫家人名大辭典)

陳漢第

墨竹圖	摺扇面	紙	水墨	18.1 x 51	辛未（？嘉慶十六年，1811）六月	日本 松丸先生	

畫家小傳：陳漢第。畫史無載。流傳署款作品紀年疑為仁宗嘉慶十六（1811）年。身世待考。

曹錡

附：

花卉圖	摺扇面	紙	設色	17.8 x 51.4	辛未（嘉慶十六年，1811）暮春之朝	紐約 蘇富比藝品拍賣公司/拍賣目錄1981,11,05.	

畫家小傳：曹錡。畫史無載。字穉雲。浙江仁和人。流傳署款紀年作品見於仁宗嘉慶十六（1811）年。身世待考。

陳瑗

山水圖	軸	紙	設色	131.5 x 29.9	癸未（嘉慶十六年，1811）花朝後日	紐約 蘇富比藝品拍賣公司/拍賣目錄 1988,11,30.	

畫家小傳：陳瑗。號筠谿。江蘇揚州人。工畫山水，謹守王原祁畫法，筆墨極渾厚。流傳署款紀年作品見於仁宗嘉慶十六（1811）年。(見墨林今話、中國畫家人名大辭典)

鮑秋吟

名稱	形式	質地	色彩	尺寸 高×寬㎝	創作時間	收藏處所	典藏號碼
擬王元章法墨梅圖	軸	紙	水墨	105 × 25.8	壬申（嘉慶十七年，1812）秋九	日本 大阪市立美術館	

畫家小傳：鮑秋吟。畫史無載。流傳署款紀年作品見於仁宗嘉慶十七(1812)年。身世待考。

張 鑑

珠湖漁隱圖（屠倬、張鑑合作）	卷	紙	水墨	不詳	壬申（嘉慶十七年，1812）	上海 上海博物館	

畫家小傳：張鑑。畫史無載。與屠倬同時。流傳署款紀年作品見於仁宗嘉慶十七(1812)年。身世待考。

錢與齡

水仙湖石圖（錢與齡、蒯嘉珍合作）	卷	紙	設色	不詳	嘉慶壬申（十七年，1812）	天津 天津市藝術博物館	

附：

雜畫（24幀）	冊	紙	設色	不詳		蘇州 蘇州市文物商店	
山水圖（蒯嘉珍、錢與齡合冊10之5幀）	冊頁	紙	水墨、設色	（每幀）8 × 13.8		紐約 佳士得藝品拍賣公司/拍賣目錄1995,3,22.	

畫家小傳：錢與齡。畫史無載。與蒯嘉珍同時。流傳署款紀年作品見於仁宗嘉慶十七（1812）年。身世待考。

陳 鈞

湖樓秋思圖（王霖、徐釴、屠倬、陳均、王學浩作）	卷	絹	設色	不詳		天津 天津市藝術博物館	
山水圖	軸	紙	水墨	不詳	嘉慶壬申（十七年，1812）	南京 南京博物院	

畫家小傳：陳鈞。畫史無載。流傳署款紀年作品見於仁宗嘉慶十七(1812)年。身世待考。

徐 煥

附：

山水圖	橫幅	紙	設色	不詳	嘉慶十七年（壬申，1812）	上海 上海文物商店	

畫家小傳：徐煥。畫史無載。流傳署款紀年作品見於仁宗嘉慶十七(1812)年。身世待考。

郭允謙

蘆雁圖	軸	絹	設色	不詳	嘉慶壬申（十七年，1812）	濟南 山東省博物館	

畫家小傳：郭允謙。畫史無載。流傳署款紀年作品見於仁宗嘉慶十七(1812)年。身世待考。

名稱	形式	質地	色彩	尺寸 高×寬㎝	創作時間	收藏處所	典藏號碼

黃　瑩

名稱	形式	質地	色彩	尺寸	創作時間	收藏處所	典藏號碼
九秋圖	摺扇面	金箋	設色	不詳		合肥 安徽省博物館	

畫家小傳：黃瑩。畫史無載。身世待考。

王應綬

名稱	形式	質地	色彩	尺寸	創作時間	收藏處所	典藏號碼
武夷放棹圖	卷	紙	設色	不詳	道光丙戌（六年，1826）	天津 天津市藝術博物館	
烟江唱和圖（為子通作）	卷	紙	設色	32 × 510.6	庚辰（嘉慶二十五年，1820）仲冬	成都 四川大學	
溪山煙景圖（為芝田作）	軸	紙	水墨	101.7 × 64.2	道光壬午（二年，1822）	南京 南京博物院	
山水圖（清奚岡等書畫冊10之第6幀）	冊頁	紙	設色	不詳		瀋陽 遼寧省博物館	

畫家小傳：王應綬。原名申。字子卿（一作子若）。江蘇太倉人。為王原祁孫。生於高宗乾隆五十三（1788）年，卒於宣宗道光二十一（1841）年。善畫山水，守家法。又善隸書。（見耕硯田齋筆記、中國畫家人名大辭典）

馮棲霞

附：

名稱	形式	質地	色彩	尺寸	創作時間	收藏處所	典藏號碼
宮怨圖	軸	紙	設色	118.8 × 54.3	癸酉（嘉慶十八年，1813）季夏	紐約 佳士得藝品拍賣公司/拍賣目錄 1987,06,03.	

畫家小傳：馮棲霞。畫史無載。流傳署款紀年作品見於仁宗嘉慶十八(1813)年。身世待考。

孫　坤

名稱	形式	質地	色彩	尺寸	創作時間	收藏處所	典藏號碼
翁莊小築圖（翁莊小築圖合裝卷2之1段）	卷	紙	設色	不詳	（嘉慶十八年，癸酉，1813）	北京 故宮博物院	
百齡圖（清思上篤等五十二人合作）	卷	紙	水墨、設色	不詳		日本 中埜又左衛門先生	

畫家小傳：孫坤。原名之塾。字春夫。號漱生。江蘇新陽人。承家學，工鐵筆，善製硯，兼習繪畫。畫擅山水、花鳥和人物，兼能寫梅，各有古法。流傳署款作品約作於嘉慶十八（1813）年。（見墨香居畫識、墨林今話、中國畫家人名大辭典）

曹　沂

名稱	形式	質地	色彩	尺寸	創作時間	收藏處所	典藏號碼
九華曉望圖	軸	紙	設色	107.3 × 50.3	戊寅（嘉慶二十三年，1818）	天津 天津市藝術博物館	
月照波星圖（為能公上人作）	軸	絹	設色	不詳	丙子（嘉慶二十一	鎮江 江蘇省鎮江市博物館	

名稱	形式	質地	色彩	尺寸 高x寬cm	創作時間	收藏處所	典藏號碼
					年，1816）新秋		
仿文待詔携琴過橋圖	軸	紙	設色	143.5 x 79	道光十一年，辛卯（1831）	鎮江 江蘇省鎮江市博物館	
讀書松桂林圖	軸	絹	設色	不詳	甲午（道光十四年，1834）	鎮江 江蘇省鎮江市博物館	
松風澗水圖	冊頁	紙	設色	不詳	辛巳（道光元年，1821）夏日	北京 故宮博物院	
附：							
山水圖	摺扇面	紙	設色	不詳	癸酉（嘉慶十八年，1813）	無錫 無錫市文物商店	

畫家小傳：曹沂。畫史無載。流傳署款紀年作品見於仁宗嘉慶十八（1813)年，至宣宗道光十四1834年。身世待考。

陳　鼎

名稱	形式	質地	色彩	尺寸 高x寬cm	創作時間	收藏處所	典藏號碼
山水	軸	紙本	水墨	143.3 x 36.1	甲午（道光十四年，1834）	香港 中文大學中國文化研究所文物館	
翠嶂松籟圖	軸	紙	水墨	173 x 46.4		香港 香港美術館・虛白齋	XB1992.128
春江漁父圖（陳鼎、石崖合作）	軸	紙	設色	不詳		北京 故宮博物院	
水閣聽泉圖	軸	紙	設色	不詳		石家莊 河北省博物館	
仿各家山水圖（12幀）	冊	紙	設色	不詳	癸丑（咸豐三年，1853）	北京 故宮博物院	
附：							
山川秀美圖	卷	紙	設色	不詳	戊戌（道光十八年，1838）	上海 上海文物商店	

畫家小傳：陳鼎。字理齋。安徽桐城人。善畫山水，具王翬之能，而兼王時敏之逸。流傳署款紀年作品見於仁宗嘉慶十八（1813）年，至文宗咸豐三（1853）年。（見載墨林今話、中國畫家人名大辭典、宋元明清書畫家年表）

石　崖

名稱	形式	質地	色彩	尺寸 高x寬cm	創作時間	收藏處所	典藏號碼
春江漁父圖（陳鼎、石崖合作）	軸	紙	設色	不詳		北京 故宮博物院	

畫家小傳：石崖。畫史無載。與陳鼎同時。身世待考。

王　馥

名稱	形式	質地	色彩	尺寸 高x寬cm	創作時間	收藏處所	典藏號碼
仿王蒙山水圖（為古泉作）	軸	絹	水墨	102 x 64	癸酉（嘉慶十八年，1813）季夏上浣	廣州 廣東省博物館	
附：							
綮硯圖	卷	紙	設色	31.8 x 101		北京 北京市工藝品進出口公	

名稱	形式	質地	色彩	尺寸 高x寬㎝	創作時間	收藏處所	典藏號碼
寫一峰老人山水圖	橫幅	紙	水墨	31.4 x 49.2	癸酉（嘉慶十八年，1813）仲冬	紐約 蘇富比藝品拍賣公司/拍賣目錄 1982,06,04.	司

畫家小傳：王馥。字香祖。號學癡。江蘇太倉人。王原祁從曾孫。承家學，能畫山水。寓吳門，與王椒畦游，下筆益工。流傳署款紀年作品見於仁宗嘉慶十八(1813)年。(見墨林今話、中國畫家人名大辭典)

沈 烜

名稱	形式	質地	色彩	尺寸 高x寬㎝	創作時間	收藏處所	典藏號碼
花蝶圖（8幀）	冊	紙	設色	不詳	嘉慶癸酉（十八年，1813）初秋	北京 故宮博物院	

畫家小傳：沈烜。字樹棠。號琛崖。江蘇吳江人。工文翰，善篆隸。善畫人物、佛像、山水、花卉，俱能方駕古人。流傳署款紀年作品見於仁宗嘉慶十八(1813)年。(見墨林今話、中國畫家人名大辭典)

顧 蕙

名稱	形式	質地	色彩	尺寸 高x寬㎝	創作時間	收藏處所	典藏號碼
尚友齋雅集圖	卷	紙	設色	30 x 133		廣州 廣東省博物館	
丹臺春曉圖	軸	紙	水墨	97.5 x 43.5		上海 上海博物館	
青綠山水圖	軸	紙	設色	不詳		南京 南京博物院	
眉壽千齡圖	軸	絹	設色	不詳		南京 南京博物院	
花蝶圖	軸	絹	設色	不詳		無錫 江蘇省無錫市博物館	
桃花翎毛（明花卉畫冊之5）	冊頁	紙	設色	不詳		台北 故宮博物院	故畫 03515-5
花卉圖（12幀）	冊	紙	設色	不詳	癸酉（嘉慶十八年，1813）	北京 故宮博物院	
花卉圖（？幀）	冊	紙	設色	不詳	癸未（道光三年，1823）	北京 中國文物商店總店	

畫家小傳：顧蕙。女。字畹芳，一字紉秋。號墨莊。江蘇吳縣人。顧純熙之女，瞿大坤外甥女。幼稟庭學，善寫生，兼工山水，筆墨工秀。流傳署款紀年作品見於仁宗嘉慶十八（1813）年至宣宗道光十六（1836）年。(見墨林今話、耕硯田齋筆記、中國畫家人名大辭典)

瞿應紹

名稱	形式	質地	色彩	尺寸 高x寬㎝	創作時間	收藏處所	典藏號碼
蘭石	軸	紙	水墨	不詳		台北 故宮博物院（蘭千山館寄存）	
三秋圖	軸	紙	水墨	128 x 30		台北 張添根養和堂	
菊石圖	軸	紙	設色	不詳		無錫 江蘇省無錫市博物館	
朱竹圖	軸	灑金箋	設色	不詳	甲辰（道光二十四年，1844）	杭州 浙江美術學院	
蘭花圖	軸	紙	水墨	不詳		桂林 廣西壯族自治區桂林市	

名稱	形式	質地	色彩	尺寸 高×寬cm	創作時間	收藏處所	典藏號碼
						博物館	
竹石圖（為國香作）	軸	紙	水墨	91.8 × 43.5		日本 東京國立博物館	
碧雲秋靄圖（仿揚補之墨法）	軸	紙	水墨	142.4 × 73.1		日本 東京河井荃廬先生	
墨竹圖	軸	紙	水墨	127 × 67.6		日本 東京河井荃廬先生	
蘭竹石圖	軸	紙	水墨	95.1 × 32.4		日本 東京石川寅吉先生	
竹石圖（對幅）	軸	紙	水墨	108 × 22		日本 大阪橋本大乙先生	
雨竹圖	軸	絹	水墨	42.2 × 34.8		日本 福岡縣石 道雄先生	
蘭竹石圖	軸	紙	水墨	169.5 × 82.3	癸卯（道光二十三年，1843）秋	日本 江田勇二先生	
墨竹圖	軸	紙	水墨	23.5 × 35.6		日本 松丸先生	
綠蔭觀瀑圖	摺扇面	紙	設色	不詳	癸酉（嘉慶十八年，1813）	南京 南京博物院	

附：

竹石圖	摺扇面	絹	水墨	不詳		上海 朵雲軒	

畫家小傳：瞿應紹。字陛春。號月壺、子冶、瞿甫、老冶等。江蘇上海人。活動於道光間。工詩、文，善書、畫，尤好篆刻。畫學惲壽平，初工寫生，晚專事畫蘭、竹等，縱逸自如，工力深厚。流傳署款紀年作品見於仁宗嘉慶十八（1813）年，至宣宗道光二十三（1843）年。（見墨林今話、海上墨林、萍踪閒記、中國畫家人名大辭典）

趙魏

名稱	形式	質地	色彩	尺寸 高×寬cm	創作時間	收藏處所	典藏號碼
檢書看劍圖	卷	紙	水墨	不詳	嘉慶十八年（癸酉，1813）	杭州 浙江省杭州市文物考古所	

畫家小傳：趙魏。字洛生。號晉齋。浙江仁和人。平生邃於金石之學，家藏碑版極夥，兼精篆刻。與奚岡同里，遂過而問業，間亦作畫，能以隸書法為之，迥別時流。流傳署款紀年作品見於仁宗嘉慶十八（1813）年。（見墨林今話、中國畫家人名大辭典）

王潤

名稱	形式	質地	色彩	尺寸 高×寬cm	創作時間	收藏處所	典藏號碼
曝書亭圖（為符莊作）	卷			不詳	道光丁亥（七年，1827）	青島 山東青島市博物館	
校禮圖	卷	紙	設色	40 × 127.1		合肥 安徽省博物館	

附：

坦懷自得圖（花橋表弟五十六歲像）	軸	紙	設色	77.5 × 40	嘉慶癸酉（十八年，1813）秋日	紐約 佳士得藝品拍賣公司/拍賣目錄 1995,03,22.	

畫家小傳：王潤。字裕庭。號兩亭。江蘇南匯人。善書畫。書學董其昌。畫工山水、花卉，秀筆天成。流傳署款紀年作品見於仁宗嘉慶十八（1813）年至宣宗道光七（1827）年。（見墨香居畫識、中國畫家人名大辭典）

名稱	形式	質地	色彩	尺寸 高x寬cm	創作時間	收藏處所	典藏號碼

李 鋼
附：

名稱	形式	質地	色彩	尺寸 高x寬cm	創作時間	收藏處所	典藏號碼
花鳥圖	摺扇面	金箋	設色	不詳	癸酉（？嘉慶十八年，1813）	常州 常州市文物商店	

畫家小傳：李鋼。畫史無載。流傳署款作品紀年疑為仁嘉慶十八（1813）年。身世待考。

徐呈祥

名稱	形式	質地	色彩	尺寸 高x寬cm	創作時間	收藏處所	典藏號碼
吉俊騮圖	軸	絹	設色	169.5 x 97.8		台北 故宮博物院	故畫 03100
星額駿圖	軸	絹	設色	162.8 x 94.1		台北 故宮博物院	故畫 03101
名馬圖	軸	絹	設色	不詳	嘉慶十八年（癸酉，1813）	北京 故宮博物院	
慶雲驕(馬)圖	軸	絹	設色	不詳	嘉慶二十一年(丙子，1816)	北京 故宮博物院	
安康駟（馬）圖	軸	絹	設色	不詳	嘉慶二十四年(己卯，1819)	北京 故宮博物院	

畫家小傳：徐呈祥。畫史無載。作品署款顯示，為畫院畫家。流傳署款紀年作品見於仁宗嘉慶十八(1813)至二十四(1819)年。

蔣 詩

名稱	形式	質地	色彩	尺寸 高x寬cm	創作時間	收藏處所	典藏號碼
續西涯雜詠圖（續西涯雜詠圖冊15幀之部分）	冊	紙	設色	不詳	（嘉慶甲戌，十九年，1814）	北京 中國歷史博物館	

畫家小傳：蔣詩。畫史無載。流傳署款作品約見於仁宗嘉慶十九(1814) 身世待考。

蔣 敬

名稱	形式	質地	色彩	尺寸 高x寬cm	創作時間	收藏處所	典藏號碼
屠倬像	軸	紙	設色	83.8 x 44.2	庚子（道光二十年，1840）	北京 故宮博物院	
文君當爐圖	軸	絹	設色	不詳		天津 天津市藝術博物館	
雲蘭索句圖	軸	絹	設色	不詳		天津 天津市藝術博物館	
附：							
山水圖	卷	紙	水墨	不詳	甲戌（嘉慶十九年，1814）冬日	北京 北京市文物商店	
竹樓圖	軸	紙	設色	145.2 x 69.1	嘉慶戊辰（十三年，1808）	武漢 湖北省武漢市文物商店	
雙饕索句圖	軸	絹	設色	105.4 x 38.7		紐約 佳士得藝品拍賣公司/拍賣目錄 1995,09,19.	

名稱	形式	質地	色彩	尺寸 高×寬㎝	創作時間	收藏處所	典藏號碼

畫家小傳：蔣敬。字敬之。號芝舟、芸生、采芝生。浙江錢塘（一作仁和）人。與郭慶友善。工繪事。畫山水，師法明李流芳；人物、花卉，用筆生動，饒有士氣。流傳署款紀年作品見於仁宗嘉慶十九(1814)年，至宣宗道光二十（1840）年。（見墨林今話、蜨隱園書畫雜綴、中國畫家人名大辭典）

鈕 學

名稱	形式	質地	色彩	尺寸	創作時間	收藏處所	典藏號碼
仿松雪道人青綠山水圖	軸	絹	設色	150.5 × 94.5	戊寅（嘉慶二十三年，1818）	天津 天津市藝術博物館	
柏鹿圖	軸	絹	設色	135 × 94		北戴河 河北省北戴河文物管理所	
紅樹青峰圖	軸	紙	設色	不詳	壬午（道光二年，1822）	鎮江 江蘇省鎮江市博物館	
漁樵耕讀圖	軸	絹	設色	147.5 × 78.5	丁丑（嘉慶二十二年，1817）	杭州 浙江省杭州西泠印社	
受天百祿圖	橫幅	絹	設色	不詳		平湖 浙江省平湖縣博物館	
九如圖	軸	絹	設色	不詳	甲戌（嘉慶十九年，1814）	紹興 浙江省紹興市博物館	
松嵐觀察圖	軸	絹	設色	96.2 × 113.3		日本 私人	

畫家小傳：鈕學。字雲峰。浙江山陰人。畫山水，法宋人。亦能人物、花卉，無一不精。流傳署款紀年作品見於仁宗嘉慶十九（1814）年至宣宗道光二(1822)年。（見越中歷代畫人傳、歷代畫史彙傳附錄、中國畫家人名大辭典）

張迺耆

名稱	形式	質地	色彩	尺寸	創作時間	收藏處所	典藏號碼
折枝花卉圖	卷	紙	水墨	不詳		天津 天津市藝術博物館	
花鳥圖	軸	絹	設色	不詳		瀋陽 遼寧省博物館	
花卉雄雞圖（？屏）	軸	紙	設色	不詳		北京 中央工藝美術學院	
老樹蒼鷹圖	軸	紙	設色	180.1 × 46.5		石家莊 河北省博物館	
四喜圖	軸	絹	水墨	不詳	辛巳（道光元年，1821）	合肥 安徽省博物館	
花鳥圖（10幅）	軸	紙	設色	不詳		南京 南京博物院	
雞蝶圖	軸	紙	設色	不詳		南京 南京市博物館	
花鳥圖（6幅）	軸	紙	水墨	（每幅）182 × 44	乙亥（嘉慶二十年，1815）	武漢 湖北省博物館	
英雄百代圖	軸	紙	設色	不詳		成都 四川省博物館	
花卉圖（秋卉雞雛）	軸	紙	設色	不詳		日本 東京張允中先生	

名稱	形式	質地	色彩	尺寸 高x寬cm	創作時間	收藏處所	典藏號碼
雪中蕉鶴圖	軸	紙	設色	95.5 × 42.4	辛卯（道光十一年，1831）潦暑	日本 中埜又左衛門先生	
岩蘭圖	軸	紙	設色	180 × 46.3		日本 私人	
紫薇（清花卉畫冊六冊之4）	摺扇面	紙	設色	14.9 × 50.6		台北 故宮博物院	故畫 03522-4
柳鴨圖	摺扇面	紙	設色	不詳		南京 南京博物院	
山水圖	摺扇面	紙	水墨	16.5 × 52	嘉慶甲戌（十九年，1814）	南京 南京市博物館	

附：

名稱	形式	質地	色彩	尺寸 高x寬cm	創作時間	收藏處所	典藏號碼
古木雙禽圖	軸	紙	設色	59 × 22.5		天津 天津市文物公司	
桂樹棲禽圖	軸	紙	設色	119.5 × 44.1		紐約 蘇富比藝品拍賣公司/拍賣目錄 1988,06,01.	
桂樹蟬貓圖	軸	紙	設色	119.5 × 44.1		紐約 蘇富比藝品拍賣公司/拍賣目錄 1988,06,01.	
芙蓉野鴨圖	軸	紙	設色	178.5 × 44.5	戊戌（道光十八年，1838）春二月	紐約 佳士得藝品拍賣公司/拍賣目錄 1988,11,30.	
鷹圖	軸	紙	設色	88.5 × 46.5		紐約 佳士得藝品拍賣公司/拍賣目錄 1989,06,01.	
牡丹圖	軸	紙	水墨	166 × 42.5		紐約 佳士得藝品拍賣公司/拍賣目錄 1993,06,04.	
花鳥圖（清各家山水花鳥書法扇面冊10之1幀）	摺扇面	紙	設色	不詳	丁酉（道光十七年，1837）仲秋	香港 佳士得藝品拍賣公司/拍賣目錄 1998,09,15.	

畫家小傳：張迺耆。字壽民。號白眉。安徽桐城人。張敔從子。得從父之傳，工畫花鳥，以蒼健勝人；間作蘭竹，亦有風韻。署款紀年作品見於仁宗嘉慶十九（1814）至宣宗道光十八（1838）年。（見墨林今話、讀畫輯略、莫愁湖志、中國畫家人名大辭典）

梁藹如

名稱	形式	質地	色彩	尺寸 高x寬cm	創作時間	收藏處所	典藏號碼
山水圖	軸	絹	設色	98.7 × 36.9		香港 鄭若琳先生	
山水圖（4幀）	冊	紙	水墨	（每幀）21.2 × 39.5		香港 中文大學中國文化研究所文物館	

畫家小傳：梁藹如。字遠文。仁宗嘉慶十九（1814）年進士。身世不詳。（見進士題名碑錄、中國畫家人名大辭典）

湯 琦

名稱	形式	質地	色彩	尺寸 高x寬cm	創作時間	收藏處所	典藏號碼
白描故事人物圖（12幀）	冊	紙	水墨	（每幀）29.7 × 31.6	甲戌（嘉慶十九年，1814）九月既望	英國 倫敦大英博物館	1962.6.6.57（ADD357）

畫家小傳：湯琦。畫史無載。流傳署款紀年作品見於仁宗嘉慶十九(1814)年。身世待考。

名稱	形式	質地	色彩	尺寸 高×寬cm	創作時間	收藏處所	典藏號碼

朱 衡

附：

名稱	形式	質地	色彩	尺寸 高×寬cm	創作時間	收藏處所	典藏號碼
山水圖	軸	絹	設色	178.3 × 99.6	甲戌（嘉慶十九年，1814）	紐約 蘇富比藝品拍賣公司/拍賣目錄 1984.06.13	

畫家小傳：朱衡。畫史無載。流傳署款紀年作品見於仁宗嘉慶十九（1814）年。身世待考。

沈雨生

名稱	形式	質地	色彩	尺寸 高×寬cm	創作時間	收藏處所	典藏號碼
畫中六友圖（張祥河題識）	軸	絹	設色	129 × 62		昆山 崑崙堂美術館	

畫家小傳：沈雨生。字老舲。畫史無載。與張祥河同時。與李白樓、陸素庵、顏朗如、王講泉、余二酉，合稱「畫中六友」。身世待考。

包祖銓

附：

名稱	形式	質地	色彩	尺寸 高×寬cm	創作時間	收藏處所	典藏號碼
山水圖	軸	絹	設色	不詳	甲戌（？嘉慶十九年，1814）	常州 常州市文物商店	

畫家小傳：包祖銓。畫史無載。流傳署款作品紀年疑為仁宗嘉慶十九（1814）年。身世待考。

何芝庵

名稱	形式	質地	色彩	尺寸 高×寬cm	創作時間	收藏處所	典藏號碼
臨文徵明雪景山水圖	軸	紙	設色	不詳	嘉慶甲戌（十九年，1814）三月十九日	韓國 首爾國立中央博物館	

畫家小傳：何芝庵。名不詳。號芝庵。畫史無載。流傳署款紀年作品見於仁宗嘉慶十九（1814）年。身世待考。

王 素

名稱	形式	質地	色彩	尺寸 高×寬cm	創作時間	收藏處所	典藏號碼
江城送別圖	卷	紙	設色	不詳	己巳（同治八年，1869）	北京 故宮博物院	
聽秋圖	卷	紙	設色	不詳		北京 故宮博物院	
摹張風鬱林太守圖	卷	紙	設色	43.5 × 139	丁卯（同治六年，1867）	天津 天津市藝術博物館	
水仙年景	軸	紙	設色	不詳		台北 故宮博物院	國贈 026704
丐樂圖	軸	紙	設色	64 × 30	八十歲（光緒三年，丁丑，1877）	台北 歷史博物館	
竹院僧話圖	軸	紙	設色	131 × 31.1	戊寅（嘉慶二十三年，1818）秋八月	台北 市立美術館	
紡車圖	軸	紙	設色	不詳	庚子（道光二十年，1840）	長春 吉林省博物館	

名稱	形式	質地	色彩	尺寸 高x寬cm	創作時間	收藏處所	典藏號碼
人物故事圖	軸	紙	設色	不詳		瀋陽 故宮博物院	
松下撫琴圖	軸	紙	設色	不詳		瀋陽 遼寧省博物館	
醉歸圖	軸	紙	設色	134.4 x 30.6		瀋陽 遼寧省博物館	
鍾馗嫁妹圖	軸	紙	設色	不詳	丁未（道光二十七年，1847)麥秋	北京 故宮博物院	
補吳廷颺像（筱峰、王素合作）	軸	紙	設色	不詳		北京 故宮博物院	
仕女圖	軸	紙	設色	不詳		天津 天津市楊柳青畫社	
三秋圖	軸	紙	設色	不詳		合肥 安徽省博物館	
菊石圖	軸	紙	設色	不詳		揚州 江蘇省揚州市博物館	
鍾馗圖	軸	紙	水墨	不詳		揚州 江蘇省揚州市博物館	
鏡聽圖	軸	紙	設色	不詳	乙丑（同治四年，1865）	上海 上海博物館	
包世臣像	橫幅	紙	設色	26.9 x 51.5		上海 上海博物館	
白石詩意圖	軸	紙	設色	不詳		上海 上海博物館	
鍾馗像	軸	紙	設色	不詳		上海 上海博物館	
修竹仕女圖	軸	紙	設色	不詳		南京 南京博物院	
梧桐仕女圖	軸	紙	設色	不詳		南京 南京博物院	
游魚圖	軸	紙	設色	不詳		南京 南京博物院	
檀板說書圖	軸	紙	設色	不詳	咸豐甲寅（四年，1854）	鎮江 江蘇省鎮江市博物館	
水仙圖	軸	紙	水墨	不詳		無錫 江蘇省無錫市博物館	
消夏圖	軸	紙	設色	不詳	辛丑（道光二十一年，1841）	杭州 浙江省博物館	
秋景壽意圖	軸	紙	設色	不詳	八十老人（同治十二年，1873）	杭州 浙江省博物館	
山居樂歲圖	軸	紙	設色	117.2 x 40		杭州 浙江省博物館	
桐蔭高士圖	軸	絹	設色	不詳		杭州 浙江省博物館	
芙蓉八哥圖	軸	紙	設色	134 x 57		杭州 浙江美術學院	
撥阮圖（虞蟾、王素合作）	軸	紙	設色	215 x 107	道光壬午（二年，1822）	武漢 湖北省博物館	
村居納涼圖	橫幅	紙	設色	39 x 149	癸亥（同治二年，1863）	武漢 湖北省博物館	

名稱	形式	質地	色彩	尺寸 高×寬㎝	創作時間	收藏處所	典藏號碼
二湘圖	軸	紙	設色	139.4 × 57.6	甲辰（道光二十四年，1844）秋杪	日本 東京河井荃廬先生	
嫦娥圖	圓幅	紙	設色	不詳	乙丑（同治四年，1865）秋八月	日本 東京河井荃廬先生	
春雷起蟄圖	軸	紙	設色	133 × 63.6	咸豐丙辰（六年，1856）夏六月上浣	日本 東京山本悌二郎先生	
瓶花圖	軸	紙	設色	134.5 × 39		日本 東京高島菊次郎槐安居	
東坡賞日圖	軸	紙	設色	117.5 × 29.5		日本 東京高島菊次郎槐安居	
美人愛花圖（撫六如居士法）	軸	紙	設色	61.2 × 30.3		日本 東京工藤壯平先生	
秦岱瞻雲圖（藝林清賞冊之12）	冊頁	紙	設色	17.6 × 48.5		台北 故宮博物院	故畫 03490-12
白描羅漢圖	摺扇面	紙	水墨	不詳	甲申（道光四年，1824）浴佛日	北京 故宮博物院	
梅雀圖	摺扇面	紙	設色	不詳	庚寅（道光十年，1830）春分	北京 故宮博物院	
仿陳道復秋葵圖	摺扇面	紙	設色	不詳	癸卯（道光二十三年，1843）重九前二日	北京 故宮博物院	
秋樹晚鴉圖	摺扇面	紙	設色	不詳	甲戌（同治十三年，1874）清和	北京 故宮博物院	
嬰戲圖	摺扇面	紙	設色	20.3 × 56.7		北京 故宮博物院	
仕女圖（12幀）	冊	紙	設色	不詳		天津 天津市藝術博物館	
人物故事圖（8幀）	冊	紙	設色	（每幀）38.5 × 23.5		合肥 安徽省博物館	
花鳥、走獸圖（12幀）	冊	紙	設色	（每幀）26.9 × 51.5		上海 上海博物館	
紅樓夢人物圖	摺扇面	紙	設色	不詳	乙巳（道光二十五年，1845）	南京 南京博物院	
紅樓夢人物圖	摺扇面	紙	設色	不詳	己巳（同治八年，1869）	南京 南京博物院	
雜畫（10幀）	冊	紙	設色	（每幀）36.3 × 49		南京 南京博物院	

名稱	形式	質地	色彩	尺寸 高×寬㎝	創作時間	收藏處所	典藏號碼
人物圖	摺扇面	紙	設色	不詳		南京 南京師範大學	
蕉石仕女圖	摺扇面	紙	設色	不詳		南京 南京師範大學	
月秀碧桃圖	摺扇面	金箋	設色	不詳		蘇州 江蘇省蘇州博物館	
山水圖（為石帆三兄大人作）	紈扇面	絹	設色	23.7 × 24.5		昆山 崑崙堂美術館	
仕女圖（12幀）	冊	紙	設色	（每幀）28.5 × 24		昆山 崑崙堂美術館	
瓶花圖（為新甫作）	軸	紙	設色	136.1 × 38.7		日本 東京國立博物館	
美人圖	摺扇面	紙	設色	不詳		日本 東京河井荃廬先生	
墨菊圖	冊頁	紙	水墨	30 × 37.5		美國 紐約Hobart先生	
附：							
歲朝圖	橫幅	紙	設色	不詳		上海 朵雲軒	
讀書秋樹根圖	軸	紙	設色	不詳		上海 朵雲軒	
鱘魚竹筍圖	軸	紙	設色	不詳		上海 朵雲軒	
竹菊綬帶圖	軸	紙	設色	不詳		上海 上海文物商店	
豆莢紡織娘圖	軸	紙	設色	不詳		上海 上海工藝品進出口公司	
擅板說書圖	軸	紙	設色	不詳	咸豐甲寅（四年，1854）	鎮江 鎮江市文物商店	
撫徐青藤法松鶴圖	軸	絹	設色	115.5 × 48.2		紐約 蘇富比藝品拍賣公司/拍賣目錄 1980,10,25.	
雞聲茅屋店詩意圖	軸	紙	設色	129.5 × 42	甲子（同治三年，1864）重陽前一日	紐約 蘇富比藝品拍賣公司/拍賣目錄 1980,10,25.	
仕女膜拜圖	軸	絹	設色	118 × 25.3	甲寅（咸豐四年，1854）春三月	紐約 蘇富比藝品拍賣公司/拍賣目錄 1980,12,18.	
花下仕女圖	軸	紙	設色	135.9 × 33		紐約 蘇富比藝品拍賣公司/拍賣目錄 1982,06,05.	
貴妃簪花圖	軸	紙	設色	146.5 × 38		紐約 佳士得藝品拍賣公司/拍賣目錄 1988,06,02.	
仿華嵒射雁圖	軸	絹	設色	97.2 × 36.8		紐約 佳士得藝品拍賣公司/拍賣目錄 1988,06,02.	
仕女圖-	軸	紙	設色	144 × 39.5		紐約 佳士得藝品拍賣公司/拍賣目錄 1989,06,01.	
楊柳八哥圖	軸	紙	設色	142 × 39		紐約 佳士得藝品拍賣公司/拍賣目錄 1989,12,04.	
寧王相馬圖	軸	紙	設色	145.5 × 25.		紐約 佳士得藝品拍賣公司/拍	

名稱	形式	質地	色彩	尺寸 高x寬cm	創作時間	收藏處所	典藏號碼
					2	賣目錄 1991,05,29.	
鍾馗圖	軸	紙	設色	124.1 x 73.6	道光戊申(二十八年，1848) 夏	紐約 佳士得藝品拍賣公司/拍賣目錄 1991,05,29.	
鍾馗圖	軸	絹	設色	119.5 x 30		紐約 佳士得藝品拍賣公司/拍賣目錄 1992,06,02.	
牡丹時鮮圖	軸	紙	設色	104 x 55	道光癸巳（十三年，1833）百福日	紐約 佳士得藝品拍賣公司/拍賣目錄 1993,06,04.	
歲旦供圖	軸	紙	水墨	121.8 x 29.8	丙寅（同治五年，1866）元旦	洛杉磯 佳士得藝品拍賣公司/拍賣目錄 1998,05,20.	
村樂圖	摺扇面	紙	設色	19.7 x 55.9		紐約 佳仕得藝品拍賣公司/拍賣目錄 1986,12,01.	
春雷起蟄圖	摺扇面	紙	設色	17.9 x 51.5		紐約 佳士得藝品拍賣公司/拍賣目錄 1995,03,22.	
人物、山水圖（12幀）	紈扇面	紙	設色	（每幀）34.5 x 34.5		紐約 佳士得藝品拍賣公司/拍賣目錄 1996,03,27.	

畫家小傳：王素。字小梅。一字遜之。江蘇揚州人。生於生於高宗乾隆五十五（1794）年。卒於德宗光緒三（1877）年。善畫仕女、人物，兼作花鳥、走獸、蟲魚等。與改琦、顧洛、費丹旭齊名。(見墨林今話續編、揚州畫苑錄)

筱 峰

補吳廷颺像（筱峰、王素合作）	軸	紙	設色	不詳		北京 故宮博物院	

畫家小傳：筱峰。畫史無載。與王素同時。身世待考。

翁 雒

秋園芳色圖	軸	絹	設色	不詳	道光乙未（十五年，1835）	石家莊 河北省博物館	
櫻桃白頭圖	軸	絹	設色	不詳		上海 上海博物館	
王昶、慧照上人、錢大昕像	軸	絹	設色	69.1 x 52.5	道光庚寅（十年，1830）夏六月中浣	南京 南京博物院	
漁樵耕讀圖	軸	絹	設色	不詳	庚寅（道光十年，1830）立秋節	南京 南京博物院	
茅亭松韻圖（為立齋作）	軸	紙	設色	不詳	辛卯（道光十一年，1831）冬日	南京 南京博物院	
貓蝶圖	軸	絹	設色	不詳	道光甲午（十四年，1834）	南京 南京博物院	

名稱	形式	質地	色彩	尺寸 高x寬㎝	創作時間	收藏處所	典藏號碼
花鳥圖	軸	紙	設色	不詳	道光丙午（二十六年，1846）	南京 南京博物院	
雜畫（4幅）	軸	絹	設色	不詳	道光丙申（十六年，1836）	無錫 江蘇省無錫市博物館	
富貴耄耋圖（費丹旭、翁雒、張熊合作）	軸	絹	設色	106.4 x 34.1		杭州 浙江省博物館	
百齡秋艷圖	軸	絹	設色	不詳	道光癸巳（十三年，1833）初夏	海寧 浙江省海寧市博物館	
花卉草蟲圖	軸	絹	設色	不詳		海寧 浙江省海寧市博物館	
花鳥圖	軸	絹	設色	不詳		平湖 浙江省平湖縣博物館	
撫趙昌意作花鳥圖	軸	絹	設色	不詳		美國 紐約王季遷明德堂（孔達先生原藏）	
臘梅山茶圖（清花卉畫冊之12）	摺扇面	紙	設色	17.5 x 51.9		台北 故宮博物館	故畫 03522-12
花鳥昆蟲圖（12幀）	冊	絹	設色	不詳	道光丙午（二十六年，1846）	北京 故宮博物院	
花卉昆蟲圖（12幀）	冊	絹	設色	（每幀）17 x 24.9	道光丁未（二十七年，1847）春仲	北京 故宮博物院	
花卉草蟲圖（8幀）	冊	紙	設色	不詳	戊申（道光二十八年，1848）花朝	北京 故宮博物院	
花卉草蟲圖（12幀）	冊	絹	設色	不詳		北京 故宮博物院	
花鳥圖	冊	絹	設色	不詳	道光甲午（十四年，1834）	天津 天津市藝術博物館	
雜畫圖（12幀）	冊	紙	設色	不詳	道光己亥（十九年，1839）秋	南京 南京博物院	
蔬菜圖（翁雒、夏之鼎合冊2之1幀）	冊頁	絹	設色	不詳		蘇州 江蘇省蘇州博物館	
王翬像（王翬摹古圖冊之1幀）	冊頁	紙	設色	28 x 21.3		美國 印地安那波里斯市藝術博物館	81.209
附：							
芙桂鸚鵡圖	軸	絹	設色	不詳		上海 上海工藝品進出口公司	
竹雀龜壽圖	軸	紙	設色	不詳	丁亥（道光七年，1827）	蘇州 蘇州市文物商店	
三秋圖	軸	紙	設色	不詳	道光癸巳（十三年	蘇州 蘇州市文物商店	

名稱	形式	質地	色彩	尺寸 高×寬cm	創作時間	收藏處所	典藏號碼
					，1833）		
花鳥圖	軸	紙	設色	120 × 34.2		紐約 蘇富比藝品拍賣公司/拍賣目錄1981,05,07.	
三壽作朋圖	卷	絹	設色	24 × 105.4	道光戊申（二十八年，1848）夏五-	紐約 蘇富比藝品拍賣公司/拍賣目錄1988,06,01.	
柳蟬圖（為季苞作）	摺扇面	紙	設色	不詳	丙子（喜慶二十一年，1816）夏仲	北京 中國文物商店總店	
草蟲鱗介圖（12幀）	冊	絹	設色	（每幀）13.2 × 19	道光乙未（十五年，1835）	北京 北京市工藝品進出口公司	
雜畫（11幀）	冊	絹	設色	不詳	嘉慶廿五年，庚辰（1820）	上海 朵雲軒	
花卉、草蟲圖（8幀）	冊	絹	設色	不詳		常州 常州市文物商店	
花鳥圖（12幀）	冊	絹	設色	19.5 × 27	王辰（道光十二年，1832）嘉平	紐約 佳士得藝品拍賣公司/拍賣目錄1991,05,29.	

畫家小傳：翁雒。字穆仲。號小海。江蘇吳江人。翁廣平次子。生於高宗乾隆五十五（1790）年，卒於宣宗道光二十九（1849）年。承家學，善畫。初工人物、寫真，後專意花卉、禽蟲、水族，落筆生動逼肖。（見桐陰論畫、墨林今話、耕硯田齋筆記、中國畫家人名大辭典）

周 蓮

山水圖（8幀，為鐵仙作）	冊	紙	設色	不詳	道光戊戌（十八年，1838）小春月	北京 故宮博物院	
少白讀書館圖（清名人山水集冊之第4幀）	冊頁	紙	設色	25 × 30.8		美國 印地安那波里斯市藝術博物館	81.227

畫家小傳：周蓮。字子愛。號廉叔、叔明。江蘇華亭人。生於高宗乾隆五十五（1790）年，宣宗道光十八（1838）年尚在世。嘉慶十三（1808）年副車。工詩文，善書法。能畫山水，兼師文徵明、董其昌兩家。（見墨林今話、中國畫家人名大辭典）

翁小海

附：

蔬果鱗介（8開）	冊	紙	水墨、設色	（每開）19.5 × 25.5	癸巳（道光十三年，1833）秋七月	紐約 佳士得藝品拍賣公司/拍賣目錄1996,09,18.	

畫家小傳：翁小海。畫史無載。生於清高宗乾隆五十五（1790）年。卒於宣宗道光廿九（1849）年。身世待考。

施松山

仿巨然山水圖	軸	紙	設色	238 × 119.1		日本 私人	

名稱	形式	質地	色彩	尺寸 高x寬㎝	創作時間	收藏處所	典藏號碼

畫家小傳：施松山。字蓮峰。號湘筠。江蘇崇明人，寄寓太倉。工畫山水，宗法四王。(見耕硯田齋筆記、中國畫家人名大辭典)

趙 景

附：

| 仿董其昌雲峰晚翠圖 | 軸 | 絹 | 設色 | 不詳 | 嘉慶乙亥 (二十年 ，1815) 六月中浣 | 上海 上海文物商店 | |

畫家小傳：趙景 (或作錦)。字寄甌。浙江仁和 (或作錢塘) 人。少從奚岡遊，工畫山水，亦超妙。流傳署款紀年作品見於仁宗嘉慶 二十(1815)年。(見墨林今話、蜨隱園書畫雜綴、中國畫家人名大辭典)

陳 武

| 山水圖 | 軸 | 絹 | 設色 | 不詳 | | 南京 南京博物院 | |

附：

| 小青詩意圖 | 軸 | 紙 | 設色 | 不詳 | 嘉慶乙亥 (二十年 ，1815) | 蘇州 蘇州市文物商店 | |

畫家小傳：陳武。字良用。號煙農外史。江蘇吳江人。混跡青衣中。酷好繪畫，凡見古今名人妙蹟，靡不臨仿，尤喜山水。嘗與陳鴻壽、 錢杜等過從，頗受贊許，益勤奮用力。作品能得秀澹閑靜之趣。流傳署款紀年作品見於仁宗嘉慶二十(1815)年。(見墨林今話、 中國畫家人名大辭典)

姜 浤

| 松蔭雅集圖 | 軸 | 絹 | 設色 | 不詳 | 嘉慶乙亥 (二十年 ，1815) 冬月 | 廣州 廣州市美術館 | |

畫家小傳：姜浤。畫史無載。流傳署款紀年作品見於仁宗嘉慶二十(1815)年。身世待考。

黃培芳

得月樓讌集序并圖	卷	紙	水墨	不詳	庚戌 (道光二十年 ，1850)	廣州 廣東省博物館	
艮泉十二景圖 (清謝蘭生等艮 泉十二景圖二卷之1段)	2卷	紙	設色	不詳	乙亥 (嘉慶二十年 1815)	廣州 廣州市美術館	
山水圖	軸	紙	水墨	112 x 28		香港 何耀光至樂樓	

畫家小傳：黃培芳。字子實。號香石。廣東香山人。善書畫。畫山水，宗法明王紱。流傳署款紀年作品見於仁宗嘉慶二十 (1815) 年 至宣宗道光三十(1850)年。(見嶺南群雅、劍光樓筆記、溪山臥遊錄、中國畫家人名大辭典)

孫義鋆

| 艮泉十二景圖 (清謝蘭生等艮 泉十二景圖二卷之1段) | 2卷 | 紙 | 設色 | 不詳 | 乙亥 (嘉慶二十年 1815) | 廣州 廣州市美術館 | |

名稱	形式	質地	色彩	尺寸 高×寬cm	創作時間	收藏處所	典藏號碼
楓林觀瀑圖	軸	紙	設色	不詳	道光癸巳（十三年，1833）清和	南京 南京博物院	

畫家小傳：孫義鋆。字子和。號月底修簫館主人。江蘇吳縣人。博學，精天文、律算，以及詩詞、書畫、篆刻、陶製等無不通曉。畫善山水，由明文徵明父子而上攀宋元，故下筆輒有古韻；偶作花草，亦得南田、新羅法。流傳署款紀年作品見於仁宗嘉慶二十（1815）年至宣宗道光十三(1833)年。（見墨林今話、耕硯田齋筆記、中國畫家人名大辭典）

秀 琨

名稱	形式	質地	色彩	尺寸	創作時間	收藏處所	典藏號碼
艮泉十二景圖（清謝蘭生等艮泉十二景圖二卷之1段）	2卷	紙	設色	不詳	乙亥（嘉慶二十年1815）	廣州 廣州市美術館	

畫家小傳：秀琨。畫史無載。流傳署款紀年作品見於仁宗嘉慶二十（1815）年。身世待考。

葉 潮

名稱	形式	質地	色彩	尺寸	創作時間	收藏處所	典藏號碼
艮泉十二景圖（清謝蘭生等艮泉十二景圖二卷之1段）	2卷	紙	設色	不詳	乙亥（嘉慶二十年1815）	廣州 廣州市美術館	

畫家小傳：葉潮。畫史無載。流傳署款紀年作品見於仁宗嘉慶二十（1815）年。身世待考。

陳式金

名稱	形式	質地	色彩	尺寸	創作時間	收藏處所	典藏號碼
山水圖（清秦炳文等水冊16之4幀）	冊頁	紙	設色	不詳		天津 天津市藝術博物館	

附：

名稱	形式	質地	色彩	尺寸	創作時間	收藏處所	典藏號碼
山青詩意圖	軸	紙	設色	不詳	乙亥（嘉慶二十年，1815）仲春	蘇州 蘇州市文物商店	

畫家小傳：陳式金。字以和。號寄舫。江蘇江陰人。幼喜金石、書畫，家富庋藏，故善畫山水，初法元王蒙，後學吳歷。流傳署款紀年作品見於仁宗嘉慶二十(1815)年。（見墨林今話續編、中國畫家人名大辭典）

陳階平

名稱	形式	質地	色彩	尺寸	創作時間	收藏處所	典藏號碼
山水	軸	紙	設色	120.4×30.8	乙亥（嘉慶二十年，1815）	香港 鄭若琳先生	
萬頃松濤圖	橫幅	絹	設色	109×228	道光乙巳（二十五年，1845）	佛山 廣東省佛山市博物館	

畫家小傳：陳階平。道士。住廣東羅浮山。工畫山水、花卉。流傳署款紀年作品見於仁宗嘉慶二十(1815)年，至宣宗道光二十五（1845）年。（見留庵隨筆、中國美術家人名辭典）

朱 承

名稱	形式	質地	色彩	尺寸	創作時間	收藏處所	典藏號碼
高士濯足圖	軸	紙	設色	167×44		埔里 蕭再火先生	

名稱	形式	質地	色彩	尺寸 高x寬㎝	創作時間	收藏處所	典藏號碼

畫家小傳：朱承。字小農。台灣嘉義人。嘉慶、道光間貢生。工畫山水、人物，專尚細筆畫法，工整秀勁，超逸絕倫。（見台灣金石木書畫略）

項　紳

| 山水圖 | 軸 | 紙 | 水墨 | 119.7 x 45.8 | | 日本　東京石川寅吉先生 | |

附：

| 指畫松竹靈石通景（8幅） | 軸 | 絹 | 設色 | 不詳 | | 上海　上海文物商店 | |
| 山水圖（為學田年臺先生作） | 軸 | 紙 | 水墨 | 119.4 x 45.8 | | 紐約　蘇富比藝品拍賣公司/拍賣目錄 1986,06,03. | |

畫家小傳：項紳。字道存。又字濟南。江西浮梁人。善畫山水，筆墨蕭疏簡淡，近似奚岡。（見墨林今話、萍踪開記、清代畫史、中國畫家人名大辭典）

丁雅南

| 汪恭六十歲像 | 軸 | 紙 | 設色 | 不詳 | | 上海　上海博物館 | |

畫家小傳：丁雅南。畫史無載。身世待考。

（釋）達　受

花卉圖	卷	紙	水墨	不詳	道光庚子（二十年，1840）小春月八日	北京　故宮博物院	
梅花圖（為星齋作）	軸	紙	水墨	不詳	道光己酉（二十九年，1849）夏五月	蘇州　靈巖山寺	
梅花圖	摺扇面 金箋	水墨	不詳			常熟　江蘇省常熟市文物管理委員會	
菊花圖	摺扇面 紙	淺設色 16.9 x 51.7				韓國　首爾朴周煥先生	

附：

| 竹石花卉（4屏） | 軸 | 絹 | 設色 | （每屏）109.8 x 26 | 咸豐戊午（八年，1858）三月五日 | 紐約　蘇富比藝品拍賣公司/拍賣目錄 1988,11,30. | |

畫家小傳：達受。僧。號亦舟、小綠天庵僧。廣東海昌人。海昌白馬寺和尚。生於高宗乾隆五十六（1791）年，卒於文宗咸豐八（1858）年。性耽翰墨，不受禪縛，行腳半天下，廣交名流碩彥。為人精鑑賞，鑑別金石、碑版之屬，阮元以金石僧呼之。間寫花卉，得明徐渭縱逸之致。又擅篆隸、飛白、鐵筆，並摹拓之技。（見墨林今話、桐陰論畫、寒松閣談藝瑣錄、中國畫家人名大辭典）

黃　裔

名稱	形式	質地	色彩	尺寸 高x寬cm	創作時間	收藏處所	典藏號碼

墨雞圖　　　　　　　　　　　軸　　紙　　水墨　　83.6 x 47　　　　　　　　日本 東京帝室博物館

畫家小傳：黃裔。字兩先。太平人。黃松曾孫。能繼家學，善畫山水、花卉、翎毛。（見寧國府志、歷代畫史彙傳、中國畫家人名大辭典）

吳 正

湧流圖　　　　　　　　　　　冊頁　紙　　水墨　　28.4 x 40.9　　　　　　　德國 柏林東亞藝術博物館　　　　1910-1

畫家小傳：吳正。字項臣。安徽休寧人。吳求之子。能世家學，工畫人物；兼善花鳥，學黃荃，神韻如生。（見國朝畫徵續錄、中國畫
　　　　家人名大辭典）

周 濂

仿米氏山水圖　　　　　　　　軸　　紙　　水墨　　不詳　　　　　　嘉慶二十一年（丙　　太谷 山西省太谷縣文管處
　　　　　　　　　　　　　　　　　　　　　　　　　　　　　　子，1816）秋八月

畫家小傳：周濂。字蓮亭。沭陽人。性狷介。平居杜門不出。善畫山水，不輕易予人。流傳署款紀年作品見於仁宗嘉慶二十一（1816）年。
　　　　（見墨香居畫識、中國畫家人名大辭典）

戴 彝

師倪瓚雅宜山齋圖意山水　　　軸　　紙　　水墨　　不詳　　　　　　嘉慶丙子（二十一　　台北 傅申先生
　　　　　　　　　　　　　　　　　　　　　　　　　　　　　　年，1816）七月既
　　　　　　　　　　　　　　　　　　　　　　　　　　　　　　望

畫家小傳：戴彝。字尚古。安徽休寧人。流寓金陵。善琴，能詩。工畫山水，得傳婁東正派。流傳署款紀年作品見於仁宗嘉慶二十一
　　　　（1816）年。（見墨香居畫識、中國畫家人名大辭典）

張伯鳳

五松圖　　　　　　　　　　　軸　　絹　　設色　　99 x 41.5　　　丙子（嘉慶二十一　　天津 天津市藝術博物館
　　　　　　　　　　　　　　　　　　　　　　　　　　　　　　年，1816）

仿文徵明停雲館紀遊圖（9幀，　冊　　絹　　設色　　（每幀）22.5　嘉慶己卯（二十四　　廣州 廣東省博物館
為笙谷作）　　　　　　　　　　　　　　　　　　　x 29.5　　　年，1819）仲冬既
　　　　　　　　　　　　　　　　　　　　　　　　　　　　　　望

畫家小傳：張伯鳳。字譜梅。江蘇吳縣人。善畫山水，為王學浩最早弟子；兼寫花卉，亦有意致。流傳署款紀年作品見於仁宗嘉慶
　　　　二十一（1816）、二十四（1819）年 。（見墨林今話、耕硯田齋筆記、中國畫家人名大辭典）

蘇長春

三十六洞真君像圖　　　　　　卷　　紙　　設色　　不詳　　　　　　嘉慶丙子（二十一　　廣州 廣東省博物館
　　　　　　　　　　　　　　　　　　　　　　　　　　　　　　年，1816）初秋

山居水榭圖　　　　　　　　　軸　　紙　　水墨　　147.9 x 76　　甲辰（道光二十四　　廣州 廣東省博物館

名稱	形式	質地	色彩	尺寸 高x寬㎝	創作時間	收藏處所	典藏號碼
					年，1844）		
八仙圖	軸	紙	水墨	181.4 × 92.9		廣州 廣州市美術館	
五羊仙圖	軸	紙	水墨	不詳		廣州 廣州市美術館	
香積圖	軸	紙	水墨	166 × 58.3		廣州 廣州市美術館	
嶺南十五仙像圖	軸	紙	水墨	127.5 × 65.8	丁未（道光二十七年，1847）小春	廣州 廣州美術學院	
壽莊詩意圖	軸	紙	水墨	109.5 × 60		廣州 廣州美術學院	
孟軻周遊圖	軸	紙	設色	33 × 32		佛山 廣東省佛山市博物館	
輕舟迅邁圖	冊頁	紙	水墨	不詳		廣州 廣東省博物館	
貨殖列傳圖	冊頁	紙	水墨	不詳		廣州 廣東省博物館	
附：							
山水圖	軸	紙	水墨	不詳		北京 中國文物商店總店	
空江秋聲圖	軸	紙	水墨	113.3 × 53		香港 蘇富比藝品拍賣公司/拍賣目錄1986,05,22.	
學書圖	軸	紙	水墨	107.8 × 36		香港 蘇富比藝品拍賣公司/拍賣目錄1986,05,22.	
輕帆迅邁圖	軸	紙	水墨	122 × 53.3		紐約 蘇富比藝品拍賣公司/拍賣目錄1986,06,03.	
山水圖	軸	紙	水墨	118 × 63		紐約 蘇富比藝品拍賣公司/拍賣目錄1987,12,08.	
汝陽劉四像	軸	紙	水墨	118 × 59		紐約 蘇富比藝品拍賣公司/拍賣目錄1988,06,01.	
青溪碧嶂圖	軸	紙	水墨	89 × 34	乙巳（道光二十五年，1845）．'	紐約 蘇富比藝品拍賣公司/拍賣目錄1988,06,01.	
朝雲誦偈圖	軸	紙	水墨	30 × 22.3		紐約 佳士得藝品拍賣公司/拍賣目錄1989,12,04.	
寫朱晦翁章句人物圖	軸	紙	水墨	108 × 33		紐約 佳士得藝品拍賣公司/拍賣目錄1992,12,02.	
釋典翰院圖	軸	紙	水墨	124.5 × 60.5		紐約 佳士得藝品拍賣公司/拍賣目錄1992,12,02.	
五聖圖	軸	紙	水墨	148.5 × 58.5		香港 佳士得藝品拍賣公司/拍賣目錄1993,03,22.	
班姬讀史圖	軸	絹	水墨	59 × 38		香港 佳士得藝品拍賣公司/拍	

名稱	形式	質地	色彩	尺寸 高x寬㎝	創作時間	收藏處所	典藏號碼

名稱	形式	質地	色彩	尺寸 高×寬cm	創作時間	收藏處所	典藏號碼
						賣目錄 1993,10,24.	
許真君移居圖	橫幅	紙	水墨	41.8 × 82.2		香港 佳士得藝品拍賣公司/拍	
						賣目錄 1993,10,24.	
山水圖	軸	紙	水墨	118 × 54.2		香港 佳士得藝品拍賣公司/拍	
						賣目錄 1994,10,30.	
山水圖	軸	絹	水墨	117.5 × 51		香港 佳士得藝品拍賣公司/拍	
						賣目錄 1998,04,26.	
羅漢圖（四幀）	冊頁	紙	水墨	（每幀）31.4 × 29.2		紐約 蘇富比藝品拍賣公司/拍	
						賣目錄 1985,06,03.	
花卉竹石（蘇仁山、蘇六朋合冊之4幀）	冊頁	絹	水墨、設色	（每幀）23.5 × 33		香港 佳士得藝品拍賣公司/拍	
						賣目錄 1993,03,22.	
白描仙人像（2幀）	冊頁	紙	水墨	47 × 31		紐約 佳士得藝品拍賣公司/拍	
						賣目錄 1993,06,04.	

畫家小傳：蘇長春。字仁山。別署教圃。號菩提再生身尊者鮒潺。廣東順德人。工畫山水、人物，兼能寫花卉，用筆構圖自成一家，古樸高逸，有金石味。流傳署款紀年作品見於仁宗嘉慶二十一（1816）年，至宣宗道光二十七（1847）年。（見工餘談藝、中國美術家人名辭典）

招銘山

名稱	形式	質地	色彩	尺寸 高×寬cm	創作時間	收藏處所	典藏號碼
蘆蟹圖	卷	絹	設色	59 × 294	道光甲子（十四年，1834）	廣州 廣州市美術館	
朱竹圖	軸	紙	設色	不詳		石家莊 河北省博物館	
蘭竹石圖	軸	絹	水墨	不詳		南通 江蘇省南通博物苑	
竹石圖	軸	綾	水墨	不詳		南京 江蘇省美術館	
竹石圖聯屏（12幅）	軸	紙	水墨	不詳	道光辛卯（十一年，1831）三月	廣州 廣州市美術館	
蘆蟹圖	軸	紙	水墨	109.8 × 59.2		英國 倫敦大英博物館	1974.1.21.01（ADD385）
附：							
竹圖	橫幅	絹	水墨	30.8 × 231.1		紐約 蘇富比藝品拍賣公司/拍	
						賣目錄 1987,12,08.	
墨竹圖	軸	絹	水墨	207.6 × 96	道光癸巳（十三年，1833）六月重陽後二日	香港 佳士得藝品拍賣公司/拍	
						賣目錄 1989,01,16.	

畫家小傳：招銘山。字子庸。廣東南海人，仁宗嘉慶二十一（1816）年舉人。曾官山東濰縣令。善畫墨竹，有鄭燮風貌。流傳署款紀年作品見於宣宗道光十一（1831）至二十三（1843）年。（見墨林今話、中國畫家人名大辭典）

名稱	形式	質地	色彩	尺寸 高×寬cm	創作時間	收藏處所	典藏號碼

熊景星

| 山水人物 | 卷 | 絹 | 設色 | 50.4 x 150.4 | 乙巳（道光二十五年，1845） | 香港 中文大學中國文化研究所文物館 | |
| 百花圖（為鐵孫作） | 卷 | 紙 | 設色 | 不詳 | 乙巳（道光二十五年，1845） | 北京 中央工藝美術學院 | |

畫家小傳：熊景星。字伯晴。號䢵江（一作狄江）。廣東南海八。仁宗嘉慶二十一（1816）年舉人。工詩、古文辭。善畫山水、花竹。流傳署款紀年作品見於宣宗道光二十五（1845）年。（見桐陰論畫、劍光樓筆記、寒松閣談藝瑣錄、中國畫家人名大辭典）

徐 莒

| 山水圖 | 軸 | 紙 | 設色 | 不詳 | 嘉慶丙子（二十一年，1816） | 天津 天津市藝術博物館 | |

畫家小傳：徐莒。畫史無載。流傳署款紀年作品見於仁宗嘉慶二十一（1816）年。身世待考。

嚴 倫

| 指畫山水圖 | 軸 | 絹 | 設色 | 不詳 | 嘉慶丙子（二十一年，1816） | 濟南 山東省博物館 | |
| 策杖尋幽圖 | 軸 | 絹 | 設色 | 不詳 | | 濟南 山東省博物館 | |

畫家小傳：嚴倫。字倫皆。號石樵。廣東順德人。工詩，善畫山水。喜遊歷，所至名山大川，多摹擬之，煙痕雨意，久遂成家。流傳署款紀年作品見於仁宗嘉慶二十一（1816）年。（嶺南畫徵錄、順德縣志、劍光樓筆記、中國畫家人名大辭典）

周 濟

| 秋心晴靄圖 | 軸 | 紙 | 水墨 | 不詳 | 丙子（嘉慶二十一年，1816） | 濟南 山東省博物館 | |

畫家小傳：周濟。字保緒。號介存。晚年寓居金陵，得江氏園，遂易名春水，自號止庵、白門遺客、春水翁等。江蘇宜興人。中嘉慶十（1805）年進士。生平自負經世才，工擊刺，詩文、書畫為餘事。畫善山水，專師北宗，用筆沉厚，真力瀰滿，生硬中具書卷氣；尤愛畫石，離奇瘦透，饒有別致。流傳署款紀年作品見於仁宗嘉慶二十一（1816）年。（見墨林今話、中國畫家人名大辭典）

陳太占

| 蘭石圖 | 軸 | 絹 | 水墨 | 96 x 22.5 | | 香港 鄭德坤木扉 | |
| 柳禽圖 | 軸 | 紙 | 設色 | 不詳 | 丙子（嘉慶二十一年，1816） | 德清 浙江省德清縣博物館 | |

畫家小傳：陳太占。字花農。江蘇江寧人。善畫山水、花卉，尤擅畫松，用筆蒼勁。流傳署款紀年作品見於仁宗嘉慶二十一（1816）年。（見莫愁湖志、中國畫家人名大辭典）

沈 復

名稱	形式	質地	色彩	尺寸 高x寬cm	創作時間	收藏處所	典藏號碼
松竹圖	橫幅	紙	設色	不詳	嘉慶丙子（二十一年，1816）	紹興 浙江省紹興市博物館	
水繪園舊址書畫（18幀）	冊	紙	設色	（每幀）21.2 x 26.2		上海 上海博物館	

畫家小傳：沈復。字二白。浙江元和人。工畫花卉。嘗隨趙文楷出使琉球，畫名著於海外。流傳署款紀年作品見於仁宗嘉慶二十一（1816）年。（見耕硯田齋筆記、中國畫家人名大辭典）

張士文

墨竹圖（對幅）	軸	紙	水墨	227 x 46.9	丙子（？嘉慶二十一年，1816）春日	日本 東京國立博物館	

畫家小傳：張士文。畫史無載。流傳署款作品紀年疑似仁宗嘉慶二十一（1816）年。身世待考

戴公望

附：

山水、花鳥圖（10幀）	冊	紙	水墨、設色		丁丑（嘉慶二十二年，1817）五月	紐約 佳士得藝品拍賣公司/拍賣目錄1988,06,02.	

畫家小傳：戴公望。號貞石。浙江嘉善人。戴臥雲之子。工書，善畫。畫山水、花草，俱學惲壽平；又作蘭石，偶一點筆，靡不超雋。流傳署款紀年作品見於仁宗嘉慶二十二(1817)年。（見墨林今話、桐陰論畫、耕硯田齋筆記、中國畫家人名大辭典）

周　鎬

秋景山水圖	卷	紙	設色	不詳	戊子（道光八年，1828）春月	鎮江 江蘇省鎮江市博物館	
秋林觀瀑圖	軸	紙	設色	63.3 x 77	道光庚子（二十年，1840）	長春 吉林省博物館	
松山古寺圖	軸	紙	設色	不詳	丁丑（嘉慶二十二年，1817）	瀋陽 遼寧省博物館	
雲山圖	軸	紙	水墨	不詳	己丑（道光九年，1829）	天津 天津市藝術博物館	
水邊煙柳圖	軸	紙	水墨	不詳	道光辛丑（二十一年，1841）	天津 天津市藝術博物館	
石壁雲峰圖	軸	紙	設色	不詳		天津 天津市藝術博物館	
溪山煙靄圖	軸	紙	水墨	不詳		天津 天津市藝術博物館	
枯木竹石圖	軸	紙	水墨	不詳	壬辰（道光十二年，1832）	石家莊 河北省石家莊文物管理所	

名稱	形式	質地	色彩	尺寸 高×寬cm	創作時間	收藏處所	典藏號碼
山水圖	軸	紙	設色	不詳	道光壬辰（十二年，1832）	西安 陝西省西安市文物保護考古所	
山水圖	軸	紙	水墨	不詳	道光甲申（四年，1824）秋八月	南通 江蘇省南通博物苑	
松閣觀瀑圖	軸	紙	水墨	不詳	道光丁亥（七年，1827）	南通 江蘇省南通博物苑	
聽瀑圖	軸	紙	設色	不詳		上海 上海古籍書店	
山水圖（4屏）	軸	紙	設色	（每屏）35 × 42.2	道光己丑（九年，1829）夏日	南京 南京博物院	
歸樵圖	軸	紙	設色	不詳		南京 江蘇省美術館	
訪門酒閣圖	軸	紙	設色	不詳		鎮江 江蘇省鎮江市博物館	
蔬果圖	軸	紙	設色	不詳		鎮江 江蘇省鎮江市博物館	
携琴訪友圖（為月樵作）	摺扇面	紙	設色	不詳	道光丁酉（十七年，1837）嘉平月	北京 故宮博物院	
山水圖（12幀）	冊	紙	水墨	（每幀）20.6 × 32.7	道光辛卯（十一年，1831）	天津 天津市藝術博物館	
山松見塔圖	摺扇面	紙	設色	20 × 54.2	嘉慶己卯（二十四年，1819）	南京 南京博物院	
鎮江二十四景圖（24幀，為竺農作）	冊	紙	設色	（每幀）37 × 63	道光壬寅（二十二年，1842）春月	鎮江 江蘇省鎮江市博物館	
附：							
觀松圖	軸	紙	水墨	不詳	道光癸未（三年，1823）夏和節	北京 榮寶齋	
梅花山屋圖	軸	紙	設色	106 × 53		天津 天津市文物公司	
竹閣幽坐圖	軸	紙	設色	不詳		上海 朵雲軒	
四景山水圖（4幅）	軸	紙	設色	不詳		上海 朵雲軒	
山水圖	摺扇面	紙	水墨	不詳	道光乙未（十五年，1835）	無錫 無錫市文物商店	

畫家小傳：周鎬。字子京。畫史無載。流傳署款紀年作品見於仁宗嘉慶二十二（1817）年至宣宗道光二十二（1842）年。身世待考。

周松泉

名稱	形式	質地	色彩	尺寸 高×寬cm	創作時間	收藏處所	典藏號碼
郭麐陶然圖像（陸燦寫照，周松泉補景）	軸	紙	設色	不詳	嘉慶丁丑（二十二年，1817）冬十月二十八日	北京 故宮博物院	

畫家小傳：周松泉。畫史無載。流傳署款紀年作品見於仁宗嘉慶二十二（1817）年。身世待考。

名稱	形式	質地	色彩	尺寸 高×寬cm	創作時間	收藏處所	典藏號碼

虞蟾

名稱	形式	質地	色彩	尺寸 高×寬cm	創作時間	收藏處所	典藏號碼
山水圖	軸	紙	設色	不詳	嘉慶己卯（二十四年，1819）	南京 南京博物院	
丹楓絕壁圖	軸	紙	設色	不詳	丁丑（嘉慶二十二年，1817）	南京 南京博物院	
山水圖	軸	紙	水墨	不詳	甲午（道光十四年，1834）	南京 南京博物院	
山水圖	軸	紙	設色	不詳		南京 南京博物院	
仿清湘老人山水圖	橫幅	紙	設色	115 × 184.5	丁卯（同治六年，1867）秋日	南京 江蘇省美術館	
撥阮圖（虞蟾、王素合作）	軸	紙	設色	215 × 107	道光壬午（二年，1822）	武漢 湖北省博物館	

畫家小傳：虞蟾。字步青。號半村老人。江蘇揚州甘泉人。早年善作北宗工細山水，畫筆蒼莽雄肆。壯年，值太平天國陷南京，與揚州藝人應聘前往從事壁畫，所作壁畫山水，雄渾純厚，大氣磅礴。晚年境困，不善時尚，畫花鳥僅以銳筆潑墨為之，賤價求售，不為人重。流傳署款紀年作品見於仁宗嘉慶二十二（1817）年，至穆宗同治六(1867)年。（見揚州畫苑錄、榆園畫誌、中國美術家人名辭典）

郟志潮

附：

名稱	形式	質地	色彩	尺寸 高×寬cm	創作時間	收藏處所	典藏號碼
臨陳其年像	橫幅	絹	設色	93.3 × 30	嘉慶丁丑（二十二年，1817）	上海 上海文物商店	

畫家小傳：郟志潮。畫史無載。流傳署款紀年作品見於仁宗嘉慶二十二（1817）年。身世待考。

汪穀

名稱	形式	質地	色彩	尺寸 高×寬cm	創作時間	收藏處所	典藏號碼
雙鉤蘭竹圖	軸	紙	水墨	156.2 × 44.6	嘉慶丁丑（二十二年，1817）	杭州 浙江省博物館	

畫家小傳：汪穀。字琴田。號心農。安徽休寧人，僑寓吳中。為人精鑑賞，收藏甚富。與王夢樓友善。工寫蘭竹，筆法妍雅。流傳署款紀年作品見於仁宗嘉慶二十二（1817）年。（見墨香居畫識、墨林今話、中國畫家人名大辭典）

吳寶書

名稱	形式	質地	色彩	尺寸 高×寬cm	創作時間	收藏處所	典藏號碼
梅竹圖	軸	紙	設色	不詳	嘉慶甲戌（十九年，1814）冬日	無錫 江蘇省無錫市博物館	

畫家小傳：吳寶書。字松崖。號籜仙。江蘇無錫人。吳林之子。生於高宗乾隆五十八（1793）年，仁宗嘉慶十九（1814）年尚在世。書畫傳家學。善畫花果、蘭竹，尤精仕女，極盡閨閣窈窕之態；晚年好寫墨竹，頗自矜重。（見墨香居畫識、墨林今話、桐陰論

名稱	形式	質地	色彩	尺寸 高x寬cm	創作時間	收藏處所	典藏號碼

畫、中國畫家人名大辭典）

吳自孚

| 桃實圖 | 軸 | 紙 | 設色 | 不詳 | 嘉慶戊寅（二十三
年，1818）九秋 | 北京 故宮博物院 | |

畫家小傳：吳自孚。號浣華。安徽休寧人。能詩。工畫山水、花卉。流傳署款紀年作品見於仁宗嘉慶廿三（1818）年。（見虹廬畫談、中國畫家人名大辭典）

陳清遠

附：

春秋圖	卷	紙	設色	不詳	己卯（嘉慶二十四 年，1817）	上海 上海文物商店	
明皇簪花圖	軸	紙	設色	不詳	戊寅（嘉慶二十三 年，1818）仲春	揚州 揚州市文物商店	
松雀圖	軸	紙	設色	不詳	道光丙申（十六年 ，1836）	上海 上海文物商店	

畫家小傳：陳清遠。字渠仙。浙江錢塘人。善畫山水、花卉，筆簡意遠；作人物，尤精絕。流傳署款紀年作品見於仁宗嘉慶二十三（1818）年至宣宗道光十六（1836）年。（見婕隱園書畫雜綴、中國畫家人名大辭典）

戴顯堂

| 仿趙松雪畫馬圖（6幀） | 冊 | 紙 | 水墨 | 不詳 | 嘉慶戊寅（二十三
年，1818）仲春 | 太原 山西省博物館 | |

畫家小傳：戴顯堂。畫史無載。流傳署款紀年作品見於仁宗嘉慶二十三（1818）年。身世待考。

汪為霖

| 觀音大士圖 | 軸 | 紙 | 設色 | 不詳 | 嘉慶戊寅（二十三
年，1818）仲春 | 南京 南京博物院 | |

畫家小傳：汪為霖。字春田。江蘇如皋人。為人倜儻權奇，有才勇，多技能。善寫蘭竹，超妙絕倫。流傳署款紀年作品見於仁宗嘉慶二十三（1818）年。（見墨香居畫識、中國畫家人名大辭典）

何　皓

| 萬壑秋濤圖 | 卷 | 紙 | 水墨 | 27 x 448.1 | | 瀋陽 遼寧省博物館 | |

附：

名稱	形式	質地	色彩	尺寸 高x寬cm	創作時間	收藏處所	典藏號碼
春景山水圖（擬趙大年筆意）	軸	絹	設色	158.8 x 64.7	戊寅（嘉慶二十三年，1818）春月	紐約 佳仕得藝品拍賣公司/拍賣目錄 1986.12.01	

畫家小傳：何皓。字照公。江蘇長洲人。善畫青綠山水，清潤秀逸，有宋人風致。流傳署款紀年作品見於仁宗嘉慶二十三（1818）年。
（耕硯田齋筆記、中國畫家人名大辭典）

陳 墫

名稱	形式	質地	色彩	尺寸 高x寬cm	創作時間	收藏處所	典藏號碼
停琴聽泉圖	軸	紙	設色	不詳	甲辰（道光二十四年，1844）	廣州 廣東省博物館	
松亭授讀圖	軸	紙	設色	不詳		廣州 廣州市美術館	
山水圖（仿黃鶴山樵筆）	軸	紙	設色	120 x 46.4	癸卯（道光二十三年，1843）中秋	日本 東京內野皎亭先生	
春遊圖	摺扇面	灑金箋	設色	不詳	丙午（道光二十六年，1846）	合肥 安徽省博物館	
仿仇英山水圖	摺扇面	金箋	設色	不詳	癸巳（道光十三年，1833）	南京 南京博物院	
懷米山房圖（為秋舫作，張培敦等七人作懷米山房圖合冊之1幀）	冊頁	紙	設色	不詳	戊子（道光八年，1828）秋日	南京 南京博物院	
仿王蒙長江歸棹圖（清人名家書畫冊之1幀）	摺扇面	金箋	設色	18.2 x 53.3	乙未（道光十五年，1835）五月廿二日	日本 中埜又左衛門先生	
附：							
山水圖（陳墫、顧洛、湯貽汾山水卷3之1段）	卷	紙	設色	不詳	乙未（道光十五年，1835）	天津 天津市文物公司	
秋山暮靄`	軸	紙	設色	不詳	辛丑（道光二十一年，1841）	上海 朵雲軒	
萬壑松風圖	軸	紙	設色	不詳	甲辰（道光二十四年，1844）	上海 朵雲軒	
仿吳鎮山水圖	軸	紙	水墨	109 x 33.6	戊寅（嘉慶二十三年，1818）仲春	上海 上海文物商店	

畫家小傳：陳墫。字仲尊。號篳汀、白隄花隱。江蘇長洲人。工書、畫。畫山水，得瞿大坤傳，布墨用筆近董其昌；偶作花果雜品，則學石濤、金農。流傳署款紀年作品見於仁宗嘉慶二十三（1818）年至宣宗道光二十四（1844）年。（見墨林今話、清朝書畫家筆錄、中國畫家人名大辭典）

李 森

名稱	形式	質地	色彩	尺寸 高x寬cm	創作時間	收藏處所	典藏號碼
鬼子母揭缽圖	卷	絹	設色	30.3 x ？		日本 富山縣大澤博先生	A2494

畫家小傳：李森。字直齋。江蘇長洲人。與蔣寶齡、談有仁為友。癖嗜書、畫。善寫真，得杜拙齋傳；又工山水，用筆取資宋人，布置則以元人為法。(見墨林今話、中國畫家人名大辭典)

馮 佐

竹嶼雲起圖	卷	紙	設色	30.3 x 122	嘉慶戊寅（二十三年，1818）	廣州 廣東省博物館	

畫家小傳：馮佐。畫史無載。流傳署款紀年作品見於仁宗嘉慶二十三（1818）年。身世待考。

宋 霖

牡丹圖	軸	紙	水墨	94.1 x 44.6	嘉慶戊寅（二十三年，1818）夏五	日本 兵庫縣黑川古文化研究所	

畫家小傳：宋霖。字六雨。江蘇南通人。工詩畫。尤善水墨梅、蘭、竹、菊及花卉，有奇趣，而自然入妙。流傳署款紀年作品見於仁宗嘉慶二十三（1818）年。(見墨香居畫識、中國畫家人名大辭典)

沈 榮

聽泉先生小像（沈榮、金應仁合作	卷	紙	設色	不詳	壬辰（道光十二年，1832）	蘇州 江蘇省蘇州博物館	
溪塘玩月圖	摺扇面	紙	設色	不詳	乙未（道光十五年，1835）長夏	北京 故宮博物院	
花卉圖（10幀）	冊	紙	設色	（每幀）22.9 x 31.8		日本 京都國立博物館	A甲573
人物圖	軸	絹	水墨	不詳	道光十三年（癸巳，1833）	上海 朵雲軒	

畫家小傳：沈榮。字石薌。號甌史。江蘇元和人。生於高宗乾隆五十九（1794）年，卒於文宗咸豐六（1856）年。工畫花卉、山水，得費東派筆意；亦工小照。(見桐陰論畫、墨林今話、中國畫家人名大辭典)

陶 琯

花卉圖	卷	紙	設色	21.7 x 378.1		台南 石允文先生	
墨梅（計芬、陶琯合景冊之7）	冊頁	絹	水墨	26.5 x 34.5		日本 東京高島菊次郎槐安居	
蘭、竹石、靈芝（計芬、陶琯合景冊之8）	冊頁	絹	水墨	26.5 x 34.5		日本 東京高島菊次郎槐安居	
擬包山子意瓶菊（計芬、陶琯合景冊之9）	冊頁	絹	水墨	26.5 x 34.5		日本 東京高島菊次郎槐安居	

名稱	形式	質地	色彩	尺寸 高x寬cm	創作時間	收藏處所	典藏號碼
海棠、蓮、茶花（計芬、陶珢合景冊之10）	冊頁	絹	設色	26.5 x 34.5		日本 東京高島菊次郎槐安居	
蓮花（計芬、陶珢合景冊之11）	冊頁	絹	水墨	26.5 x 34.5		日本 東京高島菊次郎槐安居	
水盂、菖蒲（計芬、陶珢合景冊之12）	冊頁	絹	水墨	26.5 x 34.5		日本 東京高島菊次郎槐安居	
梅花西舍圖（錢杜等畫梅花西舍圖合冊8之1幀）	冊頁	紙	設色	16.3 x 21.3	己巳（嘉慶十四年，1809）夏五	美國 鳳凰市美術館(Mr.Roy And Marilyn Papp 寄存)	
梅蘭圖（與吳秀淑合作，陶珢、陶馥、吳秀淑花卉圖冊之1）	冊頁	紙	設色	23.7 x 33.9		德國 柏林東方藝術博物館	1988-16
芭蕉牡丹圖（與陶馥合作，陶珢、陶馥、吳秀淑花卉圖冊8之2）	冊頁	紙	設色	23.7 x 33.9		德國 柏林東方藝術博物館	1988-16
瓶菊燈台圖（陶珢、陶馥、吳秀淑花卉圖冊8之5）	冊頁	紙	設色	23.7 x 33.9		德國 柏林東方藝術博物館	1988-16
瘦竹圖（陶珢、陶馥、吳秀淑花卉圖冊8之6）	冊頁	紙	設色	23.7 x 33.9		德國 柏林東方藝術博物館	1988-16
秋海棠圖（陶珢、陶馥、吳秀淑花卉圖冊8之8）	冊頁	紙	設色	23.7 x 33.9		德國 柏林東方藝術博物館	1988-16
附：							
山館紀幽圖（14幀）	冊	紙	設色	不詳	道光十五年（乙未，1835）重陽後六日	北京 榮寶齋	

畫家小傳：陶珢。字梅石，號梅若、鉏雲。浙江秀水人。陶樂山長子。生於高宗乾隆五十九（1794）年，卒於道光二十九（1849）年。家藏名畫甚富，自幼濡染，故善畫，尤工梅石，學金農。（見墨林今話、中國畫家人名大辭典）

(釋) 際 昌

| 山水花卉圖（王學浩、際昌、夏鼐、江介合作4之1幅） | 軸 | 紙 | 設色 | 不詳 | 乙卯（嘉慶二十四年，1819） | 天津 天津市藝術博物館 | |

畫家小傳：際昌。僧。號可庵。梁谿人。主持常熟維摩方丈。能詩，工書，亦善寫蘭竹。流傳署款紀年作品見於仁宗嘉慶二十四（1819）年。（見虞山畫志、中國畫家人名大辭典）

胡相端

名稱	形式	質地	色彩	尺寸 高x寬cm	創作時間	收藏處所	典藏號碼
芙蓉疏柳圖	軸	絹	設色	不詳	辛巳（道光元年，1821）春日	北京 故宮博物院	
山水圖（12幀）	冊	紙	設色	不詳	己卯（嘉慶二十四年，1819）仲春	北京 故宮博物院	

畫家小傳：胡相端。女。號智珠。大興人，寓居維揚。適雲間許氏。能詩。善鼓琴。工畫鉤染花卉。流傳署款紀年作品見於仁宗嘉慶二十四(1819)年至宣宗道光元(1821)年。（見墨林今話、耕硯田齋筆記、中國畫家人名大辭典）

鄭松泉

山水圖（12幀）	冊	綾	水墨	不詳	嘉慶己卯（二十四年，1819）	天津 天津市藝術博物館	

畫家小傳：鄭松泉。畫史無載。流傳署款紀年作品見於仁宗嘉慶二十四(1819)年。身世待考。

勞 鏞

摹陸隴其像（？幀）	冊	紙	設色	不詳	嘉慶己卯（二十四年，1819）孟秋	北京 故宮博物院	

畫家小傳：勞鏞。畫史無載。流傳署款紀年作品見於仁宗嘉慶二十四(1819)年。身世待考。

潘 岐

仿陸叔平水仙茶花圖	軸	絹	設色	不詳	甲申（道光四年，1824）嘉平之望	南京 南京博物院	
霧鎖煙凝圖	軸	絹	水墨	不詳		南京 南京博物院	
仿南田桃花山鳥圖	軸	絹	水墨	115.1 x 32.4	甲申（道光四年，1824）新秋	日本 東京石川寅吉先生	

附：

臨馬遠寒鴉圖	軸	紙	水墨	49.9 x 33	嘉慶己卯（二十四年，1819）冬	紐約 佳士得藝品拍賣公司/拍賣目錄 1995,09,19.	

畫家小傳：潘岐。字荇池。號小蓮。江蘇丹徒人。潘恭壽之子。亦工畫，賦色明雅。流傳署款紀年作品見於仁宗嘉慶二十四（1819）年至宣宗道光四（1824）年。（見墨林今話、甌缽羅室書畫過目考、中國畫家人名大辭典）

龐錦峰

附：

欽履像（龐錦峰、馬銓合作）	軸	紙	設色	不詳	屠維單閼（嘉慶二十四年，己卯，1819）	上海 朵雲軒	

名稱	形式	質地	色彩	尺寸 高×寬㎝	創作時間	收藏處所	典藏號碼

畫家小傳：龐錦峰。畫史無載。流傳署款紀年作品見於仁宗嘉慶二十四（1819）年。身世待考。

馬 銓

附：

欽履像（龐錦峰、馬銓合作）	軸	紙	設色	不詳	屠維單閼（嘉慶二十四年，己卯，1819）	上海 朵雲軒	

畫家小傳：馬銓。畫史無載。流傳署款紀年作品見於仁宗嘉慶二十四（1819）年。身世待考。

唐 辰

仿倪雲林山水圖	軸	紙	水墨	98 × 47.8	己卯（嘉慶二十四年，1819）	上海 上海博物館	

畫家小傳：唐辰。畫史無載。流傳署款紀年作品見於仁宗嘉慶二十四（1819）年。身世待考。

金師鉅

艷雪圖	軸	絹	設色	155 × 78	嘉慶己卯（二十四年，1819）	濟南 山東省濟南市博物館	

附：

玉蘭圖	軸	絹	設色	不詳		上海 朵雲軒	

畫家小傳：金師鉅。畫史無載。流傳署款紀年作品見於仁宗嘉慶二十四（1819）年。身世待考。

羅允夔

仕女圖	摺扇面	紙	水墨	不詳	己卯（嘉慶二十四年，1819）	重慶 重慶市博物館	

畫家小傳：羅允夔。畫史無載。流傳署款紀年作品見於仁宗嘉慶二十四（1819）年。身世待考。

黃 驥

山樓觀瀑圖	軸	綾	水墨	45.4 × 45.1	庚辰（嘉慶二十五年，1820）春日	日本 東京山內豐景先生	

畫家小傳：黃驥。字惠夫。江蘇秣陵人。嘉慶間，曾任通政官。畫史無載。流傳署款紀年作品見於仁宗嘉慶二十五（1820）年。

法坤厚

補林則徐看劍引盃圖像	卷	紙	設色	不詳	嘉慶庚辰（二十五年，1820）仲秋	北京 故宮博物院	

名稱	形式	質地	色彩	尺寸 高x寬cm	創作時間	收藏處所	典藏號碼

附：

| 山水圖（12幀） | 冊 | 紙 | 設色 | 不詳 | | 青島 青島市文物商店 | |

畫家小傳：法坤厚。字南峰。號黃棠、白石山人。山東膠州人。法若真之曾孫。為貢生。善畫，得曾祖不傳之祕。流傳署款紀年作品見於
仁宗嘉慶二十五(1820)年。(山左詩續抄、中國美術家人名辭典)

俞　珣

| 梅雀圖 | 軸 | 紙 | 設色 | 不詳 | 庚辰（嘉慶二十五
年，1820）長至後
日 | 常熟 常熟市文物管理委員會 | |

畫家小傳：俞珣。畫史無載。流傳署款紀年作品見於仁宗嘉慶二十五(1820)年。身世待考。

袁　沛

青藜館圖（青藜館圖合卷之1）	卷	絹	設色	32.4 x 135.4		台南 石允文先生	
區田觀穫圖（為功甫作）	卷	紙	設色	不詳	道光己丑（九年， 1829）秋九月	蘇州 江蘇省蘇州博物館	
飛文館圖	軸	紙	設色	不詳	嘉慶己卯（二十四 年，1819）	上海 上海博物館	
仿黃子久山水圖	軸	紙	設色	不詳	庚辰（嘉慶二十五 年，1820）中秋	南京 南京博物院	
松窗讀易圖	軸	紙	設色	不詳		南京 南京博物院	
秋江漁笛圖	摺扇面	紙	設色	不詳	道光壬午（二年， 1822）清明日	北京 故宮博物院	
臨王翬秋山紅樹草堂圖	冊頁	紙	設色	不詳	道光戊子（八年， 1828）初夏	北京 故宮博物院	
秋山行旅圖	摺扇面	紙	設色	不詳	道光甲午（十四年 ，1834）長夏	北京 故宮博物院	
園林圖景（8幀）	冊	紙	設色	不詳	嘉慶庚辰（二十五 年，1820）春仲	南京 南京博物院	
山水圖（12幀）	冊	紙	設色	不詳	道光戊戌（十八年 ，1838）長夏	南京 南京博物院	
山水圖（清錢杜等山水冊8之 2幀）	冊頁	紙	設色	（每幀）22.8 x 16		烏魯木齊 新疆維吾爾自治區 博物館	

名稱	形式	質地	色彩	尺寸 高x寬cm	創作時間	收藏處所	典藏號碼
溪頭聽瀑圖（清人扇面合裝冊之第 2 幀）	摺扇面	紙	設色	18 x 54		日本 私人	
附：							
青藜館圖（與王學浩畫合裝）	卷	絹	設色	32.5 x 135.6	庚辰（嘉慶二十五年，1820）	上海 上海文物商店	
山水圖（12 幀）	冊	紙	設色	（每幀）23.3 x 27		北京 中國文物商店總店	
山水圖（八幀，為紱庭三兄作）	冊	紙	設色	（每幀）22.2 x 29	道光丁酉（十七年，1837）初夏	紐約 蘇富比藝品拍賣公司/拍賣目錄 1984,06,13.	

畫家小傳：袁沛。字少迂。江蘇元和人。袁鉞之子。承家學，亦工書、善畫。畫山水，獨守正宗，秀骨妍姿近似王石谷。流傳署款紀年作品見於仁宗嘉慶二十五(1820)年，至宣宗道光十八(1838)年。(見墨香居畫識、墨林今話、中國畫家人名大辭典)

陳克明

名稱	形式	質地	色彩	尺寸 高x寬cm	創作時間	收藏處所	典藏號碼
寫朱為弼五十像	軸	紙	設色	不詳	嘉慶二十五年（庚辰，1820）秋日	北京 故宮博物院	
朱為弼像	軸	紙	水墨	不詳		平湖 浙江省平湖縣博物館	
宜園讀書圖（宜園讀書圖冊 2 之 1 幀）	冊頁	紙	設色	不詳	己丑（道光九年，1829）	重慶 重慶市博物館	
山莊圖	紈扇面	絹	設色	25.7 x 26.6		美國 印地安阿波里斯市藝術博物館	73.61.22

畫家小傳：陳克明。字南叔。浙江海鹽人。善畫山水、仕女，無不精妙。流傳署款紀年作品見於仁宗嘉慶二十五(1820)年。(見嘉興府誌、海鹽縣誌、中國畫家人名大辭典)

江 介

名稱	形式	質地	色彩	尺寸 高x寬cm	創作時間	收藏處所	典藏號碼
山水花卉圖（王學浩、際昌、夏翚、江介合作 4 之 1 幅）	軸	紙	設色	不詳	乙卯（嘉慶二十四年，1819）	天津 天津市藝術博物館	
秋僊圖	軸	紙	設色	不詳	道光二年（壬午，1822）	上海 上海博物館	
楚江秋景圖	軸	紙	設色	131.3 x 63	己酉（道光五年，1825）	上海 上海博物館	
牡丹圖	軸	絹	設色	不詳		上海 上海博物館	
秋園雙兔圖	軸	紙	設色	不詳		杭州 浙江省博物館	
劉海戲蟾圖	軸	紙	設色	127 x 50	辛卯（道光十一年，1831）	杭州 浙江省杭州西泠印社	

名稱	形式	質地	色彩	尺寸 高x寬cm	創作時間	收藏處所	典藏號碼
荷花翠鳥圖	軸	絹	設色	不詳		平湖 浙江省平湖縣博物館	
白蓮花圖	軸	紙	設色	不詳		德清 浙江省德清縣博物館	
鍾馗圖	軸	紙	設色	不詳		長興 浙江省長興縣博物館	
花果圖（12幀）	冊	紙	設色	（每幀）31 x 24		長春 吉林省博物館	
花鳥、草蟲圖（8幀）	冊	紙	設色	不詳	壬辰（道光十二年，1832）小春	上海 上海博物館	
繁花似錦（為香柏廿五兄作）	摺扇面	紙	設色	16 x 48.5	庚辰（嘉慶二十五年，1820）春暮	昆山 崑崙堂美術館	
枝嬉圖（為磊哉大兄作）	摺扇面	紙	設色	18.5 x 53.5		昆山 崑崙堂美術館	
花蝶圖（9幀）	冊	金箋	設色	不詳		湖州 浙江省湖州市博物館	
附：							
花鳥圖（4幅）	軸	紙	設色	不詳	辛卯（道光十一年，1831）	上海 上海文物商店	
擬兩峰居士晉爵圖	軸	紙	設色	128.3 x 59.6	道光五年（乙酉，1825）嘉平上浣	紐約 蘇富比藝品拍賣公司/拍賣目錄1984,06,13.	
富貴壽考圖	軸	紙	設色	128 x 49.5		紐約 佳士得藝品拍賣公司/拍賣目錄1993,12,01.	
富貴仙壽圖	軸	紙	設色	128 x 49.5		紐約 佳士得藝品拍賣公司/拍賣目錄1998,09,15.	
花卉圖（12幀）	冊	紙	設色	（每幀）24.1 x 31.4	道光戊子（八年，1828）秋九月	香港 蘇富比藝品拍賣公司/拍賣目錄1999,10,31.	

畫家小傳：江介。原名鑑。字石如。浙江錢塘人。初習畫，工寫人物，似陳洪綬。後棄而專事花卉，從陳淳入手，上窺宋元，筆墨雋逸疏澹，迥絕常蹊。流傳署款紀年作品見於仁宗嘉慶二十四(1819)年,至宣宗道光十二(1832)年。(見墨林今話、耕硯田齋筆記、中國畫家人名大辭典)

錢昌言

錢岱雨像（郁春木、錢昌言合作）	軸	紙	設色	不詳	嘉慶二十五年（庚辰，1820）	嘉興 浙江省嘉興市博物館	
竹菊石圖	軸	紙	設色	不詳	己卯（嘉慶二十四年，1819）	長沙 湖南省博物館	

畫家小傳：錢昌言。字岱雨。浙江海鹽人。錢載之孫。承家學，善畫蘭竹，尤工花卉，用筆放佚，運腕快捷如草書，極淋漓瀟灑之致。人稱其以筆墨為遊戲，堪與姜漁並駕。流傳署款紀年作品見於仁宗嘉慶二十四（1819）、二十五（1820）年。(見墨林今話、桐陰論畫、清朝書畫家筆錄、中國畫家人名大辭典)

名稱	形式	質地	色彩	尺寸 高x寬cm	創作時間	收藏處所	典藏號碼

郁春木

| 錢岱雨像（郁春木、錢昌言合作） | 軸 | 紙 | 設色 | 不詳 | 嘉慶二十五年（庚辰，1820） | 嘉興 浙江省嘉興市博物館 | |

畫家小傳：郁春木。畫史無載。與錢昌言同時。流傳署款紀年作品見於仁宗嘉慶二十五(1820)年。身世待考。

趙 光

| 山水圖（宋元明名家画冊之第8幀） | 冊頁 | 紙 | 設色 | 不詳 | | 日本 京都藤井善助先生 | |

畫家小傳：趙光。字蓉舫。號退庵。雲南昆明人。嘉慶二十五(1820)年進士。仕官至刑部尚書。工詩文。善書法。（見墨林今話、清朝書畫家筆錄、雲南通誌、中國畫家人名大辭典）

姚 琛

| 歲朝圖 | 軸 | 絹 | 設色 | 不詳 | 庚辰（嘉慶二十五年，1820） | 鎮江 江蘇省鎮江市博物館 | |

畫家小傳：姚琛。畫史無載。流傳署款紀年作品見於仁宗嘉慶二十五(1820)年。身世待考。

張春雷

| 幽谷紅梅圖 | 軸 | 絹 | 設色 | 不詳 | 嘉慶庚辰（二十五年，1820） | 揚州 江蘇省揚州市博物館 | |

附：

| 梅花圖 | 軸 | 紙 | 水墨 | 不詳 | | 上海 上海文物商店 | |

畫家小傳：張春雷。字安甫。號華陽山樵。邵埭人。能詩。善篆刻。工畫花卉、木石，筆墨老逸蒼秀；尤長於雜畫，頗見新穎。流傳署款紀年作品見於仁宗嘉慶二十五(1820)年。（見墨林今話、中國畫家人名大辭典）

韋 布

| 山水圖 | 軸 | 紙 | 水墨 | 129.5 x 57. 1 | | 天津 天津市文化局文物處 | |

畫家小傳：韋布。畫史無載。身世待考。

侯仕賢

| 仙隱圖 | 軸 | 絹 | 水墨 | 158 x 98 | | 合肥 安徽省博物館 | |

畫家小傳：侯仕賢。畫史無載。身世待考。

名稱	形式	質地	色彩	尺寸 高x寬㎝	創作時間	收藏處所	典藏號碼

顏 曾

| 山水圖（清屈大均等書畫冊6之3幀)） | 冊頁 | 紙 | 設色 | 27.2 x 20.7 | | 廣州 廣東省博物館 | |

畫家小傳：顏曾。畫史無載。身世待考。

江文棣

| 柳汀兒童圖（清人扇面合裝冊之第32幀 ） | 摺扇面 金箋 | | 水墨 | 16.1 x 52.2 | | 日本 私人 | |

畫家小傳：江文棣。畫史無載。身世待考。

計 垛

| 綠萼梅（明花卉畫冊之9） | 冊頁 | 紙 | 設色 | 16.1 x 50.6 | | 台北 故宮博物院 | 故畫 03515-9 |

畫家小傳：計垛。女。浙江秀水人。計楠之女，計芳之妹。能詩，亦工書畫，有閨中三絕之譽。(見墨林今話、中國畫家人名大辭典）

韓 蓀

| 東籬采菊圖 | 軸 | 紙 | 設色 | 不詳 | | 北京 中央美術學院 | |

畫家小傳：韓蓀。畫史無載。身世待考。

王世榮

附：

| 人物圖 | 卷 | 紙 | 設色 | 不詳 | | 北京 中國文物商店總店 | |

畫家小傳：王世榮。畫史無載。身世待考。

吳昌明

附：

| 蔬筍圖 | 軸 | 紙 | 水墨 | 不詳 | | 北京 中國文物商店總店 | |

畫家小傳：吳昌明。畫史無載。身世待考。

范士楨

附：

| 玉蘭錦雞圖 | 軸 | 絹 | 設色 | 不詳 | | 北京 中國文物商店總店 | |

畫家小傳：范士楨。畫史無載。身世待考。

桑 楨

名稱	形式	質地	色彩	尺寸 高x寬cm	創作時間	收藏處所	典藏號碼
附：

花卉圖（16幀） | 冊 | 紙 | 設色 | 不詳 | | 北京 中國文物商店總店 | |

畫家小傳：桑楨。畫史無載。身世待考。

淩 月

附：

| 山水圖 | 軸 | 絹 | 設色 | 不詳 | | 北京 中國文物商店總店 | |

畫家小傳：淩月。畫史無載。身世待考。

高 篋

附：

| 松石山雞圖 | 軸 | 絹 | 設色 | 不詳x | | 北京 中國文物商店總店 | |

畫家小傳：高篋。畫史無載。身世待考。

顧 昇

| 金陵畫格圖 | 卷 | 絹 | 設色 | 29.2 x 307.7 | | 上海 上海博物館 | |

畫家小傳：顧昇。畫史無載。身世待考。

顧 琳

| 丹山紀行圖 | 卷 | 紙 | 設色 | 30.9 x 332.3 | | 上海 上海博物館 | |

畫家小傳：顧琳。畫史無載。身世待考。

顧仲清

| 羅浮仙蝶圖（顧仲清、徐令合作） | 卷 | 紙 | 設色 | 34.3 x 104.9 | | 上海 上海博物館 | |

畫家小傳：顧仲清。畫史無載。身世待考。

徐 令

| 羅浮仙蝶圖（顧仲清、徐令合作） | 卷 | 紙 | 設色 | 34.3 x 104.9 | | 上海 上海博物館 | |

畫家小傳：徐令。畫史無載。身世待考。

王邕青

名稱	形式	質地	色彩	尺寸 高x寬㎝	創作時間	收藏處所	典藏號碼
小華六十一歲像	軸	紙	設色	不詳	嘉慶庚辰（二十五年，1820）	濟南 山東省博物館	

畫家小傳：王邑青。畫史無載。流傳署款紀年作品見於仁宗嘉慶二十五(1820)年。身世待考。

程大鏞

仕女圖	軸	紙	設色	不詳	嘉慶庚辰（二十五年，1820）	濟南 山東省博物館	

畫家小傳：程大鏞。畫史無載。流傳署款紀年作品見於仁宗嘉慶二十五(1820)年。身世待考。

蘇濬

張樂訓詩意圖	卷	紙	設色	29.5 x 100.1		天津 天津市藝術博物館	

畫家小傳：蘇濬。字眉山。江蘇江寧人。身世不詳。善畫山水、花卉。（見莫愁湖志、中國畫家人名大辭典）

漢六

人物圖（10幀）	冊	紙	設色	不詳		天津 天津市美術學院	

畫家小傳：漢六。畫史無載。身世待考。

蔣籌
附：

醉仙圖	摺扇面	紙	設色	不詳	庚辰（？嘉慶二十五年，1820）	上海 上海友誼商店	

畫家小傳：蔣籌。畫史無載。流傳署款作品紀年疑為仁宗嘉慶二十五（1820）年。身世待考。

廖銑
附：

人物圖	軸	紙	設色	不詳		上海 朵雲軒	

畫家小傳：廖銑。畫史無載。身世待考。

郭敏磐

潭西客夜圖	卷	紙	設色	不詳		濟南 山東省濟南市博物館	

畫家小傳：郭敏磐。畫史無載。身世待考。

高泰源

名稱	形式	質地	色彩	尺寸 高x寬cm	創作時間	收藏處所	典藏號碼

觀瀑圖　　　　　　　　軸　　絹　　設色　　不詳　　　　　　　　　　　上海 上海博物館

畫家小傳：高泰源。畫史無載。身世待考。

□松坡
附：

芭蕉仕女圖　　　　　　軸　　絹　　設色　　80.2 x 52.1　　　　　　　上海 朵雲軒

畫家小傳：□松坡。畫史無載。身世待考。

紫芝道人

洗象圖　　　　　　　　軸　　絹　　設色　　不詳　　　　　　　　　　　南京 南京市博物館

畫家小傳：紫芝道人。畫史無載。身世待考。

憚 丙
附：

芍藥桃花圖　　　　　　軸　　絹　　設色　　88.2 x 41.5　　　　　　　南京 南京市文物商店

畫家小傳：憚丙。畫史無載。身世待考。

黃家瑚

仿黃一峰山水圖　　　　軸　　絹　　設色　　不詳　　　　　　　　　　　鎮江 江蘇省鎮江市博物館

畫家小傳：黃家瑚。畫史無載。身世待考。

楊伯塤

花果草蟲圖　　　　　　軸　　紙　　設色　　不詳　　　　　　　　　　　無錫 江蘇省無錫市博物館

畫家小傳：楊伯塤（一作伯勳）。號芝田。江蘇無錫人。楊燦之子。能世家學，工畫花卉，又善畫理，著有畫則一卷行世。（見墨林今話、
　　　　清朝書畫家筆記、中國畫家人名大辭典）

周 輯

指畫六合同齡圖　　　　軸　　絹　　設色　　不詳　　　　　　　　　　　無錫 江蘇省無錫市博物館

畫家小傳：周輯。畫史無載。身世待考。

紀 功

落花游魚圖　　　　　　軸　　絹　　設色　　不詳　　　　　　　　　　　無錫 江蘇省無錫市博物館

名稱	形式	質地	色彩	尺寸 高x寬cm	創作時間	收藏處所	典藏號碼

畫家小傳：紀功。畫史無載。身世待考。

畢　昇

| 梅花圖（8幀） | 冊 | 紙 | 設色 | 不詳 | | 杭州 浙江省博物館 | |

畫家小傳：畢昇。畫史無載。身世待考。

何爾航安

| 指畫蜀葵雙鴨圖 | 軸 | 紙 | 設色 | 134.2 x 75.5 | | 成都 四川省博物院 | |

畫家小傳：何爾航安。畫史無載。身世待考。

張其沅

| 花卉圖（4幀） | 冊 | 絹 | 設色 | （每幀）32 x 25 | | 成都 四川省博物院 | |

畫家小傳：張其沅。畫史無載。身世待考。

羅　銓

| 八駿圖 | 橫幅 | 絹 | 設色 | 不詳 | | 蘭州 甘肅省博物館 | |

畫家小傳：羅銓。畫史無載。疑似活動於仁宗嘉慶末期時人。身世待考。

徐光範

| 墨蘭圖 | 軸 | 紙 | 水墨 | 112.3 x 61.9 | | 日本 佐賀縣鍋島報效會 | 3-軸-44-2 |

畫家小傳：徐光範。畫史無載。身世待考。

朱几鼎

| 仿黃公望松風仙館圖 | 軸 | 紙 | 設色 | 172.5 x 51.3 | | 日本 仙台市博物館 | |

畫家小傳：朱几鼎。畫史無載。身世待考。

李喬嵋

| 雪山雨意圖 | 軸 | 紙 | 水墨 | 144.2 x 61.4 | | 日本 仙台市博物館 | |

畫家小傳：李喬嵋。畫史無載。身世待考。

名稱	形式	質地	色彩	尺寸 高×寬㎝	創作時間	收藏處所	典藏號碼

談是子

竹石圖（2幅）	軸	絹	水墨	（每幅）138.9 × 76.5		日本 福岡市美術館	36

畫家小傳：談是子。自署「清江樂素至文」。畫史無載。身世待考。

孫 道

琴、棋、書、畫（4幅）	軸	絹	設色	不詳		日本 京都南禪寺	

畫家小傳：孫道。畫史無載。身世待考。

金 邖

山水圖	軸	絹	水墨	131 × 50.8		日本 大阪橋本大乙先生	

畫家小傳：金邖。畫史無載。身世待考。

鄭尚翰

山水圖（為異老年翁屬畫）	摺扇面 金箋		設色	16.6 × 49.3		日本 橫濱岡山美術館	

畫家小傳：鄭尚翰。畫史無載。身世待考。

顏石山

樹蟬圖	摺扇面 金箋		設色	17.1 × 50.6		日本 橫濱岡山美術館	

畫家小傳：顏石山。畫史無載。字一桂。身世待考。

王之圭

蘆汀雁群圖	軸	絹	水墨	124.7 × 41.1		日本 私人	

畫家小傳：王之圭。畫史無載。身世待考。

毛 鈖

蕉蔭仕女圖	軸	紙	設色	104.9 × 29.4		日本 東京國立博物館	

畫家小傳：毛鈖。女。畫史無載。自號凝芬女史。身世待考。

孫海波

山水圖（為東魚作）	摺扇面 紙		設色	18.1 × 51	庚辰（？嘉慶二十五年，1820）	日本 松丸先生	

畫家小傳：孫海波。畫史無載。流傳署款作品紀年疑似仁宗嘉慶二十五（1820）年。身世待考。

名稱	形式	質地	色彩	尺寸 高×寬㎝	創作時間	收藏處所	典藏號碼

陸 沅

| 修篁流泉圖 | 軸 | 紙 | 水墨 | 不詳 | | 韓國 首爾國立中央博物館 | |

畫家小傳：陸沅。字伯元。浙江平湖人。仁宗嘉慶二十五（1820）年進士。工書。善畫山水，作品蒼渾秀潤。間作花卉，亦饒士氣。
（見韜養齋筆記、中國畫家人名大辭典）

芸 香

| 五子登科圖 | 軸 | 紙 | 設色 | 124.7 × 65 | | 英國 倫敦大英博物館 | 1943.2.13.06（ADD195） |

畫家小傳：芸香。畫史無載。身世待考。

顧大容

附：

| 山水（諸家書畫扇面冊 18 之 1 幀） | 摺扇面 | 金箋 | 水墨 | 不詳 | | 香港 佳士得藝品拍賣公司/拍賣目錄 1996,04,28. | |

畫家小傳：顧大容。畫史無載。身世待考。

南竹山人

附：

| 竹石草蟲圖 | 軸 | 絹 | 設色 | 99.1 × 25.4 | | 紐約 蘇富比藝品拍賣公司/拍賣目錄 1985,04,17. | |

畫家小傳：南竹山人。姓名不詳。身世待考。

春琴居士

| 雜畫 | 卷 | 紙 | 設色 | 27.3 × 726.5 | 庚寅（？嘉慶二十五年，1820）秋月 | 紐約 蘇富比藝品拍賣公司/拍賣目錄 1982,06,05. | |

畫家小傳：春琴居士。姓不詳，名選。署款作品紀年疑為仁宗嘉慶二十五（1820）年。身世待考。

周寧遠

附：

| 山光樹色圖 | 橫幅 | 絹 | 設色 | 29.8 × 56.5 | | 紐約 蘇富比藝品拍賣公司/拍賣目錄 1980,10,25. | |

畫家小傳：周寧遠。畫史無載。身世待考。

王路卿

附：

名稱	形式	質地	色彩	尺寸 高x寬cm	創作時間	收藏處所	典藏號碼
花鳥圖	軸	紙	設色	122 x 31		紐約 蘇富比藝品拍賣公司/拍賣目錄 1980,10,25.	

畫家小傳：王路卿。畫史無載。自署仙湄女史。身世待考。

程庭鷺

名稱	形式	質地	色彩	尺寸 高x寬cm	創作時間	收藏處所	典藏號碼
山水圖	卷	紙	設色	不詳	咸豐丙辰（六年，1856）二月十日	北京 故宮博物院	
華陽新築圖（戴熙、王學浩、程庭鷺合卷之1）	卷	紙	設色	不詳		北京 首都博物館	
茭隱圖（錢杜、程庭鷺、沈焯為季和合作茭隱圖三段卷之1）	卷	紙	設色	不詳	甲午（道光十四年，1834）	上海 上海博物館	
菊花圖（清程庭鷺等菊花合璧卷之1段）	卷	紙	設色	不詳	庚戌（道光三十年，1850）	常熟 江蘇省常熟市文物管理委員會	
西廂待月圖	軸	紙	設色	不詳	戊午（咸豐八年，1858）	杭州 浙江省博物館	
山水圖	軸	紙	設色	15.2 x 27.3	咸豐戊午（八年，1858）十月下旬	日本 東京河井荃廬先生	
梅花園圖	橫幅	紙	水墨	21.2 x 60.6	辛亥（咸豐元年，1851）冬仲	日本 東京河井荃廬先生	
北墅八景圖（8幀）	冊	絹	設色	（每幀）18.9 x 23.1		香港 劉作籌虛白齋	110
山水圖（12幀）	冊	紙	水墨、設色	（每幀）21.4 x 31.2	丁酉（道光十七年，1837）秋仲	瀋陽 遼寧省博物館	
山水圖（12幀，為紫卿作）	冊	紙	設色	不詳	乙巳（道光二十五年，1845）冬十月	旅順 遼寧省旅順博物館	
山水樹石圖（？幀）	冊	紙	水墨	不詳	丙午（道光二十六年，1846）春三月	北京 故宮博物院	
山水圖（錢杜、程庭鷺合作）	摺扇面	紙	設色	不詳	丙申（道光十六年，1836）	天津 天津市藝術博物館	
山水圖（24幀）	冊	紙	設色	（每幀）13.5 x 22.7	癸丑（咸豐三年，1853）	天津 天津市藝術博物館	
花卉圖（10幀）	冊	紙	設色	不詳		南京 南京市博物館	
山水圖（12幀）	冊	紙	水墨	（每幀）14.8 x 19.3	咸豐紀元（辛亥，1851）秋七夕後	日本 京都國立博物館	A甲338

名稱	形式	質地	色彩	尺寸 高x寬㎝	創作時間	收藏處所	典藏號碼
夏山欲雨圖	摺扇面	金箋	水墨	17.3 × 53.3	三日	日本 京都國立博物館	A甲 577e
茶半齋雅集圖	冊頁	紙	水墨	24.5 × 33	丁亥（道光七年，1827）秋九月二十九日	美國 紐約 Hobart 先生	

附：

樂寶堂圖（程庭鷺、范璣合作）	卷	紙	設色	不詳	咸豐丁巳（七年，1857）	蘇州 蘇州市文物商店	
山水圖	摺扇面	紙	設色	不詳		北京 中國文物商店總店	

畫家小傳：程庭鷺。字序伯。號蘅鄉。江蘇嘉定人。生於仁宗嘉慶元（1796）年，卒於文宗咸豐八（1858）年。為諸生。工詩，精篆刻，善畫。畫山水，筆墨清蒼渾鬱，直逼李流芳。（見桐陰論畫、墨林今話蜨隱園書畫雜綴、中國畫家人名大辭典）

儀克中

附：

負暄捫蝨圖	軸	紙	設色	44.5 × 31	嘉慶丁丑（二十二年，1817）十二月十二日	香港 佳士得藝品拍賣公司/拍賣目錄 1995,10,29.	

畫家小傳：儀克中。字協一。號墨農。先世本籍山西太平，父官廣東鹽運使司知事，遂為番禺人。生於仁宗嘉慶元（1796）年，卒於宣宗道光十七（1837）年。道光十二年舉人。工詩，善畫。畫山水，取法王翬，筆墨渾厚。居粵時，前有嘉慶廿二年阮元督修廣東誌，委其協助蒐訪碑刻。後為湯貽汾至粵，其和張如芝、黃培芳諸人，常與聚會合作繪畫。（見番禺縣誌、面城樓集、琴隱園集、聽雲樓詩鈔、留庵隨筆、珍帚編、羅浮日記、中國美術家人名辭典）

陳偕燦

墨竹圖	軸	銀箋	水墨	122.8 × 58.4		荷蘭 阿姆斯特丹 Rijks 博物館	MAK98

畫家小傳：陳偕燦。字少香。江西宜黃人。宣宗道光元(1821)年舉人。官至福建惠安知縣。工書，善畫。（見江西通誌、畫家知希錄、中國美術家人名辭典）

郭　琦

墨竹圖	軸	絹	水墨	127.3 × 27.3	道光元年，辛巳（1821）三月三日	日本 東京河井荃廬先生	

畫家小傳：郭琦。江蘇丹徒人。工書法，為王文治弟子。亦善畫。署款紀年作品見於道光元（1821）年。（見畫林新詠、中國畫家人名大辭典）

左錫蕙

名稱	形式	質地	色彩	尺寸 高x寬cm	創作時間	收藏處所	典藏號碼
林下仕女圖	軸	紙	設色	不詳	道光辛巳（元年，1821）冬日	北京 中國歷史博物館	
持花仕女圖	軸	絹	設色	不詳		天津 天津市藝術博物館	
梅竹圖	軸	絹	設色	不詳		南京 南京市博物館	

畫家小傳：左錫蕙。女。字畹香。江蘇陽湖人。適浙江歸安姚子湘。善畫人物、花卉，均超妙入神。流傳署款紀年作品見於宣宗道光元（1821）年。（見寒松閣談藝瑣錄、中國畫家人名大辭典）

楚白庵

名稱	形式	質地	色彩	尺寸 高x寬cm	創作時間	收藏處所	典藏號碼
鳳橋像圖（楚白庵畫像，王學浩補景）	卷	紙	水墨	不詳	辛巳（道光元年，1821）七月	北京 故宮博物院	
山水圖（武丹等山水冊8之2幀）	冊頁	紙	設色	（每幀）28 x 22.5		南寧 廣西壯族自治區博物館	

畫家小傳：楚白庵。畫史無載。與王學浩同時。署款紀年作品見於宣宗道光元年。身世待考。

陳燾

名稱	形式	質地	色彩	尺寸 高x寬cm	創作時間	收藏處所	典藏號碼
花鳥圖	軸	絹	設色	不詳	道光元年，辛巳（1821)七月	南京 南京博物院	

畫家小傳：陳燾。號曉亭。新陽人。身世不詳。善繪事。流傳署款紀年作品見於宣宗道光元（1821）年。（見清朝書畫家筆錄、中國畫家人名大辭典）

斗笠生

名稱	形式	質地	色彩	尺寸 高x寬cm	創作時間	收藏處所	典藏號碼
山水圖（十八名家扇面圖冊之第4幀）	摺扇面	紙	水墨	16.3 x 46.5		韓國 首爾朴周煥先生	

畫家小傳：斗笠生。畫史無載。身世待考。

顧雋

名稱	形式	質地	色彩	尺寸 高x寬cm	創作時間	收藏處所	典藏號碼
梅花八哥圖	軸	紙	設色	不詳	庚申（咸豐十年，1860）	瀋陽 遼寧省博物館	
白居易像	軸	紙	設色	110.5 x 50	辛巳（道光元年，1821）	天津 天津市藝術博物館	
附：							
仿仇十洲人物圖	軸	紙	設色	不詳	道光元年，辛巳（1821）	上海 上海文物商店	
米襄陽拜石圖	軸	紙	設色	121.3 x 31.	道光庚寅（十年，	紐約 佳士得藝品拍賣公司/拍	

名稱	形式	質地	色彩	尺寸 高×寬㎝	創作時間	收藏處所	典藏號碼
				1	1830）十一月望日	賣目錄 1988,06,02.	

畫家小傳：顧巂。字栖梅。江蘇松江人。工畫人物、仕女。喜仿玉壺山人稿本，得意處幾亂真。流傳署款紀年作品見於宣宗道光元（1821）年，至文宗咸豐十（1860）年。（見墨林今話續編、中國畫家人名大辭典）

李紱

梧桐仕女圖	軸	紙	設色	不詳	道光辛巳（元年，1821）	石家莊 河北省石家莊文物管理所	

畫家小傳：李紱麈。字桐圃。河北天津人。工畫花卉，以牡丹得名，時稱李牡丹。與李育並稱南北李。流傳署款紀年作品見於宣宗道光元（1821）年。（遲鴻軒所見書畫錄、甌缽羅室書畫過目考、中國畫家人名大辭典）

張雪溪
附：

竹石圖	軸	絹	水墨	不詳		北京 中國文物商店總店	

畫家小傳：張雪溪。畫史無載。身世待考。

霞樵
附：

竹林清興圖	軸	絹	設色	不詳		北京 中國文物商店總店	

畫家小傳：霞樵。畫史無載。身世待考。

孫玥

五子登科圖 (葡萄圖)	軸	紙	設色	124.7 × 65		英國 倫敦大英博物館	1943.2.13.06 (ADD195)

畫家小傳：孫玥。號藝香。江蘇奉賢人。工詩畫。畫山水，得董其昌法，筆情墨趣，奕奕動人。（見墨林今話、清畫家詩史、中國畫家人名大辭典）

佟國珝

竹石圖（寫祝馨老老年翁榮壽）	軸	綾	水墨	145 × 48	辛巳（道光元年，1821）嘉平月	日本 大阪橋本大乙先生	

畫家小傳：佟國珝。字錫璠。漢軍正藍旗人。善畫墨竹，氣勢颯沓，如挾風雨。（見八旗畫錄、中國畫家人名大辭典）

沈燮

夏山雨後圖	軸	紙	水墨	134.5 × 32.1		日本 東京有田平藏先生	

名稱	形式	質地	色彩	尺寸 高×寬㎝	創作時間	收藏處所	典藏號碼

畫家小傳：沈燮。號五亭（一作午亭）。浙江歸安人。性孤介，中歲屢試不中，遂絕意仕進，託畫以隱。工詩、古文。畫善山水，初法沈周，後臨摹宋元名家真蹟，一變筆法，尤善於用墨。流傳署款紀年作品見於宣宗道光二（1822）年。（見墨林今話、畫林新詠、中國畫家人名大辭典）

王雲溪

柳田風雨獨行	軸	紙	設色	不詳	道光壬午（二年， 1822）	北京 故宮博物院	

畫家小傳：王雲溪。畫史無載。流傳署款紀年作品見於宣宗道光二（1822）年。身世待考。

張 震

秋橋唱和圖詠	卷	紙	設色	不詳	道光壬午（二年， 1822）秋八月	北京 故宮博物院	
青山松竹圖	軸	金箋	設色	不詳	道光庚戌（三十年 ，1850）	南京 南京博物院	

附：

仕女圖	軸	絹	設色	145.4 × 63.5		紐約 佳士得藝品拍賣公司/拍賣目錄 1994,06,01.	

畫家小傳：張震。字春鶯。直隸滄州人。張賜寧孫，張百祿子。承家傳，亦工畫花卉。流傳署款紀年作品見於宣宗道光二（1822）至三十（1850）年。（見墨林今話、清朝書畫家筆錄、中國畫家人名大辭典）

王 瀛

花鳥圖（4幅）	軸	絹	設色	不詳	道光壬午（二年， 1822）	南京 南京市博物館	

畫家小傳：王瀛。字十洲。江蘇常熟人。能詩，善畫。畫蘭尤妙。流傳署款紀年作品見於宣宗道光二（1822）年。（見海虞詩苑、中國畫家人名大辭典）

周 行

青門話別圖	卷	紙	設色	不詳	道光壬午（二年， 1822）	天津 天津市藝術博物館	
朱茂時終身孺慕圖（謝彬、周行合作）	軸	紙	設色	不詳	癸巳（光緒十九年 ，1893）秋仲	南京 南京博物院	

畫家小傳：周行。與謝彬同時。畫史無載。流傳署款紀年作品見於宣宗道光二（1822）年至德宗光緒十九（1893）年。身世待考。

周 鑑

名稱	形式	質地	色彩	尺寸 高x寬cm	創作時間	收藏處所	典藏號碼
人物圖（6幅）	軸	紙	水墨	不詳	癸未（道光三年，1822）	石家莊 河北省石家莊文物管理所	

畫家小傳：周鑑。畫史無載。流傳署款作品紀年疑似宣宗道光三（1823）年。身世待考。

周昌言

仿李營丘山水圖	軸	軾	設色	不詳	壬午（？道光二年，1822）	南京 南京博物院	

畫家小傳：周昌言。畫史無載。流傳署款作品紀年疑為宣宗道光二（1822）年。身世待考。

蔣予儉

匯芳圖（孔繼潤、汪鏞、畢子源、黃平格、朱齡、蔣予儉、李慕龍、朱熊、楊鐸、江懷珠、張之萬、孔憲彝合作）	卷	綾	設色	不詳		北京 中國歷史博物館	
附：							
蘭花圖（152幀）	冊	紙	水墨	不詳		蘇州 蘇州市文物商店	

畫家小傳：蔣予檢。字矩亭。河南睢州人。宣宗道光二（1822）年舉人。工書畫。畫擅長墨蘭，意態靜逸，畫葉縱草偃仰，神趣橫溢，純乎士氣。（見寒松閣談藝瑣錄、桐陰論畫、甌缽羅室書畫過目考、中國畫家人名大辭典）

陳　勉

山閣會棋圖	軸	絹	設色	194.9 x 104	壬午（？道光二年，1822）	杭州 浙江省博物館	

畫家小傳：陳勉。畫史無載。流傳署款作品紀年疑似宣宗道光二（1822）年。身世待考。

翟成基

五色牡丹圖	卷	紙	設色	不詳	癸未（道光三年，1823）九月望前	南京 南京博物院	
仿趙松雪筆意山水圖	摺扇面	紙	設色	17.9 x 51.7		日本 京都國立博物館	
附：							
臨仇英秋涉圖	軸	紙	設色	167 x 66.2		蘇州 蘇州市文物商店	

畫家小傳：翟成基。浙江嘉興人。翟大坤孫，翟繼昌子。承家學，亦善畫。流傳署款紀年作品見於宣宗道光三（1823）年。（見墨林新詠、中國畫家人名大辭典）

華子宥

名稱	形式	質地	色彩	尺寸 高x寬㎝	創作時間	收藏處所	典藏號碼
人物圖	卷	絹	水墨	不詳	道光三年，癸未 （1823）中和節	廣州 廣州市美術館	
附：							
羅漢圖（4幀）	冊	紙	設色	（每幀）27.3 x 28.5		紐約 蘇富比藝品拍賣公司/拍 賣目錄 1986,06,03.	

畫家小傳：華子宥。畫史無載。流傳署款紀年作品見於宣宗道光三(1823)年。身世待考。

(釋) 德 堃

人物山水圖	摺扇面	紙	設色	53.3 x ?	癸未（道光三年， 1823）	香港 郭文基先生	

畫家小傳：德堃。僧。字載山，本姓李。江西人。嘉慶間，居住羅浮寶積寺，晚歲為大佛寺住持。能詩。工畫人物，亦善寫照。白描佛像尤佳，筆致超逸。流傳署款紀年作品見於宣宗道光三(1823) 1809)年。(見留庵隨筆、蒻淞閣隨筆、雲樓詩鈔、十二石山齋詩話、中國美術家人名辭典)

謝宇澄

山水圖（8幀）	冊	紙	設色	不詳	癸未（道光三年， 1823）	瀋陽 遼寧省博物館	

畫家小傳：謝宇澄。畫史無載。流傳署款紀年作品見於宣宗道光三(1823)年。身世待考。

鮑 俊

山水圖	摺扇面	紙	設色	不詳	庚戌（道光三十年 ，1850）	香港 霍寶材先生	

畫家小傳：鮑俊。字毅卿。廣東人。宣宗道光三（1823）年進士。能畫山水。與招銘山友善。署款紀年作品見於道光三十（1850）年。(見嶺南畫徵略、中國畫家人名大辭典)

王 連

盆蘭圖	軸	紙	水墨	不詳	癸未（道光三年， 1823）	無錫 江蘇省無錫市博物館	

畫家小傳：王連。畫史無載。流傳署款紀年作品見於宣宗道光三(1823)年。身世待考。

吳熙載

花卉	軸	紙	設色	不詳		台北 故宮博物院	國贈 024984
花卉圖	軸	紙	設色	175 x 46.5		香港 香港美術館・虛白齋	XB1992.194
花卉圖（4幅）	軸	紙	設色	（每幅）182 x 49		瀋陽 故宮博物院	

名稱	形式	質地	色彩	尺寸 高x寬cm	創作時間	收藏處所	典藏號碼
梅花圖	軸	紙	水墨	不詳	乙巳（道光二十五年，1845	合肥 安徽省博物館	
平安圖（吳熙載、巫小咸合作）	軸	紙	設色	不詳	道光己酉（二十九年，1849）	南通 江蘇省南通博物苑	
梔子花圖	軸	紙	水墨	不詳		南通 江蘇省南通博物苑	
牡丹圖	軸	絹	設色	不詳	戊午（咸豐八年，1858）	上海 上海博物館	
花卉圖	軸	紙	設色	不詳	己未（咸豐九年，1859）冬至後二日	上海 上海博物館	
竹石茶仙圖	軸	紙	水墨	不詳		上海 上海博物館	
花卉圖（為彤甫作）	軸	絹	設色	139.3 x 54	己巳（同治八年，1869）天中節	南京 南京博物院	
枇杷圖	軸	紙	設色	不詳		南京 南京博物院	
梅花圖	軸	絹	設色	不詳		南京 南京博物院	
繡球花圖	軸	紙	水墨	不詳		南京 南京博物院	
梅花圖	橫幅	紙	水墨	不詳		南京 南京博物院	
枇杷圖	軸	紙	設色	不詳		杭州 浙江省博物館	
枇杷圖	軸	紙	設色	不詳		杭州 浙江省杭州西泠印社	
梔子花圖	軸	紙	水墨	145.7 x 39.7		成都 四川省博物院	
包世臣肖像	軸	紙	設色	161.7 x 49.8		日本 東京國立博物館	
桂花圖	軸	紙	設色	28.8 x 39.4		日本 東京河井荃廬先生	
枇杷圖	軸	絹	設色	56.1 x 31.8		日本 東京河井荃廬先生	
仙桂新枝圖	軸	紙	設色	165.4 x 44.8		日本 東京河井荃廬先生	
臘梅圖	軸	紙	設色	181.8 x 45.4		日本 東京河井荃廬先生	
延年結子圖	軸	紙	設色	136.4 x 45.5		日本 東京河井荃廬先生	
沒骨花卉圖	軸	紙	設色	181.8 x 43.9		日本 東京河井荃廬先生	
垂柳圖	軸	紙	設色	106.1 x 15.1		日本 東京河井荃廬先生	
龍池春曉圖	軸	紙	設色	36.4 x 36.4		日本 東京河井荃廬先生	
仙桂芳蘭圖	軸	紙	設色	181.8 x 43.9		日本 東京河井荃廬先生	

名稱	形式	質地	色彩	尺寸 高×寬㎝	創作時間	收藏處所	典藏號碼
墨蘭圖	摺扇面	紙	水墨	不詳		日本 東京河井荃盧先生	
蘭花圖（九畹同心）	摺扇面	絹	設色	不詳		日本 東京河井荃盧先生	
附：							
海棠圖	卷	紙	設色	37.5 × 113		香港 佳士得藝品拍賣公司/拍賣目錄1991,03,18.	
月季花圖	軸	絹	設色	不詳		天津 天津市文物公司	
花鳥圖（湯祿名、吳熙載合作）	軸	紙	設色	不詳		濟南 山東省文物商店	
梔子蜀葵圖	軸	紙	設色	不詳		上海 朵雲軒	
竹圖	軸	紙	水墨	不詳		上海 上海工藝品進出口公司	
菊石圖	軸	紙	設色	132 × 33		紐約 佳士得藝品拍賣公司/拍賣目錄1984,06,29.	
荷花圖	軸	紙	設色	99.6 × 33		紐約 蘇富比藝品拍賣公司/拍賣目錄1986,06,03.	
花卉圖	軸	紙	設色	132 × 26		紐約 佳士得藝品拍賣公司/拍賣目錄1988,11,30.	
荔枝圖	軸	紙	設色	130 × 33		紐約 佳士得藝品拍賣公司/拍賣目錄1989,12,04.	
百事如意圖	橫幅	紙	設色	33.5 × 73	壬子（咸豐二年，1852）冬仲	紐約 佳士得藝品拍賣公司/拍賣目錄1990,11,28.	
花卉圖（4幅）	軸	紙	設色	（每幅）94.5 × 18.5	己未（咸豐九年，1859）七月	紐約 佳士得藝品拍賣公司/拍賣目錄1992,06,02.	
桃樹圖	軸	紙	設色	178.5 × 48.5		香港 佳士得藝品拍賣公司/拍賣目錄1996,04,28.	

畫家小傳：吳熙載。原名廷颺，字熙載，後以字行。號讓之。江蘇儀徵人。生於仁宗嘉慶四（1799）年。卒於穆宗同治九（1870）年。為諸生。善各體書，兼工篆刻。餘事繪畫花卉，饒有士氣。（見墨林今話續編、中國畫家人名大辭典）

汪 昉

名稱	形式	質地	色彩	尺寸 高×寬㎝	創作時間	收藏處所	典藏號碼
松門坐月圖	卷	紙	設色	不詳		濟南 山東省博物館	
為子良作山水圖	卷	絹	設色	不詳	辛亥（咸豐元年，1851）	蘇州 江蘇省蘇州博物館	
雲圃讀書圖（為季文作）	卷	紙	設色	不詳	同治甲戌（十三年，1874）六月	蘇州 江蘇省蘇州博物館	
仿吳仲圭山水圖	軸	紙	水墨	不詳	乙亥）光緒元年，1875）夏	旅順 遼寧省旅順博物館	

名稱	形式	質地	色彩	尺寸 高x寬cm	創作時間	收藏處所	典藏號碼
松壑流泉圖	軸	紙	設色	不詳	乙丑（同治四年，1865）盛夏	北京 故宮博物院	
秋林閒步圖（為超望作）	橫幅	紙	設色	不詳	辛未（同治十年，1871）七月	北京 故宮博物院	
仿王煙客山水圖	軸	紙	水墨	不詳	乙巳（道光二十五年，1845）春暮	濟南 山東省博物館	
松壑晴瀑圖	軸	紙	設色	不詳	己巳（同治八年，1869）	煙臺 山東省煙臺市博物館	
仿子久山水圖	軸	紙	設色	不評		南京 南京博物院	
歷下亭圖（汪昉、王蔭昌合作）	卷	紙	設色	不詳		福州 福建省博物館	
清溪訪友圖	軸	紙	設色	84.5 x 39.4	道光乙巳（二十五年，1845）秋日	日本 東京河井荃盧先生	
山水圖	軸	紙	水墨	65.1 x 34.8	癸丑（咸豐三年，1853）新秋	日本 東京河井荃盧先生	
峻嶽喬松圖	軸	絹	水墨	152.7 x 68.2	甲寅（咸豐四年，1854）首夏	日本 東京山本悌二郎先生	
山水圖（仿錢維城筆意）	軸	絹	水墨	64.8 x 27.3		日本 愛媛縣菅盛三郎先生	
山水圖（為小琢作）	摺扇面	紙	設色	不詳	戊辰（同治七年，1868）三月	北京 故宮博物院	
仿古山水圖（16幀）	冊	紙	設色	（每幀）30 x 64.2	辛酉（咸豐十一年，1861）	天津 天津市藝術博物館	
山水圖（12幀）	冊	絹	設色	不詳		天津 天津市藝術博物館	
附：							
仿北苑山水圖	軸	絹	設色	120 x 50	咸豐丙辰（六年，1856）	上海 朵雲軒	
山水圖	軸	紙	水墨	不詳	壬申（同治十一年，1872）	上海 朵雲軒	
山水圖（清人雜畫扇面冊之1幀）	摺扇面	紙	水墨	不詳		北京 北京市工藝品進出口公司	
寒崖飛瀑圖	摺扇面	紙	水墨	不詳		武漢 湖北省武漢市文物商店	

畫家小傳：汪昉。字叔明。號嗽菽老人。江蘇陽湖人。生於仁宗嘉慶四(1799)年，卒於德宗光緒三（1877）年。道光五年舉人。湯貽汾督浙時，曾與趙蘭舟、費曉樓同在幕下。工詩、善書。能寫山水，用筆秀勁，不失元人規矩。（見桐陰論畫、墨林今話續編、耕硯田齋筆記、讀畫輯略、中國畫家人名大辭典）

王蔭昌

名稱	形式	質地	色彩	尺寸 高×寬㎝	創作時間	收藏處所	典藏號碼
歷下亭圖（汪昉、王蔭昌合作）	卷	紙	設色	不詳		福州 福建省博物館	
松山水閣圖	軸	紙	設色	180 × 96		濟南 山東省博物館	

畫家小傳：王蔭昌。畫史無載。與汪昉同時。身世待考。

何紹基

芋園供養圖	軸	紙	水墨	不詳	庚午（同治九年，1870）	杭州 浙江省博物館	
書畫	軸	絹	水墨	不詳	丁巳（咸豐七年，1857）	重慶 重慶市博物館	
山水、花卉圖（6幀）	冊	紙	水墨	不詳		上海 上海博物館	
附：							
鍾馗圖	軸	紙	水墨	124.5 × 47.5	辛未（同治十年，1871）五月	紐約 佳士得藝品拍賣公司/拍賣目錄 1984.06.29	
清溪古渡圖	軸	紙	淺設色	117 × 48.2	癸丑（咸豐三年，1853）暮春子月	紐約 佳士得藝品拍賣公司/拍賣目錄 1989.12.04	
仿趙左夕陽落照圖	軸	紙	設色	110.5 × 35.5	戊午（咸豐八年，1858）季冬月望後一日	紐約 佳仕得藝品拍賣公司/拍賣目錄 1986.12.01	

畫家小傳：何紹基。字子貞。號東洲居士、蝯叟。湖南道州人。生於仁宗嘉慶四（1799）年，卒於穆宗同治十二（1873）年。工經術詞章，尤精說文考訂，旁及金石、碑版文字、繪畫。書法為清後期大家。繪畫偶作山水，不屑摹仿形似，隨意揮毫，取境荒寒，頗得石濤晚年神髓，惜傳世甚少。（見印林跋語、海上墨林、韜養齋筆記、中國畫家人名大辭典）

何紹業

山水圖	摺扇面	紙	水墨	16.5 × 40.2		韓國 首爾朴周煥先生	

畫家小傳：何紹業。字子毅。湖南道州人。何紹基之弟。生於仁宗嘉慶四（1799）年，卒時不詳。善書。工畫花鳥、人物，清超絕俗。（見墨林今話續編、甌缽羅室書畫過目考、中國畫家人名大辭典）

汪 鴻

明月送行圖	卷	絹	設色	不詳	道光四年（甲申，1824）秋九月	成都 四川省博物館	
觀音圖	軸	絹	設色	36.5 × 26.2		美國 華盛頓特區弗瑞爾藝術館	14.34
人物（清張鏐等書畫集錦冊17之1幀）	冊頁	紙	設色	不詳		杭州 浙江省杭州市文物考古所	

名稱	形式	質地	色彩	尺寸 高×寬cm	創作時間	收藏處所	典藏號碼

附：

| 人物圖（與畢簡作修禊圖合卷） | 卷 | 絹 | 設色 | 不詳 | 道光十三年（癸巳，1833）中秋後五日 | 北京 中國文物商店總店 | |

畫家小傳：汪鴻。字延年。號小迂、曇摩迦居士。安徽休寧人。善畫花鳥、山水，秀出時流。與錢杜、改琦等友善。流傳署款紀年作品見　　　於宣宗道光四(1824)至十三(1833)年。(見墨林今話、畫林新詠、中國畫家人名大辭典)

趙 源

| 載來華甲圖 | 軸 | 絹 | 設色 | 80 × 34 | 甲申（道光四年，1824）七月 | 瑞士 蘇黎士黎得堡博物館 | RCH.1024 |

畫家小傳：趙源。字湘帆。浙江元和人。善寫真，得畢琛(仲愷)真傳。兼工仕女，風神綽約。又畫花卉，工致鮮麗。流傳署款紀年作品見　　　於宣宗道光四(1824)年。(見耕硯田齋筆記、墨林今話、中國畫家人名大辭典)

韻 香

| 蘭花圖（為竹樓大居士寫） | 卷 | 紙 | 水墨 | 33.7 × 95.5 | 道光甲申（四年，1824）秋八月下浣 | 美國 芝加哥大學藝術館 | 1983.9 |

畫家小傳：韻香。女道士。錫山人。畫史無載。流傳署款紀年作品見於宣宗道光四（1824）年。身世待考。

王杏燕

| 梅花高士圖 | 軸 | 紙 | 設色 | 不詳 | 甲申（？宣宗道光四年，1824） | 北京 故宮博物院 | |

畫家小傳：王杏燕。畫史無載。流傳署款作品紀年疑為宣宗道光四（1824）年。身世待考。

許 莊

| 仿周昉紈扇仕女圖 | 軸 | 絹 | 設色 | 122 × 40 | 甲申（道光四年，1824）七夕 | 日本 東京細川護貞先生 | |

畫家小傳：許莊。吳興人。畫史無載。身世待考。

胡九思

雁蕩探奇圖	卷	紙	設色	32 × 377	道光乙酉（五年，1825）	天津 天津市藝術博物館	
峽江行舟圖	軸	紙	水墨	不詳	癸巳（道光十三年，1833）	濟南 山東省博物館	
仿王蒙山水圖	軸	紙	設色	不詳		成都 四川大學	

名稱	形式	質地	色彩	尺寸 高x寬㎝	創作時間	收藏處所	典藏號碼
墨筆花卉圖（6幀）	冊	紙	水墨	（每幀）26.5 x 34.5		美國 印地安那波里斯市藝術 博物館	78.130.1-6

畫家小傳：胡九思。字默軒。江蘇吳縣人。胡桂之子。善畫山水，兼文、董兩家法。流傳署款紀年作品見於宣宗道光五（1825）至十三（1833）年。（見甌缽羅室書畫過目考、中國畫家人名大辭典）

黃 鞠

名稱	形式	質地	色彩	尺寸 高x寬㎝	創作時間	收藏處所	典藏號碼
柳如是像	卷	絹	設色	不詳		北京 故宮博物院	
范湖草堂圖（清陶淇等范湖草堂圖卷之1段）	卷	紙	水墨	不詳		上海 上海博物館	
菊花圖（清程庭鷺等菊花合璧卷之1段）	卷	紙	設色	不詳		常熟 江蘇省常熟市文物管理委員會	
泛洪澤湖圖	卷	紙	設色	不詳	癸巳（道光十三年，1833）	長沙 湖南省博物館	
牡丹圖（4幅）	軸	紙	設色	不詳	咸豐戊午（八年，1858）冬日	北京 故宮博物院	
秋景山水圖（擬王黃鶴法）	軸	紙	設色	60.6 x 62.1	戊申（道光二十八年，1848）冬仲	日本 東京河井荃廬先生	
香林紫雪圖	摺扇面	紙	設色	不詳	戊子（道光八年，1828）初夏	北京 故宮博物院	
酒醒何處圖（為子梁作）	冊頁	紙	設色	不詳	咸豐丙辰（六年，1856）冬日	北京 故宮博物院	
山水紀遊圖（清黃均等山水紀遊冊10之1幀）	冊頁	絹	設色	不詳		天津 天津市藝術博物館	
十萬圖（10幀，為存伯作）	冊	紙	設色	不詳	丁巳（咸豐七年，1857）初夏	廣州 廣東省博物館	
山水圖（清沈焯等山水冊12之1幀）	冊頁	紙	設色	不詳		廣州 廣州市美術館	
附：							
吳下尋秋圖	卷	紙	設色	25.5 x 80.5	乙巳（道光二十五年，1845）九月	紐約 佳士得藝品拍賣公司/拍賣目錄 1995,09,19.	
臨王翬山水圖（12幀）	冊	紙	水墨、設色	（每幀）38.1 x 28.2	咸豐己未（九年，1859）春	紐約 佳士得藝品拍賣公司/拍賣目錄 1998,03,24.	

畫家小傳：黃鞠。字秋士。江蘇松江人，僑寓吳門。工畫山水、花卉，得力於王翬、惲壽平，迴出時畦，獨標勝韻，名重吳中；又工人物、仕女。流傳署款紀年作品見於宣宗道光五（1825）至文宗咸豐十（1860）年。（見桐陰論畫、墨林今話、中國畫家人名大辭典）

名稱	形式	質地	色彩	尺寸 高x寬㎝	創作時間	收藏處所	典藏號碼

楊天璧

名稱	形式	質地	色彩	尺寸 高x寬㎝	創作時間	收藏處所	典藏號碼
青霞宿構圖	軸	紙	設色	不詳	道光乙酉（五年，1825）長夏	北京 故宮博物院	
雲壑奔泉圖（藝林清賞冊之1）	冊頁	紙	設色	17.7 x 52.2		台北 故宮博物院	故畫 03490-1
附：							
水竹居圖	軸	絹	設色	127 x 36	道光庚子（二十年，1840）嘉平月	紐約 佳士得藝品拍賣公司/拍賣目錄 1988,06,02.	

畫家小傳：楊天璧。字繡亭。號宿庭。江蘇上元人。工詩文，善書畫。能畫山水、花鳥、竹石，涉筆輒佳。署款紀年作品見於宣宗道光五 (1825)至二十（1840）年。（見墨香居畫識、莫愁湖志、中國畫家人名大辭典）

費 英

名稱	形式	質地	色彩	尺寸 高x寬㎝	創作時間	收藏處所	典藏號碼
佛像	軸	紙	設色	不詳		台北 故宮博物院（蘭千山館寄存）	

畫家小傳：費英。畫史無載。身世待考。

心 農

名稱	形式	質地	色彩	尺寸 高x寬㎝	創作時間	收藏處所	典藏號碼
山水（清張鏐等書畫集錦冊 17之1幀）	冊頁	紙	設色	不詳		杭州 浙江省杭州市文物考古所	

畫家小傳：心農。畫史無載。身世待考。

葉 邨

名稱	形式	質地	色彩	尺寸 高x寬㎝	創作時間	收藏處所	典藏號碼
山水（清張鏐等書畫集錦冊 17之1幀）	冊頁	紙	設色	不詳		杭州 浙江省杭州市文物考古所	

畫家小傳：葉邨。畫史無載。身世待考。

朱 英

名稱	形式	質地	色彩	尺寸 高x寬㎝	創作時間	收藏處所	典藏號碼
花鳥圖	卷	絹	設色	42.9 x 450	道光五年（乙酉，1825）	北京 故宮博物院	
山徑觀泉圖	軸	綾	設色	198.6 x 51.3		瀋陽 遼寧省博物館	
臘梅圖（為曉堂作）	軸	紙	設色	不詳	道光丙午（二十六年，1846）冬月廿日	北京 中央美術學院	
指畫觀音圖	軸	絹	設色	55.4 x 36.4	道光甲午（十四年，1834）	石家莊 河北省博物館	

名稱	形式	質地	色彩	尺寸 高x寬㎝	創作時間	收藏處所	典藏號碼
盆蘭圖（為子仁作）	軸	絹	設色	164.9 x 67.9	道光丁酉（十七年，1837）	石家莊 河北省博物館	
紫藤白頭圖	軸	灑金箋	設色	不詳	辛丑（道光二十一年，1841）	石家莊 河北省博物館	
佛手圖	軸	絹	設色	不詳	己亥（道光十九年，1839）	南京 南京博物院	
花卉圖	摺扇面	紙	設色	不詳	道光己丑（九年，1829）	北京 中國歷史博物館	
花卉草蟲圖（10幀）	冊	絹	設色	（每幀）21.7 x 27		廣州 廣州市美術館	

畫家小傳：朱英。初名濼。號宣初、韻華館道士。大興人。解音律。嗜吟詠。工書、善畫。作花卉、果品，活色生香；兼畫人物，雅近華嵒。流傳署款紀年作品見於宣宗道光五(1825)至二十六(1846)年。（見墨林今話、中國畫家人名大辭典）

郭儀霄

附：

竹石圖（4幅）	軸	絹	水墨	不詳		上海 上海文物商店	

畫家小傳：郭儀霄。畫史無載。身世待考。

唐 介

花鳥、草蟲圖（10幀）	冊	絹	設色	不詳	乙酉（？道光五年，1825）	廣州 廣東省博物館	

畫家小傳：唐介。畫史無載。流傳署款作品紀年疑似宣宗道光五(1825)年。身世待考。

佛芸保

仿王原祁山水圖	軸	絹	設色	112.3 x 48.8	道光乙酉（五年，1825）秋九月	紐約 蘇富比藝品拍賣公司/拍賣目錄 1988,06,01.	

畫家小傳：佛芸保。畫史無載。流傳署款紀年作品見於宣宗道光五（1825）年。身世待考。

戴 熙

秋雲涵雨圖	卷	紙	水墨	不詳		台北 故宮博物院	國贈 026757
九峰草堂圖	卷	紙	水墨	30.8 x 102.2	乙未（道光十五年，1835）八月	台北 故宮博物院（蘭千山館寄存）	
雲盦跡坐圖	卷	紙	設色	35.7 x 270.3		台南 石允文先生	

名稱	形式	質地	色彩	尺寸 高x寬cm	創作時間	收藏處所	典藏號碼
大林圖	卷	紙	水墨	32.7 x 168.3		台南 石允文先生	
仿唐寅荒江大山圖	卷	紙	水墨	33.4 x 182.3		台南 石允文先生	
負骨歸葬圖	卷	紙	水墨	24.5 x 68.6		台南 石允文先生	
梅花詩舍圖（為笙漁作）	卷	紙	設色	不詳	甲寅（咸豐四年，1854）新秋	香港 王南屏先生	
山水圖	卷	金箋	設色	不詳	己丑（道光九年，1829）秋日	北京 故宮博物院	
拜松圖（湯貽汾、戴熙合卷2之1段）	卷	紙	水墨	32.2 x 122.2	道光十五年，乙未（1835）	北京 故宮博物院	
靈鷲冷泉亭圖（為陳小魯作）	卷	紙	水墨	不詳	甲辰（道光二十四年，1844）十月	北京 故宮博物院	
溪山積靄圖	卷	紙	水墨	不詳	道光二十五年（乙巳，1845）	北京 故宮博物院	
鷲峰圖（劉彥沖、戴熙鷲峰、虎阜圖合裝卷2之1段）	卷	紙	設色	24.6 x 112.6	道光二十五年（乙巳，1845）夏日	北京 故宮博物院	
憶松圖	卷	紙	水墨	38.2 x 123	丁未（道光二十七年，1847）	北京 故宮博物院	
竹石圖	卷	絹	水墨	不詳	戊申（道光二十八年，1848）	北京 故宮博物院	
山水圖	卷	絹	水墨	不詳	道光戊申（二十八年，1848）	北京 故宮博物院	
九峰聽雨圖	卷	紙	水墨	不詳	甲寅（咸豐四年，1854）	北京 故宮博物院	
六橋煙柳圖	卷	紙	水墨	21.3 x 132.5		北京 首都博物館	
華陽新築圖（為桂舲作，戴熙、王學浩、程庭鷺合卷之1）	卷	紙	設色	不詳		北京 首都博物館	
煙梢滴翠圖	卷	紙	水墨	32 x 126	道光壬辰（十二年，1832）	天津 天津市藝術博物館	
小樓雲亭圖	卷	紙	水墨	26.7 x 92.5	戊申（道光二十八年，1848）	天津 天津市藝術博物館	
溪山圖	卷	紙	水墨	28.5 x 78.5	咸豐六年丙辰（1856）	天津 天津市藝術博物館	

名稱	形式	質地	色彩	尺寸 高x寬cm	創作時間	收藏處所	典藏號碼
邗江寄寓圖（為西谷作）	卷	紙	設色	不詳	癸卯（道光二十三年，1843）七月	西安 陝西省博物館	
攜杖聽泉圖	卷	紙	水墨	43.5 x 170	道光壬辰（十二年，1832）	合肥 安徽省博物館	
贈潘曾瑩山水圖	卷	紙	設色	23 x 152	戊申（道光二十八年，1848）	上海 上海博物館	
溪山清遠圖	卷	紙	水墨	不詳	咸豐乙卯（五年，1855）	上海 上海博物館	
仿王翬竹莊圖	卷	紙	水墨	不詳		上海 上海博物館	
湖天清曉圖	卷	紙	水墨	不詳		上海 上海博物館	
秋山烟靄圖（為可亭作）	卷	紙	水墨	不詳	癸卯（道光二十三年，1843）八月	南京 南京博物院	
西泠讀書圖	卷	紙	水墨	24.8 x 138.7	巳未（咸豐九年，1859）	南京 南京博物院	
試院茶聲圖	卷	紙	設色	不詳		南京 江蘇省美術館	
寒香書屋勘印圖	卷	紙	水墨	不詳	甲寅（咸豐四年，1854）	德清 浙江省德清縣博物館	
陳鵬年手植槐樹圖	卷	紙	設色	不詳	戊申（道光二十八年，1848）三月	長沙 湖南省博物館	
彭蠡湖兩望圖	卷	絹	水墨	29 x 635		長沙 湖南省圖書館	
竹雨松風圖	卷	紙	水墨	34 x 92		廣州 廣東省博物館	
海天霞唱圖（為南山作）	卷	絹	設色	36.5 x 137.7	丙午（道光二十六年，1846）九月	廣州 廣州市美術館	
席帽心樵圖	卷	紙	設色	不詳	道光二十七年（丁未，1847）	廣州 廣州市美術館	
天臺雨石來梁亭圖（為潘功甫作）	卷	紙	水墨	不詳	戊申（道光二十八年，1848）三月	廣州 廣州市美術館	
西湖侍遊圖	卷	紙	水墨	不詳	乙卯（咸豐五年，1855）	廣州 廣州市美術館	
松竹山莊圖（為鐵樵作）	卷	紙	水墨	26.9 x 97	乙卯（咸豐五年，1855）伏日	廣州 廣州市美術館	
仿王石谷山水圖	卷	絹	設色	32.6 x 165		貴陽 貴州省博物館	
湖山論詩圖（為露竹作）	卷	紙	水墨	不詳	庚子（道光二十年，1840）春日	日本 東京林宗毅先生	

名稱	形式	質地	色彩	尺寸 高x寬cm	創作時間	收藏處所	典藏號碼
山水圖	卷	紙	水墨	31.1 x 140.3	道光二十六年（丙午，1846）五月	日本 京都國立博物館（上野有竹齋寄贈）	A甲190a
九峰草堂圖	卷	紙	水墨	31.1 x 105.7	咸豐九年（己未，1859）	日本 京都國立博物館（上野有竹齋寄贈）	A甲190b
遊峽山寺圖	卷	紙	水墨	32.1 x 139.7	丙午（道光二十六年，1846）五月初七日	日本 大阪上野精一先生	
擬黃鶴山樵松石軒圖意山水	卷	金箋	水墨	26 x 101	戊午（咸豐八年，1858）秋九月	日本 京都貝塚茂樹先生	
天台石梁雨來亭圖	卷	紙	水墨	34.5 x 142.6	戊申（道光二十八年，1848）三月	美國 克利夫蘭藝術博物館	
折巖垂釣圖	卷	紙	水墨	26.8 x ？		美國 夏威夷火魯奴奴藝術學院	6222.1
溪山垂釣圖	卷	紙	水墨	22 x ？		美國 倫敦大英博物館	1982.5.21.01（ADD434）
西泠紀夢圖	卷	絹	水墨	33.5 x ？	癸巳（道光十三年，1833）仲冬	德國 柏林東方藝術博物館	1984-6
山水圖	軸	紙	設色	127.5 x 54.5	甲寅（咸豐四年，1854）四月	台北 故宮博物院（蘭千山館寄存）	
高柯叢筱	軸	紙	水墨	149 x 38.4		台北 故宮博物院（蘭千山館寄存）	
竹石圖	軸	紙	水墨	113 x 43	咸豐九年（己未，1859）二月	台北 歷史博物館	
山水圖	軸	紙	水墨	126.9 x 57.4		台北 鴻禧美術館	C8-833
擬李成雲山圖	軸	金箋	設色	83.5 x 19.9		台北 鴻禧美術館	C2-76
墨竹圖	軸	紙	水墨	85.6 x 40.6		台北 鴻禧美術館	C7-823
擬趙孟頫山水圖	軸	紙	設色	131.3 x 61.9		台北 鴻禧美術館	C9-838
山水圖（4屏）	軸	金箋	水墨	（每屏）103.5 x 25.5	道光癸卯（二十三年，1843）秋月	台北 長流美術館	
江色遠眺	軸	紙	設色	33.5 x 40		台北 黃君璧白雲堂	
仿黃公望煙林雨嶂圖	軸	紙	水墨	146.9 x 41.8		台南 石允文先生	
蘆洲帆影圖	軸	紙	水墨	119.4 x 42.3		台南 石允文先生	

名稱	形式	質地	色彩	尺寸 高x寬㎝	創作時間	收藏處所	典藏號碼
秋山煙靄圖	軸	紙	水墨	120.7 x 34.4		台南 石允文先生	
七松圖	軸	紙	水墨	129.5 x 54.1		香港 鄭德坤木扉	
松石圖（為叔熊作）	軸	紙	水墨	94.4 x 30		香港 香港美術館・虛白齋	XB1992.369
枯木竹圖	軸	紙	水墨	118 x 43		香港 香港美術館・虛白齋	XB1992.158
雲林小景圖	軸	紙	水墨	71.5 x 44		瀋陽 故宮博物院	
山水圖	軸	紙	水墨	不詳	乙卯（咸豐五年，1855）	瀋陽 遼寧省博物館	
枯木竹石圖	軸	紙	水墨	120.2 x 52.5		瀋陽 遼寧省博物館	
秋山晴爽圖（為笙漁作）	軸	紙	水墨	不詳	丙辰（咸豐六年，1856）十月	北京 故宮博物院	
仿巨然山水圖（為越山作）	軸	紙	設色	不詳	丁酉（道光十七年，1837）長夏	北京 中國歷史博物館	
鐵榦玉梢圖	軸	紙	水墨	不詳	丁未（道光二十七年，1847）九月	北京 中國歷史博物館	
長松竹石圖（為含章作）	軸	紙	水墨	131 x 63	戊申（道光二十八年，1848）	北京 首都博物館	
紫山紅樹圖	軸	絹	設色	不詳		天津 天津市藝術博物館	
平林遠岫	軸	紙	設色	105 x 34.5		天津 天津市藝術博物館	
樛枝窠石圖	軸	紙	水墨	127 x 43		天津 天津市歷史博物館	
古木竹石圖	軸	絹	水墨	53 x 26.5		濟南 山東省博物館	
邘江寄寓圖	軸	紙	水墨	78.5 x 32.8	道光二十七年（丁未，1847）	西安 陝西歷史博物館	
青靄白雲圖	軸	紙	設色	不詳	道光戊申（二十八年，1848）	上海 上海博物館	
巖谷春回圖（為芝軒作）	軸	紙	設色	100.2 x 50	道光二十八年（戊申，1848）十二月	上海 上海博物館	
杏靄疏鐘圖	軸	紙	設色	不詳	道光二十九年（己酉，1849）	上海 上海博物館	
重巒密樹圖（為藹臣作）	軸	紙	設色	115.3 x 46.8	己未（咸豐九年，1859）十月	上海 上海博物館	
仿倪瓚山水圖	軸	紙	水墨	105.1 x 51.4	乙卯（咸豐五年，1855）	上海 上海博物館	
秋山遙岑圖	軸	紙	水墨	不詳		上海 上海博物館	
夏山飛瀑圖	軸	紙	水墨	134.9 x 31.6		上海 上海博物館	

名稱	形式	質地	色彩	尺寸 高x寬cm	創作時間	收藏處所	典藏號碼
仿趙孟頫山水圖	軸	紙	設色	104.5 × 39.5		上海 上海博物館	
古木竹石圖	軸	紙	水墨	不詳	戊申（道光二十八年，1848）仲冬	南京 南京博物院	
擬董叔達雲山圖（為孫愷卿作）	軸	紙	水墨	58 × 32.2	庚戌（道光三十年，1850）重九	南京 南京博物院	
仿李咸熙、范寬法作寒峰岌嶪圖（為對山作）	軸	紙	水墨	136.2 × 59.9	丁巳（咸豐七年，1857）六月	南京 南京博物院	
仿雲林山水圖（為秋舫作）	軸	紙	水墨	100 × 35.5	己未（咸豐九年，1859）五月	南京 南京博物院	
迴巖走瀑圖通景（4幅，為冬愛作）	軸	紙	水墨	（每幅）89 × 34	道光癸卯（二十三年，1843）五月	南京 江蘇省美術館	
仿王原祁山水圖	軸	紙	設色	不詳	咸豐紀元（辛亥，1851）秋七月	無錫 江蘇省無錫市博物館	
寒香書屋勘印圖（為山亭作）	軸	紙	設色	不詳	咸豐甲寅（四年，1854）八月	杭州 浙江省博物館	
茅堂古柳圖（為潤泉作）	軸	紙	水墨	不詳	咸豐乙卯（五年，1855）八月朔旦	杭州 浙江省博物館	
草堂枯柳圖	軸	紙	水墨	不詳	乙卯（咸豐五年，1855）	杭州 浙江美術學院	
芳草白雲圖	軸	紙	水墨	不詳		杭州 浙江省杭州西泠印社	
茅亭枕水圖	軸	紙	水墨	104.5 × 42.4		成都 四川省成都市博物館	
新篁得雨圖	軸	絹	水墨	82 × 33	道光壬辰（十二年，1832）冬日	重慶 重慶市博物館	
雲峰聳秀圖	軸	紙	水墨	46.8 × 127.1	乙卯（咸豐五年，1855）	重慶 重慶市博物館	
竹石圖	軸	絹	水墨	不詳		重慶 重慶市博物館	
古大夫圖	軸	紙	設色	172.3 × 94	道光丙午（二十六年，1846）秋杪	廣州 廣東省博物館	
仿莫是龍山水圖	軸	紙	水墨	不詳	戊申（道光二十八年，1848）	廣州 廣東省博物館	
寒蟬岌嶪圖	軸	紙	水墨	132.3 × 58.6	丁巳（咸豐七年，	廣州 廣東省博物館	

名稱	形式	質地	色彩	尺寸 高×寬cm	創作時間	收藏處所	典藏號碼
					1857）		
空亭古樹圖	軸	紙	設色	122 × 59	己未（咸豐九年，1859）二月	廣州 廣東省博物館	
枯木竹石圖	軸	紙	水墨	不詳	己未（咸豐九年，1859）	廣州 廣東省博物館	
山水圖	軸	絹	設色	83.3 × 26.7	丁未（道光二十七年，1847）歲雪	日本 東京尾崎洵盛	
山水圖	軸	絹	水墨	109.1 × 32.4	戊申（道光二十八年，1848）仲冬	日本 東京池田醇一	
山水(仿巨然煙巒雲林圖)	軸	紙	水墨	90.9 × 35.8	丙辰（咸豐六年，1856）五月	日本 東京米內山庸夫	
秋林遠岫圖	軸	紙	水墨	149.7 × 78.5	咸豐丁巳（七年，1857）仲秋	日本 東京河井筌廬	
山水（山閣觀瀑圖）	軸	紙	水墨	不詳	己未（咸豐九年，1859）二月	日本 東京村上與四郎先生	
巖谷花竹圖	軸	紙	設色	98.5 × 49	道光二十八年（戊申，1848）十二月	日本 東京林宗毅先生	
擬白石翁筆意山水圖	軸	金箋	水墨	129.4 × 31.2	丁酉（道光十七年，1837）夏仲	日本 兵庫縣黑川古文化研究所	
山水圖	軸	紙	設色	96.1 × 31.1		韓國 私人	
谿山平遠圖	軸	紙	水墨	130.8 × 38.1		美國 耶魯大學藝術館	1967.81.2
山水圖	軸	紙	設色	65.6 × 41.9	道光丙午（二十六年，1846））孟春	法國 巴黎賽紐斯基博物館	M.C.9221
山水圖（16幀）	冊	金箋	水墨	（每幀）18.6 × 11.6	辛卯（道光十一年，1831）春二月	台北 長流美術館	
山水圖（8幀）	冊	紙	水墨	（每幀）27.6 × 33.1		台南 石允文先生	
山水圖（12幀）	冊	紙	水墨	（每幀）32.4 × 61		台南 石允文先生	
竹柏書畫（2面）	摺扇面	紙	水墨	19.6 × 58.2		香港 劉作籌虛白齋	161
仿董源山水圖	摺扇面	金箋	水墨	19 × 53.9		香港 劉作籌虛白齋	175
風枝露葉圖	摺扇面	紙	設色	17.8 × 55.1		香港 劉作籌虛白齋	169
秋陂蕭爽圖	摺扇面	金箋	水墨	不詳		長春 吉林省博物館	
山水圖（8幀，為繡山作）	冊	紙	設色	（每幀）17.2 × 23.2	丙辰（咸豐六年，1856）十二月四日	北京 故宮博物院	

名稱	形式	質地	色彩	尺寸 高×寬cm	創作時間	收藏處所	典藏號碼
谿山過雨圖	摺扇面	紙	水墨	不詳	戊午（咸豐八年，1858）	北京 中國歷史博物館	
山石圖（16幀）	冊	紙	設色	（每幀）17.4×24.6		天津 天津市藝術博物館	
蘭花圖	摺扇面	紙	水墨	不詳	道光己亥（十九年，1839）	太原 山西省博物館	
仿王司農秋樹圖	摺扇面	粉箋	設色	不詳		合肥 安徽省博物館	
寫生花卉圖（8幀）	冊	灑金箋	設色	不詳	丁酉（道光十七年，1837）春日	上海 上海博物館	
山水圖（12幀，為鏡生作）	冊	紙	水墨	（每幀）17.7×24	道光二十一年（辛丑，1841）閏三月	上海 上海博物館	
山水圖（6幀，為子貞作）	冊	紙	設色	（每幀）29.1×21.8	道光丁未（二十七年，1847）八月十四日	上海 上海博物館	
山水花卉圖（8幀）	冊	紙	設色	不詳	戊申（道光二十八年，1848）重九日	上海 上海博物館	
山水圖（8幀，為朗亭作）	冊	紙	設色	不詳	道光己酉（二十九年，1849）秋日	上海 上海博物館	
山水圖（10幀）	冊	紙	設色	不詳	壬子（咸豐二年，1852）	上海 上海博物館	
仿古山水圖（10幀，為錢蘭生作）	冊	紙	設色	不詳	咸豐丙辰（六年，1856）	南京 南京博物院	
懷米山房圖（為秋舫作，張培敦等七人作懷米山房圖合冊之1幀）	冊頁	紙	設色	不詳		南京 南京博物院	
竹圖	摺扇面	灑金箋	水墨	不詳		常熟 江蘇省常熟市文物管理委員會	
山水圖	摺扇面	紙	水墨	不詳		杭州 浙江省博物館	
敝帚千金圖（10幀）	冊	紙	水墨	（每幀）26.5×		廣州 廣東省博物館	
山水圖（武丹等山水冊8之2幀）	冊頁	紙	設色	（每幀）28×22.5		南寧 廣西壯族自治區博物館	
仿北苑法松蔭積翠圖	摺扇面	紙	水墨	16.8×51.9	辛丑（道光二十一年，1841）仲夏	日本 東京國立博物館	
仿王原祁筆意山水圖	摺扇面	紙	水墨	17.2×52.4		日本 東京細川護貞先生	

名稱	形式	質地	色彩	尺寸 高x寬cm	創作時間	收藏處所	典藏號碼
萬里雲山圖（8幀）	冊	紙	水墨	不詳	道光己酉（二十九年，1849）七月	日本 東京村上與四郎先生	
仿宋人筆意山水圖	摺扇面	金箋	設色	18 x 53.4	癸未（道光三年，1823）孟夏	日本 京都國立博物館	A甲339
山水圖	摺扇面	紙	設色	18 x 53.4		日本 京都國立博物館	A甲339
為逸甫作山水圖	摺扇面	紙	水墨	不詳		日本 江田勇二先生	
山水圖（8幀）	冊	紙	水墨	（每幀）26.3 x 40.6	丁酉（道光十七年，1837）仲秋	日本 山口良夫先生	
桂林山水圖（10幀）	冊	紙	水墨、設色	（每幀）27.8 x 38.1		日本 私人	
仿古山水圖（15幀）	冊	綾	水墨	（每幀）13.8 x 20.7		美國 耶魯大學藝術館	1989.46.1a-p
梅花西舍圖（錢杜等畫梅花西舍圖合冊8之1幀）	冊頁	紙	設色	16.3 x 21.3	己酉（乾隆五十四年，1789）初春	美國 鳳凰市美術館（Mr.Roy And Marilyn Papp寄存）	
擬黃鶴山樵法山水（為樹田作）	冊頁	紙	設色	61.9 x 37.9	丁酉（道光十七年，1837）十二月	美國 鳳凰市美術館（Mr.Roy And Marilyn Papp寄存）	
曲磵畫舫（畫似亞陶三兄法正）	摺扇面	紙	設色	不詳	丙辰（咸豐六年，1856）清和既望	美國 夏威夷火魯奴奴藝術學院	
新蒲來燕圖	摺扇面	紙	水墨	不詳	戊申（道光二十八年，1848）清和月既望	美國 夏威夷火魯奴奴藝術學院	
仿米南宮雲山得意圖（畫奉仲青二兄法正）	摺扇面	紙	水墨	不詳	癸丑（咸豐三年，1853）夏五月	美國 夏威夷火魯奴奴藝術學院	
柳艇圖（為象西仁兄大人畫）	摺扇面	紙	設色	不詳	戊午（咸豐八年，1858）長至	美國 夏威夷火魯奴奴藝術學院	
仿柯敬仲古木叢篁（畫似子樣年道兄）	摺扇面	紙	水墨	不詳	己未（咸豐九年，1859）秋仲	美國 夏威夷火魯奴奴藝術學院	
仿諸家山水暘面（12幀）	冊	紙	設色	（每幀）18 x 51.6	咸豐八年（戊午，1858）	美國 火魯奴奴Hutchinson先生	2478.1-2489.1
山水圖(四朝墨寶冊之第2幀)	冊頁	紙	設色	20.8 x 15.4	道光十二年，壬辰（1832）秋日	英國 倫敦大英博物館	1946.4.1302（ADD219）
師西盧老人秋山圖（為愷堂作）	摺扇面	金箋	水墨	18.2 x 53.1	乙卯（咸豐五年，1855）仲春	德國 柏林東方藝術博物館	1988-205
仿古山水圖（12幀，畫呈墨緣二兄雅屬）	冊	紙	設色	（每幀）22.2 x 32.4	丙辰（咸豐六年，1856）新秋	瑞士 蘇黎士黎得堡博物館	RCH.1179

名稱	形式	質地	色彩	尺寸 高x寬cm	創作時間	收藏處所	典藏號碼
山水圖（10幀，為墨緣二兄寫）	冊	紙	設色	（每幀）26.3 x 36.9	丁巳（咸豐七年，1857）仲春	瑞士 蘇黎士黎得堡博物館	RCH.1180
山水圖（8幀，為鶴汀作）	冊	紙	設色	（每幀）28.9 x 19.9	道光二十九年（己酉，1849）三月	瑞士 蘇黎士黎得堡博物館	RCH.1178
山水圖	摺扇面	紙	水墨	17.2 x 52.5		瑞士 蘇黎士黎得堡博物館（蘇黎士私人寄存）	
附：							
山水圖	卷	紙	水墨	不詳	庚申（咸豐十年，1860）	上海 上海文物商店	
四梅閣圖（為四梅主人作）	卷	紙	水墨	23 x 79.2	乙卯（咸豐五年，1855）二月	蘇州 蘇州市文物商店	
湖山偕隱圖（為辛芝作）	卷	紙	水墨	24 x 131	乙卯（咸豐五年，1855）四月	蘇州 蘇州市文物商店	
山居圖（為簡緣作）	卷	紙	水墨	23 x 137.2	戊午（咸豐八年，1858）秋孟	蘇州 蘇州市文物商店	
山水圖	卷	紙	水墨	28.5 x 241	丙午（道光二十六年，1846）春三月	紐約 佳士得藝品拍賣公司/拍賣目錄1990,05,31.	
南中山水圖	卷	紙	水墨	25.5 x 136	道光戊申（二十八年，1848）十月	紐約 佳士得藝品拍賣公司/拍賣目錄1992,12,02.	
山水（仿北苑夏山圖）	卷	紙	水墨	32.5 x 202	己未（咸豐九年，1859）十一月	香港 佳士得藝品拍賣公司/拍賣目錄1995,10,29.	
山中話舊圖	短卷	紙	設色	47 x 129	道光丙午（二十六年，1846）夏日	紐約 佳士得藝品拍賣公司/拍賣目錄1997,09,19.	
仿倪黃山水（秋山亭子并詩）	卷	紙	設色	32 x 105	乙巳（道光二十五年，1845）清明節	香港 佳士得藝品拍賣公司/拍賣目錄2001,04,29.	
小栖雲亭第二圖	卷	紙	水墨	30 x 98		香港 佳士得藝品拍賣公司/拍賣目錄2001,04,29.	
仿一峰山水圖（為子青作）	軸	紙	水墨	不詳	己未（咸豐九年，1859）四月	北京 北京市文物商店	
仿董其昌山水圖（為次生作）	軸	絹	水墨	98 x 21	戊申（道光二十八年，1848）二月既望	上海 朵雲軒	
仿曹雲西山水圖	軸	紙	設色	不詳	乙未（道光十五年，1835	上海 上海文物商店	

名稱	形式	質地	色彩	尺寸 高×寬cm	創作時間	收藏處所	典藏號碼
秋山蕭寺圖	軸	紙	設色	136.3 × 50.1	咸豐二年（壬子，1852）	上海 上海文物商店	
仿王翬山水圖	軸	紙	水墨	不詳	己未（咸豐九年，1859）	上海 上海文物商店	
秋山□寺圖（為蘭艇作）	軸	紙	設色	不詳	壬子（咸豐二年，1852）十月既望	上海 上海文物商店	
仿吳歷山水圖	軸	紙	水墨	109.2 × 47	戊午（咸豐八年，1858）長夏	紐約 蘇富比藝品拍賣公司/拍賣目錄1980,12,18.	
竹圖	軸	紙	水墨	116.8 × 63.7		紐約 蘇富比藝品拍賣公司/拍賣目錄1982,11,19.	
蘭菊竹石圖	軸	絹	水墨	154.5 × 50.5		紐約 佳仕得藝品拍賣公司/拍賣目錄1986,12,01.	
秋江晚色圖	軸	紙	設色	138.4 × 34.3	丁未（道光二十七年，1847）八月	紐約 蘇富比藝品拍賣公司/拍賣目錄1987,12,08.	
疎篁秀木圖	軸	紙	水墨	91.5 × 42.5	丁未（道光二十七年，1847）二月	紐約 佳士得藝品拍賣公司/拍賣目錄1988,11,30.	
仿王紱山水圖	軸	紙	水墨	134.6 × 50.8		紐約 蘇富比藝品拍賣公司/拍賣目錄1988,11,30.	
秋林野屋圖	軸	灑金箋	設色	148 × 40		紐約 佳士得藝品拍賣公司/拍賣目錄1989,12,04.	
雲壑風湍（撫梅花盦主）	軸	絹	設色	152.5 × 43		紐約 佳士得藝品拍賣公司/拍賣目錄1990,05,31.	
山水圖樣（8聯幅）	軸	紙	水墨	（每幅）163 × 40.6	己酉（道光二十九年，1849）冬十月	紐約 佳士得藝品拍賣公司/拍賣目錄1993,12,01.	
古榦疏梢圖（為竹嚴年兄作）	軸	紙	水墨	109.9 × 36.5		紐約 佳士得藝品拍賣公司/拍賣目錄1994,06,01.	
秋山圖	軸	紙	設色	101 × 52.7	道光丁未（二十七年，1847）初秋	紐約 佳士得藝品拍賣公司/拍賣目錄1997,09,19.	
仿富春山圖（為見亭作）	摺扇面	紙	設色	不詳	辛丑（道光二十一年，1841）八月望後一日	北京 北京市文物商店	
仿古山水圖（12幀）	冊	紙	設色	（每幀）28.2 × 19.6	道光己酉（二十九年，1849）秋日	紐約 佳仕得藝品拍賣公司/拍賣目錄1986,12,01.	
山水圖（12幀）	冊	紙	水墨	（每幀）28.5 × 13.6		紐約 蘇富比藝品拍賣公司/拍賣目錄1986,06,03.	

名稱	形式	質地	色彩	尺寸 高x寬㎝	創作時間	收藏處所	典藏號碼
仿古山水圖（12幀）	冊	紙	設色	（每幀）27.9 x 32.7	咸豐七年，丁巳（1857）六月	紐約 蘇富比藝品拍賣公司/拍賣目錄 1986,12,04.	
山水圖（12幀）	冊	紙	水墨	（每幀）28.5 x 13.6		紐約 蘇富比藝品拍賣公司/拍賣目錄 1986,06,03.	
山水圖（為芸皋先生作）	摺扇面	紙	水墨	23.2 x 63.5	辛亥（咸豐元年，1851）春日	紐約 佳仕得藝品拍賣公司/拍賣目錄 1986,06,04.	
山水圖（8幀）	冊	絹	設色、水墨	（每幀）14.1 x 34.7	壬子（咸豐二年，1852）	紐約 蘇富比藝品拍賣公司/拍賣目錄 1987,12,08.	
山水圖（8幀）	冊	紙	設色	（每幀）21.6 x 27.9		紐約 蘇富比藝品拍賣公司/拍賣目錄 1987,12,08.	
仿古山水（12幀）	冊	紙	水墨	（每幀）14 x 20.5	己未（咸豐九年，1859）九月	紐約 佳士得藝品拍賣公司/拍賣目錄 1989,06,01.	
仿古山水（8幀）	冊	紙	水墨	（每幀）18.4 x 23.9	己亥（道光十九年，1839）仲冬	紐約 佳士得藝品拍賣公司/拍賣目錄 1992,12,02.	
桂林十景（10幀）	冊	紙	設色	（每幀）28 x 40	道光丙午（二十六年，1846）秋	紐約 佳士得藝品拍賣公司/拍賣目錄 1995,03,22.	

畫家小傳：戴熙。字醇士。號榆庵、蒓溪、松屏、井東居士、鹿　居士。浙江錢塘人。生於仁宗嘉慶六（1801）年，卒於文宗咸豐十（1860）年。道光十二年翰林。官至刑部侍郎。詩書畫俱臻妙。畫山水，師法王石谷；花卉、人物、松梅竹石等，亦無不佳。曾直內廷，屢邀宸賞。（見桐陰論畫、墨林今話、中國畫家人名大辭典）

朱　熊

名稱	形式	質地	色彩	尺寸 高x寬㎝	創作時間	收藏處所	典藏號碼
匯芳圖（孔繼潤、汪鏞、畢子源、黃平格、朱齡、蔣予儉、李慕龍、朱熊、楊鐸、江懷珠、張之萬、孔憲彝合作）	卷	綾	設色	不詳		北京 中國歷史博物館	
春艷圖（錢聚朝、朱熊、張熊合作）	軸	紙	設色	不詳		嘉興 浙江省嘉興市博物館	
花卉圖	軸	紙	設色	136.4 x 31.8		日本 東京河井荃廬先生	

畫家小傳：朱熊。字吉甫。號夢泉。浙江秀水人。生於仁宗嘉慶六（1801）年，道光二十四（1844）年尚在世。善書畫，精篆刻。曾隨張廷濟等者碩遊，工畫花卉，用筆爽健。（見墨林今話續編、海上墨林、寒松閣談藝瑣錄、清代書畫家筆錄、中國畫家人名大辭典）

楊　鐸

名稱	形式	質地	色彩	尺寸 高x寬㎝	創作時間	收藏處所	典藏號碼
匯芳圖（孔繼潤、汪鏞、畢子源、黃平格、朱齡、蔣予儉、李慕龍、朱熊、楊鐸、江懷珠	卷	綾	設色	不詳		北京 中國歷史博物館	

名稱	形式	質地	色彩	尺寸 高×寬㎝	創作時間	收藏處所	典藏號碼

、張之萬、孔憲彝合作）

畫家小傳：楊鐸。畫史無載。約與朱熊、張之萬同時。身世待考。

江懷珠

匯芳圖（孔繼潤、汪鏞、畢子	卷	綾	設色	不詳		北京 中國歷史博物館	

源、黃平格、朱齡、蔣予儉、

李慕龍、朱熊、楊鐸、江懷珠

、張之萬、孔憲彝合作）

畫家小傳：江懷珠。畫史無載。約與朱熊、張之萬同時。身世待考。

陳 潮

白描五十三藏圖	卷	絹	水墨	38.1 × ？		香港 香港大學馮平山博物館	HKU.P.67.7
山水圖（8幅）	軸	絹	設色	不詳		天津 天津市楊柳青畫社	
臨周臣江畔騎驢圖	軸	絹	設色	139.7 × 96.5		日本 私人	
達摩圖	軸	絹	設色	71.6 × 25.2		日本 私人	

畫家小傳：陳潮。字東之。浙江錢塘人。身世不詳。生於仁宗嘉慶六（1801）年。宣宗道光十一（1831）年舉人。（見碑傳集續、中國美術
　　　　家人名大辭典）

張開福

蘭石圖	冊頁	紙	水墨	不詳	道光丙戌（六年，1826）長至後二日	上海 上海博物館	
畫蘭（張開福等24人雜畫冊24之1幀）		紙	設色	26.7 × 32.4	道光丙戌（六年，1826）	上海 上海博物館	

畫家小傳：張開福。字質民。號石瓿、太華歸雲叟。浙江海鹽人。張燕昌之子。承家學，深於金石、篆刻。尤長於畫蘭，欹豪滲墨，清
　　　　韻獨絕。流傳署款紀年作品見於宣宗道光六（1826）年。（見墨林今話、廣印人傳、中國畫家人名大辭典）

雲谷居士

雜畫（張開福等24人雜畫冊24之1幀）	冊頁	紙	設色	不詳		上海 上海博物館	

畫家小傳：雲谷居士。畫史無載。身世待考。

楊 鋒

雜畫（張開福等24人雜畫冊24之1幀）	冊頁	紙	設色	不詳		上海 上海博物館	

名稱	形式	質地	色彩	尺寸 高x寬cm	創作時間	收藏處所	典藏號碼

畫家小傳：楊鋒。畫史無載。身世待考。

仲 吾

雜畫（張開福等24人雜畫冊24　冊頁　紙　　設色　不詳　　　　　　　　　　上海 上海博物館

之1幀）

畫家小傳：仲吾。畫史無載。身世待考。

高士年

雜畫（張開福等24人雜畫冊24　冊頁　紙　　設色　不詳　　　　　　　　　　上海 上海博物館

之1幀）

畫家小傳：高士年。畫史無載。身世待考。

戴道亨

雜畫（張開福等24人雜畫冊24　冊頁　紙　　設色　不詳　　　　　　　　　　上海 上海博物館

之1幀）

畫家小傳：戴道亨。畫史無載。身世待考。

方 巢

雜畫（張開福等24人雜畫冊24　冊頁　紙　　設色　不詳　　　　　　　　　　上海 上海博物館

之1幀）

畫家小傳：方巢。畫史無載。身世待考。

虞 湜

雜畫（張開福等24人雜畫冊24　冊頁　紙　　設色　不詳　　　　　　　　　　上海 上海博物館

之1幀）

畫家小傳：虞湜。畫史無載。身世待考。

谷 陽

雜畫（張開福等24人雜畫冊24　冊頁　紙　　設色　不詳　　　　　　　　　　上海 上海博物館

之1幀）

畫家小傳：谷陽。畫史無載。身世待考。

竹 賓

雜畫（張開福等24人雜畫冊24　冊頁　紙　　設色　不詳　　　　　　　　　　上海 上海博物館

之1幀）

名稱	形式	質地	色彩	尺寸 高×寬㎝	創作時間	收藏處所	典藏號碼

畫家小傳：竹賓。畫史無載。身世待考。

羅天池

山水圖	卷	紙	設色	29.5 × 168.1		香港 何耀光至樂樓	
越王山麓晚眺圖（為淳甫作）	卷	紙	設色	26.4 × ？	庚子（道光二十年，1840）夏六月	日本 東京林宗毅先生	
山水圖（4幀）	冊	絹	水墨	（每幀）23.3 × 40.3		香港 中文大學中國文化研究所文物館	

畫家小傳：羅天池。字六湖。廣東新會人，居廣州。宣宗道光六（1826）年進士。精鑑賞，工書、畫。畫山水，廣師歷代名家。（見嶺南畫徵錄、藝談錄、新會縣志、中國畫家人名大辭典）

江 鼎

竹石圖	軸	紙	水墨	不詳	道光六年，丙戌（1826）	南通 江蘇省南通博物苑	
蘭竹圖（2冊頁裝成）	軸	絹	水墨	36 × 46		南通 江蘇省南通博物苑	
墨竹圖（對幅）	軸	紙	水墨	（每幅）1815 × 46.2		荷蘭 阿姆斯特丹 Rijks 博物館	MAK97a/b

畫家小傳：江鼎。畫史無載。流傳署款紀年作品見於宣宗道光六(1826)年。身世待考。

費丹旭

傳畫樓讀畫第2卷（為薇卿作）	卷	紙	設色	不詳	甲辰（道光二十四年，1844）長夏	瀋陽 故宮博物館	
寫松蔭琴韻圖	卷	紙	設色	不詳	甲午（道光十四年，1834）冬十月	北京 故宮博物院	
懺綺圖（為姚梅伯作）	卷	紙	設色	31 × 128.9	己亥（道光十九年，1839）秋日	北京 故宮博物院	
蘆渚盟鷗圖像（為蔡松如作）	卷	紙	設色	不詳	庚子（道光二十年，1840）冬十一月	北京 故宮博物院	
孤山探梅圖（2段）	卷	紙	設色	不詳	甲辰（道光二十四年，1844）正月八日	北京 故宮博物院	
臨惲壽平山水圖（4段）	卷	紙	設色	不詳	丙午（道光二十六年，1846）	北京 故宮博物院	

名稱	形式	質地	色彩	尺寸 高×寬㎝	創作時間	收藏處所	典藏號碼
秋蘆泛月圖	卷	紙	設色	29.8 × 132.3	戊申（道光二十八年，1848）秋日	北京 故宮博物院	
摹武林四徵君像	卷	紙	水墨	30.1 × 119.3		北京 故宮博物院	
歸牧圖	卷	絹	設色	不詳	道光己亥（十九年，1839）	上海 上海博物館	
劉喜海像	卷	紙	設色	56.7 × 152.7	壬寅（道光二十二年，1842）	上海 上海博物館	
摹峴山逸老堂圖	卷	紙	設色	不詳		上海 上海博物館	
聽秋啜茗圖	卷	絹	設色	43.9 × 101.6	癸巳（道光十三年，1833）秋七月	杭州 浙江省博物館	
周謙谷負米圖	卷	紙	設色	不詳	辛丑（道光二十一年，1841）秋七月	杭州 浙江省博物館	
沈山記遊圖	卷	紙	水墨	不詳	辛丑（道光二十一年，1841）	杭州 浙江省博物館	
摹徐易、陳洪綬合作授經圖	卷	絹	設色	不詳	己酉（道光二十九年，1849）冬十月	杭州 浙江省博物館	
語溪漁唱圖	卷	絹	設色	不詳		杭州 浙江省杭州市文物考古所	
琴齋像	卷	紙	設色	不詳	壬寅（道光二十二年，1842）	杭州 浙江省杭州西泠印社	
竹笑蘭言圖	卷	紙	設色	32 × 110	丁未（道光二十七年，1847）	杭州 浙江省杭州西泠印社	
臨徐易、陳洪綬授經圖	卷	紙	設色	45.7 × 50	道光二十九年，己酉（1847）	溫州 浙江省溫州博物館	
湖亭雅集圖	卷	紙	設色	不詳	道光己亥（十九年，1839）	寧波 浙江省寧波市天一閣文物保管所	
倚蘭圖（為海樓作）	卷	紙	設色	43 × 156.4	辛卯（道光十一年，1831）長夏	重慶 重慶市博物館	
樓觀滄海日圖（費丹旭、湯貽汾合寫，為海樓作）	卷	絹	設色	42.4 × 150.5	癸巳（道光十三年，1833）夏日	重慶 重慶市博物館	
好消息圖（為海樓作）	卷	紙	設色	44.7 × 169.5	癸卯（道光二十三年，1843）嘉平初吉	重慶 重慶市博物館	

名稱	形式	質地	色彩	尺寸 高×寬㎝	創作時間	收藏處所	典藏號碼
秋月琴意圖	軸	紙	設色	不詳		台北 故宮博物院	國贈 025169
六舟小像	軸	紙	設色	132 × 61	己酉（道光二十九年，1849）	台北 歷史博物館	
西山挹爽圖	軸	紙	設色	不詳	戊戌（道光十八年，1838）	長春 吉林省博物館	
仿南田花卉圖	軸	紙	設色	不詳	癸卯（道光二十三年，1843）	長春 吉林省博物館	
燈下吟詩圖	軸	絹	設色	122.3 × 32.8		長春 吉林省博物館	
愛竹圖	軸	紙	設色	不詳	道光戊戌（十八年，1838）	瀋陽 故宮博物院	
花鳥圖	軸	絹	設色	67.6 × 41.1	癸卯（道光二十三年，1843）	瀋陽 遼寧省博物館	
探梅仕女圖（為狄莊作）	軸	絹	設色	137.8 × 33.5	癸卯（道光二十三年，1843）初冬	旅順 遼寧省旅順博物館	
陳雲柯像	軸	紙	水墨	85 × 59.5	癸巳（道光十三年，1833）冬十月	北京 故宮博物院	
殷樹柏一樂圖	軸	紙	設色	132.5 × 50.9	丁酉（道光十七年，1837）長夏	北京 故宮博物院	
十二金釵圖（為蘭門作）	軸	紙	設色	不詳	辛丑（道光二十一年，1841）春日	北京 故宮博物院	
梅花仕女圖	軸	紙	設色	不詳	壬寅（道光二十二年，1842）二月朔	北京 故宮博物院	
伯牙鼓琴圖	軸	紙	設色	不詳	丁未（道光二十七年，1847）秋八月	北京 故宮博物院	
臧卿秋隱盦填詞像	軸	紙	設色	131.5 × 41.2	丁未（道光二十七年，1847）冬十一月	北京 故宮博物院	
柳蔭讀書圖像（為小雲作）	軸	紙	設色	不詳	丁未（道光二十七年，1847）冬日	北京 故宮博物院	
臨沈周騎牛圖	軸	紙	水墨	不詳	道光二十八年，戊申（1848）	北京 故宮博物院	
夏仲笙像	軸	紙	設色	不詳	戊申（道光二十八年，1848夏日	北京 故宮博物院	

名稱	形式	質地	色彩	尺寸 高x寬㎝	創作時間	收藏處所	典藏號碼
溪山雙隱圖（為秋叔作）	軸	紙	設色	不詳	己酉（道光二十九年，1849）冬十月	北京 故宮博物院	
花前課讀圖（為貝卿雲作）	橫幅	紙	設色	95 x 200	壬寅（道光二十二年，1842）冬十二月	北京 中國歷史博物館	
聽泉圖（為子喬作）	橫幅	紙	設色	95 x 200	壬寅（道光二十二年，1842）嘉平	北京 中國歷史博物館	
張夫人像	軸	紙	設色	不詳		北京 中國歷史博物館	
紅燭題詩圖	軸	絹	設色	不詳		北京 中國美術館	
紅裝素裹圖	軸	絹	設色	122.5 x 33	辛丑（道光二十一年，1841）秋仲	北京 中央美術學院	
戴山書扇圖	軸	紙	設色	16.3 x 44.5		天津 天津市藝術博物館	
仕女圖	軸	紙	設色	不詳		南通 江蘇省南通博物苑	
仕女圖（秋風紈扇圖）	軸	絹	設色	149.8 x 44.6	庚子（道光二十年，1840）秋九月二日	上海 上海博物館	
寒林鍾馗圖	軸	紙	設色	不詳		上海 上海博物館	
鴻案聯吟圖（為春水作）	軸	紙	設色	不詳	癸巳（道光十三年，1833）十月望後一日	南京 南京博物院	
仕女圖（4幅）	軸	絹	設色	（每幅）205.5 x 44.9	癸巳（道光十三年，1833）冬日	南京 南京博物院	
梅花仕女圖	軸	絹	設色	130.2 x 32	丙申（道光十六年，1836）暮春	南京 南京博物院	
羅浮夢影圖	軸	絹	設色	143.3 x 47	丙午（道光二十六年，1846）	無錫 江蘇省無錫市博物館	
花卉仕女圖（4幅，為子青作）	軸	絹	設色	不詳	癸卯（道光二十三年，1843）初冬	蘇州 江蘇省蘇州博物館	
仕女圖（4幅）	軸	絹	設色	不詳	癸卯（道光二十三年，1843）閏秋	杭州 浙江省博物館	
芝仙祝壽圖（費丹旭、朱鈞、張熊合作）	軸	紙	設色	不詳	甲辰（道光二十四年，1844）	杭州 浙江省博物館	
花卉圖	軸	絹	設色	不詳	己酉（道光二十九年，1849）	杭州 浙江省博物館	

名稱	形式	質地	色彩	尺寸 高×寬cm	創作時間	收藏處所	典藏號碼
朱夢泉小像	軸	紙	設色	不詳		杭州 浙江省博物館	
富貴耄耋圖（費丹旭、翁雒、張熊合作）	軸	絹	設色	106.4 × 34.1		杭州 浙江省博物館	
韓康賣藥圖	軸	絹	設色	139.8 × 42.5		杭州 浙江省博物館	
秋容圖	軸	絹	設色	不詳		海寧 浙江省海寧市博物館	
惜花圖	軸	絹	設色	不詳		海寧 浙江省海寧市博物館	
荷花紅蓼圖	軸	絹	設色	不詳		紹興 浙江省紹興市博物館	
太鶴山人小像	軸	絹	設色	40 × 72.8	戊子（道光八年，1828）	溫州 浙江省溫州博物館	
扁舟蕩月圖	軸	紙	設色	不詳		重慶 重慶市博物館	
柳下仕女圖	軸	紙	設色	123.2 × 30.5	丁未（道光二十七年，1847）	廣州 廣東省博物館	
楚江畫像	軸	紙	設色	174.5 × 97	戊申（道光二十八年，1848）四月	廣州 廣東省博物館	
洛神圖	軸	絹	設色	不詳	道光二十七年，丁未（1847）夏六月上浣	廣州 廣州市美術館	
撲蝶仕女圖	軸	絹	設色	124 × 33.1		廣州 廣州市美術館	
美人圖	軸	絹	設色	98.7 × 30.6	丁酉（道光十七年，1837）新秋	日本 東京國立博物館	
桂子傳香圖	軸	絹	設色	123.9 × 30		日本 東京河井筌盧先生	
湖上參禪圖	軸	紙	水墨	不詳	丙午（道光二十六年，1846）冬十一月	日本 繭山龍泉堂	
楊柳岸曉風殘月圖	軸	紙	設色	18.2 × 52.8		美國 耶魯大學藝術館	1990.37.3
仿唐寅仕女圖	軸	紙	設色	103.9 × 33.9		美國 華盛頓特區弗瑞爾藝術館	80.172
洛神賦圖	軸	紙	設色	109.7 × 36.2		美國 密歇根大學藝術博物館	1980/2.207
仕女圖	軸	絹	設色	105.2 × 30.5		捷克 布拉格 Narodoni Galeri -e v Praze.	Vm6019-1171 /578
紫藤繡球（清花卉畫冊三冊之	冊頁	紙	設色	不詳		台北 故宮博物院	故畫 03519-8

名稱	形式	質地	色彩	尺寸 高×寬㎝	創作時間	收藏處所	典藏號碼
8）							
花卉（清花卉畫冊四冊之8）	冊頁	紙	設色	不詳		台北 故宮博物院	故畫 03520-8
仕女圖（張熊書）	摺扇面	紙	設色	不詳		台北 故宮博物院	國贈 05383
仕女圖并書賦	摺扇面	紙	設色	不詳	戊戌（道光十八年，1838）二月	北京 故宮博物院	
紅線盜盒圖	摺扇面	紙	設色	18.7 x 53	己亥（道光十九年，1839）	北京 故宮博物院	
秋窗琴韻圖	摺扇面	紙	設色	17.2 x 53.6	丙申（道光十六年，1836）	北京 中國歷史博物館	
紅樓夢故事圖（8幀）	冊	絹	設色	不詳	己亥（道光十九年，1839）初夏	北京 中國美術館	
秋窗琴韻圖（為嵐樵作）	摺扇面	紙	設色	不詳	丙申（道光十六年，1836)	石家莊 石家莊市博物館	
仕女圖（10幀，為仁山作）	冊	絹	設色	不詳	乙巳（道光二十五年，1845）夏六月	太原 山西省博物館	
紫薇月季圖	摺扇面	金箋	設色	不詳		合肥 安徽省博物館	
丁香牡丹圖	摺扇面	金箋	設色	不詳		南通 江蘇省南通博物苑	
臨王翬十萬圖（10幀）	冊	紙	設色	不詳	道光戊申（二十八年，1848）	上海 上海博物館	
摹武林厲鶚、杭世駿、金農、丁敬像（4幀）	冊	紙	水墨	（每幀）22.8 x 30.1	壬辰（道光十二年，1832）冬十月	杭州 浙江省博物館	
秋聲圖	摺扇面	紙	設色	不詳	己亥（道光十九年，1839）	杭州 浙江省杭州市文物考古所	
竹林仕女圖	摺扇面	絹	設色	不詳	乙未（道光十五年，1835）	杭州 浙江省杭州西泠印社	
徐廉墅獨坐圖	冊頁	紙	設色	不詳	甲辰（道光二十四年，1844）秋八月	海寧 浙江省海寧市博物館	
美人撲蝶圖（為蓉江作）	摺扇面	紙	設色	18.7 x 53.6	丁未（道光二十七年，1847）秋七月	日本 東京國立博物館	
美人棹舟圖	摺扇面	紙	設色	18.4 x 53.2	己亥（道光十九年，1839）冬十二月初九夜	日本 東京國立博物館	
美人採菱圖（為平圃作）	摺扇面	紙	設色	17.8 x 53	辛丑（道光二十一	日本 東京國立博物館	

名稱	形式	質地	色彩	尺寸 高×寬cm	創作時間	收藏處所	典藏號碼
					年，1841）秋七月		
桐陰仕女圖（為子祥道兄作）	摺扇面	金箋	設色	18.4 × 53	戊申（道光二十八年，1848）七月	日本 東京永清文庫	
仿曹知白湖莊清曉圖	摺扇面	紙	設色	19 × 52.5		美國 耶魯大學藝術館	1990.37.5
擬惲壽平桐陰書屋圖	摺扇面	紙	設色	19.1 × 51		美國 耶魯大學藝術館	1990.37.4
仿惠崇柳汀圖	摺扇面	紙	設色	18.3 × 52.5		美國 耶魯大學藝術館	1990.37.2
仿北宋人仕女圖	摺扇面	紙	設色	18.3 × 52.4	道光廿三年（癸卯，1843）	美國 火魯奴奴 Hutchinson 先生	
竹徑尋詩圖	冊頁	絹	設色	29.3 × 37.2		英國 倫敦大英博物館	1919.11.26.02(AAD13)
採菱圖	冊頁	絹	設色	30.3 × 37		英國 倫敦大英博物館	1919.11.26.01(AAD12)
附：							
傳畫樓讀畫圖（為賓簃作，第3卷）	卷	紙	設色	不詳	丙午（道光二十六年，1846）長夏	上海 朵雲軒	
百美圖	卷	紙	白描	32.5 × 793		紐約 佳士得藝品拍賣公司/拍賣目錄1992,06,02.	
陸游像	短卷	紙	水墨	31.5 × 61		紐約 佳士得藝品拍賣公司/拍賣目錄1995,03,22.	
秋窗讀易圖	卷	紙	設色	21 × 181.5	丙午（道光二十六年，1846）長夏	紐約 佳士得藝品拍賣公司/拍賣目錄1995,03,22.	
書森小像（錢聚朝補景）	軸	紙	水墨	107.3 × 32.5	丙午（道光二十六年，1846）	北京 北京市工藝品進出口公司	
蔣寅昉像	橫幅	紙	設色	不詳	癸卯（道光二十三年，1843）	天津 天津市文物公司	
松下沽灑圖	軸	絹	設色	152 × 34	丁未（道光二十七年，1847）	天津 天津市文物公司	
攜孫索笑圖	橫幅	紙	設色	116 × 59	甲午（道光十四年，1834）夏日	上海 朵雲軒	
仿董其昌山水圖	軸	紙	水墨	不詳	丙申（道光十六年，1836）	上海 朵雲軒	
摹羅兩峰加官進爵圖	軸	絹	設色	不詳	乙巳（道光二十五年，1845）夏四月	上海 朵雲軒	
西施浣紗圖	軸	紙	設色	不詳		上海 朵雲軒	

名稱	形式	質地	色彩	尺寸 高x寬cm	創作時間	收藏處所	典藏號碼
羅浮夢景圖	軸	紙	設色	不詳	丙午（道光二十六年，1846）十一月	無錫 無錫市文物商店	
憑窗仕女圖	軸	絹	設色	125.7 × 30.7		紐約 蘇富比藝品拍賣公司/拍賣目錄 1980,10,25.	
月下美人圖	軸	紙	設色	101.6 × 28.5		紐約 蘇富比藝品拍賣公司/拍賣目錄 1980,12,18.	
琵琶行詩意圖	軸	絹	設色	111.1 × 40	戊戌（道光十八年，1839）小除夕	紐約 蘇富比藝品拍賣公司/拍賣目錄 1980,12,18.	
六舟小像	軸	紙	設色	132.7 × 62.2		紐約 佳仕得藝品拍賣公司/拍賣目錄 1986,12,01.	
觀蝶仕女圖	軸	紙	水墨	97.8 × 29.2		紐約 蘇富比藝品拍賣公司/拍賣目錄 1988,06,01.	
美人秋月圖	軸	紙	設色	98 × 28.5		紐約 佳士得藝品拍賣公司/拍賣目錄 1989,12,04.	
董其昌像	軸	紙	設色	90.8 × 25		紐約 佳士得藝品拍賣公司/拍賣目錄 1990,11,28.	
梧桐仕女圖	軸	紙	設色	108.5 × 33		香港 佳士得藝品拍賣公司/拍賣目錄 1991,03,18.	
翁雒像	軸	絹	設色	118.2 × 56.5	道光丁未（二十七年，1847）三月	紐約 佳士得藝品拍賣公司/拍賣目錄 1994,11,30.	
仿惲壽平竹石花卉圖（8幀）	冊	紙	設色	不詳	己酉（道光二十九年，1849）	上海 朵雲軒	
補繪海珊小像（清蔣寶齡等作看梅圖并像冊6之1幀）	冊頁	絹	設色	27 × 21	癸卯（道光二十三年，1843）夏六月	上海 朵雲軒	
雪景山水圖（馮箕等四人雪景山水冊4之1幀）	冊頁	紙	設色	不詳		上海 朵雲軒	
觀月圖	摺扇面	灑金箋	設色	不詳		上海 朵雲軒	
草蟲花卉圖	摺扇面	紙	設色	17.8 × 53.2.	癸卯（道光二十三年，1843）立秋先一日	紐約 蘇富比藝品拍賣公司/拍賣目錄 1988,11,30.	
山水圖（摺扇面4幀）	冊	紙	設色	（每幀）18.5 × 51		紐約 佳士得藝品拍賣公司/拍賣目錄 1990,05,31.	
花卉圖（24幀）	冊	紙	設色	（每幀）22.6		紐約 佳士得藝品拍賣公司/拍	

名稱	形式	質地	色彩	尺寸 高x寬cm	創作時間	收藏處所	典藏號碼
				x 32		賣目錄 1990,11,28.	
仕女圖（10幀）	冊	紙	設色	（每幀）21.5 x 31	己亥（道光十九年，1839）初夏	紐約 佳士得藝品拍賣公司/拍 賣目錄 1997,09,19.	
五柳先生小像	摺扇面	紙	設色	不詳	戊子（道光八年，1828）長至前三日	紐約 佳士得藝品拍賣公司/拍 賣目錄 1998,03,24.	

畫家小傳：費丹旭。字子苕。號曉樓、環溪。浙江烏程人。生於仁宗嘉慶七（1802）年，卒於宣宗道光三十（1850）年。工寫照、如鏡取影
，神情酷肖。尤精畫美人。兼作山水、花卉，用筆輕清淡雅。（見桐陰論畫、墨林今話續編、海上墨林、中國畫家人名大辭典）

李 璿

名稱	形式	質地	色彩	尺寸 高x寬cm	創作時間	收藏處所	典藏號碼
仿唐寅山水圖	軸	絹	設色	78.3 x 32.4		天津 天津市歷史博物館	
雲山墨戲圖	軸	紙	水墨	不詳	道光甲辰（二十四年，1844）秋日	濟南 山東省博物館	
梅石圖（為春源作）	軸	紙	水墨	不詳	丁亥（道光七年，1827）冬日	南京 南京博物院	
摹黃易山水圖（12幀）	冊	紙	設色	不詳	甲午（道光十四年，1834）六月	南京 南京博物院	

畫家小傳：李璿。字白樓。濟寧人。工詩畫，得外祖黃易真傳。作山水，蒼潤鬆秀。流傳署款紀年作品見於宣宗道光七（1827）至二十四（1844）年。（見墨林今話、遲鴻軒所見書畫錄、中國畫家人名大辭典）

宋光寶

名稱	形式	質地	色彩	尺寸 高x寬cm	創作時間	收藏處所	典藏號碼
百花圖	卷	絹	設色	不詳		北京 故宮博物院	
花卉圖	卷	紙	設色	不詳		廣州 廣東省博物館	
花卉圖（4幀）	冊	紙	設色	（每幀）28 x 27.5		台北 黃君璧白雲堂	
花卉、草蟲圖（12幀）	冊	絹	設色	不詳		北京 中央工藝美術學院	
花卉草蟲圖（20幀，為燕田作）	冊	絹	設色	（每幀）33 x 47	丁亥（道光七年，1827）夏	廣州 廣東省博物館	
附：							
百花圖	卷	絹	設色	25.4 x 680.7		香港 蘇富比藝品拍賣公司/拍 賣目錄 1986,05,22.	

畫家小傳：宋光寶。字藕塘。江蘇吳縣人，流寓廣西桂林。為桂林園碧園臨川李氏上客。善畫花竹、翎毛，工筆學北宋人，逸筆學明陳淳、惲壽平。流傳署款紀年作品見於宣宗道光七（1827）年。（見墨林今話、劍光樓筆記、粵西先哲書畫集序）

俞 滄

名稱	形式	質地	色彩	尺寸 高x寬cm	創作時間	收藏處所	典藏號碼
雜畫（4幀）	冊	紙	設色	不詳	己丑（同治四年，1865）	瀋陽 故宮博物院	
花卉、草蟲圖（10幀）	冊	紙	設色	（每幀）27 x 25		杭州 浙江美術學院	
附：							
草蟲藻魚圖	軸	紙	設色	108.6 x 49.5	丁亥（道光七年，1827）春仲	紐約 蘇富北藝品拍賣公司/拍賣目錄1988.06.01.	

畫家小傳：俞滄。畫史無載。流傳署款紀年作品見於宣宗道光七(1827)年至穆宗同治四（1865）年。身世待考。

羅 彬

溪山春曉圖	軸	絹	設色	134 x 65	丁亥（道光七年，1827）冬月	日本 大阪橋本大乙先生	

畫家小傳：羅彬。畫史無載。福建寧化人。流傳署款紀年作品見於宣宗道光七(1827)年。身世待考。

丁思虞

山水（水閣觀漁圖）	軸	綾	水墨	174.5 x 49.4	丁亥（？道光七年，1827）仲秋	日本 私人	

畫家小傳：丁思虞。畫史無載。吳門人。流傳署款紀年作品見於宣宗道光七(1827)年。身世待考。

楊 鈍

山水便面（12幀）	冊	紙	設色	（每幀）18.4 x 54		日本 中埜又左衛門先生	

畫家小傳：楊鈍。號也魯。浙江海鹽人。楊為熾孫，楊采之子。承家學，亦善畫山水，然不多作。（見墨林今話、中國畫家人名大辭典）

臺 山

松鶴圖	小軸	絹	設色	22 x 30.2		韓國 首爾月田美術館	

畫家小傳：臺山。即方燮。福建南安人。活動嘉慶、道光間。能書，工畫竹。（見中國歷代書畫篆刻家字號索引）

馬之駿

白鷹圖	軸	紙	設色	不詳	丁亥（？道光七年，1827）閏五上澣	日本 東京根津美術館	

畫家小傳：馬之駿。畫史無載。身世待考。

齊學裘

名稱	形式	質地	色彩	尺寸 高x寬㎝	創作時間	收藏處所	典藏號碼
米法山水圖	軸	紙	水墨	136.1 x 67.4	同治十一年(壬申，1872)九月朔日	日本 大阪市立美術館	
漏湖漁隱圖	軸	紙	設色	136.6 x 65.4	光緒元年，乙亥(1875)六月	日本 大阪市立美術館	

畫家小傳：齊學裘。字子貞（一字子冶）。號玉溪、老顚。安徽婺源人。生於仁宗嘉慶八（1803）年。光緒初(1875)尚在世。以貴公子隱居綏定山中。善詩，工書、畫。著有蕉窗詩鈔行世。（見清畫家詩史、寄心盦詩話、中國美術家人名辭典）

張 熊

名稱	形式	質地	色彩	尺寸 高x寬㎝	創作時間	收藏處所	典藏號碼
菊花圖（清程庭鷺等菊花合璧卷之1段）	卷	紙	設色	不詳		常熟 江蘇省常熟市文物管理委員會	
山水	軸	紙	不詳	不詳		台北 故宮博物院	國贈 031078
鸜鵒圖	軸	紙	不詳	189.1 x 65.1		台北 故宮博物院	國贈 024985
延年益壽	軸	紙	設色	132 x 60	癸未（光緒九年，1883）仲冬月下浣	台北 歷史博物館	
芳圃秋容圖	軸	紙	設色	147.5 x 80.5	同治七年（戊辰，1868）孟秋月上浣	台北 清玩雅集	
溪山客話圖	軸	紙	設色	127 x 32		瀋陽 故宮博物院	
花卉圖（為笙珊作）	軸	紙	設色	不詳	同治六年（丁卯，1867）夏四月	北京 故宮博物院	
山水圖	軸	紙	設色	不詳	光緒三年（丁丑，1877）小春	北京 故宮博物院	
花鳥圖	軸	紙	設色	不詳	癸未（光緒九年，1883）季冬月	北京 故宮博物院	
米顛拜石圖（張熊、趙之琛、孫棨合作）	軸	絹	設色	不詳	己酉（道光二十九年，1849）	青島 山東省青島市博物館	
梅竹貓石圖	軸	紙	設色	不詳	乙酉（光緒十一年，1885）重五日	太原 山西省博物館	
海棠蒲蘭圖	軸	紙	設色	不詳		南通 江蘇省南通博物苑	
萱花丁香圖	軸	紙	設色	不詳		南通 江蘇省南通博物苑	
蜀葵秋花圖	軸	紙	設色	不詳		南通 江蘇省南通博物苑	
萱石圖（張熊、任頤合作）	軸	紙	設色	131.4 x 65.4	八十二老人（光緒十年，甲申，1884）	上海 上海博物館	

名稱	形式	質地	色彩	尺寸 高×寬㎝	創作時間	收藏處所	典藏號碼
池塘春暖圖	軸	紙	設色	不詳	同治六年，丁卯（1867）	南京 南京博物院	
牡丹圖	軸	絹	設色	不詳		南京 南京博物院	
午瑞圖	軸	紙	設色	117 × 46		昆山 崑崙堂美術館	
芝仙祝壽圖（費丹旭、朱鈞、張熊合作）	軸	紙	設色	不詳	甲辰（道光二十四年，1844）	杭州 浙江省博物館	
富貴耄耋圖（費丹旭、翁雒、張熊合作）	軸	絹	設色	106.4 × 34.1		杭州 浙江省博物館	
牡丹圖	軸	絹	設色	不詳		杭州 浙江美術學院	
水閣納涼圖（為麗生作）	軸	紙	設色	171 × 39	癸未（光緒九年，1883）夏四月	嘉興 浙江省嘉興市博物館	
春艷圖（錢聚朝、朱熊、張熊合作）	軸	紙	設色	不詳		嘉興 浙江省嘉興市博物館	
蕉石梅雀圖	橫幅	絹	設色	不詳	己卯（光緒五年，1879）	桐鄉 浙江省桐鄉縣博物館	
歲朝清供圖	軸	紙	設色	不詳	庚辰（光緒六年，1880）春正月	平湖 浙江省平湖縣博物館	
菊石靈芝圖	軸	紙	設色	不詳	癸未（光緒九年，1883）仲冬	平湖 浙江省平湖縣博物館	
秋色滿園圖	軸	紙	設色	不詳	辛巳（光緒七年，1881）	紹興 浙江省紹興市博物館	
花卉圖	軸	絹	水墨	160.6 × 42.4	壬午（光緒八年，1882）仲秋月上浣	日本 東京帝室博物館	
水墨山水圖	軸	紙	水墨	136.4 × 63.6	光緒二年（丙子，1876）秋日	日本 東京河井筌廬先生	
山水圖	軸	紙	水墨	130.9 × 44.2	光緒紀元（乙亥，1875）夏至後二日	日本 東京河井筌廬先生	
梅花喜鶴圖	橫披	綾	水墨	40 × 172.7	丁卯（同治六年，1867）春三月既望	日本 東京原田氏仰看齋	
壽山福海圖（撫馬扶羲本）	軸	紙	設色	87 × 38.5	八十一歲（光緒九年，癸未，1883）	日本 東京石川寅吉先生	
宜男多子圖（擬王忘庵筆意）	軸	紙	設色	97 × 45.4		日本 東京河井筌廬先生	

名稱	形式	質地	色彩	尺寸 高×寬cm	創作時間	收藏處所	典藏號碼
蘆雁圖	軸	紙	水墨	32.4 × 40.6	甲申（光緒十年，1884）仲冬月	日本 東京河井筌廬先生	
玉堂富貴圖	軸	紙	設色	136.4 × 41.5	壬午（光緒八年，1882）秋日	日本 東京杉溪六橋先生	
墨牡丹圖	軸	紙	水墨	126 × 42.1	辛巳（光緒七年，1881）冬日	日本 東京杉溪六橋先生	
山居清夏圖	軸	紙	水墨	101 × 44.7	甲申（光緒十年，1884）端節後三日，八十二老人	日本 京都國立博物館	
牡丹圖	軸	絹	設色	128.2 × 40.8		日本 奈良縣林良昭先生	
松鶴菊石圖（為崇軒作）	軸	紙	水墨	245 × 60.5	辛未（同治十年，1871）仲秋月，六十九叟	日本 大阪橋本大乙先生	
仿王鑑墨法山水圖	軸	紙	水墨	76.5 × 35.9		日本 山口良夫先生	
山水(山寺晴嵐圖)	軸	綾	設色	159.6 × 50.4	癸未（光緒九年，1883）仲夏，八十一老人	日本 松丸先生	
仿王鑑筆意山水圖	軸	紙	設色	173.2 × 47	丙戌（光緒十二年，1886）暮春之初	美國 鳳凰市美術館（ Mr.Roy And Marilyn Papp 寄存）	
花鳥圖（清朱偁等花鳥冊18之？幀）	冊頁	紙	設色	不詳	甲戌（同治十三年，1974）	瀋陽 故宮博物院	
鳳仙花圖（為蕭泉作）	摺扇面	紙	設色	不詳	庚戌（道光三十年，1850）夏六月	北京 故宮博物院	
三秋圖	摺扇面	灑金箋	設色	18 × 51.5	庚戌（道光三十年，1850）	北京 故宮博物院	
花卉草蟲	摺扇面	紙	設色	不詳	乙酉（光緒十一年，1885）	北京 中國歷史博物館	
畫稿（錢慧安等十人畫稿合冊112幀之部分）	冊頁	紙	水墨	40 × 29.6		北京 中國美術館	
花卉圖（12幀）	冊	絹	設色	不詳	咸豐丁巳（七年，1857）五月下浣	北京 中央美術學院	
秋花圖	摺扇面	金箋	設色	不詳	癸亥（同治二年，1863）	合肥 安徽省博物館	
海棠春鳥圖	摺扇面	金箋	設色	不詳	戊辰（同治七年，	合肥 安徽省博物館	

名稱	形式	質地	色彩	尺寸 高x寬cm	創作時間	收藏處所	典藏號碼
					1868）		
滄海玩月圖	摺扇面	金箋	設色	不詳	丙寅（同治五年，1866）	揚州 江蘇省揚州市博物館	
山水圖	摺扇面	金箋	設色	不詳	己酉（光緒十一年，1885）	揚州 江蘇省揚州市博物館	
山水圖	摺扇面	紙	水墨	不詳		南京 南京師範大學	
花卉（與朱偁、錢慧安、庚生、周閑合作）	摺扇面	紙	設色	17 x 52		昆山 崑崙堂美術館	
桃花雙燕圖	摺扇面	金箋	設色	不詳	甲子（同治三年，1864）	金華 浙江省金華市太平天國侍王府紀念館	
花卉（8幀）	冊	金箋	設色	（每幀）27.8 x 32.3	辛亥（咸豐元年，1851）秋日	日本 大阪市立美術館	
草蟲圖	摺扇面	紙	設色	18.1 x 53		韓國 首爾湖巖美術館	13-157
花卉圖	摺扇面	紙	設色	17.6 x 49.1		美國 火魯奴奴Hutchinson先生	

附：

名稱	形式	質地	色彩	尺寸 高x寬cm	創作時間	收藏處所	典藏號碼
九秋圖	卷	絹	設色	24.1 x 142.2	丁巳（咸豐七年，1857）夏五月六日	紐約 蘇富比藝品拍賣公司/拍賣目錄 1980,10,25.	
花卉圖	卷	絹	設色	28.5 x 465	咸豐三年癸丑（1853）春日	紐約 蘇富比藝品拍賣公司/拍賣目錄 1988,06,01.	
山水圖	卷	紙	水墨	31.2 x 364	乙酉（光緒十一年，1885）秋七月	紐約 蘇富比藝品拍賣公司/拍賣目錄 1988,11,30.	
仿李檀園山水圖	軸	紙	水墨	不詳	光緒三年（丁丑，1877）	上海 上海文物商店	
花卉圖（4幅）	軸	紙	設色	不詳	戊寅（光緒四年，1878）	上海 上海文物商店	
梧桐鸚鵡圖	軸	絹	設色	113 x 49	己未（咸豐九年，1859）	常州 常州市文物商店	
花卉草蟲（6聯屏）	軸	絹	設色	（每屏）101 x 21.5	戊辰（同治七年，1868）夏五月	紐約 佳士得藝品拍賣公司/拍賣目錄 1989,06,01.	
水仙梅竹圖	軸	絹	設色	127.5 x 30	己酉（道光二十九年，1849）莫春	紐約 佳士得藝品拍賣公司/拍賣目錄 1990,05,31.	
竹石圖（張熊、味青合作）	摺扇面	金箋	設色	不詳	壬戌（同治元年，1862）	無錫 無錫市文物商店	

名稱	形式	質地	色彩	尺寸 高x寬cm	創作時間	收藏處所	典藏號碼
四季花卉圖扇面（10幀）	冊	紙	設色	（每幀）20 x 53		紐約 佳士得藝品拍賣公司/拍賣目錄 1984,06,29.	
花卉圖（8扇面分裱褙成4立軸）	紈扇面	絹	設色	（每面）24.8 x 25.4	六十八叟（同治九年，1870）	紐約 蘇富比藝品拍賣公司/拍賣目錄 1988,11,30.	
花鳥圖	摺扇面	金箋	設色	19.5 x 52	丙子（光緒二年，1876）夏四月	紐約 佳士得藝品拍賣公司/拍賣目錄 1988,11,30.	

畫家小傳：張熊。字子祥。號鴛湖外史。浙江秀水人，流寓上海。生於仁宗嘉慶八（1803）年，卒於德宗光緒十二（1886）年。家藏金石、書畫甚富。工畫花卉，能兼周之冕、王武之長；兼作人物、山水，亦古雅絕俗。亦善書。（見墨林今話續編、海上墨林、中國畫家人名大辭典）

秦炳文

名稱	形式	質地	色彩	尺寸 高x寬cm	創作時間	收藏處所	典藏號碼
山水圖（為仁峰作）	卷	紙	水墨	不詳	乙未（道光十五年，1835）	北京 故宮博物院	
太華衝雪圖（為研樵作）	卷	紙	設色	不詳	壬申（同治十一年，1872）仲春	太原 山西省博物館	
范湖草堂圖（清陶淇等范湖草堂圖卷之1段）	卷	紙	水墨	不詳		上海 上海博物館	
蔣園巢燕圖	卷	紙	設色	不詳	甲辰（道光二十四年，1844）	南京 南京博物院	
春山訪友圖（為東墅作）	卷	紙	設色	不詳	同治甲子（三年，1864）仲秋	無錫 江蘇省無錫市博物館	
鄧尉讀書圖（為椒坡作）	卷	紙	設色	不詳	戊辰（同治七年，1868）初冬	無錫 江蘇省無錫市博物館	
山水圖	軸	紙	水墨	不詳		台北 故宮博物院	國贈 031077
仿麓臺山水圖	軸	紙	設色	不詳	壬子（咸豐二年，1852）秋杪	北京 故宮博物院	
仿王時敏晴巒暖翠圖	軸	紙	設色	不詳	壬戌（同治元年，1862）中秋後五日	北京 故宮博物院	
載鵝圖	軸	紙	設色	不詳	丁卯（同治六年，1867）	上海 上海博物館	
山水圖	軸	紙	水墨	不詳	癸亥（同治二年，1863）	貴陽 貴州省博物館	
聽松圖	軸	紙	設色	118.8 x 29.7	辛亥（咸豐元年，1851）暮春	日本 東京山本悌二郎先生	

名稱	形式	質地	色彩	尺寸 高×寬cm	創作時間	收藏處所	典藏號碼
山水（明月秋思）	軸	紙	設色	62.7 x 23		日本 東京河井筌廬先生	
山水（冬嶺秀孤松）	軸	紙	水墨	62.7 x 23		日本 東京河井筌廬先生	
山水（仿高尚書夏山過雨圖）	軸	紙	水墨	62.7 x 23		日本 東京河井筌廬先生	
山水（仿耕煙外史本）	軸	紙	設色	62.7 x 23	壬戌（同治元年，1862）小春	日本 東京河井筌廬先生	
淺絳山水（仿王鑑法）	軸	紙	設色	60.6 x 40.6	丙寅（同治五年，1866）新秋	日本 東京吉武鶴次郎先生	
仿王時敏法山水圖	軸	紙	水墨	123 x 36	辛酉（祺祥元年，1861）清和	美國 鳳凰市美術館（ Mr.Roy And Marilyn Papp 寄存）	
酒醒何處圖（為子梁作）	冊頁	紙	設色	不詳	甲寅（咸豐四年，1854）夏杪	北京 故宮博物院	
山水圖（清秦炳文等水冊16之4幀）	冊頁	紙	設色	不詳		天津 天津市藝術博物館	
山水圖（清陳洽等書畫冊之1幀）	摺扇面	金箋	水墨	不詳		南京 南京市博物館	
山水圖（8幀）	冊	紙	設色	（每幀）32.3 x 44.6不等	丙午（道光二十六年，1846）	無錫 江蘇省無錫市博物館	
山水圖（清沈焯等山水冊12之1幀）	冊頁	紙	設色	不詳		廣州 廣州市美術館	
附：							
山水圖	卷	紙	設色	不詳		北京 中國文物商店總店	
仿王時敏山水圖	軸	絹	設色	不詳	壬子（咸豐二年，1852）	北京 北京市工藝品進出口公司	
擬大癡道人晴嵐暖翠圖	軸	紙	設色	94.5 x 48.8		紐約 佳士得藝品拍賣公司/拍賣目錄 1989,12,04	

畫家小傳：秦炳文。初名燡。字硯雲。號誼亭。江蘇無錫人。生於仁宗嘉慶八（1803）年，卒於穆宗同治十二（1873）年。道光二十年舉人，歷官吳江教諭、戶部主事。精鑑賞。工畫山水，師法西廬老人。（見桐陰論畫、墨林今話續編、中國畫家人名大辭典）

陳鑅

臨石谿山水圖	軸	紙	設色	不詳	同治甲子（三年，1864）中秋後五日	北京 故宮博物院	
附：							
松鶴圖	軸	紙	設色	不詳		上海 朵雲軒	

畫家小傳：陳鑅。字桂舫（一字谷孫）。號丹崖。廣西桂林人。生於仁宗嘉慶八（1803）年，穆宗同治三（1864）年尚在世。宣宗道光十七（

名稱	形式	質地	色彩	尺寸 高×寬cm	創作時間	收藏處所	典藏號碼

1837) 年舉人。善畫山水、花卉，有宋元人風度。(見韜養齋筆記、粵西先哲書畫集序、龍壁山房集、中國畫家人名大辭典)

吳 溥

| 蘭竹石圖 | 軸 | 紙 | 水墨 | 不詳 | 戊子（道光八年， 1828） | 無錫 江蘇省無錫市博物館 | |

畫家小傳：吳溥。字敦分。號百泉。浙江烏程人。生性嗜畫。凡山水、人物，率意塗之，靡不佳；尤工畫猴。晚年前習，專用力於蘭竹，下筆遒勁，化機在手，畫石法更能融會古人意。流傳署款紀年作品見於宣宗道光八（1828）年。(見墨林今話、中國畫家人名大辭典)

徐渭仁

| 仙山樓閣圖 | 軸 | 紙 | 設色 | 不詳 | 戊子（道光八年， 1828） | 蘇州 江蘇省蘇州博物館 | |
| 花卉、山水圖（12幀） | 冊 | 紙 | 設色 | 不詳 | 戊子（道光八年， 1828） | 天津 天津市藝術博物館 | |

畫家小傳：徐渭仁。字文臺。號紫珊。江蘇上海人。為人天資警敏，於學靡不探討。善書法。富儲藏，精鑒賞。三十八歲，始學為畫。初寫蘭竹，下筆已自不凡。旋作山水，研習宋元各家，無不窺其堂奧。流傳署款紀年作品見於宣宗道光八（1828）年。(見墨林今話、海上墨林、耕硯田齋筆記、中國畫家人名大辭典)

陳務滋

| 小停雲山館圖 | 軸 | 紙 | 設色 | 106.7 × 44.5 | 道光八年（戊子， 1828）重陽前五日 | 日本 東京河井荃盧先生 | |

畫家小傳：陳務滋。字植夫。原籍順天，後為湖北人。曾官廣東佛岡司獄。工畫山水，筆墨蒼勁，氣韻深厚。亦工書法、篆刻。流傳署款紀年作品見於宣宗道光八（1828）年。(見藝林閒是錄、清代畫史、中國畫家人名大辭典)

葉夢草

| 山水人物圖 | 軸 | 紙 | 水墨 | 111.1 × 42.6 | 戊子（道光八年， 1828） | 香港 中文大學中國文化研究所文物館 | |

畫家小傳：葉夢草。字春塘。號蕉田。廣東南海人。葉夢龍從弟。能以詩、書、畫世家學。畫山水、花果、人物俱工。嘗與謝蘭生、蔣蓮、謝觀生、熊景星合作畫，又曾為張南山所編花甲閒談一書，繪畫插圖，作品工緻秀雅，甚獲好評。流傳署款紀年作品見於宣宗道光八（1828）年。(見五百石洞天揮塵、松軒隨筆、留盦隨筆、常惺惺齋書畫題跋、中國美術家人名辭典)

蘇六朋

| 指畫七賢策蹇圖（為莫生作） | 卷 | 絹 | 設色 | 不詳 | 乙未（道光十五年， 1835）八月廿日 | 南寧 廣西壯族自治區博物館 | |

名稱	形式	質地	色彩	尺寸 高×寬㎝	創作時間	收藏處所	典藏號碼
山水圖	軸	紙	水墨	122 × 44		台北 黃君璧白雲堂	
人物圖	軸	紙	設色	150 × 59		台北 黃君璧白雲堂	
羅浮山水圖	軸	紙	設色	118 × 44.5	丁酉（道光十七年，1837）	香港 中文大學中國文化研究所文物館	
羅浮山市圖	軸	絹	設色	106 × 43.5	丙辰（咸豐六年，1856）	香港 中文大學中國文化研究所文物館	
山水圖	軸	紙	設色	34.8 × 56.7		香港 中文大學中國文化研究所文物館	
仿沈石田碧梧清暑圖法山水	軸	紙	水墨	120.7 × 58.5		香港 中文大學中國文化研究所文物館	
山水奇景（拷鐐泉圖）	軸	紙	水墨	112.6 × 47.9		香港 中文大學中國文化研究所文物館	
披雲拂雲圖	軸	絹	水墨	113.5 × 37.7	丁未（道光二十七年，1847）	香港 中文大學中國文化研究所文物館	
細筆山水圖	軸	紙	水墨	118.8 × 35.5	戊子（道光八年，1828）	香港 中文大學中國文化研究所文物館	
山水圖	軸	絹	設色	117.5 × 44.8	丙午（道光二十六年，1846）	香港 中文大學中國文化研究所文物館	
山水瀑	軸	紙	水墨	256.7 × 118.7	丙午（道光二十六年，1846）	香港 中文大學中國文化研究所文物館	
雲山圖	軸	絹	水墨	不詳	癸巳（道光十三年，1833）	南通 江蘇省南通博物苑	
盲跎圖	軸	紙	設色	不詳		南京 江蘇省美術館	
太白醉酒圖	軸	紙	設色	204.8 × 93.9	甲辰（道光二十四年，1844）華月	上海 上海博物館	
清平調圖	軸	紙	設色	236 × 101.5	癸巳（道光十三年，1833）	廣州 廣州市美術館	
東山報捷圖（為雨辰作）	軸	紙	設色	238.5 × 117	丁酉（道光十七年，1837）重九後	廣州 廣州市美術館	
桐蔭聽頌圖（為冀元作）	軸	絹	設色	137.5 × 50.2	道光戊戌（十八年，1838）暮春	廣州 廣州美術學院	
含飴弄孫圖	軸	紙	設色	137 × 72.1		佛山 廣東省佛山市博物館	
李白詩意圖（蘇六朋、呂小隱、梁秀石、余秋帆合作）	軸	紙	設色	248 × 119		佛山 廣東省佛山市博物館	
綠天野老圖	軸	紙	設色	142 × 37.1		中山 廣東省立中山圖書館	

名稱	形式	質地	色彩	尺寸 高x寬cm	創作時間	收藏處所	典藏號碼
村塾課讀圖	冊頁	絹	設色	26.1 x 25.4	丁未（道光二十七年，1847）大寒二日	美國 堪薩斯市納爾遜-艾金斯藝術博物館	
雪寒圖	冊頁	絹	設色	26.1 x 25.4		美國 堪薩斯市納爾遜-艾金斯藝術博物館	
山水人物圖	冊頁	絹	設色	33.5 x 28.2		香港 中文大學中國文化研究所文物館	
人物圖	摺扇面	金箋	設色	16.4 x 52.5		香港 中文大學中國文化研究所文物館	
山水圖	冊頁	絹	設色	33.6 x 28		香港 中文大學中國文化研究所文物館	
山水圖（4幀）	冊	紙	水墨	（每幀）28 x 17.6		香港 中文大學中國文化研究所文物館	
山水圖（4幀）	冊頁	紙	水墨	（每幀）20.5 x 14.7		香港 中文大學中國文化研究所文物館	
人物圖（12幀）	冊	紙	設色	不詳	甲寅（咸豐四年，1854）	北京 中央工藝美術學院	
仿沈周雪晴探梅圖 附：	摺扇面	紙	設色	16.4 x 52.8		美國 耶魯大學藝術館	1985.54.5
三顧茅廬圖	卷	絹	設色	33 x 120		香港 蘇富比藝品拍賣公司/拍賣目錄 1984,11,21.	
人物圖	軸	紙	設色	不詳	丁未（道光二十七年，1847）	北京 中國文物商店總店	
三顧茅廬圖（為醉琴作）	軸	絹	設色	不詳	丁巳（咸豐七年，1857）夏六月	北京 中國文物商店總店	
人物故事（4幅）	軸	絹	設色	不詳		北京 中國文物商店總店	
指畫醉酒圖	橫幅	紙	設色	不詳	癸丑（咸豐三年，1853）	上海 上海文物商店	
祝壽圖	軸	紙	設色	165.1 x 97.1	庚子（道光二十年，1840）冬十月	紐約 蘇富比藝品拍賣公司/拍賣目錄 1980,10,25.	
人物圖	軸	紙	設色	97 x 39.5	丙午(道光二十六年，1846) 秋	香港 蘇富比藝品拍賣公司/拍賣目錄 1984,11,21.	
初平叱石圖（為乾谷三兄大人作）	軸	紙	設色	177.5 x 94.5	庚戌（道光三十年，1850）十月	香港 蘇富比藝品拍賣公司/拍賣目錄 1986,05,22.	

名稱	形式	質地	色彩	尺寸 高×寬㎝	創作時間	收藏處所	典藏號碼
陶淵明圖	軸	紙	設色	120.3 × 53.3		紐約 佳士得藝品拍賣公司/拍賣目錄1988,11,30.	
採藥圖	軸	紙	設色	119.5 × 40		紐約 佳士得藝品拍賣公司/拍賣目錄1989,06,01.	
松泉高士	軸	絹	設色	124.5 × 48	庚子（道光二十年，1840）長夏	香港 佳士得藝品拍賣公司/拍賣目錄1990,03,19.	
人物故實（4幅）	軸`	絹	設色	（每幅）33 × 55.9	辛酉（祺祥元年，1861）中元後二日	香港 佳士得藝品拍賣公司/拍賣目錄1989,01,16.	
松泉高士圖	軸	絹	設色	124.5 × 48	庚子（道光二十年，1840）長夏	香港 佳士得藝品拍賣公司/拍賣目錄1990,03,19.	
松下撫琴圖	軸	絹	設色	165.5 × 49		香港 佳士得藝品拍賣公司/拍賣目錄1993,03,22.	
人物圖	軸	紙	水墨	122 × 63		紐約 佳士得藝品拍賣公司/拍賣目錄1997,09,19.	
山水圖	軸	紙	設色	182 × 95		香港 佳士得藝品拍賣公司/拍賣目錄1998,11,02.	
孟嘗君焚券圖	橫幅	紙	設色	30.5 × 46		香港 佳士得藝品拍賣公司/拍賣目錄1998,11,02.	
臥雪圖	紈扇面	絹	設色	徑25.3	庚戌（道光三十年，1850）冬十月	紐約 蘇富比藝品拍賣公司/拍賣目錄1980,12,19.	
人物圖（四幀）	冊	紙	設色	（每幀）30 × 23.8		紐約 蘇富比藝品拍賣公司/拍賣目錄1984,12,05.	
山水、人物圖（12幀）	冊	絹	設色	（每幀）23 × 25	乙巳（道光二十五年，1845）七月	香港 蘇富比藝品拍賣公司/拍賣目錄1986,05,22.	
峰巒吹簫圖	摺扇面	紙	設色	19 × 51.5		紐約 佳士得藝品拍賣公司/拍賣目錄1983,11,30.	
相鶴圖	摺扇面	紙	設色	17 × 50.5		紐約 佳士得藝品拍賣公司/拍賣目錄1983,11,30.	
羅漢圖	摺扇面	紙	水墨	17 × 51		紐約 佳士得藝品拍賣公司/拍賣目錄1993,06,04.	
山水圖（蘇仁山、蘇六朋合冊之6幀）	冊頁	絹	水墨、設色	不詳		香港 佳士得藝品拍賣公司/拍賣目錄1993,03,22.	

畫家小傳：蘇六朋。字枕琴。廣東順德人。善畫人物，得元人法，間效黃慎，有奇致，作細筆者尤佳。與張維屏、黃培芳友好。流傳署

名稱	形式	質地	色彩	尺寸 高x寬㎝	創作時間	收藏處所	典藏號碼

　　款紀年作品見於宣宗道光八(1828)年至文宗咸豐七(857)年。(見桐陰論畫、嶺南畫徵略、梅窩詞鈔、留庵隨筆、中國畫家人名大辭典)

呂小隱

| 李白詩意圖(蘇六朋、呂小隱、梁秀石、余秋帆合作) | 軸 | 紙 | 設色 | 248 x 119 | | 佛山 廣東省佛山市博物館 | |

畫家小傳：呂小隱。畫史無載。與蘇六朋同時。身世待考。

梁秀石

| 李白詩意圖(蘇六朋、呂小隱、梁秀石、余秋帆合作) | 軸 | 紙 | 設色 | 248 x 119 | | 佛山 廣東省佛山市博物館 | |

畫家小傳：梁秀石。畫史無載。與蘇六朋同時。身世待考。

余秋帆

| 李白詩意圖(蘇六朋、呂小隱、梁秀石、余秋帆合作) | 軸 | 紙 | 設色 | 248 x 119 | | 佛山 廣東省佛山市博物館 | |

畫家小傳：余秋帆。畫史無載。與蘇六朋同時。身世待考。

楊 慶

| 白描鹿門歸隱圖 | 軸 | 紙 | 水墨 | 不詳 | 戊子(道光八年，1828) | 南京 南京博物院 | |

畫家小傳：楊慶。字子仙。江蘇華亭人。擅長白描人物。流傳署款紀年作品見於宣宗道光八(1828)年。(見寒松閣談藝瑣錄、中國畫家人名大辭典)

顧 韶

仿陸治折枝花圖	軸	紙	設色	不詳	壬辰(道光十二年，1872)	北京 首都博物館	
花鳥草蟲圖(16幀)	冊	紙	設色	不詳	戊子(道光八年，1828)春	上海 上海博物館	
蔬果圖(8幀)	冊	紙	設色	不詳		杭州 浙江省博物館	

畫家小傳：顧韶。女。號螺夆。浙江錢塘人。顧洛之女。承家學，亦工畫人物、花卉，尤妙嬰戲圖。流傳署款紀年作品見於宣宗道光八(1828)至十二(1832)年。(見墨林今話、耕硯田齋筆記、中國畫家人名大辭典)

林 覺

名稱	形式	質地	色彩	尺寸 高×寬㎝	創作時間	收藏處所	典藏號碼
樵翁濯足	軸	紙	設色	不詳		台北 故宮博物院	國贈 031601
花鳥圖	軸	紙	設色	120 × 29	辛丑（道光二十一年，1841）季夏	台北 王國璠玉禾山房	
劉海戲金蟾圖	軸	紙	設色	93 × 42	戊子（道光八年，1828）孟冬	台南 許文龍先生	
石榴山禽圖	軸	紙	設色	61.3 × 36.2	甲辰（道光二十四年，1844）好春	台北 徐瀛洲先生	
群鴨圖	橫披	紙	水墨	35.2 × 62	庚子（道光二十年，1840）仲春	嘉義 張振翔先生	
柳岸雙鴨圖	軸	紙	設色	62 × 35.2	道光廿年（庚子，1840）	嘉義 張振翔先生	
四季山水圖（4幅）	軸	紙	水墨	（每幅）98 × 24		台南 楊文富先生	
八哥圖	軸	紙	設色	不詳	道光廿五年（乙巳，1845）	台南 楊文富先生	
漁翁圖	軸	紙	設色	不詳	道光九年（己丑，1829）	台北 陳永崑先生	
猫雀圖	軸	紙	設色	不詳	巳丑（道光九年，1829）	台北 吳樹先生	
策杖圖	軸	紙	設色	不詳		台南 林淵深先生	
墨戲蟾蜍圖	冊頁	紙	水墨	29 × 25	戊戌（道光十八年，1838）季春	台南 潘元石先生	
蘆鴨圖	冊頁	紙	設色	29 × 20		台北 黃天橫先生	
畫鵝	冊頁	紙	設色	不詳		台北 黃天橫先生	
歸漁圖	冊頁	紙	設色	27 × 20	辛未（同治十年，1871）孟冬	台南 楊文富先生	

畫家小傳：林覺。字鈴子。號臥雲子、眠月山人。泉州（一作嘉義、台南）人。宣宗道光間，曾遊嘉義、台南、新竹等地。善繪壁畫。工畫人物、花鳥、山水、走獸等，畫風筆法近似黃慎。流傳署款紀年作品見於宣宗道光八(1828)年，至穆宗同治十(1871)年。（見清代台南府城書畫展覽專集）

姜　懷

附：

名稱	形式	質地	色彩	尺寸 高×寬㎝	創作時間	收藏處所	典藏號碼
東坡先生簪旛勝圖	軸	紙	設色	135.9 × 50.8		紐約 蘇富比藝品拍賣公司/拍賣目錄 1988,11,30.	

名稱	形式	質地	色彩	尺寸 高×寬㎝	創作時間	收藏處所	典藏號碼

畫家小傳：姜懷。畫史無載。身世待考。

湯祿名

名稱	形式	質地	色彩	尺寸 高×寬㎝	創作時間	收藏處所	典藏號碼
寫淑因女姪眉窗詩意圖像	卷	紙	設色	不詳	乙丑（同治四年，1865）新秋	北京 故宮博物院	
愛廬補讀圖（湯貽汾、湯祿名合作）	卷	紙	設色	不詳		北京 故宮博物院	
後樂園圖	卷	絹	設色	不詳		北京 故宮博物院	
梅花圖（清趙之琛等梅花圖卷之1段）	卷	紙	水墨	10 × 325		上海 上海博物館	
群仙拱壽圖（湯貽汾、湯祿名合作）	軸	紙	設色	141.4 × 47.2		台南 石允文先生	
吟梅圖	軸	紙	設色	不詳	丁巳（咸豐七年，1857）新秋	北京 故宮博物院	
四季仕女圖（4幅）	軸	紙	設色	（每幅）129.6 × 31.5	丁巳（咸豐七年，1857）嘉平	南京 南京博物院	
仕女圖	軸	紙	設色	不詳	己未（咸豐九年，1859）	鎮江 江蘇省鎮江市博物館	
柳鴨圖（為澹如二兄世大人作）	軸`	紙	設色	94 × 41		昆山 崑崙堂美術館	
猿猴圖	軸	紙	設色	127.3 × 45.1		日本 東京河井筌廬先生	
美人圖	軸	紙	設色	98.2 × 38.8	同治乙丑（四年，1865）秋日	日本 東京河井筌廬先生	
梅花仕女圖	軸	紙	設色	129.4 × 32.4	乙丑（同治四年，1865）春三月	日本 東京石川寅吉先生	
閒坐仕女圖（仿華新羅法）	軸	絹	設色	不詳	甲寅（咸豐四年，1854）夏五月	日本 東京村上與四郎先生	
二湘圖	軸	紙	設色	92.4 × 38.8	辛未（同治十年，1871）嘉平朔	日本 京都國立博物館	A甲 340
梅花美人圖	軸	紙	設色	121.1 × 27.+3		日本 名古屋櫻木俊一先生	
梅竹仕女圖	摺扇面	金箋	設色	不詳		北京 故宮博物院	
荷花圖	摺扇面	紙	設色	不詳		北京 中國歷史博物館	

名稱	形式	質地	色彩	尺寸 高x寬cm	創作時間	收藏處所	典藏號碼
花鳥圖（12幀）	冊	絹	設色	不詳	咸豐紀元（辛亥，1851）	天津 天津市藝術博物館	
蔬果圖	摺扇面	粉箋	設色	不詳	庚午（同治九年，1870）	合肥 安徽省博物館	
花果圖（清湯貽汾家人花果圖卷5之1段）	卷	金箋	設色	19.7 x 261.6		南京 南京博物院	
附：							
花鳥圖（湯祿名、吳熙載合作）	軸	紙	設色	不詳		濟南 山東省文物商店	
蔬果圖	軸	紙	設色	不詳	乙丑（同治四年，1865）	上海 朵雲軒	
墨梅圖	軸	紙	水墨	239 x 110.5	丙寅（同治五年，1866）開春後二日	紐約 佳士得藝品拍賣公司/拍賣目錄 1988,06,02.	
花鳥圖	軸	紙	設色	143.5 x 37.5		紐約 佳士得藝品拍賣公司/拍賣目錄 1989,06,01.	
群仙拱壽圖（與湯貽汾合作，祝小山七旬初度作）	軸	紙	設色	141 x 47		紐約 佳士得藝品拍賣公司/拍賣目錄 1991,05,29.	
桃花圖	摺扇面	灑金箋	設色	18.5 x 52		紐約 蘇富比藝品拍賣公司/拍賣目錄 1980,12,18.	
花果圖（10幀）	冊	紙	設色	（每幀）21.5 x 30.4	庚午（同治九年，1870）秋日	紐約 佳士得藝品拍賣公司/拍賣目錄 1987,12,11.	

畫家小傳：湯祿名。字樂民。浙江錢塘人。湯貽汾第四子。生於仁宗嘉慶九（1804）年，卒於穆宗同治十三（1874）年。克承家業，善白描畫，銀鉤鐵畫，雅近李公麟；尤工設色仕女；其餘花石、禽魚，亦妙。（見桐陰論畫、耕硯田齋筆記、墨林今話續編、中國畫家人名大辭典）

蔣 蓮

名稱	形式	質地	色彩	尺寸 高x寬cm	創作時間	收藏處所	典藏號碼
摹韓熙載夜宴圖	卷	絹	設色	29.7 x ?	癸巳（道光十三年，1833）	廣州 廣東省博物館	
山水圖(仿大癡筆法)	軸	紙	設色	119.5 x 38.3		香港 何耀光至樂樓	
仿宋人畫意山水人物圖	軸	紙	水墨	84.3 x 39		香港 香港美術館・虛白齋	XB1992.174
停琴聽阮圖	軸	絹	設色	87.5 x 44.7		香港 郭文基先生	

名稱	形式	質地	色彩	尺寸 高x寬cm	創作時間	收藏處所	典藏號碼
麻姑採芝圖	軸	絹	設色	118.6 x 34.6	己丑（道光九年，1829）	香港 霍寶材先生	
獻壽圖	軸	紙	設色	178 x 95	道光丁酉（十七年，1837）	廣州 廣州市美術館	
東坡啖荔枝圖	軸	絹	設色	不詳	丁酉（道光十七年，1837）	廣州 廣州市美術館	
採花仕女圖	軸	絹	設色	100 x 42.5		廣州 廣州市美術館	
文姬歸漢圖	軸	紙	設色	87.3 x 31.6	庚子（道光二十年，1840）秋月吉日	日本 阿形邦三先生	
山水圖	摺扇面	絹	設色	52.8 x ?	戊戌（道光十八年，1838）	香港 聽松書屋	
人物圖（10幀）	冊	絹	設色	（每幀）19.6 x 18	己丑（道光九年，1829）夏至後四月	廣州 廣東省博物館	
附：							
山水人物圖（4幀）	冊	絹	設色	不詳	甲午（道光十四年，1834）	北京 中國文物商店總店	
仕女嬉春圖	摺扇面	紙	設色	16.5 x 52.5	壬辰（道光十二年，1832）暮春	紐約 佳士得藝品拍賣公司/拍賣目錄 1983,11,30.	
十八羅漢圖（18幀）	冊	絹	設色	（每幀）26 x 34.2	道光庚寅（十年，1830）暮春	紐約 蘇富比藝品拍賣公司/拍賣目錄 1986,12,04.	
人物圖（12幀）	冊	紙	設色	（每幀）20.8 x 30.8	丁酉（道光十七年，1837）春	香港 佳士得藝品拍賣公司/拍賣目錄 1995,10,29.	

畫家小傳：蔣蓮。字香湖。廣東香山人。工畫人物、仕女、花卉、草蟲，作品極得熊景星、徐榮、謝蘭生等人讚賞，多作詩文美之。流傳署款紀年作品見於宣宗道光九（1829）至二十（1840）年。（見劍光樓詩鈔、樂志堂文集、常惺惺齋書畫題跋、中國美術家人名辭典）

王 瓖

名稱	形式	質地	色彩	尺寸 高x寬cm	創作時間	收藏處所	典藏號碼
雜畫（8幀）	冊	紙	水墨	不詳	己丑（道光九年，1829）初夏	上海 上海博物館	

畫家小傳：王瓖。字東皐。江蘇鹽城人。工畫蘭竹、雜卉。流傳署款紀年作品見於宣宗道光九（1829）年。（見墨香居畫識、中國畫家人名大辭典）

黃足民

名稱	形式	質地	色彩	尺寸 高x寬cm	創作時間	收藏處所	典藏號碼
宜園讀書圖（宜園讀書圖冊2之1幀）	冊頁	紙	設色	不詳	己丑（道光九年，1829）	重慶 重慶市博物館	

畫家小傳：黃足民。畫史無載。與陳克明同時。流傳署款紀年作品見於宣宗道光九(1829)年。

沈之壽

名稱	形式	質地	色彩	尺寸 高x寬cm	創作時間	收藏處所	典藏號碼
高松遠山圖	軸	紙	水墨	154.7 × 47.1	道光己丑（九年，1829）冬仲	日本 山口良夫先生	

畫家小傳：沈之壽。畫史無載。流傳署款紀年作品見於宣宗道光九(1829)年。身世待考。

許維垣

附：

名稱	形式	質地	色彩	尺寸 高x寬cm	創作時間	收藏處所	典藏號碼
觀畫圖	軸	絹	設色	不詳	己丑（？道光九年，1829）	北京 中國文物商店總店	

畫家小傳：許維垣。畫史無載。流傳署款作品紀年疑為穆宗道光九（1829）年。身世待考。

汪　維

名稱	形式	質地	色彩	尺寸 高x寬cm	創作時間	收藏處所	典藏號碼
梅竹（清花卉畫冊三冊之10）	冊頁	紙	水墨	不詳		台北 故宮博物院	故畫 03519-10
山水圖（12幀）	冊	紙	水墨	不詳	己丑（？道光九年，1829）	南京 南京博物院	

畫家小傳：汪維。字虎溪。安徽休寧人。汪儒次子。承家學，工畫。閉門不出以作畫，有高士風。（見虞山畫志、中國畫家人名大辭典）

張士保

名稱	形式	質地	色彩	尺寸 高x寬cm	創作時間	收藏處所	典藏號碼
輞川圖	卷	紙	水墨	不詳	道光十四年（甲午，1834）秋	廣州 廣州市美術館	
仿宋人山水圖	軸	紙	設色	不詳		北京 中國歷史博物館	
羅漢像	軸	紙	設色	70 × 31.2	咸豐元年（辛亥，1851）春三月上澣	日本 東京工藤壯平先生	
李易安像	軸	紙	設色	67.8 × 34		日本 京都貝塚茂樹先生	
附：							
羅漢圖	軸	紙	設色	98 × 49.5		紐約 佳士得藝品拍賣公司/拍賣目錄 1988,06,02.	

畫家小傳：張士保。字鞠如。山東掖縣人。生於仁宗嘉慶十（1805）年，卒於德宗光緒五（1879）年。道光十二年副貢。官臨朐教諭。善畫

名稱	形式	質地	色彩	尺寸 高×寬㎝	創作時間	收藏處所	典藏號碼

山水、花鳥、人物，宗法陳洪綬，筆意古雅。（見墨林今話續編、寒松閣談藝瑣錄、韜養齋筆記、甌缽羅室書畫過目、中國畫家人名大辭典）

姚 燮

名稱	形式	質地	色彩	尺寸 高×寬㎝	創作時間	收藏處所	典藏號碼
柳蔭仕女圖（為愚溪作）	軸	紙	設色	不詳	己酉（道光二十九年，1849）小春	北京 故宮博物院	
梅花圖	軸	紙	設色	不詳	乙卯（咸豐五年，1855）清明前三日	北京 故宮博物院	
松、梅、水仙圖	軸	紙	設色	不詳		北京 中國歷史博物館	
玉峰瓊樹圖	軸	綾	設色	不詳	庚申（咸豐十年，1860）	合肥 安徽省博物館	
艷雪圖	軸	絹	水墨	不詳		南京 南京博物院	
梅石圖	軸	紙	水墨	不詳		蘇州 江蘇省蘇州博物館	
松菊梅石圖（4幅）	軸	紙	水墨	不詳		德清 浙江省德清縣博物館	
梅花圖	軸	紙	水墨	160 × 61.8	乙卯（咸豐五年，1855）	長沙 湖南省博物館	
花卉圖（8幀）	冊	絹	設色	不詳	壬子（咸豐二年，1852）	北京 中國美術館	

附：

名稱	形式	質地	色彩	尺寸 高×寬㎝	創作時間	收藏處所	典藏號碼
梅花圖通景（4幅，為學誠作）	軸	紙	水墨	不詳	庚申（咸豐十年，1860）中秋	上海 上海文物商店	
梅樹圖	軸	紙	水墨	148.6 × 38.8		紐約 蘇富比藝品拍賣公司/拍賣目錄 1988,11,30.	

畫家小傳：姚燮。字梅柏。號野橋、大梅山人。浙江鎮海人，僑寓上海。生於仁宗嘉慶十（1805）年，卒於穆宗同治三（1864）年。道光十四（1834）年舉人。工詩文。精填詞。善寫墨梅、寫意花卉及白描人物，無不奇特。晚年以賣畫自給。（見墨林今話、海上墨林、中國畫家人名大辭典）

董琬貞

名稱	形式	質地	色彩	尺寸 高×寬㎝	創作時間	收藏處所	典藏號碼
梅花圖（湯貽汾、董琬貞合作）	軸	紙	水墨	100.6 × 44.1		香港 香港美術館・虛白齋	122
花果圖（清湯貽汾家人花果圖卷5之1段）	卷	金箋	設色	19.7 × 261.6		南京 南京博物院	

花鳥圖	摺扇面	紙	設色	不詳	道光十一年，辛卯（1831）	南京 南京市博物館	

名稱	形式	質地	色彩	尺寸 高x寬㎝	創作時間	收藏處所	典藏號碼

附：

三百三十有三士亭圖（湯貽汾、董琬貞合作）	卷	絹	設色	33.3 x 146	道光庚寅（十年，1830）冬	香港 佳士得藝品拍賣公司/拍 賣目錄 1995,10,29.	
洛水之阿圖（竹石水仙）	軸	紙	水墨	90.2 x 31.4	道光丙戌（六年，1826）嘉平月	紐約 蘇富比藝品拍賣公司/拍 賣目錄 1988,11,30.	
寒窗清逸	軸	紙	設色	105.5 x 38	庚寅（道光十年，1830）仲冬月	紐約 佳士得藝品拍賣公司/拍 賣目錄 1992,06,02.	

畫家小傳：董琬貞。女。字雙湖。號蓉湖。江蘇武進人。湯貽汾妻室。工畫山水、花卉；尤善畫梅。流傳署款紀年作品見於宣宗道光十（1830）、十一（1831）年。（見墨林今話、耕硯田齋筆記、畫林新詠、中國畫家人名大辭典）

袁 祥

花果圖（?幀）	冊	紙	設色	不詳	道光庚寅（十年，1830）花朝	北京 故宮博物院	

畫家小傳：袁祥。畫史無載。流傳署款紀年作品見於宣宗道光十(1830)年。身世待考。

薛 烜

花卉草蟲（12幀）	冊	紙	設色	不詳	道光庚寅（十年，1830）春日	上海 上海博物館	

畫家小傳：薛烜。畫史無載。流傳署款紀年作品見於宣宗道光十(1830)年。身世待考。

吳鴻業

彩蝶圖（4幅）	軸	紙	設色	（每幅）124 x 33.8	道光庚寅（十年，1830）元月	新竹 鄭世璠先生	

畫家小傳：吳鴻業。字希周。號梅溪。籍里不詳。善畫蝴蝶，筆致輕妙，極得翩翩飛舞之態，因有「吳蝴蝶」之稱。流傳署款紀年作品見於宣宗道光十（1830）年。（見台灣金石木書畫略）

金翁瑛

群芳再會圖	卷	絹	設色	不詳	道光十年，庚寅（1830）	北京 故宮博物院	

畫家小傳：金翁瑛。畫史無載。流傳署款紀年作品見於宣宗道光十（1830）年。身世待考。

金 石

梅花（國朝名繪冊之1）	冊頁	紙	設色	25.5 x 23.2		台北 故宮博物院	故畫 01278-1

瓶梅（國朝名繪冊之8）　　　冊頁　紙　　水墨　25.5 × 23.2　　　　　　　台北 故宮博物院　　　　故畫 01278-8

畫家小傳：金石。原名伯嚴。字夔伯。浙江山陰人。工詩、古文詞。善篆、隸書。晚年寫山水、花卉，秀逸古雅，酷似戴熙。（見越中歷代

名稱	形式	質地	色彩	尺寸 高×寬cm	創作時間	收藏處所	典藏號碼

畫人傳、中國美術家人名辭典）

唐雲高

附：

花鳥草蟲圖（8幀）　　　　冊　絹　設色　（每幀）23.5　　　　　　　　紐約 佳士得藝品拍賣公司/拍
　　　　　　　　　　　　　　　　　　　× 19　　　　　　　　　　　　賣目錄 1989.12.04.

畫家小傳：唐雲高。畫史無載。身世待考。

郭 桐

幽蘭靈芝（清花卉畫冊五冊之　摺扇面 紙　設色　17.6 × 52.3　　　　　台北 故宮博物院　　　　故畫 03521-11
11）

畫家小傳：郭桐。字琴村。江蘇吳江人。郭麐之子。生年不詳。卒於宣宗道光二十九（1849）年。善畫人物、花卉、山水，能守文徵明、
　　　　沈周矩矱。（見墨林今話續編、畫林新詠、中國畫家人名大辭典）

蔣 璠

山水圖　　　　　　　　　　軸　絹　水墨　不詳　　　庚寅（道光十年，　杭州 浙江省博物館
　　　　　　　　　　　　　　　　　　　　　　　　　1830）

畫家小傳：蔣璠。字西疇。浙江秀水人。為計楠外孫。善畫花卉。流傳署款紀年作品見於宣宗道光十（1830）年。（見墨林今話、中國畫家
　　　　人名大辭典）

羅芳淑

梅花圖（6幀）　　　　　　　冊　紙　設色　（每幀）26.8　　　　　　　上海 上海博物館
　　　　　　　　　　　　　　　　　　　× 55.6

畫家小傳：羅芳淑。畫史無載。身世待考。

元 介

雙松圖　　　　　　　　　　卷　紙　水墨　27.3 × 75.4　庚寅（？道光十年　上海 上海博物館
　　　　　　　　　　　　　　　　　　　　　　　　，1830）

畫家小傳：元介。畫史無載。流傳署款作品紀年疑為宣宗道光十（1830）年。身世待考。

夏 霖

射獵圖　　　　　　　　　　軸　絹　設色　不詳　　　庚寅（？道光十年　南京 江蘇省美術館
　　　　　　　　　　　　　　　　　　　　　　　　，1830）

畫家小傳：夏霜。畫史無載。流傳署款作品紀年疑為宣宗道光十（1830）年。身世待考。

名稱	形式	質地	色彩	尺寸 高×寬㎝	創作時間	收藏處所	典藏號碼

劉德六

名稱	形式	質地	色彩	尺寸 高×寬㎝	創作時間	收藏處所	典藏號碼
荷花白鷺圖	軸	紙	設色	不詳		北京 中國美術館	
天中節物圖	軸	紙	設色	不詳		無錫 江蘇省無錫市博物館	
紫薇萱花圖	軸	絹	設色	133 × 32		德清 浙江省德清縣博物館	
花卉（12幀）	冊	紙	設色	（每幀）28.2 × 34.1		台北 故宮博物院	國贈 031079
雜畫（12幀）	冊	絹	設色	不詳	丙辰（咸豐六年，1856）	天津 天津市藝術博物館	
雜畫（12幀）	冊	紙	設色	不詳	辛未（同治十年，1871）秋日	上海 上海博物館	
花卉圖（3幀）	冊頁	紙	設色	不詳	壬申（同治十一年，1872）十二月	上海 上海博物館	
花卉圖（清錢慧安等雜畫冊8之2幀）	冊頁	紙	設色	不詳		上海 上海畫院	
花鳥圖（為雲安二兄大人作）	摺扇面	金箋	設色	不詳	癸酉（同治十二年，1873）春三月	昆山 崑崙堂美術館	
落花遊魚圖	摺扇面	金箋	設色	不詳		日本 京都內藤湖南先生	
仿陸叔平筆意紫藤魚蛙圖	冊頁	紙	設色	不詳		美國 舊金山亞洲藝術館	

附：

名稱	形式	質地	色彩	尺寸 高×寬㎝	創作時間	收藏處所	典藏號碼
花鳥圖（4幅）	軸	紙	設色	不詳	己巳（同治八年，1869）	上海 上海文物商店	
牡丹錦雞圖	軸	絹	設色	不詳	壬申（同治十一年，1872）	上海 上海文物商店	
花果圖（冊頁裝）	軸	紙	設色	不詳	壬申（同治十一年，1872）	上海 上海工藝品進出口公司	
柳塘燕鴨圖	橫幅	絹	設色	96.5 × 133.4		紐約 蘇富比藝品拍賣公司/拍賣目錄 1981.05.07.	

畫家小傳：劉德六。字子和。江蘇吳江人。生於仁宗嘉慶十一（1806）年，卒於德宗光緒元（1875）年。為夏之鼎弟子。工畫花卉、翎毛、草蟲、蔬果，落筆秀逸。生動有致。（見墨林今話續編、海上墨林、中國畫家人名大辭典）

周 棠

名稱	形式	質地	色彩	尺寸 高×寬㎝	創作時間	收藏處所	典藏號碼
河塘鴛鴦圖	卷	綾	設色	200 × 41.5	癸亥（同治二年，1863）	天津 天津市歷史博物館	
奇石圖	軸	紙	設色	不詳		湖州 浙江省湖州市博物館	
奇石圖	軸	紙	設色	不詳		美國 火魯奴奴 Hutchinson 先	

名稱	形式	質地	色彩	尺寸 高×寬cm	創作時間	收藏處所	典藏號碼
					生		
石圖（12幀）	冊	紙	設色	不詳	光緒元年（乙亥，1875）中秋	北京 故宮博物院	
雜畫（12幀）	冊	紙	設色	不詳		重慶 重慶市博物館	
花卉圖（十八名家扇面圖冊之第11幀）	摺扇面	紙	設色	17.1 x 49.4		韓國 首爾朴周煥先生	
附：							
梅石圖	軸	紙	設色	不詳	丙寅（光緒五年，1866）	上海 上海文物商店	
奇石圖	軸	紙	水墨	147.3 x 39.3		紐約 蘇富比藝品拍賣公司/拍賣目錄 1980,10,25.	
奇石圖（12幀）	冊	紙	設色	（每幀）25 x 29		紐約 佳士得藝品拍賣公司/拍賣目錄 1989,12,04.	

畫家小傳：周棠。字召伯，一字少伯。號蘭西。浙江山陰人。生於仁宗嘉慶十一（1806）年，卒於德宗光緒二（1876）年。善畫山水、花木，師法陳淳、徐渭。晚年專畫石，被譽清代畫石第一。（見寒松閣談藝瑣錄、甌缽羅室書畫過目考、清朝書畫家筆錄、中國畫家人名大辭典）

錢聚朝

名稱	形式	質地	色彩	尺寸 高×寬cm	創作時間	收藏處所	典藏號碼
菊花圖（清程庭鷺等菊花合璧卷之1段）	卷	紙	設色	不詳		常熟 江蘇省常熟市文物管理委員會	
春艷圖（錢聚朝、朱熊、張熊合作）	軸	紙	設色	不詳		嘉興 浙江省嘉興市博物館	
歲朝圖	軸	絹	設色	不詳	咸豐二年（壬子，1852）仲冬上浣	海寧 浙江省海寧市博物館	
紅白梅花圖（仿冬心翁寫意）	軸	紙	設色	116 x 28.2	巳未（咸豐九年，1859）秋九月上浣	日本 東京石川寅吉先生	
附：							
書森小像（費丹旭畫像，錢聚朝補景）	軸	紙	水墨	107.3 x 32.5	丙午（道光二十六年，1846）	北京 北京市工藝品進出口公司	

畫家小傳：錢聚朝。字曉庭。浙江秀水人。生於仁宗嘉慶十一（1806）年，卒於文宗咸豐十（1860）年。宣宗道光十五（1835）年舉人。為錢載曾孫。承家學，善畫花卉，用筆跌宕。（見墨林今話續編、中國畫家人名大辭典）

沈廷煜

名稱	形式	質地	色彩	尺寸 高×寬cm	創作時間	收藏處所	典藏號碼
菊花圖（清程庭鷺等菊花合璧卷	卷	紙	設色	不詳		常熟 江蘇省常熟市文物管理	

名稱	形式	質地	色彩	尺寸 高×寬 cm	創作時間	收藏處所	典藏號碼

卷之1段）　　　　　　　　　　　　　　　　　　　　　　　　　　　　　委員會

畫家小傳：沈廷煜。畫史無載。與錢聚朝等同時。身世待考。

鄭　珍

| 影山草堂圖（為莫友芝作） | 卷 | 絹 | 水墨 | 26 × 46 | 咸豐戊午（八年，1858）秋盡日 | 貴陽 貴州省博物館 | |
| 爪雪山樊圖 | 卷 | 紙 | 設色 | 32 × 55 | 癸亥（同治二年，1863） | 貴陽 貴州省博物館 | |

畫家小傳：鄭珍。字子尹。號柴翁、巢經巢主、五尺道人。貴州遵義人。生於仁宗嘉慶十一（1806）年，卒於穆宗同治三（1864）年。道光十七年舉人。官至知縣。為人學貫經史，善篆書。間寫山水，蒼樸蕭散。著有巢經巢詩文集行世。（見清畫家詩史、黔詩紀略後編、中國美術家人名辭典）

改　簀

仿唐寅仕女圖	軸	紙	設色	不詳	光緒丙子（二年，1876）閏五月	北京 故宮博物院	
摹崔鶯鶯像	軸	紙	設色	不詳	辛卯（道光十七年，1891）小春月	北京 故宮博物院	
仕女圖	軸	紙	設色	不詳	丙戌（光緒十二年，1886）	上海 上海博物館	
仕女圖	軸	絹	設色	不詳	癸酉（同治十二年，1873）	南京 江蘇省美術館	
仕女圖	軸	絹	設色	不詳	甲戌（同治十三年，1874）閏六月十日	南京 江蘇省美術館	
花果、仕女圖（8幀）	冊	絹	設色	（每幀）23.6 × 23.6	咸豐紀元（辛亥，1851）	天津 天津市藝術博物館	

畫家小傳：改簀。字再薌。西域人，家江蘇松江。改琦之子。精鑑賞。善畫，花卉能承家學，間作仕女，亦有父風。流傳署款紀年作品見於宣宗道光十一（1831）年，至德宗光緒二（1876）年。（見海上墨林、讀畫輯略、清代書畫家筆錄、中國畫家人名大辭典）

趙允謙

| 雪景山水圖 | 軸 | 紙 | 設色 | 不詳 | 道光辛卯（十一年，1831） | 南京 南京博物院 | |

畫家小傳：趙允謙。號雲谷。江蘇常熟人。少好筆墨，思以山水名家。初法王翬一派，後病其甜俗，乃盡棄成稿，而上師元明諸家，且不泥一格，別開町畦，以勢雄筆健為能。間寫梅竹，亦能出新意。流傳署款紀年作品見於宣宗道光十一（1831）年。（見墨林今話、中國畫家人名大辭典）

名稱	形式	質地	色彩	尺寸 高x寬cm	創作時間	收藏處所	典藏號碼

蔡錦泉

名稱	形式	質地	色彩	尺寸 高x寬cm	創作時間	收藏處所	典藏號碼
山水圖	軸	紙	設色	117.9 x 37		香港 中文大學中國文化研究所文物館	

畫家小傳：蔡錦泉。字文淵。廣東人。宣宗道光十一（1831）年舉人。能畫山水。（見嶺南畫徵略、中國畫家人名大辭典）

丁捷三

名稱	形式	質地	色彩	尺寸 高x寬cm	創作時間	收藏處所	典藏號碼
花鳥圖	冊頁	紙	設色	33 x 28		台北 黃克銘先生	
蔬果小品	冊頁	紙	設色	26 x 32		埔里 蕭再火先生	

畫家小傳：丁捷三。字子微。台灣嘉義人。宣宗道光十一（1831）年舉人。曾官山東候補同知。工詩。善書法，學錢澧。（見台灣金石木書畫略）

周 煊

名稱	形式	質地	色彩	尺寸 高x寬cm	創作時間	收藏處所	典藏號碼
碧湖垂釣圖	卷	紙	設色	不詳	丙辰（咸豐六年，1856）	南京 南京博物院	
附：							
松崖小舟圖	軸	紙	設色	94 x 44	道光辛卯（十一年，1831）冬十一月	紐約 佳士得藝品拍賣公司/拍賣目錄 1991.05.29.	

畫家小傳：周煊。畫史無載。流傳署款紀年作品見於宣宗道光十一（1831）年至文宗咸豐六（1856）年。身世待考。

李熙泰

名稱	形式	質地	色彩	尺寸 高x寬cm	創作時間	收藏處所	典藏號碼
溪山春曉圖	軸	紙	水墨	129.3 x 29.6	辛卯（？道光十一年，1831）立秋前三日	日本 江田勇二先生	
仿古山水圖（20幀）	冊	紙	設色	（每幀）28.5 x 21	辛卯（？道光十一年，1831）仲夏、冬日	日本 京都國立博物館	

畫家小傳：李熙泰。畫史無載。流傳署款作品紀年疑似宣宗道光十一（1831）年。身世待考。

何 翀

名稱	形式	質地	色彩	尺寸 高x寬cm	創作時間	收藏處所	典藏號碼
延齡瑞菊圖	卷	絹	設色	42 x 110.6		南京 南京博物院	
紫藤鴨雛圖	軸	紙	設色	145 x 39.5		埔里 蕭再火先生	
花鳥圖	軸	紙	設色	不詳	同治甲子（三年，1864）六月	北京 故宮博物院	
秋水白鷺圖	冊頁	絹	設色	27 x 32		中山 廣東省立中山圖書館	
仿華新羅筆意	冊頁	絹	設色	27 x 32	乙亥（光緒元年，	中山 廣東省立中山圖書館	

名稱	形式	質地	色彩	尺寸 高x寬cm	創作時間	收藏處所	典藏號碼
					1875）夏日		
平江竹雀圖	冊頁	絹	設色	27 x 32		中山 廣東省立中山圖書館	
附：							
梅石聚禽圖	軸	紙	設色	124.4 x 32.3		紐約 蘇富比藝品拍賣公司/拍賣目錄 1981,05,07.	
孔雀花竹圖（為瑞峰十三兄先生作）	摺扇面	紙	設色	20 x 61.6	同治乙丑（四年，1865）冬至	紐約 佳仕得藝品拍賣公司/拍賣目錄 1986,12,01.	
山水、花卉圖（8幀，何翀、鄧芬合作）	摺扇面	紙	設色	（每幀）19 x 50		紐約 蘇富比藝品拍賣公司/拍賣目錄 1988,11,30.	

畫家小傳：何翀。字丹山，別署七十三峰老人。廣東人。生於仁宗嘉慶十二（1807）。卒於德宗光緒九（1883）年。曾至台灣，與林占梅交好。善詩。以畫名於世。著有七十三峰草堂詩集。（見台灣金石木書畫略）

鄧　芬

附：							
山水、花卉圖（8幀，何翀、鄧芬合作）	摺扇面	紙	設色	（每幀）19 x 50		紐約 蘇富比藝品拍賣公司/拍賣目錄 1988,11,30.	

畫家小傳：鄧芬。畫史無載。身世待考。

明炳麟

山水人物	軸	絹	設色	144.3 x 49	壬辰（道光十二年，1832）六月	香港 中文大學中國文化研究所文物館	
風雨歸舟圖	軸	紙	水墨	不詳	乙未（道光十五年，1835）	廣州 廣州市美術館	

畫家小傳：明炳麟。廣東南海人。身世不詳。工畫山水。流傳署款紀年作品見於道光十二（1832）、十五（1835）年。（見劍光樓筆記、中國畫家人名大辭典）

韓榮光

山水	軸	絹	水墨	59.3 x 28.7	壬辰（道光十二年，1832）	香港 何耀光至樂樓	
仿梅道人山水圖（為小蘭作）	軸	紙	水墨	不詳	丁巳（咸豐七年，1857）中秋	南寧 廣西壯族自治區博物館	

畫家小傳：韓榮光。字祥河。廣東人。宣宗道光八（1828）年舉人。能畫山水。流傳署款紀年作品見於道光十二（1832）年，至文宗咸豐七（1857）年。（見嶺南畫徵略、中國畫家人名大辭典）

司馬鍾

名稱	形式	質地	色彩	尺寸 高x寬cm	創作時間	收藏處所	典藏號碼
花鳥圖（4幅）	軸	紙	設色	（每幅）158 × 41.4	癸丑（咸豐三年，1853）	潘陽 遼寧省博物館	
萱石圖	軸	紙	水墨	不詳		石家莊 河北省石家莊文物管理所	
梟蓮圖	軸	紙	設色	不詳		上海 上海博物館	
仿陳道復雄雞圖	軸	絹	設色	不詳		平湖 浙江省平湖縣博物館	
雙燕圖（清花卉畫冊之4）	摺扇面	紙	設色	17.5 × 52		台北 故宮博物院	故畫 03521-4
花卉圖	摺扇面	紙	設色	不詳		北京 中央工藝美術學院	
附：							
荷花圖	軸	紙	設色	不詳	辛亥（咸豐元年，1851）	上海 上海文物商店	

畫家小傳：司馬鍾。字繡谷（一作秀谷）。江蘇上元人。擅寫意花卉、鳥獸，落筆豪放，氣勢遒逸；間作草蟲、魚蝦、花鳥，亦能筆簡而生
　　動。流傳署款紀年作品見於宣宗道光十二（1832）年至文宗咸豐五（1855）年。（見桐陰論畫、墨林今話續編、讀畫輯略、莫愁
　　湖志、甌缽羅室書畫過目考、中國畫家人名大辭典）

萬　嵐

名稱	形式	質地	色彩	尺寸 高x寬cm	創作時間	收藏處所	典藏號碼
平山五老圖	卷	紙	設色	不詳	庚子（道光二十年，1840）季秋	南京 南京市博物館	
張椒雲抱膝長吟像（萬嵐寫照，諸炘補圖）	軸	紙	設色	不詳	辛丑（道光二十一年，1841）	北京 故宮博物院	
包世臣七十八歲小像	軸	紙	設色	157.5 × 61.7	壬子（咸豐二年，1852）	北京 故宮博物院	

畫家小傳：萬嵐。字袖石。江蘇鹽城人。生年不詳，卒於文宗咸豐九（1859）年。工寫照，數筆立就，妙極天成。流傳署款紀年作品見於
　　宣
　　宗道光十二(1840)年，至文宗咸豐二(1852)年。（見墨林今話續編、中國畫家人名大辭典）

金應仁

名稱	形式	質地	色彩	尺寸 高x寬cm	創作時間	收藏處所	典藏號碼
聽泉先生小像（沈榮、金應仁合作	卷	紙	設色	不詳	壬辰（道光十二年，1832）	蘇州 江蘇省蘇州博物館	
芳草園八景圖（8幀）	冊	紙	設色	不詳	道光辛卯（十一年，1831）	蘇州 江蘇省蘇州博物館	

畫家小傳：金應仁。字子山。江蘇吳縣人。金俊明族孫。世有隱德。居蘇州胥門之雁宕里，因自號雁宕草衣。生性恬澹。能詩，又擅六法。
　　曾請業於朱昂之，故善畫，山水出入元明人，能自立門徑。流傳署款紀年作品見於宣宗道光十一（1831）、十二（1832）年。（見
　　墨林今話續編、中國畫家人名大辭典）

謝鑑禮

名稱	形式	質地	色彩	尺寸 高x寬cm	創作時間	收藏處所	典藏號碼

附：

| 竹石圖 | 軸 | 絹 | 水墨 | 不詳 | 壬辰（？道光十二年，1832） | 蘇州 蘇州市文物商店 | |

畫家小傳：謝鑑禮。畫史無載。流傳作品署款紀年疑為宣宗道光十二（1832）年。身世待考。

朱凝庚

| 江山遠眺圖 | 軸 | 紙 | 水墨 | 不詳 | 壬辰（？道光十二年，1832） | 濟南 山東省博物館 | |

畫家小傳：朱凝庚。畫史無載。流傳作品署款紀年疑為宣宗道光十二（1832）年。身世待考。

周 彬
附：

| 書劍風塵 | 軸 | 紙 | 設色 | 129.5 x 65 | | 香港 佳士得藝品拍賣公司/拍賣目錄1991,03,18. | |

畫家小傳：周彬。字致明。號蘿盦居士。江蘇常州人。工畫人物、仕女；兼能山水。亦有生趣；尤擅傳真，所作維妙維肖。（見毗陵畫徵錄、中國美術家人名辭典）

一村農

| 杞菊圖（清人扇面合裝冊之第14幀） | 摺扇面 | 紙 | 設色 | 17.1 x 50.1 | | 日本 私人 | |

畫家小傳：一村農。畫史無載。身世待考。

李 平

| 水閣泉聲圖 | 軸 | 絹 | 設色 | 不詳 | 壬辰（？道光十二年，1832） | 新昌 浙江省新昌縣博物館 | |

畫家小傳：李平。畫史無載。流傳署款作品紀年疑為宣宗道光十二（1832）年。身世待考。

潘曾瑩

梅竹水仙圖（為祁寯藻作）	卷	紙	設色	不詳	咸豐九年（己未，1859）元日	太原 山西省博物館	
三友圖	卷	絹	設色	不詳		南京 南京博物院	
山水圖（8幀）	冊	紙	水墨	（每幀）22.2 x 30.4		南京 南京博物院	

附：

名稱	形式	質地	色彩	尺寸 高×寬cm	創作時間	收藏處所	典藏號碼

| 河朔訪碑圖 | 卷 | 絹 | 設色 | 33.5 × 96 | | 香港 佳士得藝品拍賣公司/拍賣目錄 2001,04,29. | |

畫家小傳：潘曾瑩。字申甫。號星齋。江蘇吳縣人。生於仁宗嘉慶十三（1808）年，卒於光緒四（1878）年。宣宗道光二十一年翰林。工書
　　畫。畫初寫花卉，冶灔有致；後專山水，秀逸曠遠。又善畫論，撰有墨緣小錄傳世。（見墨林今話續編、中國畫家人名大辭典）

吳元楷

| 梨花圖 | 摺扇面 | 紙 | 設色 | 不詳 | 道光癸巳（十三年，1833）新夏 | 北京 故宮博物院 | |

畫家小傳：吳元楷。字辛生。江蘇吳縣人。為瞿繼昌弟子。工畫花卉、蘭石；兼善山水。天資既高，臨摹古蹟復勤，故經營布置、運筆賦
　　色，無不勝人。流傳署款紀年作品見於宣宗道光十三(1833)年。（見墨林今話、中國畫家人名大辭典）

吳鏡

| 華源小隱圖 | 卷 | 紙 | 設色 | 不詳 | 道光癸巳（十三年，1833） | 北京 故宮博物院 | |

畫家小傳：吳鏡。畫史無載。流傳署款紀年作品見於宣宗道光十三(1833)年。身世待考。

徐梁

| 寫朱為弼、何道生西園雅集圖像 | 卷 | 紙 | 設色 | 不詳 | 道光癸巳（十三年，1833）夏 | 北京 故宮博物院 | |
| 愛蓮圖 | 軸 | 絹 | 設色 | 不詳 | | 天津 天津市藝術博物館 | |

畫家小傳：徐梁。畫史無載。流傳署款紀年作品見於宣宗道光十三(1833)年。身世待考。

厲志

附：

| 風吹桃花圖 | 軸 | 紙 | 設色 | 不詳 | 癸巳（道光十三年，1833）清明後五日 | 上海 朵雲軒 | |

畫家小傳：厲志。字駭谷。號白華山人。浙江定海人。工詩，善書畫。畫工山水、蘭竹，有李流芳逸趣。中歲患目眇，而書畫益進。捉管
　　疾掃，全以神行，無不臻妙。嘗在西湖昭慶寺，指畫巨松，見者驚為奇蹟。流傳署款紀年作品見於宣宗道光十三（1833）年。（見墨
　　林今話、中國畫家人名大辭典）

蔡興祖

附：

| 榮祿圖 | 軸 | 紙 | 水墨 | 不詳 | 癸巳（？道光十三年，1833） | 上海 上海文物商店 | |

名稱	形式	質地	色彩	尺寸 高x寬cm	創作時間	收藏處所	典藏號碼

畫家小傳：蔡興祖。畫史無載。流傳署款作品紀年疑為宣宗道光十三（1833）年。身世待考。

鈕季文

| 溪畔遊牛圖 | 軸 | 絹 | 設色 | 78.3 x 48.7 | 癸巳（？道光十三
年，1833）仲冬陽
至前三日 | 日本 中埜又左衛門先生 | |

畫家小傳：鈕季文。畫史無載。西湖人。流傳署款作品紀年疑為宣宗道光十三（1833）年。身世待考。

劉彥沖

山水六段圖	卷	紙	設色	不詳	甲辰（道光二十四 年，1844）中秋	香港 王南屏先生	
蘭亭圖	卷	紙	設色	不詳	甲辰（道光二十四 年，1844）中秋	香港 王南屏先生	
仿古雜畫（4段）	卷	紙	設色	不詳	甲辰（道光二十四 年，1844）	北京 故宮博物院	
虎丘圖（劉彥沖、戴熙鷲峰、 虎阜圖合裝卷2之1段）	卷	紙	設色	25.7 x 109.1	道光二十五年（乙 巳，1845）夏日	北京 故宮博物院	
聽阮圖	卷	紙	設色	20.7 x 78.7	乙巳（道光二十五 年，1845）	北京 故宮博物院	
寄廬主客前圖	卷	紙	水墨	不詳	丁未（道光二十七 年，1847）	北京 故宮博物院	
摹李德裕見客圖	卷	紙	設色	不詳		北京 故宮博物院	
臨古山水圖五段	卷	紙	設色	不詳	甲辰（道光二十四 年，1844）孟冬	天津 天津市藝術博物館	
怡雲圖	卷	紙	設色	30.6 x 134.8	甲辰（道光二十四 年，1844）	上海 上海博物館	
蕙生小像	卷	紙	設色	不詳		上海 上海博物館	
須曼羅室圖（為次柳作）	卷	紙	設色	22.6 x 92.5	甲辰（道光二十四 年，1844）秋日	蘇州 江蘇省蘇州博物館	
雙文像	軸	紙	設色	不詳	道光庚子（二十年 ，1840）	北京 故宮博物院	
仿王蒙山水圖	軸	紙	設色	137 x 49.7	庚戌（道光三十年 ，1850）	北京 故宮博物院	
松風山館圖	軸	紙	設色	135 x 57	乙未（道光十五年 ，1835）仲春	上海 上海博物館	

名稱	形式	質地	色彩	尺寸 高x寬㎝	創作時間	收藏處所	典藏號碼
雪後孤山圖	軸	紙	水墨	94.5 x 30.5	己亥（道光十九年，1839）	上海 上海博物館	
桃柳雙燕圖	軸	紙	水墨	136.5 x 31.8	庚子（道光二十年，1840）	上海 上海博物館	
臨王翬山水圖	軸	紙	水墨	129.2 x 56.5	甲辰（道光二十四年，1844)十月既望	上海 上海博物館	
好消息圖（為小安作）	軸	紙	設色	96.7 x 26	乙巳（道光二十五年，1845）五月	上海 上海博物館	
送子觀音像	軸	紙	設色	69 x 29.3	道光二十五年歲在乙巳(1845) 仲冬	上海 上海博物館	
聽雨僧廬圖（冊頁裝）	軸	紙	水墨	37.7 x 38.4		上海 上海博物館	
竹林大士像	軸	紙	水墨	不詳	甲辰（道光二十四年，1844）	蘇州 靈巖山寺	
松蔭鳴琴圖	摺扇面	紙	設色	17.5 x 53.5		北京 故宮博物院	
臨惲、王山水圖（11幀）	冊	紙	水墨	（每幀）21.8 x 12.7	壬寅（道光二十二年，1842）冬日	上海 上海博物館	
仿古山水圖（10幀）	冊	紙	設色	不詳	癸卯（道光二十三年，1843）冬月	上海 上海博物館	
仿倪迂獅子林圖（曹岳、戴子來等十人山水合冊10之1幀）	冊頁	紙	設色	22.8 x 18.9	甲辰（道光二十四年，1844）仲冬	上海 上海博物館	
雜畫（8幀 ）	冊	紙	設色	（每幀）24.4 x 17.6		南京 南京博物院	
摹朱君壁揭缽圖（10幀）	冊	紙	水墨	不詳	丙申（道光十六，1836）秋七月	蘇州 江蘇省蘇州博物館	
仿古山水圖（6幀）	冊	紙	設色、水墨	不詳	乙巳（道光二十五年，1845）夏四月	蘇州 江蘇省蘇州博物館	

附：

名稱	形式	質地	色彩	尺寸	創作時間	收藏處所	典藏號碼
□鶴聽琴圖	卷	紙	設色	不詳	壬寅（道光二十二年，1842）秋日	上海 上海文物商店	
仿吳偉文會圖	卷	紙	設色	不詳	癸卯（道光二十三年，1843）十月	無錫 無錫市文物商店	
深山松谷圖	卷	紙	水墨	23 x 207.5	甲辰(道光二十四年，1844)中秋	紐約 佳士得藝品拍賣公司/拍賣目錄 1991,05,29.	

名稱	形式	質地	色彩	尺寸 高x寬cm	創作時間	收藏處所	典藏號碼
橅倪瓚山水圖	軸	紙	水墨	不詳	丁酉（道光十七年，1837）春三月	上海 朵雲軒	
仕女觀石圖	軸	紙	設色	81.3 x 33.7	癸卯（道光二十三年，1843）秋仲	紐約 蘇富比藝品拍賣公司／拍賣目錄1984,10,12、13.	
仿唐寅山水圖	軸	紙	設色	106 x 28	道光癸卯（二十三年，1843）十月	紐約 佳士得藝品拍賣公司／拍賣目錄1990,11,28.	
仿倪雲林山水圖	軸	紙	水墨	82.5 x 39.5	丁酉（道光十七年，1837）春三月	紐約 佳士得藝品拍賣公司／拍賣目錄1997,09,19.	
擬古花鳥圖（12幀，為珮珊作）	冊	紙	設色	不詳	乙未（道光十五年，1835）長夏	上海 上海文物商店	
瀟湘八景（8幀）	冊	紙	設色	（每幀）30 x 29	壬寅（同治十一年，1872）春	紐約 佳士得藝品拍賣公司／拍賣目錄1990,11,28.	
山水圖（8幀）	冊	絹	設色	（每幀）21.5 x 21.5	壬寅（同治十一年，1872）	紐約 佳士得藝品拍賣公司／拍賣目錄1996,3,27.	

畫家小傳：劉彥沖。字詠之。四川梁山人，僑寓江蘇吳門。生於仁宗嘉慶十四（1809）年，卒於宣宗道光二十七（1847）年。工詩文。善繪畫。畫山水，初師朱昂之，後臨摹古人；亦工人物、花卉。（見墨林今話續編、墨緣小錄、中華畫人室隨筆、中國畫家人名大辭典）

馮桂芬

名稱	形式	質地	色彩	尺寸 高x寬cm	創作時間	收藏處所	典藏號碼
法式善像（潘大琨、馮桂芬、馬履泰、黃恩發、顧玉霖合作）	軸	紙	設色	155.5 x 60.5	嘉慶元年（丙辰，1796）	北京 故宮博物院	
法式善四十四歲像（潘大琨、馮桂芬、羅聘合作）	軸	紙	設色	不詳		北京 故宮博物院	
萱石圖	摺扇面	紙	設色	不詳	咸豐七年（丁巳，1857）三月	北京 故宮博物院	

畫家小傳：馮桂芬。字景亭。號林一。江蘇吳人。生於仁宗嘉慶十四（1809）年，卒於同治十三（1874）年。道光二十年進士。精曆算、鈎股之學。善書，宗法歐、虞，工行草，疏秀簡逸，別具畦町。（見海上墨林、中國美術家人名辭典）

吳秀淑

名稱	形式	質地	色彩	尺寸 高x寬cm	創作時間	收藏處所	典藏號碼
梅蘭圖（與陶琯合作，陶琯、陶馥、吳秀淑花卉圖冊8之第1幀）	冊頁	紙	設色	23.7 x 33.9		德國 柏林東方藝術博物館	1988-16
蘭花圖（陶琯、陶馥、吳秀淑花卉圖冊8之第4幀）	冊頁	紙	設色	23.7 x 33.9	甲午（道光十四年，1834）夏六月蓮	德國 柏林東方藝術博物館	1988-16

名稱	形式	質地	色彩	尺寸 高x寬cm	創作時間	收藏處所	典藏號碼
					誕後二日		
夜來香花圖（陶琯、陶馥、吳秀淑花卉圖冊8之第7幀）	冊頁	紙	設色	23.7 x 33.9		德國 柏林東方藝術博物館	1988-16
附：							
花卉圖（8幀，陶馥、吳秀淑合作）	冊	紙	設色	（每幀）23.5 x 34	甲午（道光十四年，1834）夏六月	紐約 蘇富比藝品拍賣公司/拍賣目錄1987,12,08.	

畫家小傳：吳秀淑。女。字玉枝。號嬾卿。江蘇吳江人。為陶琯妻室。善寫墨蘭。流傳紀年作品見於宣宗道光十四（1834）年。（見墨林今話、中國畫家人名大辭典）

陶 馥

名稱	形式	質地	色彩	尺寸 高x寬cm	創作時間	收藏處所	典藏號碼
牡丹圖（陶琯、陶馥、吳秀淑花卉圖冊8之第2幀）	冊頁	紙	設色	23.7 x 33.9		德國 柏林東方藝術博物館	1988-16
芭蕉牡丹圖（與陶琯合作，陶琯、陶馥、吳秀淑花卉圖冊8之第3幀）	冊頁	紙	設色	23.7 x 33.9		德國 柏林東亞藝術博物館	1988-16
附：							
花卉圖（8幀，陶馥、吳秀淑合作）	冊	紙	設色	（每幀）23.5 x 34	甲午（道光十四年，1834）夏六月	紐約 蘇富比藝品拍賣公司/拍賣目錄1987,12,08.	

畫家小傳：陶馥。女。號蘭娟。浙江秀水人。陶琯、吳秀淑之女。自幼濡染家學，善鉤勒花卉，雅有情致。流傳紀年作品見於宣宗道光十四（1834）年。（見墨林今話、中國畫家人名大辭典）

沈 焯

名稱	形式	質地	色彩	尺寸 高x寬cm	創作時間	收藏處所	典藏號碼
茭隱圖（錢杜、程庭鷺、沈焯為季和作茭隱圖三段卷之3）	卷	紙	設色	約22.5 x 67	甲午（道光十四年，1834）	上海 上海博物館	
菊花圖（清程庭鷺等菊花合璧卷之1段）	卷	紙	設色	不詳		常熟 江蘇省常熟市文物管理委員會	
臨杜檉居南宮餞別圖（為香士作）	卷	紙	設色	29 x 252	甲辰（道光二十四年，1844）	廣州 廣東省博物館	
荷榭讀書圖	軸	紙	設色	不詳		上海 上海博物館	
柏樹牡丹圖	軸	紙	設色	不詳	甲辰（道光二十四年，1844）	南京 南京博物院	
仿唐寅博古圖	軸	紙	設色	不詳	道光二十九年己酉（1849）嘉平月	南京 南京博物院	
聽琴圖	軸	紙	設色	不詳	癸丑（咸豐三年，1853）	南京 南京博物院	

名稱	形式	質地	色彩	尺寸 高x寬cm	創作時間	收藏處所	典藏號碼
茅亭松韻圖	軸	紙	設色	不詳	辛卯（道光十一年，1831）	南京 南京博物院	
春酒介眉圖	軸	紙	設色	不詳		南京 南京博物院	
觀蓮圖（仿文徵明筆法）	軸	紙	設色	125.7 x 48.2	辛丑(道光二十一年，1841) 長夏	日本 大阪市立美術館	
清溪漁隱圖	摺扇面	紙	設色	不詳	己酉（道光二十九年849）夏日	北京 故宮博物院	
山水圖（清沈焯等山水冊12之1幀）	冊頁	紙	設色	不詳		廣州 廣州市美術館	
仿文徵明桃源圖	摺扇面	金箋	設色	17.3 x 52.7		韓國 首爾朴周煥先生	
附：							
松寮讀畫圖（為湘船作）	冊頁	紙	設色	不詳	壬子（咸豐二年，1852）仲冬	北京 中國文物商店總店	
梅蘭竹菊圖（48幀）	冊	絹	水墨	不詳		上海 朵雲軒	
山水圖（明沈士充等山水合裝冊9之1幀	摺扇面	金箋	設色	不詳		上海 朵雲軒	
桃源圖	摺扇面	金箋	設色	17.5 x 53	甲午（道光十四年，1834）	紐約 佳士得藝品拍賣公司/拍賣目錄 1983.11.30	

畫家小傳：沈焯。字竹賓。江蘇吳江人，流寓吳門。初工寫照。後從蔣竹霞遊，遂學山水，筆意近奚岡，有名於時，胡公壽、楊南湖皆師之。流傳署款紀年作品見於宣宗道光十(1831)年，至文宗咸豐三(1853)年。（見桐陰論畫、墨林今話續編、海上墨林、中國畫家人名大辭典）

陳 敏

滄浪亭圖	卷	絹	設色	不詳	道光甲午（十四年，1834)	南京 南京博物院	

畫家小傳：陳敏。畫史無載。流傳署款紀年作品見於宣宗道光十四(1834)年。身世待考。

鈕重華

十八應真圖	卷	絹	水墨	不詳	道光十四年，甲午（1834）	南京 南京博物院	

畫家小傳：鈕重華。畫史無載。流傳署款紀年作品見於宣宗道光十四(1834)年。身世待考。

田 祥

仙人圖	軸	紙	設色	131.4 x 31.5		韓國 首爾月田美術館	

畫家小傳：田祥。字吉生（一作吉蓀）。號鵝鼻山樵。浙江山陰人。宣宗道光十四（1834）年舉人。工畫花鳥、蘭竹。（見遲鴻軒所見書畫

名稱	形式	質地	色彩	尺寸 高x寬cm	創作時間	收藏處所	典藏號碼

錄、中國畫家人名大辭典）

董 姝

眉壽期頤圖	卷	絹	設色	不詳	道光甲子（十四年，1834）	北京 故宮博物院	

畫家小傳：董姝。畫史無載。流傳署款紀年作品見於宣宗道光十四(1834)年。身世待考。

鄧 濤

山水（煙樹山色圖）	軸	紙	水墨	220 x 93	庚寅（道光十年，1830）夏五月	台北 長流美術館	
山水圖（4幀）	冊	絹	水墨	不詳	甲午（道光十四年，1834）	杭州 浙江省博物館	

畫家小傳：鄧濤。字小石。廣東南海人。善畫山水。穆宗同治初，吳少邨由粵藩擢撫楚北，曾應送行人士請，為繪穗城棠頌圖相贈。流傳署款紀年作品見於宣宗道光十(1830)、十四(1834)年。（見寒松閣談藝瑣錄、中國畫家人名大辭典）

方 絜

蒼松蘭石圖（為小峰作）	軸	紙	水墨	136.6 x 36.3	甲午（道光十四年，1834）夏	日本 中埜又左衛門先生	

畫家小傳：方絜。字矩平。號治庵。浙江天台人。精鐵筆，刻竹尤稱絕技，凡山水、人物小像，皆自為粉本，刻於扇骨、臂閣及筆筒上，陰陽凹凸，勾勒皴擦，心手相得，運刀如運筆。間或亦為人寫石於絹素，亦工。（見墨林今話續編、中國畫家人名大辭典）

陳 澧

蘭花	軸	紙	水墨	不詳		台北 故宮博物院	國贈 004901
淡墨山水	軸	紙	水墨	不詳		台北 故宮博物院	國贈 004965
水仙	摺扇面	紙	水墨	不詳		台北 故宮博物院	國贈 004900

畫家小傳：陳澧。字蘭甫。廣東番禺人。生於仁宗嘉慶十五（1810）年，卒於德宗光緒八（1882）年。工書、畫。（見嶺南畫徵略、中國畫家人名大辭典）

吳昌壽

畫（葆光書）	摺扇面	紙	不詳	不詳		台北 故宮博物院	國贈 005393

畫家小傳：吳昌壽。字少村。浙江嘉興人。生於仁宗嘉慶十五（1810）年，卒於穆宗同治六（1867）年。道光二十五年進士。精小學、曉音律、算法、繪畫。畫山水，直逼王原祁。（見寒松閣談藝瑣錄、中國畫家人名大辭典）

鄭 珊

梅花圖	軸	紙	水墨	不詳	光緒甲午（二十年	德清 浙江省德清縣博物館	

名稱	形式	質地	色彩	尺寸 高×寬㎝	創作時間	收藏處所	典藏號碼
					，1894）二月十日		
山水圖	摺扇面 粉箋		水墨	不詳	道光己酉（二十九 年，1849）	合肥 安徽省博物館	

畫家小傳：鄭珊。字雪湖。號梦橋。安徽懷寧人。生於仁宗嘉慶十五年（1810）年，德宗光緒二十（1894）年尚在世。善畫山水，筆意蒼厚；偶寫花卉，亦有韻致。（見韜養齋筆記、甌缽羅室書畫過目考、中國畫家人名大辭典）

王玉璋

名稱	形式	質地	色彩	尺寸 高×寬㎝	創作時間	收藏處所	典藏號碼
松蔭清話圖（為瑤侯作）	軸	絹	設色	不詳	道光乙未（十五年 ，1835）仲春	濟南 山東省博物館	
仿江貫道山水圖（為葯珊作）	軸	絹	水墨	129 × 54.5	壬寅（道光二十二 年，1842）上元前 二日	濟南 山東省博物館	
松林古寺圖	軸	紙	水墨	94.2 × 36.4		日本 東京本間鋼太郎先生	
山水紀遊圖（清黃均等山水紀 遊冊10之1幀）	冊頁	絹	設色	不詳		天津 天津市藝術博物館	
仿王麓臺山水圖	摺扇面 紙		設色	不詳		常熟 江蘇省常熟市文物管理 委員會	

畫家小傳：王玉璋。號鶴舟、松巢外史、厂隱山人。直隸天津人。曾官廣東雷州知府，罷官後僑寓吳門。為人習騎射，解音律。工畫山水，遠宗董源，近接王原祁，名與戴熙齊，有北王南戴之稱。流傳署款紀年作品見於宣宗道光十五（1835）至二十二（1842）年。（見桐陰論畫、墨林今話、中國畫家人名大辭典）

李　慶

名稱	形式	質地	色彩	尺寸 高×寬㎝	創作時間	收藏處所	典藏號碼
高閣臨江圖	摺扇面 粉箋		設色	不詳		合肥 安徽省博物館	
仿仇英山水圖	摺扇面 紙		設色	不詳	乙未（道光十五年 ，1835）	揚州 江蘇省揚州市博物館	
仿郭河陽荷靜納涼圖	紈扇面 絹		設色	不詳	辛亥（咸豐元年， 1851）秋八月	重慶 重慶市博物館	
附：							
仿趙千里小景山水圖	軸	紙	設色	不詳		上海 上海文物商店	
青綠山水圖（10幀）	冊	紙	設色	（每幀）25.5 × 29.5		紐約 佳士得藝品拍賣公司/拍 賣目錄1995,09,19.	

畫家小傳：李慶。字得餘。江蘇江都甘泉人。生時不詳，辛於文宗咸豐三（1853）年。為人樸質重然諾。工畫細筆青綠山水流傳署款紀年作品見於宣宗道光十五（1835）年，至文宗咸豐元（1851）年。（見揚州畫苑錄、甘泉縣誌、中國美術家人名辭典）

夏　塽

名稱	形式	質地	色彩	尺寸 高x寬㎝	創作時間	收藏處所	典藏號碼
梅雀圖	軸	紙	設色	不詳	乙未（道光十五年，1835）冬月	太谷 山西省太谷縣文管處	

畫家小傳：夏塏。字子儀，亦字紫巘。江蘇江陵人。道光十一年舉人。官建陽知縣。善畫。流傳署款紀年作品見於宣宗道光十五(1835)年。（見金陵通傳、中國美術家人名辭典）

張澹

名稱	形式	質地	色彩	尺寸 高x寬㎝	創作時間	收藏處所	典藏號碼
夏山高隱圖	卷	紙	設色	不詳	道光乙未（十五年，1835）六月廿四日	杭州 浙江省杭州市文物考古所	
山水圖	摺扇面	金箋	設色	不詳	甲辰（？康熙三年，1664）	北京 故宮博物院	
文姬歸漢圖（明清名家合裝書畫扇面二冊之九）	摺扇面	金箋	設色	18.3 x 52.1		日本 私人	
附：							
江山臥遊圖	橫幅	綾	設色	不詳	乙未（道光十五年，1835）孟秋	上海 上海文物商店	

畫家小傳：張澹。字新之。號春水。江蘇震澤人。嗜畫入骨。先得錢志偉指授，後受業湯貽汾。工畫山水，古峭幽逸。晚家貧，藉筆墨以自給。流傳署款紀年作品見於宣宗道光十五(1835)年。（見墨林今話、耕硯田齋筆記、海上墨林、中國畫家人名大辭典）

納庵

名稱	形式	質地	色彩	尺寸 高x寬㎝	創作時間	收藏處所	典藏號碼
蘊生稽庵圖	卷	紙	水墨	不詳	道光十五年（乙未，1835）夏	北京 故宮博物院	

畫家小傳：納庵。姓名不詳。身世待考。

戴克昌

名稱	形式	質地	色彩	尺寸 高x寬㎝	創作時間	收藏處所	典藏號碼
附：							
溪山運糧圖	卷	紙	設色	66 x 133.3	丁丑（光緒三年，1877）夏上浣，七十二叟	紐約 佳士得藝品拍賣公司/拍賣目錄 1990,11,28.	

畫家小傳：戴克昌。號醜石。昌平人。生於生於仁宗嘉慶十一（1806）年，德宗光緒三（1877）年尚在世。善畫山水，尤工墨龍。其山水以淡著色為佳，簡潔明淨，脫去塵俗。（見輞養齋筆記、中國畫家人名大辭典）

劉泳之

名稱	形式	質地	色彩	尺寸 高x寬㎝	創作時間	收藏處所	典藏號碼
山水圖（5段）	卷	紙	水墨	（每段）31.9 x 31 不等	甲辰（道光二十四年，1844）	天津 天津市歷史博物館	

名稱	形式	質地	色彩	尺寸 高×寬㎝	創作時間	收藏處所	典藏號碼
臨吳小仙文會圖	卷	紙	水墨	不詳	道光癸卯（二十三年，1843）	無錫 江蘇省無錫市博物館	
須曼羅室圖	卷	紙	設色	不詳	甲辰（道光二十四年，1844）	蘇州 江蘇省蘇州博物館	
梨花柳燕圖	軸	紙	設色	不詳	甲辰（道光二十四年，1844）	南京 南京博物院	
觀音像	軸	紙	設色	46 × 26	道光二十四年（甲辰，1844）	蘇州 靈巖山寺	
梧桐仕女圖	軸	紙	設色	102.5 × 32.1		廣州 廣東省博物館	
雜畫（8幀）	冊	紙	設色	（每幀）24.2 × 17.5		南京 南京博物院	
摹元朱君璧揭缽圖（10幀）	冊	紙	水墨	（每幀）27.4 × 36.6	丙申（道光十六年，1836）	蘇州 江蘇省蘇州博物館	
山水圖	冊頁	紙	水墨	不詳	戊戌（道光十八年，1838）	蘇州 江蘇省蘇州博物館	
仿陸治山水人物圖（5幀）	冊	紙	設色	（每幀）32 × 44.3	甲辰（道光二十四年，1844）	蘇州 江蘇省蘇州博物館	
仿古山水圖（6幀）	冊	紙	設色	不詳	乙巳（道光二十五年，1845）	蘇州 江蘇省蘇州博物館	
附：							
鶴聽琴圖	卷	紙	設色	79 × 25.8	壬寅（道光二十二年，1842）	上海 上海文物商店	
摹倪瓚山水圖	軸	紙	水墨	81 × 38	丁酉（道光十七年，1837）	上海 朵雲軒	
陶淵明像	軸	紙	設色	不詳	癸卯（道光二十二`，1843）	上海 朵雲軒	
仿丁雲鵬洗象圖	軸	紙	設色	125.5 × 50.5		上海 上海文物商店	
人物圖	軸	紙	設色	不詳	癸卯（道光二十三年，1843）	上海 上海工藝品進出口公司	
笙歌雲水圖	軸	紙	水墨	不詳		蘇州 蘇州市文物商店	
花鳥圖（10幀）	冊	紙	設色	（每幀）18.4 × 27.5	乙未（道光十五年，1835）	上海 上海文物商店	

名稱	形式	質地	色彩	尺寸 高×寬cm	創作時間	收藏處所	典藏號碼
柳陰馳馬圖	摺扇面	灑金箋	設色	不詳	己亥（道光十九年，1839）	蘇州 蘇州市文物商店	

畫家小傳：劉泳之（一作詠之）。畫史無載。流傳署款紀年作品見於宣宗道光十五（1835）至二十五（1845）年。身世待考。

鄭去疾

| 山齋讀書圖 | 軸 | 絹 | 水墨 | 71.8 × 37.2 | | 合肥 安徽省博物館 | |

畫家小傳：鄭去疾。自號師山後學。安徽歙縣人。家世不詳。善畫山水，師法倪黃。（見虹廬畫談、中國畫家人名大辭典）

張浚

| 山水圖 | 摺扇面 | 金箋 | 設色 | 15.8 × 46.5 | | 香港 香港美術館 | FA1991.061 |

畫家小傳：張浚。字雲行。四川遂寧人。傳為張問陶後人。工畫蘭竹，頗生動。又善詩文、精書法。（見益州書畫錄補遺、中國畫家人名大辭典）

殷奇
附：

| 鍾馗圖 | 冊頁 | 絹 | 設色 | 不詳 | | 北京 北京市工藝品進出口公司 | |

畫家小傳：殷奇。畫史無載。身世待考。

高棱
附：

| 八仙圖（4屏） | 軸 | 絹 | 設色 | 不詳 | | 北京 北京市工藝品進出口公司 | |

畫家小傳：高棱。畫史無載。身世待考。

程瑞圖
附：

| 晉爵圖 | 軸 | 絹 | 設色 | 不詳 | | 北京 北京市工藝品進出口公司 | |

畫家小傳：程瑞圖。畫史無載。身世待考。

樊文治
附：

| 山水圖（？幀） | 冊 | 絹 | 設色 | 不詳 | | 北京 北京市工藝品進出口公司 | |

名稱	形式	質地	色彩	尺寸 高x寬cm	創作時間	收藏處所	典藏號碼

畫家小傳：樊文治。畫史無載。身世待考。

錢 綏

附：

| 牧馬圖 | 軸 | 絹 | 設色 | 不詳 | | 北京 北京市工藝品進出口公司 | |

畫家小傳：錢綏。畫史無載。身世待考。

沈道寬

| 仿米山水圖 | 軸 | 絹 | 水墨 | 不詳 | | 南京 南京博物院 | |

畫家小傳：沈道寬。畫史無載。身世待考。

秦 燡

| 尚湖話別圖 | 冊頁 | 絹 | 設色 | 不詳 | 乙未（？道光十五年，1835） | 常熟 江蘇省常熟市文物管理委員會 | |

畫家小傳：秦燡。畫史無載。流傳署款作品紀年疑為宣宗道光十五（1835）年。身世待考。

張之萬

匯芳圖（孔繼潤、汪鏞、畢子源、黃平格、朱齡、蔣予儉、李慕龍、朱熊、楊鐸、江懷珠、張之萬、孔憲彝合作）	卷	綾	設色	不詳		北京 中國歷史博物館	
山水圖	軸	紙	設色	不詳		台北 故宮博物院（蘭千山館寄存）	
山水圖（4幅）	軸	絹	水墨	不詳	己卯（光緒五年，1879）	石家莊 河北省博物館	
春樹雲山圖	軸	絹	水墨	75.8 x 32.9		石家莊 河北省博物館	
山水圖	軸	紙	水墨	不詳		揚州 江蘇省揚州市博物館	
仿戴熙山水圖	軸	紙	水墨	不詳	辛未（同治十年，1871）	嘉興 浙江省嘉興市博物館	
枯木竹石圖	摺扇面	金箋	水墨	不詳	咸豐丁巳（七年，1857）	南通 江蘇省南通博物苑	
琴趣圖（8幀，為駿叔作）	冊	紙	設色	不詳	癸酉（同治十二年，1873）新秋	蘇州 江蘇省蘇州博物館	

名稱	形式	質地	色彩	尺寸 高x寬cm	創作時間	收藏處所	典藏號碼
山水圖（12幀）	冊	紙	設色	不詳	丁卯（同治六年，1867）	杭州 浙江省博物館	
山水圖（10幀，為季玉作）	冊	紙	水墨	不詳	丙子（光緒二年，1876）夏	廣州 廣東省博物館	
山水（師麓臺司農）	紈扇面 絹		設色	不詳		日本 東京河井荃廬先生	
山水圖（8幀，為俊生作）	冊	紙	設色	不詳		日本 東京張允中先生	
山水圖（清人扇面合裝冊之第12幀）	摺扇面 紙		水墨	19 x 53.8		日本 私人	
山水圖	紈扇面 絹		水墨	24.5 x 25.4		美國 印地安那波里斯市藝術博物館	73.61.17
林亭秋晚圖	摺扇面 金箋		設色	17 x 52.2		瑞士 蘇黎士黎得堡博物館	
附：							
山水圖	摺扇面 紙		水墨	不詳		無錫 無錫市文物商店	
山水圖（8幀）	冊	紙	水墨	（每幀）25 x 17.8		紐約 佳仕得藝品拍賣公司/拍賣目錄 1987,06,03.	
鴉集圖（張之萬等畫扇冊之1幀）	摺扇面 紙		水墨	不詳	丙子（光緒二年，1876）仲秋月	紐約 佳士得藝品拍賣公司/拍賣目錄 1989,12,04.	
山水圖（12幀）	冊	紙	水墨	不詳		紐約 佳士得藝品拍賣公司/拍賣目錄 1992,12,02.	

畫家小傳：張之萬。字子青。直隸南皮人。生於仁宗嘉慶十六（1811）年，卒於德宗光緒二十三（1897）年。道光廿七年狀元。歷官至閩浙總督、拜大學士。工畫山水，擅長婁東派畫法，尤醉心虞山王翬之秀逸蒼潤。（見寒松閣談藝瑣錄、近代名人小傳）

吳 雲

名稱	形式	質地	色彩	尺寸 高x寬cm	創作時間	收藏處所	典藏號碼
秋山亭子圖（為桃齋作）	軸	紙	設色	不詳	乙丑（同治四年，1865）	北京 故宮博物院	
端午即景圖	軸	紙	設色	不詳	丙子（光緒二年，1876）	上海 上海博物館	
晚節益香圖（為陶齋作）	軸	紙	水墨	不詳	乙丑（同治四年，1865）夏日	嘉興 浙江省嘉興市博物館	
摹王翬寒林激澗圖	軸	紙	水墨	不詳	癸酉（同治十二年，1873）	廣州 廣東省博物館	
九如圖	軸	紙	設色	131.2 x 63	丙寅（同治五年，1866）春三月	日本 東京河井荃廬先生	
水村漁舟圖	軸	紙	水墨	32.4 x 40.6		日本 東京河井荃廬先生	

名稱	形式	質地	色彩	尺寸 高x寬cm	創作時間	收藏處所	典藏號碼
雲根圖	軸	紙	水墨	112.8 × 32.7		日本 大阪市立美術館	
秋葵圖（為子山作）	軸	紙	設色	65.5 × 15.4	丙午（道光二十六年，1846）冬日	日本 兵庫縣黑川古文化研究所	
山水	摺扇面	紙	水墨	不詳		台北 故宮博物院	國贈 024986
暮靄歸鴉圖（而肅六秩祝壽集錦畫冊之第3幀）	冊頁	金箋	設色	31 × 34	戊戌（道光十八年，1838）中秋	瀋陽 遼寧省博物館	
山水圖	摺扇面	金箋	水墨	不詳	甲寅（咸豐四年，1854）	北京 中國歷史博物館	
山水紀遊圖（清黃均等山水紀遊冊 10 之 1 幀）	冊頁	絹	設色	不詳		天津 天津市藝術博物館	
江天送客圖（為到庵居士作，吳雲郭一鵬合作書畫冊之 1 幀）	冊頁	紙	水墨	21 × 19.7		石家莊 河北省石家莊文物管理所	
陶淵明圖（吳雲郭一鵬合作書畫冊之 1 幀）	冊頁	紙	水墨	21 × 19.7	庚午（同治九年，1870）中秋	石家莊 河北省石家莊文物管理所	
梅花圖（吳雲郭一鵬合作書畫冊之 1 幀）	冊頁	紙	水墨	21 × 19.7		石家莊 河北省石家莊文物管理所	
山水圖（高翔等書畫集冊 12 之第 3 幀）	冊頁	絹	設色	不詳		上海 上海博物館	
山水圖（6 幀）	冊	紙	設色	不詳	丁丑（光緒三年，1877）夏日	南京 南京博物院	
疊韻詩書畫（2 冊 36 幀，方承觀書、吳雲畫）	冊	畫絹	水墨	（每幀）25.5 × 29.4	乾隆壬午（二十七年，1762）	成都 四川省博物院	
附：							
仙霞新霽圖	卷	紙	水墨	30.8 × 125.7	甲寅（咸豐四年，1854）夏日	紐約 蘇富比藝品拍賣公司/拍賣目錄 1986,12,04.	
春江垂釣圖	卷	紙	設色	33 × 263	癸酉（同治十二年，1873）夏六月	香港 佳士得藝品拍賣公司/拍賣目錄 1991,03,18.	
疎林草堂圖	軸	紙	水墨	不詳	丙寅（同治五年，1866）	蘇州 蘇州市文物商店	
山水圖（蔡諳等山水花卉冊 12 之 4 幀）	冊頁	紙	設色	（每幀）84.9 × 49.4		武漢 湖北省武漢市文物商店	

畫家小傳：吳雲。字少甫。號平齋、退樓、愉庭等。浙江歸安人。生於仁宗嘉慶十六（1811）年，卒於德宗光緒九（1883）年。曾任蘇州知府。家富收藏。精鑑賞，工書法。偶寫山水、花鳥、枯木、竹石，隨意點染，脫盡蹊徑。（見寒松閣談藝瑣錄、廣印人傳、中國畫家人名大辭典）

名稱	形式	質地	色彩	尺寸 高x寬cm	創作時間	收藏處所	典藏號碼

謝琯樵

名稱	形式	質地	色彩	尺寸 高x寬cm	創作時間	收藏處所	典藏號碼
墨畫牡丹圖	卷	絹	水墨	45.5 x 184	戊午（咸豐八年，1858）小春既望	台北 國泰美術館	
山水圖	軸	紙	水墨	不詳		台北 故宮博物院	國贈 031083
墨牡丹	軸	紙	水墨	不詳		台北 故宮博物院	國贈 031082
畫石	軸	紙	水墨	不詳		台北 故宮博物院	國贈 031081
墨竹	軸	紙	水墨	不詳		台北 故宮博物院	國贈 025211
墨竹	軸	紙	水墨	45.5 x 88		台北 國泰美術館	
墨梅	橫披	絹	水墨	41 x 108	癸亥（同治二年，1863）十月十二日	台北 國泰美術館	
秋山選勝圖（為子良作）	軸	絹	設色	171 x 68	同治甲子（三年，1864）花朝	台北 長流美術館	
墨竹真蹟（4幅）	軸	紙	水墨	不詳	道光廿六年（丙午，1846）	台北 台北市文獻會	
畫花鳥	軸	紙	設色	不詳		台北 台北市文獻會	
柳塘戲鴨	軸	紙	設色	不詳		台北 台北市文獻會	
牡丹圖	軸	紙	設色	不詳	庚申（咸豐十年，1860）	台北 台北市文獻會	
仿高房山夏山煙雨	軸	紙	水墨	不詳		台北 蘭千山館	
松鷹圖	橫披	紙	水墨	64.6 x 129.5	庚申（咸豐十年，1860）上元	台南 林淵深先生	
淇渭圖	橫幅	紙	水墨	不詳	庚戌（道光三十年，1850）秋日	台北 陳天賜先生	
水墨蘭石圖	軸	紙	水墨	不詳	同治二年，癸亥（1863）仲冬	台北 陳天賜先生	
仿青藤竹石圖	軸	紙	水墨	不詳		台北 陳天賜先生	
秋塘野鴨圖	軸	紙	設色	不詳		台北 陳天賜先生	
墨竹圖	軸	紙	水墨	不詳		台北 陳天賜先生	
蘭竹（4幅）	軸	紙	水墨	（每幅）95.2 x 38.5	庚申（咸豐十年，1860）花朝；雨節	台北 王國璠玉禾山房	
秋景山水圖	軸	絹	設色	65.5 x 33.5	同治甲子（三年，1864）夏日	台南 楊文富先生	
清潔凌霄	軸	紙	水墨	不詳		台南 楊文富先生	
絕壑修竹	軸	紙	水墨	139 x 32		台南 楊文富先生	
空谷幽蘭	軸	紙	水墨	不詳		台南 楊文富先生	

名稱	形式	質地	色彩	尺寸 高x寬cm	創作時間	收藏處所	典藏號碼
絕壑幽蘭	軸	絹	水墨	118 x 25		台北 楊惠龍先生	
花鳥(4幅)	軸	紙	水墨	（每幅）171 x 35.3	甲子（同治三年，1864）秋日	台北 楊惠龍先生	
沒骨牡丹圖	軸	絹	設色	90 x 42	戊午（咸豐八年，1858）中秋	台南 呂再添先生	
古木蒼鷹圖	軸	紙	水墨	127.7 x 59	咸豐戊午（八年，1858）嘉平月	台南 許文龍先生	
夏山煙雨圖	軸	絹	設色	不詳	同治甲子（三年，1864）花朝	台北 王國璠玉禾山房	
水墨牡丹圖（為履庭三兄作）	軸	絹	水墨	146.1 x 66.4	咸豐戊午（八年，1858）春	日本 東京林宗毅先生	
墨蘭（4幀）	冊	紙	水墨	（每幀）27 x 31		日本 東京張允中先生	
竹石圖	摺扇面	紙	水墨	18 x 51	同治癸亥（二年，1863）	台北 台灣博物館	AH001343
擬古蘭竹	冊頁	紙	水墨	不詳		台南 蔡燦坤先生	
墨竹圖	冊頁	紙	水墨	不詳		台南 蔡燦坤先生	
墨竹圖	摺扇面	金箋	水墨	22 x 48	丙辰（咸豐六年，1856）早秋	埔里 蕭再火先生	
山水圖	摺扇面	金箋	水墨	不詳		台北 陳天賜先生	

畫家小傳：謝琯樵。名穎蘇，初字采山。三十後易字琯樵，並以字行。別署琯城山樵。號北溪漁隱、懶雲山人、書畫禪。福建詔安人。生於仁宗嘉慶十六（1811）年。穆宗同治三（1864）年殉難於進剿太平軍。能詩、工書、善畫。畫擅蘭竹，亦長山水、人物，皴筆細勁清俊；又諳畫理，撰有「談畫偶錄」一書。為台籍最負盛名之書畫家。（見台灣金石木書畫略）

李修易

名稱	形式	質地	色彩	尺寸 高x寬cm	創作時間	收藏處所	典藏號碼
仿檀園山水圖	卷	紙	設色	不詳	己未（咸豐九年，1859）	上海 上海古籍書店	
倚晴樓圖	卷	紙	設色	不詳	庚戌（道光三十年，1850）	海鹽 浙江省海鹽縣博物館	
山水圖	軸	紙	不詳	不詳		台北 故宮博物院	國贈 031080
仕女圖（李修易、徐寶篆合作）	軸	紙	設色	不詳	丁巳（咸豐七年，1857）	南京 南京博物院	
菊花紅葉圖	軸	紙	設色	不詳		常熟 江蘇省常熟市文物管理委員會	
仿董其昌山水圖	軸	紙	水墨	不詳	道光己酉（二十九	海寧 浙江省海寧市博物館	

名稱	形式	質地	色彩	尺寸 高×寬cm	創作時間	收藏處所	典藏號碼
					年，1849）夏		
倚晴樓圖（為韻珊作）	軸	紙	設色	不詳	庚戌（道光三十年，1850）秋九月中旬	海鹽 浙江省海鹽縣博物館	
自怡圖（蔡升初、李修易合作）	軸	紙	設色	不詳	道光癸卯（二十三年，1843）春日	平湖 浙江省平湖縣博物館	
山水圖	軸	紙	水墨	不詳	壬子（咸豐二年，1852）夏日	平湖 浙江省平湖縣博物館	
澄潭返照圖	軸	絹	設色	不詳		平湖 浙江省平湖縣博物館	
梅下橫琴圖（徐寶篆、李修易合作）	軸	絹	設色	不詳	庚戌（道光三十年，1850）	紹興 浙江省紹興市博物館	
山水圖（7幀）	冊	絹	設色	不詳	辛丑（道光二十一年，1841）秋日	南京 南京博物院	
仕女圖（10幀，徐寶篆、李修易合作）	冊	絹	設色	（每幀）25.5 × 17.2		杭州 浙江省杭州市文物考古所	
山水圖（8幀）	冊	紙	設色	（每幀）29.5 × 24	道光甲辰（二十四年，1844）	杭州 浙江省杭州西泠印社	
附：							
層巒擁翠圖	卷	紙	設色	32 × 68.5	己酉（道光二十九年，1849）四月	紐約 佳士得藝品拍賣公司/拍賣目錄 1995,09,19.	
王昭君圖（徐寶篆、李修易合作）	軸	紙	設色	143.9 × 39.5	丁巳（咸豐七年，1857）	武漢 湖北省武漢市文物商店	
山水圖（12幀）	冊	紙	設色	21.3 × 30.2	壬寅（道光二十二年，1842）春暮	紐約 佳士得藝品拍賣公司/拍賣目錄 1995,09,19.	

畫家小傳：李修易。字子健。號乾齋。浙江海鹽人。生於仁宗嘉慶十六（1811）年，文宗咸豐九（1859）年尚在世。善畫山水、花卉，清麗蒼渾兼而有之。(見墨林今話續編、遲鴻軒所見書畫錄、中國畫家人名大辭典)

居 巢

名稱	形式	質地	色彩	尺寸 高×寬cm	創作時間	收藏處所	典藏號碼
五福圖（為汝南作）	軸	絹	設色	不詳	乙丑（同治四年，1865）五月	廣州 廣東省博物館	
花鳥圖（摺扇面8幀）	冊	金箋	設色	（每幀）17 × 52.5	癸丑（咸豐三年，1853）	廣州 廣州市美術館	
花鳥、人物圖（摺扇面15幀）	冊	紙	設色	（每幀）18.5 × 53.5		廣州 廣州市美術館	
附：							
蛺蝶花石圖	卷	絹	設色	28.5 × 99.5		香港 佳士得藝品拍賣公司/拍	

名稱	形式	質地	色彩	尺寸 高x寬㎝	創作時間	收藏處所	典藏號碼
十全富貴圖（花卉）	卷	絹	設色	37.8 x 115.5	咸豐癸丑（三年，1853）	紐約 佳士得藝品拍賣公司/拍賣目錄 1991,03,30. 賣目錄 1992,12,02.	
芙蓉鴛鴦圖	軸	絹	設色	92.5 x 40.5	乙丑（同治四年，1865）百花生日	香港 佳士得藝品拍賣公司/拍賣目錄 1990,03,19.	
菊花草蟲圖	軸	紙	設色	63 x 32		香港 佳士得藝品拍賣公司/拍賣目錄 1992,03,30.	
魚樂圖	冊頁	絹	設色	31 x 37		香港 蘇富比藝品拍賣公司/拍賣目錄 1984,11,21.	
蓮花圖	冊頁	絹	設色	31 x 37		香港 蘇富比藝品拍賣公司/拍賣目錄 1984,11,21.	
桃花圖	摺扇面	灑金箋	設色	25 x 66	丁巳（咸豐七年，1857）上巳	香港 佳仕得藝品拍賣公司/拍賣目錄 1987,01,12.	
花卉圖（5幀）	摺扇面	紙	設色	（每幀）17.8 x 52.7	戊申（道光二十八年，1848）九月	香港 蘇富比藝品拍賣公司/拍賣目錄 1988,11,30.	
花蝶圖	摺扇面	紙	設色	17 x 52	癸巳（道光十三年，1833）初夏	香港 佳士得藝品拍賣公司/拍賣目錄 1992,03,30.	
花鳥圖	摺扇面	紙	設色	17 x 52		紐約 佳士得藝品拍賣公司/拍賣目錄 1993,06,04.	
花鳥圖	摺扇面	紙	設色	17 x 52.5		紐約 佳士得藝品拍賣公司/拍賣目錄 1993,06,04.	
花鳥魚蟲圖（7幀）	冊	紙	設色	（每幀）26 x 37		香港 佳士得藝品拍賣公司/拍賣目錄 1993,10,24.	
魚藻圖	摺扇面	紙	設色	18.4 x 52	丁亥（光緒十三年，1887）夏	香港 佳士得藝品拍賣公司/拍賣目錄 1995,04,30.	
花鳥草蟲圖（居巢居廉花鳥草蟲冊8之4幀）	冊頁	金箋	設色	（每幀）29 x 31.5		紐約 佳士得藝品拍賣公司/拍賣目錄 1995,04,30.	

畫家小傳：居巢。字樣生。號樣巢。廣東番禺人。生於仁宗嘉慶十六(1811)年，卒於德宗光緒二十五(1899)年。嘗入廣西張德甫按察幕。工詩詞，善書法，工畫，有「三絕」之目。畫能山水、花卉、禽鳥，草蟲尤精。賦色落墨，栩栩如生，雅秀有致。(見剪淞閣隨筆、今夕盦讀畫絕句序、嶺南畫徵錄、中國美術家人名辭典)

蔡載福

名稱	形式	質地	色彩	尺寸 高x寬㎝	創作時間	收藏處所	典藏號碼
梅花圖	軸	紙	設色	不詳		台北 故宮博物院（蘭千山館寄存）	

畫家小傳：蔡載福。字寅伯。號鹿賓。石門人。工寫花卉，得同鄉方薰冷雋之致。流傳署款紀年作品見於宣宗道光十六（1836）年。

名稱	形式	質地	色彩	尺寸 高x寬cm	創作時間	收藏處所	典藏號碼

（見墨林今話續編、中國畫家人名大辭典、南畫大成5）

(釋) 明 儉

名稱	形式	質地	色彩	尺寸 高x寬cm	創作時間	收藏處所	典藏號碼
仿沈周山水圖	卷	紙	設色	不詳	壬子（咸豐二年，1852）	北京 故宮博物院	
載碑圖（為蘊生作）	卷	紙	設色	不詳	丙申（道光十六年，1836）秋	北京 中國歷史博物館	
曝書圖（為妙詮和尚作）	卷	紙	設色	34.7 x 102	道光己亥（十九年，1839）仲夏	鎮江 江蘇省鎮江市博物館	
雙峰待月圖（為月公和尚作）	卷	紙	設色	不詳	甲寅（咸豐四年，1854）秋七月	鎮江 江蘇省鎮江市博物館	
閒雲獲鼎圖（為月公和尚作）	卷	紙	設色	36.5 x 127	甲寅（咸豐四年，1854）秋八月	鎮江 江蘇省鎮江市博物館	
高山流水圖	軸	紙	設色	不詳	庚戌（道光三十年，1850）	瀋陽 遼寧省博物館	
洗硯圖	軸	紙	設色	不詳		唐山 河北省唐山市博物館	
雲山圖	軸	紙	設色	55.7 x 28.1		上海 上海博物館	
霜入秋林圖	軸	紙	設色	不詳		南京 南京博物院	
煙浮遠岫圖	軸	紙	設色	不詳		無錫 江蘇省無錫市博物館	
仿倪山水圖	軸	紙	設色	25.5 x 16.1		日本 大阪齋藤悅藏先生	
仿米山水圖	軸	紙	設色	25.5 x 16.1		日本 大阪齋藤悅藏先生	
京江二十四景圖（24幀）	冊	紙	設色	不詳		瀋陽 故宮博物院	
山水人物圖	摺扇面	紙	設色	17.7 54.5		北京 故宮博物院	
吳江晚泊圖	摺扇面	紙	設色	不詳		南京 江蘇省美術館	
觀瀑圖	摺扇面	紙	設色	不詳		長沙 湖南省博物館	
附：							
鶴林烟雨圖	軸	紙	設色	不詳	壬戌（同治元年，1862）秋	北京 榮寶齋	
清谿夕照圖	軸	紙	設色	不詳		上海 朵雲軒	
秋浦漁樂圖	軸	紙	水墨	91.5 x 36.5	戊戌（道光十八年，1838）初冬	紐約 佳士得藝品拍賣公司/拍賣目錄1984,06,29.	
山水圖	摺扇面	紙	設色	不詳	丁巳（咸豐七年，1857）	無錫 無錫市文物商店	

名稱	形式	質地	色彩	尺寸 高x寬cm	創作時間	收藏處所	典藏號碼

畫家小傳：明儉。僧。俗姓王。字智勤。號几谷。江蘇丹徒人。出家於小九華山。能詩，善書。工畫山水，出入荊、關、馬、夏，運筆如風，墨采沉鬱；兼工花卉。與僧六舟、湯貽汾友好。流傳署款紀年作品見於宣宗道光十六(1836)年，至穆宗同治元(1862)年。（見墨林今話、中國畫家人名大辭典）

游作之

| 山水 | 扇面 | 紙 | 設色 | 51.8 x ? | 丙申（道光十六年，1836） | 香港 霍寶材先生 | |

畫家小傳：游作之。字應谷。廣東南海人。善畫山水，宗法婁東派。流傳署款紀年作品見於宣宗道光十六（1836）年。（見劍光樓筆記、中國畫家人名大辭典）

二　田

| 梅竹蕉石圖（計芬、夢仙、二田、寶齡合作） | 軸 | 紙 | 設色 | 不詳 | 丙申（道光十六年，1836）六月 | 台北 張允中先生 | |

畫家小傳：二田。畫史無載。姓氏不詳。約與計芬同時。流傳署款紀年作品見於宣宗道光十六（1836）年。身世待考。

徐　遠

| 竹溪圖 | 卷 | 絹 | 水墨 | 不詳 | 丙申（? 道光十六年，1836） | 旅順 遼寧省旅順博物館 | |

畫家小傳：徐遠。畫史無載。流傳署款作品紀年疑為宣宗道光十六（1836）年。。身世待考。

張　槃

梅花圖（清趙之琛等梅花圖卷之1段）	卷	紙	水墨	10 x 325		上海 上海博物館	
柳岸漁鷹圖	軸	紙	設色	不詳	辛巳（光緒七年，1881）	瀋陽 故宮博物院	
仿宋人花鳥圖（為槐青作）	軸	紙	設色	不詳	癸酉（同治十二年，1873）長至日	北京 故宮博物院	
花鳥圖	摺扇面	紙	設色	不詳	辛巳（光緒七年，1881）六月	北京 故宮博物院	
花卉圖	冊	絹	設色	不詳	乙丑（同治四年，1865）	天津 天津市美術學院	
花石圖（4幅）	軸	紙	設色	（每幅）134 x 30	己未（咸豐九年，1859）	石家莊 河北省博物館	
漁舟晚炊圖	摺扇面	絹	設色	不詳	壬午（光緒八年，	南通 江蘇省南通博物苑	

名稱	形式	質地	色彩	尺寸 高×寬㎝	創作時間	收藏處所	典藏號碼
					1882）秋仲		
附：							
太平春色圖	軸	絹	設色	不詳	道光戊申（二十八年，1848）	上海 上海工藝品進出口公司	
五倫圖（花鳥）	軸	絹	設色	115.5 × 52.6	甲寅（咸豐四年，1854）夏荷月	紐約 蘇富比藝品拍賣公司/拍賣目錄1980,10,25.	

畫家小傳：張槃。原名柞枝。字小蓬。號圓腹道人。直隸定興人。生於仁宗嘉慶十七（1812）年，德宗光緒七（1881）年尚在世。工篆隸。放情詩酒，餘事作花卉，備極精能，然性簡傲，人不易得。（見寒松閣談藝瑣錄、甌鉢羅室書畫過目考、清朝書畫家筆錄、中國畫家人名大辭典）

蔣莇生

名稱	形式	質地	色彩	尺寸 高×寬㎝	創作時間	收藏處所	典藏號碼
東坡啖荔圖	軸	紙	設色	不詳	道光十七年（丁酉，1837）秋七月	廣州 廣州市美術館	
山水圖（清沈焯等山水冊12之1幀）	冊頁	紙	設色	不詳		廣州 廣州市美術館	
附：							
山水圖	摺扇面	紙	設色	不詳	道光十八年（戊戌，1838）	北京 北京市文物商店	
花卉圖	軸	絹	設色	不詳		常州 常州市文物商店	

畫家小傳：蔣莇生。字仲蘿。江蘇昭文人。蔣寶齡之子。幼承家學，善畫山水。復得錢杜、湯貽汾兩先生薰陶指授，造詣益深。並能寫生。流傳署款紀年作品見於宣宗道光十七（1837）、十八（1838）年。（見寒松閣談藝瑣錄、桐陰論畫、清朝書畫家筆錄、中國畫家人名大辭典）

佘文植

名稱	形式	質地	色彩	尺寸 高×寬㎝	創作時間	收藏處所	典藏號碼
韋蘇州詩意圖	軸	紙	設色	106.4 × 25.5		日本 東京河井荃廬先生	
山水圖（16幀）	冊	絹	設色	不詳	壬寅（道光二十二年，1842）九秋	南京 南京博物院	
山水圖（擬雲西筆，11幀）	冊	絹	設色	不詳	道光癸卯（二十三年，1843）立冬二日	南京 南京博物院	
附：							
摹毛奇齡、朱彝尊、陳其年像（為夢薌作）	卷	紙	設色	不詳	道光丙午（二十六年，1846）四月下浣	北京 中國文物商店總店	

名稱	形式	質地	色彩	尺寸 高x寬cm	創作時間	收藏處所	典藏號碼

畫家小傳：余文植。字樹人。號侶梅。江蘇吳縣人。喜詩、畫，有嗜奇癖。善畫山水、人物、花卉，以拙取勝，金農、羅聘後未多易見。復精鑑賞。流傳署款紀年作品見於宣宗道光十七（1837）至二十六（1846）年。（見墨林今話、萍踪閒記、遲鴻軒所見書畫錄、甌缽羅室書畫過目考、中華畫人室筆記、中國畫家人名大辭典、曝畫記錄）

湯壽民

| 花果圖（清湯貽汾家人花果圖卷5之1段） | 卷 | 金箋 | 設色 | 19.7 x 261.6 | | 南京 南京博物院 | |

畫家小傳：湯壽民。畫史無載。疑為湯貽汾子姪輩。待考。

湯懋名

| 花果圖（清湯貽汾家人花果圖卷5之1段） | 卷 | 金箋 | 設色 | 19.7 x 261.6 | | 南京 南京博物院 | |

畫家小傳：湯懋名。畫史無載。疑為湯貽汾子姪輩。待考。

湯嘉名

附：

| 梅竹圖 | 軸 | 紙 | 水墨 | 不詳 | | 上海 朵雲軒 | |

畫家小傳：湯嘉名。畫史無載。疑為湯貽汾子姪輩。待考。

孫維漢

| 麒麟圖 | 軸 | 絹 | 設色 | 不詳 | 丁酉（道光十七年，1837） | 北京 中國歷史博物館 | |

畫家小傳：孫維漢。畫史無載。流傳署款紀年作品見於宣宗道光十七（1837）年。身世待考。

顧太清

| 杏花圖 | 軸 | 紙 | 設色 | 127.5 x 65.5 | 道光丁酉（十七年，1837）八月十九日 | 北京 首都博物館 | |

畫家小傳：顧太清。女。字子春。自署西林。江蘇吳人。為貝勒奕繪之姬。工詩、畫。流傳署款紀年作品見於宣宗道光十七（1837）年。（見雪橋詩話、八旗畫錄、中國美術家人名辭典）

孔憲彝

| 匯芳圖（孔繼潤、汪鏞、畢子源、黃平格、朱齡、蔣予儉、 | 卷 | 綾 | 設色 | 不詳 | | 北京 中國歷史博物館 | |

名稱	形式	質地	色彩	尺寸 高x寬cm	創作時間	收藏處所	典藏號碼

李慕龍、朱熊、楊鐸、江懷珠

、張之萬、孔憲彝合作）

| 墨蘭圖（十八名家扇面圖冊之 第2幀） | 摺扇面 | 絹 | 水墨 | 16.4 x 45.6 | | 韓國 首爾朴周煥先生 | |

畫家小傳：孔憲彝。字繡山。宣宗道光十七（1837）年舉人。善畫蘭。（見墨緣小識、中國畫家人名大辭典）

呂壁松

| 山水圖 | 軸 | 紙 | 水墨 | 不詳 | | 台北 黃天橫先生 | |

畫家小傳：呂松壁。畫史無載。道光（1821-1850）間人，身世待考。

蒲玉田

| 羅漢圖 | 卷 | 紙 | 水墨 | 37 x 276 | | 台中 張良吉先生 | |

畫家小傳：蒲玉田。福建漳州人。道光（1821-1850）間人。善畫工筆佛像、人物、花鳥，有丁雲鵬遺意。嘗遊台灣。（見中原文化與台灣）

鄭觀圖

| 花鳥圖 | 軸 | 紙 | 設色 | 142 x 35 | | 埔里 蕭再火先生 | |

畫家小傳：鄭觀圖。字少翅。號臥雲山人。福建福州人。道光（1821-1850）間，客居台灣淡北。工書畫。善畫花鳥，所作靈趣靄然，
　　　　體備眾家。（見台灣鄉土文物淺說）

胡永昌

| 山水圖（十八名家扇面圖冊之 第3幀） | 摺扇面 | 紙 | 設色 | 17.2 x 51.4 | | 韓國 首爾朴周煥先生 | |

畫家小傳：胡永昌。畫史無載。身世待考。

盧景澤

| 仿倪瓚山水圖（十八名家扇面 圖冊之第12幀） | 摺扇面 | 紙 | 水墨 | 15.7 x 43.3 | | 韓國 首爾朴周煥先生 | |

畫家小傳：盧景澤。畫史無載。生平待考。

周星詒

| 山水（12幀） | 冊 | 紙 | 設色 | 不詳 | 丁酉（？道光十七 年，1837） | 上海 上海博物館 | |

畫家小傳：周星詒。畫史無載。流傳署款作品紀年疑為宣宗道光十七（1857）年。身世待考。

游元偉

名稱	形式	質地	色彩	尺寸 高×寬cm	創作時間	收藏處所	典藏號碼
菊石圖	摺扇面	紙	設色	17.1 x 51.4		日本 福岡縣石 道雄先生	99

畫家小傳：游元偉。廣東南海人。游作之之子。能傳家學，亦善畫。（見劍光樓筆記、中國畫家人名大辭典）

張 雋

為丹翁作山水圖	摺扇面	金箋	設色	16.5 x 51.2	丁酉（？道光十七年，1837）季夏	日本 京都國立博物館	

畫家小傳：張雋。畫史無載。流傳署款作品紀年疑為宣宗道光十七（1857）年。身世待考。

沈 岐

溪橋踏雪圖	軸	紙	設色	不詳	丁酉（？道光十七年，1837）	紹興 浙江省紹興市博物館	

畫家小傳：沈岐。畫史無載。流傳署款作品紀年疑似宣宗道光十七（1837）年。生平待考。

王 禮

十龜圖	卷	紙	水墨	27 x 132.5	光緒三年，丁丑（1877）夏四月	台北 張添根養和堂	
谿陽謁墓圖	卷	紙	設色	27.6 x 63	同治三年，甲子（1864）	天津 天津市藝術博物館	
花鳥圖	卷	紙	設色	35.5 x 830.2	乙亥（光緒元年，1875）	天津 天津市藝術博物館	
花鳥圖（為聽雲作）	卷	紙	設色	不詳	咸豐七年，丁巳（1857）臘月	南京 南京博物院	
鄧尉鋤梅（張荔村、王禮合卷之第2段）	卷	紙	設色	不詳	同治七年，戊辰（1868）	蘇州 江蘇省蘇州博物館	
花鳥圖	軸	紙	設色	133.4 x 32.5		台北 故宮博物院（蘭千山館寄存）	
五倫圖	軸	紙	設色	181 x 96	同治八年（己巳，1869）霜降後三日	台北 清玩雅集	
花鳥圖（4幅）	軸	紙	設色	不詳	同治六年，丁卯（1867）	長春 吉林省博物館	
幼樵像（蔡升、王禮合作）	軸	紙	設色	不詳	乙巳（道光二十五年，1845）	北京 故宮博物院	
月窟圖	軸	紙	設色	100 x 45		南通 江蘇省南通市博物苑	
枯木寒鴉圖（為石娛作）	軸	紙	設色	134.6 x 60.4	丁丑（光緒三年，	南京 南京博物院	

名稱	形式	質地	色彩	尺寸 高x寬cm	創作時間	收藏處所	典藏號碼
					1877）夏四月		
小青小影	軸	絹	設色	不詳	丁未（道光二十七年，1847）	無錫 江蘇省無錫市博物館	
琵琶仕女圖	軸	紙	設色	114.3 x 30		蘇州 江蘇省蘇州博物館	
花鳥圖（胡遠、任頤、王禮、吳滔合作）	軸	紙	設色	不詳		紹興 浙江省紹興市博物館	
桃花仕女圖	軸	絹	設色	不詳	癸卯（道光二十三年，1843）	寧波 浙江省寧波市文管會	
梅花喜雀圖	軸	紙	設色	126 x 30.9	甲戌（光緒十年，1874）四月	日本 東京石川寅吉先生	
奇石曹陽圖	軸	紙	設色	133 x 32.5		韓國 私人	
花鳥圖（12幀）	冊	紙	設色	（每幀）33.2 x 26.1	己未（咸豐九年，1859）	北京 故宮博物院	
花鳥圖（12幀）	冊	紙	設色			北京 故宮博物院	
菊石圖	摺扇面	紙	設色	不詳	同治庚午（九年，1870）	北京 中國歷史博物館	
玉堂春曉圖	摺扇面	金箋	設色	不詳		合肥 安徽省博物館	
花卉圖（清錢慧安等雜畫冊8之2幀）	冊頁	紙	設色	不詳	己卯（光緒五年，1879）	上海 上海畫院	
梨月睡鳥圖	紈扇面	絹	設色	不詳	甲戌（同治十三年，1874）	杭州 浙江省杭州西泠印社	
人物圖	摺扇面	紙	設色	不詳	甲戌（同治十三年，1874）	湖州 浙江省湖州市博物館	
附：							
秋窗浴硯圖（為塾生作）	冊頁	紙	設色	不詳	咸豐二年（壬子，1852）	北京 中國文物商店總店	

畫家小傳：王禮。字秋言。號秋道人。江蘇吳江人。生於仁宗嘉慶十八（1813）年。卒於德宗光緒五（1879）年。善畫。畫花卉，學於沈榮，出筆灑落；間作人物，宗法陳洪綬。（見墨林今話續編、清朝書畫家筆錄、中國畫家人名大辭典）

郭 岱

名稱	形式	質地	色彩	尺寸 高x寬cm	創作時間	收藏處所	典藏號碼
呂洞賓像	軸	紙	設色	124.2 x 60.9	道光十年歲次庚寅（1830）新正月	日本 東京河井荃廬先生	
梅花樓圖	冊頁	紙	設色	不詳	道光十七年（丁酉，1837）七夕	北京 故宮博物院	

名稱	形式	質地	色彩	尺寸 高x寬cm	創作時間	收藏處所	典藏號碼

畫家小傳：郭岱。字石君。江蘇吳江人。郭驥之子。生於仁宗嘉慶十八（1813）年，卒於穆宗同治二（1863）年。善畫人物。（見墨林今話、中國畫家人名大辭典）

吳咨

名稱	形式	質地	色彩	尺寸 高x寬cm	創作時間	收藏處所	典藏號碼
梅花圖（吳聖俞、黃均合作）	軸	綾	水墨	不詳		鄭州 河南省博物館	
墨梅圖（未完，汪昉為補足并記）	軸	紙	水墨	不詳	戊午（咸豐八年，1858）	鄭州 河南省博物館	

畫家小傳：吳咨。字聖俞。江蘇武進人。生於仁宗嘉慶十八（1813）年，文宗咸豐八（1858）年尚在世。工書法。精篆刻。善畫花卉，得惲壽平神韻。（見墨林今話續編、中國畫家人名大辭典）

顧大昌

名稱	形式	質地	色彩	尺寸 高x寬cm	創作時間	收藏處所	典藏號碼
花果圖	軸	紙	設色	不詳	壬申（同治十一年，1872）	南京 南京博物院	
附：							
元明名人像（12幀）	冊	紙	設色	（每幀）20.5 x 17	壬寅（道光二十二年，1842）至丁未（二十七年，1847）	紐約 佳士得藝品拍賣公司/拍賣目錄1996,03,27.	
山水圖（8幀）	冊	紙	設色	（每幀）15 x 21	甲子（同治三年，1864）	紐約 佳士得藝品拍賣公司/拍賣目錄1996,03,27.	
仿周昉宮姬調琴圖	卷	紙	設色	28 x 95	乙丑（同治四年，1865）五月	紐約 佳士得藝品拍賣公司/拍賣目錄1996,03,27.	

畫家小傳：顧大昌。字子長。自號楞伽山民。江蘇蘇州人。生於仁宗嘉慶十八（1813）年，德宗光緒六（1880）年尚在世。工畫山水，純用古法，取經極高，一洗時下膚淺之習。（見寒松閣談藝瑣錄、中國畫家人名大辭典）

陳綱

名稱	形式	質地	色彩	尺寸 高x寬cm	創作時間	收藏處所	典藏號碼
山城歸棹圖	軸	絹	設色	不詳		天津 天津市藝術博物館	

畫家小傳：陳綱。字嗜梅。浙江湖州人。工畫花卉，初學白陽山人，後經劉德六指授，更造妙境。間作墨梅，亦饒逸趣。（見寒松閣談藝瑣錄、中國畫家人名大辭典）

如山

名稱	形式	質地	色彩	尺寸 高x寬cm	創作時間	收藏處所	典藏號碼
交蘆菴圖	卷	紙	設色	不詳	光緒元年（乙亥，1875）秋杪	北京 中國美術館	

畫家小傳：如山。滿洲鑲藍旗人。姓赫舍里。字冠九。宣宗道光十八(1838)年進士。善書工畫。畫山水，師法王鑑，筆意蒼渾，墨色淹潤，晚年更悟得潑墨法，尤覺氣韻生動。亦能作花卉、竹石。（見寒松閣談藝瑣錄、海上墨林、韜養齋筆記、中國畫家人名大辭典）

名稱	形式	質地	色彩	尺寸 高x寬cm	創作時間	收藏處所	典藏號碼

西林春

附：

| 杏花圖 | 軸 | 紙 | 設色 | 不詳 | 道光十七年（丁酉　北京　北京市文物商店，1837）八月十九日 | | |

畫家小傳：西林春。畫史無載。流傳署款紀年作品見於宣宗道光十七(1837)年。身世待考。

心　宰

附：

| 百齡凌雲圖（朱昂之、心宰合作） | 軸 | 絹 | 設色 | 不詳 | 戊戌（道光十八年，1838）| 上海　朵雲軒 | |

畫家小傳：心宰。畫史無載。與朱昂之同時。流傳署款紀年作品見於宣宗道光十八(1838)年。身世待考。

馬家桐

附：

| 花籃圖 | 軸 | 絹 | 設色 | 109.5 x 58.5 | 戊戌（道光十八年，1838）春三月 | 紐約　佳士得藝品拍賣公司/拍賣目錄 1989.12.04. | |

畫家小傳：馬家桐。字景韓。河北天津人。工畫山水、花卉；臨摹古蹟，尤能亂真。流傳署款紀年作品見於宣宗道光十八(1838)年。（見清朝書畫家筆錄、中國畫家人名大辭典）

徐　恒

| 芙蓉蜜蜂（藝林清賞冊之10） | 摺扇面 | 紙 | 設色 | 16.8 x 52.6 | | 台北　故宮博物院 | 故畫 03490-10 |

畫家小傳：徐恒。字祝平。號竹坪，又號小濤。江蘇青浦人。為施潤春弟子。善畫山水，兼得婁東派法。（見墨林今話、耕硯田齋筆記、中國畫家人名大辭典）

陶　燾

| 山水圖 | 卷 | 紙 | 設色 | 不詳 | 戊戌（道光十八年，1838）| 上海　上海古籍書店 | |
| 林巖秋遠圖 | 卷 | 紙 | 設色 | 不詳 | 戊子（同治十四年，1888）| 廣州　廣州市美術館 | |

附：

| 仿古山水圖（12幀）| 冊 | 紙 | 設色 | （每幀）29 x 40 | 己巳（同治八年，1869）初秋 | 紐約　佳士得藝品拍賣公司/拍賣目錄 1984.06.29. | |

畫家小傳：陶燾。字詒孫。江蘇蘇州（一作吳江）人。善畫山水，作品蒼莽渾厚，不落恆蹊，皴法疏簡，焦墨蒼古，別有意趣。流傳署款紀年作品見於宣宗道光十八（1838）年至穆宗同治十四(1888)年。（見寒松閣談藝瑣錄、海上墨林、中國畫家人名大辭典）

名稱	形式	質地	色彩	尺寸 高x寬cm	創作時間	收藏處所	典藏號碼

潘遵祁

名稱	形式	質地	色彩	尺寸 高x寬cm	創作時間	收藏處所	典藏號碼
仿文嘉蘭圖（潘奕雋、潘遵祁雜畫扇面冊之第24幀）	摺扇面	紙	水墨	16.9 x 53		日本 私人	
蘭石圖（潘奕雋、潘遵祁雜畫扇面冊之第26幀）	摺扇面	紙	水墨	19.3 x 55.1		日本 私人	
撫文徵明蘭圖（潘奕雋、潘遵祁雜畫扇面冊之第28幀）	摺扇面	紙	水墨	18.8 x 53.8		日本 私人	
蘭圖（潘奕雋、潘遵祁雜畫扇面冊之第30幀）	摺扇面	紙	水墨	16.4 x 50.2		日本 私人	
蘭圖（潘奕雋、潘遵祁雜畫扇面冊之第32幀）	摺扇面	紙	水墨	18.8 x 53.3		日本 私人	

畫家小傳：潘遵祁。字覺夫，別字順之。號西圃、簡緣退士。江蘇吳人。為祁奕雋之孫。生於仁宗嘉慶十三(1808)年。卒於德宗光緒十八(1892)年。道光二十五年進士。官至翰林。退隱蘇州光福之鄧蔚，築香雪草堂。工畫花卉。著有西圃集行世。（見清畫家詩史、中國美術家人名辭典）

靜虛子

名稱	形式	質地	色彩	尺寸 高x寬cm	創作時間	收藏處所	典藏號碼
蘭圖（潘奕雋、潘遵祁雜畫扇面冊之第22幀）	摺扇面	紙	水墨	16.3 x 49.5		日本 私人	

畫家小傳：靜虛子。畫史無載。身世待考。

鄭炘

附：

名稱	形式	質地	色彩	尺寸 高x寬cm	創作時間	收藏處所	典藏號碼
仿趙千里山水圖	軸	絹	設色	不詳	戊戌（？道光十八年，1838）	上海 朵雲軒	

畫家小傳：鄭炘。畫史無載。流傳署款作品紀年疑似宣宗道光十八(1838)年。身世待考。

陶淇

名稱	形式	質地	色彩	尺寸 高x寬cm	創作時間	收藏處所	典藏號碼
范湖草堂圖（清陶淇等范湖草堂圖卷之1段）	卷	紙	水墨	不詳		上海 上海博物館	
仿趙榮祿山水圖	軸	紙	設色	75.8 x 36.4	辛酉（咸豐十一年，1861）六月	日本 東京河井筌廬先生	
山水圖（清沈焯等山水冊12之1幀）	冊頁	紙	設色	不詳		廣州 廣州市美術館	

附：

名稱	形式	質地	色彩	尺寸 高x寬cm	創作時間	收藏處所	典藏號碼
花鳥、草蟲圖（8幀）	冊	紙	設色	（每幀）34.8 x 25.4		紐約 蘇富比藝品拍賣公司/拍賣目錄 1986,06,03.	

畫家小傳：陶淇。號錐庵。浙江秀水人。生於仁宗嘉慶十九（1814）年，卒於穆宗同治四（1865）年，喜寫山水，出入元明諸大家，晚年專摹王翬，筆墨空靈淡遠；間寫花卉，得南田、新羅神趣。（見桐陰論畫、墨林今話續編、海上墨林、中國畫家人名大辭典）

蔡仁山

附：

白描仙人像（2幅）	軸	紙	水墨	（每幅）47 x 31		紐約 佳士得藝品拍賣公司/拍賣目錄 1993,06,04.	

畫家小傳：蔡仁山。畫史無載。生於清仁宗嘉慶十九（1814）年，卒於宣宗道光二十九（1849）年。工畫人物。身世待考。

吳犖

梅花圖	摺扇面	紙	設色	不詳	道光己亥（十九年，1839）	北京 故宮博物院	

畫家小傳：吳犖。字牧象。號伯颿。安徽桐城諸生。能畫山水，不事摹擬。流傳署款紀年作品見於宣宗道光十九(1839)年。（見桐城耆舊傳、中國美術家人名辭典）

胡芑香

見亭海嶽雲日圖（胡芑香畫像，錢杜補景）	卷	紙	設色	不詳	己亥（道光十九年，1839）十月	北京 故宮博物院	

畫家小傳：胡芑香。畫史無載。與錢杜同時。流傳署款紀年作品見於宣宗道光十九(1839)年。身世待考。

袁起

載酒訪袁枚隨園圖（為少運作）	卷	絹	設色	不詳	道光己亥（十九年，1839）秋日	南京 南京市博物館	

畫家小傳：袁起。畫史無載。流傳署款紀年作品見於宣宗道光十九(1839)年。身世待考。

楊昌沂

仿麓臺山水圖	軸	紙	設色	不詳	己亥（道光十九年，1839）	南京 南京博物院	
山水圖（清人扇面合裝冊之第28幀）	摺扇面	紙	設色	18.4 x 52.6		日本 私人	

畫家小傳：楊昌沂。畫史無載。流傳署款紀年作品見於宣宗道光十九(1839)年。身世待考。

陶亮

名稱	形式	質地	色彩	尺寸 高×寬㎝	創作時間	收藏處所	典藏號碼
山水圖	軸	絹	設色	119.9 × 31.9	己亥（？道光十九年，1839）菊月	日本 盛田昭夫先生	

畫家小傳：陶亮。畫史無載。流傳署款作品紀年疑為宣宗道光十九（1839）年。身世待考。

陳逸舟

名稱	形式	質地	色彩	尺寸 高×寬㎝	創作時間	收藏處所	典藏號碼
山水（溪山積翠圖）	軸	綾	設色	43.7 × 65.7	道光十九年（己亥，1839）三月望	日本 京都國立博物館	A甲01113
溪山翠嶂圖	軸	絹	水墨	125 × 42.3	戊申（道光二十八年，1848）孟夏	日本 大阪橋本大乙先生	
晴嵐暖翠圖（為鐵翁開士作）	軸	紙	水墨	135.5 × 30.4		日本 大阪橋本大乙先生	
松石綬帶圖	軸	紙	設色	169.9 × 85.7	道光二十八年戊申（1848）孟夏	美國 芝加哥大學藝術館	1974.97
山水圖（清人名家書畫扇面冊之1幀）	摺扇面	紙	水墨	17.2 × 49.2	己酉（道光二十九年，1849）暮春	日本 中埜又左衛門先生	

畫家小傳：陳逸舟。畫史無載。自署小鸚鵡洲畫史。流傳署款紀年作品見於宣宗道光十九（1839）至二十九（1849）年。身世待考。

許士寅

名稱	形式	質地	色彩	尺寸 高×寬㎝	創作時間	收藏處所	典藏號碼
花徑仕女圖	軸	絹	設色	135.8 × 51.9	己亥（？道光十九年，1839）初夏	日本 東京國立博物館	

畫家小傳：許士寅。畫史無載。流傳署款作品紀年疑為宣宗道光十九（1839）年。身世待考。

陳釗

名稱	形式	質地	色彩	尺寸 高×寬㎝	創作時間	收藏處所	典藏號碼
山水圖	軸	絹	設色	45 × 62	道光庚子（二十年，1840）夏四月	中山 廣東省立中山圖書館	

畫家小傳：陳釗。畫史無載。流傳署款紀年作品見於宣宗道光二十（1840）年。身世待考。

宋果

名稱	形式	質地	色彩	尺寸 高×寬㎝	創作時間	收藏處所	典藏號碼
寫阮元萬柳堂圖	卷	紙	設色	不詳	道光庚子（二十年，1840）夏	北京 故宮博物院	

畫家小傳：宋果。畫史無載。流傳署款紀年作品見於宣宗道光二十（1840）年。身世待考。

汪廷儒

名稱	形式	質地	色彩	尺寸 高×寬㎝	創作時間	收藏處所	典藏號碼
萬柳堂圖	卷	紙	設色	不詳	庚子（道光二十年，1840）夏	北京 故宮博物院	

名稱	形式	質地	色彩	尺寸 高×寬㎝	創作時間	收藏處所	典藏號碼
望湖草堂圖	軸	紙	設色	不詳		長興 浙江省長興縣博物館	

畫家小傳：汪廷儒。號醇卿。江蘇儀徵人。宣宗道光二十四年翰林。能書，工畫山水，俱法明董其昌；惟小品作品，用筆沈著蒼潤，又極似查士標。流傳署款紀年作品見於道光二十（1840）年。（見墨林今話續編、中國畫家人名大辭典）

佘啓祥

山水圖	軸	絹	水墨	45 × 62	道光庚子（二十年，1840）暮春	中山 廣東省立中山圖書館	
山水圖	摺扇面	金箋	水墨	51.5 × ？		香港 霍寶材先生	

畫家小傳：佘啟祥。字春帆。仁宗嘉慶二十四（1819）年舉人。流傳署款紀年作品見於宣宗道光二十（1840）年。（見嶺南畫徵略、中國畫家人名大辭典）

張翹

獨立蒼茫圖	軸	紙	設色	不詳	道光庚子（二十年，1840）夏	杭州 浙江省博物館	

畫家小傳：張翹。畫史無載。流傳署款紀年作品見於宣宗道光二十（1840）年。身世待考。

白巖

山水圖	摺扇面	紙	水墨	不詳		杭州 浙江省杭州市文物考古所	

畫家小傳：白巖。畫史無載。身世待考。

陸森

梅花山禽圖	軸	絹	設色	不詳		杭州 浙江省博物館	
牡丹圖	軸	絹	設色	不詳		嵊縣 浙江省嵊縣文管會	
孔雀菊竹圖	軸	絹	設色	不詳	庚子（？道光二十年，1840）	金華 浙江省金華市太平天國侍王府紀念館	

畫家小傳：陸森。畫史無載。流傳署款作品紀年疑為宣宗道光二十（1840）年。身世待考。

趙起

花卉圖（清楊伯潤等雜畫冊10之1幀）	冊頁	紙	設色	不詳		天津 天津市藝術博物館	

畫家小傳：趙起。字于岡。江蘇陽湖人。宣宗道光二十（1840）年孝廉。善寫蘭，韻致灑落，得明文徵明遺意；亦工寫意花卉。（見墨林今話、讀畫輯略、中國畫家人名大辭典）

李秉綬

名稱	形式	質地	色彩	尺寸 高×寬㎝	創作時間	收藏處所	典藏號碼
松、竹、梅、蘭圖（4幅）	軸	紙	設色	不詳	道光庚子（二十年，1840）	廣州 廣州市美術館	
牡丹玉蘭圖	摺扇面	紙	設色	18 × 53		廣州 廣州市美術館	
山水圖（清宋葆淳等山水冊12之2幀	冊頁	紙	設色	44 × 25.5		廣州 廣州市美術館	
附：							
仿揚補之梅花圖	軸	紙	水墨	不詳		上海 上海文物商店	

畫家小傳：李秉綬。字芸甫，一字佩之。號竹坪。江西臨川人，長寓廣西。為李秉禮、垂銓弟。工書畫，作梅竹尤佳，主以石田、白陽為宗，旁及青藤、石濤、新羅諸大家，作品縱逸秀挺，為世所賞。流傳署款紀年作品見於宣宗道光二十（1840）年。（見粵西先哲書畫集序、墨林今話、中國畫家人名大辭典）

竹 心

名稱	形式	質地	色彩	尺寸 高×寬㎝	創作時間	收藏處所	典藏號碼
看月圖（清人名家書畫扇面冊之1幀）	摺扇面	紙	設色	17 × 51	乙巳（？道光二十五年，1845）夏四月	日本 中埜又左衛門先生	

畫家小傳：竹心。畫史無載。流傳署款作品紀年疑為宣宗道光二十（1845）年。身世待考。

彭玉麟

名稱	形式	質地	色彩	尺寸 高×寬㎝	創作時間	收藏處所	典藏號碼
梅花	軸	紙	設色	不詳		台北 故宮博物院	國贈 027022
墨梅	軸	紙	水墨	不詳		台北 故宮博物院	國贈 027026
紅梅	軸	紙	設色	不詳		台北 故宮博物院	國贈 027024
梅花	軸	紙	設色	不詳		台北 故宮博物院	國贈 027021
梅花（6幅）	軸	紙	設色	不詳		台北 故宮博物院	國贈 027020
梅花（4幅）	軸	紙	設色	不詳		台北 故宮博物院	國贈 027019
墨梅	軸	紙	水墨	不詳		台北 故宮博物院	國贈 027025
梅花	軸	紙	設色	不詳		台北 故宮博物院	國贈 027023
墨梅	軸	紙	水墨	不詳		台北 故宮博物院	國贈 006578
梅花	軸	紙	設色	195 × 56		台北 歷史博物館	
梅花	軸	紙	水墨	123.5 × 35.1		台北 國泰美術館	
梅圖	軸	紙	水墨	159 × 45		台北 私立中國文化大學華岡博物館	1/6
仿作西林處士圖	軸	紙	水墨	175 × 48		台北 私立中國文化大學華岡博物館	1/20

名稱	形式	質地	色彩	尺寸 高×寬cm	創作時間	收藏處所	典藏號碼
墨梅圖	軸	紙	水墨	不詳	壬申（同治十一年，1872）冬十月	北京 中國歷史博物館	
梅花圖（為次雲作）	軸	紙	水墨	不詳	辛巳（光緒七年，1881）春	南京 南京博物院	
墨竹圖	軸	紙	水墨	153.3 × 47.9	乙亥（光緒元年，1875）三伏	日本 東京岩村成允先生	
墨梅圖（為子偲五兄大人作）	軸	紙	設色	149.7 × 63.5	辛酉（咸豐十一年，1861）春	美國 紐約王季遷明德堂	
附：							
梅花圖	卷	紙	水墨	36 × 157.5	癸未（光緒九年，1883）春	紐約 佳士得藝品拍賣公司/拍賣目錄 1989,12,04.	
梅花（似石泉仁兄大人）	軸	紙	水墨	168.3 × 45.1	癸酉（同治十二年，1873）新秋	香港 蘇富比藝品拍賣公司/拍賣目錄 1984,11,11.	
梅花	軸	紙	水墨	148.5 × 81.8	壬戌（同治元年，1862）夏六月	紐約 佳士得藝品拍賣公司/拍賣目錄 1987,12,11.	
墨梅圖（梅樹）	軸	紙	水墨	174.3 × 45.5		紐約 蘇富比藝品拍賣公司/拍賣目錄 1988,06,01.	
梅花圖	軸	紙	水墨	163.3 × 92	壬午（光緒八年，1882）冬月	香港 佳士得藝品拍賣公司/拍賣目錄 1996,04,28.	

畫家小傳：彭玉麟。字雪琴。號退省庵主人。湖南衡陽人。生於仁宗嘉慶二十一（1816）年，卒於德宗光緒十六（1890）年。咸豐間，參與平定太平天國戰事、平亂新疆有功，歷官至兵部尚書。能詩。工畫梅花，作品流傳超過萬紙。（見寒松閣談藝瑣錄、西湖志、近代名人小傳、國朝書畫家筆錄、中國畫家人名大辭典）

（釋）真 然

名稱	形式	質地	色彩	尺寸 高×寬cm	創作時間	收藏處所	典藏號碼
仕女圖	軸	紙	設色	119 × 31.1		台北 歷史博物館	
山水圖（4幅）	軸	紙	設色	（每幅）161.5 × 38		台北 國泰美術館	
華封三祝圖	軸	紙	設色	不詳	乙卯（咸豐五年，1855）	合肥 安徽省博物館	
九畹蘭香圖	橫軸	紙	水墨	不詳	戊寅（光緒四年，1878）	南京 南京博物院	
蘭竹圖（4幅）	軸	紙	水墨	不詳		無錫 江蘇省無錫市博物館	
浣紗圖	軸	紙	設色	129.5 × 31	壬戌（同治元年，1862）	蘇州 江蘇省蘇州博物館	

名稱	形式	質地	色彩	尺寸 高x寬cm	創作時間	收藏處所	典藏號碼
竹石圖（為子雨大兄大人作）	軸	紙	水墨	179 x 96	光緒壬戌（元年，1882）秋九月	昆山 崑崙堂美術館	
竹蝶圖	軸	紙	設色	不詳		武漢 湖北省博物館	
秋林觀瀑圖	軸	紙	設色	97.1 x 42.7		日本 東京河井筌盧先生	
花卉圖	紈扇面	絹	設色	不詳		南京 南京師範大動脈	
薔薇筠竹（為馨甫四兄大人作）	摺扇面	紙	設色	17.5 x 50.5	丙子（光緒二年，1876）春二月	昆山 崑崙堂美術館	
荷花圖	摺扇面	紙	設色	16.5 x 49.5		昆山 崑崙堂美術館	
附：							
風竹	軸	紙	設色	136.5 x 34		紐約 蘇富比藝品拍賣公司/拍賣目錄 1988,11,30.	
竹圖	摺扇面	紙	水墨	不詳		常州 常州市文物商店	

畫家小傳：真然。僧。號蓮溪、野航、黃山樵子。江蘇揚州人，寓上海，住一粟庵。生於仁宗嘉慶二十一（1816）年，卒於德宗光緒十（1884）年。工畫蘭竹、飛禽、走獸，並皆佳妙。（見韜養齋筆記、中國畫家人名大辭典）

羅允纘

名稱	形式	質地	色彩	尺寸 高x寬cm	創作時間	收藏處所	典藏號碼
研山圖（清羅聘等研山圖卷5之1段）	卷	紙	水墨	19.7 x 762		重慶 重慶市博物館	
山水圖	軸	紙	設色	不詳	辛丑（道光二十一年，1841）六月八日	北京 故宮博物院	
驛路香迎圖	軸	紙	水墨	119.5 x 29.5		天津 天津市藝術博物館	
群仙拱祝圖	摺扇面	紙	設色	16.7 x 52.5		美國 耶魯大學藝術館	1985.53.1

畫家小傳：羅允纘（一作元纘）。字鍊塘（一作練堂）。號小峰。揚州人。羅聘次子，允紹之弟。善畫梅，間作山水，並有家法。流傳署款紀年作品見於宣宗道光二十一（1841）年。（見揚州畫舫錄、墨林今話、歷代畫史彙傳、中國畫家人名大辭典）

朱素人

名稱	形式	質地	色彩	尺寸 高x寬cm	創作時間	收藏處所	典藏號碼
研山圖（清羅聘等研山圖卷5之1段）	卷	紙	水墨	19.7 x 762		重慶 重慶市博物館	

畫家小傳：朱素人。畫史無載。約與羅聘同時。身世待場。

朱蒼

名稱	形式	質地	色彩	尺寸 高x寬cm	創作時間	收藏處所	典藏號碼
研山圖（清羅聘等研山圖卷5之1段）	卷	紙	水墨	19.7 x 762		重慶 重慶市博物館	

畫家小傳：朱蒼厓。畫史無載。約與羅聘同時。身世待場。

陳肖生

研山圖（清羅聘等研山圖卷5之1段）	卷	紙	水墨	19.7 x 762		重慶 重慶市博物館	

畫家小傳：陳肖生。畫史無載。約與羅聘同時。身世待場。

諸 炘

張椒雲抱膝長吟圖（萬嵐寫照，諸炘補圖）	軸	紙	設色	不詳	道光辛丑（二十一年，1841）	北京 故宮博物院	
仿元人春雷起蟄圖	摺扇面	紙	設色	17.4 x 52.6		韓國 私人	
附：							
花石雄雞圖	軸	紙	設色	125.1 x 49	己亥（光緒二十五年，1899）秋暮	紐約 蘇富比藝品拍賣公司/拍賣目錄 1981,05,07.	

畫家小傳：諸炘。字青巖。浙江仁和人。工畫人物、花鳥，曾從張莘（秋谷）遊，深得六法之奧。後與兄崎峰遊揚州，名噪一時。流傳署款紀年作品見於宣宗道光二十五(1841)年至德宗光緒二十五（1899）年。（見桐陰論畫、蝶隱園書畫雜綴、中國畫家人名大辭典）

蔡 階

吳澳像（蔡階、陳泉吳澳像集冊5之3幀）	冊	紙	設色	不詳	道光辛丑（二十一年，1841）	南京 南京博物院	

畫家小傳：蔡階。畫史無載。流傳署款紀年作品見於宣宗道光二十一(1841)年。身世待場。

陳 泉

吳澳像（蔡階、陳泉吳澳像集冊5之2幀）	冊	紙	設色	不詳	道光辛丑（二十一年，1841）	南京 南京博物院	

畫家小傳：陳泉。字麋叔。江蘇吳江人。陳曼史之弟，錢杜弟子。工畫人物、山水及花卉，出筆雅秀。流傳署款紀年作品見於宣宗道光二十一(1841)年。（見墨林今話續編、中國畫家人名大辭典）

方 濟

富嶽山水圖	軸	絹	水墨	95.2 x 40.1		日本 仙台市博物館	
花鳥圖	軸	絹	水墨	119.1 x 52.4		日本 東京帝室博物館	

名稱	形式	質地	色彩	尺寸 高x寬㎝	創作時間	收藏處所	典藏號碼
花鳥圖	軸	絹	水墨	177.3 x 51.3		日本 東京帝室博物館	
花鳥圖	軸	紙	設色	122.6 x 51.5		日本 東京國立博物館	
花鳥圖	軸	紙	設色	29.4 x 45.5		日本 京都國立博物館	A甲253
松鷹圖	軸	絹	設色	108.1 x 30.1		日本 大阪橋本大乙先生	
梧桐聚禽圖（方濟、余崧合作）	軸	絹	設色	97 x 40.5		日本 大阪橋本大乙先生	
富士山圖	軸	絹	水墨	58.7 x 85.9		日本 大阪橋本大乙先生	
梅花白頭圖	軸	紙	水墨	121 x 47.7		日本 長崎縣立美術博物館	A1 口7
白鶴芭蕉圖	軸	絹	設色	不詳		日本 組田昌平先生	
群仙拱祝圖（松鶴芝竹圖）	軸	絹	水墨	141.7 x 48.5	辛丑（道光二十一年，1841）仲春月	日本 中埜又左衛門先生	
花鳥圖（梅樹雙鵲）	軸	絹	水墨	98.4 x 41.7		英國 倫敦大英博物館	1881.12.103 (258)

附：

淵明漉酒圖	軸	紙	設色	不詳		上海 上海文物商店	

畫家小傳：方濟。字巨川。號西園。籍里不詳。約文宗咸豐六（1856）年漂流至日本安房。日幕府命其至長崎，將西航途中所見繪成漂客奇勝圖，作為其國人摹寫範本。流傳署款紀年作品見於宣宗道光二十一（1841）年。（見支那畫家人名辭書）

馮譽驥

山水	軸	絹	水墨	84 x 49	甲子（同治三年，1864）	香港 中文大學中國文化研究所文物館	

畫家小傳：馮譽冀。字仲良。廣東人。宣宗道光二十一（1841）年進士。工畫山水。署款紀年作品見於穆宗同治三（1864）年。（見嶺南畫徵略、中國畫家人名大辭典）

許　淳

附：

竹石圖	軸	紙	水墨	84 x 52	壬寅（道光二十二年，1842）秋杪	紐約 佳士得藝品拍賣公司/拍賣目錄 1991.05.29.	

畫家小傳：許淳。字初古。號吟亭。江蘇常熟人。工詩。善寫竹，師法元吳鎮；間作花卉。又精篆刻。有吟亭詩稿行世。流傳署款紀年作品見於宣宗道光二十二(1842)年。（見墨林今話、虞山畫誌、清畫家詩史、常熟書畫家彙傳、中國美術家人名辭典）

胡　震

名稱	形式	質地	色彩	尺寸 高×寬cm	創作時間	收藏處所	典藏號碼
花鳥圖	軸	絹	設色	143.6 × 56.9		美國 堪薩斯州立大學藝術館	
山水圖	摺扇面	紙	設色	不詳	道光戊申（二十八年，1848）	美國 火魯奴奴 Hutehinson 先生	

畫家小傳：胡震。字鼻山。籍里、身世不詳。生於仁宗嘉慶二十二（1817）年。卒於穆宗同治元(1862)年。(見碑傳集續編、中國畫家人名大辭典)

愛新覺羅綿愷

| 海棠（清花卉畫冊一冊之4） | 冊頁 | 紙 | 設色 | 不詳 | | 台北 故宮博物院 | 故畫 03517-4 |

畫家小傳：綿愷。畫史無載。清皇室。為宣宗兄弟輩。生卒時年不詳。

愛新覺羅綿億

畫山水	軸	紙	設色	不詳		台北 故宮博物院	故畫 02898
致遠驪圖	軸	紙	設色	不詳		台北 故宮博物院	故畫 02899
鐵螭錐圖	軸	紙	設色	不詳		台北 故宮博物院	故畫 02900
碧桃花（清綿億畫花卉冊之1）	冊頁	紙	設色	不詳		台北 故宮博物院	故畫 03407-1
蓮花（清綿億畫花卉冊之2）	冊頁	紙	設色	不詳		台北 故宮博物院	故畫 03407-2
菊花（清綿億畫花卉冊之3）	冊頁	紙	設色	不詳		台北 故宮博物院	故畫 03407-3
臘梅茶花（清綿億畫花卉冊之4）	冊頁	紙	設色	不詳		台北 故宮博物院	故畫 03407-4

附：

| 花卉圖（四幀） | 冊 | 紙 | 設色 | （每幀）14 × 36 | | 紐約 蘇富比藝品拍賣公司/拍賣目錄 1984,12,05. | |

畫家小傳：綿億。清宗室。榮純親王永琪之子。道光中。封榮恪郡王。善書法，造詣亞於永瑆，極為永瑆所推重。亦善畫花鳥。(見八旗畫錄、嘯亭雜錄、藝舟雙楫、中國美術家人名辭典)

愛新覺羅綿奕

| 宜春呈瑞 | 軸 | 紙 | 設色 | 84.4 × 35.7 | | 台北 故宮博物院 | 故畫 02896 |
| 太平春色 | 軸 | 紙 | 設色 | 81.7 × 36 | | 台北 故宮博物院 | 故畫 02897 |

畫家小傳：綿奕。畫史無載。清宗室。身世待考。

陸襄鉞

| 鍾馗圖 | 圓幅 | 絹 | 設色 | 24 × 24 | 壬寅（？道光二十二年，1842）夏 | 台北 歷史博物館 | |

畫家小傳：陸襄鉞。畫史無載。流傳署款作品紀年疑似宣宗道光二十二（1842）年。身世待考。

名稱	形式	質地	色彩	尺寸 高x寬㎝	創作時間	收藏處所	典藏號碼

沈芝亭

附：

| 荷花草蟲圖 | 摺扇面 | 紙 | 設色 | 不詳 | 壬寅（道光二十二 年，1842） | 上海 上海友誼書店 | |

畫家小傳：沈芝亭。畫史無載。流傳署款紀年作品見於宣宗道光二十二(1842)年。身世待考。

石　集

附：

| 看梅圖（為海珊作，清蔣寶齡 等作看梅圖并像冊6之1幀） | 冊頁 | 絹 | 設色 | 27 x 21 | 道光壬寅（二十二 年，1842）春王月 | 上海 朵雲軒 | |

畫家小傳：石集。畫史無載。與蔣寶齡同時。身世待考。

錢　松

大碧山館圖	卷	紙	設色	27 x 133	丁巳（咸豐七年， 1857）	杭州 浙江省杭州西泠印社	
浮煙依檻圖	卷	絹	設色	不詳	丁巳（咸豐七年， 1857）	杭州 浙江省杭州西泠印社	
秋山圖	軸	紙	水墨	不詳	咸豐丁巳（七年， 1857）	上海 上海博物館	
梅花圖	軸	紙	水墨	不詳	咸豐戊午（八年， 1858）	上海 上海博物館	
梅竹石圖（為嘯篁作）	軸	紙	水墨	126 x 32	丁巳（咸豐七年， 1857)十月	長興 浙江省長興縣博物館	
擬大癡秋山著書圖（為蓮生作 ）	軸	紙	設色	87.8 x 47.5	戊午（咸豐八年， 1858）十月	日本 東京國立博物館	

畫家小傳：錢松。字叔蓋。號耐青、西郭外史。浙江錢塘人，流寓上海。生於仁宗嘉慶二十三（1818）年。文宗咸豐十（1860）年，杭城 陷，死難。精鑑別，工篆刻。善畫山水，有金石氣。（見海上墨林、廣印人傳、中國畫家人名大辭典）

蔡　升

幼樵像（蔡升、王禮合作）	軸	紙	設色	不詳	乙巳（道光二十五 年，1845）	北京 故宮博物院	
紅絲蕉花研主像	軸	絹	設色	不詳		北京 故宮博物院	
自怡圖（蔡升初、李修易合作 ）	軸	紙	設色	不詳	道光癸卯（二十三 年，1843）春日	平湖 浙江省平湖縣博物館	

畫家小傳：蔡升（一名升初）。字可階。浙江德清人。生時不詳，卒於文宗咸豐十(1860)年。善寫真，得明曾鯨法，用筆古秀，傅色高雅；

名稱	形式	質地	色彩	尺寸 高×寬cm	創作時間	收藏處所	典藏號碼

兼工花卉、樹石，亦趣秀拔俗。流傳署款紀年作品見於宣宗道光二十三(1843)、二十五 (1845) 年。（見墨林今話、中國畫家人名大辭典）

朱 齡

名稱	形式	質地	色彩	尺寸 高×寬cm	創作時間	收藏處所	典藏號碼
青溪煙雨圖	卷	紙	設色	不詳		北京 故宮博物院	
匯芳圖（孔繼潤、汪鏞、畢子源、黃平格、朱齡、蔣予儉、李慕龍、朱熊、楊鐸、江懷珠、張之萬、孔憲彝合作）	卷	綾	設色	不詳		北京 中國歷史博物館	
綠槐書屋肄書圖（為仲遠作）	卷	紙	設色	不詳	道光二十三年（癸卯，1843）十月五日	南京 南京博物院	
山水人物圖	摺扇面	絹	設色	不詳	辛卯（道光十一年，1831）	南京 南京市博物館	
山水圖（4幀）	冊	紙	水墨	不詳		揚州 江蘇省揚州市博物館	

附：

名稱	形式	質地	色彩	尺寸 高×寬cm	創作時間	收藏處所	典藏號碼
蜀葵圖	軸	紙	水墨	不詳	丙午（道光二十六年，1846）	上海 上海文物商店	
山水（十萬圖，12幀）	冊	紙	設色	40.6 × 28.3	戊申（道光二十八年，1848）夏日	紐約 蘇富比藝品拍賣公司/拍賣目錄 1985,06,03.	
花鳥（清名家山水花鳥冊16之第9幀）	冊頁	紙	設色	不詳		紐約 佳士得藝品拍賣公司/拍賣目錄 1996,09,18.	
水墨山水（清名家山水花鳥冊16之1幀）	冊頁	紙	水墨	不詳		香港 蘇富比藝品拍賣公司/拍賣目錄 1999,10,31.	

畫家小傳：朱齡。字菊坨。自號黃華道人。江蘇上元人。善寫花卉、翎毛，師法明徐渭而有石濤逸韻；又作人物，近明唐寅；偶作山水、木石，亦得藍瑛蒼古之趣。流傳署款紀年作品見於宣宗道光二十三(1843)至二十八 (1848) 年。（見墨林今話續編、中國美術家人名辭典）

孫三錫

名稱	形式	質地	色彩	尺寸 高×寬cm	創作時間	收藏處所	典藏號碼
春花圖	摺扇面	粉箋	設色	不詳	壬子（咸豐二年，1852）	合肥 安徽省博物館	
花卉圖	冊頁	紙	設色	不詳		日本 東京篠崎都香佐先生	

畫家小傳：孫三錫。字子寵。號桂山。浙江海鹽人。曾官鹽邑縣貳尹。善篆刻。工畫花卉，學江介，疏朗可喜。流傳署款紀年作品見於宣宗道光二十三（1843）至文宗咸豐八（1858）年。（見墨林今話續編、中國畫家人名大辭典、宋元明清書畫家年表）

名稱	形式	質地	色彩	尺寸 高x寬cm	創作時間	收藏處所	典藏號碼

張曜孫

花卉圖（十八名家扇面圖冊之　摺扇面 紙　水墨　16.3 x 50.6　　　　韓國 首爾朴周煥
第17幀）

畫家小傳：張曜孫。字仲遠。號昇甫、復生。江蘇武進人。宣宗道光二十三（1843）年舉人。能詩文。工畫折枝花卉。（見墨林今話、武陽
　　　縣志、中國畫家人名大辭典）

周賁如

荷花圖（4屏）　　　　　　軸　紙　設色　不詳　　　　道光癸卯（二十三　南京 江蘇省美術館
　　　　　　　　　　　　　　　　　　　　　　　　　年，1843）

畫家小傳：周賁如。江蘇鹽城人。身世不詳。以書畫知名於時。流傳署款紀年作品見於宣宗道光二十三（1843）年。（見清朝書畫家筆錄、
　　　中國畫家人名大辭典）

周 枕

蘆汀罷釣圖　　　　　　　軸　紙　設色　93.1 x 33　　　　　　　　日本 中埜又左衛門先生

畫家小傳：周枕。畫史無載。身世待考。

蔣清怡

附：

山水圖　　　　　　　　　卷　紙　水墨　40 x 585.5　癸卯（道光二十三　紐約 佳士得藝品拍賣公司/拍
　　　　　　　　　　　　　　　　　　　　　　　　　年，1843）秋九月　　賣目錄 1992,06,02.

畫家小傳：蔣清怡（一作青怡）。號素書。江蘇常熟人。善畫山水，頗超卓。為翁之師。流傳署款紀年作品見於宣宗道光二十三（1843）
　　　年。（見虞山畫志、墨林今話、中國畫家人名大辭典）

惲懷娥

墨梅圖　　　　　　　　　軸　絹　水墨　125.5 x 30.7　　　　　　美國 耶魯大學藝術館　　1989.65.1

畫家小傳：惲懷娥。號紉蘭。江蘇武進人。惲壽平裔孫女。宛平曹恒妻。能傳家學。畫花卉，用筆精雅，設色鮮潤，一本家法。（見耕
　　　硯田齋筆記、中國畫家人名大辭典）

高 煒

紫藤圖　　　　　　　　摺扇面 金箋　設色　不詳　　　　　　　　杭州 浙江省杭州西泠印社

畫家小傳：高煒。字次愚、不危。浙江秀水人。善畫花卉，初師陶淇（錐庵），後學王禮（秋言），用筆挺秀，清氣往來，一洗抹粉塗脂
　　　之習。作墨尤峭勁合古。（見寒松閣談藝瑣錄、海上墨林、中國畫家領航員大辭典）

白 崖

名稱	形式	質地	色彩	尺寸 高×寬cm	創作時間	收藏處所	典藏號碼
梅花圖（清趙之琛等梅花圖卷之1段）	卷	紙	水墨	10 × 325		上海 上海博物館	

畫家小傳：白崖。畫史無載。約活動於宣宗道光二十三年前後。身世待考。

姜 燾

梅花圖（清趙之琛等梅花圖卷之1段）	卷	紙	水墨	10 × 325		上海 上海博物館	

畫家小傳：姜燾。字福卿。東臺人。工畫花卉、人物，尤善畫馬。（見心轂筆記、中國畫家人名大辭典）

素 侯

梅花圖（清趙之琛等梅花圖卷之1段）	卷	紙	水墨	10 × 325		上海 上海博物館	

畫家小傳：素侯。畫史無載。約活動於宣宗道光二十三年前後。身世待考。

姜 壽

梅花圖（清趙之琛等梅花圖卷之1段）	卷	紙	水墨	10 × 325		上海 上海博物館	

畫家小傳：姜壽。畫史無載。約活動於宣宗道光二十三年前後。身世待考。

徐曉峰

梅花圖（清趙之琛等梅花圖卷之1段）	卷	紙	水墨	10 × 325		上海 上海博物館	

畫家小傳：徐曉峰。畫史無載。約活動於宣宗道光二十三年前後。身世待考。

李 堃

梅花圖（清趙之琛等梅花圖卷之1段）	卷	紙	水墨	10 × 325		上海 上海博物館	

畫家小傳：李堃。畫史無載。約活動於宣宗道光二十三年前後。身世待考。

鮑 逸

梅花圖（清趙之琛等梅花圖卷之1段）	卷	紙	水墨	10 × 325		上海 上海博物館	

畫家小傳：鮑逸。號問梅。浙江錢塘人。生性沖和，不求仕進。超與湯貽汾、陳鴻壽、趙之琛諸先生遊。工書及篆刻，善畫墨梅。（見廣印人傳、中國畫家人名大辭典）

名稱	形式	質地	色彩	尺寸 高x寬cm	創作時間	收藏處所	典藏號碼

張丙纏

| 梅花圖（清趙之琛等梅花圖卷之1段） | 卷 | 紙 | 水墨 | 10 × 325 | | 上海 上海博物館 | |

畫家小傳：張丙纏。畫史無載。約活動於宣宗道光二十三年前後。身世待考。

德 林

| 梅花圖（清趙之琛等梅花圖卷之1段） | 卷 | 紙 | 水墨 | 10 × 325 | | 上海 上海博物館 | |
| 荷花圖通景（4幅，趙之謙、漢森、德林合作） | 軸 | 紙 | 水墨 | 不詳 | 同治乙丑（四年，1865） | 廣州 廣東省博物館 | |

畫家小傳：德林。畫史無載。與趙之謙同時。流傳署款紀年作品約見於宣宗道光二十三（1843）年至穆宗同治四（1865）年。身世待考。

李匡濟

| 梅花圖（清趙之琛等梅花圖卷之1段） | 卷 | 紙 | 水墨 | 10 × 325 | | 上海 上海博物館 | |

畫家小傳：李匡濟。畫史無載。約活動於宣宗道光二十三年前後。身世待考。

周 謙

| 梅花圖（清趙之琛等梅花圖卷之1段） | 卷 | 紙 | 水墨 | 10 × 325 | | 上海 上海博物館 | |

畫家小傳：周謙。畫史無載。約活動於宣宗道光二十三年前後。身世待考。

周丕烈

| 梅花圖（清趙之琛等梅花圖卷之1段） | 卷 | 紙 | 水墨 | 10 × 325 | | 上海 上海博物館 | |

畫家小傳：周丕烈。畫史無載。約活動於宣宗道光二十三年前後。身世待考。

嘯 雲

| 梅花圖（清趙之琛等梅花圖卷之1段） | 卷 | 紙 | 水墨 | 10 × 325 | | 上海 上海博物館 | |

畫家小傳：嘯雲。畫史無載。約活動於宣宗道光二十三年前後。身世待考。

李 真

| 梅花圖（清趙之琛等梅花圖卷之1段） | 卷 | 紙 | 水墨 | 10 × 325 | | 上海 上海博物館 | |

名稱	形式	質地	色彩	尺寸 高x寬cm	創作時間	收藏處所	典藏號碼

畫家小傳：李真。畫史無載。約活動於宣宗道光二十三年前後。身世待考。

焦 桐

| 梅花圖（清趙之琛等梅花圖卷 | 卷 | 紙 | 水墨 | 10 x 325 | | 上海 上海博物館 | |
| 之1段） | | | | | | | |

畫家小傳：焦桐。畫史無載。約活動於宣宗道光二十三年前後。身世待考。

湯 賓

| 梅花圖（清趙之琛等梅花圖卷 | 卷 | 紙 | 水墨 | 10 x 325 | | 上海 上海博物館 | |
| 之1段） | | | | | | | |

畫家小傳：湯賓。畫史無載。約活動於宣宗道光二十三年前後。身世待考。

蘇光曙

| 山桃花圖 | 摺扇面 | 金箋 | 設色 | 不詳 | 癸卯（？道光二十三年，1843） | 南京 南京博物院 | |

畫家小傳：蘇光曙。畫史無載。流傳署款作品紀年疑為宣宗道光二十三（1843）年。身世待考。

陳如珪

| 白鷹圖 | 軸 | 紙 | 設色 | 80.7 x 40.5 | 甲辰（道光二十四年，1844）仲秋之月 | 台南 曾文煌先生 | |

畫家小傳：陳如珪。台邑（台灣）人。善畫人物、花鳥，用筆甚工，深得院體之妙。流傳署款紀年作品見於宣宗道光二十四（1844）年。（見台灣金石木書畫略）

朱 鈞

芝仙祝壽圖（費丹旭、朱鈞、	軸	紙	設色	不詳	甲辰（道光二十四年，1844）	杭州 浙江省博物館	
張熊合作）							
水墨牡丹圖	軸	紙	水墨	39 x 29.7		日本 盛田昭夫先生	

畫家小傳：朱鈞。字筱漚。浙江海寧人。為人精鑑賞，收藏金石、書畫甚夥。喜寫蘭花，瘦葉疏花，極得明文徵明法。流傳署款紀年作品見於宣宗道光二十四（1844）年。（見墨林今話續編、中國畫家人名大辭典）

陳 璞

| 學海堂圖（為古樵作） | 卷 | 紙 | 水墨 | 不詳 | 癸亥（同治二年，1863） | 蘇州 江蘇省蘇州博物館 | |

名稱	形式	質地	色彩	尺寸 高x寬cm	創作時間	收藏處所	典藏號碼
山水圖	軸	紙	水墨	116.2 x 39.9		香港 中文大學中國文化研究所文物館	
山水圖（13幀）	冊	絹	水墨	（每幀）25.2 x ？	癸酉（同治十二年，1873）	香港 中文大學中國文化研究所文物館	

畫家小傳：陳璞。字子瑜。廣東番禺人。宣宗道光二十四（1844）年舉人。工詩詞，與陳澧分主學海棠講席。善畫山水，筆墨濃厚蒼老，近似王學浩。與陳鼎、陳鏞皆宦粵，合稱廣東「三陳」。流傳署款紀年作品見於穆宗同治二(1863)至十二(1873)年。（見寒松閣談藝瑣錄、中國畫家人名大辭典）

華翼綸

名稱	形式	質地	色彩	尺寸 高x寬cm	創作時間	收藏處所	典藏號碼
山水圖（4幅，為和叔作）	軸	紙	設色	不詳	甲辰（道光二十四年，1844）秋日	無錫 江蘇省無錫市博物館	
仿大癡山水圖	軸	紙	水墨	不詳	光緒壬午（八年，1882）	無錫 江蘇省無錫市博物館	
山水圖（清秦炳文等水冊16之4幀）	冊頁	紙	設色	不詳		天津 天津市藝術博物館	
山水圖	摺扇面	金箋	水墨	不詳	戊辰（咸豐六年，1856）夏日	日本 東京河井荃廬先生	

畫家小傳：華翼綸。字篷秋。江蘇金匱人。宣宗道光二十四（1844）年舉人。官江西永新知縣。光緒間，主席東林書院。精鑒賞，富收藏，工畫論，撰畫說一篇行世。善畫山水，師法黃公望、王原祁，運筆迅捷，元氣淋漓。流傳署款紀年作品見於穆宗同治七（1868）年。（見墨林今話續編、海上墨林、中國畫家人名大辭典）

吳來周

名稱	形式	質地	色彩	尺寸 高x寬cm	創作時間	收藏處所	典藏號碼
山水圖（2幀）	冊	紙	設色	（每幀）23 x 25.4	甲辰（？道光二十四年，1844）	常州 江蘇省常州市博物館	

畫家小傳：吳來周。畫史無載。流傳署款作品紀年疑為宣宗道光二十四（1844）年。身世待考。

朱腆

名稱	形式	質地	色彩	尺寸 高x寬cm	創作時間	收藏處所	典藏號碼
麻姑獻壽圖	軸	紙	設色	不詳	甲辰（道光二十四年，1844）	成都 四川省博物院	
竹石圖	摺扇面	紙	水墨	不詳		成都 四川省博物院	

畫家小傳：朱腆。字鐵橋。四川成都人。善畫山水、蘭竹，尤工白描人物。流傳署款紀年作品見於宣宗道光二十四（1844）年。（見耕硯田齋筆記、中國畫家人名大辭典）

陳允升

名稱	形式	質地	色彩	尺寸 高x寬cm	創作時間	收藏處所	典藏號碼
聽雨樓圖（任頤、胡遠、湯伯	卷	紙	設色	不詳	丁丑（光緒三年，	常州 江蘇省常州市博物館	

名稱	形式	質地	色彩	尺寸 高x寬cm	創作時間	收藏處所	典藏號碼
潤、陳允升合作）					1877）初冬		
雲中織女圖（為芍巖作）	軸	絹	設色	不詳	同治六年，丁卯（1867）嘉平望日	廣州 廣東省博物館	
曳杖尋秋圖	軸	紙	設色	151 x 81	辛巳（光緒七年，1881）夏仲	廣州 廣州市美術館	
梅窗美人圖	軸	紙	設色	106.1 x 57.6	丁卯（同治六年，1867）花朝前三日	日本 東京河井荃廬先生	
山水圖	軸	紙	水墨	165.1 x 47.9	癸酉（同治十二年，1873）花朝日	日本 東京河井荃廬先生	
雪景山水圖	軸	紙	水墨	133.6 x 33	壬子（咸豐二年，1852）初冬	日本 東京原田氏仰看齋	
山水小幅	橫幅	紙	設色	不詳	己巳（同治八年，1869）秋九月	日本 京都園田湖城先生	

畫家小傳：陳允升。字仲升。一字紉齋。號壺洲、金峨山樵。浙江鄞縣人。生於仁宗嘉慶二十五（1820）年，卒於德宗光緒十（1884）年。善書。工畫山水，構圖造境繁複。（見寒松閣談藝瑣錄、海上墨林、中國畫家人名大辭典）

周　閑

名稱	形式	質地	色彩	尺寸 高x寬cm	創作時間	收藏處所	典藏號碼
花果圖	卷	絹	設色	31.7 x 557	同治建元（壬戌，1862）	天津 天津市藝術博物館	
花果圖	卷	絹	設色	不詳	同治建元（壬戌，1862）	上海 上海博物館	
百花圖	卷	紙	設色	不詳	同治丁卯（六年，1867）	上海 上海博物館	
菊花八哥圖	軸	紙	設色	184.5 x 48.5		台北 國泰美術館	
牡丹秀石圖	軸	紙	設色	171.5 x 85		台北 清玩雅集	
花卉圖（4幅）	軸	紙	設色	不詳	同治己巳（八年，1869）冬日	北京 故宮博物院	
花卉圖（4幅）	軸	紙	設色	不詳	同治甲戌（十三年，1874）冬日	北京 故宮博物院	
柳石桃花圖（為祥蓀作）	軸	紙	設色	不詳	同治丁卯（六年，1867）	上海 上海文物商店	

名稱	形式	質地	色彩	尺寸 高x寬cm	創作時間	收藏處所	典藏號碼
梅花水仙圖	軸	絹	設色	不詳	同治八年（己巳，1869）冬	南京 南京博物院	
歲寒花卉圖	軸	紙	設色	112 × 34	同治甲戌（十三年，1874）夏日	昆山 崑崙堂美術館	
青藤菊盛圖（為雲卿大兄作）	軸	紙	設色	181 × 48		昆山 崑崙堂美術館	
香滿蒲塘圖	軸	紙	設色	不詳	同治庚午（九年，1870）	嘉興 浙江省嘉興市博物館	
山茶野菊圖	摺扇面	紙	設色	不詳	同治三年（甲子，1864）	北京 故宮博物院	
花卉圖	摺扇面	紙	設色	不詳	同治庚午（九年，1870）	北京 中國歷史博物館	
端午即景圖	摺扇面	粉箋	設色	不詳		合肥 安徽省博物館	
花果圖（16幀，為小農作）	冊	紙	設色	（每幀）28.6 × 38	同治六年（丁卯，1867）秋日	上海 上海博物館	
墨菊圖（為質庵一兄作）	摺扇面	紙	設色	17.5 × 51.5	同治丙寅（五年，1866）元月	昆山 崑崙堂美術館	
花卉（朱偁、錢慧安、庚生、周閑合作）	摺扇面	紙	設色	17 × 52		昆山 崑崙堂美術館	
花卉圖	紈扇面	絹	設色	不詳	同治癸酉（十二年，1873）	杭州 浙江省杭州西泠印社	
附：							
柳石桃花圖	軸	絹	設色	135 × 68	同治丁卯（六年，1867）	上海 上海文物商店	
紫藤圖	軸	紙	設色	不詳	同治己巳（八年，1869）	上海 上海文物商店	
田間風味圖	摺扇面	紙	設色	不詳		蘇州 蘇州市文物商店	

畫家小傳：周閑。字存伯。號范湖居士。浙江秀水人，寓居上海。生於仁宗嘉慶二十五（1820）年，卒於德宗光緒元（1875）年。工詩文，精篆刻。善畫花卉，與蕭山任熊友契，畫風亦近。（見寒松閣談藝瑣錄、海上墨林、中國畫家人名大辭典）

費以耕

名稱	形式	質地	色彩	尺寸 高x寬cm	創作時間	收藏處所	典藏號碼
花神圖	軸	紙	設色	不詳	戊辰（同治七年，1868）夏午月	北京 故宮博物院	
羅浮仙影圖（任熊、費以耕合作）	軸	紙	設色	110 × 33	丙辰（咸豐六年，1856）	嘉興 浙江省嘉興市博物館	

名稱	形式	質地	色彩	尺寸 高x寬cm	創作時間	收藏處所	典藏號碼
擬古仕女圖（12幀）	冊	紙	設色	不詳	乙丑（同治四年，1865）冬十一月	北京 故宮博物院	
梅花仕女圖	摺扇面	金箋	設色	18 × 52	丙寅（同治五年，1866）九月	北京 故宮博物院	
仕女圖	摺扇面	紙	設色	19.7 × 56.8	己巳（同治八年，1869）	北京 故宮博物院	
仕女圖（12幀，為仁師作）	冊	紙	設色	不詳	乙亥（光緒元年，1875）冬日	北京 故宮博物院	
採桑圖	摺扇面	粉箋	設色	不詳		合肥 安徽省博物館	
春堤試馬圖	摺扇面	紙	設色	不詳	壬子（咸豐二年，1852）	蘇州 江蘇省蘇州博物館	
湖上參禪圖（為子祥作）	摺扇面	金箋	設色	不詳	丙辰（咸豐六年，1856）九秋	杭州 浙江美術學院	
掃花圖	摺扇面	紙	設色	17.7 × 53.7		美國 夏威夷火魯奴奴藝術學院	7223.1

附：

鍾馗圖	軸	絹	設色	不詳		蘇州 蘇州市文物商店	

畫家小傳：費以耕。字餘伯。浙江烏程人。費丹旭長子。承家學，亦善畫仕女；兼工花鳥。流傳署款紀年作品見於宣宗道光二十五（1845）年，至德宗光緒元(1875)年。（見寒松閣談藝瑣錄、甌缽羅室書畫過目考、中國畫家人名大辭典）

袁 澄

山水圖（為蟲槎作）	軸	紙	設色	不詳	道光乙巳（二十五年，1845）小陽月	南京 南京博物院	

畫家小傳：袁澄。字青甫。江蘇丹徒人。學琴於鄭素庵。工畫山水，學於周子京，筆甚蒼厚。流傳署款紀年作品見於宣宗道光二十五（1845）年。（見墨林今話、中國畫家人名大辭典）

庚 生

花卉（朱偁、錢慧安、庚生、周閑合作）	摺扇面	紙	設色	17 × 52		昆山 崑崙堂美術館	

畫家小傳：庚生。畫史無載。約與周閑同時。身世待考。

貝 點

花果圖	卷	紙	水墨	不詳	道光乙巳（二十五年，1845）	蘇州 江蘇省蘇州博物館	
臨沈周備耕圖	卷	紙	設色	不詳	道光丁未（二十七	蘇州 江蘇省蘇州博物館	

名稱	形式	質地	色彩	尺寸 高×寬㎝	創作時間	收藏處所	典藏號碼
					年，1847）清和月下浣		
仿唐子畏山水圖	軸	絹	設色	不詳		蘇州 江蘇省蘇州博物館	

畫家小傳：貝點。字六泉。江蘇長洲人。工書畫。流傳署款紀年作品見於宣宗道光二十五（1845）至二十七（1847）年。（見清代書畫家筆錄、中國畫家人名大辭典）

蔣 溶

名稱	形式	質地	色彩	尺寸 高×寬㎝	創作時間	收藏處所	典藏號碼
人物（10幀，擬李龍眠白描法）	冊	紙	白描	（每幀）21.4 × 24.5	丁未（道光二十七年，1847）小春	日本 大阪市立美術館	

畫家小傳：蔣溶。畫史無載。流傳署款紀年作品見於宣宗道光二十七（1847）年。身世待考。

上官清

名稱	形式	質地	色彩	尺寸 高×寬㎝	創作時間	收藏處所	典藏號碼
山水圖	軸	絹	水墨	92.5 × 33.3		香港 鄭德坤木扉	

畫家小傳：上官清。福建汀州人。身世不詳。善畫。（見閩中書畫姓氏錄、中國畫家人名大辭典）

李 崑

名稱	形式	質地	色彩	尺寸 高×寬㎝	創作時間	收藏處所	典藏號碼
墨筆花卉圖（2幀）	冊頁	紙	水墨	（每幀）22.5 × 29.5	甲辰（？道光二十四年，1844）春二月	英國 倫敦大英博物館	1930.2.3.01（ADD70）

畫家小傳：李崑。字錦亭。號秋山。皖江人。畫史無載。流傳署款作品紀年疑似宣宗道光二十四（1844）年。

葛 尊

名稱	形式	質地	色彩	尺寸 高×寬㎝	創作時間	收藏處所	典藏號碼
雪棧行旅圖	軸	紙	設色	162 × 92		天津 天津市藝術博物館	
桐蔭撫琴圖（為輝山大兄大人作）	摺扇面	紙	設色	19.5 × 52	壬申（同治十一年，1872）仲夏上浣	昆山 崑崙堂美術館	
荳棚閒話圖（為復庵作）	摺扇面	紙	設色	19.2 × 55.6	丙子（？嘉慶二十一年，1816）夏六月	日本 東京國立博物館	
漁樂圖（為靜甫作）	摺扇面	紙	設色	18.4 × 50.6	己卯（嘉慶二十四年，1819）秋日	日本 東京國立博物館	

附：

名稱	形式	質地	色彩	尺寸 高×寬㎝	創作時間	收藏處所	典藏號碼
漁家樂圖	軸	紙	設色	131.5 × 22	己卯（光緒五年，1879）	蘇州 蘇州市文物商店	

畫家小傳：葛尊（一作樽）。字龍芝。浙江海寧人。生於宣宗道光元（1821）年，卒於德宗光緒三十四（1908）年。善畫山水、人物。與吳友如同時，畫點石齋畫報，有名於時。畫法俱循循規矩，少疏逸之趣。（見海上墨林、寒松閣談藝瑣錄、中國畫家人名大辭典）

名稱	形式	質地	色彩	尺寸 高x寬cm	創作時間	收藏處所	典藏號碼

俞樾

附：

蘭花圖	軸	紙	水墨	121 x 36.5	戊戌（光緒二十四 年，1898）春三月	紐約 佳仕得藝品拍賣公司/拍 賣目錄 1986.12.01.	

畫家小傳：俞樾。字蔭甫。號曲園居士。浙江德清人。生於清宣宗道光元（1821）年。卒於德宗光緒三十二（1906）年。道光三十年進士，官至編修。博學工詩文。又工書法，以篆、隸法作真書，別具一格。兼能畫。（見春在堂隨筆、中國美術家人名辭典）

曾統勳

墨蘭	軸	紙	水墨	109.7 x 26.8	乙亥（光緒元年， 1875）秋月	台南 曾文煌先生	

畫家小傳：曾統勳。字波猷。台灣台南月津人。約生於道光初(1821)。善畫墨蘭，頗有謝琯樵遺韻。流傳署款紀年作品見於德宗光緒元（1875）年。（見台灣金石木書畫略）

袁昊

山水	軸	紙	設色	93.1 x 37.4	丙午（道光二十六 年，1846）	香港 中文大學中國文化研究 所文物館	

畫家小傳：袁昊。字顏卿。廣東香山人。為稟貢生。詩、書、畫皆工。曾為張維屏作菊讌圖。署款紀年作品見於宣宗道光二十六(1846)年。（見藝談錄、粵東詞鈔二編、中國美術家人名辭典）

陳邦選

綠陰圍棋圖	軸	紙	設色	128 x 69	丙午（道光二十六 年，1846）仲冬	台北 歷史博物館	
指畫壽翁圖	軸	紙	設色	不詳	庚戌（道光三十年， 1850）冬月	台南 楊文富先生	
指畫達摩圖	軸	紙	設色	156 x 94	七十四叟（？）	台北 王國璠玉禾山房	
指畫壽星圖	軸	紙	設色	131 x 72	丙午（道光二十六 年，1846）秋八月	台北 黃承志先生	
指畫山水、人物（4幅）	軸	紙	設色	（每幅）126.5 x 30.5		台北 徐瀛洲先生	

畫家小傳：陳邦選。字仲子、得青。號白鶴山人。籍里不詳。宣宗道光間曾遊台灣。能詩文，善篆刻。工畫指墨道釋、人物、山水。頗有疏散高逸韻致。流傳署款紀年作品見於道光二十六（1846）至三十年。（見清代台南府城書畫展覽專集）

李恩慶

摹趙大年江村秋曉圖	卷	紙	設色	不詳	丙午（道光二十六 年，1846）七月朔	哈爾濱 黑龍江省博物館	

名稱	形式	質地	色彩	尺寸 高x寬cm	創作時間	收藏處所	典藏號碼
松樹圖	卷	紙	水墨	不詳	己酉（道光二十九年，1849）	北京 故宮博物院	
山水圖（3段）	卷	絹	設色	不詳	咸豐甲寅（四年，1854）	北京 故宮博物院	
臨王蒙聽雨樓圖	卷	紙	水墨	30.7 x 244.2		北京 故宮博物院	
崇嶺溪橋圖（為雲甫作）	軸	紙	水墨	131 x 63	同治甲子（三年，1864）七月	濟南 山東省博物館	

畫家小傳：李恩慶。字季雲（一作寄雲）。直隸遵化人。隸漢軍正白旗。道光十三年進士。官兩淮鹽運使。精鑒別，富收藏。能作山水。流傳署款紀年作品見於宣宗道光二十六（1846）年，至穆宗同治三（1864）年。（見清畫家詩史、八旗畫錄、中國美術家人名辭典）

吳 儁

名稱	形式	質地	色彩	尺寸 高x寬cm	創作時間	收藏處所	典藏號碼
苗夔寒燈訂韻圖像	卷	紙	設色	不詳	丁未（道光二十七年，1847）嘉平	北京 故宮博物院	
友古圖	卷	紙	設色	不詳	戊申（道光二十八年，1848）	北京 故宮博物院	
吳園十蕙圖	卷	紙	設色	不詳	癸酉（同治十二年，1873）初夏	北京 故宮博物院	
寫翁同龢等寶慈話舊圖像	卷	紙	設色	不詳	甲戌（同治十三年，1874）春暮	北京 故宮博物院	
紅梅圖一段（為祁寯藻作）	卷	紙	設色	不詳	己未（咸豐九年，1859）花朝前四日	太原 山西省博物館	
西園主人載竹圖（為奕誌作）	卷	紙	設色	不詳	丙午（二十六年，1846）	南京 南京博物院	
祁寯藻像	卷	紙	設色	不詳	己未（咸豐九年，1859）	南京 南京博物院	
為華冠所作昔醉圖補景	卷	紙	設色	不詳	戊子（光緒十四年，1888）二月	南京 南京博物院	
錢武肅王像	卷	紙	設色	不詳		無錫 江蘇省無錫市博物館	
潔花吟社圖（為子禾作）	軸	紙	設色	不詳	戊午（咸豐八年，1858）長至後二日	北京 故宮博物院	
桑榆秉燭圖（為少伯作）	軸	紙	設色	不詳	丁卯（同治六年，1867）夏五	北京 故宮博物院	

名稱	形式	質地	色彩	尺寸 高x寬cm	創作時間	收藏處所	典藏號碼
郭少漁獨立像	軸	紙	設色	不詳	乙亥（光緒元年，1875）冬日	北京 故宮博物院	
孔繡山三十八歲像	軸	紙	設色	不詳		北京 故宮博物院	
重摹張穆祖父泗州府君立像	軸	紙	設色	99 × 45	道光二十七年丁未（1847）	太原 山西省博物館	
張穆四十小像	軸	紙	設色	115.5 × 44	丙午（道光二十六年，1846）	太原 山西省晉祠文物管理處	
吳園圖（12幀）	冊	紙	設色	不詳	壬申（同治十一年，1872）二月	北京 故宮博物院	
臨唐寅山水圖（清人扇面合裝冊之16）	摺扇面	紙	設色	18 × 53.9		日本 私人	
臨徐枋小景圖（清人扇面合裝冊之18）	摺扇面	紙	水墨	17.9 × 52.5		日本 私人	
仿金農墨梅圖（清人扇面合裝冊之20）	摺扇面	紙	水墨	17.8 × 55.7		日本 私人	
附：							
臨甌香館松柏芝石圖	軸	紙	水墨	不詳	丁卯（同治六年，1867）十月	上海 上海文物商店	

畫家小傳：吳儁。字子重。號冠英。江蘇江陰人。以三絕擅長。寫真尤得古法。遊京師，名動王公。戴熙、何紹基諸人，深推重之。流傳署款紀年作品見於宣宗道光二十六（1846）年，至德宗光緒十四（1888）年。（見墨林今話續編、中國畫家人名大辭典）

吳之瑾

山水圖（6幀）	冊	紙	設色	不詳	丙午（道光二十六年，1846）嘉平	瀋陽 故宮博物院	

畫家小傳：吳之瑾。字乙杉。籍里、身世不詳。咸豐時，挾技遊無錫，以工畫花鳥、草蟲名於時。流傳署款紀年作品見於宣宗道光二十六（1846）年。（見寒松閣談藝瑣錄、清代書畫家筆錄、中國畫家人名大辭典）

孟毓森

附：							
吳下尋秋第二圖	卷	紙	設色	25.5 × 44	丙午（道光二十六年，1846）	紐約 佳士得藝品拍賣公司/拍賣目錄1995,09,19.	

畫家小傳：孟毓森。字玉笙。江蘇揚州人。工鐵筆。尤妙山水畫。流傳署款紀年作品見於宣宗道光二十六（1846）年。（見墨林今話續編、中國畫家人名大辭典）

羅　陽

名稱	形式	質地	色彩	尺寸 高x寬cm	創作時間	收藏處所	典藏號碼
山水圖	軸	紙	設色	208 x 82.8	丁未（道光二十七年，1847）	香港 何耀光至樂樓	

畫家小傳：羅陽。字健谷。廣東順德人。善畫山水，學明藍瑛，間仿宋、元人，作金碧筆極工緻。流傳署款紀年作品見於宣宗道光二十七（1847）年。（見劍光樓筆記、中國畫家人名大辭典）

潘 圭

臨王翬鶴林烟雨圖	軸	紙	設色	不詳	道光丁未（二十七年，1847）清和月	鎮江 江蘇省鎮江市博物館	

畫家小傳：潘圭。字鎮卿。江蘇丹徒人。為潘恭壽姪，潘思牧之子。工畫山水，能繼家學，惟師法宋米友仁畫法。流傳署款紀年作品見於宣宗道光二十七（1847）年。（見揚州畫苑錄、中國美術家人名辭典）

華沙納

山水圖（8幀）	冊	紙	設色	不詳	道光丁未（二十七年，1847）初伏	瀋陽 遼寧省博物館	

畫家小傳：華沙納。畫史無載。流傳署款紀年作品見於宣宗道光二十七(1847)年。身世待考。

鄭 武

附：

雪景山水圖（馮箕等四人雪景山水冊4之1幀）	冊頁	紙	設色	不詳		上海 朵雲軒	

畫家小傳：鄭武。約與費丹旭同時。畫史無載。身世待考。

士 惠

附：

雪景山水圖（馮箕等四人雪景山水冊4之1幀）	冊頁	紙	設色	不詳		上海 朵雲軒	

畫家小傳：士惠。約與費丹旭同時。畫史無載。身世待考。

白恩佑

枯木竹石圖（為祁寯藻作）	小卷	紙	水墨	不詳	同治三年（甲子，1864）上元節後七日	太原 山西省博物館	
蘭石圖（4幅）	軸	絹	水墨	不詳	戊午（咸豐八年，1858）	太原 山西省博物館	

名稱	形式	質地	色彩	尺寸 高x寬cm	創作時間	收藏處所	典藏號碼

畫家小傳：白恩佑。字蘭嵓。號石仙、石翁。山西介休人。宣宗道光二十七（1847）年翰林。善畫山水、花卉，不襲故常。流傳署款紀年作品見於文宗咸豐八（1858）年至穆宗同治三(1864)年。（見清畫家詩史、中國美術家人名辭典）

陳 治

名稱	形式	質地	色彩	尺寸	創作時間	收藏處所	典藏號碼
仿古山水圖（7幀）	冊	紙	設色	不詳	丁未（道光二十七年，1847）	杭州 浙江省圖書館	

畫家小傳：陳治。字伯平。浙江山陰人。工篆書，師事孫叔弟，筆力遒勁，楷書亦復神似，又能篆刻。兼學畫，擅山水，並喜畫松，另水墨寫生，亦蕭閑不俗。流傳署款紀年作品見於宣宗道光二十七（1847）年。（見中華畫人隨筆、中國畫家人名大辭典）

徐克潤

名稱	形式	質地	色彩	尺寸	創作時間	收藏處所	典藏號碼
山水圖	軸	綾	設色	不詳	丁未（道光二十七年，1847）歲秋日	日本 江田勇二先生	

畫家小傳：徐克潤。字田瑛。號藍谷。江蘇上海人。嗜詩酒。喜花木，工畫山水，宗法宋人。著有畫學源流及雲間畫史傳世。流傳署款紀年作品見於宣宗道光二十七（1847）年。（見海上墨林、中國畫家人名大辭典）

丁起巖

名稱	形式	質地	色彩	尺寸	創作時間	收藏處所	典藏號碼
山水圖（12幀）	冊	紙	設色	不詳	丁未（？道光二十七年，1847）	天津 天津市藝術博物館	

畫家小傳：丁起巖。字商霖。長興人。善文詞，兼工六法。姚燮湖雅器之。流傳署款作品紀年疑為宣宗道光二十七（1847）年。（見長興縣志、中國畫家人名大辭典）

胡公壽

名稱	形式	質地	色彩	尺寸	創作時間	收藏處所	典藏號碼
聽雨樓圖（任頤、湯伯潤、陳允升、胡遠合作）	卷	紙	水墨	不詳	丁丑（光緒三年，1877）初冬	常州 江蘇常州市博物館	
鄧尉鋤梅圖	卷	紙	設色	不詳	乙丑（同治四年，1865）十二月	蘇州 蘇州博物館	
山水	軸	紙	水墨	不詳		台北 故宮博物院	國贈 025172
山水花卉	軸	紙	設色	不詳		台北 故宮博物院	國贈 031087
墨竹紅梅	軸	紙	設色	不詳		台北 故宮博物院	國贈 031088
奇峰古木圖	軸	紙	設色	132 x 64.6	丁丑（光緒三年，1877）仲秋	台北 台北市立美術館	
松墅樓閣圖	軸	紙	設色	173.5 x 46		台北 國泰美術館	
溪山雨霽圖	軸	紙	水墨	182 x 47		台北 國泰美術館	
玉蘭花圖	軸	紙	設色	130 x 33		台北 張添根養和堂	

名稱	形式	質地	色彩	尺寸 高x寬cm	創作時間	收藏處所	典藏號碼
嘉卉靈葩圖	軸	紙	設色	234.5 × 33	乙亥（光緒元年，1875）六月	台北 張添根養和堂	
修竹菊石圖	軸	紙	設色	不詳	辛未（同治十年，1871）	瀋陽 故宮博物院	
烟江叠嶂圖	軸	紙	水墨	不詳	丁丑（光緒三年，1877）冬	北京 故宮博物院	
淞江蟹舍圖	軸	紙	設色	148.2 × 39.8	光緒丁丑（三年，1877）冬	北京 故宮博物院	
長松草堂圖	軸	紙	設色	不詳	光緒甲申（十年，1884）	北京 故宮博物院	
竹石圖	軸	紙	水墨	不詳		北京 中央工藝美術學院	
臨馬江香三秋圖	軸	絹	設色	不詳	丙午（道光二十六年，1846）八月	天津 天津市藝術博物館	
芝石叢蕙圖（胡遠、任頤合作）	軸	紙	設色	133.5 × 65.5	壬午（光緒八年，1882）	天津 天津市人民美術出版社	
蕙竹泉石圖	軸	紙	設色	不詳		天津 天津市人民美術出版社	
仿高克恭山水圖	軸	綾	水墨	157.8 × 41	乙亥（光緒元年，1875）	上海 上海博物館	
松菊竹石圖	軸	紙	設色	不詳	己卯（光緒五年，1879）十一月	上海 上海博物館	
竹石圖	軸	紙	設色	不詳		上海 上海博物館	
香滿蒲堂圖	軸	紙	設色	不詳		上海 上海博物館	
蘭竹圖	軸	紙	設色	不詳		上海 上海博物館	
折梅圖（任頤、胡遠合作）	軸	絹	設色	97.3 × 34.4	戊辰（同治七年，1868）冬十二月	杭州 浙江省博物館	
花鳥圖（胡遠、任頤、王禮、吳滔合作）	軸	紙	設色	不詳		紹興 浙江省紹興市博物館	
梅石水仙圖	軸	紙	設色	不詳	己巳（同治八年，1869）	重慶 重慶市博物館	
斲山觀瀑圖	軸	紙	設色	137 × 61	光緒己卯（五年，1879）九月	重慶 重慶市博物館	
梅花圖	軸	紙	設色	136 × 32.1		廣州 廣東省博物館	
梅蘭圖	軸	綾	水墨	166.7 × 42.4		日本 東京河井荃廬先生	

名稱	形式	質地	色彩	尺寸 高×寬cm	創作時間	收藏處所	典藏號碼
紅葉山水圖	軸	紙	設色	79.4 × 25.2		日本 東京河井荃盧先生	
溪山佳趣圖	軸	綾	水墨	145.4 × 42.4		日本 東京大工原友一先生	
山水圖	軸	紙	設色	181.8 × 60.6	丙子（光緒二年，1876）首夏	日本 東京田口讓先生	
山水（富貴山巖圖）	軸	絹	水墨	不詳	己卯（光緒五年，1879）長夏	日本 京都桑名鐵城先生	
澗上喬松圖	軸	紙	水墨	不詳	戊寅（光緒四年，1878）仲秋之月	日本 京都桑名鐵城先生	
老松圖	軸	綾	水墨	132.7 × 41.7	戊寅（光緒四年，1878）二月	日本 京都泉屋博古館	
柳蔭行舟圖（仿石田翁意）	軸	紙	設色	43.9 × 60.9	乙丑（同治四年，1865）閏月	日本 京都貝塚茂樹先生	
洞天一品圖（為半耕先生寫）	軸	綾	水墨	132.8 × 41	戊寅（光緒四年，1878）長夏	日本 大阪市立美術館	
龍洞探奇圖	軸	綾	水墨	121.2 × 36.4	光緒戊寅（四年，1878）重陽後一日	日本 大阪藤野隆三先生	
瑤圃春酣圖	軸	紙	設色	152.9 × 41.9		日本 福岡縣石　道雄先生	29
秀石芝草圖	軸	紙	設色	151.3 × 41.6		日本 福岡縣石　道雄先生	30
岳色江聲圖	橫幅	綾	水墨	29.1 × 125.8		日本 福岡縣石　道雄先生	85
怪石圖	軸	紙	水墨	148.2 × 40		韓國 私人	
怪石圖	軸	紙	水墨	87.7 × 33.2		韓國 私人	
吳興山水清遠圖（12幀）	冊	紙	設色	（每幀）20.3 × 27.1	庚戌（道光三十年，1850）冬十月	香港 鄭德坤木扉	
梅花圖	摺扇面	金箋	設色	18.5 × 53		香港 劉作籌虛白齋	172
花卉圖（10幀）	冊	絹	設色	不詳	庚戌（道光三十年，1850）秋九月	北京 故宮博物院	
梅花圖（12幀）	冊	紙	水墨	（每幀）41 × 61.2	道光己酉（二十九年，1849）冬十二月	北京 中國歷史博物館	
畫稿（錢慧安等十人畫稿合冊112幀之部分）	冊頁	紙	水墨	40 × 29.6		北京 中國美術館	

名稱	形式	質地	色彩	尺寸 高x寬㎝	創作時間	收藏處所	典藏號碼
雜畫（12幀）	冊	紙	設色	（每幀）33.2 x 34.9	己卯（光緒五年，879）仲冬	日本 東京住友寬一先生	
花卉雜畫（12幀）	冊	絹	水墨、設色	（每幀）22.1 x 27.8		日本 京都國立博物館	A甲 755
霜後山水圖	紈扇面	絹	設色	12.5 x 26.2		日本 福岡縣石 道雄先生	110
清晰垂釣圖	冊頁	紙	設色	37.9 x 38.5	庚辰（光緒六年，1880）秋仲	美國 底特律市 faxon 先生	
附：							
蘭竹石圖	卷	紙	設色	不詳	甲申（光緒十年，1884）孟冬	紐約 佳士得藝品拍賣公司/拍賣目錄 1991,05,29.	
山水圖	軸	紙	設色	183 x 48.2	光緒丙子（二年，1876）	紐約 蘇富比藝品拍賣公司/拍賣目錄 1986,06,03.	

畫家小傳：胡公壽。初名遠，字公壽，後以字行。號瘦鶴、橫雲山民。江蘇華亭人，僑寓上海。生於宣宗道光三（1823）年，卒於德宗光緒十二（1886）年。能詩，工書。工畫山水、花木、蘭竹、墨梅等。為江浙名士所推服。（見寒松閣談藝瑣錄、海上墨林、中國畫家人名大辭典）

（釋）虛 谷

名稱	形式	質地	色彩	尺寸 高x寬㎝	創作時間	收藏處所	典藏號碼
枇杷圖	卷	紙	設色	44.2 x 95.5		北京 故宮博物院	
花卉圖（虛谷、胡璋、朱偁合作）	卷	金箋	設色	？x 370.9	光緒十六年（庚寅，1890）	合肥 安徽省博物館	
花卉	卷	絹	設色	42.7 x 393.6		上海 上海博物館	
雜畫	卷	紙	設色	35.2 x 247		上海 上海博物館	
菊花圖	軸	紙	設色	199.2 x 56.1		台北 故宮博物院	國贈 024852
藕圖	軸	紙	設色	31.5 x 38.5	壬辰（光緒十八年，1892）初秋	台北 國泰美術館	
枇杷雙魚圖	軸	紙	設色	149.5 x 51		台北 清玩雅集	
素蘭幽棲圖（花鳥4屏之1）	軸	紙	設色	139 x 34.5	壬辰（光緒十八年，1892）七月	高雄 顏雪花女士	
竹苞雙壽圖（花鳥4屏之2）	軸	紙	設色	139 x 34.5		高雄 顏雪花女士	
秋菊八哥圖（花鳥4屏之3）	軸	紙	設色	139 x 34.5		高雄 顏雪花女士	
梅陰獨立圖（花鳥4屏之4）	軸	紙	設色	139 x 34.5		高雄 顏雪花女士	
洞曉雞鳴圖（與任伯年合繪，	軸	紙	設色	176 x 95		高雄 顏雪花女士	

名稱	形式	質地	色彩	尺寸 高x寬cm	創作時間	收藏處所	典藏號碼

伯年寫雞、虛谷畫竹並書題）

名稱	形式	質地	色彩	尺寸 高x寬cm	創作時間	收藏處所	典藏號碼
松鼠圖	軸	紙	設色	145.3 x 38.5		高雄 顏雪花女士	
柳塘閒步圖（山水圖4屏之1）	軸	紙	設色	139.2 x 34.5	時年六十有九（光緒十七年，辛卯，1891）	高雄 顏雪花女士	
竹林洞曉圖（山水圖4屏之2）	軸	紙	設色	139.2 x 34.5		高雄 顏雪花女士	
秋江歸帆圖（山水圖4屏之3）	軸	紙	設色	139.2 x 34.5		高雄 顏雪花女士	
寒山暮寺圖（山水圖4屏之4）	軸	紙	設色	139.2 x 34.5	辛卯（光緒十七年，1891）秋八月	高雄 顏雪花女士	
春波魚戲（花鳥禽魚4屏之1）	軸	紙	設色	179 x 48		高雄 顏雪花女士	
竹陰消暑（花鳥禽魚4屏之2）	軸	紙	設色	179 x 48		高雄 顏雪花女士	
金秋晚香（花鳥禽魚4屏之3）	軸	紙	設色	179 x 48		高雄 顏雪花女士	
歲寒尋春（花鳥禽魚4屏之4）	軸	紙	設色	179 x 48	甲午（光緒二十年，1894）歲寒	高雄 顏雪花女士	
竹桃綬帶圖	軸	紙	設色	176.5 x 95.5		高雄 顏雪花女士	
松濤清音圖（山水4屏之1）	軸	紙	設色	97 x 32.2		高雄 顏雪花女士	
湖畔洞曉圖（山水4屏之2）	軸	紙	設色	97 x 32.2		高雄 顏雪花女士	
秋江待渡圖（山水4屏之3）	軸	紙	設色	97 x 32.2		高雄 顏雪花女士	
江中獨釣圖（山水4屏之4）	軸	紙	設色	97 x 32.2	光緒戊子（十四年，1888）春三月	高雄 顏雪花女士	
山水中堂	軸	紙	設色	129 x 34	癸未（光緒九年，1883）秋月	高雄 顏雪花女士	
貓石圖	軸	紙	設色	135.5 x 49		高雄 顏雪花女士	
芭蕉松鼠圖	軸	金箋	水墨	67.5 x 42.5		高雄 顏雪花女士	
碧影蕭蕭（山水4屏之1）	軸	紙	水墨	140 x 41		高雄 顏雪花女士	
柳陌清陰（山水4屏之2）	軸	紙	水墨	140 x 41	乙酉（光緒十一年，1885）春月	高雄 顏雪花女士	
秋江獨釣（山水4屏之3）	軸	紙	水墨	140 x 41		高雄 顏雪花女士	
月照梅林（山水4屏之4）	軸	紙	水墨	140 x 41	時年六十有三（光緒十一年，乙酉，1885）	高雄 顏雪花女士	
蕉蔭雙兔圖	軸	紙	設色	97.8 x 32.2		高雄 卓幸男醫師	
秦醉經(贊堯)四十九歲小像	軸	紙	設色	不詳	乙亥（光緒元年，	北京 故宮博物院	

名稱	形式	質地	色彩	尺寸 高x寬cm	創作時間	收藏處所	典藏號碼
					1875）六月		
沈竹齋(麟元)簑山釣徒像	軸	紙	設色	不詳	乙亥（光緒元年，1875）夏	北京 故宮博物院	
蜀葵果品圖	軸	紙	設色	177.7 x 46.2	丁丑（光緒三年，1877）夏月	北京 故宮博物院	
端午圖	軸	紙	設色	不詳	丁丑（光緒三年，1877）夏月	北京 故宮博物院	
瓶菊圖	軸	紙	設色	不詳	壬午（光緒八年，1882）冬月	北京 故宮博物院	
雜畫（4幅）	軸	紙	設色	（每幅）151.5 x 44	丙戌（光緒十二年，1886）十月	北京 故宮博物院	
翎毛秋月圖	軸	紙	設色	96.7 x 44.7	光緒丁亥（十三年，1887）三月	北京 故宮博物院	
梅鶴圖	軸	紙	設色	185.3 x 98	辛卯（光緒十七年，1891）春二月	北京 故宮博物院	
楊柳八哥圖	軸	紙	設色	115.3 x 51.7	（光緒十八年，壬辰，1892）	北京 故宮博物院	
五瑞圖	軸	紙	設色	不詳	壬辰（光緒十八年，1892）五月	北京 故宮博物院	
紫藤金魚圖	軸	紙	設色	136.4 x 66	壬辰（光緒十八年，1892）	北京 故宮博物院	
仿華嵒梅鶴圖	軸	紙	設色	不詳	癸巳（光緒十九年，1893）春三月	北京 故宮博物院	
枇杷圖	軸	紙	設色	不詳	丙申（光緒二十二年，1896）春月	北京 故宮博物院	
木石雙蛇圖	軸	紙	設色	不詳	丙申（光緒二十二年，1896）	北京 故宮博物院	
松樹圖	軸	紙	設色	114 x 60.5		北京 故宮博物院	
梅花圖	軸	紙	設色	不詳		北京 故宮博物院	
菊花圖	軸	紙	設色	不詳		北京 故宮博物院	
紫綬金章圖	軸	紙	設色	136.4 x 66		北京 故宮博物院	
簑山釣徒圖	軸	紙	設色	115.7 x 55.5		北京 故宮博物院	
蘭花圖	軸	紙	設色	246 x 60.3		北京 故宮博物院	

名稱	形式	質地	色彩	尺寸 高x寬cm	創作時間	收藏處所	典藏號碼
觀潮圖	軸	紙	設色	134.2 x 39.6		北京 故宮博物院	
秦贊堯像	軸	紙	設色	142.7 x 48.6		北京 故宮博物院	
枇杷圖	軸	紙	設色	不詳	丙戌（光緒十二年，1886）	北京 中國歷史博物館	
雜畫（4幅）	軸	紙	設色	不詳	乙未（光緒二十一年，1895）秋月	北京 中國歷史博物館	
六合同春圖	軸	紙	設色	不詳		北京 中國美術館	
梅花金魚圖	軸	紙	設色	134.5 x 40.4		北京 中國美術館	
四季花卉（4幅）	軸	紙	設色	（每幅）133.2 x 31		北京 中國美術館	
六合回春圖	軸	紙	設色	不詳		天津 天津市歷史博物館	
梅花金魚圖	軸	紙	設色	146 x 39	丁亥（光緒十三年，1887）	天津 天津市人民美術出版社	
山居高士圖	軸	紙	設色	147.3 x 39.5	己丑（光緒十五年，1889）	天津 天津市人民美術出版社	
蘭蕙圖	軸	紙	設色	38.8 x 38.3		天津 天津市人民美術出版社	
紫綬金章圖	軸	紙	設色	129.5 x 48	庚辰（光緒六年，1880）	石家莊 河北省博物館	
歲朝清供圖	軸	紙	設色	不詳		煙臺 山東省煙臺市博物館	
瓶梅圖	軸	紙	設色	114 x 46.9	光緒丙申（二十二年，1896）	合肥 安徽省博物館	
蕙蘭靈芝圖	軸	紙	設色	不詳		合肥 安徽省博物館	
枇杷圖	軸	紙	設色	不詳		揚州 江蘇省揚州市博物館	
詠之肖像（任頤、虛谷合作）	軸	紙	設色	不詳	同治庚午（九年，1870）	上海 上海博物館	
桃實圖	軸	紙	設色	133.4 x 66.1	光緒己丑（十五年，1889）	上海 上海博物館	
松鼠圖	軸	紙	設色	149.8 x 40.4	壬辰（光緒十八年，1892）	上海 上海博物館	
枇杷圖	軸	紙	設色	148.7 x 80	乙未（光緒二十一年，1895）	上海 上海博物館	
春波魚戲圖	軸	紙	設色	127.4 x 39.9		上海 上海博物館	

名稱	形式	質地	色彩	尺寸 高×寬cm	創作時間	收藏處所	典藏號碼
紫藤金魚圖	軸	紙	設色	不詳		上海 上海博物館	
葫蘆圖	軸	紙	設色	不詳		上海 上海博物館	
蟠桃圖	軸	紙	設色	不詳		上海 上海博物館	
菊花圖	軸	紙	設色	145.1 × 80.9		上海 上海博物館	
日長山靜圖	軸	紙	水墨	147 × 40		上海 上海博物館	
枇杷圖	軸	紙	設色	不詳		上海 上海博物館	
松樹圖	軸	紙	設色	不詳		上海 上海博物館	
花果	軸	紙	設色	不詳		上海 上海博物館	
佛手圖	軸	紙	設色	不詳		上海 上海博物館	
枇杷圖	軸	紙	設色	不詳	丙申（光緒二十二年，1896）二月	南京 南京博物院	
松鼠圖	軸	紙	設色	110.5 × 38.5	丙申（光緒二十二年，1896）春月	南京 江蘇省美術館	
春水魚樂圖	軸	紙	設色	不詳		南京 南京市博物館	
瑞蓮放參圖	軸	紙	設色	95 × 176	庚辰（光緒六年，1880）春月	蘇州 江蘇省蘇州博物館	
大為老人像	軸	紙	設色	93.6 × 47.2	甲申（光緒十年，1884）九月	蘇州 江蘇省蘇州博物館	
松鶴圖	軸	紙	設色	185.5 × 98.3	光緒丁亥（十三年，1887）夏四月	蘇州 江蘇省蘇州博物館	
柳枝松鼠圖	軸	紙	設色	128.9 × 38.6	壬辰（光緒十八年，1892）	蘇州 江蘇省蘇州博物館	
歲朝圖	軸	紙	設色	130.2 × 60.8		蘇州 江蘇省蘇州博物館	
松菊圖	軸	紙	設色	181.5 × 98.3		蘇州 江蘇省蘇州博物館	
松石蘭菊圖	軸	紙	設色	181 × 96		蘇州 靈巖山寺	
松鼠圖	軸	紙	設色	96 × 42	丙申（光緒二十二年，1896）	嘉興 浙江省嘉興市博物館	
柳溪圖	軸	紙	設色	不詳		嘉興 浙江省嘉興市博物館	
松鼠葡萄圖	軸	紙	設色	133 × 52	光緒甲午（二十年，1894）	湖州 浙江省湖州市博物館	

名稱	形式	質地	色彩	尺寸 高x寬cm	創作時間	收藏處所	典藏號碼
花卉圖	軸	紙	設色	不詳	丁申（光緒二十二年，1896)	重慶 重慶市博物館	
紫藤金魚圖	軸	紙	設色	不詳		寧波 浙江省寧波市天一閣文物保管所	
佛手瓶花圖	軸	紙	設色	127.5 x 59	光緒庚寅（十六年，1890)	長沙 湖南省博物館	
枇杷圖	軸	紙	設色	146.7 x 39.2	光緒己丑（十五年，1889) 冬月	廣州 廣東省博物館	
梅林覓句圖	軸	紙	設色	147 x 39.5		廣州 廣東省博物館	
隻鶴圖	軸	紙	設色	145.1 x 77.8		日本 東京國立博物館	TA-497
歲朝清供圖通景（4幅）	軸	紙	設色	90.2 x 158.6		日本 東京國立博物館	
仙鶴圖	軸	紙	設色	145 x 77.6		日本 東京高島菊次郎槐安居	
花卉圖（四聯幅）	軸	紙	設色	90 x 158.8		日本 東京高島菊次郎槐安居	
黃花白貓圖	軸	紙	設色	121.2 x 60.6		日本 東京河井荃盧先生	
菊花圖	軸	紙	設色	110.6 x 39.4		日本 東京河井荃盧先生	
金魚圖	軸	紙	設色	不詳	癸巳（光緒十九年，1893) 夏五月	日本 大阪橋本末吉先生	
林漸江山圖	軸	紙	設色	不詳		日本 大阪橋本末吉先生	
春波魚戲圖	軸	紙	設色	不詳	丙申（光緒二十二年，1896) 八月	日本 江田勇二先生	
菊花圖	軸	紙	設色	109.6 x 32.2		日本 江田勇二先生	
紫藤金魚圖	軸	紙	設色	147.3 x 80.7		美國 芝加哥藝術中心	
金魚圖	冊頁	紙	設色	33 x 44		台北 黃君璧白雲堂	
枇杷圖	冊頁	紙	設色	33 x 40.5		台北 黃君璧白雲堂	
松鼠圖	冊頁	紙	設色	33.5 x 41		台北 黃君璧白雲堂	
桃花圖	冊頁	紙	設色	33.5 x 41		台北 黃君璧白雲堂	
花果鳥魚（12幀，各為：勾勒蘭花；紫藤鰷魚；葡藤松鼠；蕉蔭臥貓；竹籃桃實；金魚水藻；翠竹幽禽；葫蘆結實；松樹綬帶；葡萄小鳥；枇杷八哥；梅花鰷魚）	冊頁	紙	設色	（每幀）29.7 x 32.7		高雄 顏雪花女士	

名稱	形式	質地	色彩	尺寸 高x寬cm	創作時間	收藏處所	典藏號碼
花鳥雜畫（14幀）	冊	紙	設色	（每幀）31.2 x 34	光緒丁亥（十三年，1887）秋月	高雄 顏雪花女士	
山水圖	紈扇面	絹	設色	29.2 x 30.5		高雄 卓幸男醫師	
雜畫（12幀）	冊	紙	設色	（每幀）38.3 x 41	辛卯（光緒十七年，1891）八月	北京 故宮博物院	
菊花圖	摺扇面	金箋	設色	19.8 x 52.4		北京 故宮博物院	
竹圖	紈扇面	絹	設色	不詳		北京 中央工藝美術學院	
花卉圖（4幀）	冊	紙	設色	（每幀）34.5 x 42.1	六十九（光緒十七年，辛卯，1891）	天津 天津市藝術博物館	
松鼠圖	紈扇面	絹	設色	不詳		合肥 安徽省博物館	
金魚圖	摺扇面	粉箋	設色	不詳		合肥 安徽省博物館	
雪竹圖	紈扇面	絹	設色	不詳		合肥 安徽省博物館	
菊石雙禽圖	摺扇面	金箋	設色	不詳		揚州 江蘇省揚州市博物館	
山水圖（12幀，為高邕作）	冊	紙	設色	（每幀）38.3 x 52.5	丙子（光緒二年，1876）夏日	上海 上海博物館	
雜畫圖（12幀）	冊	紙	設色	（每幀）30.6 x 43.1	庚辰（光緒六年，1880）夏日	上海 上海博物館	
山水圖（12幀）	冊	紙	設色	（每幀）18.9 x 25.4	癸未（光緒九年，1883）大寒	上海 上海博物館	
山居圖	冊頁	紙	水墨	27.2 x 27.2	壬辰（光緒十八年，1892）	上海 上海博物館	
雜畫（10幀）	冊	紙	設色	（每幀）34.7 x 40.6	光緒乙未（二十一年，1895）初春	上海 上海博物館	
花果圖（10幀）	冊	紙	設色	（每幀）60.3 x 48.5		上海 上海博物館	
雜畫（2幀）	冊頁	紙	設色	（每幀）34.4 x 45.4		上海 上海博物館	
雜畫（12幀）	冊	紙	設色	（每幀）31 x 35.4	壬辰（光緒十八年，1892）	上海 上海畫院	
白貓菊花圖	冊頁	絹	設色	25.2 x 25.6		上海 上海畫院	
竹石圖	摺扇面	金箋	設色	不詳		常熟 江蘇省常熟市文物管理委員會	
芝蘭圖	摺扇面	金箋	設色	不詳		無錫 江蘇省無錫市博物館	
花果鱗獸圖（12幀）	冊	紙	設色	（每幀）41.4	辛卯（光緒十七年	蘇州 靈巖山寺	

名稱	形式	質地	色彩	尺寸 高×寬㎝	創作時間	收藏處所	典藏號碼
				× 46	，1891）		
竹石圖	摺扇面	紙	設色	不詳		杭州 浙江省杭州西泠印社	
松下觀月圖	摺扇面	紙	水墨	不詳		日本 東京高島菊次郎槐安居	
金魚圖	摺扇面	紙	設色	13 × 53	辛卯（光緒十七年，1891）長夏	日本 東京高島菊次郎槐安居	
花卉圖	摺扇面	紙	設色	18 × 52.5		日本 東京高島菊次郎槐安居	
雜畫（4幀，為務耘作）	冊	紙	設色	不詳	光緒十三年丁亥（1887）四月	美國 藏處不詳	
附：							
梅花書屋圖	卷	紙	設色	29.2 × 238.7	甲午（光緒二十年，1894）長夏	紐約 佳士得藝品拍賣公司/拍賣目錄 1987,12,11.	
花卉圖	卷	絹	設色	32 × 262	丙寅（同治五年，1866）秋月	香港 佳士得藝品拍賣公司/拍賣目錄 1988,01,18.	
覺非盦圖	卷	紙	設色	26 × 111	光緒乙未（二十一年，1895）六月	香港 佳士得藝品拍賣公司/拍賣目錄 1990,03,19.	
觀潮圖	短卷	金箋	設色	38 × 94		香港 佳士得藝品拍賣公司/拍賣目錄 1991,03,30.	
蔬果茶壺圖	卷	紙	設色	37 × 129		香港 佳士得藝品拍賣公司/拍賣目錄 1992,09,28.	
牡丹圖	軸	紙	設色	不詳	甲戌（同治十三年，1874）	北京 北京市文物商店	
梅花金魚圖（為雨亭作）	軸	紙	設色	107 × 54	丙申（光緒二十二年，1896）六月	揚州 揚州市文物商店	
松鶴圖	軸	紙	設色	不詳	光緒庚寅（十六年，1890）	上海 上海文物商店	
六合同春圖	軸	紙	設色	不詳		上海 上海文物商店	
荷花圖	軸	紙	設色	180 × 47.3		上海 上海文物商店	
歲朝圖	軸	紙	設色	不詳		上海 上海文物商店	
說菊圖	軸	紙	設色	不詳		上海 上海文物商店	
籬菊圖	軸	紙	設色	不詳		上海 上海文物商店	
十二生肖圖（12幅）	軸	紙	設色	不詳	光緒甲申（十年，1884）	上海 上海友誼商店古玩分店	
梅竹綬帶圖（冊頁裝）	軸	紙	設色	150 × 40	七十有三（光緒十九年，1893）	上海 上海工藝品進出口公司	

名稱	形式	質地	色彩	尺寸 高×寬㎝	創作時間	收藏處所	典藏號碼
枇杷圖	軸	紙	設色	不詳		上海 上海工藝品進出口公司	
博古花卉圖	軸	紙	設色	不詳		上海 上海工藝品進出口公司	
霖林古塔圖（冊頁裝）	軸	紙	水墨	不詳		上海 上海工藝品進出口公司	
松鼠圖	軸	紙	設色	110 × 51.2	丙申（光緒二十二年，1896)	無錫 無錫市文物商店	
松鼠圖	軸	紙	設色	155 × 46.5		武漢 河北省武漢市文物商店	
枇杷圖	軸	紙	設色	35.4 × 38.6		香港 蘇富比藝品拍賣公司/拍賣目錄 1984,11,21.	
霜林寒塔圖	軸	紙	設色	31 × 36.5	甲午(光緒二十年，1894) 長夏	紐約 蘇富比藝品拍賣公司/拍賣目錄 1985,06,03.	
時鮮圖	軸	紙	設色	107.5 × 56.5	己丑（光緒十五年，1889）二月	香港 蘇富比藝品拍賣公司/拍賣目錄 1986,05,22.	
松鼠圖	軸	紙	設色	132 × 33.3		香港 蘇富比藝品拍賣公司/拍賣目錄 1986,05,22.	
河豚蔬果圖	軸	紙	設色	80 × 36.4		香港 蘇富比藝品拍賣公司/拍賣目錄 1986,05,22.	
仿石濤山水圖	軸	紙	設色	101 × 33		香港 佳仕得藝品拍賣公司/拍賣目錄 1987,01,12.	
花果圖（4幅）	軸	紙	設色	（每幅）125 × 31	光緒戊子（十四年，1888）春二月	香港 佳仕得藝品拍賣公司/拍賣目錄 1987,01,12.	
河豚竹筍圖	軸	紙	設色	54.5 × 38.7	甲午（光緒二十年，1894）十一月	紐約 佳士得藝品拍賣公司/拍賣目錄 1988,06,02.	
金魚秋葉圖	軸	紙	設色	77.5 × 35.5		紐約 佳士得藝品拍賣公司/拍賣目錄 1988,11,30.	
翠竹松鼠圖	軸	紙	設色	104.5 × 37	甲午（光緒二十年，1894）十月	香港 佳士得藝品拍賣公司/拍賣目錄 1988,01,18.	
梅鶴圖	軸	紙	設色	87.5 × 40	光緒丁亥（十三年，1887）春三月	香港 佳士得藝品拍賣公司/拍賣目錄 1988,01,18.	
梅花白菜圖	軸	紙	設色	106 × 43		紐約 佳士得藝品拍賣公司/拍賣目錄 1988,11,30.	
紫綬金章圖	軸	紙	設色	86.5 × 34.3		紐約 佳士得藝品拍賣公司/拍賣目錄 1988,11,30.	
梅花金魚圖	軸	紙	設色	66 × 38.1	庚辰（光緒六年，1880）大寒	香港 佳士得藝品拍賣公司/拍賣目錄 1989,01,16.	

名稱	形式	質地	色彩	尺寸 高x寬cm	創作時間	收藏處所	典藏號碼
菊花盆石圖	橫幅	紙	設色	31.8 x 40.6	辛卯（光緒十七年，1891）冬	香港 佳士得藝品拍賣公司/拍賣目錄 1989,01,16.	
松鼠圖	軸	金箋	設色	136 x 53.8	光緒二十年，甲午（1894）十一月	香港 佳士得藝品拍賣公司/拍賣目錄 1989,01,16.	
菊石圖	軸	紙	設色	131.5 x 32.5		香港 佳士得藝品拍賣公司/拍賣目錄 1990,03,19.	
東籬秋菊圖	軸	紙	水墨	117.5 x 50	光緒丙申（二十二年，1896）十一月	香港 佳士得藝品拍賣公司/拍賣目錄 1990,03,19.	
楊柳岸曉風殘月	軸	紙	設色	120.5 x 58	辛卯（光緒十七年，1891）夏日	香港 佳士得藝品拍賣公司/拍賣目錄 1990,03,19.	
金魚、松鼠、枇杷圖（4幅）	橫幅	紙	設色	（每幅）33.5 x 51	壬辰（光緒十八年，1892）初冬	香港 佳士得藝品拍賣公司/拍賣目錄 1990,03,19.	
桃柳金魚圖	軸	紙	設色	112.5 x 47	庚辰（光緒六年，1880）大寒	香港 佳士得藝品拍賣公司/拍賣目錄 1990,03,19.	
松鼠金魚圖	軸	紙	設色	128 x 40	辛卯（光緒十七年，1891）八月	香港 佳士得藝品拍賣公司/拍賣目錄 1990,10,07.	
芝蘭博古圖	軸	紙	設色	143 x 37.5		香港 佳士得藝品拍賣公司/拍賣目錄 1990,10,07.	
松鼠圖	軸	紙	設色	73 x 38.5	甲午（光緒二十年，1894）夏日	香港 佳士得藝品拍賣公司/拍賣目錄 1991,03,18.	
菊鶴圖	軸	紙	設色	114.5 x 48		香港 佳士得藝品拍賣公司/拍賣目錄 1991,03,18.	
紫藤金魚圖	軸	紙	設色	134 x 47	甲午（光緒二十年，1894）長夏	香港 佳士得藝品拍賣公司/拍賣目錄 1991,03,18.	
枇杷圖	橫幅	紙	設色	33 x 49	癸巳（光緒十九年，1893）冬	香港 佳士得藝品拍賣公司/拍賣目錄 1991,03,30.	
蕙蘭圖	軸	紙	設色	141 x 38.8		香港 佳士得藝品拍賣公司/拍賣目錄 1992,03,30.	
三友圖（任頤、虛谷、程璋合作）	軸	紙	設色	149 x 58.8	光緒辛卯（十七年，1891）夏四月	香港 佳士得藝品拍賣公司/拍賣目錄 1992,03,30.	
枇杷圖	軸	紙	設色	84.6 x 44		香港 佳士得藝品拍賣公司/拍賣目錄 1992,03,30.	
歲朝清供圖	軸	紙	設色	182.2 x 62		香港 佳士得藝品拍賣公司/拍賣目錄 1992,03,30.	

名稱	形式	質地	色彩	尺寸 高×寬㎝	創作時間	收藏處所	典藏號碼
葫蘆圖	橫幅	紙	設色	33 × 44.5		香港 佳士得藝品拍賣公司/拍賣目錄 1992,09,28.	
梅花金魚圖	軸	紙	設色	103.5 × 31.5		香港 佳士得藝品拍賣公司/拍賣目錄 1992,09,28.	
金魚圖	軸	紙	設色	61 × 32		香港 佳士得藝品拍賣公司/拍賣目錄 1993,03,22.	
老樹松鼠圖	幅幅	紙	設色	34 × 70.8	光緒乙未（二十一年，1895）春三月	香港 佳士得藝品拍賣公司/拍賣目錄 1993,03,22.	
秋江帆影圖	軸	紙	設色	97.4 × 46	辛卯（光緒十七年，1891）四月	香港 佳士得藝品拍賣公司/拍賣目錄 1993,03,22.	
河豚菜蔬圖	軸	紙	設色	78.6 × 40		香港 佳士得藝品拍賣公司/拍賣目錄 1993,03,22.	
松石雙棲圖	軸	紙	設色	175.5 × 47		香港 佳士得藝品拍賣公司/拍賣目錄 1993,03,22.	
芝蘭博古圖	軸	紙	設色	142.3 × 37.5		香港 佳士得藝品拍賣公司/拍賣目錄 1994,10,30.	
瓶梅圖	軸	紙	設色	73.5 × 39		香港 佳士得藝品拍賣公司/拍賣目錄 1994,10,30.	
花果圖（4幅）	軸	紙	設色	（每幅）123.6 × 30	光緒戊子（十四年，1888）春二月	香港 佳士得藝品拍賣公司/拍賣目錄 1994,10,30.	
松鼠圖	軸	紙	設色	142 × 37.5	光緒丁亥（十三年，1887）春正月	紐約 佳士得藝品拍賣公司/拍賣目錄 1995,04,30.	
金秋魚樂圖	軸	金箋	設色	67.2 × 42	己卯（光緒五年，1879）九月	香港 佳士得藝品拍賣公司/拍賣目錄 1995,10,29.	
丹柿圖	橫幅	紙	設色	32.5 × 41	辛卯（光緒十七年，1891）八月	紐約 佳士得藝品拍賣公司/拍賣目錄 1998,09,15.	
松谷茅亭圖	軸	紙	水墨	102 × 33.5	癸巳（光緒十九年，1893）夏日	紐約 佳士得藝品拍賣公司/拍賣目錄 1998,09,15.	
松鼠枇杷圖	橫幅	紙	設色	30.5 × 41.5	光緒乙未（二十一年，1895）	香港 佳士得藝品拍賣公司/拍賣目錄 1998,11,02.	
紫藤金魚圖	橫幅	紙	設色	30.5 × 41.5		香港 佳士得藝品拍賣公司/拍賣目錄 1998,11,02.	
松鼠金魚圖	軸	紙	設色	135 × 67.5	癸巳（光緒十九年，1893）中秋	香港 佳士得藝品拍賣公司/拍賣目錄 1998,11,02.	

名稱	形式	質地	色彩	尺寸 高×寬cm	創作時間	收藏處所	典藏號碼
桃實圖	橫幅	紙	設色	19 × 46.5		香港 蘇富比藝品拍賣公司/拍賣目錄 1999,10,31.	
枇杷圖	軸	紙	設色	85.1 × 44.3		香港 蘇富比藝品拍賣公司/拍賣目錄 1999,10,31.	
枇杷壽桃	橫披	紙	設色	43.7 × 94.3	辛巳（光緒七年，1881）春月	香港 蘇富比藝品拍賣公司/拍賣目錄 1999,10,31.	
菊花圖	軸	紙	設色	166 × 43.2	乙未（光緒二十一年，1895）春三月	香港 佳士得藝品拍賣公司/拍賣目錄 2001,04,29.	
金魚圖	摺扇面	金箋	設色	不詳	丙申（光緒二十二年，1896）	鎮江 鎮江市文物商店	
花果魚藻圖（6幀）	冊	紙	設色	（每幀）30 × 40.5	辛卯（光緒十七年，1891）八月	香港 佳士得藝品拍賣公司/拍賣目錄 1990,03,19.	
芳苑圖	摺扇面	紙	設色	18.5 × 53		香港 佳士得藝品拍賣公司/拍賣目錄 1991,03,18.	
菊花圖	摺扇面	紙	設色	18.5 × 53		香港 佳士得藝品拍賣公司/拍賣目錄 1991,03,18.	
平沙落雁圖	摺扇面	紙	水墨	18 × 51		香港 佳士得藝品拍賣公司/拍賣目錄 1991,03,30.	
金魚圖	摺扇面	紙	設色	17.2 × 55	甲午（光緒二十年，1894）夏日	紐約 佳士得藝品拍賣公司/拍賣目錄 1992,12,02.	
蔬果圖	摺扇面	灑金箋	設色	19 × 53	辛卯（光緒十七年，1891）八月	香港 佳士得藝品拍賣公司/拍賣目錄 1993,03,22.	
柳蔭小築圖	摺扇面	紙	設色	17 × 52	庚子（光緒二十六年，1900）冬日	香港 佳士得藝品拍賣公司/拍賣目錄 1993,03,22.	
柳村春曉圖	摺扇面	灑金箋	設色	18.8 × 53.5	辛卯（光緒十七年，1891）夏日	香港 佳士得藝品拍賣公司/拍賣目錄 1993,10,24.	
菊花圖	摺扇面	金箋	設色	17.9 × 50.9		紐約 佳士得藝品拍賣公司/拍賣目錄 1994,11,30.	
金魚圖	紈扇面	絹	設色	直徑 24.7		紐約 蘇富比藝品拍賣公司/拍賣目錄 1986,06,03.	
竹圖	摺扇面	金箋	設色	17.8 × 50.2		紐約 蘇富比藝品拍賣公司/拍賣目錄 1986,06,03.	
松鼠圖	紈扇面	絹	設色	24.1 × 23.5		紐約 佳仕得藝品拍賣公司/拍賣目錄 1986,12,01.	

名稱	形式	質地	色彩	尺寸 高x寬㎝	創作時間	收藏處所	典藏號碼
秋林放馬圖（為鶴山尊兄作）	摺扇面	紙	設色	19 × 56		香港 佳仕得藝品拍賣公司/拍賣目錄 1987,01,12.	
曉風殘月楊柳岸	摺扇面	紙	淺設色	20 × 54.6		紐約 佳士得藝品拍賣公司/拍賣目錄 1987,12,11.	
松鼠圖	紈扇面	絹	設色	直徑 35		香港 佳士得藝品拍賣公司/拍賣目錄 1989,09,25.	
花果魚藻圖（6幀）	冊	紙	設色	（每幀）30 × 40.5	辛卯（光緒十七年，1891）八月	香港 佳士得藝品拍賣公司/拍賣目錄 1990,03,19.	
花卉蔬果圖（10幀）	冊	紙	設色	（每幀）32.3 × 42.5		紐約 佳士得藝品拍賣公司/拍賣目錄 1995,04,30.	
柳岸月色圖	摺扇面	金箋	設色	18.7 × 52	壬辰（光緒十八年，1892）八月	香港 蘇富比藝品拍賣公司/拍賣目錄 1999,10,31..	

畫家小傳：虛谷。僧。俗姓朱。字虛白。安徽新安人，家於廣陵。生於宣宗道光三（1823）年。卒於德宗光緒二十二（1896）年。粵匪亂時，曾效力行伍，後出家披緇，以書畫自娛。工畫山水、花卉、蔬果、禽魚，能別開蹊徑，往來維揚、蘇、滬間，聲譽極隆。（見寒松閣談藝瑣錄、海上墨林、中國畫家人名大辭典）

任 熊

名稱	形式	質地	色彩	尺寸 高x寬㎝	創作時間	收藏處所	典藏號碼
范湖草堂圖（為存伯作）	卷	紙	設色	35.8 × 705.4	乙卯（咸豐五年，1855）七月	上海 上海博物館	
四季花卉圖	卷	絹	設色	45.6 × 565.5	咸豐癸丑（三年，1853）暮春	杭州 浙江省博物館	
蘭亭秋會第二圖（為豹卿作）	卷	絹	設色	32 × 188	癸丑（咸豐三年，1853）十月之望	杭州 浙江省杭州西泠印社	
論古圖	卷	絹	設色	不詳	丙辰（咸豐六年，1856）	杭州 浙江省杭州西泠印社	
湖上吟秋圖	卷	紙	設色	不詳		溫州 浙江省溫州博物館	
五桂圖（竇燕山五子圖）	軸	絹	設色	173 × 104	癸丑（咸豐三年，1853）暮春	台北 長流美術館	
春景及第圖	軸	紙	設色	. 134.9 × 30.5		香港 許晉義崇宜齋	
桃花錦雞圖（為蓉濱作）	軸	灑金箋	設色	144 × 51	庚戌（道光三十年，1850）七月上浣	瀋陽 故宮博物館	
花鳥圖（4幅）	軸	紙	設色	（每幅）140.7 × 32.7	癸丑（咸豐三年，1853）重陽前一日	北京 故宮博物院	
四季花卉圖（4幅，為小雲作	軸	絹	設色	（每幅）126.3	甲寅（咸豐四年，	北京 故宮博物院	

名稱	形式	質地	色彩	尺寸 高x寬cm	創作時間	收藏處所	典藏號碼
）				x 33.5	1854）十二月望後二日		
秋林共話圖	軸	紙	設色	不詳	丁巳（咸豐七年，1857）	北京 故宮博物院	
麻姑獻壽圖	軸	絹	設色	162 x 86		北京 故宮博物院	
牡丹圖	軸	紙	設色	不詳		北京 故宮博物院	
自畫像	軸	紙	設色	177.5 x 78.8		北京 故宮博物院	
梅花圖	軸	紙	水墨	139.1 x 31.8		北京 故宮博物院	
花卉圖（4幅）	軸	紙	設色	（每幅）135.5 x 32		北京 故宮博物院	
仕女圖（稿本）	軸	紙	水墨	不詳		北京 中國歷史博物館	
柳林仕女圖（為曼菱作）	橫幅	紙	設色	不詳	庚戌（道光三十年，1850）初秋	北京 中國美術館	
四紅圖（為禮庭作）	軸	絹	設色	120 x 52.5	乙卯（咸豐五年，1855）十月下旬	北京 中國美術館	
綠蔭畫靜圖（為鴻生作）	軸	紙	設色	不詳	壬子（咸豐二年，1852）五月	北京 中央工藝美術學院	
桃花圖	軸	紙	設色	不詳		北京 中央工藝美術學院	
長松片石圖	軸	絹	設色	不詳		北京 中央工藝美術學院	
花鳥圖	軸	絹	設色	不詳		北京 中央工藝美術學院	
補衮圖	軸	絹	設色	84.5 x 38	咸豐丙辰（六年，1856）三月	北京 徐悲鴻紀念館	
柳蔭仕女圖	軸	絹	設色	141.7 x 39	辛亥（咸豐元年，1851）	天津 天津市人民美術出版社	
玄女授經圖	軸	絹	設色	129 x 41.5	乙卯（咸豐五年，1855）	天津 天津市人民美術出版社	
斗母天尊圖	軸	紙	設色	不詳	道光庚戌（三十年，1850）	上海 上海博物館	
松竹雙清圖（為研湖作）	軸	紙	水墨	130.6 x 30.2	辛亥（咸豐元年，1851）四月下旬	上海 上海博物館	
調琴啜茗圖（為韻琴作）	軸	紙	設色	104.1 x 40.7	壬子（咸豐二年，1852）花朝	上海 上海博物館	
鷹樹圖	軸	紙	設色	不詳	甲寅（咸豐四年，1854）	上海 上海博物館	
臨院本山水圖	軸	絹	設色	102.4 x 42	咸豐乙卯（五年，	上海 上海博物館	

名稱	形式	質地	色彩	尺寸 高x寬cm	創作時間	收藏處所	典藏號碼
					1855）		
蕉蔭睡貓圖（為芥孫作）	軸	紙	設色	117.9 x 40.3	丙辰（咸豐六年，1856）九月中旬	上海 上海博物館	
椿萱並茂圖	軸	紙	設色	136.8 x 62.4	咸豐丁巳（七年，1857）	上海 上海博物館	
洛神像	軸	絹	設色	110.1 x 53		上海 上海博物館	
湘夫人像	軸	紙	設色	121.4 x 35.3		上海 上海博物館	
蒲塘清逸圖	軸	紙	水墨	不詳		上海 上海博物館	
鯉魚圖	軸	紙	水墨	不詳		上海 上海博物館	
鳳凰牡丹圖	軸	紙	設色	不詳	庚戌（道光三十年，1850）五月	南京 南京博物院	
摹陳章侯本瑤宮秋扇圖	軸	絹	設色	99.2 x 33.6	咸豐乙卯（五年，1855）清明第三日	南京 南京博物院	
風塵三俠圖	軸	紙	設色	135.5 x 38		南京 江蘇省美術館	
鍾馗圖	軸	絹	設色	不詳	咸豐紀元（辛亥，1851）上元日	蘇州 江蘇省蘇州博物館	
寫孫道絢詞意圖	軸	紙	設色	122.7 x 46		蘇州 江蘇省蘇州博物館	
採藥圖（為寶泉作）	軸	紙	設色	不詳	丁未（道光二十七年，1847）五月廿四日	杭州 浙江省博物館	
花鳥圖（4幅）	軸	紙	設色	（每幅）101.1 x 18.7	咸豐紀元（辛亥，1851）秋九月	杭州 浙江省博物館	
麻姑獻壽圖	軸	紙	設色	不詳	咸豐三載（癸丑，1853）	杭州 浙江省博物館	
丁文尉像	軸	紙	設色	79.7 x 51.3	丙辰（咸豐六年，1856）四月	杭州 浙江省博物館	
藍叔參軍三十六歲小影圖	軸	紙	設色	不詳	丙辰（咸豐六年，1856）四月	杭州 浙江省博物館	
四季花卉圖（4幅）	軸	紙	設色	（每幅）131.8 x 31.4	丙辰（咸豐六年，1856）二九第二日	杭州 浙江省博物館	
荷花翠鳥圖	軸	紙	設色	不詳		杭州 浙江省博物館	
雉雞圖	軸	紙	設色	不詳		杭州 浙江省博物館	
鍾馗試劍圖	軸	紙	設色	不詳		杭州 浙江省博物館	

名稱	形式	質地	色彩	尺寸 高×寬cm	創作時間	收藏處所	典藏號碼
醉酒圖	軸	紙	設色	不詳	咸豐紀元（辛亥，1851）	杭州 浙江省杭州西泠印社	
桐蔭撫琴圖	軸	絹	設色	134.5 × 32	壬子（咸豐二年，1852）	杭州 浙江省杭州西泠印社	
枯木竹石圖	軸	紙	水墨	187 × 98	丙辰（咸豐六年，1856）	杭州 浙江省杭州西泠印社	
竹石白兔圖	軸	紙	設色	不詳		杭州 浙江省杭州西泠印社	
四季花卉圖（4幅）	軸	絹	設色	不詳		杭州 浙江省杭州西泠印社	
花卉圖（4幅）	軸	紙	設色	（每幅）133 × 27		杭州 浙江省杭州西泠印社	
人物圖	軸	紙	設色	不詳		蕭山 浙江省蕭山縣文管會	
羅浮仙影圖（任熊、費以耕合作）	軸	紙	設色	110 × 33	丙辰（咸豐六年，1856）	嘉興 浙江省嘉興市博物館	
禿梅寒山圖	軸	絹	設色	61.6 × 30.9	丁巳（咸豐七年，1857）	寧波 浙江省寧波市天一閣文物保管所	
摹陳洪綬劉基授經圖	橫幅	紙	設色	27.3 × 61.2		廣州 廣東省博物館	
鍾馗圖	軸	紙	設色	115.4 × 51.8	甲寅（咸豐四年，1854）夏五月中浣	日本 東京河井荃廬先生	
富貴長樂圖	橫幅	金箋	設色	75.8 × 197	咸豐乙卯（咸豐五年，1855）長慶節	日本 東京河井荃廬先生	
二湘圖	軸	絹	設色	142.4 × 31.5		日本 東京河井荃廬先生	
瓶菊佛手圖	軸	紙	設色	130.8 × 32.5		日本 京都國立博物館	
十萬圖（10幀，為孫禮齋作）	冊	金箋	設色	（每幀）26.4 × 20.6	丙辰(咸豐六年，1856)	北京 故宮博物院	
大梅詩意圖（120幀）	冊	絹	設色	不詳		北京 故宮博物院	
靈龜雙蛙圖（2幀）	冊頁	紙	設色	（每幀）36.8 × 42.7		北京 故宮博物院	
牡丹圖	摺扇面	灑金箋	設色	不詳		北京 故宮博物院	
花卉圖	摺扇面	紙	設色	18 × 51.5		北京 故宮博物院	
帘外翠鳥圖	冊頁	絹	設色	27.3 × 31.8		北京 故宮博物院	
花鳥圖	納扇面	絹	設色	不詳		北京 中國歷史博物館	

名稱	形式	質地	色彩	尺寸 高×寬㎝	創作時間	收藏處所	典藏號碼
列仙酒牌畫稿（2冊）	冊	紙	水墨	不詳		北京 中國美術館	
周星詒小像（2幀）	冊	紙	設色	不詳	咸豐丙辰（六年，1856）	上海 上海博物館	
人物、山水圖（12幀）	冊	紙	設色	（每幀）29.2 × 34.3		上海 上海博物館	
人物、山水圖（12幀）	冊	紙	設色	（每幀）27.2 × 34.2		上海 上海博物館	
花鳥圖（12幀）	冊	紙	水墨	不詳	道光庚戌（三十年，1850）八月	南京 南京博物院	
少康小照（清陳洽等書畫冊之1幀）	摺扇面	金箋	水墨	不詳	丙辰（咸豐六年，1856）七月	南京 南京市博物館	
花卉圖（10幀）	冊	紙	設色	不詳	癸丑（咸豐三年，1853）夏六月	杭州 浙江省博物館	
人物圖（12幀）	冊	絹	設色	（每幀）21 × 27		杭州 浙江省杭州市文物考古所	
人物木刻稿本（20幀）	冊	紙	水墨	不詳		杭州 浙江省杭州市文物考古所	
曳杖觀松圖	紈扇面	絹	水墨	不詳		杭州 浙江省杭州西泠印社	
花卉草蟲圖	摺扇面	紙	設色	不詳	庚戌（道光三十年，1850）初秋	日本 江田勇二先生	
人物仕女圖（12幀）	冊	紙	設色	（每幀）24.5 × 16.3		美國 勃克萊加州大學藝術館（高居翰教授寄存）	CC78a-1
附：							
山水仕女圖	卷	紙	設色	不詳	乙卯（咸豐五年，1855）	蘇州 蘇州市文物商店	
百花圖	卷	絹	設色	23.2 × 776	庚戌（道光三十年，1850）初秋	香港 佳仕得藝品拍賣公司/拍賣目錄 1987,01,12.	
梅花仕女圖	橫幅	紙	設色	不詳	道光庚戌（三十年，1850）	上海 上海文物商店	
煮藥圖	軸	紙	設色	79.5 × 39.8	壬子（咸豐二年，1852）	武漢 湖北省武漢市文物商店	
花石棲禽圖	軸	紙	設色	162.5 × 46.2		紐約 蘇富比藝品拍賣公司/拍賣目錄 1980,12,18.	
花石雄鷹圖	軸	紙	設色	162.5 × 46.2		紐約 蘇富比藝品拍賣公司/拍	

名稱	形式	質地	色彩	尺寸 高x寬cm	創作時間	收藏處所	典藏號碼
花鳥圖	軸	紙	設色	162.5 × 46.2		紐約 蘇富比藝品拍賣公司/拍賣目錄 1980,12,18.	
仿金農東骨利國馬圖	軸	紙	水墨	115 × 38		紐約 蘇富比藝品拍賣公司/拍賣目錄 1984,06,13.	
花鳥圖	軸	紙	設色	131.5 × 30.8		紐約 佳仕得藝品拍賣公司/拍賣目錄 1985,06,03.	
龍女圖	軸	絹	設色	105 × 34		紐約 佳仕得藝品拍賣公司/拍賣目錄 1986,06,04.	
鸚鵡水仙天竺圖	軸	紙	設色	160 × 47		香港 佳士得藝品拍賣公司/拍賣目錄 1986,06,04.	
人物山水圖（4幅）	軸	紙	設色	（每幅）148 × 40	庚戌（道光三十年，1850）新秋、辛亥（咸豐元年，1851）八月	香港 佳士得藝品拍賣公司/拍賣目錄 1990,03,19.	
梅花仕女圖	軸	紙	設色	155 × 38.5	丙辰（咸豐六年，1856）三月	香港 佳士得藝品拍賣公司/拍賣目錄 1990,10,07.	
蘭菊圖`	軸	紙	水墨	130.5 × 30.5		香港 佳士得藝品拍賣公司/拍賣目錄 1993,03,22.	
仙女騎鹿圖	摺扇面	絹	設色	不詳		蘇州 蘇州市文物商店	
為純卿作山水圖	摺扇面	金箋	設色	不詳	辛亥（咸豐元年，1851）	鎮江 鎮江市文物商店	
人物圖（6幀）	冊	絹	設色	（每幀）24.2 × 16.7	庚戌（道光三十年，1850）夏四月	香港 蘇富比藝品拍賣公司/拍賣目錄 1984,11,21.	
十萬圖（10幀）	冊	絹	設色	（每幀）26.3 × 20.6		香港 蘇富比藝品拍賣公司/拍賣目錄 1986,05,22.	
山水、花卉、人物圖（18開）	冊	紙	水墨、設色	（每開）29.5 × 40.6		香港 佳士得藝品拍賣公司/拍賣目錄 1992,03,30.	
人物圖（山陰三任花鳥人物冊8之1幀）	摺扇面	金箋	設色	不詳		紐約 佳士得藝品拍賣公司/拍賣目錄 1995,03,22.	
花卉圖（清各家山水花鳥書法扇面冊10之1幀）	摺扇面	金箋	設色	不詳		紐約 佳士得藝品拍賣公司/拍賣目錄 1998,09,15.	

畫家小傳：任熊。字渭長。浙江蕭山人。生於宣宗道光三（1823）年，卒於文宗咸豐七（1857）年。工畫山水、花鳥，尤長人物、神仙、佛道，造型別具匠心，結構奇古，用筆澤古深厚，堪與明陳洪綬並駕。有名滬上，求畫者眾。為「山陰三任」之一。（見寒松閣談藝瑣錄、讀畫輯略、海上墨林、遲鴻軒所見書畫錄、中國畫家人名大辭典）

名稱	形式	質地	色彩	尺寸 高x寬cm	創作時間	收藏處所	典藏號碼

徐三庚

| 范湖草堂圖（清陶淇等范湖草堂圖卷7之1段） | 卷 | 紙 | 水墨 | 不詳 | | 上海 上海博物館 | |
| 畫稿（錢慧安等十人畫稿合冊112幀之部分） | 冊頁 | 紙 | 水墨 | 40 x 29.6 | | 北京 中國美術館 | |

畫家小傳：徐三庚。字辛穀。號井罍、袖海。浙江上虞人。工篆隸。尤善刻印，上規秦漢，於吳熙載、趙之謙外，另樹一幟。間能繪畫。（見海上墨林、廣印人傳、中國美術家人名辭典）。

項繐章

附：

| 梅花八景圖（8段合裱） | 卷 | 絹 | 水墨、設色 | （每段）17 x 63.5 | 道光戊申（二十八年，1848）秋八月 | 紐約 佳士得藝品拍賣公司/拍賣目錄1996,03,27. | |

畫家小傳：項繐章。女。一名紃，字屏山。號繐卿。浙江錢塘人。項賦棣女，許乃普之繼室。善畫。流傳署款紀年作品見於宣宗道光二十八（1848）年。（見清畫家詩史、中國美術家人名辭典）

潘 淑

| 花卉、蛺蝶圖（8幀） | 冊 | 紙 | 設色 | 不詳 | 戊申（？道光二十八年，1848） | 上海 上海博物館 | |

畫家小傳：潘淑。畫史無載。流傳署款作品紀年疑為宣宗道光二十八（1848）年身世待考。

（釋）竹 禪

竹石圖	軸	紙	設色	不詳		南京 南京博物院	
蘭石圖	摺扇面	紙	設色	18.5 x 52.5		昆山 崑崙堂美術館	
附：							
竹石圖	軸	紙	設色	145.4 x 38.1		紐約 蘇富比藝品拍賣公司/拍賣目錄1986,12,04.	
奇石圖	軸	紙	設色	177.2 x 46.4		香港 蘇富比藝品拍賣公司/拍賣目錄1988,11,30.	

畫家小傳：竹禪。僧。俗姓王。四川人。駐錫上海龍華寺。工書畫。作水墨人物、山水、竹否，別具一派。（見寒松閣談藝瑣錄、韜養齋筆記、中國畫家人名大辭典）

包 棟

| 松蔭高士圖 | 軸 | 紙 | 設色 | 161.2 x 44.7 | 丁卯（同治六年，1867） | 上海 上海博物館 | |
| 仕女圖（4幅） | 軸 | 絹 | 設色 | 90.3 x 21.5 | 丁巳（咸豐七年， | 南京 南京博物院 | |

名稱	形式	質地	色彩	尺寸 高x寬㎝	創作時間	收藏處所	典藏號碼
					1857）		
歲朝圖	軸	絹	設色	不詳		南京 南京博物院	
採蓮圖	軸	紙	設色	不詳	己未（咸豐九年，1859）	杭州 浙江省博物館	
觀音大士圖	軸	紙	設色	87.6 x 29.4	同治丙寅（五年，1866）六月十九日	日本 東京河井荃廬先生	
美人圖	軸	紙	設色	不詳	丙寅（同治五年，1866）三月朔	日本 東京河井荃廬先生	
人物圖	軸	紙	設色	97 x 43.9	咸豐庚申（十年，1860）夏六月二十五日	日本 東京石川寅吉先生	
人物圖（？幀）	冊	絹	設色	不詳	丙辰（咸豐六年，1856）	天津 天津市藝術博物館	
畫（張開福等24人雜畫冊24之1幀）	冊頁	紙	設色	不詳		上海 上海博物館	
山水人物（12幀）	冊	紙	設色	不詳	丁巳（咸豐七年，1857）	南京 南京博物院	
山水圖（清沈焯等山水冊12之1幀）	冊頁	紙	設色	不詳		廣州 廣州市美術館	
仕女圖（8幀，為笙漁作）	冊	紙	設色	（每幀）28 x 38.6	乙卯（咸豐五年，1855）小春	南寧 廣西壯族自治區博物館	

附：

名稱	形式	質地	色彩	尺寸 高x寬㎝	創作時間	收藏處所	典藏號碼
忽然見喜圖	軸	絹	設色	不詳		上海 朵雲軒	
人物、花卉圖（4幅）	軸	紙	設色	不詳	同治丙寅（五年，1866）	上海 上海文物商店	

畫家小傳：包棟。字近三。號子梁、子良。浙江山陰人。工畫人物、花木。人物衣褶古雅絕倫，於改琦、費丹旭兩家外，別樹一幟；花木亦秀雅。蘇浙詩箋多其手繪。流傳署款紀年作品見於宣宗道光二十九（1849）至穆宗同治五（1866）年。（見寒松閣談藝瑣錄、海上墨林、遲鴻軒所見書畫錄、中國畫家人名大辭典）

春 福

名稱	形式	質地	色彩	尺寸 高x寬㎝	創作時間	收藏處所	典藏號碼
山水圖（清沈焯等山水冊12之1幀）	冊頁	紙	設色	不詳		廣州 廣州市美術館	

畫家小傳：春福。畫史無載。身世待考。

名稱	形式	質地	色彩	尺寸 高x寬cm	創作時間	收藏處所	典藏號碼

子 駿

名稱	形式	質地	色彩	尺寸 高x寬cm	創作時間	收藏處所	典藏號碼
山水圖（清沈焯等山水冊12之1幀）	冊頁	紙	設色	不詳		廣州 廣州市美術館	

畫家小傳：子駿。姓氏不詳。身世待考。

沈 英

名稱	形式	質地	色彩	尺寸 高x寬cm	創作時間	收藏處所	典藏號碼
山水圖（清沈焯等山水冊12之1幀）	冊頁	紙	設色	不詳		廣州 廣州市美術館	

畫家小傳：沈英。畫史無載。身世待考。

六 泉

名稱	形式	質地	色彩	尺寸 高x寬cm	創作時間	收藏處所	典藏號碼
山水圖（清沈焯等山水冊12之1幀）	冊頁	紙	設色	不詳		廣州 廣州市美術館	

畫家小傳：六泉。畫史無載。身世待考。

張 振

名稱	形式	質地	色彩	尺寸 高x寬cm	創作時間	收藏處所	典藏號碼
花卉圖（4幅）	軸	絹	設色	不詳	道光庚戌（三十年，1850）	石家莊 河北省博物館	
馬櫻花圖	摺扇面	紙	設色	不詳	道光二十九年（己酉，1849）八月上浣	北京 故宮博物院	
秋景山水圖（為可亭作）	摺扇面	紙	設色	不詳	甲子（同治三年，1864）送春日	北京 故宮博物院	

畫家小傳：張振（一作震）。字春嵐（一作春鷺、春巒）。河北滄州人，僑居揚州。張賜寧孫，張百祿之子。官河工主簿。能世家學，工畫山水、花卉，多用實筆，微乏韻致。流傳署款紀年作品見於宣宗道光二十九(1849)年，至穆宗同治三(1864)年。（見揚州畫苑錄、畫錄識餘、清朝書畫家筆錄、清畫家詩史、中國美術家辭典）

陸 璣

名稱	形式	質地	色彩	尺寸 高x寬cm	創作時間	收藏處所	典藏號碼
蘭石圖	軸	絹	設色	不詳	道光二十九年（己酉，1849）冬十二月	常熟 江蘇省常熟市文物管理委員會	

畫家小傳：陸璣。字次山。號鐵園。浙江仁和人。諸生。仕官至四川漢州知州。與何紹基為莫逆交。擅行草書。善畫山水，戴熙亟稱其樹法之妙，不讓元人。流傳署款紀年作品見於宣宗道光二十九(1849)年。（見清畫家詩史、畫家知希錄、益州書畫錄、中國美術家人名辭典）

名稱	形式	質地	色彩	尺寸 高x寬cm	創作時間	收藏處所	典藏號碼

孫 棨

名稱	形式	質地	色彩	尺寸	創作時間	收藏處所	典藏號碼
米顛拜石圖（張熊、趙之璨、孫棨合作）	軸	絹	設色	不詳	己酉（道光二十九年，1849）	青島 山東省青島市博物館	

畫家小傳：孫棨。畫史無載。與張熊同時。流傳署款紀年作品見於宣宗道光二十九(1849)年。身世待考。

焦 春

名稱	形式	質地	色彩	尺寸	創作時間	收藏處所	典藏號碼
文姬歸漢圖	軸	絹	設色	不詳	道光己酉（二十九，1849）年九秋	北京 故宮博物院	
放牧圖（為互甫作）	摺扇面	紙	設色	不詳	道光庚戌（三十年，1850）四月	北京 故宮博物院	

畫家小傳：焦春。字種梅。甘泉人。工寫照補景，仿羅兩峰；兼擅宮體清溪山水。流傳署款紀年作品見於宣宗道光二十九(1849)、三十(1850)年。（見墨林今話續編、甌缽羅室書畫過目考、中國畫家人名大辭典）

巫小咸

名稱	形式	質地	色彩	尺寸	創作時間	收藏處所	典藏號碼
平安圖（吳熙載、巫小咸合作）	軸	紙	設色	不詳	道光己酉（二十九年，1849）九秋	南通 江蘇省南通博物苑	

畫家小傳：巫小咸。畫史無載。與吳熙載同時。流傳署款紀年作品見於宣宗道光二十九(1849)年。身世待考。

范 璣

名稱	形式	質地	色彩	尺寸	創作時間	收藏處所	典藏號碼
花卉圖	軸	絹	設色	不詳	己酉（道光二十九年，1849）	南通 江蘇省南通博物苑	

附：

名稱	形式	質地	色彩	尺寸	創作時間	收藏處所	典藏號碼
樂寶堂圖（程庭鷺、范璣合作）	卷	紙	設色	不詳	咸豐丁巳（七年，1857）	蘇州 蘇州市文物商店	

畫家小傳：范璣。號引泉。江蘇常熟人。為人精鑒別，嘗當街設攤買賣書畫古玩。餘暇則弄筆作畫，仿吳歷、王翬兩家山水，稍變其法，神韻盎然。流傳署款紀年作品見於宣宗道光二十九(1849)年至文宗咸豐七(1857)年。（見墨林今話、桐陰論畫、中國畫家人名大辭典）

逸 髯

名稱	形式	質地	色彩	尺寸	創作時間	收藏處所	典藏號碼
龍舟競渡圖	摺扇面	紙	水墨	不詳	己酉（？道光二十九年，1849）	南京 南京博物院	

畫家小傳：逸髯。畫史無載。流傳署款作品紀年疑為宣宗道光二十九（1849）年。身世待考。

李國龍

名稱	形式	質地	色彩	尺寸 高x寬㎝	創作時間	收藏處所	典藏號碼

草蟲圖　　　　　　　　　冊頁　　紙　　設色　　16 x 22　　　　　　　　　　　韓國 首爾朴周煥先生

畫家小傳：李國龍。字殿祥。號躍門。廣東南海人。國子監生。以畫蝶出名。有百蝶圖道光二十九（1849）刊本行世。名流羅承恭、張維屏、黃培芳皆為題詠。（見竹實桐華館談畫、中國版畫史圖錄、談藝錄、中國美術家人名辭典）

鄭伯□

瓶梅圖（清無欵花鳥畫冊之1）　冊頁　絹　　水墨　不詳　　　　　　　　　　台北 故宮博物院　　　故畫 03441-1

畫家小傳：鄭伯□。名字、身世待考。

呂 材

山水圖　　　　　　　　　軸　　紙　　設色　　115 x 38　　　　　　　　　　香港 中文大學中國文化研究
　　所文物館

山水圖　　　　　　　　　軸　　紙　　設色　　48.6 x 37　　　　　　　　　　香港 聽松書屋

畫家小傳：呂材。字小隱。廣東順德人。呂翔之子。工畫山水、花卉。（見留庵隨筆、中國美術家人名辭典）

翁 溥

東洲京合先生肖像　　　　軸　　絹　　設色　　70.2 x 36　　　　　　　　　　英國 倫敦大英博物館　　　1902.6.6.51
　　（ADD325）

畫家小傳：翁溥。字半癡。號東山。籍里、身世不詳。善畫山水，學明董其昌。（見歷代畫史彙傳附錄、中國畫家人名大辭典）

秦祖永

撫膝肄書圖（為雲舫作）　卷　　紙　　水墨　　不詳　　　己巳（同治八年，　太原 山西省博物館
　　　　　　　　　　　　　　　　　　　　　　　　　　　1869）

山水圖　　　　　　　　　卷　　紙　　水墨　　30 x 126.7　己巳（同治八年，　日本 東京高島菊次郎槐安居
　　　　　　　　　　　　　　　　　　　　　　　　　　　1869）六月立秋
　　　　　　　　　　　　　　　　　　　　　　　　　　　前一日

臨王耕煙槎溪藝菊圖　　　卷　　紙　　設色　　31.4 x ?　　庚辰（光緒六年，　日本 東京林宗毅先生
　　　　　　　　　　　　　　　　　　　　　　　　　　　1880）夏六月

山水圖　　　　　　　　　軸　　紙　　水墨　　不詳　　　　　　　　　　　　台北 故宮博物院　　　國贈 024996

山水圖（4幅）　　　　　軸　　紙　　設色　　不詳　　　辛未（同治十年，　瀋陽 故宮博物院
　　　　　　　　　　　　　　　　　　　　　　　　　　　1871）

仿唐寅山水圖　　　　　　軸　　紙　　設色　　94.5 x 39.1　光緒戊寅（四年，　瀋陽 遼寧省博物館
　　　　　　　　　　　　　　　　　　　　　　　　　　　1878）春仲

仿古山水圖（4幅）　　　軸　　紙　　水墨　　不詳　　　癸未（光緒九年，　北京 故宮博物院
　　　　　　　　　　　　　　　　　　　　　　　　　　　1883）仲夏

名稱	形式	質地	色彩	尺寸 高x寬cm	創作時間	收藏處所	典藏號碼
山水圖（4幅）	軸	紙	設色	不詳	戊寅（光緒四年，1878）	天津 天津市美術學院	
山村樵牧圖	軸	紙	設色	不詳	己巳（同治八年，1869）	太原 山西省博物館	
為紫涵作山水圖	軸	紙	設色	134.8 x 56.8	甲戌（同治十三年，1874）	上海 上海博物館	
仿文衡山山水圖（為陶安作）	軸	紙	設色	不詳	甲戌（同治十三年，1874）初夏	南京 南京博物院	
溪山讀書圖（為子巖作）	軸	紙	水墨	不詳	丙子（光緒二年，1876）夏五	南京 南京博物院	
仿西廬山水圖（為笙甫作）	軸	紙	設色	不詳	丙子（光緒二年，1876）閏夏	南京 南京博物院	
仿王蒙山水圖	軸	紙	設色	不詳	丙子（光緒二年，1876）	無錫 江蘇省無錫市博物館	
山水圖	軸	紙	水墨	不詳	壬午（光緒八年，1882）	無錫 江蘇省無錫市博物館	
山徑長亭圖	軸	紙	設色	不詳	丙子（光緒二年，1876）	廈門 福建省廈門市博物館	
山水圖	橫幅	紙	設色	63.9 x 139.1	丁卯（同治六年，1867）嘉平月上浣	日本 東京河井荃廬先生	
山水圖	軸	絹	水墨	93.3 x 51.5	壬申（同治十一年，1872）小春	日本 東京河井荃廬先生	
山水圖	軸	紙	設色	102.4 x 34.8	丙寅（同治五年，1866）夏六月望前	日本 大阪齊藤悅藏先生	
臨烟客山水圖（？幀，為樹君作）	冊	紙	設色	不詳	庚辰（光緒六年，1880）暮春	瀋陽 遼寧省博物館	
臨梅清山水圖（12幀）	冊	紙	水墨	不詳	戊辰（同治七年，1868）重陽節前	北京 故宮博物院	
仿黃公望春山暖翠圖	摺扇面	紙	設色	不詳	己巳（同治八年，1869）夏日	北京 故宮博物院	
仿古山水圖（10幀）	冊	紙	設色	（每幀）28.5 x 21	戊寅（光緒四年，1878）花朝	日本 京都國立博物館	A甲343

名稱	形式	質地	色彩	尺寸 高x寬cm	創作時間	收藏處所	典藏號碼

附：

名稱	形式	質地	色彩	尺寸 高x寬cm	創作時間	收藏處所	典藏號碼
溪山幽居圖	卷	紙	設色	30 x 134	同治甲子（三年，1864）	紐約 佳士得藝品拍賣公司/拍賣目錄1988,11,30.	
秋山水閣圖（為蓉鏡作）	軸	紙	水墨	133 x 47.3	己巳（同治八年，1869）小春望前	上海 上海文物商店	
山水圖	軸	紙	設色	不詳		武漢 河北省武漢市文物商店	
仿古山水圖（12幀）	冊	絹	設色	（每幀）27.5 x 28	丁丑（光緒三年，1877）春仲	紐約 佳士得藝品拍賣公司/拍賣目錄1990,05,31.	

畫家小傳：秦祖永。字逸芬。號楞煙外史。江蘇無錫人。生於宣宗道光五（1825）年。卒於德宗光緒十（1884）年。曾官廣東碧甲場鹽大使。家富收藏書畫法帖。精鑑別。工畫山水，得王時敏神髓。又精畫理，撰有桐陰論畫、畫學心印、畫訣行世。（見桐陰論畫序、國朝書畫家筆錄、中國畫家人名大辭典）

徐寶篆

名稱	形式	質地	色彩	尺寸 高x寬cm	創作時間	收藏處所	典藏號碼
仕女圖（李修易、徐寶篆合作）	軸	紙	設色	不詳	丁巳（咸豐七年，1857）	南京 南京博物院	
梅下橫琴圖（徐寶篆、李修易合作）	軸	絹	設色	不詳	庚戌（道光三十年，1850）	紹興 浙江省紹興市博物館	
仕女圖（10幀，徐寶篆、李修易合作）	冊	絹	設色	（每幀）25.5 x 17.2		杭州 浙江省杭州市文物考古所	

附：

名稱	形式	質地	色彩	尺寸 高x寬cm	創作時間	收藏處所	典藏號碼
王昭君圖（徐寶篆、李修易合作）	軸	紙	設色	143.9 x 39.5	丁巳（咸豐七年，1857）	武漢 湖北省武漢市文物商店	

畫家小傳：徐寶篆。女。號湘雯。浙江海鹽人。為李修易妻。工畫仕女。夫婦合作，尤為時人所珍賞。流傳署款紀年作品見於宣宗道光三十（1850）年至文宗咸豐七（1857）年。（見墨林今話續編、中國畫家人名大辭典）

鄭　績

名稱	形式	質地	色彩	尺寸 高x寬cm	創作時間	收藏處所	典藏號碼
山水圖	軸	紙	設色	122.2 x 39	庚戌（道光三十年，1850）	香港 中文大學中國文化研究所文物館	
山水人物圖	軸	紙	設色	156 x 39.4	戊辰（同治七年，1868）	香港 中文大學中國文化研究所文物館	
山水圖	軸	金箋	設色	52.5 x ？	戊辰（同治七年，1868）	香港 中文大學中國文化研究所文物館	
人物圖	摺扇面	紙	設色	17.5 x 50.5		德國 科隆東亞藝術博物館	A71.1

畫家小傳：鄭績。字紀常。廣東新會人。知醫，能詩。善畫人物，兼寫山水。張維屏曾屬其繪菊譜圖，頗具野趣。著有夢幻居畫學簡明。流傳署款紀年作品見於宣宗道光三十（1850）年，至穆宗同治七（1868）年。（見藝談錄、尺岡草堂遺詩、蜀洤閣隨筆、中國畫

名稱	形式	質地	色彩	尺寸 高x寬cm	創作時間	收藏處所	典藏號碼

家人名大辭典）

趙 希

| 山水圖 | 摺扇面 紙 | 設色 | 不詳 | 道光三十年（庚戌，1850) | 美國 火魯奴奴 Hutchinson 先生 | |

畫家小傳：趙希。籍里、身世均不詳。善畫。流傳署款紀年作品見於宣宗道光三十（1850）年。（見芥子園畫譜、中國畫家人名大辭典、）

王 巖

| 山水圖（為一翁老年父臺作，明清書畫合綴帖之第6幀) | 摺扇面 紙 | 設色 | 15.6 × 49.5 | 庚戌（道光三十年，1850）夏日 | 美國 聖路易斯市吳訥孫教授 | |

畫家小傳：王巖。字星瀾。江蘇吳人。為繆椿高弟。畫花鳥、樹石，鉤染工緻、筆墨蒼老厚重近王武。曾與蔣寶齡談藝。道、咸（1821-1861）間有名吳中。流傳署款紀年作品見於宣宗道光三十（1850）年（見墨林今話、耕硯田齋筆記、中國畫家人名大辭典）

彭 暘

| 竹林七賢 | 軸 | 絹 | 設色 | 132 × 64 | 丁卯（同治六年，1867）春日 | 台北 歷史博物館 | |
| 孩童嬉戲圖 | 冊頁 | 絹 | 設色 | 50.9 × 72.8 | | 義大利 羅馬國立東方藝術博物館(Balbino 先生寄存) | |

附：

| 山村訪友 | 軸 | 絹 | 水墨 | 140.5 × 68.5 | 己未（咸豐九年，1859）冬 | 紐約 佳士得藝品拍賣公司/拍賣目錄 1990,11,28. | |
| 工筆花卉草蟲（8幀分裱成4屏幅) | 冊頁 | 絹 | 設色 | （每幀）21.5 × 27.5 | 庚戌（道光三十年，1850）冬月 | 紐約 佳士得藝品拍賣公司/拍賣目錄 1990,05,31. | |

畫家小傳：彭暘。字春谷。四川丹稜人。工畫花卉、人物，點染流麗，生動盡致，洵為一時名手。流傳署款紀年作品見於宣宗道光三十（1850）年至穆宗同治六（1867）年。（見益州名畫錄續編、中國美術家人名辭典）

曾茂西

鷹犬圖	軸	紙	設色	104 × 51	戊午（咸豐八年，1858）□□日	台北 莊伯和先生	
畫鷹	軸	紙	設色	不詳	道光三十年（庚戌，1850)	台北 陳永昆先生	
秋塘野鳧圖	橫幅	紙	水墨	71 × 120	戊午（咸豐八年，1858)	台北 陳永昆先生	

名稱	形式	質地	色彩	尺寸 高x寬cm	創作時間	收藏處所	典藏號碼

畫家小傳：曾茂西。福建人。宣宗道光間，薄遊台灣。善畫人物，亦擅翎毛、走獸。畫筆近似林朝英。流傳署款紀年作品見於宣宗道光
　　三十（1850）年，至文宗咸豐八（1858）年。（見清代台南府城書畫展覽專集）

陶景清

| 牡丹仕女圖 | 摺扇面 | 灑金箋 | 設色 | 不詳 | 庚戌（道光三十年，1850） | 常熟 江蘇省常熟市文物管理委員會 | |

畫家小傳：陶景清。畫史無載。流傳署款紀年作品見於宣宗道光三十（1850）年。身世待考。

嚴保庸

| 墨竹圖 | 軸 | 紙 | 水墨 | 不詳 | 庚戌（道光三十年，1850） | 鎮江 江蘇省鎮江市博物館 | |

畫家小傳：嚴保庸。字伯常。號問樵。江蘇丹徒人。嘉慶元（1796）年解元。為人篤志好學。善寫蘭竹，有逸致，旁及寫意花卉，亦能領
　　悟寫生法。流傳署款紀年作品見於道宣宗光三十（1850）年。（見墨林今話、中國畫家人名大辭典）

蘇子鴻

| 松蔭讀詩圖 | 軸 | 絹 | 設色 | 50 x 36 | | 中山 廣東省立中山圖書館 | |

畫家小傳：蘇子鴻。字少琴。廣東順德人。蘇六朋之子。承家學，亦善畫人物。（見嶺南畫徵略、幼學庵筆記、中國畫家人名大辭典）

半癡道人

附：

| 梅花圖 | 軸 | 紙 | 水墨 | 不詳 | | 北京 北京市工藝品進出口公司 | |

畫家小傳：半癡道人。姓氏不詳。身世待考。

王孫裔

葵萱雙鴨圖	軸	紙	設色	不詳		天津 天津市藝術博物館	
蘆鴨圖	軸	絹	設色	137 x 75.4		天津 天津市藝術博物館	
蘆蕩野鳧圖	軸	絹	設色	不詳		煙臺 山東省煙臺市博物館	
蘆鴨圖	軸	絹	設色	159.3 x 96.5		英國 倫敦大英博物館	1936.10.9.065(ADD145)

畫家小傳：王孫裔。畫史無載。身世待考。

聞　廣

| 水村探梅圖 | 軸 | 絹 | 設色 | 157 x 46 | | 天津 天津市歷史博物館 | |

畫家小傳：聞廣。畫史無載。身世待考。

名稱	形式	質地	色彩	尺寸 高x寬cm	創作時間	收藏處所	典藏號碼

傅中正

| 陶盆玉鴿圖 | 軸 | 絹 | 設色 | 157 x 68.5 | | 天津 天津市文化局文物 | |

畫家小傳：傅中正。畫史無載。身世待考。

陳 乾

| 朱休度灌足圖 | 軸 | 絹 | 設色 | 不詳 | | 上海 上海古籍書店 | |
| 梅花西舍圖（錢杜等畫梅花西舍圖合冊8之1幀） | 冊頁 | 紙 | 設色 | 16.3 x 21.3 | 己巳（嘉慶十四年，1809）仲夏 | 美國 鳳凰市美術館(Mr.Roy And Marilyn Papp 寄存) | |

畫家小傳：陳乾。畫史無載。身世待考。

程 蕙

附：

| 仿惲壽平花卉圖 | 軸 | 絹 | 設色 | 不詳 | | 上海 朵雲軒 | |

畫家小傳：程蕙。畫史無載。身世待考。

張世準

附：

| 荷花圖 | 軸 | 紙 | 水墨 | 不詳 | | 上海 朵雲軒 | |

畫家小傳：張世準。畫史無載。身世待考。

曹 旭

| 觀日圖 | 軸 | 絹 | 設色 | 不詳 | | 煙臺 山東省煙臺市博物館 | |

畫家小傳：曹旭。畫史無載。疑似活動於宣宗道光晚期畫家。身世待考。

李 儀

| 攜琴賞月圖 | 軸 | 絹 | 設色 | 159 x 101.5 | | 上海 上海博物館 | |

畫家小傳：李儀。畫史無載。身世待考。

袁洵甫

| 摹改琦散花圖 | 軸 | 絹 | 設色 | 94.6 x 42.8 | | 上海 上海博物館 | |

畫家小傳：袁洵甫。畫史無載。身世待考。

鮑畹香

名稱	形式	質地	色彩	尺寸 高x寬cm	創作時間	收藏處所	典藏號碼
花卉圖	摺扇面	紙	設色	不詳		南京 南京市博物館	

畫家小傳：鮑畹香。畫史無載。身世待考。

薛　巒

| 游魚圖 | 軸 | 絹 | 設色 | 不詳 | | 南京 南京市博物館 | |

畫家小傳：薛巒。畫史無載。身世待考。

許　期

| 荷花圖 | 軸 | 絹 | 水墨 | 不詳 | | 鎮江 江蘇省鎮江市博物館 | |

畫家小傳：許期。畫史無載。身世待考。

沈　雒

| 荷艇消夏圖 | 軸 | 紙 | 設色 | 不詳 | | 無錫 江蘇省無錫市博物館 | |

畫家小傳：沈雒。畫史無載。身世待考。

秦子卿

| 花卉圖 | 卷 | 紙 | 設色 | 不詳 | | 無錫 江蘇省無錫市博物館 | |

畫家小傳：秦子卿。畫史無載。身世待考。

應時良

| 梅花圖（8幀） | 冊 | 紙 | 水墨 | 不詳 | 道光庚戌（三十年，1850） | 杭州 浙江省博物館 | |

畫家小傳：應時良。畫史無載。流傳署款紀年作品見於宣宗道光三十（1850）年。身世待考。

顧　潞

| 綠梅圖 | 摺扇面 | 灑金箋 | 設色 | 不詳 | | 杭州 浙江省杭州市文物考古所 | |

畫家小傳：顧潞。畫史無載。身世待考。

費丹成

| 人物圖（4幅） | 軸 | 紙 | 設色 | 不詳 | | 湖州 浙江省湖州市博物館 | |

畫家小傳：費丹成。畫史無載。身世待考。

劉　翔

名稱	形式	質地	色彩	尺寸 高×寬㎝	創作時間	收藏處所	典藏號碼
秋山游騎圖	軸	絹	設色	不詳		臨海 浙江省臨海市博物館	

畫家小傳：劉翔。畫史無載。身世待考。

鄭 蕙

| 仙山樓閣圖 | 軸 | 絹 | 設色 | 不詳 | | 南通 江蘇省南通博物苑 | |
| 花卉、草蟲圖（12幀） | 冊 | 絹 | 設色 | （每幀）21 × 25.5 | | 長沙 湖南省圖書館 | |

畫家小傳：鄭蕙。畫史無載。身世待考。

陳岳樓

| 金園雅集圖 | 卷 | 紙 | 設色 | 不詳 | | 廣州 廣東省博物館 | |

畫家小傳：陳岳樓。畫史無載。身世待考。

朱 存

| 山水圖（8幀） | 冊 | 紙 | 水墨 | （每幀）29.5 × 23.5 | | 廣州 廣東省博物館 | |

畫家小傳：朱存。畫史無載。身世待考。

成公孚

| 人物圖 | 卷 | 綾 | 設色 | 不詳 | | 廣州 廣東省博物館 | |

畫家小傳：成公孚。畫史無載。身世待考。

洪 承

| 山水、花卉圖（10幀） | 冊 | 紙 | 設色 | （每幀）23.5 × 32.2 | | 廣州 廣東省博物館 | |

畫家小傳：洪承。畫史無載。身世待考。

徐 韶

| 仙山樓閣圖 | 軸 | 絹 | 設色 | 不詳 | | 廣州 廣東省博物館 | |

畫家小傳：徐韶。畫史無載。身世待考。

張之禹

| 山水圖 | 紈扇面 | 絹 | 設色 | 不詳 | | 日本 東京河井荃盧先生 | |

畫家小傳：張之禹。畫史無載。身世待考。

名稱	形式	質地	色彩	尺寸 高×寬cm	創作時間	收藏處所	典藏號碼

陳元贇

| 故山西湖圖 | 冊頁 | 絹 | 設色 | 12.2 × 20.1 | | 日本 大阪橋本大乙先生 | |

畫家小傳：陳元贇。畫史無載。身世待考。

陳 昕

| 罌粟花圖 | 軸 | 絹 | 設色 | 24.5 × 22.7 | | 日本 群馬縣立近代美術館 | |

畫家小傳：陳昕。畫史無載。身世待考。

嚴 連

| 嬰戲圖 | 摺扇面 | 紙 | 設色 | 18.3 × 53.3 | | 日本 福岡縣石道雄先生 | 109 |

畫家小傳：嚴連。畫史無載。身世待考。

丁 韶

| 菊花圖 | 軸 | 紙 | 設色 | 60.5 × 27.7 | | 日本 大阪橋本大乙先生 | |

畫家小傳：丁韶。畫史無載。身世待考。

錢 燿

| 桃花薔薇圖（為師騫作） | 摺扇面 | 金箋 | 設色 | 17.9 × 51.7 | 庚戌（道光三十年，1850）長夏 | 日本 京都國立博物館 | A甲 01039 |

畫家小傳：錢燿。字霞生。浙江平湖人。善畫花卉，仿王忘庵，諸色沉著，古媚中饒秀逸之致。流傳署款紀年作品見於宣宗道光三十年（1850）年。（見墨林今話續編、中國畫家人名大辭典）

李之洪

| 花鳥圖 | 摺扇面 | 金箋 | 設色 | 不詳 | | 日本 江田勇二先生 | |

畫家小傳：李之洪。畫史無載。身世待考。

畢 琛

| 柳下仕女圖 | 軸 | 紙 | 設色 | 64.4 × 37.3 | | 日本 木佐靖治先生 | |

畫家小傳：畢琛。字仲愷。號小癡。江蘇常熟人。工畫人物、仕女、寫真，得胡績溪法。家酷貧，事母甚孝，以鬻畫自給。曾為陳雲伯寫玉局修書圖，及為張雪鴻作小影圖冊三十餘幀，無不入妙。（見墨林今話、萍踪閒記、耕硯田齋筆記、中國畫家人名大辭典）

朱 書

| 柳溪牛浴圖 | 軸 | 紙 | 設色 | 166.6 × 92.6 | | 日本 東京藝術大學美術館 | |

畫家小傳：朱書。畫史無載。身世待考。

名稱	形式	質地	色彩	尺寸 高×寬cm	創作時間	收藏處所	典藏號碼

何 煜

名稱	形式	質地	色彩	尺寸 高×寬cm	創作時間	收藏處所	典藏號碼
花鳥圖	軸	紙	設色	138.2 × 37.5		日本 東京藝術大學美術館	495
梅花雄雞圖（金夢石畫雞、何研北補梅）	軸	紙	設色	131 × 65	庚戌（宣統二年，1910）小春	台中 台灣省立美術館	

畫家小傳：何研北。本名煜，字研北，後以字行。江蘇上海人。生於文宗咸豐二（1852）年。卒於民國十七（1928）年。先師胡遠、任頤，後為朱偁入室弟子。工畫花鳥。以賣畫為生垂六十年。（（見芥子園畫傳、中國畫家人名大辭典、台灣省立美術館編印典藏目錄1、12頁）

陳 焰

名稱	形式	質地	色彩	尺寸 高×寬cm	創作時間	收藏處所	典藏號碼
山水圖	摺扇面	絹	設色	17 × 51.6		美國 紐約沙可樂先生	
山水圖（為夢香作）	摺扇面	紙	設色	17.2 × 52.1		美國 普林斯頓大學藝術館	
竹林人物圖（為灼亭作）	摺扇面	紙	設色	17.4 × 49.9		義大利 羅馬國立東方藝術博物館	8235/8303

畫家小傳：陳焰。字崇光。道光、同治時人。畫史無載。身世待考。

穆 熙

名稱	形式	質地	色彩	尺寸 高×寬cm	創作時間	收藏處所	典藏號碼
瀟湘八景圖（12幀，畫贈諸格）	冊	紙	設色	（每幀）44.8 × 25.6	庚戌（？道光三十年，1850）暮春	加拿大 多倫多皇家安大略博物館	921.21.36

畫家小傳：穆熙。號柳泉。為清宗室。畫史無載。流傳署款作品紀年疑似宣宗道光三十（1850）年。身世待考。

劉師隱

名稱	形式	質地	色彩	尺寸 高×寬cm	創作時間	收藏處所	典藏號碼
戲蝶圖（12幀）	冊	絹	設色	（每幀）33 × 33		瑞士 蘇黎士黎德堡博物館（蘇黎士私人寄存）	

畫家小傳：劉師隱。畫史無載。身世待考。

崔 白

名稱	形式	質地	色彩	尺寸 高×寬cm	創作時間	收藏處所	典藏號碼
蓮花圖	軸	紙	設色	31.7 × 27.6		義大利 羅馬東方藝術博物館	5137

畫家小傳：崔白。畫史無載。字康伯。身世待考。

李 雄

附：

名稱	形式	質地	色彩	尺寸 高×寬cm	創作時間	收藏處所	典藏號碼
觀音圖	軸	絹	設色	191 × 95		紐約 佳士得藝品拍賣公司/拍賣目錄 1984.06.29	

畫家小傳：李雄。字墨樵。籍里、身世不詳。工畫人物，檢視畫作，似師王樹穀。（畫傳編稿、中國美術家人名辭典）

名稱	形式	質地	色彩	尺寸 高x寬cm	創作時間	收藏處所	典藏號碼

李 階
附：

| 丹心拱日（蜀葵牽牛圖） | 軸 | 絹 | 設色 | 100.3 x 43.8 | | 洛杉磯 佳士得藝品拍賣公司/
拍賣目錄 1998.05.20 | |

畫家小傳：李階。畫史無載。身世待考。

何植槐
附：

| 臺閣人物圖 | 軸 | 絹 | 設色 | 76.2 x 37.4 | 道光庚戌（三十年
，1850）冬 | 紐約 蘇富比藝品拍賣公司/拍
賣目錄 1981,11,07. | |

畫家小傳：何植槐。。畫史無載。流傳署款紀年作品見於宣宗道光三十（1850）年。身世待考。

方 筠
附：

| 月夜吹簫圖 | 軸 | 絹 | 設色 | 140.2 x 39.7 | | 紐約 蘇富比藝品拍賣公司/拍
賣目錄 1981,05,07. | |

畫家小傳：方筠。畫史無載。身世待考。

郭蘭慶
附：

| 臨龔開駿骨圖 | 橫幅 | 紙 | 水墨 | 23.5 x 52 | | 紐約 蘇富比藝品拍賣公司/拍
賣目錄 1981,05,07. | |

畫家小傳：郭蘭慶。畫史無載。身世待考。

友 松
附：

| 叢卉圖 | 軸 | 絹 | 設色 | 90.1 x 41.2 | | 紐約 蘇富比藝品拍賣公司/拍
賣目錄 1981,11,07. | |

畫家小傳：友松。畫史無載。蘭陵人。身世待考。

朱偁

| 花卉圖（虛谷、胡璋、朱偁合
作） | 卷 | 金箋 | 設色 | ? x 370.9 | 光緒十六年（庚寅
，1890） | 合肥 安徽省博物館 | |
| 花卉 | 軸 | 紙 | 設色 | 不詳 | | 台北 故宮博物院 | 國贈 027029 |

名稱	形式	質地	色彩	尺寸 高×寬cm	創作時間	收藏處所	典藏號碼
柳鸚圖	軸	絹	設色	187.5 × 37.5		台北 國泰美術館	
富貴白頭圖	軸	紙	設色	107.5 × 51.5		台北 私立中國文化大學華岡博物館	1/5
松鶴延齡圖	軸	紙	設色	174.5 × 95	乙酉（光緒十一年，1885）秋仲	台北 清玩雅集	
桃花鱖魚圖	軸	紙	設色	33 × 42		台北 黃君璧白雲堂	
牡丹與貓圖	軸	紙	設色	33 × 42		台北 黃君璧白雲堂	
芍藥圖	軸	絹	設色	不詳		瀋陽 魯迅美術學院	
紫薇雙鴨圖	軸	紙	設色	不詳	乙酉（光緒十一年，1885）	旅順 遼寧省旅順博物館	
蘇堤消夏圖	軸	紙	設色	不詳		旅順 遼寧省旅順博物館	
花鳥圖	軸	絹	設色	不詳	庚辰（光緒六年，1880）	北京 故宮博物院	
仙柏梅雀圖	軸	紙	設色	不詳	乙未（光緒二十一年，1895）	北京 故宮博物院	
花鳥圖（4幅，為歗卿作）	軸	紙	設色	不詳	己卯（光緒五年，1879）	北京 中國歷史博物館	
紅葉八哥圖	軸	紙	設色	不詳		北京 北京畫院	
牡丹水仙圖（朱偁、任頤合作）	軸	紙	設色	不詳	辛巳（光緒七年，1881）	天津 天津市人民美術出版社	
雪蕉寒雀圖	軸	紙	設色	不詳	丁酉（光緒二十三年，1897）	上海 上海博物館	
桃花白頭圖	軸	紙	設色	不詳		上海 上海博物館	
菊花孔雀圖	軸	紙	設色	145 × 82.1		上海 上海畫院	
花鳥圖	軸	紙	設色	不詳	戊戌（光緒二十四年，1898）冬十月	南京 南京市博物院	
松梅雙鶴圖	軸	紙	設色	不詳	癸酉（同治十二年，1873）冬	無錫 江蘇省無錫市博物館	
松鶴圖	軸	紙	設色	不詳	癸酉（同治十二年，1873）	德清 浙江省德清縣博物館	
牡丹雙鶴圖（為夢占作）	軸	紙	設色	不詳	光緒十八年，壬辰（1892）初夏	廣州 廣東省博物館	

名稱	形式	質地	色彩	尺寸 高x寬cm	創作時間	收藏處所	典藏號碼
孔雀牡丹圖	軸	紙	設色	不詳	甲午（光緒二十年，1894）	廣州 廣東省博物館	
牡丹碧桃圖	軸	絹	設色	178.1 x 40.8		廣州 廣東省博物館	
報喜圖	軸	紙	設色	182 x 94	同治癸酉（十二年，1893	廣州 廣州市美術館	
上林春色圖（仿王忘庵設色）	軸	絹	設色	106.1 x 60.6		日本 東京河井荃廬先生	
堂上白頭圖	軸	紙	設色	102.7 x 50.9	丁酉（光緒二十三年，1897）冬仲朔，時年七十三歲	日本 東京河井荃廬先生	
萱花石榴圖	軸	紙	設色	99.7 x 36.4	庚辰（光緒六年，1880）穀雨節	日本 東京河井荃廬先生	
群仙拱壽圖	軸	紙	設色	127.3 x 60.6	乙未（光緒二十一年，1895）初冬	日本 東京河井荃廬先生	
蘆雁圖	軸	紙	設色	128.8 x 65.8	年七十（光緒二十年，甲午，1894）	日本 東京本間鋼太郎先生	
花鳥圖	軸	紙	設色	28 x 28		日本 大阪橋本末吉先生	
梅花凍雀圖	軸	絹	設色	133.8 x 37.9	丁亥（光緒十三年，1887）穀雨節	日本 金岡西三先生	
花卉、草蟲圖（6幀）	冊	絹	設色	（每幀）27 x 21		瀋陽 故宮博物院	
花鳥圖（清朱偁等花鳥冊18之？幀）	冊頁	紙	設色	不詳	甲戌（同治十三年，1974）	瀋陽 故宮博物院	
雜畫（48幀）	冊	絹	設色	不詳	丁酉（光緒二十三年，1897）	瀋陽 魯迅美術學院	
花鳥圖（12幀）	冊	紙	設色	（每幀）32.6 x 33		北京 故宮博物院	
花鳥圖（朱偁等雜畫冊10之1幀）	冊頁	紙	設色	不詳		天津 天津市藝術博物館	
花鳥圖（清楊伯潤等雜畫冊10之1幀）	冊頁	紙	設色	不詳		天津 天津市藝術博物館	
花鳥圖	摺扇面	金箋	設色	不詳	庚午（同治九年，1870）	合肥 安徽省博物館	
梨花白頭圖	摺扇面	金箋	設色	不詳	甲戌（同治十三年	合肥 安徽省博物館	

名稱	形式	質地	色彩	尺寸 高×寬cm	創作時間	收藏處所	典藏號碼
					，1874）		
梨花圖	摺扇面	金箋	設色	不詳	丁亥（光緒十三年，1887）	南通 江蘇省南通博物苑	
花鳥圖（朱偁等雜畫冊8之2幀）	冊頁	紙	設色	不詳		上海 上海畫院	
花鳥圖（8幀，為秬德作）	冊	絹	設色	（每幀）34×42	癸酉（同治十二年，1873）立冬後十日	杭州 浙江美術學院	
花鳥圖（為贊堂作）	摺扇面	紙	設色	18.5×52	甲戌（同治十三年，1874）秋杪	日本 東京國立博物館	
白鷺圖（為步衢作）	摺扇面	紙	設色	18×53.8	乙酉（光緒十一年，1885）八月望後二日	日本 東京國立博物館	
梅雀圖	摺扇面	紙	設色	不詳	戊辰（同治七年，1868））夏	日本 江田勇二先生	
附：							
柳月鸜鵒圖	軸	紙	設色	不詳	乙未（光緒二十一年，1895）	鎮江 鎮江市文物商店	
蜀葵狸奴圖（朱偁、任頤合作）	軸	紙	設色	96.2×44.2	丁酉（光緒二十三年，1897）	武漢 湖北省武漢市文物商店	
蒼鷹飼雛圖	軸	紙	設色	125×67	丁酉（光緒二十三年，1897）秋	紐約 蘇富比藝品拍賣公司/拍賣目錄 1988,11,30.	
松菊珮鳥圖	軸	紙	設色	185×95.5	辛巳（光緒七年，1881）秋九月之朔	香港 佳士得藝品拍賣公司/拍賣目錄 1990,03,19.	
花鳥圖（4幅）	軸	紙	設色	（每幅）177.5×47	光緒十有二年丙戌（1886）秋七月	紐約 佳士得藝品拍賣公司/拍賣目錄 1995,04,30.	
牡丹圖（8幀）	冊	紙	設色	（每幀）25×33	戊子（光緒十四年，1888）春日	紐約 佳士得藝品拍賣公司/拍賣目錄 1987,12,11.	
花鳥圖（12幀）	冊	紙	設色	（每幀）22.5×27.5	庚午（同治九年，1870）後十月十有一日	香港 佳士得藝品拍賣公司/拍賣目錄 1992,03,30.	

畫家小傳：朱偁。字孟廬（一作夢廬）。號覺未。浙江秀水人。生於宣宗道光六（1826）年。卒於德宗光緒二十六（1900）年。與兄朱熊俱善畫。工畫花卉、翎毛，年少取法王禮，後學華新羅，得其神似。有名滬上。（見寒松閣談藝瑣錄、海上墨林、中國畫家人名大辭典）

名稱	形式	質地	色彩	尺寸 高×寬㎝	創作時間	收藏處所	典藏號碼

戴以恒

名稱	形式	質地	色彩	尺寸 高×寬㎝	創作時間	收藏處所	典藏號碼
山水圖	軸	紙	不詳	不詳		台北 故宮博物院	國贈 031089
山水圖	軸	紙	設色	不詳	同治癸酉十二年（1873）	無錫 江蘇省無錫市博物館	
山水圖（仿李營秋法）	軸	紙	設色	145.4 × 39.4	同治二年（癸亥，1863）十二月十八日	日本 都京圓山淳一先生	

附：

名稱	形式	質地	色彩	尺寸 高×寬㎝	創作時間	收藏處所	典藏號碼
山水圖	軸	絹	設色	不詳	光緒丙戌（十二年，1886）	上海 上海工藝品進出口公司	
仿李成山水圖	軸	紙	水墨	不詳		上海 上海工藝品進出口公司	

畫家小傳：戴以恒。字用伯。浙江錢塘人。戴熙次子。生於宣宗道光六（1826）年。卒於德宗光緒十七（1891）年。承繼家學，工畫山水，臨摹王翬，形神俱得。（見寒松閣談藝瑣錄、海上墨林、中國畫家人名大辭典）

葉道芬

名稱	形式	質地	色彩	尺寸 高×寬㎝	創作時間	收藏處所	典藏號碼
竹院逢僧圖	軸	紙	水墨	不詳		瀋陽 遼寧省博物館	
山海關水利圖（為壽泉作）	軸	紙	設色	不詳	同治癸亥（二年，1863）二月	太原 山西省博物館	
山水圖	軸	紙	設色	129.4 × 62.4		日本 東京河井荃廬先生	
波浪餘生圖	橫幅	絹	水墨	34.8 × 70.3		日本 東京河井荃廬先生	
山水圖（清秦炳文等水冊 16 之 4 幀）	冊頁	紙	設色	不詳		天津 天津市藝術博物館	
山水圖（10 幀）	冊	紙	設色	不詳	咸豐辛亥（元年，1851）	上海 上海博物館	

畫家小傳：葉道芬。字香士。號君蘭。江蘇嘉定人。為程庭鷺弟子。工畫山水、人物，並臻其妙。與秦炳文、俞承德友好。流傳署款紀年作品見於文宗咸豐元（1851）年至穆宗同治二（1863）年。（見墨林今話續編、中國畫家人名大辭典）

周譽芬

名稱	形式	質地	色彩	尺寸 高×寬㎝	創作時間	收藏處所	典藏號碼
鑑湖送別圖（周譽芬、趙之謙合作）	卷	絹	設色	不詳	辛亥（咸豐元年，1851）	紹興 浙江省紹興市博物館	

畫家小傳：周譽芬。畫史無載。流傳署款紀年作品見於文宗咸豐元（1851）年。身世待

沈振麟

名稱	形式	質地	色彩	尺寸 高×寬㎝	創作時間	收藏處所	典藏號碼
竹林六逸圖	卷	紙	設色	不詳		北京中央工藝美術學院	

名稱	形式	質地	色彩	尺寸 高×寬㎝	創作時間	收藏處所	典藏號碼
鹵簿圖	卷	絹	設色	33.5 × ？		美國 西雅圖市藝術館	5-9
致遠驪圖	軸	絹	設色	172.6 × 96.2		台北 故宮博物院	故畫 02899
鐵螭雛圖	軸	絹	設色	169.7 × 95.1		台北 故宮博物院	故畫 02900
狗	軸	紙	設色	92.8 × 75.6		台北 故宮博物院	故畫 02901
馬	軸	絹	設色	173.1 × 95.3		台北 故宮博物院	故畫 02902
貓竹	軸	紙	設色	132.6 × 62.6		台北 故宮博物院	故畫 02903
玉堂富貴	軸	紙	設色	155.4 × 34.8		台北 故宮博物院	中畫 00120
牡丹蘭花	軸	紙	設色	189.4 × 78.9		台北 故宮博物院	中畫 00205
蓉塘立鷺	軸	紙	設色	145.9 × 77.7		台北 故宮博物院	中畫 00206
嬰戲圖	軸	紙	設色	148.4 × 73.6		北京 故宮博物院	
犬圖	軸	紙	設色	116.1 × 61.1		韓國 高麗大學校博物館	S163
僱犬菊竹圖	軸	紙	設色	133.1 × 66.8		美國 夏威夷火魯奴奴藝術學院	5494.1
和碩醇親王像(李鴻章題贊)	軸	絹	設色	90.2 × 45	李題於丙辰（咸豐六年，1856）秋月	美國 維吉尼亞美術館	80.377
雙馬圖	軸	絹	設色	55.1 × 28.2		英國 倫敦大英博物館	1910.2.12.492(ADD316)
古木散馬圖	軸	絹	設色	54.2 × 44.1		德國 科隆東亞藝術博物館	A97
蘭花牡丹（十二月花神冊 12 之 1）	冊頁	絹	設色	55.1 × 28.2		台北 故宮博物院	故畫 03408-1
杏花辛夷（十二月花神冊 12 之 2）	冊頁	絹	設色	55.1 × 28.2		台北 故宮博物院	故畫 03408-2
楊柳桃花（十二月花神冊 12 之 3）	冊頁	絹	設色	55.1 × 28.2		台北 故宮博物院	故畫 03408-3
芍藥紫藤（十二月花神冊 12	冊頁	絹	設色	55.1 × 28.2		台北 故宮博物院	故畫 03408-4

名稱	形式	質地	色彩	尺寸 高x寬㎝	創作時間	收藏處所	典藏號碼
之4）							
蜀葵石榴（十二月花神冊12之5）	冊頁	絹	設色	55.1 × 28.2		台北 故宮博物院	故畫03408-5
蓮花（十二月花神冊12之6）	冊頁	絹	設色	55.1 × 28.2		台北 故宮博物院	故畫03408-6
秋葵牽牛花（十二月花神冊12之7）	冊頁	絹	設色	55.1 × 28.2		台北 故宮博物院	故畫03408-7
桂花紫薇（十二月花神冊12之8）	冊頁	絹	設色	55.1 × 28.2		台北 故宮博物院	故畫03408-8
菊花（十二月花神冊12之9）	冊頁	絹	設色	55.1 × 28.2		台北 故宮博物院	故畫03408-9
紅梅（十二月花神冊12之10）	冊頁	絹	設色	55.1 × 28.2		台北 故宮博物院	故畫03408-10
水仙茶花（十二月花神冊12之11）	冊頁	絹	設色	55.1 × 28.2		台北 故宮博物院	故畫03408-11
臘梅天竺（十二月花神冊12之12）	冊頁	絹	設色	55.1 × 28.2		台北 故宮博物院	故畫03408-12
紫藤貍奴（毫釐同春上冊12之1）	冊	絹	設色	不詳		台北 故宮博物院	故畫03409-1
桃花貍奴（毫釐同春上冊12之2）	冊	絹	設色	不詳		台北 故宮博物院	故畫03409-2
貍奴黃鸝（毫釐同春上冊12之3）	冊	絹	設色	不詳		台北 故宮博物院	故畫03409-3
海棠貍奴（毫釐同春上冊12之4）	冊	絹	設色	不詳		台北 故宮博物院	故畫03409-4
貍奴魚藻（毫釐同春上冊12之5）	冊	絹	設色	不詳		台北 故宮博物院	故畫03409-5
荷花貍奴（毫釐同春上冊12之6）	冊	絹	設色	不詳		台北 故宮博物院	故畫03409-6
蘭蕙貍奴（毫釐同春上冊12之7）	冊	絹	設色	不詳		台北 故宮博物院	故畫03409-7
萱花貍奴（毫釐同春上冊12之8）	冊	絹	設色	不詳		台北 故宮博物院	故畫03409-8
葵菊貍奴（毫釐同春上冊12之9）	冊	絹	設色	不詳		台北 故宮博物院	故畫03409-9
菊花貍奴（毫釐同春上冊12之10）	冊	絹	設色	不詳		台北 故宮博物院	故畫03409-10

名稱	形式	質地	色彩	尺寸 高x寬cm	創作時間	收藏處所	典藏號碼
水仙貍奴（耄耋同春上冊12之11）	冊	絹	設色	不詳		台北 故宮博物院	故畫03409-11
紅梅貍奴（耄耋同春上冊12之12）	冊	絹	設色	不詳		台北 故宮博物院	故畫03409-12
耄耋同春下冊（12幀）	冊	絹	設色	不詳		台北 故宮博物院	故畫03410
群蝶圖	摺扇面	紙	設色	16.7 x 46.8		韓國 私人	
附：							
駿馬圖	軸	紙	設色	不詳		北京 中國文物商店總店	

畫家小傳：沈振麟。字鳳池（一作鳳墀）。浙江吳鎮（一作元和）人。工寫照；兼善寫生、山水、人物。咸豐、同治間（1851-1874）供奉內廷畫院。（見寒松閣談藝瑣錄、甌缽羅室書畫過目考、中國畫家人名大辭典）

沈世傑

畫竹	軸	紙	設色	180.3 x 93.1		台北 故宮博物院	故畫03094
畫荷花	軸	紙	設色	171.6 x 93.9		台北 故宮博物院	故畫03095
畫蘭	軸	紙	設色	150.8 x 87.3		台北 故宮博物院	故畫03096
蘭石圖	軸	紙	設色	128.1 x 64.1		天津 天津市藝術博物館	
蓮池金魚圖	軸	絹	設色	158.3 x 74.5		日本 私人	

畫家小傳：沈世傑。畫史無載。作品署款顯示，為畫院畫家。待考。

陳兆鳳

畫博古花草	軸	紙	設色	231.7 x 117.7		台北 故宮博物院	故畫03099
附：							
蘭花圖	軸	紙	設色	127 x 64.1		紐約 佳士得藝品拍賣公司/拍賣目錄 1996,09,18.	

畫家小傳：陳兆鳳。畫史無載。作品署款顯示，為畫院畫家。待考。

許良標

| 仙人圖 | 軸 | 絹 | 設色 | 260.5 x 42.6 | | 台北 故宮博物院 | 故畫03102 |

名稱	形式	質地	色彩	尺寸 高x寬cm	創作時間	收藏處所	典藏號碼
芭蕉美人圖	軸	紙	設色	171.8 x 93.9		台北 故宮博物院	故畫 03103

畫家小傳：許良標。畫史無載。作品署款顯示，為畫院畫家。待考。

屈兆麟

菊花（（清屈兆麟仿郎世寧花卉冊之1）	冊頁	絹	設色	33.3 x 28.3		台北 故宮博物院	故畫 03605-1
麻雀稻穗（清屈兆麟仿郎世寧花卉冊之2）	冊頁	絹	設色	33.3 x 28.3		台北 故宮博物院	故畫 03605-2
筓鳥牽牛（清屈兆麟仿郎世寧花卉冊之3）	冊頁	絹	設色	33.3 x 28.3		台北 故宮博物院	故畫 03605-3
鳶尾鳳仙（清屈兆麟仿郎世寧花卉冊之4）	冊頁	絹	設色	33.3 x 28.3		台北 故宮博物院	故畫 03605-4
牡丹（清屈兆麟仿郎世寧花卉冊之5）	冊頁	絹	設色	33.3 x 28.3		台北 故宮博物院	故畫 03605-5
罌粟（清屈兆麟仿郎世寧花卉冊之6）	冊頁	絹	設色	33.3 x 28.3		台北 故宮博物院	故畫 03605-6
荷花芋薺（清屈兆麟仿郎世寧花卉冊之7）	冊頁	絹	設色	33.3 x 28.3		台北 故宮博物院	故畫 03605-7
百合、牡丹（清屈兆麟仿郎世寧花卉冊之8）	冊頁	絹	設色	33.3 x 28.3		台北 故宮博物院	故畫 03605-8
海棠、玉蘭（清屈兆麟仿郎世寧花卉冊之9）	冊頁	絹	設色	33.3 x 28.3		台北 故宮博物院	故畫 03605-9
芍藥（清屈兆麟仿郎世寧花卉冊之10）	冊頁	絹	設色	33.3 x 28.3		台北 故宮博物院	故畫 03605-10
荼蘼、牡丹（清屈兆麟仿郎世寧花卉冊之11）	冊頁	絹	設色	33.3 x 28.3		台北 故宮博物院	故畫 03605-11
桃花（清屈兆麟仿郎世寧花卉冊之12）	冊頁	絹	設色	33.3 x 28.3		台北 故宮博物院	故畫 03605-12
竹石（清屈兆麟仿郎世寧花卉冊之13）	冊頁	絹	設色	33.3 x 28.3		台北 故宮博物院	故畫 03605-13
櫻桃（清屈兆麟仿郎世寧花卉冊之14）	冊頁	絹	設色	33.3 x 28.3		台北 故宮博物院	故畫 03605-14

名稱	形式	質地	色彩	尺寸 高x寬cm	創作時間	收藏處所	典藏號碼
紫丁香（清屈兆麟仿郎世寧花卉冊之15）	冊頁	絹	設色	33.3 x 28.3		台北 故宮博物院	故畫 03605-15
雞冠花（清屈兆麟仿郎世寧花卉冊之16）	冊頁	絹	設色	33.3 x 28.3		台北 故宮博物院	故畫 03605-16
附：							
威鎮八方（柏鷹圖）	軸	絹	設色	189.2 x 81.5	甲戌（同治十三年，1874）仲春	紐約 佳士得藝品拍賣公司/拍賣目錄 1992,06,02.	
群雀鳴春圖	軸	絹	設色	119 x 53		香港 蘇富比藝品拍賣公司/拍賣目錄 1999,10,31.	

畫家小傳：屈兆麟。畫史無載。作品署款顯示，為畫院畫家。待考。

顧琦玉

仿元馬臻倦蝶（清顧琦玉蠢算京垓冊之1）	冊頁	絹	設色	不詳		台北 故宮博物院	故畫 03427-1
仿元謝宗可睡蝶（清顧琦玉蠢算京垓冊之2）	冊頁	絹	設色	不詳		台北 故宮博物院	故畫 03427-2
仿元謝宗可蝶使（清顧琦玉蠢算京垓冊之3）	冊頁	絹	設色	不詳		台北 故宮博物院	故畫 03427-3
仿明瞿佑黃蝶（清顧琦玉蠢算京垓冊之4）	冊頁	絹	設色	不詳		台北 故宮博物院	故畫 03427-4
仿明瞿佑殘蝶（清顧琦玉蠢算京垓冊之5）	冊頁	絹	設色	不詳		台北 故宮博物院	故畫 03427-5
仿明沈天孫宿蝶（清顧琦玉蠢算京垓冊之6）	冊頁	絹	設色	不詳		台北 故宮博物院	故畫 03427-6

畫家小傳：顧琦玉。畫史無載。作品署款顯示，為畫院畫家。待考。

李培雨

牡丹（12幀）	冊	絹	設色	不詳		台北 故宮博物院	故畫 03421

畫家小傳：李培雨。畫史無載。作品署款顯示，為畫院畫家。待考。

宋依仁

水仙柏禽圖	軸	絹	設色	不詳		濟南 山東省博物館	

畫家小傳：宋依仁。字墨癡。江蘇長洲人。身世不詳。善畫山水。（見耕硯田齋筆記、中國畫家人名大辭典）

熊 金

名稱	形式	質地	色彩	尺寸 高x寬cm	創作時間	收藏處所	典藏號碼
碧桃圖	軸	絹	設色	150 x 45.5	辛亥（？咸豐元年，1851）	南京 南京博物院	
歲寒三友圖	軸	絹	設色	不詳		南京 南京博物院	

畫家小傳：熊金。畫史無載。流傳署款作品疑為文宗咸豐元（1851）年。身世待考。

蔣尺玉

| 八仙圖 | 軸 | 紙 | 設色 | 不詳 | | 鎮江 江蘇省鎮江市博物館 | |

畫家小傳：蔣玉尺。畫史無載。身世待考。

沈

| 仿石田山水圖 | 軸 | 紙 | 水墨 | 不詳 | | 無錫 江蘇省無錫市博物館 | |

畫家小傳：沈縠。女。字采石。號瓊宮仙史。浙江嘉興人。適淳安曾氏。工詩。善畫山水，得母許英夫人之傳，用筆秀韻蒼古，能集諸家之長；又能畫梅。（見寒松閣談藝瑣錄、耕硯田齋筆記、蘭因集、中國畫家人名大辭典）

張延甫

| 山石樹木畫法圖譜 | 卷 | 紙 | 水墨 | 23.2 x ? | | 日本 東京島田修二郎先生 | |

畫家小傳：張延甫。畫史無載。身世待考。

孫　治

| 墨梅圖 | 軸 | 紙 | 水墨 | 112.8 x 34.3 | | 美國 夏威夷火魯奴奴藝術學院 | 5366.1 |

畫家小傳：孫治。字琴泉。浙江人。遊宦至四川。善畫螃蟹蘆草，生動入神。書法尤工。（見益州書畫錄、中國美術家人名辭典）

香□居士

| 雪景山水圖 | 摺扇面 紙 | | 設色 | 17.6 x 51.1 | | 荷蘭 阿姆斯特丹 Rijks 博物館（阿姆斯特丹私人寄存） | 72 |

畫家小傳：香□居士。疑為香巖居士，即金蓉鏡，道光、光緒間，浙江嘉興人。工畫山水。（見中國歷代書畫篆刻家字號索引）

袁　訓
附：

| 八耄圖 | 軸 | 絹 | 設色 | 94.5 x 30 | | 紐約 佳士得藝品拍賣公司/拍賣目錄 1989.12.04. | |

畫家小傳：袁訓。畫史無載。身世待考。

名稱	形式	質地	色彩	尺寸 高x寬cm	創作時間	收藏處所	典藏號碼

雲外道人

附：

| 僧人圖（2幅） | 軸 | 紙 | 設色 | （每幅）167.7 x 88.9 | | 紐約 蘇富比藝品拍賣公司/拍賣目錄 1982.06.05. | |

畫家小傳：雲外道人。畫史無載。身世待考。

改伯鎰

附：

| 冰盤進荔圖 | 軸 | 絹 | 設色 | 162.6 x 38.4 | | 紐約 蘇富比藝品拍賣公司/拍賣目錄 1982.06.05. | |

畫家小傳：改伯鎰。畫史無載。身世待考。

淩以封

| 柳舟吹笛圖（為淞友作） | 摺扇面 | 金箋 | 設色 | 18.7 x 53.2 | 己未（咸豐九年，1859）清和月 | 日本 大阪橋本大乙先生 | |

附：

| 繡窗問字圖（為次公作） | 冊頁 | 絹 | 設色 | 不詳 | 壬子（咸豐二年，1852）冬日 | 北京 中國文物商店總店 | |

畫家小傳：淩以封。字桐莊。號歐亭山人。浙江烏程人。少從石渠學寫真。人物、仕女俱臻神品。兼工山水、花鳥，亦超逸有致。流傳署款紀年作品見於文宗咸豐二(1852)年。（見墨林今話續編、中國畫家人名大辭典）

顧達

| 仿文徵明山水圖 | 軸 | 紙 | 設色 | 不詳 | | 杭州 浙江省博物館 | |
| 仿古山水圖（12幀） | 冊 | 紙 | 設色 | 不詳 | 咸豐辛亥初元（1851） | 鎮江 江蘇省鎮江市博物館 | |

附：

| 臨各家蕉石圖 | 卷 | 紙 | 設色 | 不詳 | | 上海 上海文物商店 | |
| 玉峰春眺圖 | 冊頁 | 紙 | 設色 | 不詳 | 咸豐壬子（二年，1852） | 北京 中國文物商店總店 | |

畫家小傳：顧達。畫史無載。流傳署款紀年作品見於文宗咸豐元(1851)、二(1852)年。身世待考。

馮芝巖

| 摹隨園老人湖樓請業圖 | 卷 | 絹 | 設色 | 不詳 | 咸豐壬子（二年，1852） | 北京 中國歷史博物館 | |

名稱	形式	質地	色彩	尺寸 高×寬cm	創作時間	收藏處所	典藏號碼

畫家小傳：馮芝巖。畫史無載。流傳署款紀年作品見於文宗咸豐二（1852）年。身世待考。

王維翰

| 仿高且園山水圖 | 軸 | 紙 | 設色 | 不詳 | | 南京　南京博物院 | |

畫家小傳：王維翰。字墨林。江蘇興化人。家世不詳。工畫山水、花卉，作品為曾國藩所賞。（見韜養齋筆記、中國畫家人名大辭典）

辛　璁

| 八蕙圖 | 摺扇面 紙 | | 設色 | 不詳 | | 南京　南京博物院 | |

畫家小傳：辛璁。女。字小玫。金陵人。為邵陽魏伯孺偏室。工畫花卉，作品為曾國藩夫人激賞，得其寸縑尺幅珍如拱璧。（見寒松閣談
　　　　　藝瑣錄、中國畫家人名大辭典）

董　燿

| 仿倪瓚山水圖 | 軸 | 紙 | 水墨 | 不詳 | | 德清　浙江省德清縣博物館 | |
| 摹宋犖潤上草堂圖 | 軸 | 紙 | 水墨 | 132.8 x 29.8 | 壬子（咸豐二年，1852）十二月 | 日本　私人 | |

附：

| 山水圖（8幀） | 冊 | 紙 | 水墨 | 不詳 | | 北京　中國文物商店總店 | |

畫家小傳：董燿。畫史無載。流傳署款紀年作品見於文宗咸豐二（1852）年。身世待考。

問　渠

| 雞冠菊蟹圖 | 軸 | 紙 | 設色 | 129.1 x 30.2 | 壬子（？咸豐二年，1852）秋八月 | 日本　木佐靖治先生 | |

畫家小傳：問渠。畫史無載。流傳署款作品紀年疑為文宗咸豐二（1852）年。身世待考。

奚　湘

附：

| 仕女圖 | 軸 | 紙 | 設色 | 136 x 66 | 壬子（咸豐二年，1852）立夏日 | 紐約　蘇富比藝品拍賣公司/拍賣目錄1981,05,07. | |

畫家小傳：奚湘。畫史無載。字竹橋。流傳署款作品紀年疑似文宗咸豐二（1852）年。身世待考。

居　廉

| 山水圖（2段） | 卷 | 紙 | 設色 | 15.4 x 118.8 | 其1：同治乙亥（光緒元年，1875） | 廣州　廣東省博物館 | |
| 花卉 | 軸 | 絹 | 設色 | 不詳 | | 台北　故宮博物院 | 國贈005389 |

名稱	形式	質地	色彩	尺寸 高x寬cm	創作時間	收藏處所	典藏號碼
菊花圖	軸	絹	設色	107.1 x 26.5		台北 市立美術館	
牡丹圖	軸	絹	設色	107.1 x 26.5		台北 市立美術館	
花果	軸	紙	設色	76.5 x 40		台北 國泰美術館	
山水	軸	紙	水墨	145 x 44	丁丑（光緒三年，1877）	香港 何耀光至樂樓	
意筆山水	軸	紙	水墨	32 x 53	丙子（光緒二年，1876）	香港 中文大學中國文化研究所文物館	
山水圖	軸	紙	水墨	108.3 x 45	戊子（光緒十四年，1888）	香港 中文大學中國文化研究所文物館	
牡丹白頭圖	軸	絨	設色	不詳	光緒十三年（丁亥，1887）秋九月	北京 故宮博物院	
花籃圖	軸	絹	設色	不詳	壬辰（光緒十八年，1892）秋九月	北京 中央美術學院	
花卉草蟲圖	軸	紙	設色	不詳	癸卯（光緒二十九年，1903）初秋	南京 南京市博物館	
牡丹雙蝶圖（為薌溪作）	軸	絹	設色	不詳	甲午（光緒二十年，1894）仲夏	南京 江蘇省美術館	
月月平安圖	軸	紙	設色	不詳	戊寅（光緒四年，1878）	定海 浙江省舟山地區文化局	
花卉草蟲（屏風，為怡生作）	軸	絹	設色	不詳	癸酉（同治十二年，1873）閏月	廣州 廣東省博物館	
花卉、草蟲圖（12幀）	冊	絹	設色	（每幀）26 x 25	癸酉（同治十二年，1873）	廣州 廣州市美術館	
水仙湖石圖（為竹坪作）	軸	絹	設色	70 x 40	壬午（光緒八年，1882）冬日	南寧 廣西壯族自治區博物館	
富貴壽考圖	軸	紙	設色	90 x 40	己亥（光緒二十五年，1899）	南寧 廣西壯族自治區博物館	
富貴壽考圖	軸	紙	設色	90 x 40		南寧 廣西壯族自治區博物館	
紫薇圖	紈扇面	絹	設色	28.5 x 28.5		台北 黃君璧白雲堂	
水仙圖	紈扇面	絹	設色	28.5 x 28.5		台北 黃君璧白雲堂	
蟋蟀圖	紈扇面	絹	設色	28.5 x 28.5		台北 黃君璧白雲堂	
臘梅蚱蜢圖	紈扇面	絹	設色	28.5 x 28.5		台北 黃君璧白雲堂	

名稱	形式	質地	色彩	尺寸 高x寬㎝	創作時間	收藏處所	典藏號碼
山水圖	摺扇面	紙	水墨	18.6 × 54.5	癸未（光緒九年，1883）	香港 中文大學中國文化研究所文物館	
山水圖	摺扇面	紙	設色	18.2 × 53	甲午（光緒二十年，1894）	香港 中文大學中國文化研究所文物館	
花卉昆蟲圖（12幀）	冊	絹	設色	不詳	乙未（光緒二十一年，1895）三月	北京 故宮博物院	
花卉、草蟲圖（12幀）	冊	紙	設色	不詳		北京 中國美術館	
花卉圖（9幀）	冊	紙	水墨	不詳		上海 上海博物館	
花卉昆蟲圖（?幀，為雲浦作）	冊	絹	設色	不詳	癸酉（同治十二年，1873）二月	廣州 廣州市美術館	
花石群蜂圖	摺扇面	紙	設色	不詳	光緒丙子（二年，1876）	佛山 廣東省佛山市博物館	
桃花圖	摺扇面	紙	水墨	不詳	己亥（光緒二十五年，1899）	佛山 廣東省佛山市博物館	
花卉草蟲圖	摺扇面	紙	設色	不詳	庚辰（光緒六年，1880）	桂林 廣西壯族自治區桂林市博物館	
螳螂圖	摺扇面	紙	設色	不詳	辛巳（光緒七年，18/81）	桂林 廣西壯族自治區桂林市博物館	
紫薇草蟲圖	摺扇面	紙	設色	不詳	丙申（光緒二十二年，1896）	桂林 廣西壯族自治區桂林市博物館	
花鳥圖（扇面圖冊之第6幀）	摺扇面	紙	設色	20.1 × 58		美國 印地安那波里斯市藝術博物館	73.61.6

附：

名稱	形式	質地	色彩	尺寸 高x寬㎝	創作時間	收藏處所	典藏號碼
萬里平沙圖	卷	絹	設色	26 × 86.5		香港 佳士得藝品拍賣公司/拍賣目錄1993,10,24.	
花卉圖（4幅）	軸	絹	設色	不詳	辛丑（光緒二十七年，1901）	上海 上海文物商店	
秋獵圖	軸	絹	設色	不詳		上海 上海文物商店	
繡球蝴蝶圖	軸	絹	設色	不詳		上海 上海文物商店	
端午即景圖	軸	紙	設色	153 × 51.3	癸卯（光緒二十九年，1903）	北京 北京市工藝品進出口公司	
富貴平安圖	軸	紙	設色	101 × 46	癸未（光緒九年，1883）新歲	香港 蘇富比藝品拍賣公司/拍賣目錄1984,11,21.	
花卉草蟲圖	軸	絹	設色	101 × 26.6		紐約 蘇富比藝品拍賣公司/拍	

名稱	形式	質地	色彩	尺寸 高×寬㎝	創作時間	收藏處所	典藏號碼
湖石牡丹圖	軸	絹	設色	98.7 × 50.2	壬午（光緒八年，1882）初秋	香港 佳仕得藝品拍賣公司/拍賣目錄 1985,06,03.	
花卉草蟲圖（4幅合裱）	軸	絹	設色	（每幅）101.6 × 25.4	戊子（光緒十四年，1888）初秋	香港 佳士得藝品拍賣公司/拍賣目錄 1987,01,12.	
桃花蛺蝶圖	軸	絹	設色	139.7 × 63.5	戊戌（光緒二十四年，1898）春日	香港 佳士得藝品拍賣公司/拍賣目錄 1989,01,16.	
鍾馗醉酒圖	軸	絹	設色	76 × 39.3	丙申（光緒二十二年，1896）天中節	香港 佳士得藝品拍賣公司/拍賣目錄 1990,03,19.	
芙蓉蛺蝶圖	軸	絹	設色	130.2 × 41.8		香港 佳士得藝品拍賣公司/拍賣目錄 1990,03,19.	
洛神圖	軸	紙	設色	107 × 36	壬辰（光緒十八年，1892）	香港 佳士得藝品拍賣公司/拍賣目錄 1993,10,24.	
歲朝清供圖	軸	紙	設色	91 × 33	己亥（光緒二十五年，1899）新春	香港 佳士得藝品拍賣公司/拍賣目錄 1993,10,24.	
仿羅兩峰臥虎圖	橫幅	絹	設色	25 × 32	丙子（光緒二年，1876）中秋	香港 佳士得藝品拍賣公司/拍賣目錄 1995,10,29.	
草蟲圖	橫軸`	絹	設色	27 × 33	丙子（光緒二年，1876）中秋	香港 佳士得藝品拍賣公司/拍賣目錄 1996,11,03.	
富貴壽考圖	軸	絹	設色	135 × 57	甲辰（光緒三十年，1904）新春	香港 佳士得藝品拍賣公司/拍賣目錄 1998,04,26.	
鍾馗圖	軸	紙	設色	61.6 × 33	庚子（光緒二十六年，1900）天中節	香港 蘇富比藝品拍賣公司/拍賣目錄 1998,11,02.	
花卉草蟲圖	軸	絹	設色	134.6 × 27.8	光緒丙子（二年，1876）秋九月	香港 佳士得藝品拍賣公司/拍賣目錄 1999,10,31.	
枝頭好鳥圖	摺扇面	金箋	設色	18 × 52.5	庚子（光緒二十六年，1900）春	紐約 佳士得藝品拍賣公司/拍賣目錄 2001,04,29.	
秋蟬花卉圖	紈扇面	絹	設色	直徑 25		香港 蘇富比藝品拍賣公司/拍賣目錄 1983,11,30.	
花鳥草蟲（14幀）	摺扇面	紙	設色	（每幀）17.8 × 52		紐約 蘇富比藝品拍賣公司/拍賣目錄 1984,11,21.	
螳螂花籃圖	紈扇面	絹	設色	24.1 × 24.1		香港 佳士得藝品拍賣公司/拍賣目錄 1988,11,30.	
花卉圖（12幀）	冊	紙	設色	（每幀）21.9	光緒丁丑（三年，	紐約 佳士得藝品拍賣公司/拍賣目錄 1989,01,16.	

名稱	形式	質地	色彩	尺寸 高×寬 cm	創作時間	收藏處所	典藏號碼
				× 27.6	1877）中秋	賣目錄 1992,12,02.	
花卉、草蟲圖（摺扇面 8 幀）	冊	紙	設色	（每幀）17.5 × 52.5		香港 佳士得藝品拍賣公司/拍賣目錄 1993,03,22.	
花卉圖（10 幀）	冊	絹	設色	（每幀）26 × 31		香港 佳士得藝品拍賣公司/拍賣目錄 1993,03,22.	
邱園八景（8 幀）	冊	紙	設色	（每幀）30 × 38.5	光緒戊戌（二十四年，1898）五月	香港 佳士得藝品拍賣公司/拍賣目錄 1993,03,22.	
花鳥草蟲（5 幀）	摺扇面	紙	設色	不詳		紐約 佳士得藝品拍賣公司/拍賣目錄 1993,06,04.	
花卉草蟲（8 幀）	冊	紙	設色	（每幀）22.8 × 28.6	乙未（光緒二十一年，1895）初夏	紐約 佳士得藝品拍賣公司/拍賣目錄 1993,06,04.	
花蝶圖	摺扇面	紙	設色	17 × 52	丁亥（光緒十三年，1887）秋九月	紐約 佳士得藝品拍賣公司/拍賣目錄 1993,06,04.	
花鳥、草蟲圖（6 幀）	冊	紙、絹	設色	（每幀）27 × 27.5	壬午（光緒八年，1882）至癸未（九年，1883）	香港 佳士得藝品拍賣公司/拍賣目錄 1993,10,24.	
花卉圖（8 幀）	冊	紙	設色	（每幀）22 × 28		香港 佳士得藝品拍賣公司/拍賣目錄 1993,10,24.	
花鳥圖（4 幀）	摺扇面	金箋	設色	（每幀）19.7 × 53.7	庚子（光緒二十六年，1900）春日	香港 佳士得藝品拍賣公司/拍賣目錄 1995,04,30.	
花鳥圖	摺扇面	紙	設色	18.4 × 52	庚辰（光緒六年，1880）秋七月	香港 佳士得藝品拍賣公司/拍賣目錄 1995,04,30.	
花卉、草蟲圖（4 幀）	冊	紙	設色	（每幀）30.5 × 43.5	庚子（光緒二十六年，1900）初春	紐約 佳士得藝品拍賣公司/拍賣目錄 1995,04,30.	
花鳥、草蟲圖（居巢居廉花鳥草蟲冊 8 之 4 幀）	冊頁	金箋	設色	（每幀）29 × 31.5	丙申（光緒二十二年，1896）七月	紐約 佳士得藝品拍賣公司/拍賣目錄 1995,04,30.	
梅花圖（12 幀）	冊	紙	水墨	（每幀）22.2 × 30.2	丁酉（光緒二十三年，1897）夏	紐約 佳士得藝品拍賣公司/拍賣目錄 1996,03,27.	
花鳥、草蟲圖（12 幀）	冊	紙	設色	（每幀）22 × 28		香港 佳士得藝品拍賣公司/拍賣目錄 1996,4,28.	
花卉圖（16 幀）	冊	紙	設色	（每幀）22 × 27.9		香港 佳士得藝品拍賣公司/拍賣目錄 1996,04,28.	
茶花圖	摺扇面	紙	設色	18.8 × 54	庚子（光緒二十六年，1900）夏	香港 佳士得藝品拍賣公司/拍賣目錄 1996,04,28.	
花鳥、草蟲圖（8 幀）	紈扇面	絹	設色	（每幀）27		香港 佳士得藝品拍賣公司/拍	

名稱	形式	質地	色彩	尺寸 高x寬cm	創作時間	收藏處所	典藏號碼
奇石圖（10幀）	冊	紙	設色	（每幀）25.4 x 27 x 26.6	庚子（光緒二十六年，1900）秋七月	香港 蘇富比藝品拍賣公司/拍賣目錄 1998,11,02. 賣目錄 1999,10,31.	

畫家小傳：居廉。字古泉。自號隔山老人。廣東番禺人。居巢之弟。生於宣宗道光八（1828）年，卒於德宗光緒三十（1904）年。亦擅畫花卉、翎毛、草蟲及人物，設色妍麗，筆致工整，但乏氣韻。又擅指頭畫。（見寒松閣談藝瑣錄、綠水園讀畫記、五百石洞天揮塵、頌齋書畫錄、中國美術家辭典）

鈕 貞

| 山水圖 | 軸 | 絹 | 設色 | 不詳 | 丁卯（同治六年，1867） | 徐州 江蘇省徐州市博物館 | |
| 仿李唐山水圖 | 軸 | 紙 | 設色 | 不詳 | 癸丑（咸豐三年，1853）夏日 | 日本 東京根津美術館 | |

畫家小傳：鈕貞。字元錫。江蘇松陵震澤人。幼習舉子業，工琴善畫。酉、戌間亂，遊兵執其父將戮，哀求以身代，得以獲釋。自是棄學業，而專以丹青自娛。所畫奇峰怪石，援筆而就，曲盡其態。流傳署款紀年作品見於文宗咸豐三（1853）年、穆宗同治六（1867）年。（見震澤縣志、桐陰論畫、中國畫家人名大辭典）

胡良生

| 山水圖 | 軸 | 紙 | 水墨 | 不詳 | 癸丑（？咸豐三年，1853）夏六月 | 美國 聖路易斯市吳納遜教授 | |

畫家小傳：胡良生。畫史無載。流傳署款作品紀年疑為文宗咸豐三（1853）年。身世待考。

沈 貞

柳塘賞荷圖	軸	絹	設色	229.5 x 90.5		天津 天津市藝術博物館	
附：							
人物圖	軸	紙	設色	不詳		北京 北京市工藝品進出口公司	
花蝶圖	橫幅	絹	設色	57.8 x 118.1	癸丑（咸豐三年，1853）清和	紐約 蘇富比藝品拍賣公司/拍賣目錄 1981,11,07.	

畫家小傳：沈貞。畫史無載。流傳署款紀年作品見於文宗咸豐三(1853)年。身世待考。

趙之謙

| 群芳鬥艷圖 | 卷 | 紙 | 設色 | 30.5 x 268.5 | 丙寅（同治五年，1866）春 | 台北 長流美術館 | |
| 甌中事物圖（為江弢叔作） | 卷 | 紙 | 設色 | 不詳 | 咸豐辛酉（十一年，1861）二月 | 北京 故宮博物院 | |

名稱	形式	質地	色彩	尺寸 高x寬cm	創作時間	收藏處所	典藏號碼
梅花圖	卷	紙	水墨	不詳	同治十年（辛未，1871）	天津 天津市人民美術出版社	
牡丹松子圖	卷	紙	設色	30 x 127	己未（咸豐九年，1859）	杭州 浙江省杭州西泠印社	
梅花圖	卷	綾	水墨	不詳	同治丁卯（六年，1867）	杭州 浙江省杭州西泠印社	
繡球月季圖	卷	紙	設色	不詳	同治戊辰（七年，1868）	杭州 浙江省杭州西泠印社	
富貴圖	卷	紙	水墨	不詳		杭州 浙江省杭州西泠印社	
鑑湖送別圖（周譽芬、趙之謙合作）	卷	絹	設色	不詳	辛亥（咸豐元年，1851）	紹興 浙江省紹興市博物館	
荷（四季花卉屏之1）	軸	紙	設色	130 x 31		台北 歷史博物館	
牡丹（四季花卉屏之2）	軸	紙	設色	130 x 31		台北 歷史博物館	
菊（四季花卉屏之3）	軸	紙	設色	130 x 31		台北 歷史博物館	
梅（四季花卉屏之4）	軸	紙	設色	130 x 31		台北 歷史博物館	
牡丹圖（為少白作）	軸	紙	設色	不詳	同治壬申（十一年，1872)	瀋陽 故宮博物館	
花卉圖（4幅，為丹林作）	軸	紙	設色	（每幅）135 x 30.5	同治己巳（八年，1869）二月	瀋陽 遼寧省博物館	
牡丹圖	軸	紙	設色	126 x 63.5	同治辛未（十年，1871）季冬	瀋陽 遼寧省博物館	
歲朝清供圖	軸	紙	設色	不詳	同治戊辰（七年，1868）	旅順 遼寧省旅順博物館	
瓶梅燈鼠圖	軸	紙	設色	不詳	同治乙丑（四年，1865）	北京 故宮博物院	
花卉圖（4幅）	軸	紙	設色	（每幅）168.4 x 42.8	同治丁卯（六年，1867）	北京 故宮博物院	
補曹葛民像	軸	紙	設色	134 x 66.8	同治八年（己巳，1869）	北京 故宮博物院	
鍾馗像	軸	紙	設色	不詳	同治九年，庚午（1870）	北京 故宮博物院	
花卉圖（4幅）	軸	紙	設色	（每幅）176.9 x 45.6	同治十年（辛未，1871）	北京 故宮博物院	
松樹圖（為梅圃作）	軸	紙	水墨	176 x 97	同治十一年（壬申	北京 故宮博物院	

名稱	形式	質地	色彩	尺寸 高x寬cm	創作時間	收藏處所	典藏號碼
					，1872)		
天香圖	軸	紙	設色	175.1 x 90.5		北京 故宮博物院	
古柏靈芝圖	軸	絹	設色	140.8 x 37.8		北京 故宮博物院	
菊石雁來紅圖	軸	絹	設色	139.5 x 37.6		北京 故宮博物院	
花卉圖（12幅）	軸	紙	設色	（每幅）189.6 x 56.5		北京 故宮博物院	
五桃圖	軸	紙	設色	168 x 43		北京 故宮博物院	
牡丹圖	軸	紙	設色	175.6 x 90.8		北京 故宮博物院	
花卉圖（為小雲作）	軸	紙	設色	不詳	同治甲子（三年，1864）十二月	北京 中國美術館	
雙清圖	軸	紙	水墨	86.5 x 83		北京 中國美術館	
梅花雙蝶圖	軸	紙	設色	不詳		北京 中國美術館	
病梅圖	軸	紙	水墨	不詳		天津 天津市歷史博物館	
桃實牡丹圖	橫幅	紙	設色	不詳		天津 天津市人民美術出版社	
臘梅茶花圖	橫幅	紙	設色	87.1 x 171.9	同治戊辰（七年，1868)	上海 上海博物館	
夾竹桃圖	軸	紙	設色	91 x 40.5	同治己巳（八年，1869)	上海 上海博物館	
折枝桃蕙圖（為綬庭作）	軸	紙	設色	不詳	同治己巳（八年，1869）三月	上海 上海博物館	
桃實牡丹圖（為練溪作）	軸	紙	設色	不詳	同治九年（庚午，1869）二月	上海 上海博物館	
花卉圖（4幅，為仿雲作）	軸	紙	設色	不詳	壬申（同治十一年，1872）中秋	上海 上海博物館	
秋花圖	軸	絹	設色	不詳	同治壬申（十一年，1872)	上海 上海博物館	
九桃圖	軸	紙	設色	不詳		上海 上海博物館	
牡丹圖	軸	紙	設色	不詳		上海 上海博物館	
牡丹靈芝圖	軸	絹	設色	53.8 x 27.2		上海 上海博物館	
菊花圖	軸	紙	設色	不詳		上海 上海博物館	

名稱	形式	質地	色彩	尺寸 高×寬cm	創作時間	收藏處所	典藏號碼
積書巖圖	軸	紙	設色	69.5 × 39		上海 上海博物館	
菊花博古圖（趙之謙、程守謙合作）	軸	紙	設色	97.6 × 47.2		上海 上海博物館	
閩中名花圖（4幅，為小雲作）	軸	絹	設色	（每幅）90 × 22.1	同治乙丑（四年，1865）	杭州 浙江省博物館	
仿李鱓牡丹松枝圖（為衡生作）	橫幅	紙	設色	不詳	咸豐己未（九年，1859)暮春	杭州 浙江省杭州西泠印社	
荷花圖通景（4幅，趙之謙、漢森、德林合作）	軸	紙	水墨	不詳	同治乙丑（四年，1865）	廣州 廣東省博物館	
牡丹圖	軸	紙	設色	173 × 94	同治九年（庚午，1870）	廣州 廣東省博物館	
書畫（8紈扇面裝成8條幅）	軸	金箋	設色	（每扇）25 × 26	同治九年（庚午，1870）	廣州 廣東省博物館	
枇杷瓶荷圖	軸	紙	設色	不詳		廣州 廣東省博物館	
梅花圖	軸	紙	設色	不詳		廣州 廣東省博物館	
牡丹湖石圖（為毓陔作）	軸	紙	設色	不詳	同治九年(庚午，1870)	廣州 廣州市美術館	
蟠桃圖	軸	紙	設色	146 × 80		廣州 廣州市美術館	
花卉圖（4幅）	軸	灑金箋	設色	（每幅）124 × 29.8		廣州 廣州市美術館	
蘇鐵、草花（花卉圖4幅之1）	軸	紙	設色	133 × 31.5	（咸豐辛酉，十一年，1861，七月十五日）	日本 東京國立博物館	
仙人、夾竹桃（花卉圖4幅之2）	軸	紙	設色	133 × 31.5	（咸豐辛酉，十一年，1861，七月十五日）	日本 東京國立博物館	
琪樹、藤花（花卉圖4幅之3）	軸	紙	設色	133 × 31.5	（咸豐辛酉，十一年，1861，七月十五日）	日本 東京國立博物館	
金蓮花、寶相花（花卉圖4幅之4）	軸	紙	設色	133 × 31.5	（咸豐辛酉，十一年，1861，七月十五日）	日本 東京國立博物館	
佛手柑圖（花卉圖4之1）	軸	紙	設色	242.2 × 6.2	同治九年（庚午，1870）十二月	日本 東京國立博物館	

名稱	形式	質地	色彩	尺寸 高×寬cm	創作時間	收藏處所	典藏號碼
葫蘆瓜圖（花卉圖4之2）	軸	紙	設色	242.2 × 6.2	（同治九年十二月，庚午，1870）	日本 東京國立博物館	
石榴圖（花卉圖4之3）	軸	紙	設色	242.2 × 6.2	（同治九年十二月，庚午，1870）	日本 東京國立博物館	
桃實圖（花卉圖4之4）	軸	紙	設色	242.2 × 6.2	（同治九年十二月，庚午，1870）	日本 東京國立博物館	
花卉圖（4幅，為鳳閣作）	軸	紙	設色	（每幅）164.5 × 29	同治十三年（甲戌，1874）六月	日本 東京國立博物館	
牡丹圖	軸	紙	設色	147 × 57		日本 東京高島菊次郎槐安居	
枇杷圖	軸	紙	設色	97 × 35		日本 東京高島菊次郎槐安居	
花卉圖（蓮）	軸	紙	設色	97.9 × 32.4		日本 東京高島菊次郎槐安居	
花卉圖（菊花、瓜）	軸	紙	設色	97.9 × 32.4		日本 東京高島菊次郎槐安居	
花卉圖（墨松枝）	軸	紙	水墨	97.9 × 32.4		日本 東京高島菊次郎槐安居	
花卉圖（枇杷）	軸	紙	設色	97.9 × 32.4		日本 東京高島菊次郎槐安居	
花卉圖（2幅）	軸	紙	設色	（每幅）143.3 × 33		日本 東京河井荃廬先生	
歲朝清供圖	軸	紙	設色	100.6 × 50.3	丙寅（同治五年，1866）春正月	日本 東京河井荃廬先生	
花卉圖（牡丹）	軸	紙	設色	179.7 × 48.2		日本 東京河井荃廬先生	
紆青姹紫圖（紫藤）	軸	紙	設色	179.7 × 48.2		日本 東京河井荃廬先生	
與物同春圖（紫陽、躑躅）	軸	紙	設色	179.7 × 48.2		日本 東京河井荃廬先生	
香遠益清圖（荷花）	軸	紙	設色	179.7 × 48.2		日本 東京河井荃廬先生	
彤雲碧月圖（玉簪花）	軸	紙	設色	179.7 × 48.2		日本 東京河井荃廬先生	
神仙環佩圖（芙蓉）	軸	紙	設色	179.7 × 48.2		日本 東京河井荃廬先生	
延年壽客圖（菊石）	軸	紙	設色	179.7 × 48.2		日本 東京河井荃廬先生	
珊瑚玉樹圖（紅、白梅）	軸	紙	設色	179.7 × 48.2		日本 東京河井荃廬先生	
宜富宜貴圖（牡丹）	軸	紙	設色	179.7 × 48.2		日本 東京河井荃廬先生	
牡丹圖	軸	紙	設色	不詳		日本 東京河井荃廬先生	
菖蒲巨石圖	軸	紙	設色	37.9 × 47		日本 東京河井荃廬先生	
三秋圖	軸	絹	設色	90.9 × 63.6	同治乙丑（四年，1865）八月十一日	日本 東京河井荃廬先生	
龍樹圖	軸	紙	設色	不詳		日本 東京武居綾藏先生	
山水圖	軸	紙	水墨	87.9 × 30.6	同治壬申（十一年	日本 東京林熊光先生	

名稱	形式	質地	色彩	尺寸 高×寬cm	創作時間	收藏處所	典藏號碼
					，1872）三月		
富貴且昌圖	軸	紙	設色	207.5 × 09.5	同治壬申（十一年，1872）七月	日本 東京林宗毅先生	
芋、石榴（四時果實圖之1）	軸	紙	設色	243.9 × 60.2	同治九年（庚午，1870）十二月	日本 大阪市立美術館	
佛手、折枝（四時果實圖之2）	軸	紙	設色	243.9 × 60.2	同治九年（庚午，1870）十二月	日本 大阪市立美術館	
仙桃（四時果實圖之3）	軸	紙	設色	243.9 × 60.2	同治九年（庚午，1870）十二月	日本 大阪市立美術館	
瓠（四時果實圖之4）	軸	紙	設色	243.9 × 60.2	同治九年（庚午，1870）十二月	日本 大阪市立美術館	
花卉圖（4幅）	軸	紙	設色	（每幅）172.2 × 47	同治庚午（九年，1870）三月	日本 京都泉屋博物館	
紫藤圖	軸	紙	設色	不詳		日本 小林斗先生（Kobayashi Toan Saitami）	
菊花圖	冊頁	絹	設色	28 × 28		台北 黃君璧白雲堂	
花卉圖（14幀，為英末作）	冊	紙	設色	（每幀）22.7 × 32	咸豐己未（九年，1859）五月	北京 故宮博物院	
波羅蜜圖	摺扇面	紙	設色	18.3 × 53.5		北京 故宮博物院	
牡丹圖	摺扇面	紙	設色	18.8 × 54	同治壬申（十一年，1872）	北京 中國歷史博物館	
花卉圖	摺扇面	紙	設色	18 × 52.5		北京 中國歷史博物館	
花卉圖	摺扇面	紙	設色	不詳		北京 中國歷史博物館	
花卉圖并書畫（為子餘賢倩作）	摺扇面	紙	設色	不詳	同治壬申（十一年，1872）九月	北京 中央工藝美術學院	
繡球紅葉圖	摺扇面	紙	設色	不詳	同治十年（辛未，1871）	天津 天津市人民美術出版社	
花卉圖（12幀，為元卿作）	冊	紙	設色	（每幀）22.4 × 31.5	己未（咸豐九年，1859）四月	上海 上海博物館	
碧桃圖	紈扇面	絹	設色	不詳	丁卯（同治六年，1867）	無錫 江蘇省無錫市博物館	
菊花香圖	摺扇面	紙	設色	不詳	乙丑（同治四年，1865）	杭州 浙江省博物館	
花卉圖（7幀）	冊	紙	設色	（每幀）20 × 30	辛酉（咸豐十一年，1861）	杭州 浙江省杭州西泠印社	

名稱	形式	質地	色彩	尺寸 高x寬cm	創作時間	收藏處所	典藏號碼
花卉圖	摺扇面	金箋	設色	不詳	庚午（同治九年，1870）	杭州 浙江省杭州西泠印社	
一品百齡圖	摺扇面	紙	設色	不詳		德清 浙江省德清縣博物館	
梅花圖（2幀）	摺扇面	金箋	水墨	不詳		紹興 浙江省紹興市博物館	
牡丹圖	紈扇面	絹	設色	不詳	乙丑（同治四年，1865）	重慶 重慶市博物館	
菊石圖	紈扇面	絹	設色	不詳		重慶 重慶市博物館	
花卉蔬果圖（12幀）	冊	紙	設色	不詳	壬戌（同治元年，1862）五月五日	廣州 廣東省博物館	
附：							
書畫團扇面（分裝4條幅）	軸	絹	設色	不詳	甲子（同治三年，1864）	上海 上海文物商店	
臨蔣廷錫花卉（4幅，為純卿作）	軸	紙	設色	（每幅）106.5 x 26.3	戊辰（同治七年，1868）九月	上海 上海文物商店	
富貴壽考圖	軸	紙	設色	不詳		上海 上海工藝品進出口公司	
紅梅綠竹水仙圖	軸	紙	設色	133 x 44		香港 蘇富比藝品拍賣公司/拍賣目錄1986,05,22.	
荷花圖	軸	紙	設色	116.8 x 44.8		紐約 蘇富比藝品拍賣公司/拍賣目錄1986,06,03.	
梅花	軸	紙	設色	142.2 x 39.4	同治庚午（九年，1897）六月	紐約 蘇富比藝品拍賣公司/拍賣目錄 1988,11,30.	
墨蘭圖	軸	紙	水墨	98 x 38.8	辛未（同治十年，1871）二月	紐約 佳士得藝品拍賣公司/拍賣目錄1988,11,30.	
歲朝清福圖	橫幅	紙	設色	27.3 x 116	同治丙寅（五年，1866）	香港 佳士得藝品拍賣公司/拍賣目錄1989,09,25.	
牡丹、紫藤、桂樹、梅花（4幅）	軸	紙	設色	（每幅）138 x 69		香港 佳士得藝品拍賣公司/拍賣目錄1990,03,19.	
三秋圖	軸	紙	設色	163 x 30		香港 佳士得藝品拍賣公司/拍賣目錄1992,03,30.	
花卉圖（4幅）	軸	金箋	設色	（每幅）216.6 x 51		香港 佳士得藝品拍賣公司/拍賣目錄1992,03,30.	
如松之苞（松枝茶花，為歛堂作）	軸	紙	水墨	84.2 x 39.2		香港 佳士得藝品拍賣公司/拍賣目錄1992,09,28.	
楊柳八哥圖	軸	紙	設色	181 x 48.3		香港 佳士得藝品拍賣公司/拍賣目錄1994,10,30.	

名稱	形式	質地	色彩	尺寸 高x寬cm	創作時間	收藏處所	典藏號碼
秋菊圖	紈扇面	絹	設色	不詳		北京 中國文物商店總店	
書畫	摺扇面	金箋	設色	不詳	同治乙丑（四年，1865）	無錫 無錫市文物商店	
牡丹圖	紈扇面	絹	設色	24.5 x 26	同治九年（庚午，1870）八月	香港 佳仕得藝品拍賣公司/拍賣目錄1987,01,12.	
萱花圖（為少漁作）	摺扇面	灑金箋	設色	18 x 53.6	乙丑（同治四年，1865）七月	香港 佳仕得藝品拍賣公司/拍賣目錄1987,01,12.	
茶花圖（為鷺汀作）	摺扇面	灑金箋	設色	18.4 x 52.3	同治辛未（十年，1871）春正月	香港 佳仕得藝品拍賣公司/拍賣目錄1987,01,12.	
繡球花圖	摺扇面	金箋	設色	19 x 58.5	同治丁卯（九年，1870)九月	紐約 佳士得藝品拍賣公司/拍賣目錄1991,05,29.	
牡丹圖	紈扇面	絹	水墨	25 x 25	同治乙丑（四年，1865）五月	香港 佳士得藝品拍賣公司/拍賣目錄1990,03,19.	
花卉圖	紈扇面	絹	設色	25 x 25		香港 佳士得藝品拍賣公司/拍賣目錄1991,03,18.	
菊花圖	摺扇面	紙	設色	18 x 55		香港 佳士得藝品拍賣公司/拍賣目錄1991,03,18.	
花卉圖	摺扇面	紙	設色	24 x 53.5	同治甲子（三年，1864）二月	香港 佳士得藝品拍賣公司/拍賣目錄1992,03,30.	
花卉圖	摺扇面	紙	設色	24 x 71		香港 佳士得藝品拍賣公司/拍賣目錄1993,03,22.	
菊花雁來紅圖	摺扇面	絹	設色	17 x 52.5	乙丑（同治四年，1865）八月	紐約 佳士得藝品拍賣公司/拍賣目錄1993,06,04.	
花卉圖	摺扇面	金箋	設色	18.3 x 49.5		香港 佳士得藝品拍賣公司/拍賣目錄1995,04,30.	
花卉圖	摺扇面	灑金箋	設色	17.5 x 53	同治乙丑（四年，1865）四月	香港 佳士得藝品拍賣公司/拍賣目錄1998,11,02.	

畫家小傳：趙之謙。字益甫。又字撝叔。號悲盦、憨寮。浙江會稽人。生於宣宗道光九（1829）年，卒於德宗光緒十（1884）年。咸豐
　　　九年舉人。工詩、古文辭，善書、畫、篆刻。治印為西冷諸家之一。畫擅花卉、木石、雜畫，出入陳淳、李鱓間，風致極佳。
　　　（見寒松閣談藝瑣錄、清朝書畫家筆錄、中華畫人室筆記、中國畫家人名大辭典）

程守謙

名稱	形式	質地	色彩	尺寸 高x寬cm	創作時間	收藏處所	典藏號碼
菊花博古圖（趙之謙、程守謙合作）	軸	紙	設色	97.6 x 47.2		上海 上海博物館	

名稱	形式	質地	色彩	尺寸 高×寬cm	創作時間	收藏處所	典藏號碼

畫家小傳：程守謙。畫史無載。與趙之謙同時。身世待考。

黎如璘

| 山水圖 | 軸 | 紙 | 設色 | 63.2 × 40 | 甲寅（咸豐四年，1854） | 香港 霍寶材先生 | |

畫家小傳：黎如璘。畫史無載。惟嶺南畫徵略載有黎如瑋，宣宗道光廿三（1843）年舉人，疑為兄弟輩。待考。流傳署款紀年作品見於文宗咸豐四（1854）年。

尤道益

| 山水圖 | 摺扇面 | 金箋 | 設色 | 不詳 | 甲寅（？咸豐四年 1854） | 瀋陽 遼寧省博物館 | |

畫家小傳：尤道益。畫史無載。流傳署款作品紀年疑為文宗咸豐四（1854）年。身世待考。

冒仲舉

| 負笈圖 | 冊頁 | 紙 | 水墨 | 不詳 | 癸丑（？咸豐四年，1853） | 上海 上海博物館 | |

畫家小傳：冒仲舉。畫史無載。流傳署款作品紀年疑為文宗咸豐四（1854）年。身世待考。

張　度

憶江南圖	卷	紙	設色	不詳	甲申（光緒十年，1884）夏日	北京 故宮博物院	
山林隱居圖	軸	絹	水墨	不詳	乙丑（同治四年，1865）	合肥 安徽省博物館	
山村圖	摺扇面	紙	設色	不詳	乙未（光緒二十一年，1895）春日	北京 故宮博物院	
山水圖	摺扇面	紙	設色	不詳	光緒丙戌（十二年，1886）	成都 四川省博物院	

附：

| 人馬圖 | 軸 | 絹 | 設色 | 148.5 × 67.3 | | 紐約 佳士得藝品拍賣公司/拍賣目錄 1992,06,02. | |

畫家小傳：張度。字吉人。號叔憲、辟非、抱蜀山人、松隱先生、無意識界老衲等。浙江湖州人。生於宣宗道光十（1830）年，德宗光緒二十一（1895）年尚在世。工隸篆。喜作畫，畫山水，筆意沉著，設色古厚；作人物，有漢畫象意，近似陳洪綬、金農。（見寒松閣談藝瑣錄、韜養齋筆記、泉園隨筆、若溪藝人傳、長興詩存、海上墨林、中國畫家人名大辭典）

王獻琛

名稱	形式	質地	色彩	尺寸 高x寬cm	創作時間	收藏處所	典藏號碼
墨蟹	軸	紙	水墨	不詳	歲在戊子（光緒十四年，1888）小陽春上浣	台北 林金川先生	
郭索圖	軸	紙	水墨	130 × 66		台南 楊文富先生	

畫家小傳：王獻琛。字世希。號寶堂。台灣台南人。生於宣宗道光十（1830）年。卒於德宗光緒十五（1889）年。嘗為鎮署稿識。能作水墨畫，善畫蟹。（見台灣通史）

翁同龢

名稱	形式	質地	色彩	尺寸 高x寬cm	創作時間	收藏處所	典藏號碼
春滿江南書畫合璧	卷	紙	水墨	不詳	壬寅（光緒二十八年，1902）新正三日	常熟 江蘇省常熟市文物管理委員會	
劍池講臺圖	卷	紙	水墨	不詳	癸卯（光緒二十九年，1903）臘月	杭州 浙江省博物館	
風鳶圖（戲仿青藤道人筆）	卷	紙	設色	20.2 × ?	辛卯（光緒十七年，1891）二月七日	日本 東京林宗毅先生	
畫梅并題	軸	紙	水墨	不詳		台北 故宮博物院	國贈 006092
畫竹	軸	紙	水墨	不詳		台北 故宮博物院	國贈 024990
臨文衡山山水	軸	紙	水墨	90.2 × 40.2		台北 故宮博物院（蘭千山館寄存）	
疏林山影圖	軸	紙	水墨	166 × 30	庚子（光緒二十六年，1900）冬初	台北 李鴻球先生	
水墨山水圖（仿大癡老人）	軸	紙	水墨	52 × 34		昆山 崑崙堂美術館	
幽亭秀木圖	軸	紙	水墨	62.1 × 33.3	戊子（光緒十四年，1888）	蘭州 甘肅省博物館	
山水、蘭花圖（10幀）	冊	紙	水墨	不詳	壬寅（光緒二十八年，1902）	上海 上海博物館	
山水圖（8幀）	冊	紙	水墨	不詳	癸卯（光緒二十九年，1903）四月望	常熟 江蘇省常熟市文物管理委員會	
臨杭大宗建寧淨慈寺圖	摺扇面	紙	設色	18.5 × 52	庚子（光緒二十六年，1900）八月十二日	日本 東京細川護貞先生	

附：

名稱	形式	質地	色彩	尺寸 高x寬cm	創作時間	收藏處所	典藏號碼
仿石濤山水	軸	紙	水墨	105.5 × 40	辛丑（光緒二十七年，1901）仲夏	紐約 蘇富比藝品拍賣公司/拍賣目錄 1988,11,30.	
花鳥圖	軸	紙	水墨	177 × 46		紐約 佳士得藝品拍賣公司/拍	

名稱	形式	質地	色彩	尺寸 高x寬cm	創作時間	收藏處所	典藏號碼

賣目錄 1995.03.22.

畫家小傳：翁同龢。字叔平。一字聲甫。號笙鏞、瓶生、瓶廬。江蘇常熟人。生於宣宗道光十（1830）年，卒於德宗光緒三十（1904）年。咸豐六年狀元。官至大學士。工詩、文、書法。間作山水、木石、雜畫，隨意點染，筆力奇肆，古趣盎然。（見韜養齋筆記、清朝書畫家筆錄、中國畫家人名大辭典）

蘇玕谷

| 蓮塘晚秋圖 | 軸 | 紙 | 設色 | 不詳 | 乙卯（咸豐五年，1855）重陽 | 台北 黃天橫先生 | |
| 芙蓉浴鵝圖 | 軸 | 紙 | 設色 | 不詳 | | 台南 楊文富先生 | |

畫家小傳：蘇玕谷。台灣人。光緒間庠生。善畫花鳥。畫史無載。流傳署款紀年作品見於文宗咸豐五（1855）年。（見中原文化與台灣）

黃玉柱

| 竹石圖 | 軸 | 紙 | 水墨 | 122 x 31 | | 埔里 蕭再火先生 | |

畫家小傳：黃玉柱。字笏山。祖籍福建侯官，台灣淡水人。文宗咸豐五（1855）年鄉試及第。官至廣西思恩知州。善詩文。工書畫。（見台灣鄉土文物淺說）

居 慶

附：

| 牡丹圖 | 軸 | 絹 | 設色 | 105.1 x 36.9 | 咸豐乙卯（五年，1855） | 香港 佳士得藝品拍賣公司/拍賣目錄 1993.10.24. | |

畫家小傳：居慶。女。字佩徵。廣東番禺人。居仁之長女。適廣西于氏。工畫花卉，能傳家學。流傳署款紀年作品見於文宗咸豐五（1855）年。（見寒松閣談藝瑣錄、粵西先哲書畫集序、中國畫家人名大辭典）

伊念曾

| 梅花圖 | 軸 | 紙 | 水墨 | 132.3 x 64.2 | 咸豐乙卯（五年，1855） | 上海 上海博物館 | |

畫家小傳：伊念曾。字少沂。福建寧化人。伊秉綬之子。工隸書及篆刻，亦荖畫山水、墨梅。咸豐十一（1861）年官嚴州，城失陷被俘，罵賊被戕。流傳署款紀年作品見於文宗咸豐五（1855）年。（見墨林今話、中國畫家人名大辭典）

陳 藩

| 風雨歸舟圖 | 軸 | 絹 | 設色 | 不詳 | 乙卯（？咸豐五年，1855） | 上海 上海博物館 | |

畫家小傳：陳藩。畫史無載。身世待考。流傳署款作品紀年疑為文宗咸豐五（1855）年。身世待考。

陳鴻誥

名稱	形式	質地	色彩	尺寸 高x寬cm	創作時間	收藏處所	典藏號碼
花卉圖	軸	紙	水墨	不詳		美國 火魯奴奴 Hutchinson先生	

畫家小傳：陳鴻誥。字曼壽。浙江秀水人。為諸生。生時不詳，卒於德宗光緒十(1884)年。為人喜吟詠。能畫法，仿金農，又學其畫梅，乾筆皴擦，別饒韻致。晚年前往日本，從學者眾。(見寒松閣談藝瑣錄、中國美術家人名辭典)

湯世澍

名稱	形式	質地	色彩	尺寸 高x寬cm	創作時間	收藏處所	典藏號碼
貓蝶圖	軸	紙	設色	不詳	丁巳（咸豐七年，1857）	無錫 江蘇省無錫市博物館	
蓮花圖（臨甌香館真本）	軸	絹	設色	86.6 × 39.8	己亥（光緒二十五年，1839）小春月之望	義大利 羅馬國立東方藝術博物館(Balbino 先生寄存)	
花卉圖（8幀）	冊	絹	設色	（每幀）35.3 × 27.5	己亥（光緒二十五年，1839）花朝後五日	瀋陽 故宮博物館	
花卉圖	摺扇面	紙	設色	17.2 × 53		昆山 崑崙堂美術館	
附：							
撫元王淵花鳥圖	軸	絹	設色	150.5 × 40	丁酉（光緒二十三年，1897）花朝前三日	紐約 蘇富比藝品拍賣公司/拍賣目錄 1982,06,04.	
五色牡丹圖	軸	紙	設	81.3 × 42	己丑（光緒十五年，1889）秋八月	紐約 佳士得藝品拍賣公司/拍賣目錄 1993,06,04.	
歲朝圖	軸	絹	設色	151.2 × 40.6	庚辰（光緒六年，1880）小春月之望	紐約 佳士得藝品拍賣公司/拍賣目錄 1994,11,30.	
牡丹圖	團扇面	絹	設色	不詳	辛丑（光緒二十七年，1901）	常州 常州市文物商店	
嬰粟花圖（為旭初作）	摺扇面	金箋	設色	19.3 × 57.5	壬申（同治十一年，1872）中秋	紐約 佳仕得藝品拍賣公司/拍賣目錄 1986,06,04.	

畫家小傳：湯世澍。字潤之。江蘇常州人。生於宣宗道光十一（1831）年，卒於德宗光緒二十八（1902）年。工畫花卉，設色鮮艷，得甌香館法乳，無人匹比。(見寒松閣談藝瑣錄、讀畫輯略、中國畫家人名大辭典)

胡義贊

名稱	形式	質地	色彩	尺寸 高x寬cm	創作時間	收藏處所	典藏號碼
山水圖	軸	紙	水墨	55.4 × 31.2	乙酉（光緒十一年，1885）孟冬廿六日	日本 東京內藤湖南先生	

名稱	形式	質地	色彩	尺寸 高x寬㎝	創作時間	收藏處所	典藏號碼
山水圖	摺扇面	紙	水墨	不詳	丁酉（光緒二十三年，1897）夏	北京 故宮博物院	
邙山訪碑圖	摺扇面	紙	水墨	不詳	戊戌（光緒二十四年，1898）孟春下旬	北京 故宮博物院	

附：

山水圖	軸	紙	水墨	92 × 52	乙酉（光緒十一年，1885）冬日	香港 佳士得藝品拍賣公司/拍賣目錄 1995,10,29.	

畫家小傳：胡義贊。字石查。河南光山人。生於宣宗道光十一（1831）年。德宗光緒二十四（1898）年尚在世。穆宗同治十二年舉人。官至浙江海防同知。工畫山水，筆意秀潤，得董其昌清淑氣象。（見寒松閣談藝瑣錄、清朝書畫家筆錄、中國畫家人名大辭典）

沙 馥

名稱	形式	質地	色彩	尺寸 高x寬㎝	創作時間	收藏處所	典藏號碼
課詩圖（與胡淦合作）	卷	紙	設色	不詳	庚辰（光緒六年，1880）長夏	南京 南京博物院	
補彭夫人像	軸	紙	設色	125 × 63.1	丁丑（光緒三年，1877）	北京 故宮博物院	
補清人畫香月菴主像	軸	紙	設色	不詳	庚辰（光緒六年，1880）孟夏	北京 故宮博物院	
補屠婉貞夫人四十四歲小像	軸	紙	設色	134 × 60.7	庚辰（光緒六年，1880）仲夏	北京 故宮博物院	
芭蕉仕女圖	軸	紙	設色	不詳	甲午（光緒二十年，1894）菊秋	北京 故宮博物院	
楓菊白頭圖	軸	紙	設色	不詳	丙申（光緒二十二年，1896）秋七月	北京 故宮博物院	
月季雉鷄圖	軸	紙	設色	不詳	丁酉（光緒二十三年，1897）正月	北京 故宮博物院	
梅花三弄圖	軸	紙	設色	不詳	乙未（光緒二十一年，1895）	上海 上海博物館	
荷花紅蓼圖	軸	紙	設色	151 × 41.3		上海 上海博物館	
酌飲吹簫圖	橫幅	紙	設色	不詳	己卯（光緒五年，1879）桂秋	南京 南京博物院	
春夜宴桃李園圖	軸	綾	設色	40 × 43.5	癸巳（光緒十九年，1893）夏五月	南京 江蘇省美術館	
芭蕉仕女圖	軸	紙	設色	不詳	丙戌（光緒十二年	成都 四川大學	

名稱	形式	質地	色彩	尺寸 高x寬cm	創作時間	收藏處所	典藏號碼
					，1886）		
荷靜納涼圖（為曉霞作）	橫幅	紙	設色	不詳	乙未（光緒二十一年，1895）長夏	成都 杜甫草堂	
首夏鳥聲圖	軸	紙	設色	不詳	丙午（光緒三十二年，1906）穀雨	南寧 廣西壯族自治區博物館	
負薪圖	摺扇面	金箋	設色	不詳	光緒庚辰（六年，1880）	北京 故宮博物院	
草蟲圖	冊頁	紙	設色	不詳	丁亥（光緒十三年，1887）清明	北京 故宮博物院	
飲酒圖	摺扇面	紙	設色	18.8 x 53.3	戊戌（光緒二十四年，1898）春三月	北京 故宮博物院	
花鳥圖（朱偁等雜畫冊 10 之 1 幀）	冊頁	紙	設色	不詳		天津 天津市藝術博物館	
花鳥圖（清楊伯潤等雜畫冊 10 之 1 幀）	冊頁	紙	設色	不詳		天津 天津市藝術博物館	
海棠春鳥圖	摺扇面	金箋	設色	不詳	戊寅（光緒四年，1878）	合肥 安徽省博物館	
翎毛花卉圖（12 幀）	冊	絹	設色	（每幀）23.8 x 37	丁酉（光緒二十三年，1897）暮春	南京 江蘇省美術館	
仕女圖	摺扇面	紙	設色	不詳	戊辰（同治七年，1868）	南京 南京師範大學	
花鳥圖（12 幀）	冊	紙	設色	（每幀）21.5 x 31	壬午（光緒八年，1882）春三月	昆山 崑崙堂美術館	
洛神圖`	摺扇面	紙	設色	18.5 x 54	光緒丁丑（三年，1877）	杭州 浙江省博物館	
花鳥圖	摺扇面	灑金箋	設色	不詳	丁酉（光緒二十三年，1897）	德清 浙江省德清縣博物館	
紫藤桃禽圖（為瑤圃作）	摺扇面	紙	設色	18.2 x 54		日本 京都貝塚茂樹先生	

附：

名稱	形式	質地	色彩	尺寸 高x寬cm	創作時間	收藏處所	典藏號碼
村童鬧學圖	橫幅	紙	設色	29.2 x 70.2	癸巳（光緒十九年，1893）夏四月	紐約 蘇富比藝品拍賣公司/拍賣目錄 1986.09.25、26.	
人物圖	軸	紙	設色	91.7 x 42.8	己丑（光緒十五年，1889）十月	紐約 蘇富比藝品拍賣公司/拍賣目錄 1987,12,08.	
米顛拜石圖	摺扇面	紙	設色	不詳	戊戌（光緒二十四年，1898）	無錫 無錫市文物商店	

名稱	形式	質地	色彩	尺寸 高x寬cm	創作時間	收藏處所	典藏號碼
桃花鸚鵡圖	摺扇面	金箋	設色	不詳	辛未（同治十年，1871）	常`州 常州市文物商店	
花鳥圖	摺扇面	金箋	設色	不詳	丙子（光緒二年，1876）	常`州 常州市文物商店	

畫家小傳：沙馥。字山春。江蘇蘇州（一作長洲）人。生於宣宗道光十一（1831）年，卒於德宗光緒三十二（1906）年。工畫人物、花卉，筆致妍秀，無不精妙。（見寒松閣談藝瑣錄、海上墨林、清代書畫家筆錄、中國畫家人名大辭典）

許 筠

名稱	形式	質地	色彩	尺寸 高x寬cm	創作時間	收藏處所	典藏號碼
秋菊八哥圖	卷	絹	設色	41 x 196		台北 沈以正先生	
竹石圖	卷	絹	設色	41 x 196		台北 沈以正先生	
花鳥圖	軸	紙	設色	45 x 84		台北 台北市文獻會	
人物圖（采藥女仙）	軸	紙	設色	136.5 x 67.5		台北 台灣博物館	AH002548
水墨花卉圖	軸	紙	水墨	129.5 x 32.5		台北 徐瀛洲先生	
梅鶴圖	軸	紙	設色	129.5 x 32.5		台北 徐瀛洲先生	

畫家小傳：許筠。字綸亭。福建人。知書、善畫。善畫花鳥、四君子。寓台期間，曾應板橋林本源之聘，館於林家；亦曾指授台北蔡大成。（見中原文化與台灣）

倪 耘

名稱	形式	質地	色彩	尺寸 高x寬cm	創作時間	收藏處所	典藏號碼
范湖草堂圖（清陶淇等范湖草堂圖卷7之1段）	卷	紙	水墨	不詳		上海 上海博物館	
仕女圖	軸	紙	設色	不詳	壬戌（同治元年，1862）	北京 故宮博物院	
搔背苗圖	軸	紙	設色	128.6 x 31.5	壬戌（同治元年，1862）	蘇州 江蘇省蘇州博物館	
擬陸叔平點筆法薔薇桃花圖（清花卉畫冊之3）	摺扇面	紙	設色	18.1 x 52		台北 故宮博物院	故畫03521-3
花果、草蟲（12幀，為建翁作）	冊	紙	設色	（每幀）30.5 x 27	辛酉（咸豐十一年，1861）四月八日	上海 上海博物館	
花卉圖（12幀）	冊	紙	設色	不詳	丙辰（咸豐六年，1856）	蘇州 江蘇省蘇州博物館	
雁來紅桂花圖	摺扇面	紙	設色	17.2 x 52.8		日本 東京國立博物館	

畫家小傳：倪耘。字芥孫。號小圃。石門人。生時不詳，卒於穆宗同治三（1864）年。倪學圃之子，方薰外甥。承家學，工寫照；兼畫花卉、草蟲，用筆雅秀生動。流傳署款紀年作品見於文宗咸豐六（1856）至穆宗同治元（1862）年。（見墨林今話續編、海上墨林、中國畫家人名大辭典）

名稱	形式	質地	色彩	尺寸 高x寬cm	創作時間	收藏處所	典藏號碼

陶紹源

| 范湖草堂圖（清陶淇等范湖草堂圖卷7之1段） | 卷 | 紙 | 水墨 | 不詳 | | 上海 上海博物館 | |

畫家小傳：陶紹源。畫史無載。約與倪耘同時。身世待考。

陳 禎

| 范湖草堂圖（清陶淇等范湖草堂圖卷7之1段） | 卷 | 紙 | 水墨 | 不詳 | | 上海 上海博物館 | |

畫家小傳：陳禎。畫史無載。約與倪耘同時。身世待考。

金爾珍

溪山晴靄圖	軸	絹	水墨	100.4 x 63	丙戌（光緒十二年，1886）春日	日本 東京河井荃廬先生	
梅花奇石圖	軸	紙	設色	131.5 x 56.7	丙辰（咸豐六年，1856）七夕	日本 東京河井荃廬先生	
山水圖	軸	紙	設色	63.6 x 27.3		日本 東京河井荃廬先生	

畫家小傳：金爾珍。字少之。號吉石、蘇盦。浙江秀水人，寓居滬上。精鑑古。工書法。偶作山水，仿王原祁、吳歷諸家，深得古致。流傳署款紀年作品見於文宗咸豐六（1856）年至民國五（1916）年。（見海上墨林、中國畫家人名大辭典）

謝 彬

福壽人物圖	軸	紙	設色	127 x 62	癸未（光緒九年，1883）孟春	埔里 蕭再火先生	
麻姑獻壽圖	軸	紙	設色	177 x 95	丙辰（咸豐六年，1856）仲冬之月	台南 楊文富先生	
水仙圖	軸	紙	水墨	27.9 x 36.3	已未（咸豐九年，1859）	台南 楊文富先生	
漁翁圖	軸	紙	設色	不詳	辛未（同治十年，1871）夏	台南 楊文富先生	
八仙圖	橫幅	紙	設色	不詳		台南 楊文富先生	
朱茂時終身孺慕圖（謝彬、周行合作）	軸	紙	設色	不詳	癸巳（光緒十九年，1893）秋仲	南京 南京博物院	

畫家小傳：謝彬。咸豐、光緒間，台灣台南人。常為廟壁作畫，曾師法林覺。流傳署款紀年作品見於文宗咸豐六（1856）年，至德宗光緒十九（1893）年。（見清代台南府城書畫展覽專集）

名稱	形式	質地	色彩	尺寸 高x寬cm	創作時間	收藏處所	典藏號碼

愛新覺羅奕

| 山水圖 | 軸 | 紙 | 水墨 | 77.4 x 58.8 | | 台北 故宮博物院 | 故畫 02898 |

畫家小傳：奕誴。為宣宗子，綿愷嗣子。封惇郡王。生卒時年不詳，約活動咸豐（1851-1860）間。能書畫。

史兆霖

| 史可法像 | 卷 | 紙 | 設色 | 不詳 | 咸豐六年，丙辰（1856） | 鎮江 江蘇省鎮江市博物館 | |

畫家小傳：史兆霖。畫史無載。流傳署款紀年作品見於文宗咸豐六（1856）年。身世待考。

劉錫玲

| 指畫曲溪探幽圖 | 軸 | 絹 | 設色 | 121 x 53.2 | 丙辰（咸豐六年，1856） | 成都 四川大學 | |
| 蘭石圖 | 摺扇面 | 紙 | 設色 | 16.9 x 48.7 | 甲辰（光緒三十年，1904）小暑 | 義大利 羅馬東方藝術博物館 | 7560.8286 |

畫家小傳：劉錫玲。字梓（一作粹）謙。號聾道人、自聞居士。浙江（一作四川華陽）人。仕官至中書。工指頭畫，山水、竹石、人物、花卉、翎毛俱能，有高其佩遺意。嘗繪編七十二侯箋譜、聾道人百種詩箋，光緒間榮寶齋刻行之。流傳署款紀年作品見於文宗咸豐六（1856）年至德宗光緒三十（1904）年。（見韜養齋筆記、中國版畫研究重要書目、中國美術家人名辭典）

張鶴澗

| 夏山深秀圖 | 軸 | 絹 | 設色 | 134.6 x 32.2 | 丙辰（咸豐六年，1856）嘉平月 | 日本 私人 | |

畫家小傳：張鶴澗。畫史無載。流傳署款紀年作品見於文宗咸豐六（1856）年。身世待考。

顧松僊

| 人物圖 | 軸 | 紙 | 設色 | 124.5 x 58.2 | 丙辰（?咸豐六年，1856）新夏 | 日本 中埜又左衛門先生 | |

畫家小傳：顧松僊。畫史無載。流傳署款作品紀年疑為文宗咸豐六（1856）年。身世待考。

蒲 華

荷花楊柳圖	軸	紙	設色	不詳		台北 故宮博物院	國贈 025212
墨竹（6幅）	軸	紙	水墨	不詳		台北 故宮博物院	國贈 024857
畫竹（對幅）	軸	紙	水墨	不詳		台北 故宮博物院	國贈 031090
閉戶著書圖	軸	紙	水墨	145.8 x 40.2		台北 台北市立美術館	
溪橋野色圖	軸	紙	設色	147 x 38	己亥（光緒二十五	台中 台灣省立美術館	

名稱	形式	質地	色彩	尺寸 高x寬cm	創作時間	收藏處所	典藏號碼
					年，1899）秋仲		
花卉圖（4幅）	軸	紙	設色	（每幅）145 x 40	辛丑（光緒二十七年，1901）	瀋陽 故宮博物院	
菊石圖	軸	紙	設色	118 x 39	丁未（光緒三十三年，1907）	瀋陽 故宮博物院	
竹石圖	軸	紙	水墨	131 x 66.5		瀋陽 故宮博物院	
鸞鳳清音圖	軸	紙	水墨	131 x 66		石家莊 河北省博物館	
並蒂蓮圖（為養之作）	軸	紙	設色	不詳	癸卯（光緒二十九年，1903）	揚州 江蘇省揚州市博物館	
天竺水仙圖	軸	紙	設色	41.1 x 83.4		上海 上海博物館	
松韻泉聲圖	軸	紙	水墨	不詳		上海 上海畫院	
山水圖（4幅）	軸	紙	設色	不詳		上海 上海畫院	
竹石圖（4幅）	軸	紙	水墨	不詳		上海 上海畫院	
山晴水明圖	軸	紙	設色	不詳	癸巳（光緒十九年，1893）	南京 江蘇省美術館	
仿大米山水圖	軸	紙	水墨	不詳		無錫 江蘇省無錫市博物館	
富貴神仙圖	軸	紙	設色	不詳	乙丑（同治四年，1865）	杭州 浙江省博物館	
淺絳山水圖	軸	紙	設色	49.7 x 29.5	壬申（同治十一年，1872）冬十月	杭州 浙江省博物館	
梅石圖（蒲華、雅竹合作）	軸	紙	設色	不詳	癸卯（光緒二十九年，1903）	杭州 浙江省博物館	
端陽即景圖	軸	紙	設色	不詳	庚子（光緒二十六年，1900）	杭州 浙江美術學院	
仿李流芳山水圖	軸	紙	水墨	209 x 52.5		杭州 浙江美術學院	
溪山真意圖	軸	紙	水墨	不詳	甲申（光緒十年，1884）	嘉興 浙江省嘉興市博物館	
老圃秋容圖	軸	紙	設色	99 x 54	甲辰（光緒三十年，1904）	嘉興 浙江省嘉興市博物館	
紅白梅花圖	軸	紙	設色	不詳	己酉（宣統元年，1909）	嘉興 浙江省嘉興市博物館	
瀟湘水雲圖	軸	紙	水墨	不詳		嘉興 浙江省嘉興市博物館	
蘭竹石圖	軸	紙	水墨	不詳	丙戌（光緒十二年，1886）	海寧 浙江省海寧市博物館	

名稱	形式	質地	色彩	尺寸 高x寬cm	創作時間	收藏處所		典藏號碼
竹石圖	軸	紙	水墨	不詳	癸卯（光緒二十九年，1903）	德清	浙江省德清縣博物館	
松林清話圖（沈麟元、蒲華合作）	軸	絹	設色	不詳	庚子（光緒二十六年，1900）	金華	浙江省金華市太平天國侍王府紀念館	
竹石圖	軸	紙	水墨	127.3 x 45.4	癸卯（光緒二十九年，1903）仲冬	日本	京都米內山庸夫先生	
青綠山水圖	軸	紙	設色	127.3 x 45.5		日本	京都米內山庸夫先生	
雲根圖（寫贈雨山先生）	軸	綾	水墨	144.4 x 41.3	丁未（光緒三十三年，1907）秋仲	日本	大阪市立美術館	
米法山水圖	軸	紙	水墨	122.4 x 54.5		日本	愛知縣櫻木俊一先生	
看竹圖（看竹圖并題跋冊42之1幀）	冊頁	絹	設色	21.2 x 20.3		上海	上海博物館	
松林亭子圖	摺扇面	紙	水墨	不詳	甲辰（光緒三十年，1904）	常熟	江蘇省常熟市文物管理委員會	
瓜果香花圖	摺扇面	紙	設色	18 x 51.5	乙巳（光緒三十一年，1905）巧日	昆山	崑崙堂美術館	
水榭山齋圖	摺扇面	紙	設色	18 x 52.6		日本	東京國立博物館	

附：

名稱	形式	質地	色彩	尺寸 高x寬cm	創作時間	收藏處所		典藏號碼
墨竹圖	卷	絹	水墨	40.4 x 195	庚子（光緒二十六年，1900）閏中秋	香港	佳士得藝品拍賣公司／拍賣目錄 1992,09,28.	
山水圖	軸	紙	設色	不詳		常州	常州市文物商店	
墨竹圖	軸	紙	水墨	122 x 27		紐約	蘇富比藝品拍賣公司／拍賣目錄 1980,10,25.	
蘭花圖	軸	紙	水墨	137.1 x 33		紐約	蘇富比藝品拍賣公司／拍賣目錄 1980,10,25.	
竹石圖	軸	紙	水墨	148 x 41		紐約	蘇富比藝品拍賣公司／拍賣目錄 1984,10,12、13.	
仿大米雲山圖	軸	紙	水墨	143.5 x 39	癸未（光緒九年，1883）六月	紐約	佳仕得藝品拍賣公司／拍賣目錄 1986,06,04.	
葫蘆圖	軸	紙	設色	146 x 39.4	戊申（光緒三十四年，1908）九月	紐約	佳士得藝品拍賣公司／拍賣目錄 1987,12,11.	
深山聽鳥圖	軸	紙	設色	147 x 80	癸巳（光緒十九年，1893）三月	香港	佳士得藝品拍賣公司／拍賣目錄 1988,01,18.	

名稱	形式	質地	色彩	尺寸 高x寬cm	創作時間	收藏處所	典藏號碼
浮嵐暖翠	軸	紙	設色	144.2 x 74.3	辛卯（光緒十七年，1891）新秋	紐約 蘇富比藝品拍賣公司/拍賣目錄 1988,11,30.	
籬落梅花圖	軸	紙	設色	71.1 x 34.3	庚子（光緒二十六年，1900）四月	香港 佳士得藝品拍賣公司/拍賣目錄 1989,01,16.	
菊花圖	軸	紙	設色	147.5 x 41		紐約 佳士得藝品拍賣公司/拍賣目錄 1989,06,01.	
梅花圖	軸	紙	設色	151 x 39.5		香港 佳士得藝品拍賣公司/拍賣目錄 1989,09,25.	
梅、菊、荷、牡丹圖（4幅）	軸	紙	設色	（每幅）137.5 x 33.5	甲辰（光緒三十年，1904）嘉平月	香港 佳士得藝品拍賣公司/拍賣目錄 1990,10,07.	
山水圖	軸	紙	設色	129 x 65	丙戌（光緒十二年，1886）秋七月」	香港 佳士得藝品拍賣公司/拍賣目錄 1991,03,18.	
四季花卉圖（4幅）	軸	紙	設色	（每幅）141.5 x 38.5	庚子（光緒二十六年，1900）仲秋	香港 佳士得藝品拍賣公司/拍賣目錄 1992,03,30.	
山水圖	軸	紙	水墨	150 x 82.5	甲辰（光緒三十年，1904）春三月	香港 佳士得藝品拍賣公司/拍賣目錄 1992,09,28.	
牡丹圖	軸	紙	設色	135 x 32.8	甲午（光緒二十年，1894）夏杪	香港 佳士得藝品拍賣公司/拍賣目錄 1993,10,24.	
襄陽煙雨圖	軸	紙	設色	186.7 x 64.5	己酉（宣統元年，1909）春日	香港 佳士得藝品拍賣公司/拍賣目錄 1993,10,24.	
朱竹圖	軸	紙	設色	134.5 x 65.5	丁未（光緒三十三年，1907）仲冬月之初	香港 佳士得藝品拍賣公司/拍賣目錄 1994,10,30.	
竹圖	軸	紙	水墨	243 x 58.7		香港 佳士得藝品拍賣公司/拍賣目錄 1995,10,29.	
寒谷幽致圖	軸	紙	設色	144.8 x 79		香港 蘇富比藝品拍賣公司/拍賣目錄 1999,10,31.	

畫家小傳：蒲華。字作英。浙江秀水人，寓居上海。生於宣宗道光十二（1832）年，卒於宣統帝宣統三（1911）年。工書、畫。善畫竹，醉心蘇軾；畫花卉，在徐渭、陳淳間；間作山水。居上海數十年，以鬻畫自給。（見寒松閣談藝瑣錄、海上墨林、韜養齋筆記、中國畫家人名大辭典）

顧春福

名稱	形式	質地	色彩	尺寸 高x寬cm	創作時間	收藏處所	典藏號碼
仿王翬山水圖	軸	紙	水墨	不詳	壬戌（同治元年，1862）六月十日	南京 南京博物院	
山水圖（12幀）	冊	紙	設色、不詳		丁巳（咸豐七年，	上海 上海博物館	

名稱	形式	質地	色彩	尺寸 高x寬cm	創作時間	收藏處所	典藏號碼
		水墨			1857）秋日		

畫家小傳：顧春福。字夢香。江蘇崑山人，僑居吳縣。顧錦疇之子。承家學，亦善畫。師於改琦，人物、仕女、花卉，入手即超出；亦工山水，師仿宋趙伯駒、王石谷。流傳署款紀年作品見於文宗咸豐七(1857)年、穆宗同治元(1862)年。（見墨林今話、畫林新詠、中國畫家人名大辭典）

汪　鋆

名稱	形式	質地	色彩	尺寸 高x寬cm	創作時間	收藏處所	典藏號碼
星樓小像（嵇樞、汪鋆合作）	軸	紙	設色	不詳	丁巳（咸豐七年，1857）	南京 南京博物院	
龍舟競渡圖	軸	紙	設色	不詳	同治十二年，癸酉（1873）	揚州 江蘇省揚州市博物館	
含飴授讀圖	冊頁	絹	設色	不詳		鎮江 江蘇省鎮江市博物館	

畫家小傳：汪鋆。字硯山。江蘇儀徵人。工詩，善畫，尤精於金石。流傳署款紀年作品見於文宗咸豐七（1857）年，至穆宗同治十二（1873）年。（見十二硯齋金石過眼錄序、中國畫家人名大辭典）

嵇　樞

名稱	形式	質地	色彩	尺寸 高x寬cm	創作時間	收藏處所	典藏號碼
星樓小像（嵇樞、汪鋆合作）	軸	紙	設色	不詳	丁巳（咸豐七年，1857）	南京 南京博物院	

畫家小傳：嵇樞。畫史無載。與汪鋆同時。流傳署款紀年作品見於文宗咸豐七（1857）年。身世待考。

吳春林

名稱	形式	質地	色彩	尺寸 高x寬cm	創作時間	收藏處所	典藏號碼
瑞獸圖（2幀）	冊頁	紙	設色	（每幀）28 x 37		台北 歷史博物館	

畫家小傳：吳春林。畫史無載。身世待考。

尤與麋

名稱	形式	質地	色彩	尺寸 高x寬cm	創作時間	收藏處所	典藏號碼
樓臺遠眺圖	軸	絹	設色	175.2 x 97.5	丁巳（？咸豐七年，1857）	天津 天津市藝術博物館	
崇樓映雪圖	軸	絹	設色	207 x 135		天津 天津市美術學院	

畫家小傳：尤與麋。畫史無載。流傳署款作品紀年疑為文宗咸豐七（1857）年。身世待考。

沈　羹

附：

名稱	形式	質地	色彩	尺寸 高x寬cm	創作時間	收藏處所	典藏號碼
柳苑戲春圖	軸	絹	設色	175.5 x 99	丁巳（？咸豐七年，1857）	蘇州 蘇州市文物商店	

畫家小傳：沈羹。畫史無載。流傳署款作品紀年疑為文宗咸豐七（1857）年。身世待考。

名稱	形式	質地	色彩	尺寸 高x寬cm	創作時間	收藏處所	典藏號碼

吳小荷

附：

| 耄耋圖 | 軸 | 絹 | 設色 | 95 x 44.5 | 丁巳（咸豐七年，1857）初春 | 紐約 佳士得藝品拍賣公司/拍賣目錄 1990.11.28 | |

畫家小傳：吳小荷。畫史無載。流傳署款紀年作品見於文宗咸豐七(1857)年。身世待考。

戎廷選

| 蘭竹石圖（清人名家書畫扇面冊之1幀） | 摺扇面 | 金箋 | 設色 | 16.6 x 53 | 丁巳（？咸豐七年，1857）夏 | 日本 中埜又左衛門先生 | |

畫家小傳：戎廷選。畫史無載。流傳署款作品紀年疑為文宗咸豐七（1857）年。身世待考。

俞冶平

附：

| 竹石圖 | 軸 | 紙 | 水墨 | 129.5 x 63.5 | 丁巳（？咸豐七年，1857）十月上浣 | 紐約 蘇富比藝品拍賣公司/拍賣目錄 1981,05,07. | |

畫家小傳：俞冶平。畫史無載。流傳署款作品紀年疑為文宗咸豐七（1857）年。身世待考。

錢慧安

桃花源圖（為伯巖作）	卷	絹	設色	39.5 x 210.5	甲辰（光緒三十年，1904）神仙日	南京 江蘇省美術館	
仿白陽山人人物圖	軸	紙	設色	148.7 x 39.9	丙申（光緒廿二年，1896）	台北 台北市立美術館	
人物圖（4幅）	軸	絹	設色	不詳		北京 故宮博物院	
蒲觴邀福圖（為綏廷作）	軸	紙	設色	不詳	庚寅（光緒十六年，1890）嘉平	北京 中央工藝美術學院	
蘭桂聯芳圖	軸	紙	設色	105 x 54	戊寅（光緒四年，1878）	天津 天津市美術學院	
富貴花王圖	橫幅	絹	設色	不詳	光緒丁亥（十三年，1887）	天津 天津市美術學院	
山水、人物圖（12幅）	軸	紙	設色	不詳		天津 天津市美術學院	
賞菊圖	軸	紙	設色	不詳	己卯（光緒五年，1879）	石家莊 河北省石家莊文物管理所	
歲朝獻頌圖	軸	紙	設色	不詳	戊申（光緒三十四年，1908）小春	南京 江蘇省美術館	

名稱	形式	質地	色彩	尺寸 高x寬cm	創作時間	收藏處所	典藏號碼
九老圖	軸	紙	設色	不詳	庚寅（光緒十六年，1890）菊秋	南京 南京市博物館	
蕩槳女圖	軸	絹	設色	75 x 19.5		長沙 湖南省博物館	
麥舟濟發圖	橫幅	紙	設色	不詳	丙午（光緒三十二年，1906）	汕頭 廣東省汕頭市博物館	
春風圖	軸	紙	設色	不詳	辛丑（光緒二十七年，1901）小春之初	日本 東京河井荃廬先生	
猿猴圖	軸	紙	設色	54.8 x 62.4		日本 東京河井荃廬先生	
書畫	軸	紙	設色	不詳		日本 東京住友寬一先生	
仿新羅山人筆作三暉朗曜圖	軸	紙	設色	137.6 x 40.3	壬寅（光緒二十八年，1902）春日之吉	日本 京都圓山淳一先生	
皆大歡喜圖（為也愚老兄大人寫）	軸	絹	設色	109.9 x 42.2	丙申（光緒二十二年，1896）春仲之吉	日本 大阪市立美術館	
仿李公麟白衣觀音圖	軸	綾	設色	132.9 x 41.8		韓國 私人	
羯鼓催花圖	軸	紙	設色	63.2 x 65.9		美國 印地安那波里斯市藝術博物館（私人寄存）	
人物圖	摺扇面	紙	設色	31.8 x 59.2		台北 故宮博物院	國贈 024997
聽鸝圖	摺扇面	紙	設色	19 x 53.5	壬午（光緒八年，1882）	北京 故宮博物院	
柳塘牧牛圖	摺扇面	紙	設色	18.5 x 51.5	庚寅（光緒十六年，1890）	北京 故宮博物院	
人物圖	摺扇面	紙	設色	不詳	甲戌（同治十三年，1874）	北京 中國歷史博物館	
畫稿（錢慧安等十人畫稿合冊112幀之部分）	冊頁	紙	水墨	40 x 29.6		北京 中國美術館	
人物圖（朱偁等雜畫冊10之1幀）	冊頁	紙	設色	不詳		天津 天津市藝術博物館	
人物圖（12幀）	冊	絹	設色	不詳	丁亥（光緒十三年，1887）	天津 天津市美術學院	
人物扇面（6幀）	冊	絹	設色	不詳	癸巳（光緒十九年，1893）	天津 天津市美術學院	

名稱	形式	質地	色彩	尺寸 高×寬cm	創作時間	收藏處所	典藏號碼
滿船香雪圖	摺扇面	粉箋	設色	不詳	壬申（同治十一年，1872）	合肥 安徽省博物館	
仕女圖	摺扇面	粉箋	設色	不詳	辛丑（光緒二十七年，1901	合肥 安徽省博物館	
花鳥圖（朱偁等雜畫冊8之2）幀	冊頁	紙	設色	不詳		上海 上海畫院	
花鳥圖（清錢慧安等雜畫冊8之2幀）	冊頁	紙	設色	不詳	己卯（光緒五年，1879）	上海 上海畫院	
附：							
野航圖	軸	紙	設色	不詳	壬午（光緒八年，1882）夏六月	北京 榮寶齋	
十二花神圖	軸	紙	設色	不詳	乙巳（光緒三十一年，1905）二月花朝	北京 榮寶齋	
仕女圖	軸	絹	設色	不詳		常州 常州市文物商店	
願學圖	軸	紙	設色	98.5 × 40	丙午（光緒三十二年，1906）	武漢 湖北省武漢市文物商店	
秋行蜀道圖	軸	紙	設色	129.5 × 31.7		紐約 蘇富比藝品拍賣公司/拍賣目錄1980,10,25.	
蘆雪爭聯圖	軸	紙	設色	22.8 × 38.1	光緒五年，己卯（1879）四月	紐約 蘇富比藝品拍賣公司/拍賣目錄1980,10,25.	
青眼裙釵圖	軸	絹	設色	144.8 × 39		紐約 蘇富比藝品拍賣公司/拍賣目錄1980,10,25.	
海棠詩社圖	橫幅	紙	設色	22.8 × 38.1		紐約 蘇富比藝品拍賣公司/拍賣目錄1980,10,25.	
竹林七賢圖	軸	絹	設色	120 × 161.6	辛巳（光緒七年，1881）嘉平之古	香港 蘇富比藝品拍賣公司/拍賣目錄1984,11,21.	
廣陵花瑞圖	軸	紙	設色	106 × 52.5		紐約 佳士得藝品拍賣公司/拍賣目錄1987,06,03.	
財神圖	軸	紙	設色	132.5 × 65.5	光緒十七年（辛卯，1891）臘月之吉	紐約 佳士得藝品拍賣公司/拍賣目錄1987,06,03.	
三多圖	軸	紙	設色	241 × 119	光緒二十六年庚子（1900）三月	香港 佳士得藝品拍賣公司/拍賣目錄1988,01,18.	

名稱	形式	質地	色彩	尺寸 高×寬㎝	創作時間	收藏處所	典藏號碼
百子圖	軸	絹	設色	144.8 × 80.6		紐約 蘇富比藝品拍賣公司/拍賣目錄1988,06,01.	
觀棋圖	軸	紙	設色	148.3 × 79.7	乙巳（光緒三十一年，1905）春正之吉	香港 佳士得藝品拍賣公司/拍賣目錄1989,09,25.	
富貴侯王圖	軸	紙	設色	147 × 79.5	光緒三十一年乙巳（1905）嘉平之吉	香港 佳士得藝品拍賣公司/拍賣目錄1991,03,30.	
富貴昌宜侯王圖	軸	紙	設色	174 × 90.7	戊申（光緒三十四年，1908）小春之吉	香港 佳士得藝品拍賣公司/拍賣目錄1989,01,16.	
人物（財神趙公明圖）	軸	紙	設色	147.5 × 79.5	光緒三十一年（1869）夏之吉	香港 佳士得藝品拍賣公司/拍賣目錄1994,10,30.	
虯髯客與紅拂女	軸	紙	設色	146 × 81.3	庚子（光緒二十六年，1900）秋月下浣	紐約 佳士得藝品拍賣公司/拍賣目錄1995,4,30.	
簪花老人圖	軸	紙	設色	133.2 × 65.5	丁酉（光緒二十三年，1897）	香港 佳士得藝品拍賣公司/拍賣目錄1995,10,29.	
鍾馗圖	軸	紙	設色	110.5 × 47.9		紐約 佳士得藝品拍賣公司/拍賣目錄1996,9,18.	
阿㝹多羅圖	軸	紙	設色	66 × 50	宣統建元，己酉（1909）之浴佛日	香港 佳士得藝品拍賣公司/拍賣目錄2001,04,29.	
人物圖（8幀）	冊	紙	設色	（每幀）26 × 31.7	乙巳（光緒三十一年，1905）	武漢 湖北省武漢市文物商店	
坡公品硯圖	紈扇面	絹	設色	直徑30.2	庚辰（光緒六年，1880）七月	香港 蘇富比藝品拍賣公司/拍賣目錄1984,11,11.	
人物圖（12幀）	冊	紙	設色	（每幀）34.3 × 27.5	光緒六年，庚辰（1880）臘月	香港 蘇富比藝品拍賣公司/拍賣目錄1984,11,21.	
探春圖	摺扇面	紙	設色	不詳	戊戌（光緒二十四年，1898）	香港 佳士得藝品拍賣公司/拍賣目錄1994,10,30.	
圯上進履圖	摺扇面	紙	設色	不詳	庚寅（光緒十六年，1890）小春月	香港 佳士得藝品拍賣公司/拍賣目錄1994,10,30.	
山水圖（蒯嘉珍、錢與齡合冊10之第5幀）	冊頁	紙	水墨、設色	（每幀）8 × 13.8		紐約 佳士得藝品拍賣公司/拍賣目錄1995,03,22.	

畫家小傳：錢慧安。初名貴昌。字吉生。號清谿樵子。浙江寶山（或作湖州、仁和）人。生於宣宗道光十三年（1833）。卒於宣統三年

（1911）。善作工筆畫，擅長人物、仕女，亦作花卉、山水，俱能不落前人窠臼。名重上海。（見寒松閣談藝瑣錄、海上墨林、

名稱	形式	質地	色彩	尺寸 高×寬cm	創作時間	收藏處所	典藏號碼

清代畫史、中國畫家人名大辭典）

凌 霞

附：

| 墨梅（4幅） | 軸 | 紙 | 水墨 | （每幅）68 × 33 | 癸巳（光緒十九年，1893）夏四月 | 紐約 佳士得藝品拍賣公司/拍賣目錄1989.06.01. | |

畫家小傳：凌霞（一名瑕）。字子興。號病鶴、疢琴居士、樂石野叟、二金梅室等。浙江湖州歸安人。善詩，與楊見山、陸存齋、施均甫諸
　　人，被稱「苕上七子」。工書。善寫墨梅，冷韻高情，足與金俊明相頡頏。流傳署款紀年作品見於文宗咸豐八（1858）年至德宗
　　光緒十九（1893）年。（見寒松閣談藝瑣錄、甌鉢羅書畫過目考、中華畫人室隨筆、中國畫家人名大辭典）

任 淇

| 櫻姹丹源圖 | 軸 | 絹 | 設色 | 147.5 × 37.7 | | 南京 南京博物院 | |
| 桃花圖 | 摺扇面 | 金箋 | 設色 | 不詳 | 戊午（咸豐八年，1858） | 杭州 浙江省杭州西泠印社 | |

附：

| 富貴永昌圖 | 軸 | 紙 | 設色 | 不詳 | | 上海 上海文物商店 | |

畫家小傳：任淇。畫史無載。流傳署款紀年作品見於文宗咸豐八（1858）年。身世待考。

蘇文樞

| 祝幗翁父母千秋山水圖 | 軸 | 綾 | 水墨 | 196.9 × 48.8 | 戊午（？咸豐八年，1858）冬 | 日本 私人 | |

畫家小傳：蘇文樞。畫史無載。流傳署款作品紀年疑為文宗咸豐八（1858）年。身世待考。

林汝梅

| 梅鶴圖 | 軸 | 紙 | 設色 | 123 × 30 | | 埔里 蕭再火先生 | |

畫家小傳：林汝梅。字若村。號鰲珊。台灣新竹人。生於宣宗道光十四（1834）年。卒於德宗光緒廿（1894）。為台灣新竹潛園主人
　　林占梅胞弟。生有經濟長才。篤信道教，曾至江西龍虎山求教。又善畫。（見台灣先賢書畫選集）

程懷珍

| 仿北苑山水 | 軸 | 紙 | 水墨 | 93.6 × 53.9 | 己未（咸豐九年，1859）長夏 | 日本 東京河井荃廬先生 | |

畫家小傳：程懷珍。女。字味蔬。號味吾道人。江蘇上海人。工詩文。善畫山水，宗法董源，意致淡遠。流傳署款紀年作品見於文宗咸豐
　　九（1859）年。（見海上墨林、中國畫家人名大辭典）

名稱	形式	質地	色彩	尺寸 高x寬㎝	創作時間	收藏處所	典藏號碼

吳尚霑

名稱	形式	質地	色彩	尺寸	創作時間	收藏處所	典藏號碼
擬馬香蘭法墨蘭圖	軸	紙	水墨	78 × 20	己未(咸豐九年，1859)春二月中浣	台北 張林罔受女士	
墨蘭圖	短卷	紙	水墨	24 × 68	光緒戊寅(四年，1878)冬十一月冬至節前	台南 許文龍先生	
墨蘭圖	軸	紙	水墨	不詳		台北 吳樹先生	

畫家小傳：吳尚霑。字潤江。號秋農。台灣台南人。文宗咸豐九（1859）年舉人。能書、畫、篆刻。謝琯樵嘗寓其家，吳從而師事之，學畫梅、蘭、竹、菊，以蘭最前。署款紀年作品見於文宗咸豐九(1859)至德宗光緒四（1878）年。（見清代台南府城書畫展覽專集）

葉赫那拉氏

名稱	形式	質地	色彩	尺寸	創作時間	收藏處所	典藏號碼
梅花圖	軸	紙	設色	不詳		台北 故宮博物院	國贈 025456
壽桃圖	軸	紙	設色	不詳		台北 故宮博物院	國贈 005384
菊石圖	軸	紙	設色	162.7 × 81.5	光緒二十五年（己丑，1899）二月初日	台北 長流美術館	
山水圖	軸	紙	設色	103 × 49.2	光緒丁未（三十三年，1907）季秋	日本 東京永青文庫	
附：							
梅竹圖	軸	紙	設色	161.5 × 83.5		紐約 佳士得藝品拍賣公司/拍賣目錄 1984,06,29.	
歲朝圖	軸	絹	設色	118.1 × 54.5	光緒丁未（三十三年，1907）季冬下浣	紐約 蘇富比藝品拍賣公司/拍賣目錄 1985,06,03.	
松雲引福圖	軸	絹	設色	106 × 52.7	光緒丁未（三十三年，1907）季秋下浣	紐約 佳士得藝品拍賣公司/拍賣目錄 1987,06,03.	
牡丹圖	軸	絹	設色	118 × 61.5	光緒乙巳（三十一年，1905）孟春上浣	紐約 佳士得藝品拍賣公司/拍賣目錄 1988,11,30.	
蟠桃圖	軸	絹	設色	126 × 61.6	光緒甲午（二十年，1894）孟冬上浣	紐約 佳士得藝品拍賣公司/拍賣目錄 1989,06,01.	
山水圖	軸	紙	設色	88.5 × 49.5	光緒丁酉（二十三年，1897）秋九月	紐約 佳士得藝品拍賣公司/拍賣目錄 1989,06,01.	

名稱	形式	質地	色彩	尺寸 高×寬cm	創作時間	收藏處所	典藏號碼
牡丹圖	軸	絹	設色	96 × 50	光緒王辰（十八年，1892）夏月	紐約 佳士得藝品拍賣公司/拍賣目錄 1990,05,31.	
松鶴圖	軸	絹	設色	92.5 × 52	甲午（光緒二十年，1894）季秋下澣	紐約 佳士得藝品拍賣公司/拍賣目錄 1990,05,31.	
葡萄圖	軸	紙	設色	169.5 × 84.5		紐約 佳士得藝品拍賣公司/拍賣目錄 1990,11,28.	
菊花圖	軸	絹	設色	107.5 × 55.5	光緒戊戌（二十四年，1898）季秋中浣	香港 佳士得藝品拍賣公司/拍賣目錄 1991,03,30.	
牡丹圖	軸	絹	設色	119.5 × 59.5	光緒王寅（二十八年，1902）孟冬	香港 佳士得藝品拍賣公司/拍賣目錄 1991,03,18.	
鳳凰梧桐圖	軸	紙	設色	134 × 64	光緒庚寅（十六年，1890）季夏	紐約 佳士得藝品拍賣公司/拍賣目錄 1991,05,29.	
牡丹圖	軸	絹	設色	108 × 77	光緒癸巳（十九年，1893）孟夏清和月	香港 佳士得藝品拍賣公司/拍賣目錄 1992,09,28.	
桃實圖	軸	絹	設色	129 × 38.5		紐約 佳士得藝品拍賣公司/拍賣目錄 1992,12,02.	
福壽圖	軸	絹	設色	123.5 × 61	光緒甲辰（三十年，1904）孟夏上浣	香港 佳士得藝品拍賣公司/拍賣目錄 1993,03,22.	
福壽如天圖（2幅）	軸	金箋	設色	（每幅）102 × 25		紐約 佳士得藝品拍賣公司/拍賣目錄 1995,04,30.	
松雲引福圖	軸	絹	設色	106 × 52.7	光緒丁未（三十三年，1907）季秋下浣	紐約 佳士得藝品拍賣公司/拍賣目錄 1996,03,27.	
牡丹圖	軸	絹	設色	138 × 59.5	光緒甲辰（三十年，1904）季春中浣	香港 佳士得藝品拍賣公司/拍賣目錄 1996,04,28.	
壽字花籃圖	軸	絹	設色	85 × 43	王辰（光緒十八年，1892）嘉平月	香港 佳士得藝品拍賣公司/拍賣目錄 1998,04,26.	
仙在人境（蘭石圖）	軸	紙	設色	127 × 61		洛杉磯 佳士得藝品拍賣公司/拍賣目錄 1998,05,20.	

畫家小傳：葉赫那拉氏，即慈禧太后。生於宣宗道光十五(1835)年。卒於德宗光緒三十四(1908)年。為文宗之妃，德宗之從母。穆宗、德宗兩朝，垂簾聽政四十餘年。光緒中，怡情翰墨，學畫花卉，又作擘窠大字。命挑選能書畫之婦人入內供奉，為之代筆，晚年所作，多為此輩代筆所為。（見八旗畫錄、書林紀事、中華畫人室隨筆、中國美術家人名辭典）

顧澐

名稱	形式	質地	色彩	尺寸 高×寬cm	創作時間	收藏處所	典藏號碼
松隱庵讀書圖（顧澐、金柬、陸恢合畫，為伯雲作）	卷	紙	設色	不詳	乙未（光緒二十一年，1895）重九	常州 江蘇省常州市博物館	
臨吳漁山聽泉圖	高卷	紙	水墨	123.3 × 109.4		日本 東京高島菊次郎槐安居	
仿黃鶴山樵山水	軸	紙	設色	不詳		台北 故宮博物院	國贈 031091
山水	軸	紙	水墨	不詳		台北 故宮博物院	國贈 031092
臨玉山草堂本王蒙畫輞川圖	軸	紙	設色	116 × 40	癸酉（同治十二年，1873）夏六月	台北 清玩雅集	
柳蔭獨釣圖	軸	紙	設色	126.5 × 41.5	戊子（光緒十四年，1888）孟夏	台北 張添根養和堂	
仿唐寅山水圖	軸	紙	水墨	不詳	甲戌（同治十三年，1874）	瀋陽 魯迅美術學院	
寒林激潤圖	軸	紙	水墨	不詳	壬申（同治十一年，1872）孟冬	北京 故宮博物院	
仿沈周山水圖	軸	紙	設色	不詳	光緒甲午（二十年，1894）長夏	北京 故宮博物院	
丹臺雙鶴圖	軸	絹	設色	不詳	辛巳（光緒七年，1881）	太原 山西省博物館	
仿巨然山水圖	軸	紙	水墨	不詳	光緒丙子（二年，1876）	上海 上海博物館	
溪橋移棹圖（為次侯作）	軸	紙	水墨	不詳	丁丑（光緒三年，1887）秋七月	上海 上海博物館	
仿王蒙山水圖	軸	紙	水墨	不詳		上海 上海博物館	
臨南田秋帆圖	軸	紙	設色	73.1 × 40.9		上海 上海博物館	
觀雁圖	軸	紙	設色	54 × 26.2	戊子（光緒十四年，1888）	無錫 江蘇省無錫市博物館	
獅子林圖	橫幅	紙	水墨	22.4 × 51.8		日本 東京河井荃廬先生	
山水圖	軸	紙	設色	36.4 × 30.3	同治甲戌（十三年，1874）荷花誕日	日本 東京河井荃廬先生	
仿雲西山水圖	軸	紙	水墨	76.7 × 40	辛巳（光緒七年，1881）冬月	日本 東京河井荃廬先生	
園林山水圖	軸	紙	水墨	54.8 × 42.4	丁亥（光緒十三年，1887）秋日	日本 東京河井荃廬先生	
（日本）愛知縣水災圖	軸	紙	水墨	121.2 × 33.8	光緒己丑（十五年	日本 東京河井荃廬先生	

名稱	形式	質地	色彩	尺寸 高×寬㎝	創作時間	收藏處所	典藏號碼
					，1889）八月		
仿大癡山水	軸	紙	設色	125.4 × 53.9	庚寅（光緒十六年，1890）花朝後三日	日本 東京河井荃廬先生	
山水（2幅）	軸	紙	水墨	（每幅）96.1 × 26.1		日本 東京河井荃廬先生	
山水圖（仿清湘大意）	軸	紙	設色	131.8 × 47.9	乙未（光緒二十一年，1895）四月浴佛日	日本 東京河井荃廬先生	
山水圖	軸	紙	水墨	127.3 × 48.5		日本 東京河井荃廬先生	
文殊像	軸	紙	水墨	129.4 × 54.5	光緒甲申（十年，1884）冬月	日本 東京河井荃廬先生	
寒山草廬圖	軸	紙	水墨	83.6 × 30.3		日本 東京河井荃廬先生	
山水圖（仿董思翁筆意）	軸	紙	水墨	65.1 × 43.3	甲戌（同治十三年，1874）冬仲	日本 東京高島菊次郎槐安居	
水墨山水（仿耕煙散人小景）	軸	紙	水墨	135.1 × 25.2	辛巳（光緒七年，1881）春仲	日本 東京石川寅吉先生	
山水圖（2幅）	軸	紙	水墨	（每幅）90.1 × 26.1	其一：光緒癸巳（十九年，1893）新秋	日本 東京吉武鶴次郎先生	
淺絳山水圖	軸	紙	設色	142.4 × 37.3	癸酉（同治十二年，1873）初夏	日本 東京吉武鶴次郎先生	
水墨山水圖	軸	紙	水墨	63 × 27.3	乙未（光緒二十一年，1895）春暮	日本 東京石川寅吉先生	
仿董源山水圖	軸	紙	水墨	178.5 × 66.7	己丑（光緒十五年，1889）之望	日本 京都國立博物館（上野有竹齋寄贈）	A甲218
仿麓臺倪法小景	軸	紙	水墨	不詳	癸未（光緒九年，1883）□月既望	日本 京都內藤湖南先生	
仿董其昌墨法山水圖	軸	紙	水墨	不詳		日本 江田勇二先生	
仿戴熙山水圖（12幀，為菱舫作）	冊	紙	設色	不詳	戊子（光緒十四年，1888）秋七月	瀋陽 故宮博物館	
仿諸家山水圖（12幀）	冊	紙	設色	不詳	壬申（同治十一年，1872）四月	北京 中國美術館	
仿董其昌山水圖	摺扇面	紙	設色	不詳		南通 江蘇省南通博物苑	

名稱	形式	質地	色彩	尺寸 高×寬cm	創作時間	收藏處所	典藏號碼
山水圖（6幀）	冊	紙	水墨	（每幀）21.2 × 15	光緒己卯（五年，1879）	上海 上海博物館	
臨黃易山水圖（6幀，為翰卿作）	冊	紙	水墨	不詳	光緒己卯（五年，1879）小春	上海 上海博物館	
怡園圖（20幀，為艮庵作）	冊	紙	設色	不詳	甲申（光緒十年，1884）春	南京 南京博物院	
臨古山水圖（12幀，為子青八旬壽作，）	冊	紙	水墨、設色	不詳	光緒庚寅（十六年，1890）秋日	南京 南京博物院	
山水圖（12幀）	冊	紙	設色	不詳	丙寅（同治五年，1866）	蘇州 江蘇省蘇州博物館	
山水圖（12幀）	冊	紙	設色	不詳		蘇州 江蘇省蘇州博物館	
花卉	摺扇面	紙	設色	18 × 51.5		昆山 崑崙堂美術館	
山水圖（12幀，顧澐、金柬合作）	冊	紙	設色	不詳	丙申（光緒二十二年，1896）	杭州 浙江省博物館	
山水圖（7幀）	冊	紙	設色	不詳	癸未（光緒九年，1883）	南寧 廣西壯族自治區博物館	
山水圖（吳大澂、顧澐合作）	摺扇面	紙	水墨	不詳		桂林 廣西壯族自治區桂林市博物館	
石屋澗秋漲圖（為笙甫作）	摺扇面	金箋	設色	18.8 × 53	丁丑（光緒三年，1877）秋八月	日本 京都貝塚茂樹先生	
探梅圖（清人扇面合裝冊之第7幀）	摺扇面	紙	設色	17.5 × 54.3		日本 私人	
山水圖	摺扇面	金箋	水墨	18 × 52		美國 普林斯頓大學藝術館	68-227
山水圖	摺扇面	紙	水墨	18.5 × 54.1		瑞士 蘇黎士黎德堡博物館（私人寄存）	

附：

名稱	形式	質地	色彩	尺寸 高×寬cm	創作時間	收藏處所	典藏號碼
清供圖樣（任預、顧澐、胡錫珪等合作）	卷	紙	設色	21.9 × 168.6		紐約 佳士得藝品拍賣公司/拍賣目錄1986,12,01.	
夢家山圖	卷	紙	水墨	23 × 85		紐約 佳士得藝品拍賣公司/拍賣目錄1992,12,02.	
山水圖（與吳東發書法合卷）	卷	紙	水墨	16 × 128.5		紐約 佳士得藝品拍賣公司/拍賣目錄1993,06,04.	
山水圖（為伯陽作）	軸	紙	水墨	不詳	乙亥（光緒元年，1875）春三月	上海 朵雲軒	

名稱	形式	質地	色彩	尺寸 高x寬cm	創作時間	收藏處所	典藏號碼
柳蔭荷塘圖（為嵩淦作）	軸	紙	設色	不詳	光緒甲午（二十年，1894）孟冬	上海 朵雲軒	
山水圖	軸	紙	設色	不詳	甲午（光緒二十年，1894）	上海 朵雲軒	
仿米山水圖（冊頁裝成）	軸	紙	水墨	31 × 25		上海 朵雲軒	
寒松栖鶴圖	軸	紙	水墨	64 × 35		上海 朵雲軒	
清溪路曲圖	軸	紙	設色	不詳	甲午（光緒二十年，1894）	常州 常州市文物商店	
煙外春山圖	軸	紙	設色	不詳	壬辰（光緒十八年，1892）	常州 常州市文物商店	
深山採薇圖	軸	絹	設色	90.8 × 39.3		紐約 蘇富比藝品拍賣公司/拍賣目錄 1980,12,18.	
仿一峰道人筆意山水	軸	絹	設色	139.5 × 25.7		紐約 蘇富比藝品拍賣公司/拍賣目錄 1980,12,18.	
陂塘水滿圖	軸	紙	設色	64.7 × 31.1		香港 蘇富比藝品拍賣公司/拍賣目錄 1984,11,11.	
古木幽篁圖（為笈麗作）	軸	絹	設色	63 × 34.3		紐約 蘇富比藝品拍賣公司/拍賣目錄 1988,11,30.	
仿文徵明山水（與吳東發書法合卷）	軸	紙	水墨	146.6 × 62.8	乙酉（光緒十一年，1885）秋八月上浣	香港 佳士得藝品拍賣公司/拍賣目錄 1992,03,30.	
仿古山水（12幀）	冊	紙	設色	（每幀）24.2 × 28.5		紐約 蘇富比藝品拍賣公司/拍賣目錄 1984,12,05.	
夢家山圖	冊頁	紙	水墨	不詳		紐約 佳士得藝品拍賣公司/拍賣目錄 1994,06,01.	
山水圖（12幀）	冊	紙	水墨、設色	（每幀）29 × 40.6		香港 佳士得藝品拍賣公司/拍賣目錄 1994,10,30.	
人物山水圖（12幀）	冊	紙	設色	（每幀）26 × 17		紐約 佳士得藝品拍賣公司/拍賣目錄 1994,11,30.	
仿李唐松壑鳴泉圖	紈扇面	絹	設色	24.8 × 25.4	戊寅（光緒四年，1878）六月	香港 佳士得藝品拍賣公司/拍賣目錄 2001,04,29.	

畫家小傳：顧澐。字若波。號雲壺。江蘇吳縣人。生於宣宗道光十五年（1835）。卒於德宗光緒二十二年（1896）。光緒間曾居駐日公使館。工畫山水，澤古功深，能彙合四王、吳、惲諸家之長，清麗疏古，氣韻秀出，惟魄力不足，無遒勁之氣（見海上墨林、清畫家詩史、中國畫家人名大辭典）

名稱	形式	質地	色彩	尺寸 高×寬㎝	創作時間	收藏處所	典藏號碼

吳大澂

名稱	形式	質地	色彩	尺寸 高×寬㎝	創作時間	收藏處所	典藏號碼
杜甫祠紀遊圖	卷	紙	水墨	42 × 131	光緒二年（丙子，1876）秋八月	成都 杜甫草堂	
山水圖	卷	綾	水墨	51.5 × 242.4	辛酉（咸豐十一年，1861）夏五	日本 東京河井荃廬先生	
山水圖（2幀合裝）	軸	紙	不詳	不詳		台北 故宮博物院	國贈 024991
江天帆影圖	軸	紙	水墨	23 × 32.1	壬辰（光緒十八年，1892）上月	台北 市立美術館	
仿金農梅花圖（為笙漁作）	軸	紙	設色	不詳	己巳（同治八年，1869）夏五月	北京 故宮博物院	
山水圖（為夢惺作）	軸	紙	設色	不詳	丙子（光緒二年，1876）初冬	北京 故宮博物院	
山水圖（為□之作）	軸	紙	設色	不詳	辛卯（光緒十七年，1891）秋七月	北京 故宮博物院	
梅花圖	軸	紙	水墨	不詳	光緒乙酉（十一年，1885）新春	北京 中國歷史博物館	
仿沈周銅官山圖	軸	紙	水墨	131.1 × 31.4	丙寅（同治五年，1866）	上海 上海博物館	
仿黃慎南極壽星圖	軸	紙	設色	不詳	光緒己丑（十五年，1889）仲秋	上海 上海博物館	
汪郎亭像圖（吳大澂、陸恢合作）	軸	紙	設色	不詳	壬辰（光緒十八年，1892）秋	南京 南京博物院	
仿王石谷山水圖	軸	紙	水墨	不詳		蘇州 蘇州博物館	
仿王石谷山水圖	軸	紙	水墨	不詳		無錫 無錫市博物館	
山水（群峰矗秀圖）	軸	紙	設色	70 × 33		昆山 崑崙堂美術館	
仿元明人山水圖（4幅）	軸	紙	設色	不詳	庚寅（光緒十六年，1890）十月望日	杭州 浙江省博物館	
山水圖（吳大澂、顧澐合作）	摺扇面	紙	水墨	不詳		桂林 廣西壯族自治區桂林市博物館	
古柏圖（為見山作）	軸	紙	水墨	92.5 × 29	光緒戊子（十四年，1888）秋七月	日本 東京國立博物館	
仿巨然山水圖	軸	紙	水墨	106.7 × 36.1	壬辰（光緒十八年，1892）夏五月	日本 東京河井荃廬先生	

名稱	形式	質地	色彩	尺寸 高x寬cm	創作時間	收藏處所	典藏號碼
山水圖	軸	紙	設色	166.7 x 56.1	壬辰（光緒十八年，1892）初夏	日本 東京河井荃廬先生	
山水圖（臨石谷仿王孟端舍人小景）	軸	紙	水墨	116.7 x 43.9		日本 東京河井荃廬先生	
山水圖	軸	紙	水墨	166.7 x 56.1		日本 東京河井荃廬先生	
紫荊圖	軸	紙	設色	169.7 x 45.1		日本 東京河井荃廬先生	
水墨山水圖	軸	紙	水墨	67.9 x 38.2		日本 東京河井荃廬先生	
梅花圖（仿揚補之用筆）	軸	紙	水墨	121.5 x 44.8	庚寅（光緒十六年，1890）秋仲	日本 東京正木直彥先生	
仿雲林子意山水圖（為大迁作）	軸	紙	水墨	131.6 x 44.7		日本 京都貝塚茂樹先生	
送別圖	摺扇面	紙	設色	不詳	光緒壬午（八年，1882）清和	北京 故宮博物院	
臨王翬山水圖（8幀）	冊	紙	水墨	（每幀）21.3 x 22.8		天津 天津市藝術博物館	
仿古山水圖（8幀）	冊	紙	設色	不詳	壬辰（光緒十八年，1892）暮春	南京 南京博物院	
古寺喬木圖	摺扇面	紙	設色	不詳	己巳（同治八年，1869）	常熟 江蘇省常熟市文物管理委員會	
瀟湘水雲圖	摺扇西	紙	水墨	不詳	五十有八（光緒十八年，1892）	日本 東京河井荃廬先生	
山水圖（8幀）	冊	紙	水墨	（每幀）23.6 x 15.2	光緒戊子（十四年，1888）夏五月	日本 松丸先生	
臨黃小松畫山水圖（12幀）	冊	紙	水墨	（每幀）24.9 x 15.6	戊子（（光緒十四年，1888）	日本 松丸先生	
擬耕煙意山水圖	摺扇面	紙	設色	16.4 x 51.9	丁卯（同治六年，1867）秋日	日本 松丸先生	
附：							
山水圖（4段）	卷	紙	水墨	（每段）30.5 x 31.5	壬戌（同治元年，1862）	紐約 佳士得藝品拍賣公司/拍賣目錄 1992,12,02.	
臨王紱溪山漁隱圖	卷	紙	水墨	34.4 x 707.5	光緒十有八年壬辰（1892）秋九月	紐約 佳士得藝品拍賣公司/拍賣目錄 1998,09,15.	

名稱	形式	質地	色彩	尺寸 高x寬cm	創作時間	收藏處所	典藏號碼
范湖草堂圖（為范湖作）	軸	紙	設色	不詳	壬戌（同治元年，1862）夏五月	上海 上海文物商店	
秋山飛瀑圖	軸	紙	水墨	79 × 42.5		香港 佳仕得藝品拍賣公司/拍賣目錄 1987,01,12.	
臨唐寅春山伴侶圖	軸	紙	水墨	78.5 × 42		香港 佳士得藝品拍賣公司/拍賣目錄 1988,01,18.	
山水圖	軸	紙	水墨	90 × 31.5	光緒辛卯（十七年，1891）七月中旬	紐約 佳士得藝品拍賣公司/拍賣目錄 1988,06,02.	
仿王鑑筆意山水圖（為筱亭六兄大人作）	摺扇面	紙	設色	19 × 52.5		紐約 佳士得藝品拍賣公司/拍賣目錄 1984,06,29.	
山水圖（8幀）	冊	紙	設色	（每幀）24.1 × 30.5	光緒壬辰（十八年，1892）夏四月	紐約 蘇富比藝品拍賣公司/拍賣目錄 1986,12,04.	
仿惲壽平山水、花卉（8幀）	冊	紙	設色、水墨	（每幀）21.6 × 29.9	道光戊申（二十八年，1848）七月	紐約 蘇富比藝品拍賣公司/拍賣目錄 1987,12,08.	
臨載熙山水圖（8幀）	冊	紙	水墨	（每幀）30 × 38		紐約 佳士得藝品拍賣公司/拍賣目錄 1993,06,04.	
山水圖	摺扇面	紙	水墨	19.7 × 54.5	辛酉（民國十年，1921）冬十月	香港 佳士得藝品拍賣公司/拍賣目錄 1995,04,30.	
臨王鑑虞山十景（10幀）	冊	紙	設色	（每幀）26.3 × 17.8		紐約 佳士得藝品拍賣公司/拍賣目錄 1996,03,27.	
臨惲南田山水花卉圖（8幀）	冊	紙	水墨、設色	（每幀）27.9 × 41.5		香港 佳士得藝品拍賣公司/拍賣目錄 1998,09,15.	
又一村望雪圖	冊頁	紙	設色	28.5 × 37	光緒癸巳（十九年，1893）正月十九日	香港 佳士得藝品拍賣公司/拍賣目錄 1998,09,15.	
仿古山水圖（10幀）	冊	紙	水墨、設色	（每幀）25.8 × 28.5	吳昌碩題於丁未（光緒三十三年，1903）初夏	香港 蘇富比藝品拍賣公司/拍賣目錄 1999,10,31.	
雪嶺運糧圖	紈扇面	絹	水墨	26 × 26	丁丑（光緒三年，1877）秋仲	香港 蘇富比藝品拍賣公司/拍賣目錄 1999,10,31.	

畫家小傳：吳大澂。初名大淳。字清卿。號恆軒、愙齋。江蘇吳縣人。生於宣宗道光十五年（1835）。卒於德宗光緒二十八年（1902）。同治七年進士。歷官至廣東、湖南巡撫。精鑑別，工篆刻，善書畫。畫擅山水、花卉，用筆秀逸，書卷氣盎然。（見韜養齋筆記、海上墨林、廣印人傳、中國畫家人名大辭典）

名稱	形式	質地	色彩	尺寸 高x寬cm	創作時間	收藏處所	典藏號碼

任　薰

名稱	形式	質地	色彩	尺寸 高x寬cm	創作時間	收藏處所	典藏號碼
窗齋集古圖（任薰、陸恢窗齋集古圖卷2之1段）	卷	絹	設色	不詳		上海 上海博物館	
華天跨蝶圖（3段）	卷	紙	設色	27.4 x 32.4；27.4 x 37.3；27.4 x 136.8	甲戌（同治十三年，1874）	蘇州 江蘇省蘇州博物館	
花鳥圖	卷	紙	設色	不詳	乙亥（光緒元年，1875）	蘇州 江蘇省蘇州博物館	
雙鉤花卉圖	卷	紙	設色	25.2 x 134.5	戊寅（光緒四年，1878）九秋	蘇州 江蘇省蘇州博物館	
梅花山莊圖（為吳倉石作）	卷	紙	設色	不詳	庚辰（光緒六年，1880）冬日	杭州 浙江省博物館	
漁隱圖（沈景修節臨米南宮書題跋）	軸	紙	設色	不詳		台北 故宮博物院	國贈 031093
獻壽圖	軸	紙	設色	177 x 96	丁丑（光緒三年，1877）夏仲	台北 長流美術館	
午日鍾馗圖	軸	紙	設色	131 x 65	辛巳（光緒七年，1881）四月	台北 清玩雅集	
清供圖	軸	紙	設色	136.8 x 65.3		香港 香港美術館・虛白齋	XB1992.202
人物圖（4幅）	軸	絹	設色	不詳	壬申（同治十一年，1872）	北京 故宮博物院	
花鳥圖（4幅）	軸	紙	設色	（每幅）147 x 39	同治甲戌（十三年，1874）	北京 故宮博物院	
四季花鳥圖（4幅）	軸	紙	設色	不詳	光緒戊寅（四年，1878）冬日	北京 中國歷史博物館	
四季花卉圖（12幅）	軸	紙	設色	（每幅）89.3 x 31	同治癸酉（十二年，1873）至光緒乙亥（元年，1875）	北京 中國美術館	
試硯圖	軸	紙	設色	不詳		北京 中國美術館	
人馬圖	軸	紙	設色	不詳		北京 中國美術館	
佛像	軸	紙	設色	不詳	壬午（光緒八年，1882）	北京 北京畫院	
紫薇仕女圖	軸	紙	設色	148.5 x 45	甲申（光緒十年，1884）夏仲	北京 中央美術學院	
秉燭圖	軸	紙	設色	不詳	同治庚午（九年，	北京 中央美術學院	

名稱	形式	質地	色彩	尺寸 高×寬㎝	創作時間	收藏處所	典藏號碼
					1870）		
仕女圖（任薰、任頤合作）	軸	紙	設色	不詳	癸酉（同治十二年，1873	北京 中央工藝美術學院	
祝壽圖	軸	紙	設色	161.4 × 84.2	戊寅（光緒四年，1878）	天津 天津市人民美術出版社	
閑坐圖	軸	絹	設色	84 × 33.6		天津 天津市人民美術出版社	
敲詩圖	軸	紙	設色	不詳		天津 天津市人民美術出版社	
人物圖（4幅）	軸	紙	設色	不詳		天津 天津市人民美術出版社	
紈扇仕女圖	橫幅	紙	設色	不詳		天津 天津市人民美術出版社	
麻姑獻壽圖	軸	瓷青紙	泥金	108 × 47	戊寅（光緒四年，1878）	鄭州 河南省博物館	
鍾馗試劍圖	軸	紙	設色	不詳	癸酉（同治十二年，1873）	合肥 安徽省博物館	
博古圖	軸	紙	設色	99.9 × 39.7	同治辛未（十年，1871）	上海 上海博物館	
人物圖	軸	紙	設色	不詳		上海 上海博物館	
採芝圖	軸	紙	設色	137.5 × 39.5		上海 上海博物館	
鍾馗像	軸	紙	設色	不詳	己卯（光緒五年，1879）	上海 上海畫院	
群仙祝壽圖	軸	紙	設色	不詳		上海 上海畫院	
米家書畫圖	橫幅	紙	水墨	不詳	同治甲戌（十三年，1874）夏仲	南京 南京博物院	
竹廊紈扇圖	軸	紙	設色	不詳	丙子（光緒二年，1876）秋	南京 南京博物院	
福祿壽通景（4幅）	軸	紙	設色	（每幅）119.5 × 61	丙戌（光緒十二年，1886）春仲	南京 江蘇省美術館	
竹雀水仙圖	軸	絹	設色	不詳		南京 江蘇省美術館	
花雉圖	軸	紙	設色	不詳		南京 江蘇省美術館	
紫藤鴛鴦圖	橫幅	金箋	設色	不詳	丙子（光緒二年，1876）	鎮江 江蘇省鎮江市博物館	
麻姑獻壽圖	軸	金箋	設色	172 × 82		常熟 江蘇省常熟市文物管理委員會	
磨劍圖	軸	紙	設色	167.7 × 47.6	光緒乙亥（元年，1875）	無錫 江蘇省無錫市博物館	

名稱	形式	質地	色彩	尺寸 高×寬㎝	創作時間	收藏處所	典藏號碼
蝙蝠芝石圖	軸	紙	設色	不詳	庚辰（光緒六年，1880）	無錫 江蘇省無錫市博物館	
漁父圖	軸	金箋	設色	不詳		無錫 江蘇省無錫市博物館	
慈菇蜻蜓圖	軸	絹	設色	125.2 × 54.4	癸酉（同治十二年，1873）	蘇州 江蘇省蘇州博物館	
竇燕山教子圖	軸	紙	設色	不詳	壬午（光緒八年，1882）	蘇州 江蘇省蘇州博物館	
松鶴圖	軸	紙	設色	不詳	壬午（光緒八年，1882）	吳江 江蘇省吳江縣博物館	
桂菊雙貓圖	軸	紙	設色	110 × 32.1		吳江 江蘇省吳江縣博物館	
麻姑獻壽圖	軸	絹	設色	137.4 × 58.7	庚午（同治九年，1870）春二月	杭州 浙江省博物館	
人物圖	軸	紙	設色	不詳	同治庚午（九年，1870）	杭州 浙江省博物館	
花鳥圖（4幅）	軸	紙	設色	不詳	同治甲戌（十三年，1874）	杭州 浙江省博物館	
白描人物圖（2幅裱成）	軸	紙	水墨	116.6 × 32.1	甲戌（同治十三年，1874）	杭州 浙江省博物館	
歲朝清供圖	軸	紙	設色	不詳	甲申（光緒十年，1884）元旦	杭州 浙江省博物館	
蓮橋像	軸	紙	設色	96.5 × 31.1		杭州 浙江省博物館	
仕女閒坐圖	軸	絹	設色	112 × 60	癸酉（同治十二年，1873）冬十二月	杭州 浙江美術學院	
人物圖（4幅）	軸	紙	設色	不詳		紹興 浙江省紹興市博物館	
花鳥圖（4幅）	軸	紙	設色	不詳	癸未（光緒九年，1883）	金華 浙江省金華市太平天國侍王府紀念館	
榴石萱兔圖	軸	紙	設色	128 × 49.2	兔酉（光緒十一年，1885）	溫州 浙江省溫州博物館	
達摩圖	軸	紙	設色	90 × 38	辛巳（光緒七年，1851）	長沙 湖南省圖書館	
海屋添籌圖	軸	紙	設色	178 × 91.5	同治庚午（九年，1870）	深圳 廣東省深圳市博物館	

名稱	形式	質地	色彩	尺寸 高x寬㎝	創作時間	收藏處所	典藏號碼
樹下人物圖	軸	紙	設色	127.3 x 64.5		日本 東京河井荃廬先生	
山水圖	摺扇面	紙	設色	不詳		台北 故宮博物院	國贈 024992
人物圖	摺扇面	紙	設色	19.1 x 56.1	癸酉（同治十二年，1873）	北京 故宮博物院	
人物圖	摺扇面	金箋	設色	18.5 x 52.6		北京 故宮博物院	
人物圖	摺扇面	紙	設色	18.8 x 53		北京 故宮博物院	
婕妤擋熊圖	摺扇面	紙	設色	19.4 x 53.9		北京 故宮博物院	
觀鶴圖	摺扇面	金箋	設色	18.1 x 51.3	光緒己卯（五年，1879）	北京 中國歷史博物館	
菊花鵪鶉圖	紈扇面	絹	設色	不詳		北京 中國美術館	
狩獵圖	紈扇面	絹	設色	不詳		北京 中國美術館	
花蝶圖	摺扇面	紙	設色	不詳		北京 中國美術館	
畫稿（錢慧安等十人畫稿合冊112幀之部分）	冊頁	紙	水墨	40 x 29.6		北京 中國美術館	
花鳥圖（8幀）	冊	紙	設色	不詳	甲申（光緒十年，1884）	北京 北京畫院	
人物圖（8幀）	冊	紙	設色	不詳	同治壬申（十一年，1872）	天津 天津市藝術博物館	
十二生肖圖（12幀）	冊	紙	設色	（每幀）22.5 x 31.8		天津 天津市藝術博物館	
雪蕉圖	摺扇面	金箋	設色	不詳		合肥 安徽省博物館	
江湖流民圖（12幀）	冊	紙	設色	（每幀）26.5 x 32	丙子（光緒二年，1876）	上海 上海畫院	
雜畫（2幀）	冊	紙	設色	不詳	丁丑（光緒三年，1877）	上海 上海畫院	
雜畫（任頤、任薰雜畫冊6之第3幀）	冊頁	紙	設色	（每幀）25 x 32	光緒己卯（五年，1879）	上海 上海博物館	
人物圖	摺扇面	金箋	設色	不詳		南京 南京市博物館	
鍾馗圖	紈扇面	瓷青箋	設色	不詳		南京 南京師範大學	
人物圖	紈扇面	絹	設色	不詳	辛巳（光緒七年，1881）	常州 江蘇省常州市博物館	
花鳥圖	紈扇面	絹	設色	不詳		常州 江蘇省常州市博物館	
花鳥圖（12幀）	冊	紙	設色	不詳	丙子（光緒二年，1876）	無錫 江蘇省無錫市博物館	

名稱	形式	質地	色彩	尺寸 高x寬cm	創作時間	收藏處所	典藏號碼
拜石圖	摺扇面	金箋	設色	不詳	丁丑（光緒三年，1877）	無錫 江蘇省無錫市博物館	
花鳥圖	紈扇面	絹	設色	不詳		無錫 江蘇省無錫市博物館	
人物圖	摺扇面	紙	設色	不詳		無錫 江蘇省無錫市博物館	
花鳥圖	摺扇面	金箋	設色	不詳		無錫 江蘇省無錫市博物館	
花鳥圖（12幀）	冊	金箋	設色	（每幀）26.5 x 36		蘇州 江蘇省蘇州博物館	
貓柳圖	摺扇面	金箋	設色	不詳		蘇州 江蘇省蘇州博物館	
倦繡圖	摺扇面	紙	設色	不詳		蘇州 江蘇省蘇州博物館	
花卉圖	摺扇面	紙	設色	17 x 52.5	丙戌（光緒十二年，1886）花朝	昆山 崑崙堂美術館	
花卉圖（4幀，為伯年姪作）	冊	紙	設色	不詳	丁亥（同治十三年，1874）人日	杭州 浙江省博物館	
花鳥圖	摺扇面	金箋	設色	不詳		杭州 浙江省博物館	
桃花小鳥圖	摺扇面	金箋	設色	不詳		杭州 浙江省杭州西泠印社	
看竹圖	摺扇面	絹	設色	不詳		湖州 浙江省湖州市博物館	
草花圖（清人扇面合裝冊之第22幀）	摺扇面	紙	設色	17.5 x 52.7		日本 私人	
竹林高士圖	摺扇面	紙	設色	19.8 x 55.2		韓國 首爾月田美術館	

附：

名稱	形式	質地	色彩	尺寸 高x寬cm	創作時間	收藏處所	典藏號碼
秋景山水圖	卷	紙	設色	38 x 106	癸酉（同治十二年，1873）初秋	香港 佳士得藝品拍賣公司/拍賣目錄 1989,09,25.	
紫藤竹鳥圖	短卷	紙	設色	38.8 x 105.4		香港 佳士得藝品拍賣公司/拍賣目錄 1989,01,16.	
秋樹庵填詞圖	軸	紙	設色	不詳	乙丑（同治四年，1865）	上海 上海文物商店	
竹石梅雀圖	軸	紙	設色	不詳		上海 上海文物商店	
羅漢圖	軸	紙	設色	不詳		上海 上海文物商店	
仕女圖	軸	紙	設色	不詳	癸未（光緒九年，1883）	常州 常州市文物商店	
花鳥（4幅）	軸	紙	設色	（每幅）127 x 31.4	壬申（同治十一年，1872）秋九月	紐約 蘇富比藝品拍賣公司/拍賣目錄 1984,06,13.	
芙蓉白鷺圖	軸	紙	設色	128.6 x 60.3	丙子（光緒二年，1876）仲冬	紐約 蘇富比藝品拍賣公司/拍賣目錄 1986,12,04.	

名稱	形式	質地	色彩	尺寸 高×寬cm	創作時間	收藏處所	典藏號碼
聽松悟禪圖（任薰、倪田、金 柬合作）	軸	紙	設色	47 × 59	庚子（光緒廿六年 ，1900）春正月上 浣	香港 蘇富比藝品拍賣公司/拍 賣目錄 1984,11,11.	
花鳥圖	軸	紙	設色	146 × 40.6	丁亥（光緒十三年 ，188）春日	香港 蘇富比藝品拍賣公司/拍 賣目錄 1984,11,11.	
雙鉤花鳥圖	軸	紙	設色	162 × 46.3		紐約 蘇富比藝品拍賣公司/拍 賣目錄 1985,06,03.	
鍾馗圖	軸	紙	硃紅	101.5 × 37.5		香港 蘇富比藝品拍賣公司/拍 賣目錄 1986,05,22.	
向日葵母雞圖	軸	紙	設色	135.3 × 63.5	壬申（同治十一年 ，1872）夏日	香港 佳士得藝品拍賣公司/拍 賣目錄 1989,01,16.	
吟詩圖	軸	絹	設色	55.5 × 62.5		香港 佳士得藝品拍賣公司/拍 賣目錄 1990,10,07.	
花鳥圖（6幅）	軸	紙	設色	（每幅）220.5 × 52.5	同治戊辰（七年， 1868）春	香港 佳士得藝品拍賣公司/拍 賣目錄 1992,09,28.	
秋葵圖	摺扇面	金箋	設色	不詳	同治丁卯（六年， 1867）	蘇州 蘇州市文物商店	
米顛拜石圖	紈扇面	絹	設色	不詳		蘇州 蘇州市文物商店	
問道圖	紈扇面	絹	設色	不詳		蘇州 蘇州市文物商店	
花鳥圖	摺扇面	金箋	設色	不詳		蘇州 蘇州市文物商店	
人物圖	摺扇面	金箋	設色	11.1 × 50.5		武漢 湖北省武漢市文物商店	
仕女圖（2幀）	冊頁	紙	設色	（每幀）30.5 × 37.5		紐約 蘇富比藝品拍賣公司/拍 賣目錄 1980,12,19.	
雙鉤花鳥圖（12幀）	冊	絹	設色	（每幀）22 × 28.5	光緒丁亥（十三年 ，1887）秋八月	香港 蘇富比藝品拍賣公司/拍 賣目錄 1986,05,22.	
桃花幽禽圖	摺扇面	金箋	設色	18 × 52.5		紐約 佳士得藝品拍賣公司/拍 賣目錄 1983,11,30.	
鍾馗圖	紈扇面	絹	設色	直徑 35	壬午（光緒八年， 1882）夏日	香港 佳士得藝品拍賣公司/拍 賣目錄 1989,09,25.	
野卉八哥圖	紈扇面	絹	設色	不詳		紐約 佳士得藝品拍賣公司/拍 賣目錄 1989,12,04.	
山水、人物圖（8幀）	冊	紙	設色	（每幀）27 × 30.5	己卯（光緒五年， 1879）二月	香港 佳士得藝品拍賣公司/拍 賣目錄 1991,03,30.	
花果圖（山陰三任花鳥人物冊	摺扇面	金箋	設色	？		紐約 佳士得藝品拍賣公司/拍	

名稱	形式	質地	色彩	尺寸 高x寬cm	創作時間	收藏處所	典藏號碼
8 之 1 幀）						賣目錄 1995,03,22.	
花鳥圖	摺扇面	金箋	設色	18.3 x 45.2		香港 佳士得藝品拍賣公司/拍 賣目錄 1995,04,30.	
花卉圖（清各家山水花鳥書法 扇冊 10 之 1 幀）	摺扇面	金箋	設色	不詳		香港 佳士得藝品拍賣公司/拍 賣目錄 1998,09,15.	

畫家小傳：任薰。字阜長。浙江蕭山人。任熊之弟。生於宣宗道光十五年（1835）。卒於德宗光緒十九年（1893）。善畫人物、花卉，師法明陳洪綬。有名於時。為「山陰三任」之一。（見寒松閣談藝瑣錄、海上墨林、清朝書畫家筆錄、中國畫家人名大辭典）

陸 鋼

名稱	形式	質地	色彩	尺寸 高x寬cm	創作時間	收藏處所	典藏號碼
花鳥圖（4 幅）	軸	絹	設色	不詳	庚辰（光緒六年， 1880）	瀋陽 故宮博物院	
仿華嵒花卉圖	軸	紙	設色	不詳	甲子（同治三年， 1864）	北京 首都博物館	
山水圖（？幀）	冊	紙	設色、水墨	不詳	甲午（光緒二十年 ，1894）仲秋	北京 故宮博物院	
山水圖	摺扇面	紙	水墨	不詳	壬辰（光緒十八年 ，1892）秋仲	上海 上海博物館	

畫家小傳：陸鋼。字紫英（一作子英）號頑鐵道人。浙江蕭山人，原籍山陰，為陸游後裔。仕官至河南知縣。善書。工畫山水，精於臨摹；兼工花卉。心慕鄭燮之為人，因鐫「板橋門下牛馬走」小印。流傳署款紀年作品見於穆宗同治三(1864)年，至德宗光緒二十(1894)年。（見歷代畫史彙傳附錄、清畫家詩史、中國美術家人名辭典）

繆嘉蕙

附：

名稱	形式	質地	色彩	尺寸 高x寬cm	創作時間	收藏處所	典藏號碼
瓶花 瓜果圖	軸	紙	設色	118.8 x 47.6		紐約 佳士得藝品拍賣公司/拍 賣目錄 1987,12,11.	

畫家小傳：繆嘉蕙。女。字素筠，以字行。雲南人。適陳氏。光緒中葉，慈禧太后忽興怡情翰墨，習繪花卉，思得一二代筆婦人，乃降旨各省督撫尋覓。時嘉蕙適夫死窮困歸滇，其工畫花鳥、能彈琴又善書小楷，四川督撫遂驛送之至京師。經召試，慈禧大喜，令其供奉福昌殿。此後，凡賞賜大臣花卉扇軸等物，多由素筠代筆。其間作應酬筆墨，售於廠肆，人爭購之，世稱繆老太太花鳥。（見寒松閣談藝瑣錄、中華畫人室隨筆、中國畫家人名大辭典）

孫鳴球

名稱	形式	質地	色彩	尺寸 高x寬cm	創作時間	收藏處所	典藏號碼
山水圖（8 幀）	冊	紙	設色	不詳		杭州 浙江省博物館	

畫家小傳：孫鳴球。號紫珍。浙江人。身世不詳。善畫山水，偶作花卉，亦生動有致。（見韜養齋筆記、中國畫家人名大辭典）

名稱	形式	質地	色彩	尺寸 高x寬cm	創作時間	收藏處所	典藏號碼

程家栯

附：

| 仿古山水圖（10幀） | 冊 | 紙 | 水墨 | 不詳 | 庚申（？咸豐十年 ，1860） | 上海 上海文物商店 | |

畫家小傳：程家栯。畫史無載。流傳署款作品紀年疑為文宗咸豐十(1860)年。身世待考。

汪 木

| 山水圖（12幀） | 冊 | 紙 | 設色 | 不詳 | 庚申（？咸豐十年 ，1860） | 上海 上海博物館 | |

畫家小傳：汪木。畫史無載。流傳署款作品紀年疑為文宗咸豐十（1960）年。身世待考。

吳秉智

| 鳳凰仕女圖 | 軸 | 絹 | 設色 | 不詳 | 庚申（？咸豐十年 ，1960） | 南京 南京博物院 | |

畫家小傳：吳秉智。畫史無載。流傳署款作品紀年疑為文宗咸豐十（1960）年。身世待考。

王 昭

| 仕女圖 | 軸 | 絹 | 設色 | 不詳 | | 無錫 江蘇省無錫市博物館 | |

畫家小傳：王昭。字雯芳。江蘇崑山人。工書，善畫。畫擅山水，學元黃公望。（見清代畫史補遺、中國畫家人名大辭典）

張瑞翔

| 賈芷房像 | 冊 | 紙 | 設色 | 不詳 | 咸豐庚申（十年 ，1860） | 平湖 浙江省平湖縣博物館 | |

畫家小傳：張瑞翔。畫史無載。流傳署款紀年作品見於文宗咸豐十(1860)年。身世待考。

鳳 臣

| 墨菜圖 | 軸 | 絹 | 水墨 | 111.2 x 60.2 | | 日本 奈良大和文華館 | 1190 |

畫家小傳：鳳臣。閩縣人。居會城之七星君廟。善畫白菜，清雅淡逸，不食人間煙火者。（見福建畫人傳、中國畫家人名大辭典）

黃百家

| 為健翁作山水圖 | 軸 | 綾 | 水墨 | 133.1 x 40.3 | 庚申（？咸豐十年 ，1860）冬仲 | 日本 盛田昭夫先生 | |

畫家小傳：黃百家。畫史無載。流傳署款作品紀年疑為文宗咸豐十（1860）年。身世待考。

名稱	形式	質地	色彩	尺寸 高×寬cm	創作時間	收藏處所	典藏號碼

汪 增

| 山水人物圖 | 軸 | 紙 | 設色 | 130.6 × 30.6 | | 捷克 布拉格 Narodoni Museum | A1415 |
| | | | | | | v Praze-Naprstokovo | |

畫家小傳：汪增。畫史無載。身世待考。

金霞起

附：

| 瓶花圖 | 軸 | 絹 | 設色 | 61 × 27.2 | | 紐約 蘇富比藝品拍賣公司/拍 | |
| | | | | | | 賣目錄 1980,10,25. | |

畫家小傳：金霞起。畫史無載。身世待考。

德 純

| 仿巨然長江萬里圖（為蘭坡作） | 卷 | 紙 | 設色 | 不詳 | 辛酉（咸豐十一年，1861）秋八月 | 北京 中國歷史博物館 | |

畫家小傳：德純。畫史無載。流傳署款紀年作品見於文宗咸豐十一(1861)年。身世待考。

顏 炳

| 山水紀遊圖（清黃均等山水紀遊冊 10 之 1 幀） | 冊頁 | 絹 | 設色 | 不詳 | | 天津 天津市藝術博物館 | |

附：

| 仿吳鎮山水圖 | 軸 | 紙 | 水墨 | 不詳 | 辛酉（咸豐十一年，1861）夏五 | 上海 上海文物商店 | |

畫家小傳：顏炳。字朗如。號少文。江蘇松江人。善畫山水，從王學浩遊，得其用筆用墨法。嘗創用洋布作畫。流傳署款紀年作品見於文宗咸豐十一(1861)年。（見墨林今話續編、清朝野史大觀、中國畫家人名大辭典）

林占魁

| 梅花山鳥圖 | 軸 | 紙 | 水墨 | 116 × 33 | 辛酉（咸豐十一年，1861）夏日 | 埔里 蕭再火先生 | |

畫家小傳：林占魁。台灣鹿港人。活動於穆宗同治前後。工畫水墨花鳥。流傳署款紀年作品見於文宗咸豐十一(1861)年。（見台灣鄉土文物淺說）

羅 湘

| 攜琴訪友圖 | 軸 | 紙 | 設色 | 141.3 × 68.2 | | 日本 私人 | |

名稱	形式	質地	色彩	尺寸 高x寬cm	創作時間	收藏處所	典藏號碼

畫家小傳：羅湘。字雲五。晚號雲塢。四川華陽（今成都）人。文宗咸豐十一（1861）年拔貢。官至荊門直隸州。工行草書。能畫。（見益州書畫錄、中國畫家人名大辭典）

黃河清

| 仿古山水圖（12幀） | 冊 | 絹 | 設色 | 不詳 | 咸豐辛酉（十一年，1861） | 天津 天津市藝術博物館 | |

畫家小傳：黃河清。畫史無載。流傳署款紀年作品見於文宗咸豐十一（1861）年。身世待考。

何元熙

| 臨仇英人物山水（2段） | 卷 | 紙 | 設色 | 17.4 x 90；17.4 x 722 | 咸豐辛酉（十一年，1861） | 上海 上海博物館 | |

畫家小傳：何元熙。畫史無載。流傳署款紀年作品見於文宗咸豐十一（1861）年。身世待考。

袁 英

| 溪山水閣圖 | 軸 | 絹 | 設色 | 不詳 | | 太原 山西省晉祠文物管理處 | |

畫家小傳：袁英。畫史無載。身世待考。

董 宏

| 山水圖 | 軸 | 紙 | 設色 | 167.1 x 46.1 | | 日本 大阪橋本大乙先生 | |

畫家小傳：董宏。畫史無載。身世待考。

浦寶春

| 仿王蒙山水人物圖 | 摺扇面 | 紙 | 設色 | 17 x 50.8 | | 德國 柏林東亞藝術博物館 | 1988-271 |

畫家小傳：浦寶春。字少篁。浙江嘉善人。工畫山水兼刻印章。有功候惟少神韻。（見廣印人傳、中國美術家人名大辭典）

楊伯潤

聽雨樓圖（任頤、胡遠、楊伯潤、陳允升合作）	卷	紙	設色	不詳	光緒三年（丁丑，1877）初冬	常州 江蘇省常州市博物館	
山水	軸	紙	設色	不詳		台北 故宮博物院	國贈 025171
春水夕陽圖	軸	紙	設色	143 x 40		台北 張添根養和堂	
策杖尋山圖（為樹馨作）	軸	紙	設色	不詳	癸酉（同治十二年，1873）秋九月	南京 南京博物院	

名稱	形式	質地	色彩	尺寸 高×寬㎝	創作時間	收藏處所	典藏號碼
煙巒紅葉圖	軸	紙	設色	不詳	乙亥（光緒元年，1875）	南京 南京博物院	
紅樹漁舟圖	軸	紙	設色	不詳		南京 南京博物院	
山水圖（4幅，楊伯潤、黃山壽、何維樸、倪田合作）	軸	絹	設色	不詳	乙巳（光緒三十一年，1905）	杭州 浙江省博物館	
長松茅舍圖	軸	紙	設色	不詳		湖州 浙江省湖州市博物館	
山水圖	軸	紙	設色	177.6 × 47.1		日本 東京山本悌二郎先生	
山水圖	摺扇面	紙	水墨	不詳		北京 中國歷史博物館	
畫稿（錢慧安等十人畫稿合冊112幀之部分）	冊頁	紙	水墨	40 × 29.6		北京 中國美術館	
山水圖（12幀）	冊	絹	設色	不詳		天津 天津市藝術博物館	
山水圖（朱偁等雜畫冊10之1幀）	冊頁	紙	設色	不詳		天津 天津市藝術博物館	
山水圖（清楊伯潤等雜畫冊10之1幀）	冊頁	紙	設色	不詳		天津 天津市藝術博物館	
山水圖（10幀）	冊	紙	設色	不詳	光緒十年（甲申，1884）閏月	上海 上海博物館	
設色山水圖	摺扇面	金箋	設色	不詳		日本 東京河井荃盧先生	
附：							
百花圖	卷	紙	設色	32 × 563.5	丁卯（同治六年，1867）春二月	紐約 佳士得藝品拍賣公司/拍賣目錄 1995,09,19.	
山水（松下觀瀑圖）	軸	紙	設色	169 × 46.4		紐約 蘇富比藝品拍賣公司/拍賣目錄 1987,12,08.	
擬董北苑意攜琴訪友圖	軸	紙	水墨	178 × 47.5	丙申（光緒二十二年，1896）	紐約 佳士得藝品拍賣公司/拍賣目錄 1993,06,04.	
山水（陸恢、顧麟士、高邕、楊伯潤合作山水四幅之一）	軸	紙	水墨	178 × 47.5	光緒丙申（二十二年，1896）	紐約 佳士得藝品拍賣公司/拍賣目錄 1993,06,04.	

畫家小傳：楊伯潤。初名佩甫，字伯潤，後以字行。號茶禪、南湖。浙江嘉興人。楊韻之子。生於宣宗道光十七年（1837）。卒於宣統三年（1911）。工詩，善書、畫。畫擅山水，規摹董思翁得其神髓。咸豐末，避難居滬上，以鬻畫家。撰有語石齋畫識行世。

（見寒松閣談藝瑣錄、海上墨林、中國畫家人名大辭典）

陳崇光

名稱	形式	質地	色彩	尺寸 高×寬㎝	創作時間	收藏處所	典藏號碼
梅花圖（清趙之琛等梅花圖卷	卷	紙	水墨	10 × 325		上海 上海博物館	

名稱	形式	質地	色彩	尺寸 高x寬cm	創作時間	收藏處所	典藏號碼
之1段）							
蓮塘圖	軸	紙	設色	不詳		台北 故宮博物院	國贈 031094
耄耋圖	軸	紙	設色	不詳	丙子（光緒二年，1876）閏夏	北京 故宮博物院	
墨筆魚藻圖	軸	紙	水墨	不詳	戊寅（光緒四年，1878）三月	北京 故宮博物院	
松鼠圖	軸	絹	設色	不詳	乙亥（光緒元年，1875）	揚州 江蘇省揚州市博物館	
花鳥圖（4幅）	軸	紙	設色	不詳	辛巳（光緒七年，1881）	南通 江蘇省南通博物苑	
鍾馗嫁妹圖	軸	絹	設色	167.1 x 56.1	辛未（同治十年，1871）	南京 南京博物院	
梅石圖	橫幅	紙	設色	不詳	癸未（光緒九年，1883）	南京 南京博物院	
蓮渚鳴禽圖	軸	紙	設色	不詳		南京 南京博物院	
山水圖	軸	絹	設色	不詳		鎮江 江蘇省鎮江市博物館	

畫家小傳：陳崇光。字若木。江蘇揚州人。生於宣宗道光十七（1839）年，卒於光緒二十二（1896）年。初為雕花工人。因客皖中崷氏家，多見宋元名人真跡，所雕製沈雄渾厚，力追古人。又工畫花鳥、人物、草蟲、山水，亦佳。又工詩。（見榆園畫誌、歷代畫史彙傳補編、中國美術家人名辭典）

濮 森

蘇軾像	軸	紙	水墨	不詳	同治元年（壬戌，1862）	北京 中國歷史博物館	
山水、花卉圖（9幀）	冊	紙	設色	不詳		蘇州 江蘇省蘇州博物館	

畫家小傳：濮森。畫史無載。流傳署款紀年作品見於穆宗同治元（1862）年。身世待考。

子 涵

山水紀遊圖（清黃均等山水紀遊冊10之1幀）	冊頁	絹	設色	不詳		天津 天津市藝術博物館	

畫家小傳：子涵。姓氏不詳。身世待考。

顧希愷

山水紀遊圖（清黃均等山水紀遊冊10之1幀）	冊頁	絹	設色	不詳		天津 天津市藝術博物館	

名稱	形式	質地	色彩	尺寸 高x寬cm	創作時間	收藏處所	典藏號碼

畫家小傳：顧希愷。畫史無載。身世待考。

李 魁

名稱	形式	質地	色彩	尺寸 高x寬cm	創作時間	收藏處所	典藏號碼
山水人物圖	軸	紙	設色	116 x 49.8		香港 中文大學中國文化研究所文物館	
山水圖	軸	紙	設色	138.1 x 61.9		香港 利榮森北山堂	
仿雲林山水圖	軸	絹	設色	144.1 x 37.1		香港 霍寶材先生	
山水圖	軸	紙	設色	135.2 x 51.2	同治十年，辛未（1871）	香港 霍寶材先生	
秋晚圖	軸	紙	設色	116.6 x 47.4	同治二年（癸亥，1863）	香港 鄭若琳先生	
山水圖	摺扇面	紙	水墨	52.8 x ?	壬戌（同治元年，1862）	香港 霍寶材先生	
山水圖（2幀）	冊	紙	設色	（每幀）47.6 x 28.2		香港 霍寶材先生	
山水圖	摺扇面	絹	設色	26.5 x ?		香港 霍寶材先生	
山水圖	摺扇面	紙	設色	51.5 x ?	己亥（光緒二十五年，1899年）	香港 郭文基先生	

附：

名稱	形式	質地	色彩	尺寸 高x寬cm	創作時間	收藏處所	典藏號碼
山水圖	軸	紙	設色	342.9 x142.3	時年八十有六（？）	紐約 蘇富比藝品拍賣公司/拍賣目錄1987,12,08.	
山水圖	軸	紙	設色	158.8 x 47		紐約 蘇富比藝品拍賣公司/拍賣目錄1987,12,08..	
坐巖觀瀑圖	軸	紙	設色	61 x 32.8		紐約 蘇富比藝品拍賣公司/拍賣目錄1988,06,01..	
萬松仙館圖	軸	紙	設色	126 x 53	同治十年（辛未，1871）十月	紐約 佳士得藝品拍賣公司/拍賣目錄1988,11,30.	

畫家小傳：李魁。畫史無載。約文宗、穆宗時人。籍里、身世不詳。工畫山水、人物。流傳署款紀年作品見於穆宗同治元（1862）年，至德宗光緒二十五（1899）年。

味 青

附：

名稱	形式	質地	色彩	尺寸 高x寬cm	創作時間	收藏處所	典藏號碼
竹石圖（張熊、味青合作）	摺扇面	金箋	設色	不詳	壬戌（同治元年，1862）	無錫 無錫市文物商店	

畫家小傳：味青。畫史無載。與張熊同時。流傳署款紀年作品見於穆宗同治元（1862）年。身世待考。

王克三

名稱	形式	質地	色彩	尺寸 高x寬cm	創作時間	收藏處所	典藏號碼
墨梅（擬花光老人參用青藤白陽諸大家筆意）	軸	絹	水墨	183.3 x 104.5	癸亥（同治二年，1863）春日	日本 東京大隈信常先生	
紅梅圖	軸	絹	水墨	183.3 x104.5	癸亥（同治二年，1863）之春	日本 東京大隈信常先生	
擬青藤道人筆意墨梅圖	軸	紙	水墨	107.5 x 32.8		日本 大阪橋本大乙先生	
墨梅圖（為東條先生作）	軸	紙	水墨	128.4 x 41.5	壬戌（同治元年，1862）冬	日本 大阪橋本大乙先生	
山水圖（為研香先生作）	軸	綾	水墨	183 x 75	乙丑（同治四年，1865）春日	日本 大阪橋本大乙先生	

附：

名稱	形式	質地	色彩	尺寸 高x寬cm	創作時間	收藏處所	典藏號碼
墨梅（4幅）	軸	紙	水墨	（每幅）176.5 x 47.5		紐約 佳士得藝品拍賣公司/拍賣目錄 1988.11.30	

畫家小傳：王克三。浙江人。善畫梅。穆宗同治元（1862）年，曾東渡日本長崎。流傳署款紀年作品見於穆宗同治元(1862)至四（1865）年。（見日本支那畫家人名辭書）

李楨開

名稱	形式	質地	色彩	尺寸 高x寬cm	創作時間	收藏處所	典藏號碼
水墨蘆蟹圖	軸	紙	水墨	134 x 36	壬戌（同治元年，1862）八月中秋後二日	新竹 涂勝本先生	

畫家小傳：李楨開。畫史無載。流傳署款紀年作品見於穆宗同治元(1862)年。身世待考。

周 庭

名稱	形式	質地	色彩	尺寸 高x寬cm	創作時間	收藏處所	典藏號碼
峰回路轉圖	軸	紙	設色	不詳	壬戌（？同治元年，1862）	上海 上海博物館	

畫家小傳：周庭。畫史無載。流傳署款作品紀年疑為穆宗同治元(1862)年。身世待考。

常世經

附：

名稱	形式	質地	色彩	尺寸 高x寬㎝	創作時間	收藏處所	典藏號碼
仿米芾山水圖	軸	紙	水墨	不詳		北京 北京市工藝品進出口公司	

畫家小傳：常世經。字九一，又字豫九。號孤峰逸老。順天通州人。精醫術，能詩，善畫。(見清畫錄、中國畫家人名大辭典)

黃克晦

附：

山水圖	卷	紙	設色	27 x 700		北京 中國文物商店總店	

畫家小傳：黃克晦。畫史無載。身世待考。

慶 保

老少年圖	軸	絹	設色	不詳		汕頭 廣東省汕頭市博物館	

畫家小傳：慶保。畫史無載。身世待考。

陳逢堯

梅花圖	摺扇面	紙	設色	15.6 x 50		韓國 私人	

畫家小傳：陳逢堯。字瞻雲。號樸園。浙江海寧人。生性耿介。工篆刻，尤精醫理。能畫。撰有樸園韻語。(見廣印人傳、中國美術家人名大辭典)

蔣 確

蘭芝水仙圖	卷	紙	水墨	不詳	戊寅（光緒四年，1878）	上海 上海博物館	

附：

六君子圖	卷	紙	水墨	不詳	同治癸酉（十二年，1873）冬至後一日	上海 朵雲軒	

畫家小傳：蔣確。初名介，字于石。改名後，字叔堅，號石崔。江蘇華亭人，流寓上海。生於宣宗道光十八（1838）年，卒於德宗光緒五（1879）年，懷奇負才，好詩酒。嗜書畫。寫山水、花卉，喜用焦墨鉤勒，再以濕筆渲染，天然雅致，迥異時流；尤精畫梅，於金農外別開蹊徑。(見海上墨林、寒松閣談藝瑣錄、中國畫家人名大辭典)

陳 豪

斜陽煙柳圖	卷	紙	設色	不詳	光緒己丑（十五年，1889）	上海 上海博物館	
西泠印社圖（為輔之作，陳豪、汪洛年、高時豐合卷 3 之第	卷	紙	水墨	不詳	丙午（光緒三十二年，1906）九月	杭州 浙江省博物館	

名稱	形式	質地	色彩	尺寸 高x寬cm	創作時間	收藏處所	典藏號碼

1 段)

名稱	形式	質地	色彩	尺寸	創作時間	收藏處所	典藏號碼
山水圖	摺扇面	紙	不詳	不詳	光緒己亥（廿五年，1899）	美國 火魯奴奴 Hutchinson 先生	

畫家小傳：陳豪。字藍洲。號邁庵、墨翁、怡園居士。浙江仁和人。生於宣宗道光十九（1839）年。卒於宣統帝二（1910）年。工詩、書。善畫山水，用筆乾濕互臻，意境超逸；又畫花卉，工力尤深。（見寒松閣談藝瑣錄、海上墨林、中華畫人室筆記、中國畫家人名大辭典）

李嘉福

名稱	形式	質地	色彩	尺寸	創作時間	收藏處所	典藏號碼
青雲直上圖	軸	紙	設色	不詳	光緒丁酉（二十三年，1897）	上海 上海博物館	
滬江送別圖	摺扇面	紙	設色	不詳	庚午（同治九年，1870）	杭州 浙江省博物館	
煙雨樓圖	摺扇面	紙	設色	不詳	同治十一年，壬申（1872）	杭州 浙江省博物館	
附：							
深花抱恨圖	卷	紙	水墨	16.5 x 126	壬午（光緒八年，1882）首夏	紐約 佳士得藝品拍賣公司/拍賣目錄 1992,06,02.	
歲寒圖（為耕餘作）	軸	紙	設色	不詳	辛巳（光緒七年，1881）嘉平	上海 上海文物商店	

畫家小傳：李嘉福。字笙魚。號北溪。石門人，流寓吳門。生於宣宗道光十九（1839）年，卒於德宗光緒三十（1904）年。家富收藏，故精鑑賞，工書、畫及篆刻。畫山水，為戴熙弟子，筆墨蒼潤。（見寒松閣談藝瑣錄、廣印人傳、遲鴻軒所見書畫錄、中國畫家人名大辭典）

胡錫珪

名稱	形式	質地	色彩	尺寸	創作時間	收藏處所	典藏號碼
洗硯烹茶圖	卷	紙	設色	不詳	戊寅（光緒四年，1878）春二月	北京 故宮博物院	
江南春圖（為冷香館主人作）	卷	紙	設色	不詳	癸未（光緒九年，1883）	蘇州 江蘇省蘇州博物館	
鍾馗圖	軸	紙	水墨	86.1 x 33.5		台北 清玩雅集	
蕉蔭仕女圖（為冷香作）	軸	紙	設色	不詳	戊寅（光緒四年，1878）十一月	瀋陽 故宮博物館	
求己圖（為雲峰作）	軸	紙	設色	141.5 x 53.2	己卯（光緒五年，1879）秋九月	北京 故宮博物院	

名稱	形式	質地	色彩	尺寸 高x寬cm	創作時間	收藏處所	典藏號碼
鍾馗圖	軸	紙	設色	117.7 x 32.4	癸未（光緒九年，1883）五月五日	北京 故宮博物院	
仕女圖（4幅）	軸	絹	設色	（每幅）109.2 x 52.3		北京 故宮博物院	
嬰戲圖	軸	絹	設色	103.4 x 101.6	光緒辛巳（七年，1881）	天津 天津市人民美術出版社	
仕女圖	軸	紙	設色	101.6 x 32.7	辛巳（光緒七年，1881）	上海 上海博物館	
八哥楊柳圖	軸	紙	設色	153 x 47	辛巳（光緒七年，1881）	上海 上海博物館	
仕女圖	軸	紙	設色	不詳	壬午（光緒八年，1882）	上海 上海博物館	
仕女圖	軸	紙	水墨	不詳		南京 南京博物院	
畫眉圖	軸	紙	設色	113.2 x 32.1		南京 南京博物院	
崔鶯鶯像	軸	紙	設色	不詳	庚辰（光緒六年，1880）	無錫 江蘇省無錫市博物館	
呂洞賓像	軸	紙	設色	不詳	光緒辛巳（七年，1881）	無錫 江蘇省無錫市博物館	
歡天喜地圖	軸	紙	設色	不詳	辛巳（光緒七年，1881）	無錫 江蘇省無錫市博物館	
柳陰游艇圖	軸	紙	設色	不詳		無錫 江蘇省無錫市博物館	
梳妝仕女圖	軸	紙	設色	不詳	辛巳（光緒七年，1881）	蘇州 江蘇省蘇州博物館	
二喬觀兵書圖	軸	紙	設色	不詳	光緒辛巳（七年，1881）冬十月朔	蘇州 江蘇省蘇州博物館	
梅花仕女圖（胡錫珪、金東合作）	軸	紙	設色	不詳	乙未（光緒二十一年，1895）	蘇州 江蘇省蘇州博物館	
鍾馗圖	軸	紙	設色	不詳		蘇州 江蘇省蘇州博物館	
鍾馗圖	軸	紙	設色	124.5 x 40	癸未（光緒九年，1883）	杭州 浙江省杭州西泠印社	
愛石圖	軸	紙	設色	不詳	辛巳（光緒七年，1881）三月	廣州 廣州市美術館	
美人圖	軸	紙	設色	121.2 x 57.6	丁丑（光緒三年，1877）清和月	日本 東京河井筌盧先生	

名稱	形式	質地	色彩	尺寸 高×寬㎝	創作時間	收藏處所	典藏號碼
花卉草蟲圖（12幀）	冊	紙	設色	（每幀）30.2 × 37	丙子（光緒二年，1876）秋八月	北京 故宮博物院	
仕女圖	摺扇面	金箋	設色	19 × 53.5	辛巳（光緒七年，1881）十二月	北京 故宮博物院	
寒江獨釣圖	摺扇面	金箋	設色	18.1 × 50.5		北京 故宮博物院	
惜花幽思圖	摺扇面	金箋	設色	18.2 × 49.7		北京 故宮博物院	
花卉圖（7幀）	冊	紙	水墨	不詳	壬午（光緒八年，1882）	上海 上海博物館	
仕女圖（12幀）	冊	紙	設色	（每幀）27.2 × 32.8		上海 上海博物館	
仕女圖	摺扇面	紙	設色	不詳	辛巳（光緒七年，1881）	南京 南京博物院	
附：							
清供圖樣（任預、顧澐、胡錫珪等合作）	卷	紙	設色	21.9 × 168.6		紐約 佳仕得藝品拍賣公司/拍賣目錄 1986,12,01.	
惜花春起早圖	軸	紙	水墨	103.1 × 32.2		上海 上海文物商店	
梅花仕女圖	軸	紙	設色	不詳		上海 上海文物商店	
群仙圖	軸	絹	設色	不詳		鎮江 鎮江市文物商店	
芭蕉仕女圖	軸	紙	設色	113 × 36.8	辛巳（光緒七年，1881）秋八月	紐約 佳仕得藝品拍賣公司/拍賣目錄 1986,12,01.	
梅花仕女圖	軸	紙	設色	107.3 × 41.2		紐約 蘇富比藝品拍賣公司/拍賣目錄 1987,12,08.	
美人圖	軸	紙	設色	122 × 47	辛巳（光緒七年，1881）春二月	紐約 佳士得藝品拍賣公司/拍賣目錄 1995,04,30.	
桐陰仕女圖	摺扇面	紙	設色	18.5 × 52	乙亥（光緒元年1875）	紐約 佳士得藝品拍賣公司/拍賣目錄 1989,06,01.	

畫家小傳：胡錫珪。字三橋。江蘇吳門人。生於宣宗道光十九（1839）年，德宗光緒九（1883）年尚在世。工畫人物、仕女，秀雅古艷　近改琦。（見海上墨林、中國畫家人名大辭典）

張天培

名稱	形式	質地	色彩	尺寸 高×寬㎝	創作時間	收藏處所	典藏號碼
仙山樓閣圖	軸	絹	設色	不詳	甲子（？同治三年，1864）	煙臺 山東省煙臺市博物館	

畫家小傳：張天培。畫史無載。流傳署款作品紀年疑為穆宗同治三（1864）年。身世待考。

名稱	形式	質地	色彩	尺寸 高×寬cm	創作時間	收藏處所	典藏號碼

宣鹿公

| 無定雲龕圖 | 卷 | 紙 | 設色 | 44.7 x 441.4 | 同治甲子（三年，1864） | 煙臺 山東省煙臺市博物館 | |

畫家小傳：宣鹿公。畫史無載。流傳署款紀年作品見於穆宗同治三（1864）年。身世待考。

寶 瑛

附：

| 竹石白鶴圖 | 軸 | 絹 | 設色 | 178.4 x 83.5 | 甲子（同治三年，1864）小春下浣 | 紐約 蘇富比藝品拍賣公司/拍賣目錄1984,10,12、13. | |

畫家小傳：寶瑛。畫史無載。流傳署款紀年作品見於穆宗同治三（1864）年。身世待考。

陳□棟

附：

| 花石游魚圖 | 軸 | 紙 | 設色 | 118 x 52 | 甲子（同治三年，1864）八月 | 紐約 蘇富比藝品拍賣公司/拍賣目錄1981,11,07. | |

畫家小傳：陳□棟。畫史無載。流傳署款紀年作品見於穆宗同治三（1864）年。身世待考。

何瑗玉

附：

| 臨黃公望富春大嶺圖（何瑗玉、葉春生合作） | 軸 | 紙 | 水墨 | 不詳 | 同治甲子（三年，1864）十月十二日 | 紐約 蘇富比藝品拍賣公司/拍賣目錄1988,11,30. | |

畫家小傳：何瑗玉。畫史無載。流傳署款紀年作品見於穆宗同治三（1864）年。身世待考。

葉春生

附：

| 臨黃公望富春大嶺圖（何瑗玉、葉春生合作） | 軸 | 紙 | 水墨 | 不詳 | 同治甲子（三年，1864）十月十二日 | 紐約 蘇富比藝品拍賣公司/拍賣目錄1988,11,30. | |

畫家小傳：葉春生。畫史無載。流傳署款紀年作品見於穆宗同治三（1864）年。身世待考。

任 頤

| 東津話別圖 | 卷 | 紙 | 設色 | 34.3 x 136 | 同治七年（戊辰，1868） | 北京 中國美術館 | |

名稱	形式	質地	色彩	尺寸 高×寬cm	創作時間	收藏處所	典藏號碼
雜畫（4段）	卷	絹	設色	（每段）39.5 × 72.3	光緒壬午（八年，1882）	天津 天津市藝術博物館	
聽雨樓圖（任頤、胡遠、楊伯潤、陳允升合作）	卷	紙	設色	48 × 180	丁丑（光緒三年，1877）初冬	常州 江蘇省常州市博物館	
紫陽紀遊圖（為延庵作）	卷	紙	水墨	不詳	丁卯（同治六年，1867）春正月	杭州 浙江省博物館	
和合二仙圖	軸	紙	設色	243.9 × 108		台北 故宮博物院	國贈 024993
拜石圖（寶拙盦甲申滬上感事詩）	軸	紙	設色	不詳		台北 故宮博物院	國贈 031095
花鳥圖	軸	紙	設色	66.5 × 26.5		台北 市立美術館	
仕女圖	軸	紙	設色	140 × 40	光緒壬辰（十八年，1892）冬月	台北 私立中國文化大學華岡博物館	1/16
騎驢過橋圖	軸	紙	設色	150 × 74	光緒丁丑（三年，1877）仲冬	台北 清玩雅集	
富貴白頭圖	軸	紙	設色	130 × 64	光緒庚辰（六年，1880）冬十月	台北 清玩雅集	
雄雞秋葵圖	軸	紙	設色	137 × 38	丙寅（同治五年，1866）	長春 吉林省博物館	
花鳥圖（4幅）	軸	紙	設色	不詳	光緒丁丑（三年，1877）	長春 吉林省博物館	
橋上讀書圖	軸	絹	設色	不詳	光緒甲申（十年，1884）	長春 吉林省博物館	
進爵圖	軸	紙	設色	不詳	光緒丙戌（十二年，1886）	長春 吉林省博物館	
人物故事圖（4幅）	軸	紙	設色	（每幅）180 × 94	光緒丁丑（三年，1877）	瀋陽 故宮博物院	
桃花雙鴨圖	軸	紙	設色	115 × 48.5	癸未（光緒九年，1883）	瀋陽 故宮博物院	
桐蔭吹簫圖	軸	紙	設色	不詳	光緒辛丑（二十七年，1901）	瀋陽 故宮博物院	
人物圖	軸	紙	設色	247 × 118	光緒丁丑（三年，1877）	瀋陽 遼寧省博物館	
梅花仕女圖	軸	紙	設色	96 × 42.6	光緒甲申（十年，1884）初春	瀋陽 遼寧省博物館	

名稱	形式	質地	色彩	尺寸 高×寬㎝	創作時間	收藏處所	典藏號碼
荷花鴛鴦圖	軸	紙	設色	不詳		瀋陽 遼寧省博物館	
鬥梅圖	軸	紙	設色	108.5 × 43.8	戊辰（同治七年，1868）	北京 故宮博物院	
寫葛仲華二十七歲小影（德林題記）	軸	紙	設色	不詳	同治癸酉（十二年，1873）	北京 故宮博物院	
風雨渡橋圖	軸	紙	設色	116 × 52.5	光緒丁丑（三年，1877）九月之望	北京 故宮博物院	
吳淦五十二歲小影	軸	紙	設色	130 × 56.5	光緒戊寅（四年，1878）九月	北京 故宮博物院	
干莫煉劍圖	軸	紙	設色	151.2 × 40.8	光緒己卯（五年，1879）	北京 故宮博物院	
蘇武牧羊圖	軸	紙	設色	不詳	光緒庚辰（六年，1880）嘉平吉日	北京 故宮博物院	
牡丹雙鷄圖	軸	紙	設色	103.8 × 44.5	光緒辛巳（七年，1881）三月上浣	北京 故宮博物院	
倚石弈棋圖	軸	紙	設色	不詳	光緒辛巳（七年，1881）三月	北京 故宮博物院	
人物故事圖（4幅，為景華作）	軸	紙	設色	不詳	光緒壬午（八年，1882）夏六月朔	北京 故宮博物院	
花蔭小犬圖	軸	紙	設色	180.6 × 47.6	光緒壬午（八年，1882）冬十月	北京 故宮博物院	
人物圖（4幅）	軸	紙	設色	（每幅）181.5 × 47.8	壬午（光緒八年，1882）	北京 故宮博物院	
天竺白頭圖	軸	紙	設色	179.7 × 47.5	光緒壬午（八年，1882）	北京 故宮博物院	
雪中送炭圖	軸	紙	設色	不詳	光緒癸未（九年，1883）元日	北京 故宮博物院	
花鳥圖（4幅，為升橋作）	軸	紙	設色	134.3 × 39	光緒癸未（九年，1883）正月	北京 故宮博物院	
花鳥圖(12幅)	軸	絹	設色	（每幅）160	光緒甲申（十年，	北京 故宮博物院	

名稱	形式	質地	色彩	尺寸 高x寬cm	創作時間	收藏處所	典藏號碼
				x 58.5	1883）十月下浣		
碧桃春燕圖	軸	紙	設色	136.5 x 32.9	甲申（光緒十年，1883）	北京 故宮博物院	
雲山策馬圖（為靄庭作）	軸	紙	設色	不詳	光緒丙戌（十二年，1886）長夏	北京 故宮博物院	
三友圖	軸	紙	設色	64 x 36.3	丙戌（光緒十二年，1886）	北京 故宮博物院	
摹朱耷八哥圖	軸	紙	水墨	89.4 x 44.7	光緒丙戌（十二年，1886）	北京 故宮博物院	
賞荷圖	軸	紙	設色	不詳	光緒丁亥（十三年，1887）	北京 故宮博物院	
桃石圖（為樹臣作）	軸	紙	設色	不詳	光緒丁亥（十三年，1887）嘉平望前	北京 故宮博物院	
楊硯竹林顯亭圖	軸	紙	設色	147.4 x 41	丁亥（光緒十三年，1887）	北京 故宮博物院	
富貴高隱圖	軸	紙	設色	93.2 x 54.3	光緒戊子（十四年，1888）	北京 故宮博物院	
芭蕉貍貓圖	軸	紙	設色	181.4 x 94.8	光緒戊子（十四年，1888）秋七月望日	北京 故宮博物院	
歸牧圖	軸	紙	設色	134.3 x 63.7	光緒戊子（十四年，1888）	北京 故宮博物院	
牧牛圖	軸	紙	設色	134.3 x 64.3	光緒己丑（十五年，1889）	北京 故宮博物院	
花鳥圖（4幅）	軸	絹	設色	（每幅）195.5 x 47.3	光緒庚寅（十六年，1890）	北京 故宮博物院	
羲之愛鵝圖	軸	紙	設色	136.2 x 67	光緒庚寅（十六年，1890）	北京 故宮博物院	
荷花圖	軸	紙	設色	95.2 x 57.7	光緒辛卯（十七年，1891）	北京 故宮博物院	
牡丹水仙圖	軸	紙	設色	不詳	光緒辛卯（十七年，1891）晚秋	北京 故宮博物院	
牡丹白頭圖	軸	紙	設色	133.2 x 64.	光緒壬辰（十八年	北京 故宮博物院	

名稱	形式	質地	色彩	尺寸 高×寬cm	創作時間	收藏處所	典藏號碼
					，1892）仲春		
聽松圖	軸	紙	設色	不詳	光緒壬辰（十八年，1892）	北京 故宮博物院	
山水圖	軸	紙	水墨	110 × 58	光緒癸巳（十九年，1893）	北京 故宮博物院	
蒼松鸚鵡圖	軸	紙	設色	不詳	光緒癸巳（十九年，1893）	北京 故宮博物院	
臘梅公雞圖	軸	紙	設色	185.5 × 47	光緒甲午（二十年，1894）	北京 故宮博物院	
三松圖	軸	紙	水墨	不詳		北京 故宮博物院	
乞巧圖	軸	紙	設色	不詳		北京 故宮博物院	
孔雀圖	軸	紙	設色	不詳		北京 故宮博物院	
玉堂富貴圖	軸	紙	設色	不詳		北京 故宮博物院	
任淞雲像（任頤、胡遠合作）	軸	紙	設色	不詳		北京 故宮博物院	
沈蘆汀讀畫圖	軸	紙	設色	33 × 40		北京 故宮博物院	
芭蕉白雞圖	軸	紙	設色	73.3 × 31.8		北京 故宮博物院	
洗耳圖	軸	紙	設色	149.1 × 82.1		北京 故宮博物院	
秋郊射禽圖	軸	紙	設色	36 × 37.4		北京 故宮博物院	
高邕小像	軸	紙	設色	129.3 × 48.1		北京 故宮博物院	
桃梨鶴鶉圖	軸	紙	設色	148.4 × 39.2		北京 故宮博物院	
梅邊攜鶴圖	軸	紙	設色	153.8 × 42.5		北京 故宮博物院	
葛仲華二十七歲像	軸	紙	設色	118.6 × 60.3		北京 故宮博物院	
蕉蔭品硯圖	軸	紙	設色	不詳		北京 故宮博物院	
霜崖眺雁圖	軸	紙	設色	154.8 × 42.5		北京 故宮博物院	
雜畫（4幅）	軸	紙	設色	不詳		北京 故宮博物院	
寫任阜長立像	軸	紙	設色	117 × 31.2	戊辰（同治七年，1868）冬十月	北京 中國美術館	
人物故事圖	軸	絹	設色	150 × 68.8	同治五年（丙寅，	北京 中國美術館	

名稱	形式	質地	色彩	尺寸 高x寬cm	創作時間	收藏處所	典藏號碼
					1866）		
人物故事圖（4幅）	軸	紙	設色	不詳	光緒辛卯（十七年，1891）三月	北京 中國美術館	
仿陳老蓮人物圖	軸	紙	設色	不詳	同治丁卯（六年，1867）	北京 中國美術館	
獻瑞圖	軸	紙	設色	不詳	同治壬申（十一年，1872）	北京 中國美術館	
花鳥圖（4幅）	軸	紙	設色	不詳	同治壬申（十一年，1872）	北京 中國美術館	
屏開孔雀圖	軸	紙	設色	184 x 94.4	丁丑（光緒三年，1877）	北京 中國美術館	
竹雞圖	軸	紙	設色	135.2 x 66.8	光緒丁丑（三年，1877）	北京 中國美術館	
三羊圖	橫幅	紙	設色	不詳	光緒丁丑（三年，1877）	北京 中國美術館	
鍾馗醉酒圖	軸	紙	設色	不詳	戊寅（光緒四年，1878）	北京 中國美術館	
行旅圖	軸	紙	設色	132.5 x 50	庚辰（光緒六年，1880）	北京 中國美術館	
停琴觀泉圖	橫幅	紙	設色	不詳	光緒庚辰（六年，1880）	北京 中國美術館	
張益三肖像	軸	紙	設色	不詳	光緒庚辰（六年，1880）	北京 中國美術館	
山麓觀泉圖	軸	紙	水墨	184.5 x 45.5	光緒壬午（八年，1882）	北京 中國美術館	
蘇武牧羊圖	軸	紙	設色	不詳	光緒癸未（九年，1883）	北京 中國美術館	
桐陰仕女圖	軸	紙	設色	120.2 x 39.3	光緒甲申（十年，1884）	北京 中國美術館	
趙德昌夫婦像	軸	紙	設色	不詳	光緒乙酉（十一年，1885）	北京 中國美術館	
紫藤飛燕圖	軸	紙	設色	不詳	乙酉（光緒十一年，1885）	北京 中國美術館	
人物故事	軸	紙	設色	不詳	光緒丙戌（十二年	北京 中國美術館	

名稱	形式	質地	色彩	尺寸 高x寬cm	創作時間	收藏處所	典藏號碼
					，1886）		
承天夜游圖	軸	紙	設色	不詳	光緒丙戌（十二年，1886）	北京 中國美術館	
桃源問津圖	軸	紙	設色	117.3 x 47.8	光緒丙戌（十二年，1886）	北京 中國美術館	
牧牛圖	軸	紙	設色	不詳	光緒丁亥（十三年，1887）	北京 中國美術館	
寒林放馬圖	軸	紙	設色	不詳	光緒戊子（十四年，1888）	北京 中國美術館	
羲之觀鵝圖	軸	紙	設色	不詳	光緒戊子（十四年，1888）	北京 中國美術館	
蟠桃綬帶圖	軸	紙	設色	不詳	光緒庚寅（十六年，1890）	北京 中國美術館	
溪亭秋靄圖	軸	紙	設色	923.5 x 41.7	光緒庚寅（十六年，1890）	北京 中國美術館	
中秋賞月圖	軸	紙	設色	92.8 x 41.8	光緒庚寅（十六年，1890）	北京 中國美術館	
花鳥圖（6幅）	軸	瓷青絹	泥金	（每幅）153 x 41.2	光緒庚寅（十六年，1890）	北京 中國美術館	
松藤斑鳩圖	軸	紙	設色	不詳	光緒辛卯（十七年，1891）	北京 中國美術館	
荷花雙鷺圖	軸	紙	設色	不詳	光緒辛卯（十七年，1891）	北京 中國美術館	
東山絲竹圖	軸	紙	設色	182.1 x 96.2	光緒辛卯（十七年，1891）	北京 中國美術館	
投壺圖	軸	紙	設色	180.3 x 94.2	光緒辛卯（十七年，1891）	北京 中國美術館	
花卉禽鳥（4幅）	軸	紙	設色	不詳	光緒辛卯（十七年，1891）	北京 中國美術館	
采蓮仕女圖	軸	紙	設色	不詳	光緒壬辰（十八年，1892）	北京 中國美術館	
仙山雙鹿圖	軸	紙	設色	不詳	光緒壬辰（十八年，1892）	北京 中國美術館	
牽牛母雞圖	軸	紙	設色	不詳	光緒壬辰（十八年	北京 中國美術館	

名稱	形式	質地	色彩	尺寸 高x寬cm	創作時間	收藏處所	典藏號碼
					，1892）		
歸田風趣圖	軸	紙	設色	不詳	光緒癸巳（十九年，1893）	北京 中國美術館	
松下聞簫圖	軸	紙	設色	105 × 54.8	甲午（光緒二十年，1894）	北京 中國美術館	
焚香告天圖	軸	紙	設色	不詳		北京 中國美術館	
吳恒肖像	軸	紙	設色	不詳		北京 中國美術館	
無香味圖	軸	紙	設色	120.5 × 55.5		北京 中國美術館	
松風雙鹿圖	軸	紙	設色	不詳	光緒辛卯（十七年，1891）	北京 北京畫院	
橫雲山民行乞圖像（為胡公壽作）	軸	紙	設色	147 × 42	同治七年（戊辰，1868）冬	北京 中央美術學院	
鍾馗圖	軸	紙	設色	不詳	同治甲戌（十三年，1874）	北京 中央美術學院	
鍾馗圖	軸	紙	設色	不詳	光緒二年，丙子（1876）	北京 中央美術學院	
為何以誠寫五十一歲小像	軸	紙	設色	132 × 42	光緒丁丑（三年，1877）正月	北京 中央美術學院	
秋林覓句圖	軸	紙	設色	150.3 × 40.5	癸未（光緒九年，1883）六月	北京 中央美術學院	
松鳩圖	軸	紙	設色	不詳	光緒丁亥（十三年，1887）	北京 中央美術學院	
白雞牡丹圖	軸	紙	設色	不詳	辛卯（光緒十七年，1891）	北京 中央美術學院	
松藤斑鳩圖	軸	紙	設色	不詳	光緒辛卯（十七年，1891）	北京 中央美術學院	
人物故事圖（4幅）	軸	金箋	設色	不詳	光緒辛卯（十七年，1891）	北京 中央美術學院	
菊花麻雀圖	軸	紙	設色	不詳	辛卯（光緒十七年，1891）	北京 中央美術學院	
孔雀芭蕉圖（為崇軒作）	軸	紙	設色	不詳	辛未（同治十年，1871）	北京 中央工藝美術學院	
花鳥圖（4幅）	軸	紙	設色	不詳	同治癸酉（十二年	北京 中央工藝美術學院	

名稱	形式	質地	色彩	尺寸 高x寬cm	創作時間	收藏處所	典藏號碼
					，1873)		
蘇武牧羊圖	軸	紙	設色	不詳	同治甲戌（十三年，1874) 仲秋	北京 中央工藝美術學院	
牡丹圖	軸	紙	設色	111 x 57.7	光緒元年 (乙亥，1875)	北京 中央工藝美術學院	
紫藤雙鴨圖	軸	紙	設色	不詳	丁丑（光緒三年，1877)	北京 中央工藝美術學院	
雙貓圖	軸	紙	設色	32.7 x 43	光緒庚辰（六年，1880)	北京 中央工藝美術學院	
松鶴圖	軸	紙	設色	不詳	同治庚午（九年，1870) 春二月	北京 中央工藝美術學院	
朱筆鍾馗圖	軸	紙	設色	不詳	光緒庚辰（六年，1880) 五月	北京 中央工藝美術學院	
鍾馗圖	軸	紙	設色	不詳	光緒壬午（八年，1882) 五月五日	北京 中央工藝美術學院	
仕女圖（為幼山作）	軸	紙	設色	不詳	光緒甲申（十年，1884)	北京 中央工藝美術學院	
桃花游鵝圖	橫幅	絹	設色	不詳	光緒丁亥（十三年，1887) 八月望前三日	北京 中央工藝美術學院	
歲朝清賞圖	軸	紙	設色	不詳	光緒戊子（十四年，1888)	北京 中央工藝美術學院	
五月披裘圖	軸	紙	設色	161.5 x 44.8	光緒壬辰（十八年，1892) 秋九月	北京 中央工藝美術學院	
花卉圖	軸	紙	設色	不詳	光緒壬辰（十八年，1892)	北京 中央工藝美術學院	
朱筆鍾馗圖	軸	紙	設色	不詳	光緒壬辰（十八年，1892) 五月	北京 中央工藝美術學院	
貓圖	軸	紙	設色	不詳	光緒甲午（二十年，1894)	北京 中央工藝美術學院	
牡丹貓石圖	軸	紙	設色	不詳	光緒乙未（二十一年，1895)	北京 中央工藝美術學院	

名稱	形式	質地	色彩	尺寸 高×寬㎝	創作時間	收藏處所	典藏號碼
枇杷白貓圖	軸	紙	設色	不詳	光緒乙未（二十一年，1895）	北京 中央工藝美術學院	
送子觀音圖	軸	絹	設色	80 × 34	光緒癸未（九年，1883）	天津 天津市藝術博物館	
雙鹿圖	軸	紙	設色	134.6 × 65.2	光緒辛卯（十七年，1891）	天津 天津市藝術博物館	
玉蘭山雞圖	軸	絹	設色	135 × 60	光緒戊子（十四年，1888）	天津 天津市美術學院	
松下問道圖	軸	紙	設色	146.5 × 40	同治丁卯（六年，1867）	天津 天津市人民美術出版社	
蕉花母雞圖	軸	紙	設色	135 × 32	同治壬申（十一年，1872）	天津 天津市人民美術出版社	
花鳥圖（4幅）	軸	紙	設色	（每幅）172.5 × 65.5	同治壬申（十一年，1872）	天津 天津市人民美術出版社	
二老並坐圖	軸	紙	設色	116 × 57.8	甲戌（同治十三年，1874）	天津 天津市人民美術出版社	
蘇武牧羊圖	橫幅	紙	設色	不詳	同治甲戌（十三年，1874）	天津 天津市人民美術出版社	
桃實雙鴿圖	軸	絹	設色	不詳	乙亥（光緒元年，1875）	天津 天津市人民美術出版社	
授詩圖	橫幅	紙	設色	97.7 × 51.7	光緒己卯（五年，1879）	天津 天津市人民美術出版社	
紫藤圖	軸	絹	設色	152 × 39.8	光緒辛巳（七年，1881）	天津 天津市人民美術出版社	
芝蘭仙鶴圖	軸	絹	設色	不詳	光緒辛巳（七年，1881）	天津 天津市人民美術出版社	
牡丹水仙圖（朱偁、任頤合作）	軸	紙	設色	不詳	辛巳（光緒七年，1881）	天津 天津市人民美術出版社	
芝石叢蕙圖（胡遠、任頤合作）	軸	紙	設色	133.5 × 65.5	壬午（光緒八年，1882）	天津 天津市人民美術出版社	
凌霄鴛鴦圖	軸	紙	設色	不詳	光緒癸未（九年，1883）	天津 天津市人民美術出版社	
錦雞天竺圖	軸	紙	設色	不詳	光緒甲申（十年，1884）	天津 天津市人民美術出版社	

名稱	形式	質地	色彩	尺寸 高x寬㎝	創作時間	收藏處所	典藏號碼
牡丹白頭圖	軸	紙	設色	不詳	光緒甲申（十年，1884）	天津 天津市人民美術出版社	
天官圖	軸	紙	設色	不詳	光緒甲申（十年，1884）	天津 天津市人民美術出版社	
牡丹仙鶴圖	軸	紙	設色	不詳	光緒甲申（十年，1884）	天津 天津市人民美術出版社	
紫藤雙鷺圖	軸	絹	設色	不詳	光緒乙酉（十一年，1885）	天津 天津市人民美術出版社	
桃花鸚鴿圖	軸	紙	設色	不詳	光緒丙戌（十二年，1886）	天津 天津市人民美術出版社	
歲朝圖	軸	紙	設色	不詳	光緒丁亥（十三年，1887）	天津 天津市人民美術出版社	
人物故事圖（4幅）	軸	紙	設色	不詳	光緒丁亥（十三年，1887）	天津 天津市人民美術出版社	
松鶴紫藤圖	軸	紙	設色	不詳	光緒戊子（十四年，1888）	天津 天津市人民美術出版社	
花鳥圖	軸	紙	設色	不詳	光緒己丑（十五年，1889）	天津 天津市人民美術出版社	
竹石雙雀圖	軸	紙	水墨	111.1 x 54.6		天津 天津市人民美術出版社	
吹簫圖	軸	絹	設色	不詳		天津 天津市人民美術出版社	
蕉蔭群鵝圖	軸	紙	設色	不詳		天津 天津市人民美術出版社	
雞菊圖	軸	紙	設色	不詳		天津 天津市人民美術出版社	
天官圖	軸	紙	設色	174.5 x 85.5	光緒癸未（九年，1883）	石家莊 河北省博物館	
鍾馗圖	軸	紙	設色	123 x 42.5	光緒辛卯（十七年，1891）	石家莊 河北省博物館	
藤雀圖	軸	紙	設色	不詳	光緒癸巳（十九年，1893）	石家莊 河北省博物館	
紫藤雙雞圖	軸	紙	設色	不詳	癸未（光緒九年，1883）	太原 山西省博物館	
芭蕉貓石圖	軸	紙	設色	不詳	光緒壬午（八年，1882）	合肥 安徽省博物館	
白鹿貞松圖	軸	紙	設色	238.7 x 119	光緒癸未（九年，1883）	合肥 安徽省博物館	

名稱	形式	質地	色彩	尺寸 高x寬cm	創作時間	收藏處所	典藏號碼
梅花仙鶴圖	軸	紙	設色	不詳	光緒丙戌（十二年，1886）	合肥 安徽省博物館	
竹雞圖	軸	紙	設色	不詳		合肥 安徽省博物館	
花鳥圖	軸	紙	設色	不詳		合肥 安徽省博物館	
東山絲竹圖（為紫封作）	橫幅	紙	設色	77 × 142	光緒丙戌（十二年，1886）長至後一日	南通 江蘇省南通博物苑	
鷹石圖（為穗田作）	軸	絹	設色	130.6 × 63.4	光緒辛卯（十七年，1891）嘉平	南通 江蘇省南通博物苑	
飯石山農像	軸	紙	設色	不詳	同治七年（戊辰，1868）	上海 上海博物館	
詠之肖像（任頤、虛谷合作）	軸	紙	設色	不詳	同治庚午（九年，1870）	上海 上海博物館	
仿原濟山水圖	軸	紙	設色	不詳	同治庚午（九年，1870）	上海 上海博物館	
加官進爵圖	軸	紙	設色	180.4 × 95.5	同治壬申（十一年，1872）	上海 上海博物館	
人物圖（冊頁2幀裝成）	軸	紙	設色	（每幀）24.9 × 36.4	同治癸酉（十二年，1873）	上海 上海博物館	
愛蓮圖	軸	紙	設色	不詳	同治癸酉（十二年，1873）冬十月	上海 上海博物館	
人物圖	軸	紙	設色	137.3 × 32.6	甲戌（同治十三年，1874）	上海 上海博物館	
五方進財人物圖	軸	紙	設色	不詳	甲戌（同治十三年，1874）嘉平上浣	上海 上海博物館	
支遁愛馬圖	軸	紙	設色	135.5 × 30	光緒丙子（二年，1876）	上海 上海博物館	
人物圖	軸	紙	設色	139.8 × 38.2	丁丑（光緒三年，1877）	上海 上海博物館	
馮耕山肖像	軸	紙	設色	127.4 × 55.2	光緒丁丑（三年，1877）	上海 上海博物館	
三羊開泰圖	軸	紙	設色	不詳	光緒丁丑（三年，1877）	上海 上海博物館	
桃實圖	軸	紙	設色	不詳	丁丑（光緒三年，1877）	上海 上海博物館	

名稱	形式	質地	色彩	尺寸 高x寬cm	創作時間	收藏處所	典藏號碼
馮畊山流水聲中讀古詩小像	軸	紙	設色	不詳	丁丑（光緒三年，1877）九月望日	上海 上海博物館	
羲之愛鵝圖	軸	紙	設色	不詳	光緒戊寅（四年，1878）	上海 上海博物館	
風塵三俠圖	軸	紙	設色	122.7 x 47	光緒庚辰（六年，1880）	上海 上海博物館	
漁樂圖	軸	紙	設色	不詳	光緒庚辰（六年，1880）	上海 上海博物館	
漁父圖	軸	紙	設色	157.8 x 47.2	光緒辛巳（七年，1881）九月吉日	上海 上海博物館	
文昌、關羽像	軸	紙	設色	137.5 x 68.5	壬午（光緒八年，1882）	上海 上海博物館	
芙蓉白猫圖（為琅圃作）	軸	紙	設色	134.2 x 47.8	壬午（光緒八年，1882）九月上浣	上海 上海博物館	
蕉蔭猫戲圖	軸	紙	設色	173.2 x 47.9	光緒壬午（八年，1882）冬十月	上海 上海博物館	
羲之愛鵝圖	軸	紙	設色	不詳	壬午（光緒八年，1882）	上海 上海博物館	
八駿圖	軸	紙	設色	不詳	癸未（光緒九年，1883）	上海 上海博物館	
碧梧丹鳳圖	軸	紙	設色	不詳	光緒甲申（十年，1884）	上海 上海博物館	
萱石圖（張熊、任頤合作）	軸	紙	設色	131.4 x 65.4	光緒甲申（十年，1884）	上海 上海博物館	
梧桐鳳凰圖	軸	紙	設色	152 x 121	光緒乙酉（十一年，1885）夏四月	上海 上海博物館	
鳳仙鴿子圖	軸	紙	設色	96 x 33.2	乙酉（光緒十一年，1885）	上海 上海博物館	
雪中送炭圖	軸	紙	設色	138.5 x 68.5	光緒乙酉（十一年，1885）	上海 上海博物館	
松鼠圖（冊頁軸裝）	軸	紙	水墨	32.8 x 41.7	光緒乙酉（十一年，1885）	上海 上海博物館	
錦雞水仙圖	軸	紙	設色	不詳	光緒丙戌（十二年，1886）	上海 上海博物館	
牽牛八哥圖	軸	紙	設色	178 x 47.6	光緒丙戌（十二年	上海 上海博物館	

名稱	形式	質地	色彩	尺寸 高x寬cm	創作時間	收藏處所	典藏號碼
					，1886）		
梅鶴圖	軸	紙	設色	不詳	光緒丙戌（十二年 ，1886）	上海 上海博物館	
紫藤雙鳩圖	軸	紙	設色	184.4 x 96.2	光緒丙戌（十二年 ，1886）三月清明 後二日	上海 上海博物館	
桃花鸚鴿圖（為楚齋作）	軸	紙	設色	174.3 x 47.7	丙戌（光緒十二年 ，1886）五月	上海 上海博物館	
仿高克恭雲山圖	軸	紙	設色	147.7 x 51.4	光緒丙戌（十二年 ，1886）	上海 上海博物館	
順風大吉圖	軸	紙	設色	不詳	光緒丙戌（十二年 ，1886）	上海 上海博物館	
蒼松紫藤圖	軸	紙	設色	177.4 x 47.5	光緒丙戌（十二年 ，1886）	上海 上海博物館	
雪中送炭圖	軸	紙	設色	不詳	光緒丁亥（十三年 ，1887）	上海 上海博物館	
八駿圖	軸	紙	設色	不詳	光緒丁亥（十三年 ，1887）冬月	上海 上海博物館	
觀劍圖（為滬上點春堂之賓日閣作）	軸	紙	設色	248.5 x120.6	光緒戊子（十四年 ，1888）首夏	上海 上海博物館	
紫藤金魚圖	軸	紙	設色	113.8 x 44.3	光緒戊子（十四年 ，1888）	上海 上海博物館	
沈鋼士像	軸	紙	設色	不詳	光緒戊子（十四年 ，1888）	上海 上海博物館	
水牛圖	軸	紙	設色	不詳	光緒庚寅（十六年 ，1890）	上海 上海博物館	
仿吳鎮山水圖	軸	紙	水墨	94 x 43	光緒庚寅（十六年 ，1890）	上海 上海博物館	
花鳥圖（4幅）	軸	紙	設色	（每幅）82.6 x 48.5	光緒辛卯（十七年 ，1891）	上海 上海博物館	
貓雀圖	軸	紙	設色	不詳	光緒辛卯（十七年 ，1891）	上海 上海博物館	
萱草狸奴圖	軸	紙	設色	92.4 x 41.7	光緒壬辰（十八年 ，1892）	上海 上海博物館	
人物圖（4幅）	軸	紙	設色	（每幅）183	光緒壬辰（十八年	上海 上海博物館	

名稱	形式	質地	色彩	尺寸 高x寬cm	創作時間	收藏處所	典藏號碼
				x 47	，1892）		
鷹圖	軸	紙	設色	101.8 x 45.4	光緒壬辰（十八年，1892）	上海 上海博物館	
御鹿圖	軸	紙	設色	130.9 x 63.4	光緒壬辰（十八年，1892）	上海 上海博物館	
踏雪尋梅圖	軸	紙	設色	不詳	光緒癸巳（十九年，1893）	上海 上海博物館	
花鳥圖	軸	紙	水墨	不詳	光緒癸巳（十九年，1893）	上海 上海博物館	
梅雀圖	軸	紙	設色	不詳	光緒甲午（二十年，1894）	上海 上海博物館	
仕女圖（冊頁裝成）	軸	紙	設色	33.2 x 35.2		上海 上海博物館	
赤壁賦詩意圖	軸	紙	設色	143 x 37.8		上海 上海博物館	
花鳥圖（4幅）	軸	紙	設色	不詳		上海 上海博物館	
高邕像	軸	紙	設色	130.9 x 48.5		上海 上海博物館	
桃實綬帶圖	軸	紙	設色	135 x 67.8		上海 上海博物館	
探梅圖	軸	紙	設色	不詳		上海 上海博物館	
荷花圖	軸	紙	設色	不詳		上海 上海博物館	
貓雀圖	軸	紙	設色	14.8 x 32.6		上海 上海博物館	
葛洪移居圖	軸	紙	設色	90.7 x 49.9		上海 上海博物館	
還讀圖	軸	紙	設色	134.4 x 48		上海 上海博物館	
無量壽佛圖	軸	紙	設色	112 x 45.5	壬申（同治十一年，1872）	上海 上海畫院	
翠竹山雞圖	軸	紙	設色	144 x 39	光緒丁丑（三年，1877）	上海 上海畫院	
松鶴圖	軸	紙	設色	144 x 38.5	光緒己卯（五年，1879）	上海 上海畫院	
清溪濯足圖	軸	絹	設色	111 x 45.5	光緒辛巳（七年，1881）	上海 上海畫院	
玩鳥人圖	軸	紙	設色	34.5 x 35.8	光緒壬午（八年，1882）	上海 上海畫院	
麻姑獻壽圖	軸	紙	設色	181.4 x 91.8	光緒元年，乙亥（1875）	上海 中國美術家協會上海分會	

名稱	形式	質地	色彩	尺寸 高x寬cm	創作時間	收藏處所	典藏號碼
寒香雙鴿圖	軸	紙	設色	183.6 x 45.5	光緒壬午（八年，1882）	上海 中國美術家協會上海分會	
鍾馗騎驢圖	軸	紙	設色	不詳	光緒丁亥（十三年，1887）	上海 中國美術家協會上海分會	
雨過鳴鳩圖	軸	紙	設色	90 x 44	光緒庚寅（十六年，1890）	上海 中國美術家協會上海分會	
松鼠圖	軸	紙	設色	131.2 x 64.9	光緒壬寅（十八年，1892）	上海 中國美術家協會上海分會	
沙馥(山春)三十九歲像	軸	紙	設色	128.6 x 32.3	同治戊辰（七年，1868）孟冬	南京 南京博物院	
新秋鵝浴圖（為仲章作）	軸	紙	設色	150.2 x 39.7	庚午（同治九年，1870）冬十月	南京 南京博物院	
麻姑獻壽圖	軸	紙	設色	不詳	光緒丁丑（三年，1877）	南京 南京博物院	
雜畫（4幅）	軸	絹	設色	不詳	光緒癸未（九年，1883）	南京 南京博物院	
關河蕭索圖	軸	紙	設色	不詳	光緒乙酉（十一年，1885）	南京 南京博物院	
幽鳥鳴春圖	軸	絹	設色	137.5 x 61.8	光緒丙戌（十二年，1886）春暮	南京 南京博物院	
雀聲藤影圖（為裕齋作）	軸	紙	設色	80 x 39.3	光緒戊子（十四年，1888）仲冬	南京 南京博物院	
凌霄松鼠圖	軸	紙	設色	163.5 x 46.5	光緒壬辰（十八年，1892）夏日	南京 南京博物院	
空塘歸鷺圖	軸	紙	設色	不詳		南京 南京博物院	
無量壽佛圖	軸	紙	設色	121.9 x 42.3		南京 南京博物院	
雙雞圖	軸	紙	設色	不詳		南京 南京博物院	
梅柏白鵰圖（4幅）	軸	紙	設色	不詳	同治戊辰（七年，1868）秋七月上浣	南京 江蘇省美術館	
紫藤狸奴圖（為星輝作）	橫幅	紙	設色	不詳	同治戊辰（七年，1868）冬十月	南京 江蘇省美術館	
梅柏白鵰圖（4幅）	軸	紙	設色	90.5 x 169	同治戊辰（七年，1868）	南京 江蘇省美術館	

名稱	形式	質地	色彩	尺寸 高x寬cm	創作時間	收藏處所	典藏號碼
紫藤猩奴圖	軸	紙	設色	90.5 x ？	光緒辛巳（七年，1881）	南京 江蘇省美術館	
吉慶圖	軸	紙	設色	不詳	光緒乙未（二十一年，1895）	鎮江 江蘇省鎮江市博物館	
鍾馗像	軸	紙	朱紅	不詳	光緒戊寅（四年，1878）	常熟 江蘇省常熟市文物管理委員會	
梧桐白鳳圖	軸	絹	設色	163 x 48.5		常熟 江蘇省常熟市文物管理委員會	
桐蔭清暑圖	軸	紙	設色	不詳	光緒乙酉（十一年，1885）	常州 江蘇省常州市博物館	
蘇武牧羊圖	軸	紙	設色	148.9 x 81	光緒戊子（十四年，1888）首夏	常州 江蘇省常州市博物館	
踏雪尋梅圖	軸	紙	設色	不詳	光緒己丑（十五年，1889）	常州 江蘇省常州市博物館	
鍾馗圖	軸	紙	設色	168 x 91	光緒壬辰（十八年，1892）	無錫 江蘇省無錫市博物館	
風塵三俠圖（為波香作）	軸	紙	設色	114.8 x 43.6	同治丁卯（六年，1867）秋日	蘇州 江蘇省蘇州博物館	
佩秋小像（任頤、胡遠合作）	軸	紙	設色	不詳	同治七年（戊辰，1868）	蘇州 江蘇省蘇州博物館	
牡丹貓石圖	軸	紙	設色	不詳	同治壬申（十一年，1872）	蘇州 江蘇省蘇州博物館	
竹石靈貓圖（為棣山作）	軸	紙	水墨	92.3 x 48.1	光緒己丑（十五年，1889）正月二十五日	蘇州 江蘇省蘇州博物館	
花貓擒鳩圖	軸	紙	設色	不詳	光緒己丑（十五年，1889）	蘇州 江蘇省蘇州博物館	
芭蕉烏鷄圖	軸	紙	設色	131.862.8	光緒辛卯（十七年，1891）春三月	蘇州 江蘇省蘇州博物館	
神嬰圖	軸	紙	設色	不詳		蘇州 江蘇省蘇州博物館	
孫公進食圖	軸	紙	設色	175.3 x 95		蘇州 江蘇省蘇州博物館	
竹林獨坐圖	軸	絹	設色	不詳	光緒乙酉（十一年，1885）	蘇州 靈巖山寺	
臨石濤山水圖	軸`	紙	設色	131 x 49.5	壬辰(光緒十八年	昆山 崑崙堂美術館	

名稱	形式	質地	色彩	尺寸 高x寬cm	創作時間	收藏處所	典藏號碼
					，1892）冬日		
霜林鵪鶉圖（為笠青作）	軸	紙	設色	不詳	丁卯（同治六年，1867）正月上浣	杭州 浙江省博物館	
范湖居士周閑四十八歲小影圖	軸	紙	水墨	129 x 49.5	丁卯（同治六年，1867）秋	杭州 浙江省博物館	
出塵圖（悟生小像）	橫幅	紙	設色	不詳	戊辰（同治七年，1868）冬仲	杭州 浙江省博物館	
陳允升像圖	軸	紙	設色	不詳	同治戊辰（七年，1868）冬仲	杭州 浙江省博物館	
折梅圖（任頤、胡遠合作）	軸	絹	設色	97.3 x 34.4	戊辰（同治七年，1868）冬十二月	杭州 浙江省博物館	
荷花鴛鴦圖	軸	紙	設色	不詳	同治庚午（九年，1870）	杭州 浙江省博物館	
趙嘯雲像	軸	紙	設色	不詳	光緒癸未（九年，1883）十月	杭州 浙江省博物館	
陸書城四十七歲像	軸	紙	設色	不詳	甲申（光緒十年，1884）夏五	杭州 浙江省博物館	
山水圖	軸	紙	水墨	不詳	光緒乙酉（十一年，1885）	杭州 浙江省博物館	
劉海戲蟾圖	軸	紙	設色	不詳	光緒丁亥（十三年，1887）	杭州 浙江省博物館	
朱畫鍾馗像	軸	紙	設色	不詳	光緒戊子（十四年，1888）	杭州 浙江省博物館	
湖上參禪圖	軸	紙	設色	不詳	光緒戊子（十四年，1888）三月吉日	杭州 浙江省博物館	
酸寒尉像（為吳昌碩作）	軸	紙	設色	164.2 x 77.6	光緒戊子（十四年，1888）八月	杭州 浙江省博物館	
鍾馗像	軸	紙	設色	不詳	光緒辛亥（十七年，1891）	杭州 浙江省博物館	
吳昌碩歸田像（尹沅、任頤合作）	軸	紙	設色	115.5 x 53. 3		杭州 浙江省博物館	
蕉蔭納涼圖	軸	紙	設色	129.5 x 58.9		杭州 浙江省博物館	
梅竹雙禽圖	軸	紙	設色	158.4 x 31.8		杭州 浙江省博物館	

名稱	形式	質地	色彩	尺寸 高×寬㎝	創作時間	收藏處所	典藏號碼
荷花雙燕圖	軸	紙	設色	不詳		杭州 浙江省博物館	
憑欄賞荷圖	軸	紙	設色	133 × 67	壬申（同治十一年，1872）	杭州 浙江省杭州西泠印社	
枇杷山雞圖	軸	紙	設色	不詳	光緒戊寅（四年，1878）	杭州 浙江省杭州西泠印社	
溪橋聽泉圖	軸	紙	水墨	181 × 48	光緒甲申（十年，1884）	杭州 浙江省杭州西泠印社	
金明齋像	軸	紙	設色	不詳	光緒丁酉（二十三年，1897）	杭州 浙江省杭州西泠印社	
羲之愛鵝圖	軸	絹	設色	不詳	辛巳（光緒七年，1881）	平湖 浙江省平湖縣博物館	
黃卷青燈圖	軸	紙	設色	不詳	光緒癸未（九年，1883）	平湖 浙江省平湖縣博物館	
吳昌碩小像	軸	紙	水墨	125 × 39.8	癸未（光緒九年，1883）	安吉 浙江省安吉縣博物館	
花鳥圖（胡遠、任頤、王禮、吳滔合作）	軸	紙	設色	不詳		紹興 浙江省紹興市博物館	
米顛拜石圖	軸	紙	設色	不詳	乙酉（光緒十一年，1885）	寧波 浙江省寧波市鎮海區文管會	
雪雀圖	軸	紙	水墨	不詳	光緒丁丑（三年，1877）	寧波 浙江省寧波市天一閣文物保管所	
百齡雙壽圖	軸	紙	設色	168.5 × 87	光緒庚辰（六年，1880）	長沙 湖南省博物館	
秋菊雙雞圖（為蔭甫作）	軸	紙	設色	135 × 45.2	丙子（光緒二年，1876）仲夏	成都 四川省博物院	
竹蔭休閑圖	軸	紙	設色	不詳		廣州 廣州市美術館	
枇杷花鳥圖	軸	紙	設色	不詳		汕頭 廣東省汕頭市博物館	
桃花白雞圖	軸	絹	設色	136 × 54	光緒乙酉（十一年，1885）	深圳 廣東省深圳市博物館	
山茶天竺圖	軸	絹	設色	127 × 163	同治甲戌（十三年，1874）	澄海 廣東省澄海縣博物館	
人馬圖	軸	紙	設色	96.5 × 50.8	光緒庚寅（十六年，1890）	日本 東京林宗毅先生	
秋苑貍奴圖	軸	紙	設色	不詳	己卯（光緒五年，1879）秋仲	日本 京都河野秋村先生	

名稱	形式	質地	色彩	尺寸 高x寬cm	創作時間	收藏處所	典藏號碼
牡丹雙雞圖	軸	紙	設色	106.1 x 42.4	光緒辛巳（七年，1881）霊月上浣	日本 京都平野氏英青堂	
雲雞圖	軸	紙	設色	160.9 x 46.4		日本 大阪齋藤悅藏先生	
椿樹圖	軸	紙	設色	108.1 x 64.5	光緒辛巳（七年，1881）二月上浣	美國 哈佛大學福格藝術館	1968.72
美人圖	軸	綾	設色	119.6 x 66	光緒戊子（十四年，1888）仲春吉日	美國 堪薩斯市納爾遜-艾金斯藝術博物館	
花鳥圖	摺扇面	紙	設色	不詳		台北 故宮博物院	國贈 024994
荷花圖	摺扇面	紙	設色	19 x 50	同治己巳（八年，1869）	台北 清玩雅集	
花果、草蟲圖（8幀）	冊	絹	設色	（每幀）27 x 19	光緒甲申（十年，1884）除夜	瀋陽 故宮博物館	
花鳥圖（12幀）	冊	綢	設色	（每幀）31.5 x 36.2	光緒乙亥（元年，1857）	北京 故宮博物院	
花鳥圖	摺扇面	紙	設色	18.4 x 53	辛巳（光緒七年，1881）	北京 故宮博物院	
花鳥圖（2幀）	摺扇面	絹	設色	19.5 x 57 不等	辛巳（光緒七年，1881）	北京 故宮博物院	
花鳥、人物圖（12幀）	冊	紙	設色	（每幀）31.5 x 36	光緒辛巳（七年，1881）	北京 故宮博物院	
徐步督耕圖（為鋙卿作）	冊頁	紙	設色	不詳	光緒辛巳（七年，1881）三月	北京 故宮博物院	
仕女圖（12幀）	冊	紙	設色	（每幀）34.2 x 38.2	光緒戊子（十四年，1888）	北京 故宮博物院	
花鳥圖（16幀）	冊	紙	設色	不詳		北京 故宮博物院	
仿惲壽平花鳥	摺扇面	絹	設色	19.7 x 56.5		北京 故宮博物院	
花卉圖（8幀，為謀仲作）	冊	紙	設色	（每幀）31.5 x 33.5	同治丙寅（五年，1866）夏六月	北京 中國歷史博物館	
鴛鴦圖	摺扇面	金箋	設色	不詳	同治己巳（八年，1869）	北京 中國歷史博物館	
花鳥、蟲魚團扇集錦（11幀）	冊	絹	設色	（每幀）28.7 x 28.7	癸酉（同治十二年，1873），庚辰（光緒六年，1880）	北京 中國美術館	
花卉草蟲	摺扇面	金箋	設色	18.8 x 52.3	丁丑（光緒三年，	北京 中國美術館	

名稱	形式	質地	色彩	尺寸 高x寬cm	創作時間	收藏處所	典藏號碼
					1877）		
山水、花鳥扇面（12幀）	冊	紙	設色	不詳	光緒癸己、戊子、己丑、甲申、丙戌、丁亥、辛巳、庚辰等	北京 中國美術館	
人物、山水圖（12幀）	冊	紙	水墨	不詳	乙酉（光緒十一年，1885）	北京 中國美術館	
人物、仕女圖（8幀）	冊	紙	設色	（每幀）29.8 x 33.7		北京 中國美術館	
人物團扇面（4幀）	冊	紙	白描	（每幀）49.2 x 49.2		北京 中國美術館	
花卉圖（12幀）	冊	絹	設色	（每幀）31.6 x 39.1	壬午（光緒八年，1882）	北京 中國美術館	
花鳥圖（10幀）	冊	絹	設色	不詳	甲申（光緒十年，1884）、乙酉	北京 中國美術館	
人物圖	摺扇面	紙	設色	18.1 x 53.2		北京 中國美術館	
花鳥圖	納扇面	絹	設色	不詳		北京 中央工藝美術學院	
仕女、花鳥圖（4幀）	冊	絹	設色	（每幀）26.5 x 27	光緒丙戌（十二年，1886）	天津 天津市藝術博物館	
花卉圖（12幀）	冊	絹	設色	（每幀）30 x 42.3	光緒乙酉（十一年，1885）	天津 天津市藝術博物館	
山徑騎馬圖	摺扇面	金箋	設色	不詳		天津 天津市人民美術出版社	
松下高士圖	摺扇面	金箋	設色	不詳		南通 江蘇省南通博物苑	
仿仇實父筆法作人物圖	冊頁	紙	設色	不詳	同治癸酉（十二年，1873）新秋上浣	上海 上海博物館	
花鳥圖（8幀）	冊	紙	設色	（每幀）35.2 x 28.3	光緒丁丑（三年，1877）仲冬	上海 上海博物館	
花鳥圖（16幀）	冊	紙	設色	不詳	光緒丙戌（十二年，1886）	上海 上海博物館	
山水圖（12幀）	冊	紙	設色	不詳		上海 上海博物館	
鬼趣圖（10幀）	冊	紙	設色	不詳		上海 上海博物館	
畫（項穆之、醒甫等雜畫冊22之1幀）	冊頁	紙	設色	約38.5 x23.6		上海 上海博物館	
雜畫（任頤、任薰雜畫冊6之3幀）	冊頁	紙	設色	（每幀）25 x 32	光緒己卯（五年，1879）	上海 上海博物館	

名稱	形式	質地	色彩	尺寸 高x寬cm	創作時間	收藏處所	典藏號碼
梅蕉小鳥圖	摺扇面	紙	設色	不詳	同治庚午（九年，1870）	上海 中國美術家協會上海分會	
桂花小鳥圖	摺扇面	紙	設色	不詳	同治庚午（九年，1870）	上海 中國美術家協會上海分會	
端午即景圖	摺扇面	紙	設色	不詳	戊寅（光緒四年，1878）	上海 中國美術家協會上海分會	
天竺鳥石圖	摺扇面	紙	設色	不詳	戊寅（光緒四年，1878）	上海 中國美術家協會上海分會	
人物圖	摺扇面	紙	設色	不詳	光緒庚辰（六年，1880）	上海 中國美術家協會上海分會	
花鳥圖	摺扇面	紙	設色	不詳	光緒丙戌（十二年，1886）	上海 中國美術家協會上海分會	
人物故事圖（8幀）	冊	紙	設色	不詳	光緒丁亥（十三年，1887）	上海 中國美術家協會上海分會	
桃李圖	摺扇面	紙	設色	不詳	光緒丁亥（十三年，1887）	上海 中國美術家協會上海分會	
人物圖	摺扇面	紙	設色	不詳	光緒戊子（十四年，1888）	上海 中國美術家協會上海分會	
騎驢圖	摺扇面	紙	設色	不詳	光緒戊子（十四年，1888）	上海 中國美術家協會上海分會	
山水圖	摺扇面	紙	設色	不詳	光緒己丑（十五年，1889）	上海 中國美術家協會上海分會	
淑真小像	摺扇面	紙	設色	不詳		上海 中國美術家協會上海分會	
紫藤貓石圖	摺扇面	紙	設色	不詳		上海 中國美術家協會上海分會	
柳鴨圖	摺扇面	金箋	設色	不詳	辛巳（光緒七年，1881）	南京 南京博物院	
天竺鸚鵡圖	團扇面	絹	設色	不詳		南京 南京博物院	
米顛拜石圖	團扇面	金箋	設色	22.3 x 24.3		南京 南京博物院	
二老讀畫圖	摺扇面	金箋	設色	18 x 51.9		南京 南京博物院	
花卉圖（12幀）	冊	絹	設色	（每幀）34 x 27.5	同治七年（戊辰，1868）	常熟 江蘇省常熟市文物管理委員會	
花鳥圖	摺扇面	金箋	設色	17.7 x 52	光緒壬午（八年，	無錫 江蘇省無錫市博物館	

名稱	形式	質地	色彩	尺寸 高x寬cm	創作時間	收藏處所	典藏號碼
					1882）		
仕女圖	摺扇面	金箋	設色	不詳	戊辰（同治七年，1868）	杭州 浙江省博物館	
金畫鸚鵡圖	紈扇面	瓷青絹	設色	不詳	壬申（同治十一年，1872）	杭州 浙江省博物館	
蕙蘭竹雞圖	摺扇面	金箋	設色	不詳	癸酉（同治十二年，1873）	杭州 浙江省博物館	
花鳥圖（8幀，為秬德作）	冊	紙	設色	不詳	同治癸酉（十二年，1873）冬十月	杭州 浙江省博物館	
雜畫（8幀）	冊	絹	設色	不詳	癸酉（同治十二年。1873）	杭州 浙江美術學院	
芙蓉白頭圖	摺扇面	金箋	設色	不詳	丙戌（光緒十二年，1886）	杭州 浙江省杭州市文物考古所	
花鳥圖扇面（12幀）	冊	紙	設色	不詳	丁卯（同治六年，1867）初夏	杭州 浙江省杭州西泠印社	
人物圖（任頤、費以耕合作）	摺扇西	金箋	設色	不詳	光緒丁丑（三年，1877）	杭州 浙江省杭州西泠印社	
花鳥圖	摺扇面	紙	設色	不詳	光緒辛巳（七年，1881）	嘉善 浙江省嘉善縣博物館	
雜畫（8幀）	冊	金箋	設色	不詳	壬申（同治十一年，1872）	溫州 浙江省溫州博物館	
寒竹聚禽圖	摺扇面	金箋	設色	18 x 52.5		廣州 廣州市美術館	
紫藤雙禽圖	紈扇面	絹	設色	不詳		桂林 廣西壯族自治區桂林市博物館	
水仙圖	摺扇面	紙	設色	13 x 52		日本 東京高島菊次郎槐安居	
花鳥圖（十八名家扇面圖冊之1幀）	摺扇面	金箋	設色	17.9 x 52		韓國 首爾朴周煥先生	
山水、人物圖（2幀）	冊頁	紙	設色	（每幀）19.6 x 24.3		美國 勃克萊加州大學藝術館（高居翰教授寄存）	CC102a, b
人物圖	摺扇面	紙	設色	17.8 x 52.2		德國 柏林東亞藝術博物館	1988-268
附：							
荷花圖	卷	綾	設色	不詳	同治辛未（十年，1871）	上海 上海工藝品進出口公司	
補晴巒暖翠圖	卷	紙	設色	不詳	己亥（光緒二十五	蘇州 蘇州市文物商店	

名稱	形式	質地	色彩	尺寸 高x寬cm	創作時間	收藏處所	典藏號碼
					年，1899）		
風塵三俠圖	卷	紙	設色	42 × 97.5	光緒壬午（八年，1882）夏四月	香港 蘇富比藝品拍賣公司/拍賣目錄 1984,11,21.	
清供圖樣（任預、顧澐、胡錫珪等合作）	卷	紙	設色	21.9 × 168.6		紐約 佳仕得藝品拍賣公司/拍賣目錄 1986,12,01.	
玉谿漁隱圖（任頤、吳轂祥合卷之第一卷）	短卷	紙	設色	31 × 57.5	乙亥（光緒元年，1875）冬十一月	香港 佳士得藝品拍賣公司/拍賣目錄 1994,10,30.	
芭蕉貓石圖	軸	紙	設色	132 × 30	光緒乙酉（十一年，1885）	天津 天津市文物公司	
松谿漁艇圖	軸	紙	設色	不詳	光緒丁亥（十三年，1887）	天津 天津市文物公司	
仿陳洪綬人物圖	軸	紙	設色	125 × 61	乙丑（同治四年，1865)	上海 朵雲軒	
茶花山鳥圖（為子勤作）	軸	紙	設色	32 × 42	丙寅（同治五年，1866)十一月上浣	上海 朵雲軒	
深甫像	軸	紙	設色	不詳	同治庚午（九年，1870）	上海 朵雲軒	
蕉石圖	軸	紙	設色	不詳	同治庚午（九年，1870）	上海 朵雲軒	
柏樹天竺圖	軸	紙	設色	不詳	同治甲戌（十三年，1874）	上海 朵雲軒	
鍾馗圖	軸	紙	設色	不詳	光緒丁丑（三年，1877）	上海 朵雲軒	
蘆花鴛鴦圖	軸	紙	設色	不詳	光緒戊寅（四年，1878）	上海 朵雲軒	
天竺錦雞圖	軸	紙	設色	不詳	庚辰（光緒六年，1880）	上海 朵雲軒	
仿徐渭紫藤八哥圖	軸	紙	設色	不詳	光緒庚辰（六年，1880）七月	上海 朵雲軒	
花鳥圖（4幅）	軸	金箋	設色	不詳	光緒庚辰（六年，1880)	上海 朵雲軒	
孔雀圖	軸	紙	設色	不詳	光緒庚辰（六年，1880)	上海 朵雲軒	
桃花雙雞圖	軸	紙	設色	不詳	光緒庚辰（六年，1880)	上海 朵雲軒	

名稱	形式	質地	色彩	尺寸 高×寬cm	創作時間	收藏處所	典藏號碼
玉蘭山雞圖	軸	紙	設色	不詳	辛巳（光緒七年，1881）	上海 朵雲軒	
牡丹錦雞圖（為翰臣作）	橫幅	紙	設色	79 × 142	光緒丙戌（十二年，1886）仲冬	上海 朵雲軒	
梅花仕女圖	軸	紙	設色	177 × 44	光緒丙戌（十二年，1886）嘉平望後	上海 朵雲軒	
柏鹿綬帶圖	軸	金箋	設色	不詳	光緒庚寅（十六年，1890）	上海 朵雲軒	
臨鄭板橋竹石圖	軸	紙	水墨	不詳	光緒庚寅（十六年，1890）	上海 朵雲軒	
春風啜茗圖	軸	紙	設色	不詳	光緒壬辰（十八年，1892）	上海 朵雲軒	
人物圖	軸	紙	設色	不詳		上海 朵雲軒	
山茶錦雞圖	軸	紙	設色	不詳		上海 朵雲軒	
仿王武花鳥圖	軸	紙	水墨	不詳		上海 朵雲軒	
松桃八哥圖	軸	紙	設色	不詳		上海 朵雲軒	
荷花翠鳥圖	軸	紙	設色	不詳		上海 朵雲軒	
摹陸包山貓石圖	軸	紙	設色	不詳		上海 朵雲軒	
紫薇花圖	軸	紙	設色	不詳		上海 朵雲軒	
紫藤鸚鵒圖	軸	紙	設色	231 × 48		上海 朵雲軒	
蕉菊小鳥圖	軸	紙	設色	不詳		上海 朵雲軒	
錦雞芭蕉圖	軸	紙	設色	不詳		上海 朵雲軒	
蘆雁圖	軸	紙	設色	140 × 37		上海 朵雲軒	
芭蕉仕女圖	軸	紙	設色	126 × 33	乙丑（同治四年，1865）	上海 上海工藝品進出口公司	
桃石白鴿圖	軸	紙	設色	不詳	同治庚午（九年，1870）	上海 上海工藝品進出口公司	
紫藤鸚鵡圖	軸	紙	設色	138 × 34	同治庚午（九年，1870）	上海 上海工藝品進出口公司	
五倫圖	軸	紙	設色	181 × 95	同治壬申（十一年，1872）	上海 上海工藝品進出口公司	
雙鉤靈芝薔薇圖	軸	紙	設色	不詳	同治壬申（十一年，1872）	上海 上海工藝品進出口公司	
天竺三雞圖	軸	紙	設色	不詳	同治壬申（十一年	上海 上海工藝品進出口公司	

名稱	形式	質地	色彩	尺寸 高×寬cm	創作時間	收藏處所	典藏號碼
					，1872）		
愛蓮圖	軸	紙	設色	103 × 54	同治癸酉（十二年，1873）	上海 上海工藝品進出口公司	
花卉圖	軸	絹	設色	不詳	同治甲戌（十三年，1874）	上海 上海工藝品進出口公司	
五方進財人物圖	軸	紙	設色	149.5 × 83	同治甲戌（十三年，1874）	上海 上海工藝品進出口公司	
松鶴圖	軸	紙	設色	不詳	同治甲戌（十三年，1874）	上海 上海工藝品進出口公司	
天竺群鴿圖	橫幅	紙	設色	不詳	光緒戊寅（四年，1878）	上海 上海工藝品進出口公司	
牡丹山雞圖	軸	紙	設色	不詳	光緒己卯（五年，1879）	上海 上海工藝品進出口公司	
端午即景圖	軸	紙	設色	不詳	光緒庚辰（六年，1880）	上海 上海工藝品進出口公司	
鍾馗圖	軸	紙	設色	不詳	光緒庚辰（六年，1880）	上海 上海工藝品進出口公司	
長安古槐圖	軸	紙	設色	182 × 82	辛巳（光緒七年，1881）孟春	上海 上海工藝品進出口公司	
松下對奕圖	軸	紙	設色	不詳	光緒辛巳（七年，1881）	上海 上海工藝品進出口公司	
梧桐老少年圖	軸	紙	設色	不詳	辛巳（光緒七年，1881）	上海 上海工藝品進出口公司	
古柏黃鸝圖	軸	紙	設色	不詳	壬午（光緒八年，1882）	上海 上海工藝品進出口公司	
芭蕉山雀圖	軸	紙	設色	不詳	壬午（光緒八年，1882）	上海 上海工藝品進出口公司	
博古圖	軸	紙	設色	不詳	光緒壬午（八年，1882）	上海 上海工藝品進出口公司	
芭蕉竹雞圖	軸	紙	設色	不詳	壬午（光緒八年，1882）	上海 上海工藝品進出口公司	
貓石月季圖	軸	紙	設色	不詳	光緒癸未（九年，1883）	上海 上海工藝品進出口公司	
紫藤靈石圖	軸	紙	設色	48 × 35.5	光緒乙酉（十一年	上海 上海工藝品進出口公司	

名稱	形式	質地	色彩	尺寸 高×寬cm	創作時間	收藏處所	典藏號碼
					，1885）		
松下獨坐圖	軸	紙	設色	不詳	光緒乙酉（十一年，1885）	上海 上海工藝品進出口公司	
月季雙貓圖	軸	紙	設色	不詳	光緒乙酉（十一年，1885）	上海 上海工藝品進出口公司	
仿華嵒硃石碧梧白鳳圖	軸	紙	設色	不詳	光緒丙戌（十二年，1886）	上海 上海工藝品進出口公司	
風塵三俠圖	軸	紙	設色	不詳	光緒丙戌（十二年，1886）	上海 上海工藝品進出口公司	
葡萄圖	軸	紙	水墨	不詳	光緒丙戌（十二年，1886）	上海 上海工藝品進出口公司	
背臨五代勞之德鍾馗小妹圖	軸	紙	設色	不詳	光緒戊子（十四年，1888）	上海 上海工藝品進出口公司	
夕陽牛背圖	軸	紙	水墨	不詳	光緒庚寅（十六年，1890）	上海 上海工藝品進出口公司	
麻姑壽星圖	軸	紙	設色	不詳	光緒庚寅（十六年，1890）	上海 上海工藝品進出口公司	
天官圖	軸	紙	設色	不詳	光緒辛卯（十七年，1891）	上海 上海工藝品進出口公司	
三友圖（任頤、朱偁、虛谷合作）	軸	紙	設色	不詳	光緒辛卯（十七年，1891）	上海 上海工藝品進出口公司	
牡丹錦雞圖	軸	紙	設色	不詳	光緒壬辰（十八年，1892）	上海 上海工藝品進出口公司	
泛艇圖	軸	紙	設色	不詳	光緒癸巳（十九年，1893）	上海 上海工藝品進出口公司	
讀罷小憩圖	軸	紙	設色	不詳	光緒癸巳（十九年，1893）	上海 上海工藝品進出口公司	
松樹斑鳩圖軸	軸	紙	設色	不詳	光緒癸巳（十九年，1893）	上海 上海工藝品進出口公司	
楓猴圖（封侯）	軸	紙	設色	不詳	光緒甲午（二十年，1894）	上海 上海工藝品進出口公司	
柏樹松鼠圖	軸	紙	設色	不詳	光緒甲午（二十年，1894）	上海 上海工藝品進出口公司	
竹石圖	軸	紙	水墨	不詳	光緒乙未（二十一	上海 上海工藝品進出口公司	

名稱	形式	質地	色彩	尺寸 高x寬cm	創作時間	收藏處所	典藏號碼
					年，1895）		
蒲葵貓石圖（任頤、朱偁合作）	軸	紙	設色	不詳	丁酉（光緒二十三年，1897）	上海 上海工藝品進出口公司	
牡丹圖	軸	絹	設色	不詳		上海 上海工藝品進出口公司	
牡丹犬石圖	軸	紙	設色	143 × 38		上海 上海工藝品進出口公司	
松鶴臘梅圖	軸	紙	設色	不詳		上海 上海工藝品進出口公司	
芙蓉雙禽圖	軸	紙	設色	不詳		上海 上海工藝品進出口公司	
花卉圖（3幅）	軸	紙	設色	不詳		上海 上海工藝品進出口公司	
桃花鸚鵡圖	軸	絹	設色	不詳		上海 上海工藝品進出口公司	
凌霄松鼠圖	軸	紙	設色	不詳		上海 上海工藝品進出口公司	
梨花飛燕圖	軸	絹	設色	不詳		上海 上海工藝品進出口公司	
游鵝圖	軸	紙	設色	不詳		上海 上海工藝品進出口公司	
紫藤鸚鵡圖	軸	絹	設色	152 × 40		上海 上海工藝品進出口公司	
歲朝圖	軸	絹	設色	不詳		上海 上海工藝品進出口公司	
松鶴圖	軸	紙	設色	不詳	同治庚午（九年，1870）	無錫 無錫市文物商店	
花鳥圖（4幅）	軸	紙	設色	（每幅）173 × 46	光緒庚辰（六年，1880）	武漢 湖北省武漢市文物商店	
蜀葵狸奴圖（朱偁、任頤合作）	軸	紙	設色	96.2 × 44.2	丁酉（光緒二十三年，1897）	武漢 湖北省武漢市文物商店	
鍾馗圖	軸	紙	設色	132 × 64.1	光緒癸巳（十九年，1893）夏五月	紐約 蘇富比藝品拍賣公司/拍賣目錄 1983,02,25.	
花鳥圖	軸	紙	設色	171.4 × 44.5		紐約 蘇富比藝品拍賣公司/拍賣目錄 1984,06,13.	
柳塘雙鴨圖	軸	紙	設色	138 × 38.5		紐約 佳士得藝品拍賣公司/拍賣目錄 1984,06,29.	
花鳥（2幅合裱，為育元作）	軸	紙	設色	（每幅）31.1 × 49.3	己卯（光緒五年，1879）冬	香港 蘇富比藝品拍賣公司/拍賣目錄 1984,11,11.	
人物圖	軸	紙	設色	156 × 81	光緒癸巳（十九年，1893）首夏	香港 蘇富比藝品拍賣公司/拍賣目錄 1984,11,21.	
雞圖	軸	紙	設色	143 × 37.2	同治辛未（十年，1871）嘉平吉日	香港 蘇富比藝品拍賣公司/拍賣目錄 1984,11,21.	
東方朔圖	軸	絹	設色	115 × 55	光緒辛卯（十七年，1891）夏四月	香港 蘇富比藝品拍賣公司/拍賣目錄 1984,11,21.	

名稱	形式	質地	色彩	尺寸 高×寬cm	創作時間	收藏處所	典藏號碼
雙鉤花鳥（扇面四幀裱成）	軸	紙	設色	（每幀）18 × 52.5		香港 蘇富比藝品拍賣公司/拍賣目錄 1984,11,21.	
蘭石貓圖	軸	紙	設色	37 × 38	同治癸酉（十二年，1873）冬十一月	香港 蘇富比藝品拍賣公司/拍賣目錄 1984,11,21.	
花鳥圖	橫幅	紙	設色	24 × 60.8	庚辰（光緒六年，1880）端陽後三日	香港 蘇富比藝品拍賣公司/拍賣目錄 1984,11,21.	
大士像	軸	絹	設色	78.1 × 32.3	光緒癸未（九年，1883）二月	紐約 蘇富比藝品拍賣公司/拍賣目錄 1985,06,03.	
牧牛圖	軸	紙	設色	31 × 28.3		紐約 蘇富比藝品拍賣公司/拍賣目錄 1985,06,03.	
湖上騎驢圖	軸	紙	設色	178.4 × 47		紐約 蘇富比藝品拍賣公司/拍賣目錄 1985,06,03.	
人物圖	軸	紙	設色	133.3 × 75		紐約 蘇富比藝品拍賣公司/拍賣目錄 1986,06,03.	
梅雀圖	小軸	紙	設色	38 × 38.7		紐約 佳仕得藝品拍賣公司/拍賣目錄 1986,12,01.	
人物圖	軸	紙	設色	99 × 42	光緒丙戌（十二年，1886）仲秋吉日	香港 佳仕得藝品拍賣公司/拍賣目錄 1987,01,12.	
仿金農鍾馗圖	軸	紙	朱砂	123.8 × 43.8		香港 佳仕得藝品拍賣公司/拍賣目錄 1987,01,12.	
泉塘觀潮圖	橫幅	紙	設色	32 × 39.5	光緒丙戌（十二年，1886）新秋	香港 佳仕得藝品拍賣公司/拍賣目錄 1987,01,12.	
溪邊風雨圖	橫幅	紙	設色	40.5 × 80.5	光緒己丑（十五年，1889）嘉平月	香港 佳仕得藝品拍賣公司/拍賣目錄 1987,01,12.	
修竹高士圖	軸	紙	設色	119 × 34.5	光緒庚寅（十六年，1890）	香港 佳仕得藝品拍賣公司/拍賣目錄 1987,01,12.	
蘆雁圖	軸	紙	設色	173 × 45		香港 佳仕得藝品拍賣公司/拍賣目錄 1987,01,12.	
花鳥圖	軸	紙	設色	34.2 × 48.8	光緒乙酉（十一年，1885）立夏後一日	紐約 佳士得藝品拍賣公司/拍賣目錄 1987,12,11.	
松鶴延年圖（高邕題）	軸	紙	設色	134 × 66.5	乙丑（同治四年，1895）四月	香港 佳士得藝品拍賣公司/拍賣目錄 1988,01,18.	
鷺鷥圖	軸	紙	設色	172.1 × 59.8	光緒丁亥（十三年	紐約 蘇富比藝品拍賣公司/拍	

名稱	形式	質地	色彩	尺寸 高×寬cm	創作時間	收藏處所	典藏號碼
					，1887）子月望吉日	賣目錄 1988,06,01.	
荷塘鴛鴦圖	軸	紙	設色	67.3 × 33.6		紐約 蘇富比藝品拍賣公司/拍賣目錄 1988,06,01.	
人物山水圖	軸	紙	設色	26.7 × 32.4	光緒癸巳（十九年，1893）	紐約 蘇富比藝品拍賣公司/拍賣目錄 1988,06,01.	
桃花鸚鵡圖	軸	紙	設色	169 × 46.3		紐約 蘇富比藝品拍賣公司/拍賣目錄 1988,06,01.	
梅雀圖	軸	紙	設色	38.1 × 38.1		香港 佳士得藝品拍賣公司/拍賣目錄 1989,01,16.	
竹林大士圖	軸	紙	設色	135.5 × 51.5	光緒乙未（二十一年，1895）春二月	香港 佳士得藝品拍賣公司/拍賣目錄 1989,01,16.	
四時花果圖（4 幅）	軸	紙	設色	（每幅）230 × 48.3		香港 佳士得藝品拍賣公司/拍賣目錄 1989,01,16.	
劉海戲蟾圖	軸	紙	設色	130.5 × 52.5	光緒戊子（十四年，1888）春	香港 佳士得藝品拍賣公司/拍賣目錄 1989,09,25.	
玉蘭孔雀圖	軸	紙	設色	147.3 × 77.5	同治庚午（九年，1870）春三月	香港 佳士得藝品拍賣公司/拍賣目錄 1989,09,25.	
山水圖	小軸	紙	設色	29.3 × 17.2	光緒己丑（十五年，1889）	香港 佳士得藝品拍賣公司/拍賣目錄 1989,09,25.	
工筆花鳥（4 幅）	軸	絹	設色	（每幅）141.3 × 40.5	光緒庚辰（六年，1880）嘉平月上浣	香港 佳士得藝品拍賣公司/拍賣目錄 1990,03,19.	
童子戲魚圖	軸	紙	設色	132 × 60.5	己卯（光緒五年，1879）閏三月	香港 佳士得藝品拍賣公司/拍賣目錄 1990,03,19.	
雞群奇石圖	軸	紙	設色	144 × 40.5	同治壬申（十一年，1872）春正月	香港 佳士得藝品拍賣公司/拍賣目錄 1990,03,19.	
錦雞花柳圖	軸	紙	誕色	247.5 × 59.5	光緒辛卯（十七年，1891）夏六月	香港 佳士得藝品拍賣公司/拍賣目錄 1990,03,19.	
硃筆鍾馗圖（高邕題）	軸	紙	硃紅	134.7 × 64	光緒甲午（二十年，1894）五月五日	香港 佳士得藝品拍賣公司/拍賣目錄 1990,03,19.	
踏雪尋梅圖	軸	紙	設色	166.3 × 94.5	光緒癸巳（十九年，1893）十月下旬	香港 佳士得藝品拍賣公司/拍賣目錄 1990,03,19.	
羲之換鵝圖	軸	紙	設色	102 × 52		香港 佳士得藝品拍賣公司/拍賣目錄 1990,03,19.	

名稱	形式	質地	色彩	尺寸 高×寬cm	創作時間	收藏處所	典藏號碼
工筆荷花圖	橫幅	紙	設色	66 × 95.3	同治十二年（癸酉，1873）春三月	香港 佳士得藝品拍賣公司/拍賣目錄1990,03,19.	
蜀葵雙雞圖	軸	紙	設色	142.3 × 40.5		香港 佳士得藝品拍賣公司/拍賣目錄1990,03,19.	
泛舟圖	小軸	紙	設色	27 × 31	光緒甲午（二十年，1894）莫春	香港 佳士得藝品拍賣公司/拍賣目錄1990,03,19.	
彩鳳圖	軸	紙	設色	125 × 36.5	己卯（光緒五年，1879）夏日	香港 佳士得藝品拍賣公司/拍賣目錄1990,10,07.	
蘭花美人圖	軸	絹	設色	134 × 48.5	光緒丙子（二年，1876）	香港 佳士得藝品拍賣公司/拍賣目錄1990,10,07.	
枇杷雙鶴圖	軸	紙	設色	158 × 84.5	光緒辛卯（十七，1891）年十一月	香港 佳士得藝品拍賣公司/拍賣目錄1990,10,07.	
山水圖	軸	紙	水墨	133.5 × 65	光緒辛卯（十七年，1891）新秋七月望	香港 佳士得藝品拍賣公司/拍賣目錄1990,10,07.	
鍾馗捉鬼圖	軸	紙	設色	171 × 94	光緒庚辰（六年，1880）夏四月	香港 佳士得藝品拍賣公司/拍賣目錄1990,10,07.	
黃初平牧羊圖	軸	紙	設色	135 × 66	乙未（光緒二十一年，1895）秋八月	香港 佳士得藝品拍賣公司/拍賣目錄1990,10,07.	
李義山詩意圖	軸	紙	設色	119 × 21.5	乙酉（光緒十一年，1885）春仲	香港 佳士得藝品拍賣公司/拍賣目錄1990,10,07.	
遠公和尚觀馬圖	軸	紙	設色	100.5 × 65.5	庚寅（光緒十六年，1890）夏六月	香港 佳士得藝品拍賣公司/拍賣目錄1990,10,07.	
芭蕉雙雞圖	軸	紙	設色	234 × 60	光緒壬午（八年，1882）嘉平	香港 佳士得藝品拍賣公司/拍賣目錄1990,10,07.	
雀屏圖	軸	紙	設色	143.5 × 38.5	壬午（光緒八年，1882）春月吉日	香港 佳士得藝品拍賣公司/拍賣目錄1990,10,07.	
籃蔬鮮魚圖	橫幅	紙	設色	40 × 68	光緒乙酉（十一年，1885）秋九月	香港 佳士得藝品拍賣公司/拍賣目錄1991,03,18.	
花鳥圖（4幅，趙少昂題）	軸	金箋	設色	（每幅）202 × 47.3		香港 佳士得藝品拍賣公司/拍賣目錄1991,.0,.18.	
鍾馗飼鬼圖	軸	紙	設色	123 × 65.5	乙亥（光緒元年，1875）天中前三日	香港 佳士得藝品拍賣公司/拍賣目錄1991,03,18.	
歲朝清供圖	軸	紙	設色	124 × 63.4	光緒丁亥（十三年	香港 佳士得藝品拍賣公司/拍	

名稱	形式	質地	色彩	尺寸 高x寬cm	創作時間	收藏處所	典藏號碼
					，1887）嘉平	賣目錄 1991,03,18.	
安瀾圖（鶉石水仙圖）	橫幅	紙	設色	40.5 x 62.5		香港 佳士得藝品拍賣公司/拍 　　賣目錄 1991,03,18.	
三羊圖	軸	紙	設色	127.5 x 64.5	光緒丁亥（十三年 ，1887）冬十月	香港 佳士得藝品拍賣公司/拍 　　賣目錄 1991,03,18.	
鹿車圖	軸	紙	設色	128.5 x 66	光緒己丑（十五年 ，1889）仲夏之吉	香港 佳士得藝品拍賣公司/拍 　　賣目錄 1991,03,18.	
紫藤花鳥圖	軸	紙	設色	36 x 47	光緒甲午（二十年 ，1894）嘉平	香港 佳士得藝品拍賣公司/拍 　　賣目錄 1991,03,18.	
壽星圖	軸	紙	設色	174 x 95.5	同治甲戌（十三年 ，1874）秋八月上 浣	香港 佳士得藝品拍賣公司/拍 　　賣目錄 1991,03,30.	
花鳥圖	軸	紙	設色	180 x 52	丙子（光緒二年， 1876）秋杪	香港 佳士得藝品拍賣公司/拍 　　賣目錄 1991,03,30.	
春桃飛燕圖	軸	紙	設色	151 x 45		香港 佳士得藝品拍賣公司/拍 　　賣目錄 1992,03,30.	
梧桐白鳳圖	軸	紙	設色	135.5 x 59.5	光緒丙戌（十二年 ，1886）重九後三 日	香港 佳士得藝品拍賣公司/拍 　　賣目錄 1992,03,30.	
花卉、山水、人物圖（4幅）	軸	紙	設色	（每幅）169.5 x 48	壬子（民國元年， 1912）秋	香港 佳士得藝品拍賣公司/拍 　　賣目錄 1992,03,30.	
三友圖（任頤、虛谷、程璋 合作）	軸	紙	設色	149 x 58.8	光緒辛卯（十七年 ，1891）夏四月	香港 佳士得藝品拍賣公司/拍 　　賣目錄 1992,03,30.	
雞群圖	軸	紙	設色	138 x 66	同治甲戌（十三年 ，1874）夏六月上 浣	香港 佳士得藝品拍賣公司/拍 　　賣目錄 1992,03,30.	
吉人先生像	軸	紙	設色	123 x 51	光緒丙戌（十二年 ，1886）冬十一月	紐約 佳士得藝品拍賣公司/拍 　　賣目錄 1992,06,02.	
鍾馗圖	軸	紙	設色	123 x 65.5	乙亥（光緒元年， 1875）天中	香港 佳士得藝品拍賣公司/拍 　　賣目錄 1992,09,28.	
歲朝清供圖	軸	紙	設色	124 x 63.4	光緒丁亥（十三年 ，1887）嘉平	香港 佳士得藝品拍賣公司/拍 　　賣目錄 1992,09,28.	
三色牡丹圖	軸	紙	設色	143.4 x 57	光緒丙戌（十二年 ，1886）仲秋	香港 佳士得藝品拍賣公司/拍 　　賣目錄 1992,09,28.	
枇杷小雛	軸	紙	設色	146.8 x 76.5	光緒乙未（二十一	香港 佳士得藝品拍賣公司/拍	

名稱	形式	質地	色彩	尺寸 高×寬cm	創作時間	收藏處所	典藏號碼
					年，1895）仲夏	賣目錄 1992,09,28.	
柳岸放舟圖	軸	紙	設色	133.2 × 66	光緒庚寅（十六年，1890）閏二月清明後一日	香港 佳士得藝品拍賣公司/拍賣目錄 1992,09,28.	
雀屏中選圖	軸	紙	設色	143.5 × 38.5	壬午（光緒八年，1882）冬月吉日	香港 佳士得藝品拍賣公司/拍賣目錄 1992,09,28.	
修篁仕女圖	軸	紙	設色	126.5 × 64	光緒庚辰（六年，1880）秋八月	香港 佳士得藝品拍賣公司/拍賣目錄 1992,09,28.	
山水圖	軸	紙	設色	174 × 48		香港 佳士得藝品拍賣公司/拍賣目錄 1992,09,28.	
鍾馗圖	軸	紙	設色	135.2 × 66.5	光緒丁丑（三年，1877）五月五日	香港 佳士得藝品拍賣公司/拍賣目錄 1993,03,22.	
歸田風趣圖	軸	紙	設色	129.2 × 32	光緒甲申（十年，1884）秋七月	香港 佳士得藝品拍賣公司/拍賣目錄 1993,03,22.	
鍾馗與妹圖	軸	紙	設色	129.5 × 62.8	光緒戊子（十四年，1888）夏四月	香港 佳士得藝品拍賣公司/拍賣目錄 1993,03,22.	
臘梅家禽圖	軸	紙	設色	178.2 × 47.8		香港 佳士得藝品拍賣公司/拍賣目錄 1993,10,24.	
花鳥圖	軸	紙	設色	182 × 47		香港 佳士得藝品拍賣公司/拍賣目錄 1993,10,24.	
桃花鴛鴦圖	軸	紙	設色	136 × 66.8	癸未（光緒九年，1883）二月上浣	香港 佳士得藝品拍賣公司/拍賣目錄 1993,10,24.	
赤壁遊圖	橫披	絹	水墨	32.5 × 69	光緒癸未（九年，1883）三月八日	香港 佳士得藝品拍賣公司/拍賣目錄 1994,10,30.	
公孫大娘舞劍圖	軸	紙	設色	132 × 65		香港 佳士得藝品拍賣公司/拍賣目錄 1994,10,30.	
人物、花鳥圖（4幅）	軸	紙	設色	（每幅）35.5 × 35.5		香港 佳士得藝品拍賣公司/拍賣目錄 1994,10,30.	
鍾馗圖	軸	紙	設色	135.5 × 59		香港 佳士得藝品拍賣公司/拍賣目錄 1994,10,30.	
清供圖	軸	紙	設色	144.1 × 38.7	光緒丙戌（十二年，1886）清明後二日	紐約 佳士得藝品拍賣公司/拍賣目錄 1994,11,30.	
荷塘小憩圖	軸	紙	設色	103 × 54	同治癸酉（十二年	紐約 佳士得藝品拍賣公司/拍	

名稱	形式	質地	色彩	尺寸 高×寬㎝	創作時間	收藏處所	典藏號碼
					，1873）冬十月	賣目錄1995,04,30.	
白馬圖	軸	紙	設色	95 × 35.3	光緒庚辰（六年，1880）冬	紐約 佳士得藝品拍賣公司/拍賣目錄1995,09,19.	
竹間高士圖	軸	紙	設色	118.6 × 34.5	光緒庚寅（十六年，1890）	香港 佳士得藝品拍賣公司/拍賣目錄1995,10,29.	
三羊開泰圖	軸	紙	設色	172.6 × 92.5	光緒己丑（十五年，1889）暮秋吉日	香港 佳士得藝品拍賣公司/拍賣目錄1995,10,29.	
花卉圖	軸	絹	設色	101 × 29	同治戊辰（七年，1868）冬十月	香港 佳士得藝品拍賣公司/拍賣目錄1995,10,29.	
柳下雞群圖	軸	紙	設色	247 × 59.2	光緒辛卯（十七年，1891）夏六月	香港 佳士得藝品拍賣公司/拍賣目錄1995,10,29.	
紅孩兒圖	軸	紙	設毛	114.8 × 36.4	光緒癸未（九年，1883）夏五月	香港 佳士得藝品拍賣公司/拍賣目錄1996,04,28.	
芭蕉雞石圖	軸	紙	設色	136 × 51	同治己巳（八年，1869）冬十一月	香港 佳士得藝品拍賣公司/拍賣目錄1996,11,3.	
八哥山茶圖	軸	紙	設色	147.5 × 39.5		紐約 佳士得藝品拍賣公司/拍賣目錄1997,09,19.	
辛夷錦雞圖	軸	紙	設色	148 × 40.5		香港 佳士得藝品拍賣公司/拍賣目錄1998,04,26.	
松下高士圖	軸	紙	設色	124 × 34.5	光緒乙酉（十一年，1885）仲秋	香港 佳士得藝品拍賣公司/拍賣目錄1998,04,26.	
踏雪尋梅圖	軸	紙	設色	130 × 64.5	乙酉（光緒十一年，1885）仲冬	香港 佳士得藝品拍賣公司/拍賣目錄1998,04,26.	
貓石枇杷圖	軸	紙	設色	284.5 × 68.5		香港 佳士得藝品拍賣公司/拍賣目錄1998,11,02.	
映雪憤學圖	軸	紙	設色	132 × 32	光緒乙酉（十一年，1885）夏	香港 佳士得藝品拍賣公司/拍賣目錄1998,11,02.	
貓石百合圖	軸	紙	設色	102 × 40.5	光緒乙未（二十一年，1895）春正月	香港 佳士得藝品拍賣公司/拍賣目錄1998,11,02.	
蓮塘鴛鴦圖	軸	紙	設色	136 × 33	光緒己卯（五年，1879）春二月	香港 佳士得藝品拍賣公司/拍賣目錄1998,11,02.	
松藤白鶴圖	軸	紙	設色	236 × 56.5		香港 佳士得藝品拍賣公司/拍賣目錄1998,11,02.	
王羲之與索書人	軸	紙	設色	139 × 66	光緒庚寅（十六年	香港 佳士得藝品拍賣公司/拍	

名稱	形式	質地	色彩	尺寸 高x寬㎝	創作時間	收藏處所	典藏號碼
					，1890）	賣目錄 1998,11,02.	
鍾馗捉鬼圖	軸	紙	設色	136.5 x 65	光緒庚辰（六年，1880）夏五月	香港 佳士得藝品拍賣公司/拍賣目錄 1998,11,02.	
花鳥金魚圖	軸	紙	設色	30 x 44	癸未（光緒九年，1883）五月	香港 佳士得藝品拍賣公司/拍賣目錄 1998,11,02.	
紫藤雙鳥圖	軸	紙	設色	110.5 x 20.3	光緒丁亥（十三年，1887）嘉平廿六夜	香港 佳士得藝品拍賣公司/拍賣目錄 2001,04,29.	
花鳥圖（12幀）	冊	紙	設色	不詳	同治庚午（九年，1870）	上海 朵雲軒	
山水圖	摺扇面	紙	設色	不詳	甲戌（同治十三年，1874）	上海 朵雲軒	
玉蘭八哥圖	摺扇面	灑金箋	設色	不詳	同治甲戌（十三年，1874）	上海 朵雲軒	
牧牛圖	摺扇面	紙	設色	不詳	光緒己卯（五年，1879）	上海 朵雲軒	
蜂猴圖（封侯圖）	面	紙	設色	不詳	辛巳（光緒七年，1881	上海 朵雲軒	
紫薇雙鳥圖	摺扇面	紙	設色	不詳	光緒甲申（十年，1884）	上海 朵雲軒	
花果圖（8幀）	冊	絹	設色	不詳	光緒乙酉（十一年，1885）	上海 朵雲軒	
蔬果圖（8幀）	冊	絹	設色	不詳	光緒乙酉（十一年，1885）	上海 朵雲軒	
桂花圖	摺扇面	紙	設色	不詳	乙酉（光緒十一年，1885）	上海 朵雲軒	
竹石綬帶圖	摺扇面	紙	設色	不詳	光緒乙酉（十一年，1885）	上海 朵雲軒	
松坡伎樂圖	摺扇面	紙	設色	不詳	光緒壬辰（十八年，1892）	上海 朵雲軒	
臨張孟皋花卉小品圖（12幀，為存翁作）	冊	紙	設色	不詳	同治戊辰（七年，1868）	常州 常州市文物商店	
竹雞圖	摺扇面	紙	設色	不詳		常州 常州市文物商店	
牧牛讀書圖	摺扇面	金箋	設色	不詳	癸酉（同治十二年	蘇州 蘇州市文物商店	

名稱	形式	質地	色彩	尺寸 高×寬cm	創作時間	收藏處所	典藏號碼
					，1873）		
桐雀圖	摺扇面	金箋	設色	不詳	癸酉（同治十二年，1873）	蘇州 蘇州市文物商店	
驢車圖	摺扇面	紙	設色	不詳	光緒戊寅（四年，1878）	蘇州 蘇州市文物商店	
兒戲圖	摺扇面	紙	設色	不詳	光緒癸巳（十九年，1893）	蘇州 蘇州市文物商店	
花卉圖	摺扇面	金箋	設色	不詳	同治庚午（九年，1870）	無錫 無錫市文物商店	
花鳥圖	摺扇面	金箋	設色	不詳	甲戌（同治十三年，1874）	無錫 無錫市文物商店	
蘭竹石圖	摺扇面	金箋	設色	不詳	甲戌（同治十三年，1874）	無錫 無錫市文物商店	
薔薇圖	紈扇面	絹	設色	26.6 × 26	光緒庚辰（六年，1880）	武漢 河北省武漢市文物商店	
獨坐秋風	摺扇面	紙	設色	17.5 × 51.5	癸巳（光緒十九年，1893）仲夏	紐約 佳士得藝品拍賣公司/拍賣目錄1983,11,30.	
達摩圖	紈扇面	絹	設色	直徑25	同治庚午（九年，1870）夏四月	香港 蘇富比藝品拍賣公司/拍賣目錄1984,11,21.	
枝頭小鳥圖（為子鶴仁兄大人作）	摺扇面	紙	設色	17.3 × 52	丙子（光緒二年，1876）仲冬	香港 蘇富比藝品拍賣公司/拍賣目錄1984,11,21.	
人物圖（4幀）	冊	絹	設色	（每幀）29.5 × 34.5	光緒戊子（十四年，1888）二月	香港 蘇富比藝品拍賣公司/拍賣目錄1986,05,22.	
花鳥圖	摺扇面	紙	設色	19 × 53		香港 蘇富比藝品拍賣公司/拍賣目錄1986,05,22.	
花鳥圖	冊頁	紙	設色	27.6 × 34.6		紐約 蘇富比藝品拍賣公司/拍賣目錄1986,06,03.	
花鳥圖	摺扇面	灑金箋	設色	16.5 × 52		紐約 蘇富比藝品拍賣公司/拍賣目錄1986,06,03.	
人物圖	摺扇面	紙	設色	17.8 × 51.7	癸巳（光緒十九年，1893）夏	紐約 蘇富比藝品拍賣公司/拍賣目錄1986,06,03.	
海棠幽禽圖（為曉村尊兄作）	摺扇面	灑金箋	設色	18.1 × 51.8	癸未（光緒九年，1883）大暑節	紐約 佳士得藝品拍賣公司/拍賣目錄1986,12,01.	
水仙竹鳥圖	摺扇面	紙	設色	17.8 × 50.8		香港 佳仕得藝品拍賣公司/拍	

名稱	形式	質地	色彩	尺寸 高x寬cm	創作時間	收藏處所	典藏號碼
桃花小鳥圖（為華城仁八兄先生作）	摺扇面	紙	設色	17.8 × 50.8	光緒壬午（八年，1882）夏四月上浣	紐約 佳士得藝品拍賣公司/拍賣目錄1987,01,12.	
人物圖	摺扇面	紙	設色	19 × 53.3		紐約 佳士得藝品拍賣公司/拍賣目錄1987,06,03.	
仕女圖（10幀）	冊	紙	設色	（每幀）20.3 × 27.3	光緒戊子（十四年，1888）夏五月	香港 佳士得藝品拍賣公司/拍賣目錄1987,12,11.	
竹鳥圖	紈扇面	絹	設色	直徑28	光緒癸未（九年，1883）五月	香港 佳士得藝品拍賣公司/拍賣目錄1989,01,16.	
松隱齋讀書圖（任頤等書畫冊之1幀）	冊頁	紙	設色	21.5 × 32.5		紐約 佳士得藝品拍賣公司/拍賣目錄1989,09,25.	
三鴿圖	摺扇面	灑金箋	設色	18 × 54		香港 佳士得藝品拍賣公司/拍賣目錄1989,12,04.	
花鳥圖（12幀）	冊	紙	設色	（每幀）25 × 34.2	光緒丙戌（十二年，1886）	香港 佳士得藝品拍賣公司/拍賣目錄1990,03,19.	
壽桃蓮藕圖	冊頁	紙	設色	19 × 25	戊寅（光緒四年，1878）仲秋	香港 佳士得藝品拍賣公司/拍賣目錄1991,03,18.	
花鳥、草蟲圖（8幀）	冊	紙	設色	（每幀）33.5 × 33.5	同治甲戌（十三年，1874）二月上浣	香港 佳士得藝品拍賣公司/拍賣目錄1991,03,30.	
秋枝鴝鵒圖	摺扇面	紙	設色	19.5 × 52.5	乙未（光緒二十一年，1895）仲夏	香港 佳士得藝品拍賣公司/拍賣目錄1992,09,28.	
花鳥圖	摺扇面	紙	設色	24 × 71	壬申（同治十一年，1872）仲秋	香港 佳士得藝品拍賣公司/拍賣目錄1993,03,22.	
竹林七賢圖	紈扇面	絹	設色	24.5 × 24.7	光緒丙子（二年，1876）仲夏	香港 佳士得藝品拍賣公司/拍賣目錄1993,03,22.	
竹林幽居圖	紈扇面	絹	水墨	26.5 × 27.5		香港 佳士得藝品拍賣公司/拍賣目錄1993,10,24.	
花鳥圖（山陰三任花鳥人物冊8之第6幀）	摺扇面	金箋	設色	不詳		紐約 佳士得藝品拍賣公司/拍賣目錄1994,10,30.	
紫藤雙鳥	摺扇面	紙	設色	18.2 × 51	光緒壬午（八年，1882）八月	香港 佳士得藝品拍賣公司/拍賣目錄1995,03,22.	
花間犬戲圖（任頤、陸恢合作）	摺扇面	紙	設色	19 × 52.5	庚辰（光緒六年，1880）秋仲	香港 佳士得藝品拍賣公司/拍賣目錄1995,04,30.	
放牧讀書	摺扇面	金箋	設色	19 × 52.5	癸酉（同治十二年	香港 佳士得藝品拍賣公司/拍	

名稱	形式	質地	色彩	尺寸 高x寬cm	創作時間	收藏處所	典藏號碼
					，1873）秋仲	賣目錄 1995,04,30.	
人物（12幀）	冊	絹	設色	（每幀）27.6 x 20.9	光緒丙戌（十二年，1886）秋八月	紐約 佳士得藝品拍賣公司/拍 賣目錄 1995,04,30.	
懷素書蕉圖	摺扇面	紙	設色	18.2 x 53	光緒丁丑（三年，1877）	香港 佳士得藝品拍賣公司/拍 賣目錄 1996,04,28.	
春光佳侶圖	納扇面	絹	設色	25 x 25	光緒壬午（八年，1882）四月	香港 佳士得藝品拍賣公司/拍 賣目錄 2001,04,29.	

畫家小傳：任頤。字伯年。浙江山陰人。生於宣宗道光二十（1840）年。卒於德宗光緒二十一（1895）年。善畫花卉、人物，能出新意，法北宋人墨線鉤勒，再賦以濃彩厚色，白描則近陳洪綬；間作山水，亦淋漓揮灑，氣象萬千。年未壯，已名滿大江南北。（見寒松閣談藝瑣錄、海上墨林、韜養齋筆記、中國畫家人名大辭典）

尹 沅

名稱	形式	質地	色彩	尺寸 高x寬cm	創作時間	收藏處所	典藏號碼
吳昌碩歸田像（尹沅、任頤合作）	軸	紙	設色	115.5 x 53.3		杭州 浙江省博物館	

畫家小傳：尹沅。畫史無載。與任頤同時。身世待考。

李仙根

名稱	形式	質地	色彩	尺寸 高x寬cm	創作時間	收藏處所	典藏號碼
景華圖（李仙根、任頤合作）	軸	紙	設色	128.2 x 71.8		杭州 浙江省博物館	

附：

名稱	形式	質地	色彩	尺寸 高x寬cm	創作時間	收藏處所	典藏號碼
延師課孫圖（李仙根、尹銓合作）	軸	紙	設色	不詳		上海 上海文物商店	

畫家小傳：李仙根。畫史無載。與任頤同時。身世待考。

尹 銓

附：

名稱	形式	質地	色彩	尺寸 高x寬cm	創作時間	收藏處所	典藏號碼
延師課孫圖（李仙根、尹銓合作）	軸	紙	設色	不詳		上海 上海文物商店	

畫家小傳：尹銓。畫史無載。身世待考。

吳 滔

名稱	形式	質地	色彩	尺寸 高x寬cm	創作時間	收藏處所	典藏號碼
天臺攬勝圖	卷	紙	設色	24 x 135	辛卯（光緒十七年，1891）	杭州 浙江省杭州西泠印社	
臨漸江山水圖	卷	紙	水墨	22.5 x 268	光緒紀元（乙亥，1875）	瑞安 浙江省瑞安縣文管會	

名稱	形式	質地	色彩	尺寸 高x寬cm	創作時間	收藏處所	典藏號碼
溪雲初曙圖	軸	紙	水墨	132 x 48	庚寅（光緒十六年，1890）六月	台北 張添根養和堂	
山石水仙圖	軸	紙	設色	不詳	丁亥（光緒十三年，1887）	北京 故宮博物院	
梅竹水仙圖	軸	紙	設色	不詳	己卯（光緒五年，1879）	上海 上海博物館	
水仙圖	軸	紙	水墨	不詳	癸巳（光緒十九年，1893）	上海 上海博物館	
碧水丹山圖	軸	紙	水墨	不詳	光緒二十一年乙未（1895）閏五月	上海 上海博物館	
古塔鐘聲圖	軸	紙	水墨	不詳		上海 上海博物館	
山水圖	軸	紙	設色	不詳		南京 江蘇省美術館	
山水圖	軸	紙	水墨	不詳		蘇州 江蘇省蘇州博物館	
羅漢圖	軸	紙	設色	不詳	同治十三年，甲戌（1874）	杭州 浙江省博物館	
山水圖	軸	紙	設色	不詳	壬辰（光緒十八年，1892）	杭州 浙江省博物館	
百里平湖圖	軸	紙	水墨	不詳		杭州 浙江省博物館	
仿倪山水圖	軸	紙	水墨	130.5 x 65.5	己卯（光緒五年，1879）	桐鄉 浙江省桐鄉縣博物館	
疊嶂松泉圖	軸	紙	設色	不詳	戊寅（光緒四年，1878）	湖州 浙江省湖州市博物館	
板橋蕉屋圖	軸	綾	水墨	不詳	戊寅（光緒四年，1878）	德清 浙江省德清縣博物館	
花鳥圖（胡遠、任頤、王禮、吳滔合作）	軸	紙	設色	不詳		紹興 浙江省紹興市博物館	
五斗松圖	軸	紙	水墨	不詳	光緒乙酉（十一年，1885）	寧波 浙江省寧波市天一閣文物保管所	
山水、花果圖（8幀）	冊	紙	設色	不詳		烏魯木齊 新疆維吾爾自治區博物館	
枯林泛舟圖	軸	紙	水墨	84.8 x 39.4	甲戌（同治十三年，1874）十月	日本 東京河井荃廬先生	
秋山樓觀圖	軸	紙	水墨	130 x 63.6	光緒丁亥（十三年，1887）二月	日本 東京河井荃廬先生	
溪山垂釣圖	軸	紙	水墨	134.1 x 64.6		日本 江田勇二先生	

名稱	形式	質地	色彩	尺寸 高x寬cm	創作時間	收藏處所	典藏號碼
山水圖（12幀） 附：	冊	紙	設色	（每幀）22 × 23		日本 東京細川護貞先生	
秋燈讀書圖	卷	紙	設色	不詳	壬申（同治十一年，1872）	上海 上海文物商店	
山水圖	軸	紙	水墨	不詳	丁丑（光緒三年，1877）八月	上海 朵雲軒	
山水圖	軸	紙	設色	不詳		上海 朵雲軒	
臨王時敏山水圖	軸	紙	水墨	不詳	辛巳（光緒七年，1881）	上海 上海文物商店	
霜冷楓林圖	軸	紙	設色	123 × 39.8	辛卯（光緒十七年，1891）	上海 上海文物商店	
薄暮歸漁圖	軸	紙	設色	不詳		上海 上海文物商店	
山水圖（4幅）	軸	紙	水墨	不詳	壬辰（光緒十八年，1892）	常州 常州市文物商店	
溪山煙翠圖（為霞起四兄大人作）	軸	紙	設色	136 × 32.4	丁丑（光緒三年，1877）七月	紐約 蘇富比藝品拍賣公司/拍賣目錄 1984,06,13.	
秋山夕陽圖	軸	紙	設色	136.5 × 40	己卯（光緒五年，1879）夏四月	紐約 佳士得藝品拍賣公司/拍賣目錄 1987,12,11.	
山水圖（8幀）	冊	紙	水墨	（每幀）19.5 × 28	己丑（光緒十五年，1889）三月	紐約 佳士得藝品拍賣公司/拍賣目錄 1989,12,04.	

畫家小傳：吳滔。字伯滔。號鐵夫、疏林。石門（一作浙江崇德）人。生於宣宗道光二十年（1840）。德宗光緒二十一（1895）年尚在世。能詩。善畫山水，取法高古，作品蒼秀沉鬱；花卉畫，墨色渾厚。（見寒松閣談藝瑣錄、海上墨林、中國畫家人名大辭典）

馮士甄

名稱	形式	質地	色彩	尺寸 高x寬cm	創作時間	收藏處所	典藏號碼
松壑鳴泉圖	軸	紙	設色	65.6 × 38.5	同治四年（乙丑，1865）	義大利 羅馬國立東方藝術博物館（Mr.Ballino寄存）	

畫家小傳：馮士甄。畫史無載。流傳署款紀年作品見於穆宗同治四（1865）年。身世待考。

黃 章

名稱	形式	質地	色彩	尺寸 高x寬cm	創作時間	收藏處所	典藏號碼
山水圖	摺扇面	紙	設色	不詳	同治四年（乙丑，1865）	美國 火魯奴奴 Hutchinson 先生	

畫家小傳：黃章。籍里、身世不詳。善畫山水。流傳署款紀年作品見於穆宗同治四（1865）年。（見歷代畫史彙傳附錄、中國美術家人名辭典）

名稱	形式	質地	色彩	尺寸 高x寬cm	創作時間	收藏處所	典藏號碼

邱 蕅

| 菊石圖 | 軸 | 紙 | 設色 | 不詳 | 乙丑（同治四年，1865）九秋 | 北京 故宮博物院 | |

畫家小傳：邱蕅。女。字雲漪。貴州畢節人。邱煌之女。工文辭，善書、畫。作花卉，設色鮮冶。楷書亦工秀。流傳署款紀年作品見於穆宗同治四(1865)年。(見當湖歷代畫人傳、朱氏支譜、中國美術家人名辭典)

陸 俁

| 看雲圖（為子漁作） | 卷 | 紙 | 設色 | 不詳 | 乙丑（同治四年，1865）冬十一月 | 南京 南京博物院 | |
| 山水圖（徐枋等山水冊10之1幀） | 冊頁 | 紙 | 設色 | 約24 x 34.7 | | 上海 上海博物館 | |

畫家小傳：陸俁。字侶松。籍里不詳。工畫山水，筆法遒勁，線條流暢，不愧名手。流傳署款紀年作品見於穆宗同治四(1865)年。(見微廬偶、中國美術家人名辭典)

孫 棣

| 山水圖（徐枋等山水冊10之1幀） | 冊頁 | 紙 | 設色 | 約24 x 34.7 | | 上海 上海博物館 | |

畫家小傳：孫棣。畫史無載。身世待考。

吳秉權

| 梅花圖 | 軸 | 紙 | 設色 | 不詳 | 乙丑（同治四年，1865）春仲 | 北京 故宮博物院 | |

畫家小傳：吳秉權。字經可。號小亭。浙江海鹽人。吳修第四子。承家學，工寫生，兼精篆刻。流傳署款紀年作品見於穆宗同治四(1865)年。(見墨林今話、中國畫家人名大辭典)

徐 祥

菊圖	軸	紙	設色	不詳		台北 故宮博物院	國贈 031099
寒山垂釣圖	軸	紙	水墨	不詳	戊寅（光緒四年，1878）秋七月	北京 故宮博物院	
花卉圖	軸	紙	設色	不詳	辛卯（光緒十七年，1891）	南京 南京博物院	
畫稿（錢慧安等十人畫稿合冊112幀之部分）	冊頁	紙	水墨	40 x 29.6		北京 中國美術館	
花卉圖（秋菊有佳色）	冊頁	紙	設色	28.5 x 28		昆山 崑崙堂美術館	

名稱	形式	質地	色彩	尺寸 高×寬㎝	創作時間	收藏處所	典藏號碼
人物圖（為耕園世兄作）	摺扇面	紙	設色	17.5 × 50.5		昆山 崑崙堂美術館	
附：							
荷花鴛鴦圖	軸	紙	設色	147.4 × 40	己丑（光緒十五年，1890）嘉平	紐約 蘇富比藝品拍賣公司/拍賣目錄 1988,06,01.	

畫家小傳：徐祥。字小倉。江蘇上海人。初學畫於錢慧安，繼師任頤，畫花卉、人物，俱能自出機杼；畫山水，氣韻生動，在胡遠、楊伯潤之間。又善崑曲。流傳署款紀年作品見於穆宗同治四（1865）年，至德宗光緒十六（1890）年。（見韜養齋筆記、海上墨林、近代六十名家畫傳、中國美術家人名辭典）

吳允楷

梅花圖	軸	紙	設色	不詳	乙丑（？同治四年，1865）	上海 上海博物館	

畫家小傳：吳允楷。畫史無載。流傳署款作品紀年疑為穆宗同治四（1865）年。身世待考。

漢 森

荷花圖通景（4幅，趙之謙、漢森、德林合作）	軸	紙	水墨	不詳	同治乙丑（四年，1865）	廣州 廣東省博物館	

畫家小傳：漢森。畫史無載。與趙之謙同時。流傳署款紀年作品見於穆宗同治四（1865）年。身世待考。

姜 瑩

附：							
漁樂圖（為俊賢作）	軸	紙	設色	112.3 × 52	同治四年，歲次乙丑（1865）冬月	紐約 蘇富比藝品拍賣公司/拍賣目錄 1988,06,01.	

畫家小傳：姜瑩。畫史無載。流傳署款紀年作品見於穆宗同治四（1865）年。身世待考。

金 柬

松隱庵讀書圖（陸恢、金柬、顧澐合畫，為伯雲作）	卷	紙	設色	不詳	乙未（光緒二十一年，1895）重九	常州 江蘇省常州市博物館	
梅花圖	軸	紙	設色	不詳	壬辰（光緒十八年，1892）	上海 上海博物館	
秋山讀書圖	軸	紙	設色	不詳	壬寅（光緒二十八，1902）	上海 上海博物館	
梅花圖	軸	紙	設色	不詳	丙午（光緒三十二年，1906）	上海 上海博物館	
梅花圖（通景3幅）	軸	紙	水墨	不詳	丁未（光緒三十三年，1907）冬月中	上海 上海博物館	

名稱	形式	質地	色彩	尺寸 高x寬㎝	創作時間	收藏處所	典藏號碼
					浣		
梅花圖	軸	紙	水墨	不詳		上海 上海博物館	
梅花圖	軸	紙	水墨	不詳	庚子（光緒二十六年，1900）	南京 南京博物院	
梅花圖	軸	紙	水墨	不詳	己亥（光緒二十五年，1899）	蘇州 江蘇省蘇州市博物館	
山水圖	軸	紙	水墨	108.8 x 37.9	庚子（光緒二十六年，1900）仲冬月	日本 東京河井荃廬先生	
龍頷珍味圖	軸	紙	設色	不詳	癸卯（光緒二十九年，1903）三月	日本 京都山本竟山先生	
墨梅圖	紈扇面	紙	水墨	不詳	辛丑（光緒二十七年，1901）六月	北京 故宮博物院	
擬古山水圖（12幀）	冊	紙	水墨	不詳	庚辰（光緒六年，1880）夏日	北京 中國美術館	
山水圖（12幀）	冊	紙	水墨	不詳	丁酉（光緒二十三年，1897）	天津 天津市藝術博物館	
山水圖（清楊伯潤等雜畫冊10之1幀）	冊頁	紙	設色	不詳		天津 天津市藝術博物館	
雜畫（？幀，為鹿笙作）	冊	紙	設色	不詳	辛巳（光緒七年，1881）夏五月	南京 南京博物院	
山水圖（12幀）	冊	紙	設色	不詳	庚寅（光緒十六年，1890）	蘇州 江蘇省蘇州博物館	
山水圖（清倪田等山水人物冊12之4幀）	冊頁	紙	設色	不詳		蘇州 江蘇省蘇州博物館	
紅梅竹石（為念慈仁兄大人作）	摺扇面	紙	設色	17.5 x 53	庚子（光緒二十六，1900）夏六月中浣	昆山 崑崙堂美術館	
山水圖（12幀，顧澐、金束合作）	冊	紙	設色	不詳	丙申（光緒二十二年，1896）	杭州 浙江省博物館	
墨梅圖（清人扇面合裝冊之第26幀）	摺扇面	紙	水墨	17.5 x 53		日本 私人	
附：							
聽松悟禪圖（任薰、倪田、金束合作）	軸	紙	設色	47 x 59	庚子（光緒二十六年，1900）春正月上浣	香港 蘇富比藝品拍賣公司/拍賣目錄1984,11,11.	

名稱	形式	質地	色彩	尺寸 高x寬㎝	創作時間	收藏處所	典藏號碼
梅花圖	軸	紙	水墨	125.3 x 32.4	己酉（宣統元年，1909）	紐約 蘇富比藝品拍賣公司/拍賣目錄 1988,11,30.	
梅花（4幅）	軸	紙	水墨	178 x 46	癸卯（光緒二十九年，1903）冬	紐約 佳士得藝品拍賣公司/拍賣目錄 1991,05,29.	
五松圖	摺扇面	紙	設色	19 x 52.5	己酉（宣統元年，1909）	紐約 佳士得藝品拍賣公司/拍賣目錄 1984,06,29.	

畫家小傳：金枬。字心蘭。號冷香、瞎牛。江蘇長洲（一作蘇州）人。生於宣宗道光二十一年（1841）。宣統帝元年（1909）尚在世。工畫山水，私淑王宸；又擅花卉；尤長於畫梅，清雋可喜。（見寒松閣談藝瑣錄、海上墨林、中國畫家人名大辭典）

吳 桐

嚴遙樹色圖	軸	紙	設色	147.8 x 47.7	丙寅（同治五年，1866）夏五	台北 台北市立美術館	

畫家小傳：吳桐。畫史無載。流傳署款作品紀年疑為穆宗同治五(1866)年。身世待考。

潘光旭

花卉、草蟲圖（16幀）	冊	紙	設色	不詳	丙寅（？同治五年，1895）	杭州 浙江省博物館	

畫家小傳：潘光旭。畫史無載。流傳署款作品紀年疑似穆宗同治五(1866)年。身世待考。

張 乾

山水圖	軸	絹	設色	92.1 x 25.8	丙寅（？同治五年，1866）仲春	日本 山口良夫先生	

畫家小傳：張乾。畫史無載。流傳署款作品紀年疑似穆宗同治五（1866）年。身世待考。

相 宰

長松牡丹圖	軸	紙	設色	不詳	丙寅（？同治五年，1866）夏日	韓國 首爾國立中央博物館	

畫家小傳：相宰。畫史無傳。流傳署款作品紀年疑為穆宗同治五（1866）年。身世待考。

王振聲

老圃秋容圖（為雲孫作）	軸	紙	設色	不詳	己丑（光緒十五年，1889）首夏	北京 故宮博物院	
菊酒圖（為芷青作）	軸	紙	設色	不詳	甲寅（民國三年，1914）重九	北京 故宮博物院	

名稱	形式	質地	色彩	尺寸 高×寬㎝	創作時間	收藏處所	典藏號碼

畫家小傳：王振聲。號少農（一作劭農）。北通人。生於宣宗道光二十二（1842）年，卒於民國十一（1922）年。穆宗同治十三(18734)年進士。工書。善畫花鳥。(見韜養齋筆記、中國畫家人名大辭典)

何維樸

仿戴熙山水圖	卷	紙	設色	不詳	己丑（光緒十五年，1889）小陽	北京 故宮博物院	
溪山曉霽圖	卷	紙	設色	不詳	己未（民國八年，1919）暮春	南京 江蘇省美術館	
山水圖	軸	紙	水墨	103 × 52.7	壬子（民國元年，1912）	台北 市立美術館	
山水圖	軸	紙	水墨	不詳		台北 故宮博物院(蘭千山館寄存)	
山水圖（為作民作）	軸	紙	設色	不詳	丁巳（民國六年，1917）小春之初	北京 故宮博物院	
山水圖（4幅，楊伯潤、黃山壽、何維樸、倪田合作）	軸	絹	設色	不詳	乙巳（光緒三十一年，1905）	杭州 浙江省博物館	
附：							
海天夢月圖	卷	絹	設色	31.6 × 175.2	甲寅（民國三年，1914）夏五月	香港 佳士得藝品拍賣公司/拍賣目錄 1994,10,30.	
雪意圖	軸	絹	設色	73.3 × 27.3	癸丑（民國二年，1913）	紐約 蘇富比藝品拍賣公司/拍賣目錄 1982,06,04.	
法梅道人意山水（12幀）	冊	絹	水墨	（每幀）32.1 × 34.3	庚申（民國九年，1920）秋七月	紐約 蘇富比藝品拍賣公司/拍賣目錄 1987,12,08.	

畫家小傳：何維樸。字詩孫。湖南道州人。何紹基之孫。生於宣宗道光二十二(1842)年。卒於民國十一（1922）年。能詩，工書、篆刻。善畫山水，宗法婁東四王。(見寒松閣談藝瑣錄、韜養齋筆記、中國畫家人名大辭典)

譚 瑛

| 板橋自有忘機客圖 | 軸 | 紙 | 設色 | 133 × 64 | 同治丁卯（六年，1867）季春 | 中山 廣東省立中山圖書館 | |

畫家小傳：譚瑛。畫史無載。流傳署款紀年作品見於穆宗同治六(1867)年。身世待考。

費以群

| 梅花仕女圖 | 軸 | 絹 | 設色 | 不詳 | 甲戌（同治十三年，1874） | 衢州 浙江省衢州市博物館 | |

名稱	形式	質地	色彩	尺寸 高×寬cm	創作時間	收藏處所	典藏號碼
羅浮仙夢圖	摺扇面	金箋	設色	不詳	丁卯（同治六年，1867）	蘇州 江蘇省蘇州博物館	
人物圖（任頤、費以耕合作）	摺扇西	金箋	設色	不詳	光緒丁丑（三年，1877）	杭州 浙江省杭州西冷印社	

畫家小傳：費以群。字穀士。浙江烏程人。費丹旭子，費以耕之弟。承父傳，亦工畫仕女。流傳署款紀年作品見於穆宗同治六(1867)年，至德宗光緒三（1877）年。（見寒松閣談藝瑣錄、中國畫家人名大辭典）

王承楓

名稱	形式	質地	色彩	尺寸 高×寬cm	創作時間	收藏處所	典藏號碼
燕山平園圖	卷	紙	設色	42.5 × 90.9	同治丁卯（六年，1867）	上海 上海博物館	
仿南田山水圖	軸	絹	水墨	不詳	辛未（同治十年，1871）	石家莊 河北省博物館	
山水圖通景（8幅）	軸	紙	水墨	不詳	同治辛未（十年，1871）	石家莊 河北省博物館	
仿南田山水圖	軸	絹	水墨	97.3 × 26.4	壬申（同治十一年，1872）	石家莊 河北省博物館	

畫家小傳：王承楓。字陛臣。號丹麓。磁州人。善隸分畫。工畫山水。流傳署款紀年作品見於穆宗同治六(1867)至十一（1872）年。（見墨林今話、中國畫家人名大辭典）

謝公桓

名稱	形式	質地	色彩	尺寸 高×寬cm	創作時間	收藏處所	典藏號碼
臨小米墨法山水圖（為堯封作）	摺扇面	紙	水墨	18.3 × 53.5	癸酉（同治十二年，1873）夏	日本 東京國立博物館	

畫家小傳：謝公桓。字次主。浙江嘉善人。穆宗同治六（1867）年舉人。工畫山水。（見寒松閣談藝瑣錄、中國畫家人名大辭典）

李 育

名稱	形式	質地	色彩	尺寸 高×寬cm	創作時間	收藏處所	典藏號碼
唐石齋圖（為蘊生作）	卷	紙	設色	不詳	戊戌（光緒二十四年，1898）四月	北京 中國歷史博物館	
梅花圖（清趙之琛等梅花圖卷之1段）	卷	紙	水墨	10 × 325		上海 上海博物館	
竹塢觀梅圖	軸	絹	設色	不詳	己丑（光緒十五年，1889）秋日	濟南 山東省博物館	
松萱圖	軸	灑金箋	設色	131.5 × 46	己丑（光緒十五年，1889）	濟南 山東省博物館	
紈扇仕女圖	軸	紙	設色	不詳		濟南 山東省博物館	

名稱	形式	質地	色彩	尺寸 高×寬㎝	創作時間	收藏處所	典藏號碼
竹雀圖	軸	紙	設色	不詳	丙午（光緒三十二年，1906）	合肥 安徽省博物館	
竹石松鼠圖	軸	紙	設色	不詳	乙巳（光緒三十一年，1905）春三月	揚州 江蘇省揚州市博物館	
柳塘赤鯉圖	軸	紙	設色	不詳	丁亥（光緒十三年，1887）	上海 上海博物館	
秋柳鸚鵡圖（為伯符作）	軸	紙	設色	不詳	己丑（光緒十五年，1889）秋日	上海 上海博物館	
枯木寒鴉圖	軸	紙	水墨	不詳		上海 上海博物館	
楊柳鳴蜩圖	軸	絹	設色	不詳		上海 上海博物館	
柳枝雀嗓圖	軸	紙	設色	不詳		南京 南京博物院	
焦山圖	軸	絹	設色	不詳	丁酉（光緒二十三年，1897）	紹興 浙江省紹興市博物館	
秋柳鸚鴒圖	軸	紙	設色	135.8 × 60.8	己丑（光緒十五年，1889）	廣州 廣東省博物館	
花鳥圖（10幀）	冊	紙	設色	（每幀）26.6 × 36	癸巳（光緒十九年，1893）秋客京筆	香港 鄭德坤木扉	
花鳥圖	摺扇面	紙	設色	不詳	己丑（光緒十五年，1889）	長春 吉林省博物館	
山水人物圖（12幀）	小冊	紙	設色	不詳	戊子（光緒十四年，1888）春日	瀋陽 故宮博物館	
雜畫（10幀）	冊	紙	設色	不詳	甲午（光緒二十年，1894）	南京 南京博物院	
雜畫（12幀，為輔臣作）	冊	絹	設色	（每幀）32.8 × 45.7	乙未（光緒二十一年，1895）六月	廣州 廣州市美術館	
仿倪黃合筆山水圖	摺扇面	金箋	水墨	19 × 57	乙酉（光緒十一年，1885）秋八月	日本 大阪橋本大乙先生	
附：							
秋涉圖	軸	紙	設色	不詳	丙戌（光緒十二年，1886）	上海 上海文物商店	
水墨山水（清名家山水花鳥冊16之1幀）	冊頁	紙	水墨	不詳		香港 蘇富比藝品拍賣公司/拍賣目錄 1999,10,31.	
花鳥圖（清名家山水花鳥冊16之第8幀）	冊頁	紙	設色	不詳？		紐約 佳士得藝品拍賣公司/拍賣目錄 1996,09,18.	

名稱	形式	質地	色彩	尺寸 高x寬cm	創作時間	收藏處所	典藏號碼

畫家小傳：李育。字梅生。號竹西。江蘇揚州人。生於宣宗道光二十三（1843）年，德宗光緒三十（1904）年尚在世。善畫，山水、花鳥、人物、雜品無不工；寫意花卉，尤能綜合各家所長，脫略高渾，有心手相和、色墨交融之妙，著聲維揚。（見墨林今話、中國畫家人名大辭典）

袁挹元

| 山水圖（為士彥先生作） | 摺扇面 紙 | 設色 | 18.5 x 48 | 戊辰（同治七年，1868）孟秋 | 昆山 崑崙堂美術館 | |

畫家小傳：袁挹元。畫史無載。流傳署款作品見於穆宗同治七（1868）年。身世待考。

張荔村

| 鄧尉鋤梅（張荔村、王禮合卷之第2卷） | 卷 紙 | 設色 | 不詳 | 同治七年戊辰（1868） | 蘇州 江蘇省蘇州博物館 | |

畫家小傳：張荔村。畫史無載。與王禮同時。流傳署款作品見於穆宗同治七（1868）年。身世待考。

黃 燿

| 烟嶺竹屋圖 | 摺扇面 紙 | 設色 | 不詳 | 同治七年（戊辰，1868）初秋 | 北京 故宮博物院 | |

畫家小傳：黃燿。號枯飽。畫史無載。流傳署款紀年作品見於穆宗同治七（1868）年。身世待考。

居世綏

| 金束像 | 軸 紙 | 設色 | 91 x 42.6 | | 北京 故宮博物院 | |

畫家小傳：居世綏。畫史無載。身世待考。

趙日朋

| 蕭齋清品圖 | 軸 紙 | 設色 | 130 x 30 | 戊辰（？同治七年，1868）小暑 | 台北 歷史博物館 | |

畫家小傳：趙日朋。畫史無載。流傳署款作品紀年疑為穆宗同治七（1868）年。身世待考。

□泏度

| 山水圖 | 摺扇面 金箋 | 設色 | 不詳 | 丁卯（？穆宗同治六年，1867） | 北京 故宮博物院 | |

畫家小傳：□泏度。姓不詳。流傳署款作品紀年疑為穆宗同治六（1867）年。身世待考。

夏邦楨

名稱	形式	質地	色彩	尺寸 高×寬cm	創作時間	收藏處所	典藏號碼
仕女圖（12幀）	冊	紙	設色	不詳	戊辰（？同治七年，1868）	天津 天津市藝術博物館	

畫家小傳：夏邦楨。畫史無載。流傳署款作品紀年疑為穆宗同治七（1868）年。身世待考。

王良衡

名稱	形式	質地	色彩	尺寸 高×寬cm	創作時間	收藏處所	典藏號碼
法大癡老人畫意山水圖	軸	絹	設色	43 × 28.5		中山 廣東省立中山圖書館	
擬梅花道人意山水圖	軸	絹	水墨	43 × 28.5		中山 廣東省立中山圖書館	
撫王麓台筆意山水圖	軸	絹	設色	43 × 28.5	戊辰（同治七年，1868）春	中山 廣東省立中山圖書館	
秋谿泛棹圖	軸	絹	設色	43 × 28.5		中山 廣東省立中山圖書館	

畫家小傳：王良衡。畫史無載。流傳署款紀年作品見於穆宗同治七（1868）年。身世待考。

劉懋功

名稱	形式	質地	色彩	尺寸 高×寬cm	創作時間	收藏處所	典藏號碼
山水圖	軸	紙	水墨	136.7 × 60.6	戊辰（同治七年，1868）初夏	日本 東京河井荃廬先生	

畫家小傳：劉懋功。字卓人。江蘇吳縣人。劉運銓之子。承家學，亦善畫山水。流傳署款紀年作品見於穆宗同治七（1868）年。（見墨林今話、耕硯田齋筆記、中國畫家人名大辭典）

鄧啓昌

名稱	形式	質地	色彩	尺寸 高×寬cm	創作時間	收藏處所	典藏號碼
菊花圖	摺扇面	紙	設色	不詳		北京 中國歷史博物館	
畫稿（錢慧安等十人畫稿合冊112幀之部分）	冊頁	紙	水墨	40 × 29.6		北京 中國美術館	
東籬秋色（為慶甫仁兄大人作）	摺扇面	紙	設色	17 × 51.5		昆山 崑崙堂美術館	
菊花圖（12幀）	冊	紙	設色	不詳	光緒丙申（二十二年，1896）仲夏	湖州 浙江省湖州市博物館	
故事人物圖（鄧啟昌、汪琨合作）	摺扇面	金箋	設色	18.2 × 52.6		美國 耶魯大學藝術館	1985.54.3
附：							
花卉圖（4幅）	軸	紙	設色	不詳	同治戊辰（七年，1868）	上海 上海文物商店	

畫家小傳：鄧啟昌。畫史無載。號鐵仙、跛叟。流傳署款紀年作品見於穆宗同治七（1868）年至德宗光緒二十二（1896）年。身世待考。

汪 琨

名稱	形式	質地	色彩	尺寸 高×寬cm	創作時間	收藏處所	典藏號碼
故事人物圖（鄧啟昌、汪琨合作）	摺扇面	金箋	設色	18.2 × 52.6		美國 耶魯大學藝術館	1985.54.3

畫家小傳：汪琨。畫史無載。與鄧啟昌同時。身世待考。

吳 猷

五子圖	軸	紙	設色	114.5 × 49.2	光緒癸未（九年，1883）十月既望	北京 中國美術館	
蠶桑絡絲織綢圖說（10幀）	冊	紙	設色	不詳	辛卯（光緒十七年，1891）仲春月	北京 故宮博物院	
時裝仕女圖（?幀）	冊	紙	設色	不詳	庚寅（光緒十六年，1890）夏月	上海 上海博物館	
仕女圖（12幀）	冊	絹	設色	（每幀）27.2 × 33.3	庚寅（光緒十六年，1890）	上海 上海博物館	
楓林載菊圖	摺扇面	紙	設色	不詳	乙酉（光緒十一年，1885）	南通 江蘇省南通博物苑	
仿唐寅人物圖	摺扇面	金箋	教色	不詳	戊辰（同治七年，1868）	杭州 浙江省博物館	

附：

仲禮肖像并圖（鄧遠、吳嘉猷合作）	軸	紙	設色	114 × 53		上海 朵雲軒	

畫家小傳：吳猷。初名嘉猷。字友如。浙江元和人，寓上海。幼習丹青。擅長工筆，人物、仕女、山水、花卉、鳥獸、蟲魚，無不精能。光緒中，曾應點石齋書局聘，主任編繪畫報，繪畫精妙，人稱聖手。後自創飛影閣畫報，風行甚廣。流傳署款紀年作品見於穆宗同治七年，至德宗光緒十七(1891)年。（見墨林今話、中華畫人室隨筆、中國畫家人名大辭典）

鄧 遠

附：

仲禮肖像并圖（鄧遠、吳嘉猷合作）	軸	紙	設色	114 × 53		上海 朵雲軒	

畫家小傳：鄧遠。畫史無載。與吳猷同時。身世待考。

銀 漢

秋景山水圖	軸		設色	224.2 × 95.2	戊辰（?穆宗同治七年，1868）	北京 故宮博物院	

畫家小傳：銀漢。畫史無載。流傳署款作品紀年疑為穆宗同治七（1868）年。身世待考。

名稱	形式	質地	色彩	尺寸 高x寬cm	創作時間	收藏處所	典藏號碼

晏斯盛

| 雲天萬竹圖并題 | 卷 | 絹 | 設色 | 不詳 | | 北京 首都博物館 | |
| 萬松海嶽圖并題 | 卷 | 絹 | 設色 | 不詳 | | 北京 首都博物館 | |

畫家小傳：晏斯盛。畫史無載。身世待考。

胡位咸

附：

| 山水圖（2幅） | 軸 | 紙 | 設色 | （每幅）129.5 × 62.5 | 戊辰（？同治七年，1868）初夏 | 紐約 蘇富比藝品拍賣公司/拍賣目錄 1980,10,25. | |

畫家小傳：胡位咸。畫史無載。流傳署款作品紀年疑為穆宗同治七（1868）年。身世待考。

吳昌碩

花卉圖（為筱公作）	卷	紙	設色	32.2 × 303	光緒三十年，甲辰（1904）臘月三日	北京 故宮博物院	
花卉蔬果圖	卷	紙	設色	27 × 440.2	光緒三十四年戊申（1908）	北京 故宮博物院	
古木幽亭圖并書（合卷）	卷	紙	水墨	（畫）23.4 × 114.4	畫：辛酉（民國十年，1921）中秋後	杭州 浙江省博物館	
花卉蔬果圖	卷	紙	設色	36 × 360.5	光緒二十八年壬寅（1902）	紹興 浙江省紹興市博物館	
山水圖（4段）	卷	紙	水墨	（每段）16 × 47		重慶 重慶市博物館	
富貴幽蘭圖	軸	紙	設色	不詳		台北 故宮博物院	國贈 024842
蘇州天平山景圖	軸	紙	設色	不詳		台北 故宮博物院	國贈 024843
山水	軸	紙	設色	241.9 × 61.4		台北 故宮博物院	國贈 024998
紫藤圖	軸	紙	設色	不詳		台北 故宮博物院	國贈 024999
梅花圖	軸	紙	設色	不詳		台北 故宮博物院	國贈 025000
松石圖	軸	紙	設色	不詳		台北 故宮博物院	國贈 025001
墨菊圖	軸	紙	水墨	166 × 52		台北 故宮博物院	國贈 025002
山水	軸	紙	設色	不詳		台北 故宮博物院	國贈 025214
牡丹水仙圖	軸	紙	設色	136.5 × 33.6		台北 市立美術館	
梅花圖	軸	紙	設色	124.3 × 31.5	乙卯（民國四年，	台北 市立美術館	

名稱	形式	質地	色彩	尺寸 高x寬㎝	創作時間	收藏處所	典藏號碼
					1915）秋日		
沙壺墨蘭	軸	紙	水墨	37.5 x 41	己丑（光緒十五年，1889）冬仲	台北 張添根養和堂	
天香國色圖	軸	絹	設色	172 x 52.5	乙卯（民國四年，1915）驚蟄	台北 張添根養和堂	
山水圖	軸	紙	水墨	66.5 x 32.5	甲子（民國十三年，1924）夏	台北 張添根養和堂	
梅石圖	軸	紙	設色	135 x 40	丙辰（民國五年，1916）春王正月	台中 台灣省立美術館	
天竺圖	軸	紙	設色	不詳	丙辰（民國五年，1916）	瀋陽 故宮博物院	
歲朝圖	軸	紙	設色	137 x 66	辛酉（民國十年，1921）	瀋陽 故宮博物院	
秋意圖	軸	紙	設色	116 x 53	乙丑（民國十四年，1925）	瀋陽 故宮博物院	
梅花圖	軸	紙	水墨	152 x 42	丙寅（民國十五年，1526）	瀋陽 故宮博物院	
玉蘭圖	軸	紙	水墨	不詳	光緒二十四年戊戌（1898）	瀋陽 遼寧省博物館	
牡丹圖	軸	紙	設色	219.8 x 68.3	己亥（光緒二十五年，1899）	瀋陽 遼寧省博物館	
薔薇芭蕉圖	軸	紙	設色	不詳		瀋陽 遼寧省博物館	
錯落珊瑚枝圖	軸	紙	設色	104.8 x 47.6		瀋陽 遼寧省博物館	
破荷圖	軸	紙	水墨	不詳	丁酉（光緒二十三年，1897）	旅順 遼寧省旅順博物館	
歲寒三友圖	軸	絹	水墨	不詳	己未（民國八年，1919）	旅順 遼寧省旅順博物館	
桃石圖	軸	紙	設色	不詳	己未（民國八年，1919）	旅順 遼寧省旅順博物館	
牡丹水仙圖	軸	紙	設色	不詳		旅順 遼寧省旅順博物館	
桃花湖石圖	軸	紙	設色	不詳		旅順 遼寧省旅順博物館	
荷花圖	軸	紙	設色	不詳		旅順 遼寧省旅順博物館	
蘭石圖	軸	紙	設色			旅順 遼寧省旅順博物館	

名稱	形式	質地	色彩	尺寸 高×寬㎝	創作時間	收藏處所	典藏號碼
瓶花菖蒲圖	軸	紙	設色	不詳	辛卯（光緒十七年，1891）	北京 故宮博物院	
荷花圖	軸	紙	水墨	不詳	壬辰（光緒十八年，1892）	北京 故宮博物院	
牡丹圖	軸	紙	設色	不詳	光緒二十一年乙未（1895）	北京 故宮博物院	
菊花圖	軸	紙	設色	不詳	癸卯（光緒二十九年，1903）	北京 故宮博物院	
花卉圖（4幅）	軸	灑金箋	設色	（每幅）163.4 × 47.3	乙巳（光緒三十一年，1905）	北京 故宮博物院	
蔬果圖	軸	紙	設色	不詳	丙午（光緒三十二年，1906）	北京 故宮博物院	
玉蘭圖	軸	紙	水墨	174.8 × 47.7	己酉（宣統元年，1909）	北京 故宮博物院	
山廚清品圖	軸	紙	設色	不詳	己酉（宣統元年，1909）	北京 故宮博物院	
天竺花卉圖	軸	紙	設色	不詳	宣統元年(己酉，1909)	北京 故宮博物院	
玉蘭圖	軸	紙	水墨	111.7 × 32.8	壬子（民國元年，1912）	北京 故宮博物院	
菊石圖	軸	紙	設色	105.3 × 49	乙卯（民國四年，1915）	北京 故宮博物院	
歲朝清供圖	軸	紙	設色	151.8 × 80.7	乙卯（民國四年，1915）	北京 故宮博物院	
荷花圖	軸	紙	設色	不詳	丁巳（民國六年，1917）	北京 故宮博物院	
紫藤圖	軸	紙	設色	不詳	丁巳（民國六年，1917）	北京 故宮博物院	
梅花圖	軸	紙	設色	不詳	丁巳（民國六年，1917）	北京 故宮博物院	
紫藤圖	軸	紙	設色	不詳	庚申（民國九年，1920）	北京 故宮博物院	
枇杷圖	軸	紙	設色	119.7 × 29.5	辛酉（民國十年，1921）	北京 故宮博物院	

名稱	形式	質地	色彩	尺寸 高×寬cm	創作時間	收藏處所	典藏號碼
菊石圖	軸	紙	設色	173.8 × 47	壬戌（民國十一年，1922）	北京 故宮博物院	
牡丹圖	軸	紙	設色	不詳	壬戌（民國十一年，1922）	北京 故宮博物院	
紅梅圖	軸	紙	設色	137 × 34	癸亥（民國十二年，1923）	北京 故宮博物院	
花卉圖（4幅）	軸	紙	設色	不詳	癸亥（民國十二年，1923）	北京 故宮博物院	
荷蓼圖	軸	紙	設色	107.3 × 52.3	癸亥（民國十二年，1923）	北京 故宮博物院	
荷蓼圖	軸	紙	設色	152.1 × 40	癸亥（民國十二年，1923）	北京 故宮博物院	
梅石圖	軸	紙	設色	133.8 × 37.1	甲子（民國十三年，1924）	北京 故宮博物院	
菊石雁來紅圖	軸	紙	設色	151 × 40.5	丙寅（民國十五年，1926）	北京 故宮博物院	
菊花圖	軸	紙	設色	136.9 × 34	丙寅（民國十五年，1926）	北京 故宮博物院	
菊石圖	軸	紙	設色	110.5 × 39.2	丁卯（民國十六年，1927）	北京 故宮博物院	
紅蓼墨荷圖	軸	灑金箋	設色	163.4 × 47.5		北京 故宮博物院	
葫蘆圖	軸	灑金箋	設色	168.5 × 46.8		北京 故宮博物院	
葡萄葫蘆圖	軸	紙	設色	不詳		北京 故宮博物院	
葡萄圖	軸	紙	水墨	117.6 × 48.2		北京 故宮博物院	
壽星圖	軸	紙	設色	不詳		北京 故宮博物院	
群仙祝壽圖	軸	紙	設色	不詳		北京 故宮博物院	
玉堂風格圖（高博泉作）	軸	紙	設色	138.8 × 33.8	甲子（民國十三年，1924）八十又一	北京 中國歷史博物館	
菊石圖	軸	紙	設色	不詳	戊午（民國七年，1918）先花朝	北京 中國歷史博物館	
綠色梅圖（為公周作）	軸	紙	設色	不詳	丁亥（光緒十三年	北京 中國美術館	

名稱	形式	質地	色彩	尺寸 高x寬㎝	創作時間	收藏處所	典藏號碼
					，1887）十月		
蘭、荷圖	軸	紙	水墨	不詳	光緒己丑（十五年，1889）	北京 中國美術館	
牡丹、蘭花	橫幅	紙	設色	不詳	庚寅（光緒十六年，1890）	北京 中國美術館	
紅梅圖	軸	紙	設色	不詳	戊戌（光緒二十四年，1898）	北京 中國美術館	
蘭蕙圖	軸	紙	水墨	133.7 x 37.5	己亥（光緒二十五年，1899）	北京 中國美術館	
墨竹圖（為寬夫作）	軸	紙	水墨	不詳	壬寅（光緒二十八年，1902）九秋	北京 中國美術館	
歲朝清供圖	軸	紙	設色	不詳	壬寅（光緒二十八年，1902）	北京 中國美術館	
盆菊菖薄圖	軸	紙	設色	不詳	甲辰（光緒三十年，1904）霜降	北京 中國美術館	
盆菊圖	軸	紙	設色	137 x 68.5	甲辰（光緒三十年，1904）	北京 中國美術館	
牡丹瑞石圖	軸	紙	設色	不詳	甲辰（光緒三十年，1904）	北京 中國美術館	
錯落珊瑚珠圖	軸	紙	設色	不詳	乙巳（光緒三十一年，1905）	北京 中國美術館	
牡丹水仙圖	軸	紙	設色	不詳	丙午（光緒三十二年，1906）	北京 中國美術館	
燈下觀書圖	軸	紙	水墨	不詳	戊申（光緒三十四年，1908）	北京 中國美術館	
山茶白梅圖	軸	紙	設色	145 x 40.5	庚戌（宣統二年，1910）	北京 中國美術館	
千年桃圖	軸	紙	設色	不詳	甲寅（民國三年，1914）	北京 中國美術館	
梅花圖	軸	紙	水墨	不詳	甲寅（民國三年，1914）	北京 中國美術館	
歲朝清供圖	軸	紙	設色	不詳	乙卯（民國四年，1915）	北京 中國美術館	
竹石圖	軸	紙	水墨	不詳	乙卯（民國四年，	北京 中國美術館	

名稱	形式	質地	色彩	尺寸 高x寬cm	創作時間	收藏處所	典藏號碼
					1915）		
花鳥圖	軸	紙	水墨	不詳	乙卯（民國四年，1915）	北京 中國美術館	
梅花圖通景（4幅）	軸	紙	設色	不詳	丙辰（民國五年，1916）	北京 中國美術館	
桂花圖	軸	綾	設色	不詳	丁巳（民國六年，1917）	北京 中國美術館	
桃實圖	軸	紙	設色	不詳	戊午（民國七年，1918）	北京 中國美術館	
梅瓶靈芝圖	軸	絹	設色	不詳	己未（民國八年，1919）	北京 中國美術館	
花卉圖	軸	紙	設色	不詳	己未（民國八年，1919）	北京 中國美術館	
花果圖（4幅）	軸	紙	設色	不詳	庚申－乙丑（1920－1925）	北京 中國美術館	
紫藤圖	軸	紙	設色	不詳	庚申（民國九年，1920）	北京 中國美術館	
天竹梅花圖	軸	紙	設色	不詳	庚申（民國九年，1920）	北京 中國美術館	
天竺圖	軸	紙	設色	不詳	庚申（民國九年，1920）	北京 中國美術館	
梅花圖	軸	綾	水墨	不詳	辛酉（民國十年，1921）	北京 中國美術館	
杏花圖	軸	綾	設色	124.3 x 30.2	辛酉（民國十年，1921）	北京 中國美術館	
仿高鳳翰桃石圖	軸	紙	設色	112.5 x 58.3	甲子（民國十三年，1924）	北京 中國美術館	
桃石圖	軸	紙	設色	不詳	甲子（民國十三年，1924）	北京 中國美術館	
榴石圖	軸	紙	設色	不詳	乙丑（民國十四年，1925）	北京 中國美術館	
桃花圖	軸	紙	設色	188.5 x 48.6		北京 中國美術館	
殘荷圖	軸	紙	水墨	不詳		北京 中國美術館	

名稱	形式	質地	色彩	尺寸 高×寬㎝	創作時間	收藏處所	典藏號碼
風竹圖	軸	紙	水墨	不詳		北京 中國美術館	
紫藤圖	軸	紙	設色	不詳		北京 中國美術館	
葫蘆圖	軸	紙	設色	不詳		北京 中國美術館	
荷花圖	軸	紙	水墨	不詳		北京 中國美術館	
梅花圖	軸	紙	設色	不詳		北京 中國美術館	
荷花圖	軸	紙	設色	不詳		北京 中國美術館	
水仙圖	軸	紙	設色	不詳		北京 中國美術館	
神仙富貴圖	軸	紙	設色	不詳		北京 中國美術館	
荷花圖	軸	紙	水墨	不詳		北京 北京市文物局	
天竺圖	軸	紙	設色	不詳	丁酉（光緒二十三年，1897）	北京 北京畫院	
菊石圖	軸	紙	設色	135 × 39		北京 北京畫院	
雙桃圖	橫幅	紙	設色	不詳		北京 北京畫院	
梅花圖	軸	紙	水墨	不詳	乙未（光緒二十一年，1895）	北京 中央美術學院	
似羅聘之梅圖	軸	紙	設色	不詳	戊子（光緒十四年，1888）二月二日	北京 中央工藝美術學院	
雪梅圖	軸	紙	設色	不詳	甲午（光緒二十年，1894）臘月	北京 中央工藝美術學院	
桃石圖	軸	絹	設色	不詳	丙申（光緒二十二年，1896）	北京 中央工藝美術學院	
紅荷圖	軸	紙	設色	不詳	癸卯（光緒二十九年，1903）	北京 中央工藝美術學院	
玉蘭圖	軸	紙	設色	134.5 × 32.7	甲寅（民國三年，1914）	北京 中央工藝美術學院	
紅荷圖	軸	紙	設色	不詳		北京 中央工藝美術學院	
菊石圖	軸	紙	設色	89.8 × 34.5		北京 中央工藝美術學院	
菊花山果圖	軸	紙	設色	99.5 × 36.2		北京 中央工藝美術學院	
梅石圖	軸	紙	水墨	不詳		北京 中央工藝美術學院	
菊石圖	軸	紙	設色	不詳	庚申（民國九年，1920）七十七	天津 天津市藝術博物館	
竹石圖	軸	紙	水墨	138 × 33.8		天津 天津市藝術博物館	
鐵網珊瑚圖	軸	紙	設色	不詳		天津 天津市歷史博物館	
芍藥石頭圖	軸	紙	設色	105.5 × 53.7	乙卯（民國四年，	石家莊 河北省博物館	

名稱	形式	質地	色彩	尺寸 高x寬cm	創作時間	收藏處所	典藏號碼
					1915）		
牡丹圖（為儉卿作）	軸	紙	設色	不詳	乙丑（民國十四年，1925）暮春	石家莊 河北省博物館	
紅梅湖石圖	軸	紙	設色	不詳	甲寅（民國三年，1914）	煙臺 山東省煙臺市博物館	
荷花圖	軸	紙	設色	不詳	丁巳（民國六年，1917）	煙臺 山東省煙臺市博物館	
三秋圖	軸	紙	設色	144 x 74	丁巳（民國六年，1917）	煙臺 山東省煙臺市博物館	
菊石圖	軸	紙	設色	不詳	丁巳（民國六年，1917）	煙臺 山東省煙臺市博物館	
神仙貴壽圖	軸	紙	設色	不詳	戊午（民國七年，1918）	煙臺 山東省煙臺市博物館	
梅花圖	軸	紙	水墨	不詳	乙卯（民國四年，1915）	鄭州 河南省博物館	
海棠圖	軸	紙	設色	不詳	乙巳（光緒三十一年，1905）	合肥 安徽省博物館	
葡萄圖	軸	紙	水墨	不詳		合肥 安徽省博物館	
秋菊圖（為蘭蓀作）	軸	紙	設色	不詳	壬辰（光緒十八年，1892）六月廿二日	揚州 江蘇省揚州市博物館	
天竺圖	軸	紙	設色	不詳	乙卯（民國四年，1915）	南通 江蘇省南通博物苑	
梅花菖蒲圖	橫幅	紙	水墨	51.3 x 129.2	庚寅（光緒十六年，1890）	上海 上海博物館	
四季花卉圖（4幅）	軸	紙	設色	不詳	甲午（光緒二十年，1894）	上海 上海博物館	
荷花圖	軸	紙	水墨	不詳	乙未（光緒二十一年，1895）	上海 上海博物館	
蘭竹圖	軸	紙	水墨		光緒丙申（二十二年，1896）	上海 上海博物館	
荷花圖（4幅）	軸	紙	設色	（每幅）238 x 46.7	丁酉（光緒二十三年，1897）	上海 上海博物館	
菊花圖（2幅）	軸	紙	設色	不詳	庚子（光緒二十六	上海 上海博物館	

名稱	形式	質地	色彩	尺寸 高×寬㎝	創作時間	收藏處所	典藏號碼
					年，1900）		
花卉圖（4幅）	軸	紙	水墨	（每幅）115.9 × 20.7	光緒二十七（辛丑，1901）	上海 上海博物館	
杞菊延年圖	軸	紙	設色	161.4 × 45	癸卯（光緒二十九年，1903）	上海 上海博物館	
紅梅圖	軸	紙	設色	不詳	甲辰（光緒三十年，1904）	上海 上海博物館	
梅花圖	軸	紙	水墨	不詳	乙巳（光緒三十一年，1905）	上海 上海博物館	
梅蘭圖	軸	紙	設色	不詳	丙午（光緒三十二年，1906）	上海 上海博物館	
荷花圖	軸	紙	設色	101.6 × 48.8	光緒丙午（三十二年，1906）	上海 上海博物館	
杜鵑栀子圖	軸	紙	設色	不詳	丙午（光緒三十二年，1906）	上海 上海博物館	
荷花圖	軸	紙	水墨	不詳	戊申（光緒三十四年，1908）	上海 上海博物館	
赤蝦圖	軸	紙	設色	不詳	庚戌（宣統二年，1910）	上海 上海博物館	
紫壽圖	軸	紙	設色	不詳	乙丑（民國元年，1912）	上海 上海博物館	
墨蘭圖	軸	紙	水墨	不詳	庚寅（民國三年，1914）	上海 上海博物館	
菊花圖	軸	紙	設色	不詳	乙卯（民國四年，1915）	上海 上海博物館	
梅花圖	軸	紙	設色	不詳	乙卯（民國四年，1915）	上海 上海博物館	
牡丹水仙圖	軸	紙	設色	不詳	乙卯（民國四年，1915）	上海 上海博物館	
歲寒三友圖	軸	紙	設色	151.4 × 82.4	乙卯（民國四年，1915）	上海 上海博物館	
桃實圖	軸	紙	設色	139 × 33.9	乙卯（民國四年，1915）	上海 上海博物館	
酒罈蟠桃圖	軸	紙	設色	不詳	乙卯（民國四年，	上海 上海博物館	

名稱	形式	質地	色彩	尺寸 高x寬㎝	創作時間	收藏處所	典藏號碼
					1915）		
花卉圖（4幅）	軸	紙	水墨	（每幅）113.5 × 45.4	丙辰（民國五年，1916）	上海 上海博物館	
紅梅圖	軸	紙	設色	159.2 × 77.6	丙辰（民國五年，1916）	上海 上海博物館	
梅花圖	軸	紙	水墨	不詳	丙辰（民國五年，1916）	上海 上海博物館	
菊花圖	軸	紙	水墨	不詳	丙辰（民國五年，1916）	上海 上海博物館	
九秋即景圖（吳昌碩、王震、程璋、倪田、黃山壽、金榕合作）	軸	紙	設色	不詳	丁巳（民國六年，1917）	上海 上海博物館	
籃菊瓶雁圖	軸	紙	設色	不詳	丁巳（民國六年，1917）	上海 上海博物館	
竹圖	軸	紙	水墨	不詳	戊午（民國七年，1918）	上海 上海博物館	
天竺水仙圖	軸	紙	設色	不詳	己未（民國八年，1919）	上海 上海博物館	
玉蘭圖	軸	紙	水墨	137.8 × 33.3	庚申（民國九年，1920）	上海 上海博物館	
牡丹圖	軸	紙	設色	不詳	庚申（民國九年，1920）	上海 上海博物館	
菊花圖	軸	紙	設色	119.9 × 51.6	庚申（民國九年，1920）	上海 上海博物館	
蟠桃圖	軸	紙	設色	不詳	庚申（民國九年，1920）	上海 上海博物館	
紫藤圖	軸	紙	設色	129 × 46.2	丙寅（民國十五年，1926）	上海 上海博物館	
竹石圖	軸	紙	水墨	不詳	丁卯（民國十六年，1927）	上海 上海博物館	
天竺圖	軸	灑金箋	設色	不詳		上海 上海博物館	
牡丹圖（2幅）	軸	紙	設色	不詳		上海 上海博物館	
秋興圖	軸	紙	設色	不詳		上海 上海博物館	
紅梅圖	軸	紙	設色	不詳		上海 上海博物館	
荒村獨樹圖	軸	紙	水墨	不詳		上海 上海博物館	

名稱	形式	質地	色彩	尺寸 高x寬㎝	創作時間	收藏處所	典藏號碼
荷花圖	軸	紙	設色	不詳		上海 上海博物館	
蘭石圖	軸	紙	水墨	不詳		上海 上海博物館	
菊花圖	軸	紙	設色	34.5 x 35.8	戊戌（光緒二十四年，1898）	上海 上海畫院	
桃實圖	軸	紙	設色	不詳	戊戌（光緒二十四年，1898）	上海 上海畫院	
白荷花圖	軸	紙	水墨	不詳	己未（民國八年，1919）	上海 上海畫院	
老少年圖	軸	紙	設色	140 x 68.5	乙丑（民國十四年，1925）	上海 上海畫院	
菊石圖	軸	紙	水墨	不詳	己酉（宣統元年，1909）	上海 上海美術館	
鄱陽奇景圖	軸	紙	水墨	140 x 68	乙卯（民國四年，1915）	上海 上海美術館	
真龍圖	軸	紙	水墨	不詳	癸亥（民國十二年，1923）	上海 上海美術館	
天竺圖	軸	紙	設色	不詳	丙申（光緒二十二年，1896	上海 中國美術家協會上海分會	
紅白桃花圖	軸	紙	設色	158.4 x 96.2	丁酉（光緒二十三年，1897）	上海 中國美術家協會上海分會	
天竺圖	軸	紙	設色	138 x 45	丁酉（光緒二十三年，1897）	上海 中國美術家協會上海分會	
東籬叢竹圖	軸	紙	設色	不詳	戊申（光緒三十四年，1908）	上海 中國美術家協會上海分會	
竹梅圖	軸	紙	設色	不詳	己酉（宣統元年，1909）	上海 中國美術家協會上海分會	
芭蕉荷花圖	軸	紙	設色	不詳	壬子（民國元年，1912）	上海 中國美術家協會上海分會	
紅梅圖	軸	紙	設色	不詳	壬子（民國元年，1912）	上海 中國美術家協會上海分會	
葫蘆藕瓜圖	軸	紙	設色	不詳	癸丑（民國二年，1913）	上海 中國美術家協會上海分會	
黃菊雁來紅圖	軸	紙	設色	137 x 34.4	甲寅（民國三年，1914）	上海 中國美術家協會上海分會	

名稱	形式	質地	色彩	尺寸 高x寬㎝	創作時間	收藏處所	典藏號碼
花卉圖（4幅）	軸	綾	設色	（每幅）157 x 41	甲寅（民國三年，1914）	上海 中國美術家協會上海分會	
枇杷圖	軸	紙	設色	不詳	乙卯（民國四年，1915）	上海 中國美術家協會上海分會	
墨荷圖	軸	紙	水墨	不詳	乙卯（民國四年，1915）	上海 中國美術家協會上海分會	
流水桃花圖	軸	紙	設色	151.1 x 41.3	乙卯（民國四年，1915）	上海 中國美術家協會上海分會	
蘭石圖	軸	綾	水墨	125.6 x 40.4	丙辰（民國五年，1916）	上海 中國美術家協會上海分會	
花卉圖（4幅）	軸	紙	設色	（每幅）180.2 x 34.4	丙辰（民國五年，1916）	上海 中國美術家協會上海分會	
梅花圖	軸	紙	設色	不詳	丙辰（民國五年，1916）	上海 中國美術家協會上海分會	
牡丹圖	軸	綾	水墨	135.1 x 40.5	戊午（民國七年，1918）	上海 中國美術家協會上海分會	
桃實圖	軸	紙	設色	不詳	己未（民國八年，1919）	上海 中國美術家協會上海分會	
溪山風雨圖	軸	紙	水墨	不詳	己未（民國八年，1919）	上海 中國美術家協會上海分會	
老少年圖	軸	紙	設色	不詳	壬戌（民國十一年，1922）	上海 中國美術家協會上海分會	
牡丹水仙圖	軸	紙	設色	104 x 52.3	癸亥（民國十二年，1923）	上海 中國美術家協會上海分會	
石榴臘梅圖	軸	紙	設色	109 x 40.6	年八十（民國十二年，癸亥，1923）	上海 中國美術家協會上海分會	
壽佛圖	軸	綾	設色	不詳	甲子（民國十三年，1924）	上海 中國美術家協會上海分會	
冷艷圖	軸	紙	設色	不詳	丙寅（民國十五年，1926）	上海 中國美術家協會上海分會	
紅白牡丹圖	軸	紙	設色	131 x 41	丁卯（民國十六年，1927）	上海 中國美術家協會上海分會	
天竺圖	軸	紙	設色	138 x 45		上海 中國美術家協會上海分會	

名稱	形式	質地	色彩	尺寸 高x寬cm	創作時間	收藏處所	典藏號碼
芍藥圖	軸	紙	設色	148.9 x 40.4		上海 中國美術家協會上海分會	
牡丹玉蘭圖	軸	紙	設色	159.2 x 84.5		上海 中國美術家協會上海分會	
荷花圖	軸	紙	設色	不詳		上海 中國美術家協會上海分會	
葫蘆圖	軸	紙	設色	不詳		上海 中國美術家協會上海分會	
菊石圖	軸	紙	設色	不詳		上海 中國美術家協會上海分會	
菊石延年圖	軸	紙	設色	不詳		上海 中國美術家協會上海分會	
葫蘆南瓜圖	軸	紙	設色	120 x 14.6		上海 上海人民美術出版社	
菊花圖	軸	紙	設色	71.5 x 38.6		上海 上海人民美術出版社	
紅梅圖（為少蘭作）	軸	紙	設色	172.6 x 95.2	己卯（光緒五年，1879）十月	南京 南京博物院	
笋菇圖	軸	紙	水墨	69.5 x 33	光緒十三年，丁亥（1887）四月廿四日	南京 南京博物院	
荷花圖	軸	紙	水墨	147.5 x 78.5	光緒二十六年庚子（1900）	南京 南京博物院	
茗具梅花圖	軸	紙	設色	不詳	丙午（光緒三十二年，1906）	南京 南京博物院	
籃菊圖（為陳半丁作）	軸	紙	設色	不詳	庚戌（宣統二年，1910）秋仲	南京 南京博物院	
茶花圖	軸	紙	設色	102.4 x 47	丁巳（民國六年，1917）	南京 南京博物院	
布袋和尚像	軸	紙	水墨	124.1 x 45.6	庚申（民國九年，1920）	南京 南京博物院	
雙松圖	軸	紙	設色	不詳		南京 南京博物院	
牡丹玉蘭圖	軸	紙	設色	321.8 x149.8	甲寅（民國三年，1914）	南京 江蘇省美術館	
枇杷圖	軸	紙	設色	不詳	甲寅（民國三年，1914）	南京 江蘇省美術館	

名稱	形式	質地	色彩	尺寸 高×寬㎝	創作時間	收藏處所	典藏號碼
花卉圖（4幅）	軸	紙	設色	不詳		鎮江 江蘇省鎮江市博物館	
荷花圖	軸	紙	設色	不詳	癸卯（光緒二十九年，1903）	無錫 江蘇省無錫市博物館	
歲朝清供圖（吳昌碩、王震、商笙伯合作）	軸	紙	設色	不詳	丁巳（民國六年，1917）	蘇州 江蘇省蘇州博物館	
無量壽佛圖	軸	紙	設色	不詳	癸亥（民國十二年，1923）	蘇州 江蘇省蘇州博物館	
杞菊延年圖	軸	紙	設色	133.5 × 55.1	己未（民國八年，1919）	蘇州 江蘇省蘇州博物館	
荷花游魚圖	軸	絹	水墨	106 × 47.3		蘇州 江蘇省蘇州博物館	
菊石圖	軸	紙	設色	不詳		吳江 江蘇省吳江縣博物館	
松石圖	軸	紙	水墨	177.5 × 93.5	甲寅（民國三年，1914）花朝	昆山 崑崙堂美術館	
荷花圖	軸	紙	水墨	98.5 × 46.1	丙戌（光緒十二年，1886）	杭州 浙江省博物館	
燕園圖	軸	紙	水墨	76.1 × 33.2	光緒壬辰（十八年，1892）	杭州 浙江省博物館	
鼎盛圖	軸	紙	設色	180.1 × 96.1	壬寅（光緒二十八年，1902）仲秋之月	杭州 浙江省博物館	
天竺圖	軸	金箋	設色	不詳	己未（民國八年，1919）	杭州 浙江省博物館	
古木幽亭圖	軸	紙	設色	不詳	辛酉（民國十年，1921）中秋後	杭州 浙江省博物館	
梅石圖	軸	紙	水墨	151 × 40.2	乙丑（民國十四年，1925）	杭州 浙江省博物館	
書畫（8幅）	軸	紙	設色	不詳	丁卯（民國十六年，1927）	杭州 浙江省博物館	
菊石圖	軸	紙	設色	不詳	壬辰（光緒十八年，1892）	杭州 浙江美術學院	
牡丹壽石圖	軸	紙	設色	不詳	甲子（民國十三年，1924）	杭州 浙江美術學院	
梅花圖	軸	紙	水墨	不詳	光緒廿四年，戊戌（1898）	杭州 浙江省杭州西泠印社	

名稱	形式	質地	色彩	尺寸 高×寬㎝	創作時間	收藏處所	典藏號碼
梅花短檠圖	軸	紙	水墨	108.5 × 32	癸卯（光緒二十九年，1903）	杭州 浙江省杭州西泠印社	
牡丹圖	軸	紙	設色	132 × 68	宣統元年（己酉，1909）	杭州 浙江省杭州西泠印社	
繡球月季圖	軸	紙	設色	136 × 67	甲寅（民國三年，1914）	杭州 浙江省杭州西泠印社	
雙松圖	軸	紙	水墨	不詳	乙卯（民國四年，1915）	杭州 浙江省杭州西泠印社	
葡萄圖	軸	紙	設色	140 × 69	乙卯（民國四年，1915）	杭州 浙江省杭州西泠印社	
四季花卉圖（4幅）	軸	紙	設色	不詳	丁巳（民國六年，1917）	杭州 浙江省杭州西泠印社	
花卉圖（4幅）	軸	紙	設色	不詳	己未（民國八年，1919）	杭州 浙江省杭州西泠印社	
桃花圖	軸	紙	設色	不詳	壬戌（民國十一年，1922）	杭州 浙江省杭州西泠印社	
仿石濤山水圖	軸	紙	水墨	51 × 23	癸亥（民國十二年，1923）孟冬	杭州 浙江省杭州西泠印社	
菊石圖	軸	紙	水墨	不詳	丙寅（民國十五年，1926）	杭州 浙江省杭州西泠印社	
梅花圖	軸	紙	水墨	120 × 47.5	丁卯（民國十六年。1927）	杭州 浙江省杭州西泠印社	
葫蘆圖	軸	紙	設色	245 × 61.5		杭州 浙江省杭州西泠印社	
白菜圖	軸	紙	水墨	不詳	乙卯（民國四年，1915）春分節	杭州 浙江省杭州市文物考古所	
菊花圖	軸	紙	設色	不詳		嘉興 浙江省嘉興市博物館	
酒罈梅花圖	軸	紙	設色	不詳	壬子（民國元年，1912）	海鹽 浙江省海鹽縣	
古雪圖	軸	紙	水墨	131.5 × 39.5	壬子（民國元年，1912）	湖州 浙江省湖州市博物館	
桃花圖	軸	紙	設色	158 × 47.5	庚子（光緒二十六年，1900）	安吉 浙江省安吉縣博物館	
蘭花圖	軸	紙	水墨	不詳	庚子（光緒二十六年，1900）	安吉 浙江省安吉縣博物館	

名稱	形式	質地	色彩	尺寸 高x寬㎝	創作時間	收藏處所	典藏號碼
牡丹圖	軸	紙	設色	不詳	庚戌（宣統二年，1910）	安吉 浙江省安吉縣博物館	
蒼松圖	軸	紙	水墨	不詳	丁巳（民國六年，1917）	安吉 浙江省安吉縣博物館	
牡丹圖	軸	紙	設色	105 × 52	丁巳（民國六年，1917）	安吉 浙江省安吉縣博物館	
無量壽佛圖	軸	紙	設色	不詳	戊午（民國七年，1918）	安吉 浙江省安吉縣博物館	
花卉圖	軸	紙	設色	不詳	辛酉（民國十年，1921）	安吉 浙江省安吉縣博物館	
山水圖	軸	紙	水墨	145 × 41	癸亥（民國十二年，1923）	安吉 浙江省安吉縣博物館	
自寫小像	軸	紙	水墨	105 × 56	癸亥（民國十二年，1923）	安吉 浙江省安吉縣博物館	
杜鵑花圖	軸	紙	設色	121.5 × 30		安吉 浙江省安吉縣博物館	
荷花圖	軸	紙	水墨	120 × 96		安吉 浙江省安吉縣博物館	
紅白桃花圖	軸	紙	設色	178 × 95	甲寅（民國三年，1914）	紹興 浙江省紹興市博物館	
菊石圖	軸	紙	設色	不詳	乙卯（民國四年，1915）	紹興 浙江省紹興市博物館	
叢蕙圖	軸	紙	水墨	134.6 × 46.6	乙丑（民國十四年，1925）	成都 四川省博物院	
秋艷圖	軸	紙	設色	不詳	乙丑（民國十四年，1925）	重慶 重慶市博物館	
歲朝清供圖	軸	紙	設色	135 × 66.2	壬子（民國元年，1912）	廣州 廣東省博物館	
玉蘭牡丹圖	軸	紙	設色	不詳	乙卯（民國四年，1915）	廣州 廣東省博物館	
梅花圖	軸	紙	設色	不詳	己未（民國八年，1919）	廣州 廣東省博物館	
梅石圖	軸	紙	水墨	不詳	丁卯（民國十六年，1927）	廣州 廣東省博物館	
鐵網珊瑚圖	軸	紙	設色	185 × 95.5	己未（民國八年，1919）	廣州 廣州市美術館	

名稱	形式	質地	色彩	尺寸 高x寬cm	創作時間	收藏處所	典藏號碼
白菜圖	軸	紙	水墨	99.6 x 32.6	庚申（民國九年，1920）十月	日本 東京國立博物館	
墨竹圖	軸	紙	水墨	179 x 85		日本 東京國立博物館	
桃實圖	軸	紙	設色	78.5 x 33.5	丁未（光緒三十三年，1907）夏仲之吉	日本 東京高島菊次郎槐安居	
葡萄圖	軸	紙	水墨	181 x 47	光緒王寅（二十八年，1902）小暑節	日本 東京高島菊次郎槐安居	
蓮花圖	軸	紙	設色	151.4 x41.2	甲寅（民國三年，1914）二月	日本 東京細川護貞先生	
紫藤花圖	軸	紙	設色	131 x 63.2	庚申（民國九年，1920）四月	日本 東京細川護貞先生	
桃花紫燕圖	軸	紙	設色	131.2 x 33.1	丁巳（民國六年，1917））春仲	日本 京都國立博物館	
牡丹菊石圖	軸	紙	設色	142.2 x 41.8	戊午（民國七年，1918）新春	日本 京都泉屋博古館	
山水圖	軸	綾	水墨	128.8 x 40.8	甲寅（民國三年，1914）五月	日本 大阪市立美術館	
水墨荷花圖	橫幅	紙	水墨	26.4 x 38	癸巳（光緒十九年，1893）	日本 松丸先生	
玉蘭圖	軸	紙	設色	138.8 x 34	乙未（光緒二十一年，1895）春仲	日本 松丸先生	
菊花圖	軸	紙	設色	73.9 x 41.1	戊戌（光緒二十四年，1898）二月	日本 松丸先生	
荷花蘆葦圖	軸	紙	設色	73.9 x 41.1	戊戌（光緒二十四年，1898）雨水	日本 松丸先生	
大竹老石圖	軸	紙	設色	165.5 x 39.9	庚子（光緒二十六年，1900）仲冬	日本 松丸先生	
菊石圖	軸	紙	設色	97.2 x 47.8	癸卯（光緒二十九年，1903）三月	日本 松丸先生	
菊花壽石圖	軸	紙	設色	132 x 31.9	丁未（光緒三十三年，1907）秋	日本 松丸先生	
菊花圖	軸	紙	設色	31.7 x 37.9	癸丑（民國二年，1913）四月	日本 松丸先生	

名稱	形式	質地	色彩	尺寸 高x寬㎝	創作時間	收藏處所	典藏號碼
雲根圖（為岩下作）	軸	紙	水墨	135.2 × 40.3	癸丑（民國二年，1913）八月	日本 松丸先生	
竹石圖	軸	紙	水墨	132.5 × 41.6	乙卯（民國四年，1915）夏仲	日本 松丸先生	
紅梅圖	軸	紙	設色	129.1 × 32.6	乙卯（民國四年，1915）秋季	日本 松丸先生	
墨竹圖（為本多先生作）	軸	紙	水墨	136 × 42.8	乙卯（民國四年，1915）冬仲	日本 松丸先生	
桃實圖	軸	紙	設色	135.8 × 65.6	丙辰（民國五年，1916）冬	日本 松丸先生	
牡丹壽石圖	軸	紙	設色	134.2 × 34.1	丙辰（民國五年，1916）冬仲	日本 松丸先生	
枯木竹石圖（為太里作）	軸	紙	水墨	132.5 × 41.6	丙辰（民國五年，1916）	日本 松丸先生	
太湖石圖	軸	絹	水墨	137.5 × 39.8	丁巳（民國六年，1917）夏孟	日本 松丸先生	
墨竹圖（4幅）	軸	紙	水墨	（每幅）139.8 × 39.5	丁巳（民國六年，1917）	日本 松丸先生	
水仙石圖	軸	紙	設色	136.1 × 40.7	戊午（民國七年，1918）春	日本 松丸先生	
空谷幽蘭圖	軸	絹	水墨	142.4 × 41	戊午（民國七年，11918）四月杪	日本 松丸先生	
山水人物圖	軸	紙	設色	136.9 × 59.1	己未（民國八年，1919）秋仲	日本 松丸先生	
鞠有黃華(籬菊圖)	軸	紙	設色	135.4 × 33.3	己未（民國八年，1919）九月	日本 松丸先生	
墨竹圖	軸	紙	設色	129.7 × 43.9	己未（民國八年，1919）孟冬月	日本 松丸先生	
貴壽無極圖	軸	紙	設色	132.7 × 32.8	庚申（民國九年，1920）七月杪	日本 松丸先生	
水仙石圖	軸	紙	設色	126.4 × 27.3	庚申（民國九年，1920）秋杪	日本 松丸先生	
梅花圖	軸	紙	水墨	33.5 × 44.1	辛酉（民國十年，1921）春杪	日本 松丸先生	

名稱	形式	質地	色彩	尺寸 高x寬cm	創作時間	收藏處所	典藏號碼
葡萄圖（學天池大意）	軸	紙	設色	137.8 x 40.4	癸亥（民國十二年，1923）秋	日本 松丸先生	
蕭齋清供圖	軸	紙	設色	101.4 x 42.	乙丑（民國十四年，1925）春	日本 松丸先生	
神仙貴壽圖	軸	紙	設色	137 x 33.9	丙寅（民國十五年，1926）人日	日本 松丸先生	
鶴頂丹圖	橫幅	紙	設色	39 x 49	丁卯（民國十六年，1927）秋	日本 松丸先生	
梅花圖	橫幅	紙	設色	39 x 49.1	丁卯（民國十六年，1927）深秋	日本 松丸先生	
菊花石圖	軸	紙	設色	178.5 x 45.2		日本 松丸先生	
籬菊圖	軸	紙	設色	148.9 x 39.7		日本 松丸先生	
墨蘭圖	軸	紙	水墨	54.3 x 35.8		日本 松丸先生	
芭蕉圖	軸	紙	設色	137.3 x 34		日本 松丸先生	
爐壺花圖	軸	紙	設色	104.6 x 53.2		日本 松丸先生	
枇杷圖	軸	紙	設色	138.1 x 33.4		日本 松丸先生	
牡丹圖	摺扇面	紙	設色	23 x 61	己未（民國八年，1919）春	台北 清玩雅集	
花卉圖（8幀）	冊	紙	設色	不詳	乙巳（光緒三十一年，1905）	北京 故宮博物院	
十二洞天梅花圖（12幀，為彊村作）	冊	紙	水墨	（每幀）27 x 16.7	甲午（光緒二十年，1894）	北京 中國美術館	
花卉圖（？幀，與書石鼓合冊）	冊	紙	設色	不詳	己未（民國八年，1919）秋分	北京 中國美術館	
書畫合璧（12幀）	冊	紙	設色	33 x 37	丁巳（1917）、己未（1919）	北京 中國美術館	
山水、花鳥圖（12幀）	冊	紙	設色	（每幀）31 x 35.3	丙卯（民國十六年，1927）秋冬	北京 中國美術館	
花卉、蔬果圖（12幀）	冊	紙	設色	不詳		北京 中國美術館	
書畫	摺扇面	紙	水墨	不詳	癸丑（民國二年，	北京 中央工藝美術學院	

名稱	形式	質地	色彩	尺寸 高x寬cm	創作時間	收藏處所	典藏號碼
					1913)		
蘭花圖	摺扇面	紙	水墨	不詳		北京 中央工藝美術學院	
花卉圖	摺扇面	紙	設色	不詳		北京 中央工藝美術學院	
花卉圖（12幀）	冊	紙	設色	（每幀）42.8 x 43.2	丙辰（民國五年，1916）新春	上海 上海博物館	
花果圖（11幀）	冊	紙	設色	（每幀）34 x 46		上海 上海博物館	
看竹圖（看竹圖并題跋冊42之1幀）	冊頁	絹	設色	21.2 x 20.3		上海 上海博物館	
荷花圖	摺扇面	紙	水墨	19 x 53		日本 東京高島菊次郎槐安居	
花卉雜畫（12幀）	冊	紙	設色	（每幀）27.1 x 51.3		日本 兵庫縣黑川古文化研究所	
附：							
菊石圖	卷	紙	設色	不詳	庚寅（光緒十六年，1890）	上海 朵雲軒	
乾坤一亭圖	卷	紙	設色	18 x 137	辛酉（民國十年，1921）秋仲	上海 朵雲軒	
秋艷春香圖	卷	紙	設色	不詳	乙丑（民國十四年，1925）	上海 朵雲軒	
荷花圖	卷	紙	水墨	不詳		上海 朵雲軒	
雜畫（十二幅合裱成卷）	卷	紙	設色	（每幅）38.1 x 51.7	乙巳（光緒三十一年，1905）元月十五日	香港 蘇富比藝品拍賣公司/拍賣目錄 1984,11,21.	
端午景圖	軸	紙	設色	113.3 x 33	辛卯（光緒十七年，1891）端陽日	北京 中國文物商店總店	
墨梅圖	軸	紙	水墨	不詳	庚子（光緒二十六年，1900）春仲	北京 榮寶齋	
梅花圖	軸	紙	設色	不詳	庚寅（光緒十六年，1890）	上海 朵雲軒	
荷花圖	軸	紙	設色	不詳	庚寅（光緒十六年，1890）	上海 朵雲軒	
花卉圖	軸	紙	設色		庚寅（光緒十六年，1890）	上海 朵雲軒	

名稱	形式	質地	色彩	尺寸 高×寬㎝	創作時間	收藏處所	典藏號碼
破荷圖	軸	紙	水墨	113 × 64	戊戌（光緒二十四年，1898）花朝	上海 朵雲軒	
鳳仙花圖	軸	絹	設色	不詳	辛丑（光緒二十七年，1901）	上海 朵雲軒	
荷花圖	軸	紙	水墨	不詳	癸卯（光緒二十九年，1903）	上海 朵雲軒	
月季圖	軸	紙	設色	不詳	乙巳（光緒三十一年，1905）	上海 朵雲軒	
花卉圖	軸	紙	設色	171 × 93	丙午（光緒三十二年，1906）秋仲	上海 朵雲軒	
梅花圖	軸	紙	水墨	不詳	丁未（光緒三十三年，1907）	上海 朵雲軒	
荷花圖	軸	紙	設色	不詳	丁未（光緒三十三年，1907）	上海 朵雲軒	
梅竹圖	軸	紙	設色	不詳	庚戌（宣統二年，1910）	上海 朵雲軒	
歲朝圖	軸	紙	設色	不詳	壬子（民國元年，1912）	上海 朵雲軒	
蔬菜圖	軸	紙	設色	不詳	甲寅（民國三年，1914）	上海 朵雲軒	
梅花圖	軸	紙	水墨	不詳	甲寅（民國三年，1914）	上海 朵雲軒	
芭蕉圖	軸	紙	水墨	不詳	甲寅（民國三年，1914）	上海 朵雲軒	
松石圖	軸	紙	水墨	不詳	乙卯（民國四年，1915）	上海 朵雲軒	
杏花芭蕉圖	軸	紙	設色	不詳	乙卯（民國四年，1915）	上海 朵雲軒	
桃實圖	軸	紙	設色	不詳	丁巳（民國六年，1917）	上海 朵雲軒	
雙松圖	軸	紙	設色	不詳	己未（民國八年，1919）	上海 朵雲軒	
水仙圖	軸	紙	水墨	不詳	壬戌（民國十一年，1922）	上海 朵雲軒	

名稱	形式	質地	色彩	尺寸 高×寬㎝	創作時間	收藏處所	典藏號碼
梅花圖	軸	紙	設色	不詳	丙寅（民國十五年，1926）	上海 朵雲軒	
菊花圖	軸	紙	設色	不詳		上海 朵雲軒	
梅花圖	軸	灑金箋	設色	131 × 32.5	庚寅（光緒十六年，1890）	上海 上海友誼商店	
歲朝圖	軸	紙	設色	不詳	己亥（光緒二十五年，1899）	上海 上海友誼商店	
荷花圖	橫幅	紙	設色	54 × 131	辛卯（光緒十七年，1891）	上海 上海工藝品進出口公司	
梅石圖	軸	紙	設色	不詳	乙未（光緒二十一年，1895）	上海 上海工藝品進出口公司	
梅石圖	軸	紙	設色	不詳	丁酉（光緒二十二年，1897）	上海 上海工藝品進出口公司	
朱竹墨石圖（為竹石作）	軸	絹	設色	115 × 42	丁酉（光緒二十三年，1897）暮春之初	上海 上海工藝品進出口公司	
雙松圖	軸	紙	設色	不詳	丁酉（光緒二十三年，1897）	上海 上海工藝品進出口公司	
菊石圖	軸	紙	設色	不詳	戊戌（光緒二十四年，1898）	上海 上海工藝品進出口公司	
蘭花圖	軸	紙	水墨	不詳	光緒己亥（二十五年，1899）	上海 上海工藝品進出口公司	
風竹圖	軸	紙	水墨	不詳	庚子（光緒二十六年，1900）	上海 上海工藝品進出口公司	
荷花圖	軸	紙	水墨	不詳	癸卯（光緒二十九年，1903）	上海 上海工藝品進出口公司	
蘭石圖	軸	紙	水墨	不詳	光緒丙午（三十二年，1906）	上海 上海工藝品進出口公司	
紫綬圖	軸	紙	設色	不詳	丙午（光緒三十二年，1906）	上海 上海工藝品進出口公司	
菊蟹圖	軸	紙	設色	不詳	丙午（光緒三十二年，1906）	上海 上海工藝品進出口公司	
梅花茶爐圖	軸	紙	設色	不詳	丙午（光緒三十二年，1906）	上海 上海工藝品進出口公司	

名稱	形式	質地	色彩	尺寸 高x寬㎝	創作時間	收藏處所	典藏號碼
蘭石圖	軸	紙	水墨	不詳	光緒丙午（三十二年，1906）	上海 上海工藝品進出口公司	
玉蘭佛手圖	軸	金箋	設色	不詳	丁未（光緒三十三年，1907）	上海 上海工藝品進出口公司	
梔子杜鵑花圖	軸	金箋	設色	不詳	丁未（光緒三十三年，1907）	上海 上海工藝品進出口公司	
玉蘭小鳥圖（吳昌碩、倪田合作）	軸	紙	設色	不詳	戊申（光緒三十四年，1908）	上海 上海工藝品進出口公司	
葡萄圖	軸	紙	水墨	不詳	宣統元年，己酉（1901）	上海 上海工藝品進出口公司	
菊石圖	軸	紙	設色	不詳	己酉（宣統元年，1909）	上海 上海工藝品進出口公司	
蘭石圖	軸	紙	水墨	不詳	庚戌（宣統二年，1910）	上海 上海工藝品進出口公司	
月季圖	軸	紙	設色	不詳	庚戌（宣統二年，1910）	上海 上海工藝品進出口公司	
天竺湖石圖	軸	紙	設色	不詳	辛亥（宣統三年，1911）	上海 上海工藝品進出口公司	
梅花圖	軸	紙	水墨	不詳	辛亥（宣統三年，1911）	上海 上海工藝品進出口公司	
菊石圖（2幅）	軸	紙	設色	不詳	壬子（民國元年，1912）	上海 上海工藝品進出口公司	
蕉石圖	軸	紙	設色	不詳	壬子（民國元年，1912）	上海 上海工藝品進出口公司	
枇杷圖	軸	紙	設色	不詳	癸丑（民國二年，1913）	上海 上海工藝品進出口公司	
梅石圖	軸	紙	設色	不詳	癸丑（民國二年，1913）	上海 上海工藝品進出口公司	
歲朝圖（吳昌碩、王震合作）	軸	紙	水墨	不詳	癸丑（民國二年，1913）	上海 上海工藝品進出口公司	
紫藤圖	軸	紙	設色	135 x 66	甲寅（民國三年，1914）	上海 上海工藝品進出口公司	
紗帽石圖	軸	紙	水墨	89 x 46	甲寅（民國三年，1914）小暑後一日	上海 上海工藝品進出口公司	

名稱	形式	質地	色彩	尺寸 高x寬cm	創作時間	收藏處所	典藏號碼
菊亭圖	軸	紙	設色	不詳	甲寅（民國三年，1914）	上海 上海工藝品進出口公司	
桃石圖	軸	綾	設色	不詳	甲寅（民國三年，1914）	上海 上海工藝品進出口公司	
竹石圖	軸	紙	水墨	不詳	甲寅（民國三年，1914）	上海 上海工藝品進出口公司	
菖蒲竹石圖	軸	紙	水墨	不詳	乙卯（民國四年，1915）	上海 上海工藝品進出口公司	
老少年圖	軸	紙	設色	不詳	乙卯（民國四年，1915）	上海 上海工藝品進出口公司	
桃花圖	軸	紙	設色	不詳	乙卯（民國四年，1915）	上海 上海工藝品進出口公司	
菊花老少年圖	軸	紙	設色	不詳	乙卯（民國四年，1915）	上海 上海工藝品進出口公司	
荷花圖	軸	紙	設色	不詳	乙卯（民國四年，1915）	上海 上海工藝品進出口公司	
菊石圖	軸	紙	設色	不詳	丙辰（民國五年，1916）	上海 上海工藝品進出口公司	
松石圖	軸	綾	水墨	不詳	丙辰（民國五年，1916）	上海 上海工藝品進出口公司	
墨竹圖	軸	綾	水墨	不詳	丙辰（民國五年，1916）	上海 上海工藝品進出口公司	
蘭石圖	軸	綾	水墨	不詳	丙辰（民國五年，1916）	上海 上海工藝品進出口公司	
玉蘭圖（2幅）	軸	紙	設色	不詳	丁巳（民國六年，1917）	上海 上海工藝品進出口公司	
黃山松圖	軸	綾	設色	不詳	丁巳（民國六年，1917）	上海 上海工藝品進出口公司	
梅花圖	軸	紙	水墨	不詳	丁巳（民國六年，1917）	上海 上海工藝品進出口公司	
芍藥圖	軸	紙	設色	不詳	丁巳（民國六年，1917）	上海 上海工藝品進出口公司	
菊石圖（2幅）	軸	紙	設色	不詳	戊午（民國七年，1918）	上海 上海工藝品進出口公司	

名稱	形式	質地	色彩	尺寸 高x寬㎝	創作時間	收藏處所	典藏號碼
菊石牡丹圖	軸	紙	設色	不詳	戊午（民國七年，1918）	上海 上海工藝品進出口公司	
梅石圖	軸	紙	設色	不詳	戊午（民國七年，1918）	上海 上海工藝品進出口公司	
菊花圖	軸	紙	設色	不詳	戊午（民國七年，1918）	上海 上海工藝品進出口公司	
牡丹圖	軸	紙	設色	不詳	己未（民國八年，1919）	上海 上海工藝品進出口公司	
牡丹水仙圖	軸	紙	設色	不詳	己未（民國八年，1919）	上海 上海工藝品進出口公司	
芍藥圖	軸	紙	設色	不詳	己未（民國八年，1919）	上海 上海工藝品進出口公司	
蘭石圖	軸	紙	水墨	不詳	己未（民國八年，1919）	上海 上海工藝品進出口公司	
荷花圖	軸	紙	水墨	不詳	己未（民國八年，1919）秋分	上海 上海工藝品進出口公司	
梅花圖	軸	紙	設色	不詳	己未（民國八年，1919）	上海 上海工藝品進出口公司	
古雪圖	軸	紙	水墨	不詳	年七十六（民國八年，己未，1919）	上海 上海工藝品進出口公司	
竹石圖	軸	紙	水墨	不詳	庚申（民國九年，1920）	上海 上海工藝品進出口公司	
梅花圖	軸	紙	水墨	不詳	庚申（民國九年，1920）	上海 上海工藝品進出口公司	
蘭石圖	軸	紙	水墨	不詳	庚申（民國九年，1920）	上海 上海工藝品進出口公司	
山水圖	軸	紙	水墨	不詳	辛酉（民國十年，1921）	上海 上海工藝品進出口公司	
秋色爛煸圖	軸	紙	設色	不詳	辛酉（民國十年，1921）	上海 上海工藝品進出口公司	
梅石圖	軸	紙	水墨	不詳	辛酉（民國十年，1921）	上海 上海工藝品進出口公司	
鳳仙花石圖	軸	紙	水墨	不詳	辛酉（民國十年，1921）	上海 上海工藝品進出口公司	

名稱	形式	質地	色彩	尺寸 高×寬㎝	創作時間	收藏處所	典藏號碼
清風圖	軸	紙	水墨	不詳	辛酉（民國十年，1921）	上海 上海工藝品進出口公司	
牡丹菊石圖	軸	紙	設色	不詳	辛酉（民國十年，1921）	上海 上海工藝品進出口公司	
石榴圖	軸	紙	設色	不詳	壬戌（民國十一年，1922）	上海 上海工藝品進出口公司	
菊石圖	軸	紙	設色	不詳	壬戌（民國十一年，1922）	上海 上海工藝品進出口公司	
紫藤圖	軸	紙	設色	152.5 × 82	癸亥民國十二年，1923）春	上海 上海工藝品進出口公司	
老少年圖	軸	紙	設色	不詳	甲子（民國十三年，1924）	上海 上海工藝品進出口公司	
葫蘆菊花圖	軸	紙	設色	135 × 66.5	乙丑（民國十四年，1925）立冬後	上海 上海工藝品進出口公司	
竹石圖	軸	紙	水墨	不詳	乙丑（民國十四年，1925）	上海 上海工藝品進出口公司	
秋色爛熳圖	軸	紙	設色	130 × 42	乙丑（民國十四年，1925）冬	上海 上海工藝品進出口公司	
菊花圖	軸	紙	水墨	106 × 43	丙寅（民國十五年，1926）	上海 上海工藝品進出口公司	
牡丹水仙圖	軸	紙	設色	不詳	丙寅（民國十五年，1926）	上海 上海工藝品進出口公司	
茶花圖	軸	紙	設色	不詳	丙寅（民國十五年，1926）	上海 上海工藝品進出口公司	
三友圖	軸	紙	設色	不詳	丙寅（民國十五年，1926）	上海 上海工藝品進出口公司	
天竺圖	軸	紙	設色	不詳		上海 上海工藝品進出口公司	
水仙瓶梅圖	軸	紙	水墨	不詳		上海 上海工藝品進出口公司	
竹石圖（2幅）	軸	紙	水墨	不詳		上海 上海工藝品進出口公司	
瓜藤圖	軸	紙	設色	不詳		上海 上海工藝品進出口公司	
牡丹圖（2幅）	軸	紙	設色	不詳		上海 上海工藝品進出口公司	
牡丹石榴圖	軸	紙	設色	112 × 40.5		上海 上海工藝品進出口公司	
芭蕉枇杷圖	軸	紙	設色	不詳		上海 上海工藝品進出口公司	
美意延年圖	軸	紙	設色	不詳		上海 上海工藝品進出口公司	

名稱	形式	質地	色彩	尺寸 高x寬㎝	創作時間	收藏處所	典藏號碼
扁豆圖	軸	紙	設色	不詳		上海 上海工藝品進出口公司	
苦瓜圖	軸	紙	設色	不詳		上海 上海工藝品進出口公司	
盆蘭圖	軸	紙	設色	不詳		上海 上海工藝品進出口公司	
清湘遺意圖	軸	紙	設色	不詳		上海 上海工藝品進出口公司	
梅石圖	軸	紙	設色	不詳		上海 上海工藝品進出口公司	
梅花圖	軸	紙	水墨	不詳		上海 上海工藝品進出口公司	
荷花圖（5幅）	軸	紙	設色	不詳		上海 上海工藝品進出口公司	
荷花圖（3幅）	軸	紙	水墨	不詳		上海 上海工藝品進出口公司	
菊石圖（2幅）	軸	紙	設色	不詳		上海 上海工藝品進出口公司	
葫蘆圖	軸	紙	設色	不詳		上海 上海工藝品進出口公司	
葡萄圖	軸	紙	水墨	不詳		上海 上海工藝品進出口公司	
葡萄松鼠圖（吳昌碩、倪田合作）	軸	紙	設色	不詳		上海 上海工藝品進出口公司	
薔薇芭蕉圖	軸	紙	設色	不詳		上海 上海工藝品進出口公司	
蔬果圖	軸	紙	設色	不詳		上海 上海工藝品進出口公司	
蘭石圖	軸	紙	水墨	不詳	乙卯（民國四年，115）	無錫 無錫市文物商店	
葫蘆南瓜圖	軸	紙	設色	不詳	乙卯（民國四年，1915）	鎮江 鎮江市文物商店	
牡丹湖石圖	軸	綾	設色	138 × 41.5	丁巳（民國六年，1917）六月	紐約 佳士得藝品拍賣公司/拍賣目錄 1983,11,30.	
紅梅圖	軸	紙	設色	138.5 × 46.5	乙卯（民國四年，1915）冬初	紐約 佳士得藝品拍賣公司/拍賣目錄 1983,11,30.	
天竺奇石圖	軸	紙	設色	138 × 34.5		紐約 佳士得藝品拍賣公司/拍賣目錄 1983,11,30.	
墨荷圖	軸	紙	水墨	165.5 × 48	己丑（光緒十五年，1889）八月	紐約 佳士得藝品拍賣公司/拍賣目錄 1984,06,29.	
紅白梅圖	軸	紙	設色	136 × 40	癸丑（民國二年，1913）秋八月	紐約 佳士得藝品拍賣公司/拍賣目錄 1984,06,29.	
梅石圖	軸	紙	設色	135 × 39.5	丙辰（民國五年，1916）春王正月	紐約 佳士得藝品拍賣公司/拍賣目錄 1984,06,29.	
玉蘭圖（為緯卿仁兄作）	軸	紙	水點	104.2 × 30.2	戊午（民國七年，1918）九月	紐約 蘇富比藝品拍賣公司/拍賣目錄 1984,06,13.	
葫蘆圖	軸	紙	設色	137.5 × 44.	癸亥（民國十二年	紐約 佳士得藝品拍賣公司/拍	

名稱	形式	質地	色彩	尺寸 高×寬cm	創作時間	收藏處所	典藏號碼
					，1923）仲秋	賣目錄 1984,06,29.	
雁來紅圖	軸	紙	設色	111.8 × 39		紐約 蘇富比藝品拍賣公司/拍賣目錄 1984,06,13.	
劍門圖（與王一亭合作，畫贈木幡先生）	軸	綾	水墨	128.5 × 41	丁卯（民國十六年，1927）秋仲	紐約 佳士得藝品拍賣公司/拍賣目錄 1984,06,29.	
墨梅圖	軸	紙	水墨	68 × 27.5		紐約 佳士得藝品拍賣公司/拍賣目錄 1984,06,29.	
菊花壽石圖	軸	紙	設色	119 × 48	癸丑（民國二年，1913）九月	香港 蘇富比藝品拍賣公司/拍賣目錄 1984,11,21.	
盧橘夏熟圖	軸	紙	設色	137 × 23.5	甲寅（民國三年，1914）深秋	香港 蘇富比藝品拍賣公司/拍賣目錄 1984,11,21.	
紫藤圖	軸	紙	設色	182 × 53.3	己未（民國八年，1919）五月	香港 蘇富比藝品拍賣公司/拍賣目錄 1984,11,21.	
鍾馗圖	軸	紙	水墨	131 × 41	庚申（民國九年，1920）重五	香港 蘇富比藝品拍賣公司/拍賣目錄 1984,11,21.	
杜鵑花圖	軸	紙	設色	120 × 30		香港 蘇富比藝品拍賣公司/拍賣目錄 1984,11,21.	
菊石圖	軸	紙	設色	145.4 × 38		紐約 蘇富比藝品拍賣公司/拍賣目錄 1984,12,05.	
仿石濤山水圖	軸	紙	水墨	132.7 × 37	乙卯（民國四年，1915）正月	紐約 蘇富比藝品拍賣公司/拍賣目錄 1985,06,03.	
仿李鱓花果圖	軸	紙	設色	150.5 × 82	戊午（民國七年，1918）四月	紐約 蘇富比藝品拍賣公司/拍賣目錄 1985,06,03.	
葫蘆圖	軸	紙	設色	122 × 48.3		紐約 蘇富比藝品拍賣公司/拍賣目錄 1985,06,03.	
牡丹圖	軸	紙	設色	135.9 × 65.8	戊午（民國七年，1918）花朝	香港 蘇富比藝品拍賣公司/拍賣目錄 1986,05,22.	
多子圖	軸	紙	設色	93 × 40	乙丑（民國十四年，1925）春仲	香港 蘇富比藝品拍賣公司/拍賣目錄 1986,05,22.	
觀瀑圖	軸	紙	水墨	129 × 61.5	乙卯（民國四年，1915）秋	紐約 佳仕得藝品拍賣公司/拍賣目錄 1986,06,04.	
東籬秋色圖	軸	紙	設色	122 × 54.6	乙卯（民國四年，1915）秋杪	香港 佳仕得藝品拍賣公司/拍賣目錄 1987,01,12.	

名稱	形式	質地	色彩	尺寸 高×寬cm	創作時間	收藏處所	典藏號碼
山水圖	軸	紙	水墨	145.5 × 59.7	光緒己亥（二十五年，1899）孟夏	香港 佳仕得藝品拍賣公司/拍賣目錄 1987.01.12.	
牡丹圖	軸	紙	設色	141 × 60	丁巳（民國六年，1917）端午後數日	香港 佳仕得藝品拍賣公司/拍賣目錄 1987,01,12.	
梅月圖	軸	紙	設色	137.8 × 68.6	光緒癸卯（二十九年，1903）花朝後二日	香港 佳仕得藝品拍賣公司/拍賣目錄 1987,01,12.	
墨梅圖	軸	紙	水墨	34 × 35.5	丙辰（民國四年，1916）春	香港 佳仕得藝品拍賣公司/拍賣目錄 1987,01,12.	
歲朝清供圖	軸	紙	設色	147.3 × 79.4	壬子（民國元年，1912）歲寒	紐約 佳士得藝品拍賣公司/拍賣目錄 1987,06,03.	
盆花蓮藕圖	軸	紙	設色	140 × 39		紐約 佳士得藝品拍賣公司/拍賣目錄 1987,06,03.	
菊石圖	軸	紙	設色	135.8 × 66.3		紐約 佳士得藝品拍賣公司/拍賣目錄 1987,12,11.	
松柏圖	軸	紙	設色	133.3 × 63.5	乙未（光緒二十一年，1895）五月初	紐約 佳士得藝品拍賣公司/拍賣目錄 1987,12,11.	
歲朝清供圖	軸	紙	設色	69 × 63.5	甲辰（光緒二十年，1904）歲	香港 佳士得藝品拍賣公司/拍賣目錄 1988,01,18.	
墨梅圖	軸	紙	水墨	132.5 × 44	乙未（光緒二十一年，1895）夏	香港 佳士得藝品拍賣公司/拍賣目錄 1988,01,18.,	
墨竹圖	軸	紙	水墨	132.5 × 44	乙未（光緒二十一年，1895）夏	香港 佳士得藝品拍賣公司/拍賣目錄 1988.01.18	
湖石牡丹圖	軸	紙	設色	179 × 46.8		香港 佳士得藝品拍賣公司/拍賣目錄 1988,01,18.	
荷花圖	軸	紙	設色	143 × 48	丙辰（民國十五年，1926）八月	香港 佳士得藝品拍賣公司/拍賣目錄 1988,01,18.	
梅石圖	軸	紙	設色	158.2 × 28.6	戊申（光緒三十四年，1908）十月	香港 佳士得藝品拍賣公司/拍賣目錄 1989,01,16.	
葫蘆圖	軸	紙	設色	141 × 34.9	光緒戊申（三十四年，1908）	香港 佳士得藝品拍賣公司/拍賣目錄 1989,01,16.	
墨竹圖	軸	紙	水墨	133.4 × 48.8		香港 佳士得藝品拍賣公司/拍賣目錄 1989,01,16.	
荷葉蓮藕圖	軸	紙	設色	70.5 × 35.5		香港 佳士得藝品拍賣公司/拍	

名稱	形式	質地	色彩	尺寸 高×寬cm	創作時間	收藏處所	典藏號碼
石壁蒼松圖	軸	紙	設色	136 × 41		香港 佳士得藝品拍賣公司/拍賣目錄 1989,01,16.	
荔枝圖	軸	紙	設色	132.7 × 41.3	乙卯（民國四年，1915）嘉平	香港 佳士得藝品拍賣公司/拍賣目錄 1989,01,16.	
葫蘆圖	軸	紙	設色	108 × 47.5	甲寅（民國三年，1914）元宵	香港 佳士得藝品拍賣公司/拍賣目錄 1989,09,25.	
紅梅圖	軸	紙	設色	150 × 40.5	辛酉（民國十年，1921）冬十一月朔	香港 佳士得藝品拍賣公司/拍賣目錄 1989,09,25.	
牡丹奇石圖	軸	紙	設色	150 × 40.7	乙卯（民國四年，1915）秋日	香港 佳士得藝品拍賣公司/拍賣目錄 1989,09,25.	
香風圖（紫藤）	橫幅	紙	設色	34.3 × 69	丙寅（民國十五年，1926）春	香港 佳士得藝品拍賣公司/拍賣目錄 1989,09,25.	
枇杷圖	軸	紙	設色	82.6 × 57.2	癸亥（民國十二年，1923）冬	香港 佳士得藝品拍賣公司/拍賣目錄 1989,09,25.	
墨梅圖	軸	紙	水墨	152.5 × 68	乙丑（民國十四年，1925）八月朔	香港 佳士得藝品拍賣公司/拍賣目錄 1989,09,25.	
紅蓮圖	軸	紙	設色	130 × 39		紐約 佳士得藝品拍賣公司/拍賣目錄 1989,12,04.	
谿山佳處圖	軸	紙	設色	137 × 34	甲子（民國十三年，1924）冬仲	香港 佳士得藝品拍賣公司/拍賣目錄 1990,03,19.	
青松圖	軸	紙	設色	135.5 × 49	甲辰（光緒三十年，1904）三月	香港 佳士得藝品拍賣公司/拍賣目錄 1990,03,19.	
紅梅圖	軸	紙	設色	132 × 48	乙巳（光緒三十一年，1905）十一月之吉	香港 佳士得藝品拍賣公司/拍賣目錄 1990,03,19.	
酒甕梅花圖	軸	紙	水墨	115 × 30.5	壬子（民國元年，1912）秋	香港 佳士得藝品拍賣公司/拍賣目錄 1990,03,19.	
蘆荻荷花圖	軸	紙	水墨	148 × 78	丁卯（民國十六年，1927）秋孟之月	香港 佳士得藝品拍賣公司/拍賣目錄 1990,03,19.	
蘆蓼秋石圖	軸	紙	設色	145 × 40.5	癸亥（民國十二年，1923）六月六日	香港 佳士得藝品拍賣公司/拍賣目錄 1990,03,19.	
天竺磐石圖	軸	紙	設色	183.7 × 94	甲寅（民國三年，1914）七月	香港 佳士得藝品拍賣公司/拍賣目錄 1990,03,19.	

名稱	形式	質地	色彩	尺寸 高x寬cm	創作時間	收藏處所	典藏號碼
菊花葫蘆圖	軸	紙	設色	150.5 × 82		香港 佳士得藝品拍賣公司/拍賣目錄 1990,03,19.	
葡萄圖	軸	紙	設色	141 × 34.5	甲子（民國十三年，1924）十二月	香港 佳士得藝品拍賣公司/拍賣目錄 1990,03,19.	
紅梅圖	軸	紙	設色	95.3 × 41.3	丙寅（民國十五年，1926）春仲	香港 佳士得藝品拍賣公司/拍賣目錄 1990,03,19.	
桃花圖	軸	紙	設色	137 × 33		香港 佳士得藝品拍賣公司/拍賣目錄 1990,03,19.	
菊石圖	軸	紙	設色	135 × 67	壬子（民國元年，1912）初秋	香港 佳士得藝品拍賣公司/拍賣目錄 1990,03,19.	
荷花圖	軸	紙	設色	135 × 66	乙卯（民國四年，1915）冬	香港 佳士得藝品拍賣公司/拍賣目錄 1990. 03,19.	
枇杷圖	軸	紙	設色	167 × 48		香港 佳士得藝品拍賣公司/拍賣目錄 1990,03,19.	
枇杷圖	軸	紙	設色	118 × 39	乙卯（民國四年，1915）夏	香港 佳士得藝品拍賣公司/拍賣目錄 1990,03,19.	
松雲覓句圖	軸	紙	水墨	104.7 × 54.6	乙卯（民國四年，1915）孟冬	香港 佳士得藝品拍賣公司/拍賣目錄 1990,03,19.	
秋亭讀易圖	軸	紙	水墨	151 × 53.5	甲寅（民國三年，1914）秋九月	香港 佳士得藝品拍賣公司/拍賣目錄 1990,10,07.	
策杖歸橋	軸	紙	水墨	136 × 67.5	癸丑（民國二年，1913）秋九月	香港 佳士得藝品拍賣公司/拍賣目錄 1990,10,07.	
牡丹湖石圖	軸	紙	設色	180 × 46.5		香港 佳士得藝品拍賣公司/拍賣目錄 1990,10,07.	
紫藤圖	軸	紙	設色	138.5 × 34.2	丙辰（民國五年，1916）秋	香港 佳士得藝品拍賣公司/拍賣目錄 1990,10,07.	
清風圖	軸	紙	水墨	149 × 41	辛酉（民國十年，1921）九月	香港 佳士得藝品拍賣公司/拍賣目錄 1990,10,07.	
三壽圖	軸	紙	設色	103.5 × 40	甲寅（民國三年，1914）秋	香港 佳士得藝品拍賣公司/拍賣目錄 1990,10,07.	
梔子、南瓜圖（2幅）	軸	紙	設色	（每幅）31 × 46		香港 佳士得藝品拍賣公司/拍賣目錄 1990,10,07.	
杏花春雨江南圖	軸	紙	設色	135 × 32.5	丁巳（民國六年，1917）春二月	香港 佳士得藝品拍賣公司/拍賣目錄 1990,10,07.	

名稱	形式	質地	色彩	尺寸 高×寬㎝	創作時間	收藏處所	典藏號碼
玉蘭牡丹圖	軸	紙	設色	178 × 95	丁巳（民國六年，1917）秋杪	香港 佳士得藝品拍賣公司/拍賣目錄1990,10,07.	
博古菊花圖	軸	紙	設色	133.5 × 64	丙辰（民國五年，1916）春	紐約 佳士得藝品拍賣公司/拍賣目錄1990,11,28.	
梅花圖	軸	紙	水墨	135 × 33	己未（民國八年，1919）孟夏	紐約 佳士得藝品拍賣公司/拍賣目錄1990,11,28.	
古木幽篁圖	軸	紙	設色	124 × 43.5	乙卯（民國四年，1915）冬十月	香港 佳士得藝品拍賣公司/拍賣目錄1991,03,18.	
前世圖	軸	紙	水墨	243.5 × 61		香港 佳士得藝品拍賣公司/拍賣目錄1991,03,18.	
玉蘭花圖	軸	紙	水墨	153 × 41	丁巳（民國六年，1917）四月	香港 佳士得藝品拍賣公司/拍賣目錄1991,03,18.	
荷花圖	軸	紙	水墨	243.5 × 61		香港 佳士得藝品拍賣公司/拍賣目錄1991,03,18.	
竹石圖	軸	紙	設色	136 × 66	戊午（民國七年，1918）十有一月朔	香港 佳士得藝品拍賣公司/拍賣目錄1991,03,18.	
紅梅圖	軸	紙	設色	101.5 × 47.5	甲子（民國十三年，1924）夏仲	香港 佳士得藝品拍賣公司/拍賣目錄1991,03,18.	
菊石雁來紅圖	軸	紙	設色	138 × 33.2	乙卯（民國四年，1915）秋杪	香港 佳士得藝品拍賣公司/拍賣目錄1991,03,18.	
牡丹富貴圖	軸	紙	設色	146.5 × 79.5	丁巳（民國六年，1917）清明	香港 佳士得藝品拍賣公司/拍賣目錄1991,03,18.	
雲山圖	軸	紙	設色	143 × 38.2	甲寅（民國三年，1914）七月	香港 佳士得藝品拍賣公司/拍賣目錄1991,03,18.	
菊石圖	軸	紙	設色	151.8 × 82	丙辰（民國五年，1916）九秋	香港 佳士得藝品拍賣公司/拍賣目錄1991,03,18.	
富貴神仙圖	軸	紙	設色	145.5 × 41	丙寅（民國十五年，1926）秋九月	香港 佳士得藝品拍賣公司/拍賣目錄1991,03,18.	
墨竹圖	軸	紙	水墨	135 × 68	己未（民國八年，1919）大寒節	香港 佳士得藝品拍賣公司/拍賣目錄1991,03,18.	
菊石圖	軸ˋ	紙	水墨	135 × 68	己未（民國八年，1919）十有一月	香港 佳士得藝品拍賣公司/拍賣目錄1991,03,18.	
山水圖	軸	綾	水墨	131 × 41	甲寅（民國三年，1914）一月	香港 佳士得藝品拍賣公司/拍賣目錄1991,03,18.	

名稱	形式	質地	色彩	尺寸 高×寬cm	創作時間	收藏處所	典藏號碼
壽桃圖	軸	紙	設色	106 × 41	癸亥（民國十二年，1923）中秋節	香港 佳士得藝品拍賣公司/拍賣目錄1991,03,18.	
竹林五賢圖	軸	絹	水墨	131.5 × 54	甲寅（民國三年，1914）冬仲	香港 佳士得藝品拍賣公司/拍賣目錄1991,03,18.	
赤城霞	軸	紙	設色	99.2 × 41.5	乙卯（民國四年，1915）春	香港 佳士得藝品拍賣公司/拍賣目錄1991,03,30.	
蠟梅、水仙、天竺圖	軸	紙	設色	184.3 × 97.5	癸亥（民國十二年，1923）初冬	香港 佳士得藝品拍賣公司/拍賣目錄1991,03,30.	
牡丹湖石圖	軸	紙	設色	150.5 × 81.5	己未（民國八年，1919）孟秋之月	香港 佳士得藝品拍賣公司/拍賣目錄1991,03,30.	
風竹圖	軸	紙	水墨	132.5 × 41	乙卯（民國四年，1915）春莫	香港 佳士得藝品拍賣公司/拍賣目錄1991,03,30.	
竹石圖	軸	紙	水墨	139 × 68	丙辰（民國五年，1916）秋仲	香港 佳士得藝品拍賣公司/拍賣目錄1991,03,30.	
枇杷荷葉圖	小軸	紙	設色	28 × 34.5		香港 佳士得藝品拍賣公司/拍賣目錄1991,03,30.	
紫藤圖	軸	紙	設色	141.5 × 45	七十七歲（民國九年，庚申，1920）	香港 佳士得藝品拍賣公司/拍賣目錄1991,03,30.	
壽桃圖	軸	紙	設色	160 × 40.5	光緒戊申（三十四年，1908）初春之吉	香港 佳士得藝品拍賣公司/拍賣目錄1991,03,30.	
無量壽佛圖	軸	紙	設色	82 × 42.5	光緒壬寅（二十八年，1902）九秋	香港 佳士得藝品拍賣公司/拍賣目錄1991,03,30.	
歲朝圖	軸	紙	設色	135 × 66.5	甲寅（民國三年，1914）二月	香港 佳士得藝品拍賣公司/拍賣目錄1991,03,30.	
芍藥圖	軸	紙	設色	134 × 66	壬子（民國元年，1912）新秋	香港 佳士得藝品拍賣公司/拍賣目錄1991,03,30.	
葡萄圖	軸	紙	水墨	132 × 33	辛酉（民國十年，1921）春	紐約 佳士得藝品拍賣公司/拍賣目錄1991,05,29.	
柳塘人家圖	軸	紙	水墨	136.5 × 37.2		紐約 佳士得藝品拍賣公司/拍賣目錄1991,11,25.	
菜根圖	軸	紙	設色	128.1 × 32.5	乙卯（民國四年，1915）大雪	紐約 佳士得藝品拍賣公司/拍賣目錄1991,11,25.	
枇杷圖	軸	紙	設色	175.2 × 49		香港 佳士得藝品拍賣公司/拍	

名稱	形式	質地	色彩	尺寸 高×寬cm	創作時間	收藏處所	典藏號碼
紅梅圖	軸`	紙	設色	137 × 53	辛酉（民國十年，1921）良月	香港 佳士得藝品拍賣公司/拍賣目錄 1992,03,30.	
菊石圖	軸	紙	設色	136.8 × 68	戊午（民國七年，1918）孟陬月	香港 佳士得藝品拍賣公司/拍賣目錄 1992,03,30.	
梅花圖	軸	紙	水墨	150 × 68	乙丑（民國十四年，1925）八月朔	香港 佳士得藝品拍賣公司/拍賣目錄 1992,03,30.	
牡丹花石圖	軸	紙	設色	142.3 × 78.4	庚子（光緒二十六年，1900）四月	香港 佳士得藝品拍賣公司/拍賣目錄 1992,03,30.	
紫芝圖	軸	紙	設色	87.5 × 24.5	甲子（民國十三年，1924）長夏	紐約 佳士得藝品拍賣公司/拍賣目錄 1992,06,02.	
紅梅圖	軸	紙	設色	101.2 × 48	甲子（民國十三年，1924）夏仲	香港 佳士得藝品拍賣公司/拍賣目錄 1992,09,28.	
盧橘夏熱圖	軸	紙	設色	139 × 66.8	乙巳（光緒三十一年，1905）霜降	香港 佳士得藝品拍賣公司/拍賣目錄 1992,09,28.	
春艷圖	軸	紙	設色	144.5 × 44.4	丙寅（民國十五年，1926）秋杪	香港 佳士得藝品拍賣公司/拍賣目錄 1992,09,28.	
仙桃圖	軸	紙	設色	177.7 × 96.8	乙卯（民國四年，1915）春莫	香港 佳士得藝品拍賣公司/拍賣目錄 1992,09,28.	
仿石濤紅荷圖	軸	紙	設色	122.4 × 41.2	丁未（光緒三十三年，1907）春	香港 佳士得藝品拍賣公司/拍賣目錄 1992,09,28.	
紅綠梅花圖	橫幅	紙	設色	63.5 × 127.5	甲寅（民國三年，1914）元宵	香港 佳士得藝品拍賣公司/拍賣目錄 1992,09,28.	
拒霜圖	軸	紙	設色	153.5 × 41		香港 佳士得藝品拍賣公司/拍賣目錄 1993,03,22.	
紫藤圖	軸	紙	設色	140 × 34	丁卯（民國十六年，1927）九秋	香港 佳士得藝品拍賣公司/拍賣目錄 1993,03,22.	
仿米山水圖	軸	紙	水墨	137.3 × 34.2	癸丑（民國二年，1913）夏仲	香港 佳士得藝品拍賣公司/拍賣目錄 1993,10,24.	
多子圖	軸	紙	設色	92.2 × 40	乙丑（民國十四年，1925）春仲	香港 佳士得藝品拍賣公司/拍賣目錄 1993,10,24.	
桃花圖	軸	紙	設色	136.3 × 66.8	庚申（民國九年，1920）春	香港 佳士得藝品拍賣公司/拍賣目錄 1993,10,24.	
梅石圖	軸	紙	設色	101 × 47.8	甲子（民國十三年	紐約 佳士得藝品拍賣公司/拍	

名稱	形式	質地	色彩	尺寸 高x寬cm	創作時間	收藏處所	典藏號碼
					，1924）夏仲	賣目錄 1993,12,01.	
盧橘初熟圖	軸	紙	設色	138.4 × 66.8	乙巳（光緒三十一年，1905）降霜	紐約 佳士得藝品拍賣公司/拍賣目錄 1993,12,01.	
紅梅圖	軸	紙	設色	137.8 × 41.2	丁巳（民國六年，1917）仲夏	紐約 佳士得藝品拍賣公司/拍賣目錄 1994,06,01.	
梅花圖	橫幅	絹	設色	26.2 × 35	乙巳（光緒三十一年，1905）初冬	香港 佳士得藝品拍賣公司/拍賣目錄 1994,10,30.	
葡萄圖	軸	紙	水墨	114.5 × 54.5		香港 佳士得藝品拍賣公司/拍賣目錄 1994,10,30.	
三色牡丹圖	軸	紙	設色	150 × 40	庚戌（宣統二年，1910）冬仲	香港 佳士得藝品拍賣公司/拍賣目錄 1994,10,30.	
玉堂富貴圖	軸	紙	設色	177 × 95	戊午（民國七年，1918）十有二月	香港 佳士得藝品拍賣公司/拍賣目錄 1994,10,30.	
達摩大師圖	軸	紙	設色	40 × 39.4	丁未（光緒三十三年，1907）暮春	紐約 佳士得藝品拍賣公司/拍賣目錄 1994,10,30.	
四鳥語石圖（吳昌碩、王震合作）	軸	紙	設色	112.5 × 38	丙寅（民國十五年，1926）三月	紐約 佳士得藝品拍賣公司/拍賣目錄 1995,03,22.	
牡丹玉蘭圖	軸	紙	設色	104.5 × 39.5		香港 佳士得藝品拍賣公司/拍賣目錄 1994,10,30.	
竹石圖	軸	紙	水墨	148.5 × 41	甲寅（民國三年，1914）歲十一月	紐約 佳士得藝品拍賣公司/拍賣目錄 1995,04,30.	
墨竹圖	軸	紙	水墨	133.4 × 48.8		紐約 佳士得藝品拍賣公司/拍賣目錄 1995,04,30.	
紫藤圖	軸	紙	設色	153 × 42	乙卯（民國四年，1915）涼秋	香港 佳士得藝品拍賣公司/拍賣目錄 1995,04,30.	
葫蘆圖	軸	紙	設色	141 × 34.9	光緒戊申（三十四年，1908）	紐約 佳士得藝品拍賣公司/拍賣目錄 1995,04,30.	
枇杷圖	軸	紙	設色	116 × 55	癸亥（民國十二年，1923）冬	紐約 佳士得藝品拍賣公司/拍賣目錄 1995,04,30.	
芝石蒼松圖	軸	紙	設色	147.3 × 81	戊戌（光緒二十四年，1898）涼秋	紐約 佳士得藝品拍賣公司/拍賣目錄 1995,04,30.	
芍藥圖	軸	紙	設色	107 × 50	己未（民國八年，1919）夏七月	紐約 佳士得藝品拍賣公司/拍賣目錄 1995,04,30.	
松下人物（吳昌碩、王震合	軸	絹	水墨	96.5 × 43.2	癸亥（民國十二年	紐約 佳士得藝品拍賣公司/拍	

名稱	形式	質地	色彩	尺寸 高×寬cm	創作時間	收藏處所	典藏號碼
作）					，1923）小暑節	賣目錄 1995,09,19.	
山水圖	軸	綾	水墨	133 × 42	甲寅（民國三年，1914）十有一月	香港 佳士得藝品拍賣公司/拍賣目錄 1995,10,29.	
紫藤圖	軸	紙	設色	107 × 39	癸亥（民國十二年，1923）冬	香港 佳士得藝品拍賣公司/拍賣目錄 1995,10,29.	
四時花木圖（4幅）	軸	紙	水墨、設色	（每幅）151 × 39.5	丙申（光緒二十二年，1896）八月	香港 佳士得藝品拍賣公司/拍賣目錄 1995,10,29.	
紅梅圖	軸	紙	設色	151 × 39	戊午（民國七年，1918）秋	香港 佳士得藝品拍賣公司/拍賣目錄 1995,10,29.	
紫藤圖	軸	紙	設色	135.8 × 33	戊午（民國七年，1918）十有一月	香港 佳士得藝品拍賣公司/拍賣目錄 1995,10,29.	
蔬菊圖	橫幅	紙	設色	41.9 × 96.5	光緒乙巳（三十一年，1905）秋	紐約 佳士得藝品拍賣公司/拍賣目錄 1996,03,27.	
紫藤圖	軸	紙	設色	138.8 × 34.5	丙寅（民國十五年，1926）冬	香港 佳士得藝品拍賣公司/拍賣目錄 1996,04,28.	
梅石圖	軸	紙	水墨	138.5 × 34.7	乙丑（民國十四年，1925）歲暮	香港 佳士得藝品拍賣公司/拍賣目錄 1996,04,28.	
秋菊圖	軸	紙	水墨	75.5 × 41		香港 佳士得藝品拍賣公司/拍賣目錄 1996,04,28.	
墨竹圖	軸	紙	水墨	134.3 × 33.4	壬戌（民國十一年，1922）重九後數日	香港 佳士得藝品拍賣公司/拍賣目錄 1996,04,28.	
菊石圖	軸	紙	設色	135 × 32.5	壬戌（民國十一年，1922）冬	香港 佳士得藝品拍賣公司/拍賣目錄 1996,04,28.	
牡丹圖	軸	紙	設色	152.8 × 33.2	丙寅（民國十五年，1926）十有一月	香港 佳士得藝品拍賣公司/拍賣目錄 1996,04,28.	
菊石圖	軸	紙	設色	153.6 × 83	丁巳（民國六年，1917）二月	香港 佳士得藝品拍賣公司/拍賣目錄 1996,04,28.	
柳樹人家圖	軸	紙	水墨	136.5 × 37.2	辛酉（民國十年，1921）暮春	紐約 佳士得藝品拍賣公司/拍賣目錄 1996,09,18.	
荷花圖	軸	紙	設色	138.5 × 69.3	己酉（宣統元年，1909）歲寒	香港 佳士得藝品拍賣公司/拍賣目錄 1996,11,03.	
墨荷圖	軸	紙	水墨	94.5 × 45.8	戊午（民國七年，1918）春	香港 佳士得藝品拍賣公司/拍賣目錄 1996,11,03.	
歲寒三友圖	軸	紙	水墨	129.5 × 51.1	癸亥（民國十二年	香港 佳士得藝品拍賣公司/拍	

名稱	形式	質地	色彩	尺寸 高×寬㎝	創作時間	收藏處所	典藏號碼
					，1923）夏	賣目錄 1996,11,03.	
竹面圖	橫幅	紙	水墨	66.5 × 134.5	丁巳（民國六年，1917）長至節	香港 佳士得藝品拍賣公司/拍賣目錄 1996,11,03.	
暗香浮動圖	軸	紙	設色	137 × 68.5	光緒癸卯（二十九年，1903）花朝後二日	香港 佳士得藝品拍賣公司/拍賣目錄 1996,11,03.	
墨梅圖	軸	紙	水墨	176.5 × 39.3	壬辰（光緒十八年，1892）花朝	紐約 佳士得藝品拍賣公司/拍賣目錄 1997,09,19.	
秋色爛遍（菊石雁來紅）	軸	紙	設色	131 × 40	乙丑（民國十四年，1925）冬	紐約 佳士得藝品拍賣公司/拍賣目錄 1997,09,19.	
花石圖	軸	紙	設色	116.5 × 48.5	戊午（民國七年，1918）秋	紐約 佳士得藝品拍賣公司/拍賣目錄 1997,09,19.	
花卉圖（4幅）	軸	紙	設色	（每幅）180 × 34.5	丙辰（民國五年，1916）秋八月	香港 佳士得藝品拍賣公司/拍賣目錄 1998,04,26.	
紫藤圖	軸	紙	設色	152 × 41	甲子（民國十三年，1924）孟春	香港 佳士得藝品拍賣公司/拍賣目錄 1998,04,26.	
臨江讀書圖	軸	紙	設色	125 × 65.5		香港 佳士得藝品拍賣公司/拍賣目錄 1998,09,15.	
杏花春雨江南圖	軸	紙	設色	152.4 × 39.4		香港 佳士得藝品拍賣公司/拍賣目錄 1998,09,15.	
紫藤圖	軸	紙	設色	142 × 38		香港 佳士得藝品拍賣公司/拍賣目錄 1998,11,02.	
乾坤清氣（荷花蘆荻圖）	軸	紙	設色	103 × 40.5		香港 佳士得藝品拍賣公司/拍賣目錄 1998,11,02.	
墨梅蔬菜圖	軸	紙	設色	124 × 52	乙卯（民國四年，1915）孟冬之月	香港 佳士得藝品拍賣公司/拍賣目錄 1998.11.02	
美意延年圖	軸	紙	水墨	137 × 41	戊午（民國七年，1918）二月既望	香港 佳士得藝品拍賣公司/拍賣目錄 1998,11,02.	
寒山拾得圖	軸	紙	水墨	138.4 × 41.2	己未（民國八年，1919）二月二日	香港 蘇富比藝品拍賣公司/拍賣目錄 1999,10,31.	
竹盆幽蘭圖	軸	紙	水墨	148 × 39.8	丁酉（光緒二十三年，1897）十一月	香港 佳士得藝品拍賣公司/拍賣目錄 2001,04,29.	
菊花圖	摺扇面	紙	設色	不詳		無錫 無錫市文物商店	
葫蘆圖	摺扇面	灑金箋	設色	18.5 × 51		紐約 佳仕得藝品拍賣公司/拍	

名稱	形式	質地	色彩	尺寸 高×寬cm	創作時間	收藏處所	典藏號碼
菊石圖	摺扇面	紙	設色	18.6 × 48.3		香港 佳仕得藝品拍賣公司/拍賣目錄 1986,06,04.	
梅花圖	摺扇面	紙	水墨	16.8 × 50.8		紐約 佳士得藝品拍賣公司/拍賣目錄 1987,01,12.	
荷花圖	摺扇面	紙	設色	19 × 52		紐約 佳士得藝品拍賣公司/拍賣目錄 1987,12,11.	
白菜蘿蔔	摺扇面	紙	設色	17.7 × 49.5		香港 佳士得藝品拍賣公司/拍賣目錄 1988,06,02.	
花果圖（12幀）	冊	紙	水墨	（每幀）28 × 34.5	乙卯（民國四年，1915）夏	香港 佳士得藝品拍賣公司/拍賣目錄 1989,01,16.	
花卉圖（4幀）	冊頁	紙	設色	（每幀）31.5 × 38	乙卯（民國四年，1915）孟夏	香港 佳士得藝品拍賣公司/拍賣目錄 1990,03,19.	
香草園蔬圖	摺扇面	紙	設色	19 × 55.5		香港 佳士得藝品拍賣公司/拍賣目錄 1990,10,07.	
菊花圖	摺扇面	紙	設色	18.5 × 50.5		香港 佳士得藝品拍賣公司/拍賣目錄 1992,03,30.	
梅花圖	摺扇面	紙	設色	18 × 51	庚申（民國九年，1920）秋	香港 佳士得藝品拍賣公司/拍賣目錄 1992,03,30.	
花卉圖（8幀）	冊	紙	水墨、設色	（每幀）25 × 37.5	庚戌（宣統二年，1910）秋日	香港 佳士得藝品拍賣公司/拍賣目錄 1992,03,30.	
葫蘆圖	摺扇面	紙	設色	17.8 × 50.8	辛酉（民國十年，1921）良月	紐約 佳士得藝品拍賣公司/拍賣目錄 1993,03,22.	
牡丹圖	摺扇面	紙	設色	19.7 × 54.5	辛酉（民國十年，1921）初冬	香港 佳士得藝品拍賣公司/拍賣目錄 1995,03,22.	
鐵網珊瑚圖	摺扇面	紙	設色	18 × 50.8	甲子（民國十三年，1924）之暑	香港 佳士得藝品拍賣公司/拍賣目錄 1995,04,30.	
山水圖	摺扇面	紙	水墨	18 × 56	辛酉（民國十年，1921）五月梅雨初晴	紐約 佳士得藝品拍賣公司/拍賣目錄 1995,10,29.	
葡萄圖	摺扇面	灑金箋	設色	18.5 × 53		香港 佳士得藝品拍賣公司/拍賣目錄 1998,09,15.	
						賣目錄 1998,11,02.	

畫家小傳：吳昌碩。初名俊，字倉石，一字昌碩。後以字行，改字俊卿。號缶廬、苦鐵等。浙江安吉人，寓居上海。生於宣宗道光二十四（1844）年。卒於民國十六（1927）年。能詩，善金石、書、畫。擅畫花卉、竹石、山水、佛像，能以金石、大篆用筆入畫，筆墨蒼勁簡老，雄渾沉鬱，氣勢磅礡。蜚聲海內外，為海上畫派之健將。（見寒松閣談藝瑣錄、韜養齋筆記、中國畫家人名大辭典）

名稱	形式	質地	色彩	尺寸 高×寬cm	創作時間	收藏處所	典藏號碼

顧魯望

雲庵像	軸	絹	設色	不詳	己巳（？同治八年，1869）	北京 故宮博物院	

畫家小傳：顧魯望。畫史無載。流傳署款作品紀年疑為穆宗同治八（1869）年。身世待考。

李應斗

花卉圖	卷	絹	設色	不詳	己巳（？同治八年，1869）	北京 故宮博物院	
松下獨坐圖	軸	絹	設色	157.9 × 92.3		上海 上海博物館	

畫家小傳：李應斗。畫史無載。流傳署款作品紀年疑為穆宗同治八（1869）年。身世待考。

毛祥麟

水亭晤棋圖	軸	紙	設色	不詳	己巳（同治八年，1869）秋日	南京 南京博物院	

畫家小傳：毛祥麟。字端文。號對山。江蘇上海人。以醫知名。工詩文。精繪事，山水學文徵明。著有對山三話行世。流傳署款紀年作品見於同治八（1869）年。（見海上墨林、中國畫家人名大辭典）

汪言

遠山疏樹圖	軸	絹	設色	不詳	己巳（？同治八年，1869）	南京 南京博物院	

畫家小傳：汪言。畫史無載。流傳署款作品紀年疑為穆宗同治八（1869）年。身世待考。

蔡□翰

山水圖（8幀）	冊	絹	設色	不詳	庚午（？穆宗同治九年，1870）	北京 故宮博物院	

畫家小傳：蔡□翰。名不詳。流傳署款作品紀年疑為穆宗同治八（1869）年。身世待考。

陳汝文

冬景山水（雪江艤舟）	軸	絹	水墨	121.9 × 66.7		日本 李出精先生	
古木短篷圖	軸	絹	設色	122.1 × 66.6		日本 私人	

畫家小傳：陳汝文。字花城。四川武勝人。穆宗同治（1862-1874）間拔貢。為人有膽膽略。工書法。（見益州書畫錄續編、中國畫家人名大辭典）

陳亦樵

名稱	形式	質地	色彩	尺寸 高×寬cm	創作時間	收藏處所	典藏號碼

野菊山鵲圖　　　　　　　　軸　　紙　　水墨　　123 × 32　　　　　　　　　　埔里 蕭再火先生

畫家小傳：陳亦樵。名維樞。號雲崖。台灣彰化人。生於宣宗道光二十五(1845)年。卒於德宗光緒十七(1891)年。為庠生。精習詩書之
　　　餘，兼事繪畫。善畫花鳥，習謝琯樵畫法。(見台灣鄉土文物淺說)

吳 衡

山水（另面李雲篆書）　　　摺扇面 紙　　設色　　不詳　　　　　　　　　台北 故宮博物院　　　國贈 025027

畫家小傳：吳衡。字澗秋。石門人。吳滔長子。生約宣宗道光二十五（1845）年，卒不詳。克承家學，工畫山水。(見寒松閣談藝瑣錄、
　　　海上墨林、中國畫家人名大辭典)

吳 玫

花卉圖　　　　　　　　　　摺扇面 紙　　設色　　不詳　　庚午（同治九年，　北京 故宮博物院
　　　　　　　　　　　　　　　　　　　　　　　　　　，1870）夏日

花卉圖（8幀）　　　　　　　冊　　紙　　設色　　不詳　　　　　　　　　北京 故宮博物院

畫家小傳：吳玫。字問石。號琴兮。江蘇江寧人，流寓上海。工畫山水，規摹龔賢、張風；畫花卉，仿明陳淳。咸豐時，避亂寓滬，以
　　　賣畫為生。流傳署款紀年作品見於穆宗同治九(1870)年。(見海上墨林、中國畫家人名大辭典)

羅 清

風竹圖　　　　　　　　　　軸　　絹　　水墨　　不詳　　　　　　　　　南通 江蘇省南通博物苑

指畫蘭竹石圖（羅清、克勤合　軸　　絹　　水墨　　不詳　　庚午（同治九年，　廣州 廣州市美術館
作）　　　　　　　　　　　　　　　　　　　　　　　　　1870）

四君子圖　　　　　　　　　軸　　黃箋　水墨　　111.5 × 30.4　　　　　　日本 大阪市立美術館

指畫修竹圖（為道之大人作）　軸　　絹　　水墨　　131 × 37　　庚午（同治九年，　日本 大阪橋本大乙先生
　　　　　　　　　　　　　　　　　　　　　　　　　　1870）

指畫墨竹圖　　　　　　　　軸　　紙　　水墨　　177.8 × 46.7　　　　　　日本 大阪橋本大乙先生

指畫牡丹圖　　　　　　　　摺扇面 紙　　水墨　　18 × 50.9　　　　　　　日本 東京藝術大學美術館　　500

指頭畫竹圖　　　　　　　　摺扇面 紙　　水墨　　13.9 × 46.2　　　　　　日本 福岡縣石道雄先生　　90

附：

風竹圖　　　　　　　　　　軸　　絹　　水墨　　175.3 × 44.8　　　　　　紐約 蘇富比藝品拍賣公司/拍
　　　　　　　　　　　　　　　　　　　　　　　　　　　　　　　　　賣目錄 1987,12,08.

指畫牡丹靂石圖　　　　　　軸　　絹　　水墨　　121.9 × 53.1　　　　　　紐約 蘇富比藝品拍賣公司/拍
　　　　　　　　　　　　　　　　　　　　　　　　　　　　　　　　　賣目錄 1988,11,30.

牡丹花石圖　　　　　　　　軸　　絹　　水墨　　120.5 × 57　　　　　　　紐約 佳士得藝品拍賣公司/拍

名稱	形式	質地	色彩	尺寸 高x寬cm	創作時間	收藏處所	典藏號碼

賣目錄 1990,05,31.

畫家小傳：羅清。字雪谷。號廷晴。廣東番禺人。自號羅浮山人、雪谷山人。工指頭畫，所作蘭、竹，雨染煙烘，頗得秀潤之致；亦擅筆繪山水，筆墨能得吳岡靈空靜逸之趣。穆宗同治中，棄家往遊日本。流傳署款紀年作品見於同治九(1870)年。（見嶺南畫徵略、韜養齋筆記、留庵隨筆、中國畫家人名大辭典）

謝元傑

| 仕女圖 | 軸 | 絹 | 設色 | 不詳 | | 南通 江蘇省南通博物苑 | |

畫家小傳：謝元傑。畫史無載。身世待考。

克 勤

| 指畫蘭竹石圖（羅清、克勤合作） | 軸 | 絹 | 水墨 | 不詳 | 庚午（同治九年，1870） | 廣州 廣州市美術館 | |

畫家小傳：克勤。畫史無載。與羅清同時。流傳署款紀年作品見於同治九(1870)年。身世待考。

華 鼇

| 鍾馗仰福圖 | 軸 | 紙 | 設色 | 不詳 | 同治庚午（九年，1870）午月五日 | 北京 故宮博物院 | |

畫家小傳：華鼇。字星槎。號跛仙。浙江山陰人。習申韓之學。善寫松樹、山水、花卉，有明陳淳意趣。流傳署款紀年作品見於穆宗同治九(1870)至十二年。（見越中歷代畫人傳、瀋水畫報、中國美術家人名辭典）

林 嘉

| 曉春訪梅圖（擬老蓮筆法） | 軸 | 絹 | 設色 | 139 × 63 | 庚午（同治九年，1870）端陽 | 台北 黃承志先生 | |

畫家小傳：林嘉。字咸甫。號漢仙。福建詔安人。喜繪畫，師事同邑馬兆麟。光緒中葉，曾幕遊至台灣，喜與時彥交，晚年藝益進。作畫有任伯年風格。流傳署款紀年作品見於穆宗同治九(1870)年。（見台灣金石木書畫略）

（釋）雪 舟

山水圖（撫石田法）	軸	紙	水墨	121.2 × 51.5	丙申（光緒二十二年，1896）季冬	日本 東京河井荃廬先生	
秋江平遠圖	軸	紙	水墨	132.1 × 54.5	光緒己丑（十五年，1889）立冬日	日本 東京原田氏仰看齋	
山水圖（12幀）	冊	紙	水墨	不詳	甲申（光緒十年，1884）	天津 天津市藝術博物館	
摹唐解元山水圖	摺扇面	金箋	水墨	不詳	庚午（同治九年，1870）	常熟 江蘇省常熟市文物管理委員會	

名稱	形式	質地	色彩	尺寸 高x寬㎝	創作時間	收藏處所	典藏號碼
南屏話舊圖	摺扇面	紙	水墨	不詳	光緒戊戌（二十四年，1898）	常熟 江蘇省常熟市文物管理委員會	

畫家小傳：雪舟。僧。名際慧。字靜生。法號雪舟。江蘇吳門人。居杭州西湖南屏寺。工畫山水。流傳署款紀年作品見於穆宗同治九
　　　（1870）年至德宗光緒二十四（1898）年。（見寒松閣談藝瑣錄、中國畫家人名大辭典）

紀鉅統

| 花鳥圖（12幀） | 冊 | 絹 | 設色 | （每幀）33.5 x 34.9 | | 美國 印地安那波里斯市藝術博物館 | 76.166.1-12 |

畫家小傳：紀鉅統。畫史無載。惟載有紀鉅維，河北獻縣人，為紀昀五世孫，同治十三（1873）年拔貢，後選授內閣中書。疑此為其兄弟。
　　　（見清畫家詩史、中國美術家人名辭典615頁紀鉅維條）

任　淵

| 山水圖（12幀） | 冊 | 紙 | 設色 | 不詳 | 庚午（？同治九年，1870） | 南京 南京博物院 | |

畫家小傳：任淵。畫史無載。流傳署款作品紀年疑為穆宗同治九（1870）年。身世待考。

夏令儀

| 雲山竹石（4幅） | 軸 | 紙 | 水墨 | （每幅）132 x 31 | | 昆山 崑崙堂美術館 | |

畫家小傳：夏令儀。女。號鹿城女史。畫史無載。惟墨林今話載有夏鳳儀，女，為崑山畫竹名家夏鑾之女，能傳家學，工畫竹。疑即其
　　　人。待考。

黃元璧

| 竹石圖 | 軸 | 紙 | 水墨 | 139 x 68 | | 埔里 蕭再火先生 | |

畫家小傳：黃元璧。初名崑璜（一作其琮、廷琮），字元璧。後以字行。別號鄞江釣者。原籍福建汀州，祖父時遷居台灣彰化。生於宣宗
　　　道光二十六（1846）年。為人通經史，善詩文，工書畫，兼治金石。畫工蘭、竹，以氣見稱。（見台灣金石木書畫略）

張　菀

| 秋景山水圖 | 軸 | 絹 | 設色 | 不詳 | 辛未（？同治十年，1871） | 杭州 浙江省博物館 | |

畫家小傳：張菀。畫史無載。流傳署款作品紀年疑為穆宗同治十（1871）年。身世待考。

趙寶仁

| 十萬圖（10幀） | 冊 | 紙 | 設色 | 不詳 | 同治辛未（十年，1871）夏五 | 南京 南京博物院 | |

名稱	形式	質地	色彩	尺寸 高x寬cm	創作時間	收藏處所	典藏號碼

畫家小傳：趙寶仁。字晉卿。籍里、身世不詳。工畫山水。流傳署款紀年作品見於穆宗同治十(1871)年。（見中國畫學全史附錄、中國美術家人名辭典）

羅岸先

松鷺圖（為學卿作）	軸	絹	設色	不詳	辛未（同治十年， 1871）浴佛日	廣州 廣州市美術館	
惠來海市	摺扇面	金箋	設色	54.5 x ?	丁丑（光緒三年， 1877）	香港 中文大學中國文化研究 所文物館	
山水（4幀）	冊	紙	設色	（每幀）34.6 x 59.5	丁丑（光緒三年， 1877）	香港 聽松書屋	

畫家小傳：羅岸先。字登道。號三峰、野舫。廣東番禺人。能詩，工畫。畫擅山水，仿明文徵明，得其靜秀之致；亦工人物、草蟲。寫地方名勝小冊最精妙。流傳署款紀年作品見於穆宗同治十(1871)年，至德宗光緒三(1877)年。（見竹實桐華館談畫、留庵隨筆、中國美術家人名辭典）

王 緣
附：

| 趙之謙像 | 軸 | 紙 | 設色 | 105.4 x 33.7 | 同治辛未（十年，
1871）秋八月 | 紐約 蘇富比藝品拍賣公司/拍
賣目錄 1985.06.03 | |

畫家小傳：王緣。字馥生。浙江山陰人。為傳真妙手，兼工人物，作品似費丹旭；又畫墨竹，亦佳。流傳署款紀年作品見於穆宗同治十(1871)年。（見越中歷代畫人傳、姜丹書稿、中國美術家人名辭典）

沈梅峰
附：

| 倚松仕女圖 | 軸 | 紙 | 設色 | 119.4 x 38 | 同治辛未（十年，
1871）冬十月 | 紐約 蘇富比藝品拍賣公司/拍
賣目錄 1982,06,04. | |

畫家小傳：沈梅峰。畫史無載。浙江龍巖人。流傳署款紀年作品見於穆宗同治十(1871)年。身世待考。

姜 筠

許渾詩意圖	軸	紙	設色	不詳	丙午（光緒三十二 年，1906）二月	北京 故宮博物院	
唐宋人詩意山水圖（?幀）	冊	紙	設色	不詳	甲午（光緒二十年 ，1894）九月	北京 故宮博物院	
附：							
鳳鶴圖	軸	紙	設色	不詳	癸巳（光緒十九年	上海 朵雲軒	

名稱	形式	質地	色彩	尺寸 高×寬cm	創作時間	收藏處所	典藏號碼
					，1893）		
仿趙大年山水圖	橫幅	紙	設色	42 × 244	光緒乙未（二十一年，1895）	紐約 蘇富比藝品拍賣公司/拍賣目錄 1988,06,01.	
雪景山水圖	小軸	紙	設色		宣統元年（己酉，1909）十月	紐約 佳士得藝品拍賣公司/拍賣目錄 1990,11,28.	

畫家小傳：姜筠。字穎生。號大雄山民。安徽懷寧人。生於宣宗道光二十七（1847）年，卒於民國八（1919）年。善鑑別。工書畫。畫善山水，宗法王翬，蒼潤古秀，工寫兼至，得意之作幾可奪耕煙之席；間作花卉，亦饒韻致。（見韜養齋筆記、寶鳳閣隨筆、清畫家詩史、中國美術家人名辭典）

左錫嘉
附：

花卉草蟲圖	軸	絹	設色	94.6 × 42	辛未（？同治十年，1871）立夏日	紐約 蘇富比藝品拍賣公司/拍賣目錄 1988,06,01.	

畫家小傳：左錫嘉。畫史無載。流傳署款作品紀年作品疑為穆宗同治十一（1872）年。身世待考。

陶 琳

若耶雲門寺圖	軸	紙	設色	107.6 × 33	壬申（同治十一年，1872）仲冬	日本 東京河井荃廬先生	

畫家小傳：陶琳。字松石。浙江秀水人。陶樂山次子。工畫山水，落墨疏爽，取境簡淡；又臨摹古畫，點拂皆極精微。亦善書。流傳署款紀年作品見於穆宗同治十一（1872）年（見墨林今話、中國畫家人名大辭典）

溫忠翰

玉泉院聽泉圖（為研樵作）	軸	紙	設色	不詳	同治壬申（十一年，1872）仲春	太原 山西省博物館	

畫家小傳：溫忠翰。畫史無載。流傳署款紀年作品見於穆宗同治十一(1872)年。身世待考。

沈兆涵

滿城風雨圖	軸	紙	設色	不詳	壬申（？同治十一年，1872）	南京 南京博物院	
畫稿（錢慧安等十人畫稿合冊112幀之部分）	冊頁	紙	水墨	40 × 29.6		北京 中國美術館	
花鳥圖（朱偁等雜畫冊8之2幀）	冊頁	紙	設色	不詳		上海 上海畫院	

附：

名稱	形式	質地	色彩	尺寸 高x寬cm	創作時間	收藏處所	典藏號碼

踏雪尋梅圖　　　　　軸　　紙　　設色　　131.5 x 31　　　　　　　　　　　紐約 蘇富比藝品拍賣公司/拍
　　　　　　　　　　　　　　　　　　　　　　　　　　　　　　　　　　賣目錄 1980,10,25.

畫家小傳：沈兆涵。畫史無載。流傳署款紀年作品見於穆宗同治十一（1872）年。身世待考。

閔　懷

歲朝清供圖　　　　　卷　　紙　　設色　　不詳　　　　　　　　　　　　　鎮江 江蘇省鎮江市博物館

畫家小傳：閔懷。畫史無載。身世待考。

壺　父

白雲話別圖　　　　　軸　　紙　　設色　　82.5 x 36.5　　　　　　　　　　台北 國泰美術館

畫家小傳：壺父。姓名不詳。身世待考。

黃　基

曉關舟擠圖　　　　　軸　　絹　　設色　　129.8 x 53.7　壬申（同治十一年　英國 倫敦大英博物館　　　1910.2.12.
　　　　　　　　　　　　　　　　　　　　　　　　　，1872）仲冬　　　　　　　　　　　　　　564（ADD250）

畫家小傳：黃基。字端揆。號蓮溪。浙江烏程人。黃石從孫。工畫牡丹，純用水墨鈎染，而生氣逸出，別具姿致。流傳署款紀年作品見
　　　　於穆宗同治十一(1872)年。（見清朝書畫家筆錄、畫家知希錄、中國美術家人名辭典）

陳若愚
附：

東華天帝君像　　　　軸　　絹　　設色　　151.1 x 81.2　　　　　　　　　　紐約 蘇富比藝品拍賣公司/拍
　　　　　　　　　　　　　　　　　　　　　　　　　　　　　　　　　　賣目錄 1981,11,07.

畫家小傳：陳若愚。畫史無載。姓名、身世待考。

祝　筠
附：

松巖雙駿圖　　　　　軸　　絹　　設色　　114.3 x 74.6　　　　　　　　　　紐約 蘇富比藝品拍賣公司/拍
　　　　　　　　　　　　　　　　　　　　　　　　　　　　　　　　　　賣目錄 1981,11,07.

畫家小傳：祝筠。畫史無載。自署海昌人。身世待考。

常曾灝
附：

名稱	形式	質地	色彩	尺寸 高×寬cm	創作時間	收藏處所	典藏號碼
蕉蔭犬圖	軸	絹	設色	76.2 × 40		紐約 蘇富比藝品拍賣公司/拍賣目錄 1981,11,07.	

畫家小傳：常曾灝。畫史無載。字斌卿。身世待考。

吳穀祥

名稱	形式	質地	色彩	尺寸 高×寬cm	創作時間	收藏處所	典藏號碼
西冷詠句圖（為石友作）	卷	紙	設色	不詳	庚子（光緒二十六年，1900）嘉平月	北京 故宮博物院	
深山水秀圖	卷	紙	設色	30.7 × 106.8	戊寅（光緒四年，1878）	蘇州 江蘇省蘇州博物館	
江南春圖（吳穀祥、胡錫珪合作）	卷	紙	設色	25.2 × 248	光緒癸未（九年，1883）	蘇州 江蘇省蘇州博物館	
霜染疏林圖（為仲儀作）	卷	紙	設色	不詳	辛丑（光緒二十七年，1901）重九	蘇州 江蘇省蘇州博物館	
摹王原祁秋江澄霽圖	卷	紙		不詳		蘇州 江蘇省蘇州博物館	
小靈鷲山館圖（為翰香仁兄大人作）	卷	紙	設色	27 × 125	丁亥（光緒十三年，1887）秋八月	昆山 崑崙堂美術館	
楓林停車	軸	紙	設色	不詳		台北 故宮博物院	國贈 024863
海天明月圖	軸	紙	設色	132 × 65	癸卯（光緒二十九年，1903）	台北 清玩雅集	
松溪策杖圖	軸	紙	設色	118 × 41.5	癸巳（光緒十九年，1893）四月	台北 張添根養和堂	
秋山策杖圖	軸	紙	設色	不詳	光緒壬辰（十八年，1892）	瀋陽 故宮博物院	
怡園主人像	軸	紙	設色	不詳	壬午（光緒八年，1882）小春望後	北京 故宮博物院	
溪南訪隱圖	軸	紙	設色	不詳	甲戌（同治十三年，1874）秋日	北京 故宮博物院	
山水圖（4幅）	軸	紙	設色	（每幅）134 × 53.5	壬辰（光緒十八年，1892)	北京 故宮博物院	
平橋柳色圖	軸	紙	設色	不詳	壬辰（光緒十八年，1892）十月二十四日	北京 故宮博物院	
山水圖（4幅）	軸	紙	設色	不詳	甲午（光緒二十年	北京 故宮博物院	

名稱	形式	質地	色彩	尺寸 高x寬㎝	創作時間	收藏處所	典藏號碼
					，1894）		
程門立雪圖	軸	紙	設色	不詳	甲午（光緒二十年，1894）秋九月	北京 故宮博物院	
仿文徵明青綠山水圖	軸	紙	設色	不詳	光緒戊子（十四年，1888）四月二十二日	上海 上海博物館	
臨董其昌陽明洞天圖	軸	紙	設色	96.8 x 30.7	光緒丁酉（二十三年，1897）	上海 上海博物館	
摹王翬送別圖（為子英作）	軸	紙	設色	不詳	辛丑（光緒二十七年，1901）十月	上海 上海博物館	
仿王蒙山水圖	軸	紙	設色	不詳	癸卯（光緒二十九年，1903）七月既望	上海 上海博物館	
臨王武牡丹圖	軸	紙	水墨	不詳		上海 上海博物館	
臨沈周山水圖	軸	紙	設色	不詳		上海 上海博物館	
怪石寒藤圖	軸	紙	設色	不詳		上海 上海博物館	
松澗攜琴圖	軸	紙	設色	177 x 46.4		上海 上海博物館	
春景仕女圖	軸	紙	設色	97.5 x 46.4		上海 上海博物館	
倦繡圖（吳穀祥、倪田合作）	軸	紙	設色	不詳		上海 上海博物館	
仿文五峰山水圖	軸	紙	設色	不詳		南京 南京博物院	
溪山風物圖	軸	紙	設色	不詳	壬寅（光緒二十八年，1902）	無錫 江蘇省無錫市博物館	
天香桂子圖	軸	紙	設色	不詳	乙丑（同治四年，1865）	蘇州 江蘇省蘇州博物館	
仿王翬長松觀瀑圖	軸	紙	水墨	不詳	庚辰（光緒六年，1880）九月	蘇州 江蘇省蘇州博物館	
玉蘭仕女圖	軸	紙	設色	不詳	辛巳（光緒七年，1881）	蘇州 江蘇省蘇州博物館	
松溪泛舟圖	軸	紙	設色	不詳	丁亥（光緒十三年，1887）	杭州 浙江省杭州西泠印社	
松雲圖	軸	紙	設色	不詳	壬辰（光緒十八年，1892）	嘉興 浙江省嘉興市博物館	
松蔭仕女圖	軸	紙	設色	不詳	癸巳（光緒十九年，1893）	平湖 浙江省平湖縣博物館	

名稱	形式	質地	色彩	尺寸 高x寬cm	創作時間	收藏處所	典藏號碼
山水圖	軸	紙	設色	不詳	丙申（光緒二十二年，1896）	廣州 廣州市美術館	
晴麓橫雲圖	軸	紙	設色	不詳	辛丑（光緒二十七年，1901）新秋	廣州 廣州市美術館	
千尋竹齋雅集圖	軸	紙	設色	不詳	辛丑（光緒二十七年，1901）上巳	南寧 廣西壯族自治區博物館	
竹林書室圖	軸	紙	設色	不詳	壬寅（光緒二十八年，1902）四月四日	韓國 首爾國立中央博物館	
具區湧金圖	冊頁	紙	設色	不詳	丁亥（光緒十三年，1887）二月	台北 故宮博物院	國贈 002988
怡園圖（8幀）	冊	紙	設色	不詳	壬午（光緒八年，1882）秋日	北京 故宮博物院	
桃源圖	摺扇面	紙	設色	19.7 x 53.7	壬辰（光緒十八年，1892）六月	北京 故宮博物院	
山水圖（16幀）	冊	紙	設色	不詳	己亥（光緒二十五年，1899）清明	北京 故宮博物院	
仿吳鎮山水圖	摺扇面	紙	設色	不詳		北京 故宮博物院	
松蔭清暑圖	摺扇面	紙	設色	不詳	丙辰歲（民國五年，1916）	北京 中國歷史博物館	
山水圖	摺扇面	紙	設色	不詳	癸巳（光緒十九年，1893）	北京 中國歷史博物館	
山水圖（清楊伯潤等雜畫冊10之1幀）	冊頁	紙	設色	不詳		天津 天津市藝術博物館	
柳溪釣艇圖	摺扇面	灑金箋	設色	不詳	壬辰（光緒十八年，1892）	南京 南京博物院	
山水圖（10幀）	冊	紙	設色	不詳	癸巳（光緒十九年，1893）七月	南京 南京博物院	
山水圖（清倪田等山水人物冊12之4幀）	冊頁	紙	設色	不詳		蘇州 江蘇省蘇州博物館	
楊柳樓臺圖（楊柳樓臺圖冊之1幀）	冊	紙	設色	不詳	己丑（光緒十五年，1889）長夏	韓國 首爾國立中央博物館	
仿王翬山水圖	摺扇面	紙	設色	18 x 50.9		美國 火魯奴奴 Hutchinson 先生	

名稱	形式	質地	色彩	尺寸 高x寬㎝	創作時間	收藏處所	典藏號碼

附：

名稱	形式	質地	色彩	尺寸 高x寬㎝	創作時間	收藏處所	典藏號碼
秋山古寺圖	卷	紙	設色	34 × 135	丁丑（光緒三年，1877）八月下旬	香港 佳仕得藝品拍賣公司/拍賣目錄 1987,01,12.	
玉谿漁隱圖（任頤、吳穀祥合卷之第2卷）	短卷	紙	設色	31 × 87.8	癸未（光緒九年，1883）冬	香港 佳士得藝品拍賣公司/拍賣目錄 1994,10,30.	
松濤深墅圖	軸	紙	設色	不詳	丙申（光緒二十二年，1896）	上海 上海文物商店	
臨文五峰山水圖	軸	紙	設色	不詳		上海 上海文物商店	
北牖讀書圖	軸	紙	設色	150.1 × 40.7		上海 上海文物商店	
仿趙孟頫水村圖	軸	紙	設色	133 × 36		上海 上海文物商店	
山水圖（4幅）	軸	灑金箋	水墨	不詳	乙未（光緒二十一年，1895）	南京 南京市文物商店	
菊石茶壺圖	軸	紙	設`色	126 × 52		紐約 佳士得藝品拍賣公司/拍賣目錄 1989,12,04.	
松蔭談道圖	軸	紙	設色	138 × 68	光緒庚寅（十六年，1890）四月	香港 佳士得藝品拍賣公司/拍賣目錄 1998,11,02.	
山水圖（8幀）	冊	紙	設色	（每幀）25.7 × 31.7	丁丑（光緒三年，1877）歲莫雪窗	紐約 蘇富比藝品拍賣公司/拍賣目錄 1980,12,19.	
山水圖（16幀）	冊	紙	設色	（每幀）19.4 × 11.8		香港 蘇富比藝品拍賣公司/拍賣目錄 1999,10,31.	

畫家小傳：吳穀祥。字秋農。號秋圃老農。浙江嘉興人。生於宣宗道光二十八年（1848）。卒於德宗光緒二十九年（1903）。工畫山水，遠師文、沈，近學戴熙，蒼秀沈鬱，氣韻生動；又善人物、花卉。晚年賣畫上海。（見寒松閣談藝瑣錄、清代畫史、中國畫家人名大辭典）

胡 璋

名稱	形式	質地	色彩	尺寸 高x寬㎝	創作時間	收藏處所	典藏號碼
花卉圖（虛谷、胡璋、朱偁合作）	卷	金箋	設色	? × 370.9	光緒十六年（庚寅，1890）	合肥 安徽省博物館	
鸂鶒換酒圖	軸	紙	設色	89.5 × 34.1		台北 市立美術館	
雪嶺歸樵圖（為春亭作）	軸	紙	設色	不詳	戊子（光緒十四年，1888）冬至節	南京 南京博物院	
百祿圖	軸	紙	設色	不詳	癸巳（光緒十九年	南京 南京博物院	

名稱	形式	質地	色彩	尺寸 高×寬㎝	創作時間	收藏處所	典藏號碼
					，1893）		
關山夜月圖	軸	絹	設色	不詳		南京 南京博物院	
秋風圖	軸	絹	水墨	不詳		海寧 浙江省海寧市博物館	
山水圖	軸	紙	設色	166.5 × 93		日本 仙台市博物館	
墨竹圖	軸	綾	水墨	135.7 × 45		日本 京都國立博物館	A甲 756
松林蕭寺圖	軸	綾	設色	87.9 × 36.4	乙亥（光緒元年，1875）仲冬	日本 京都內藤湖南先生	
附：							
仿文徵明山水圖	軸	絹	設色	163.2 × 54.5		紐約 蘇富比藝品拍賣公司/拍賣目錄 1986,12,04.	
松樹喜鵲圖	軸	紙	設色	181 × 92.5		紐約 佳士得藝品拍賣公司/拍賣目錄 1989,06,01.	
攜琴訪友圖	軸	紙	水墨	245 × 122		紐約 佳士得藝品拍賣公司/拍賣目錄 1990,05,31.	
高士山居圖（2幅）	軸	紙	設色	（每幅）131.5 × 32.5	壬辰（光緒十八年，1892）仲春	紐約 佳士得藝品拍賣公司/拍賣目錄 1995,09,19.	

畫家小傳：胡璋。字鐵梅。號枝期生。安徽桐城人，寓居上海。胡寅之子。生於宣宗道光二十八年（1848）。卒於德宗光緒二十五年（1899）。承家學，工畫山水、寫意人物。光緒四年前往日本，居名古屋數年。歸國，唱開進論受清廷注意，復逃往神戶。（見寒松閣談藝瑣錄、海上墨林、中國畫家人名大辭典）

畢臣周

| 桐蔭撫琴圖（為子華仁兄大人作） | 摺扇面 | 紙 | 設色 | 18 × 52.5 | 癸酉（同治十二年，1873）清和月下浣 | 昆山 崑崙堂美術館 | |

畫家小傳：畢臣周。號笠漁。畫史無載。流傳署款紀年作品見於穆宗同治十二(1873)年。身世待考。

諸乃方

| 洞天仿古圖（為□山作） | 軸 | 紙 | 設色 | 不詳 | 同治癸酉（十二年，1873）春五月 | 廣州 廣州市美術館 | |

畫家小傳：諸乃方。本方氏子，後過為諸炘嗣子。號嗣香。畫得諸炘秘傳，尤工寫照。流傳署款紀年作品見於穆宗同治十二(1873)年。（見桐陰論畫、中國畫家人名大辭典）

董教增

| 羅浮山圖 | 軸 | 絹 | 設色 | 78.7 × 76.6 | | 台北 故宮博物院 | 故畫 02911 |

名稱	形式	質地	色彩	尺寸 高x寬㎝	創作時間	收藏處所	典藏號碼

畫家小傳：董教增。畫史無載。身世待考。

劉　照

名稱	形式	質地	色彩	尺寸 高x寬㎝	創作時間	收藏處所	典藏號碼
山水圖（清楊伯潤等雜畫冊10之1幀）	冊頁	紙	設色	不詳		天津 天津市藝術博物館	

畫家小傳：劉照。畫史無載。身世待考。

闞仲幹

名稱	形式	質地	色彩	尺寸 高x寬㎝	創作時間	收藏處所	典藏號碼
山水圖	卷	絹	設色	42.3 x 175.1	壬午（光緒八年，1882）暮春之初	日本 東京藝術大學美術館	496
山水圖	軸	紙	水墨	不詳x		日本 東京藝術大學美術館	497
山水圖	軸	綾	設色	160 x 40.7	同治癸酉（十二年，1873）	日本 東京藝術大學美術館	498
山水圖（為厚甫作）	軸	紙	水墨	92.4 x 39.5	癸酉（同治十二年，1873）小陽之月	日本 東京藝術大學美術館	499

畫家小傳：闞仲幹。畫史無載。流傳署款紀年作品見於穆宗同治十二（1873）年，至德宗光緒八（1882）年。身世待考。

房　毅

附：

名稱	形式	質地	色彩	尺寸 高x寬㎝	創作時間	收藏處所	典藏號碼
龍水圖	軸	紙	水墨	139.7 x 78.7	癸酉（？同治十二年，1873）新秋	紐約 蘇富比藝品拍賣公司/拍賣目錄 1982,06,05.	

畫家小傳：房毅。畫史無載。流傳署款作品紀年疑為穆宗同治十二（1873）年。身世待考。

黃士陵

名稱	形式	質地	色彩	尺寸 高x寬㎝	創作時間	收藏處所	典藏號碼
菊花圖	軸	紙	設色	不詳	庚子（光緒二十六年，1900)	北京 中國歷史博物館	
花卉圖（4幅）	軸	紙	設色	不詳		合肥 安徽省博物館	
博古花卉圖（2幅）	軸	紙	設色	不詳		黃山 安徽省黃山市博物館	
瑤圃幽香圖（為梧園作）	軸	紙	設色	101.7 x 44.3	光緒乙未（二十一年，1895）孟冬月	南京 南京博物院	
文殊蘭圖	軸	紙	設色	不詳		杭州 浙江省杭州西泠印社	
天竺圖	軸	紙	設色	不詳	戊戌（光緒二十四年，1898)	廣州 廣州市美術館	

名稱	形式	質地	色彩	尺寸 高×寬cm	創作時間	收藏處所	典藏號碼
粵中花卉圖（12幀，為金甸丞作）	冊	紙	設色	（每幀）26.9 × 21.4	癸卯（光緒二十九年，1903）孟冬	廣州 廣州市美術館	
附：							
博古紅棉圖	軸	紙	設色	92 × 30.5	丁酉（光緒二十三年，1897）七月	紐約 佳士得藝品拍賣公司/拍賣目錄 1989,06,01.	
博古花卉圖	軸	紙	設色	79.7 × 42.6	丁酉（光緒二十三年，1897）七月	紐約 佳士得藝品拍賣公司/拍賣目錄 1990,05,31.	
博古花卉圖（4幅）	軸	紙	設色	（每幅）70.5 × 29	癸巳年（光緒十九年，1893）	香港 佳士得藝品拍賣公司/拍賣目錄 1991,03,18.	

畫家小傳：黃士陵。字牧甫。安徽黟縣人。生於宣宗道光二十九（1849）年，卒於德宗光緒三十四（1908）年。嘗客吳大澂幕。通六書，工篆刻，兼能繪畫。運用西法繪畫古彝器圖形，為藝林珍賞。（見廣印人傳、中國美術家人名辭典）。

蔣步瀛

名稱	形式	質地	色彩	尺寸 高×寬cm	創作時間	收藏處所	典藏號碼
四時佳興圖	卷	絹	設色	28.3 × ?		台中 葉啟忠先生	
秋山古寺圖	摺扇西	紙	設色	17.1 × 54.4		日本 私人	
附：							
擬古山水圖（8幀）	冊	紙	水墨、設色	（每幀）23.5 × 26.8	甲戌（同治十三年，1874）長夏	紐約 佳士得藝品拍賣公司/拍賣目錄 1998,03,24.	

畫家小傳：蔣步瀛。字三島。浙江元和人。工畫，深通畫理，作山水秀韻；點染花卉，亦頗得生趣，有惲壽平遺意。流傳署款紀年作品見於穆宗同治十三（1874）年。（見墨林今話、耕硯田齋筆記、中國畫家人名大辭典）

馬文熙

名稱	形式	質地	色彩	尺寸 高×寬cm	創作時間	收藏處所	典藏號碼
花鳥圖（清朱偁等花鳥冊18之?幀）	冊頁	紙	設色	不詳	（甲戌，同治十三年，1974）	瀋陽 故宮博物院	

畫家小傳：馬文熙。畫史無載。流傳署款作品約見於穆宗同治十三（1874）年。身世待考。

孫 楷

名稱	形式	質地	色彩	尺寸 高×寬cm	創作時間	收藏處所	典藏號碼
花鳥圖（清朱偁等花鳥冊18之?幀）	冊頁	紙	設色	不詳	（甲戌，同治十三年，1974）	瀋陽 故宮博物院	

畫家小傳：孫楷。畫史無載。流傳署款作品約見於穆宗同治十三（1874）年。身世待考。

童 晏

名稱	形式	質地	色彩	尺寸 高×寬cm	創作時間	收藏處所	典藏號碼
梅花圖（12幀）	冊	紙	水墨	不詳		南京 南京博物院	

畫家小傳：童晏。字叔平。江蘇崇明人。童叶庚之子，任薰之弟子。善畫，雙鉤花卉極工。（見寒松閣談藝瑣錄、中國畫家人名大辭典）

名稱	形式	質地	色彩	尺寸 高x寬cm	創作時間	收藏處所	典藏號碼

阿克敦布

附：

| 梅花圖 | 摺扇面 金箋 | 設色 | 不詳 | | | 上海 上海友誼商店 | |

畫家小傳：阿克敦布。畫史無載。身世待考。

馬 菖

附：

竹杖成龍圖	軸	紙	設色	不詳		上海 上海文物商店	
淵明賞菊圖	軸	紙	設色	不詳		上海 上海文物商店	
鍾馗圖	摺扇面 金箋	設色	不詳			上海 上海友誼商店	

畫家小傳：馬菖。畫史無載。身世待考。

戴兆登

| 仿石谷山水圖 | 軸 | 紙 | 水墨 | 不詳 | | 杭州 浙江省博物館 | |

畫家小傳：戴兆登。字步瀛。號蘇門。浙江錢塘人。戴有恒子，戴熙之孫。承繼家風，亦工於山水畫。（見寒松閣談藝瑣錄、海上墨林、
中國畫家人名大辭典）

夏 歷

| 晴巒秋色圖 | 軸 | 絹 | 設色 | 不詳 | | 唐山 河北省唐山市博物館 | |

畫家小傳：夏歷。畫史無載。身世待考。

周 愈

| 擬白陽山人筆意三友圖 | 軸 | 絹 | 設色 | 142.3 x 68.5 | 同治甲戌（十三年，1874）之春 | 日本 東京國立博物館 | |

畫家小傳：周愈。字二漁。福建侯官人。工畫山水及佛像，筆致深沉，具見力量。流傳署款紀年作品見於穆宗同治十三年。（見心穀筆記、
中國畫家人名大辭典）

蕭蔭春

附：

| 山水圖 | 軸 | 紙 | 水墨 | 127.6 x 63.6 | | 紐約 蘇富比藝品拍賣公司/拍賣目錄 1981,05,07. | |

畫家小傳：蕭蔭春。畫史無載。身世待考。

高 邕

名稱	形式	質地	色彩	尺寸 高×寬㎝	創作時間	收藏處所	典藏號碼
枯木竹石圖	軸	紙	水墨	不詳	光緒丙戌（十二年，1886）小雪節	北京 故宮博物院	
松山圖	軸	紙	水墨	119.1 × 58.5	光緒癸巳（十九年，1893）	合肥 安徽省博物館	
雲月幽思圖	摺扇面	紙	設色	不詳	光緒乙未（二十一年，1895）	北京 故宮博物院	

附：

| 仿董元筆秋林石壁圖（陸恢、顧麟士、高邕、楊伯潤合作山水四幅之一） | 軸 | 紙 | 水墨 | 178 × 47.5 | 光緒丙申（十二年，1896） | 紐約 佳士得藝品拍賣公司/拍賣目錄 1993,06,04. | |

畫家小傳：高邕。字邕之。號李庵、苦李、聾公、赤岸山民。浙江仁和人，流寓上海。生於宣宗道光三十（1850）年，卒於民國十（1921）年。工書。能畫，作山水宗八大、石濤，亦能畫花卉。（見海上墨林、廣印人傳、中華畫人室隨筆、中國畫家人名大辭典）

王　寅

名稱	形式	質地	色彩	尺寸 高×寬㎝	創作時間	收藏處所	典藏號碼
蘭石圖	軸	紙	水墨	不詳		無錫 江蘇省無錫市博物館	
楚山煙雨圖	橫幅	紙	設色	48.5 × 161.8	光緒十二年（丙戌，1886）春二月	日本 東京橋本辰二郎先生	
春江細雨圖	軸	綾	水墨	133.2 × 40.7		日本 京都國立博物館	A甲 752
觀楓圖	軸	綾	設色	147.7 × 40.9		日本 京都國立博物館	A甲 751
雲根圖	軸	綾	水墨	78.1 × 34.1		日本 京都國立博物館	A甲 750
仿沈周山水圖	軸	綾	淺設色	52.9 × 33.5		日本 京都國立博物館	A甲 754
水仙湖石圖	軸	綾	設色	134.6 × 39.9	光緒紀元（乙亥，1875）春二月	日本 兵庫縣住友吉左衛門先生	
臨金農月夜梅圖	紈扇面	絹	水墨	25.2 × 26.1		日本 福岡縣石　道雄先生	89

畫家小傳：王寅。字冶梅，以字行。江蘇上元人。善寫照。工畫山水、蘭竹、寫意人物，別饒意致。又工理論，撰有畫竹譜行世。流傳署款紀年作品見於德宗光緒元（1875）至十七（1891）年。（見海上墨林、冶梅蘭竹譜序、中國畫家人名大辭典）

龔　植

名稱	形式	質地	色彩	尺寸 高×寬㎝	創作時間	收藏處所	典藏號碼
牡丹圖	軸	紙	設色	136 × 39		埔里 蕭再火先生	
菊花圖（東籬秋色）	軸	紙	設色	138 × 39		台北 王國璠玉禾山房	

名稱	形式	質地	色彩	尺寸 高x寬cm	創作時間	收藏處所	典藏號碼

畫家小傳：龔植。字樵生。福建晉江人。德宗光緒初（1875），先後居住台南、台北。善金石。工畫花鳥、草蟲，賦色修潔，時得物外之趣。（見台灣鄉土文物淺說）

李如苞

花鳥圖	軸	紙	水墨	98 x 35		台南 楊文富先生	

畫家小傳：李如苞。字子青。台灣台南人。活動於同治、光緒(1862-1908)間。善畫花鳥。（見清代台南府城書畫展覽專集）

顧 潤

山水圖（6幀）	冊	紙	設色	（每幀）23.7 x 19.9		瀋陽 遼寧省博物館	

畫家小傳：顧潤。畫史無載。身世待考。

諸 燦

碧梧清暑圖	軸	紙	設色	177 x 94		瀋陽 故宮博物院	

畫家小傳：諸燦。畫史無載。身世待考。

謝 雪

蠶豆菜花圖	卷	絹	設色	23.4 x 56.3		南京 南京博物院	
太常仙蝶圖	卷	絹	設色	25.9 x 50.7		廣州 廣東省博物館	

附：

花卉圖（16幀）	冊	紙	設色	不詳		瀋陽 遼寧省文物商店	

畫家小傳：謝雪。女。字玉儂。浙江嘉興人。謝昌年之女。工畫仕女，亦善花卉。（見寒松閣談藝瑣錄、耕硯田齋筆記、中國畫家人名大辭典）

蔣 斌

畫石	卷	絹	設色	不詳		杭州 浙江省博物館	
山水圖（10幀）	冊	紙	水墨	不詳		天津 天津市歷史博物館	

畫家小傳：蔣斌。畫史無載。身世待考。

鄭 嵑

山水、人物圖（15幀）	冊	絹	水墨	不詳		旅順 遼寧省旅順博物館	

畫家小傳：鄭嵑。畫史無載。身世待考。

顯完子

名稱	形式	質地	色彩	尺寸 高×寬cm	創作時間	收藏處所	典藏號碼

附：

| 山水圖 | 軸 | 紙 | 設色 | 不詳 | | 大連 遼寧省大連市文物商店 | |

畫家小傳：顯完子。畫史無載。身世待考。

李 宗

| 耿格庵像（4幀） | 冊 | 紙 | 設色 | 不詳 | | 北京 故宮博物院 | |

畫家小傳：李宗。畫史無載。身世待考。

陳 惠

| 梅花圖 | 軸 | 紙 | 水墨 | 不詳 | | 北京 故宮博物院 | |

畫家小傳：陳惠。畫史無載。身世待考。

惲香國

| 石翠山房圖 | 冊頁 | 絹 | 水墨 | 不詳 | | 北京 故宮博物院 | |

畫家小傳：惲香國。畫史無載。身世待考。

沈 景

| 袁知像 | 軸 | 紙 | 設色 | 89.5 × 51.8 | | 北京 故宮博物院 | |

畫家小傳：沈景。畫史無載。身世待考。

金玉英

| 花卉圖（？幀） | 冊 | 紙 | 設色 | 不詳 | | 北京 故宮博物院 | |

畫家小傳：金玉英。畫史無載。身世待考。

黃 四

| 螃蟹圖 | 卷 | 紙 | 水墨 | 不詳 | | 北京 故宮博物院 | |

畫家小傳：黃四。畫史無載。身世待考。

彭國才

| 花卉圖 | 卷 | 絹 | 設色 | 不詳 | | 北京 故宮博物院 | |

畫家小傳：彭國才。畫史無載。身世待考。

筠 谷

| 補王嵩梧竹草堂圖 | 軸 | 紙 | 設色 | 不詳 | | 北京 故宮博物院 | |

名稱	形式	質地	色彩	尺寸 高x寬㎝	創作時間	收藏處所	典藏號碼

畫家小傳：筠谷。畫史無載。身世待考。

侯邦基

| 山水圖（？幀） | 冊 | 紙 | 設色 | 不詳 | | 北京 北京市文物局 | |

畫家小傳：侯邦基。畫史無載。身世待考。

上官正

| 荷花翠鳥圖 | 軸 | 紙 | 水墨 | 不詳 | | 天津 天津市藝術博物館 | |

畫家小傳：上官正。畫史無載。身世待考。

王文煒

| 祝壽圖 | 軸 | 絹 | 設色 | 182.7 x 89 | | 天津 天津市藝術博物館 | |

畫家小傳：王文煒。畫史無載。身世待考。

吳顯麟

| 花鳥圖 | 軸 | 絹 | 設色 | 76 x 50.8 | | 天津 天津市藝術博物館 | |

畫家小傳：吳顯麟。畫史無載。身世待考。

改 恭

| 富貴神仙圖 | 軸 | 絹 | 設色 | 100.5 x 42 | | 天津 天津市藝術博物館 | |

畫家小傳：改恭。畫史無載。身世待考。

金二英

| 花蝶圖（12幀） | 冊 | 絹 | 設色 | 不詳 | | 天津 天津市藝術博物館 | |

畫家小傳：金二英。畫史無載。身世待考。

梅知白

| 雲中仙女圖 | 軸 | 絹 | 設色 | 202 x 55 | | 天津 天津市藝術博物館 | |

畫家小傳：梅知白。畫史無載。身世待考。

陳思澍

| 寫景山水圖（20幀） | 冊 | 紙 | 設色 | 不詳 | | 天津 天津市藝術博物館 | |

畫家小傳：陳思澍。畫史無載。身世待考。

董世祺

名稱	形式	質地	色彩	尺寸 高x寬cm	創作時間	收藏處所	典藏號碼
山水圖（12幀）	冊	紙	設色	不詳		天津 天津市藝術博物館	

畫家小傳：董世祺。畫史無載。身世待考。

黃 道

聽泉圖	軸	絹	設色	130.5 x 55.3		天津 天津市藝術博物館	

畫家小傳：黃道。畫史無載。身世待考。

程安世

繡球綬帶圖	軸	絹	設色	不詳		天津 天津市藝術博物館	

畫家小傳：程安世。畫史無載。身世待考。

賈鴻儒

秋塘野鳧圖	軸	絹	設色	167 x 99.8		天津 天津市藝術博物館	
雙鷹圖	軸	絹	設色	不詳		濟南 山東省博物館	

畫家小傳：賈鴻儒。畫史無載。身世待考。

劉 英

仿唐寅山水圖	軸	絹	設色	171.5 x 50.6		天津 天津市藝術博物館	

畫家小傳：劉英。畫史無載。身世待考。

石山暉

附：

漢宮春曉圖	軸	絹	設色	100 x 176.1		天津 天津市文物公司	

畫家小傳：石山暉。畫史無載。身世待考。

張 斌

附：

蘭石圖	卷	絹	水墨	不詳		天津 天津市文物公司	

畫家小傳：張斌。畫史無載。身世待考。

陸 嶙

名稱	形式	質地	色彩	尺寸 高x寬cm	創作時間	收藏處所	典藏號碼

附：

| 仿巨然山居圖 | 軸 | 絹 | 設色 | 不詳 | | 天津 天津市文物公司 | |

畫家小傳：陸嶙。畫史無載。身世待考。

趙俞采

附：

| 夕陽鬧鴉圖 | 軸 | 絹 | 設包 | 177.1 x 47.2 | | 天津 天津市文物公司 | |

畫家小傳：趙俞采。畫史無載。身世待考。

陸建伯

| 吟詩圖 | 軸 | 絹 | 設色 | 82.8 x 45 | | 石家莊 河北省石家莊文物管理所 | |

畫家小傳：陸建伯。畫史無載。身世待考。

葛樽

| 雪棧行旅圖 | 軸 | 紙 | 設色 | 162 x 92.1 | | 天津 天津市藝術博物館 | |

畫家小傳：葛樽（一作尊）。字芝龍。浙江海寧人。善畫山水、人物。吳友如同時，畫點石齋畫報而有名。所作山水、人物，一循規矩，惜少疏逸之趣。（見海上墨林、寒松閣談藝瑣錄、中國畫家人名大辭典）

江萱

| 四季花卉圖 | 軸 | 紙 | 設色 | 不詳 | | 濟南 山東省博物館 | |
| 女仙圖 | 軸 | 絹 | 設色 | 99.5 x 55.7 | | 加拿大 多倫多皇家安大略博物館 | 921.32.14 |

畫家小傳：江萱。畫史無載。身世待考。

匡璜

| 松石圖 | 軸 | 紙 | 水墨 | 不詳 | | 濟南 山東省博物館 | |

畫家小傳：匡璜。畫史無載。身世待考。

黃四岳

| 高水飛泉圖 | 軸 | 紙 | 水墨 | 92.5 x 59.5 | | 濟南 山東省博物館 | |

畫家小傳：黃四岳。畫史無載。身世待考。

名稱	形式	質地	色彩	尺寸 高×寬cm	創作時間	收藏處所	典藏號碼

須周嘉

| 雪峰晚晴圖 | 軸 | 紙 | 設色 | 113 × 47 | | 濟南 山東省博物館 | |

畫家小傳：須周嘉。畫史無載。身世待考。

鍾離尚濱

| 顏伯珣撫琴圖 | 軸 | 紙 | 設色 | 145.1 × 76.4 | | 濟南 山東省博物館 | |

畫家小傳：鍾離尚濱。畫史無載。身世待考。

唐　鴻

| 貓蝶圖 | 軸 | 絹 | 設色 | 不詳 | | 濟南 山東省博物館 | |

畫家小傳：唐鴻。畫史無載。畫史無載。身世待考。

莫爾森

| 西湖周圍圖 | 卷 | 紙 | 設色 | 不詳 | | 上海 上海博物館 | |

畫家小傳：莫爾森。畫史無載。身世待考。

雲　樵

| 山水圖（4幀，雲樵、亢宗合作） | 冊頁 | 紙 | 設色 | 不詳 | | 上海 上海博物館 | |

附：

| 周茂叔愛蓮圖 | 軸 | 絹 | 設色 | 44.5 × 46.5 | | 紐約 佳士得藝品拍賣公司/拍賣目錄 1989,06,01. | |

畫家小傳：雲樵。畫史無載。自署雲樵居士。身世待考。

亢　宗

| 山水圖（4幀，雲樵、亢宗合作） | 冊頁 | 紙 | 設色 | 不詳 | | 上海 上海博物館 | |

畫家小傳：亢宗。畫史無載。身世待考。

黃　燦

| 山水圖（8幀） | 冊 | 紙 | 設色 | 不詳 | | 上海 上海博物館 | |

畫家小傳：黃燦。畫史無載。身世待考。

名稱	形式	質地	色彩	尺寸 高x寬cm	創作時間	收藏處所	典藏號碼

余 欣

| 鍾馗挑耳圖 | 軸 | 紙 | 設色 | 不詳 | | 上海 上海博物館 | |

畫家小傳：余欣。畫史無載。身世待考。

汪懋極

| 山水圖 | 軸 | 紙 | 設色 | 不詳 | | 上海 上海博物館 | |

畫家小傳：汪懋極。畫史無載。身世待考。

胡維翰

| 杖鄉圖 | 軸 | 紙 | 設色 | 不詳 | | 上海 上海博物館 | |

畫家小傳：胡維翰。畫史無載。身世待考。

羅愚溪

| 松聲響瀑圖 | 軸 | 紙 | 水墨 | 156.6 × 41.1 | | 揚州 江蘇省揚州市博物館 | |
| 枯樹茅齋圖 | 軸 | 紙 | 設色 | 138.1 × 41.4 | | 揚州 江蘇省揚州市博物館 | |

畫家小傳：羅愚溪。畫史無載。身世待考。

周 岫

| 翠嶂萬竹圖 | 軸 | 紙 | 水墨 | 不詳 | | 南通 江蘇省南通博物苑 | |

畫家小傳：周岫。畫史無載。身世待考。

顧 述

| 梅花圖 | 軸 | 紙 | 水墨 | 不詳 | | 南通 江蘇省南通博物苑 | |

畫家小傳：顧述。畫史無載。身世待考。

汪 評

| 青綠山水圖（3幀） | 冊 | 絹 | 設色 | 不詳 | | 南京 南京博物院 | |

畫家小傳：汪評。畫史無載。身世待考。

沙春遠

| 人馬圖（8幀） | 冊 | 絹 | 設色 | 不詳 | | 南京 南京博物院 | |

畫家小傳：沙春遠。畫史無載。身世待考。

名稱	形式	質地	色彩	尺寸 高x寬cm	創作時間	收藏處所	典藏號碼

林 高

| 天下名山圖 | 卷 | 紙 | 水墨 | 不詳 | | 南京 南京博物院 | |

畫家小傳：林高。畫史無載。身世待考。

俞望之

| 青蓮圖 | 軸 | 絹 | 設色 | 不詳 | | 南京 南京博物院 | |

畫家小傳：俞望之。畫史無載。身世待考。

孫 法

| 水國秋聲圖 | 軸 | 絹 | 設色 | 不詳 | | 南京 南京博物院 | |

畫家小傳：孫法。畫史無載。身世待考。

康 琇

| 仕女圖 | 軸 | 絹 | 設色 | 不詳 | | 南京 南京博物院 | |

畫家小傳：康琇。畫史無載。身世待考。

惲 楨

| 花卉圖 | 軸 | 紙 | 設色 | 不詳 | | 南京 南京博物院 | |

畫家小傳：惲楨。畫史無載。身世待考。

華重光

仿古山水圖（12幀）	冊	絹	設色	不詳		南京 南京博物院	
附：							
臨丁雲鵬端門趨慶圖	軸	紙	水墨	不詳		上海 上海文物商店	

畫家小傳：華重光。畫史無載。身世待考。

楷 林

| 山路奇松圖 | 摺扇面 | 紙 | 設色 | 不詳 | | 南京 南京博物院 | |

畫家小傳：楷林。畫史無載。身世待考。

劉 瑤

| 山層松徑圖 | 軸 | 絹 | 水墨 | 不詳 | | 南京 南京博物院 | |

畫家小傳：劉瑤。畫史無載。身世待考。

沈 鑑

名稱	形式	質地	色彩	尺寸 高x寬㎝	創作時間	收藏處所	典藏號碼

仙山樓閣圖　　　　　　　摺扇面 紙　　設色　　18 x 51.6　　　　　　　　南京 南京博物院

畫家小傳：沈鑑。畫史無載。身世待考。

馬 苕

採梅圖　　　　　　　　　軸　絹　　設色　　不詳　　　　　　　　　　　南京 南京博物院

畫家小傳：馬苕。畫史無載。身世待考。

申用吾

人物、山水圖（9幀）　　　冊　紙　　設色　　不詳　　　　　　　　　　　南京 南京市博物館

畫家小傳：申用吾。畫史無載。身世待考。

陸 鎬

附：

鍾馗圖　　　　　　　　　摺扇面 紙　　設色　　不詳　　　　　　　　　　無錫 無錫市文物商店

畫家小傳：陸鎬。畫史無載。身世待考。

陳崇本

附：

山水圖　　　　　　　　　摺扇面 紙　　水墨　　不詳　　　　　　　　　　無錫 無錫市文物商店

畫家小傳：陳崇本。畫史無載。身世待考。

王 召

附：

載馬圖　　　　　　　　　摺扇面 紙　　水墨　　不詳　　　　　　　　　　無錫 無錫市文物商店

畫家小傳：王召。畫史無載。身世待考。

柴文杰

為梧溪作山水圖　　　　　軸　紙　　設色　　不詳　　　　　　　　　　　蘇州 江蘇省蘇州博物館

畫家小傳：柴文杰。畫史無載。身世待考。

□嘉祐

山水圖　　　　　　　　　摺扇面 金箋　設色　　不詳　　　　　　　　　　蘇州 江蘇省蘇州博物館

畫家小傳：□嘉祐。畫史無載。身世待考。

□薇亭

名稱	形式	質地	色彩	尺寸 高×寬㎝	創作時間	收藏處所	典藏號碼
花鳥圖（12幀）	冊	紙	設色	不詳		蘇州 江蘇省蘇州博物館	

畫家小傳：□薇亭。畫史無載。身世待考。

張雪漁

| 蘭花圖 | 軸 | 紙 | 水墨 | 不詳 | | 蘇州 靈巖山寺 | |

畫家小傳：張雪漁。畫史無載。身世待考。

際 迅

| 蘭石圖 | 軸 | 紙 | 水墨 | 不詳 | | 蘇州 靈巖山寺 | |

畫家小傳：際迅。畫史無載。身世待考。

程 倫

附：

| 桃源採芝圖 | 軸 | 絹 | 設色 | 不詳 | | 蘇州 蘇州市文物商店 | |

畫家小傳：程倫。畫史無載。身世待考。

陸 伸

| 賑饑圖 | 卷 | 紙 | 設色 | 35.9 × 283.6 | | 杭州 浙江省博物館 | |

畫家小傳：陸伸。畫史無載。身世待考。

顧 超

| 萬松圖 | 卷 | 紙 | 水墨 | 45.1 × 82.9 | | 美國 克利夫蘭藝術博物館 | |

畫家小傳：顧超。字子超。號雪樵、穎樵。江蘇華亭人。為顏柄弟子。工畫山水，用筆荒率，大類王學浩。亦精篆刻、詩。（見寒松閣談藝瑣錄、中國畫家人名大辭典）

蔡清華

| 牡丹雙蝶圖 | 軸 | 紙 | 設色 | 不詳 | | 德清 浙江省德清縣博物館 | |

畫家小傳：蔡清華。畫史無載。身世待考。

馬 琯

| 蘆月宿雁圖 | 軸 | 絹 | 設色 | 151.4 × 96.4 | | 紹興 浙江省紹興市博物館 | |

名稱	形式	質地	色彩	尺寸 高x寬㎝	創作時間	收藏處所	典藏號碼

畫家小傳：馬琯。畫史無載。身世待考。

章葆熙

| 白頭雙兔圖 | 軸 | 紙 | 設色 | 不詳 | | 紹興 浙江省紹興市博物館 | |

畫家小傳：章葆熙。畫史無載。身世待考。

莊　榴

| 古柏菊石圖 | 軸 | 絹 | 設色 | 不詳 | | 紹興 浙江省紹興市博物館 | |

畫家小傳：莊榴。畫史無載。身世待考。

張光翰

| 龍虎聚會圖 | 軸 | 絹 | 設色 | 不詳 | | 紹興 浙江省紹興市博物館 | |

畫家小傳：張光翰。畫史無載。身世待考。

朱　菳

| 春戲圖 | 軸 | 絹 | 設色 | 不詳 | | 紹興 浙江省紹興市博物館 | |

畫家小傳：朱菳。畫史無載。身世待考。

黃　彌

| 蘭亭修禊圖 | 卷 | 紙 | 設色 | 不詳 | | 紹興 浙江省紹興市博物館 | |

畫家小傳：黃彌。畫史無載。身世待考。

胡仙鋤

| 人物圖 | 軸 | 絹 | 設色 | 不詳 | | 嵊縣 浙江省嵊縣文管會 | |

畫家小傳：胡仙鋤。畫史無載。身世待考。

黃貽桂

| 山莊春日圖 | 橫幅 | 絹 | 設色 | 不詳 | | 嵊縣 浙江省嵊縣文管會 | |

畫家小傳：黃貽桂。畫史無載。身世待考。

鄭　村

| 牡丹圖 | 軸 | 絹 | 水墨 | 不詳 | | 臨海 浙江省臨海市博物館 | |

畫家小傳：鄭村。畫史無載。身世待考。

名稱	形式	質地	色彩	尺寸 高x寬㎝	創作時間	收藏處所	典藏號碼

任百衍

| 山水圖（6幅） | 軸 | 紙 | 設色 | 不詳 | | 餘姚 浙江省餘姚縣文管會 | |

畫家小傳：任百衍。畫史無載。身世待考。

吳鴻勛

| 竹石圖 | 摺扇面 粉箋 | | 水墨 | 不詳 | 乙亥（光緒元年，1875） | 合肥 安徽省博物館 | |

畫家小傳：吳鴻勛。字子嘉。安徽歙縣人，流寓上海。曾佐曾國藩幕。工畫蘭竹。同治時，寓滬嘗賣畫自給。流傳署款紀年作品見於德宗光緒元（1875）年。（見海上墨林、中國畫家人名大辭典）

吳東槐

| 東方朔像 | 軸 | 紙 | 設色 | 111 × 53.5 | | 福州 福建省博物館 | |

畫家小傳：吳東槐。畫史無載。身世待考。

葉光生

| 雜畫 | 卷 | 紙 | 水墨 | 不詳 | | 廣州 廣東省博物館 | |

畫家小傳：葉光生。畫史無載。身世待考。

靈 熊

| 孤峰雲繞圖 | 卷 | 紙 | 水墨 | 123.1 × 30.5 | | 廣州 廣東省博物館 | |

畫家小傳：靈熊。畫史無載。身世待考。

田 適

| 花鳥圖 | 軸 | 絹 | 設色 | 170.1 × 83.4 | | 日本 熊本縣松田文庫 | II-100 |

畫家小傳：田適。畫史無載。身世待考。

王 燮

| 山水圖 | 軸 | 綾 | 水墨 | 147.1 × 49.4 | | 日本 熊本縣松田文庫 | II-122 |

畫家小傳：王燮。畫史無載。身世待考。

玉江居士

名稱	形式	質地	色彩	尺寸 高x寬㎝	創作時間	收藏處所	典藏號碼
墨菊圖（書畫幀綴裱屏風之第6）	屏	紙	水墨	62 × 33.3		日本 熊本縣松田文庫	II-51f

畫家小傳：玉江居士。姓名不詳。身世待考。

永 通

| 雜畫（8幀） | 冊 | 紙 | 設色 | 不詳 | | 日本 仙台市博物館 | |

畫家小傳：永通。畫史無載。身世待考。

王維丞

| 花鳥圖 | 卷 | 絹 | 設色 | 47.4 × ? | | 日本 仙台市博物館 | |

畫家小傳：王維丞。畫史無傳。身世待考。

雨 谷

| 袖裡雲煙圖（12幀） | 冊 | 綾 | 設色 | （每幀）5.1 × 4.6 | | 日本 東京細川護貞先生 | 怡947 |

畫家小傳：雨谷。姓氏不詳。身世待考。

彭起龍

| 山水圖 | 軸 | 絹 | 水墨 | 184.7 × 49.5 | | 日本 私人 | |

畫家小傳：彭起龍。畫史無載。身世待考。

黃大傑

| 雲根玉立圖 | 軸 | 紙 | 水墨 | 174.4 × 45.1 | | 日本 私人 | |

畫家小傳：黃大傑。畫史無載。身世待考。

莊尚統

| 武陵桃源圖 | 軸 | 絹 | 設色 | 170.1 × 91.8 | | 日本 私人 | |

畫家小傳：莊尚統。畫史無載。身世待考。

徐洪錫

| 松林山水圖 | 軸 | 綾 | 水墨 | 171.9 × 47.4 | | 日本 私人 | |

名稱	形式	質地	色彩	尺寸 高×寬 cm	創作時間	收藏處所	典藏號碼

畫家小傳：徐洪錫。畫史無載。身世待考。

徐 偲

| 雪景山水圖 | 軸 | 絹 | 設色 | 144.3 × 60.2 | | 日本 私人 | |

畫家小傳：徐偲。畫史無載。身世待考。

段丕承

| 蒲塘圖 | 軸 | 綾 | 水墨 | 159.6 × 47.1 | | 日本 私人 | |

畫家小傳：段丕承。畫史無載。身世待考。

洪朱祉

| 桂蘭圖 | 軸 | 金箋 | 設色 | 89.9 × 39.6 | | 日本 私人 | |

畫家小傳：洪朱祉。畫史無載。身世待考。

林 祁

| 花卉圖 | 軸 | 絹 | 水墨 | 148.1 × 48.3 | | 日本 私人 | |
| 鹿峰霽曙圖 | 軸 | 絹 | 設色 | 130.7 × 45.1 | | 日本 私人 | |

畫家小傳：林祁。畫史無載。身世待考。

季 灝

| 山水圖（10幀） | 冊 | 紙 | 設色 | （每幀）26.3 × 33.3 | | 日本 私人 | |

畫家小傳：季灝。畫史無載。身世待考。

汪士佐

| 山水圖 | 軸 | 絹 | 設色 | 172.8 × 50.1 | | 日本 私人 | |

畫家小傳：汪士佐。畫史無載。身世待考。

名稱	形式	質地	色彩	尺寸 高×寬cm	創作時間	收藏處所	典藏號碼

李方鄒

| 古木竹石圖 | 軸 | 紙 | 水墨 | 82.3 × 40.8 | | 日本 私人 | |

畫家小傳：李方鄒。畫史無載。身世待考。

李 用

| 瀟湘晚翠圖 | 軸 | 紙 | 水墨 | 99.3 × 59.2 | | 日本 私人 | |

畫家小傳：李用。畫史無載。身世待考。

印 山

| 寒林圖 | 軸 | 綾 | 設色 | 138.4 × 48.1 | | 日本 私人 | |

畫家小傳：印山。畫史無載。身世待考。

王 瀾

| 關羽圖 | 軸 | 絹 | 設色 | 100.8 × 42.4 | | 日本 私人 | |

畫家小傳：王瀾。畫史無載。身世待考。

蔡應宣

| 山水圖 | 軸 | 紙 | 設色 | 125.6 × 33.1 | | 日本 私人 | |

畫家小傳：蔡應宣。畫史無載。身世待考。

孫 直

| 指畫人物、花卉雜畫（10幀） | 冊 | 絹 | 設色 | （每幀）21.8 × 25.7 | | 日本 私人 | |

畫家小傳：孫直。畫史無載。身世待考。

陳元基

| 梅竹圖（清人扇面合裝冊之1） | 摺扇面 紙 | | 設色 | 17 × 49.9 | | 日本 私人 | |

畫家小傳：陳元基。畫史無載。身世待考。

孫洪庚

| 菊石圖（清人扇面合裝冊之3） | 摺扇面 紙 | | 設色 | 17.3 × 53.5 | | 日本 私人 | |

名稱	形式	質地	色彩	尺寸 高x寬cm	創作時間	收藏處所	典藏號碼

畫家小傳：孫洪庚。畫史無載。身世待考。

南 窗

梅圖（清人扇面合裝冊之5）　摺扇面 紙　設色　17.1 x 49.6　　　　　日本 私人

畫家小傳：南窗。姓名、身世待考。

瘦 生

菊竹圖（清人扇面合裝冊之9）　摺扇面 紙　設色　17.7 x 49.6　　　　　日本 私人

畫家小傳：瘦生。姓名、身世待考。

雲 卿

仿惲壽平松石圖（清人扇面合　摺扇面 紙　設色　17.3 x 52.7　　　　　日本 私人
裝冊之11）

畫家小傳：雲卿。姓氏、身世待考。

王子讓

撫倪瓚秋山問奇圖　　軸　絹　設色　32.3 x 42.3　　　　　日本 福岡縣石道雄先生　50

畫家小傳：王子讓。畫史無載。身世待考。

王元珍

墨梅圖　　橫披　紙　水墨　32.8 x 139.5　　　　　日本 福岡縣石道雄先生　87

畫家小傳：王元珍。畫史無載。身世待考。

郭 瑚

關山夜月圖　　摺扇面 紙　設色　20 x 53.6　　　　　日本 福岡縣石道雄先生　8

畫家小傳：郭瑚。畫史無載。身世待考。

水 波

仿趙孟頫蘭圖（著圖書扇面合　摺扇面 金箋　水墨　16.8 x 51.2　　　　　日本 福岡縣石道雄先生
裝之1）

畫家小傳：水波。姓氏、身世待考。

李 轍

名稱	形式	質地	色彩	尺寸 高×寬㎝	創作時間	收藏處所	典藏號碼
山水（結字臨流圖）	軸	綾	水墨	165.5 × 55.1		日本 山口良夫先生	

畫家小傳：李轍。畫史無載。身世待考。

石 堅

名稱	形式	質地	色彩	尺寸 高×寬㎝	創作時間	收藏處所	典藏號碼
貓嬉圖	軸	紙	設色	63.4 × 33.9		日本 山口良夫先生	

畫家小傳：石堅。畫史無載。身世待考。

石企山人

名稱	形式	質地	色彩	尺寸 高×寬㎝	創作時間	收藏處所	典藏號碼
枇杷圖	軸	紙	水墨	108.5 × 51.5		日本 山口良夫先生	

畫家小傳：石企山人。姓名、身世待考。

惠 溪

名稱	形式	質地	色彩	尺寸 高×寬㎝	創作時間	收藏處所	典藏號碼
山水圖（金陵十二名家畫冊23 之12幀）	冊頁	紙	水墨	17.5 × 11.4		日本 東京細川護貞先生	

畫家小傳：惠溪。畫史無載。字孟臣。身世待考。

葉陰生

名稱	形式	質地	色彩	尺寸 高×寬㎝	創作時間	收藏處所	典藏號碼
雨後林香圖	軸	金箋	水墨	244.1 × 97.4		日本 大阪橋本大乙先生	

畫家小傳：葉陰生。畫史無載。身世待考。

金 坤

名稱	形式	質地	色彩	尺寸 高×寬㎝	創作時間	收藏處所	典藏號碼
松竹梅三友圖圖	軸	紙	水墨	128.6 × 55.3		日本 大阪橋本大乙先生	

畫家小傳：金坤。畫史無載。金陵人。身世待考。

陳 □

名稱	形式	質地	色彩	尺寸 高×寬㎝	創作時間	收藏處所	典藏號碼
仙源圖	軸	絹	設色	173 × 60.1		日本 江田勇二先生	

畫家小傳：陳煊□。姓名、身世待考。

瀚雲月

名稱	形式	質地	色彩	尺寸 高×寬㎝	創作時間	收藏處所	典藏號碼

為潤堂作山水圖　　　　　摺扇面 紙　　水墨　不詳　　　　　　　　　　　日本 江田勇二先生

畫家小傳：瀚雲月。畫史無載。身世待考。

周 崟

仿倪高士谿亭山色圖　　　軸　　紙　　水墨　不詳　　　　　　　　　　　日本 組田昌平先生

畫家小傳：周崟。畫史無載。身世待考。

蔣廷珍

一庭金彩圖（梅花）　　　軸　　藍箋　泥金　133.1 x 50.3　　　　　　　日本 私人

畫家小傳：蔣廷珍。畫史無載。身世待考。

劉 旼

山林秋色圖　　　　　　　軸　　紙　　設色　105.6 x 39.8　　　　　　　日本 東京林宗毅先生

畫家小傳：劉旼。畫史無載。身世待考。

朝 曦

蝦藻圖　　　　　　　　　軸　　紙　　水墨　103.9 x 30.3　　　　　　　日本 私人

畫家小傳：朝曦。畫史無載。身世待考。

徐琴壺

山水圖　　　　　　　　　軸　　綾　　水墨　144 x 39.4　　　　　　　　日本 盛田昭夫先生

畫家小傳：徐琴壺。畫史無載。身世待考。

李 邃

松鶴圖　　　　　　　　　軸　　絹　　設色　128.7 x 54.6　　　　　　　日本 盛田昭夫先生

畫家小傳：李邃。畫史無載。身世待考。

方岐臣

山水圖（為渭翁作）　　　軸　　綾　　設色　105.8 x 42.7　　　　　　　日本 盛田昭夫先生

名稱	形式	質地	色彩	尺寸 高x寬cm	創作時間	收藏處所	典藏號碼

畫家小傳：方岐臣。畫史無載。字屏山。身世待考。

陳曾則

蘭花圖	橫幅	紙	水墨	35.2 x 57.8		日本 盛田昭夫先生	
蘭竹石圖	摺扇面	金箋	水墨	16.2 x 50		日本 中埜又左衛門先生	

畫家小傳：陳曾則。畫史無載。身世待考。

蔡 翰

山水圖	軸	絹	設色	189.1 x 90.1		日本 東京小幡醇一先生	

畫家小傳：蔡翰。畫史無載。身世待考。

端木焯

寒林茅亭圖	軸	紙	水墨	100.6 x 32.6		日本 荻泉堂	

畫家小傳：端木焯。畫史無載。身世待考。

吳 竹

花石竹雀圖	軸	絹	設色	100.8 x 46.9		日本 東京小幡醇一先生	

畫家小傳：吳竹。畫史無載。身世待考。

陳光裕

花下將雛圖	軸	紙	設色	95.7 x 43.5		日本 染殿花院	

畫家小傳：陳光裕。畫史無載。秀水人。身世待考。

弘 震

山水圖	軸	絹	設色	143.8 x 89.7		日本 中埜又左衛門先生	

畫家小傳：弘震。畫史無載。身世待考。

汪 堂

歸牧圖	軸	紙	水墨	102.7 x 35.9		日本 中埜又左衛門先生	

名稱	形式	質地	色彩	尺寸 高x寬cm	創作時間	收藏處所	典藏號碼

畫家小傳：汪堂。畫史無載。身世待考。

張吾園

| 蘆雁圖 | 軸 | 絹 | 設色 | 129.9 x 34.8 | | 日本 森暢先生 | |

畫家小傳：張吾園。畫史無載。身世待考。

菲園主人

| 秋花圖 | 軸 | 絹 | 設色 | 不詳 | | 日本 東京張允中先生 | |

畫家小傳：菲園主人。姓名、身世待考。

松 庵

| 稼穡圖（？幅） | 軸 | 紙 | 設色 | （每幅）121.6 x 29.6 | | 日本 東京國立博物館 | |

畫家小傳：松庵。清號松庵者，有：華復，浙江杭縣人，能畫、善篆刻；程士璉，江蘇常熟人，善畫蘭竹，工篆刻。（見中國歷代書畫篆刻家字號索引）

鈍 根

| 秋蟬圖 | 摺扇面 | 紙 | 設色 | 19.1 x 57.3 | | 日本 東京國立博物館 | |

畫家小傳：鈍根。畫史無載。身世待考。

汪 琬

| 山水圖 | 軸 | 綾 | 水墨 | 不詳 | | 日本 江田勇二先生 | |

畫家小傳：汪琬。畫史無載。身世待考。

嚴府森

| 長松牡丹圖 | 軸 | 紙 | 設色 | 不詳 | | 韓國 首爾國立中央博物館 | |

畫家小傳：嚴府森。畫史無傳。身世待考。

鶴 隱

| 花蝶圖 | 冊頁 | 紙 | 設色 | 31.9 x 53.5 | | 韓國 首爾湖巖美術館 | 13-225 |

畫家小傳：鶴隱。姓名、身世待考。

張雲騰

名稱	形式	質地	色彩	尺寸 高x寬㎝	創作時間	收藏處所	典藏號碼
蓮鷺圖	摺扇面	絹	設色	16.6 x 49		韓國 首爾湖巖美術館	13-159

畫家小傳：張雲騰。畫史無傳。身世待考。

殷柏齡

| 山水圖（5幀） | 冊頁 | 金箋 | 設色 | （每幀）24.1 x 16.7 | | 韓國 首爾朴周煥先生 | |

畫家小傳：殷柏齡。畫史無載。身世待考。

張子嘉

| 山水圖 | 軸 | 絹 | 設色 | 206.5 x 51.7 | | 韓國 私人 | |

畫家小傳：張子嘉。畫史無載。身世待考。

尹祖懋

| 山水圖 | 軸 | 綾 | 設色 | 148.5 x 53.5 | | 香港 莊申先生 | S16-2 |

畫家小傳：尹祖懋。畫史無載。自署新州故鶴翁。身世待考。

高承謨

| 烏圓戲蝶圖 | 軸 | 紙 | 設色 | 不詳 | | 美國 波士頓美術館 | |

畫家小傳：高承謨。畫史無載。身世待考。

林 昌

| 歲朝清供圖 | 橫幅 | 紙 | 設色 | 30.8 x 43.3 | | 美國 哈佛大學福格藝術館 | 1923.150c |

畫家小傳：林昌。畫史無載。字海如。身世待考。

□大梅

| 夏景山水圖（撫高尚書法） | 軸 | 紙 | 水墨 | 26 x 32.5 | | 美國 普林斯頓大學藝術館 | 62-3 |

畫家小傳：□大梅。姓氏不詳。字夢泉。身世待考。

陳 焰

| 山水圖 | 摺扇面 | 絹 | 設色 | 17 x 51.6 | | 美國 普林斯頓大學藝術館 | 68-223 |

畫家小傳：陳焰。畫史無載。身世待考。

名稱	形式	質地	色彩	尺寸 高×寬㎝	創作時間	收藏處所	典藏號碼

程 龍

| 花卉圖 | 摺扇面 | 金箋 | 水墨 | 15.4 × 48.5 | | 美國 耶魯大學藝術館 | 1985.54.1 |

畫家小傳：程龍。畫史無載。身世待考。

馬玫圖

| 山水圖 | 軸 | 絹 | 水墨 | 164.3 × 97.8 | | 美國 耶魯大學藝術館（New-Haven 私人寄存） | |

畫家小傳：馬玫圖。畫史無載。身世待考。

寒 濤

| 山水圖 | 摺扇面 | 紙 | 水墨 | 15.3 × 47 | | 美國 紐約大都會藝術博物館 | |

畫家小傳：寒濤。姓氏、身世待考。

閔奕士

| 老子乘雲氣圖 | 軸 | 絹 | 水墨 | 101.8 × 51.8 | | 美國 華盛頓弗瑞爾藝術館 | 16.113 |

畫家小傳：閔奕士。畫史無載。身世待考。

張 雅

| 山水圖 | 軸 | 絹 | 設色 | 142.6 × 40.2 | | 美國 芝加哥大學藝術博物館 | 1974.95 |

畫家小傳：張雅。畫史無載。身世待考。

張文治

| 山水人物圖 | 紈扇面 | 絹 | 水墨 | 24.7 × 25 | | 美國 聖路易斯市立藝術館 | 1231.20 |

畫家小傳：張文治。畫史無載。身世待考。

劉 文

| 仿李唐山水圖 | 軸 | 絹 | 設色 | 162.2 × 86.8 | | 美國 聖路易斯市藝術館 | 23.1985 |

畫家小傳：劉文。畫史無載。身世待考。

李桂豪

| 關羽圖 | 軸 | 紙 | 設色 | 118.4 × 59.8 | | 美國 印地安那波里斯市藝術 | 1991.21 |

名稱	形式	質地	色彩	尺寸 高x寬cm	創作時間	收藏處所	典藏號碼
						博物館	

畫家小傳：李桂豪。畫史無載。身世待考。

馮 祥

| 花卉圖（8幀） | 冊 | 紙 | 水墨 | （每幀）24.8 x 29.3 | | 美國 印地安那波里斯市藝術博物館 | 77.345-352 |

畫家小傳：馮祥。畫史無載。身世待考。

陶 然

| 山水圖（12幀） | 冊 | 紙 | 設色 | （每幀）13.7 x 21 | | 美國 印地安那波里斯市藝術博物館 | 1991.19 |

畫家小傳：陶然。畫史無載。身世待考。

沈 鵬

| 蘭花圖 | 冊頁 | 紙 | 水墨 | 30.5 x 24.1 | | 美國 舊金山亞洲藝術館 | B69 D51 |

畫家小傳：沈鵬。畫史無載。身世待考。

張承泉

| 蔬果花卉圖 | 軸 | 絹 | 設色 | 121.9 x 30.1 | | 美國 舊金山亞洲藝術館 | B65 D7 |

畫家小傳：張承泉。畫史無載。身世待考。

馬 瑞

| 米法山水圖 | 軸 | 紙 | 水墨 | 127.7 x 51.9 | | 美國 勃克萊加州大學藝術館 | 1983.24.3 |

畫家小傳：馬瑞。畫史無載。身世待考。

楊東正

| 山水圖（12幀） | 冊 | 紙 | 設色 | （每幀）26.2 x 34.3 | | 美國 加州史坦福大學藝術博物館 | 83.247 |

畫家小傳：楊東正。畫史無載。身世待考。

徐 潤

| 山水圖 | 軸 | 紙 | 水墨 | 135.8 x 45.9 | | 美國 火魯奴奴 Hutchinson 先 | |

名稱	形式	質地	色彩	尺寸 高x寬cm	創作時間	收藏處所	典藏號碼

生

畫家小傳：徐潤。畫史無載。身世待考。

楊 濱

| 鍾馗像 | 軸 | 絹 | 設色 | 78.5 x 39.9 | | 美國 西雅圖市藝術館 | 5.51 |

畫家小傳：楊濱。畫史無載。身世待考。

白塔禧

| 鷲熊圖 | 軸 | 紙 | 設色 | 161 x 90.7 | | 英國 倫敦大英博物館 | 1910.2.12.45 9(ADD135) |

畫家小傳：白塔禧。畫史無載。身世待考。

夏文鉉

| 松梅嬉雀圖 | 冊頁 | 絹 | 設色 | 26.7 x 39.2 | | 英國 倫敦大英博物館 | 1896.5.11.15 （ADD 132） |

畫家小傳：夏文鉉。畫史無載。身世待考。

何作裕

| 蘇軾與米芾故事圖 | 軸 | 紙 | 設色 | 155.6 x 38.9 | | 英國 倫敦大英博物館 | 1943.2.13.07 （ADD197） |
| 吳六奇與孝廉故事圖 | 軸 | 紙 | 設色 | 155.6 x 38.9 | | 英國 倫敦大英博物館 | 1943.2.13.08 （ADD198） |

畫家小傳：何作裕。畫史無載。身世待考。

孫 益

| 蘆鴨圖 | 軸 | 絹 | 設色 | 159.3 x 96.5 | | 英國 倫敦大英博物館 | 1936.10.9.065 （ADD145） |

畫家小傳：孫益。畫史無載。身世待考。

謝文禮

| 西王母圖 | 軸 | 紙 | 設色 | 100.1 x 39.9 | | 英國 倫敦大英博物館 | 1910.2.12.568 （ADD 319） |

畫家小傳：謝文禮。畫史無載。浙江人。身世待考。

名稱	形式	質地	色彩	尺寸 高x寬cm	創作時間	收藏處所	典藏號碼

禄嘉賓

| 松鷹熊圖 | 軸 | 紙 | 設色 | 161.1 x 90.7 | | 英國 倫敦大英博物館 | |

畫家小傳：禄嘉賓。畫史無載。身世待考。

彌　生

| 山水圖 | 摺扇面 紙 | | 設色 | 16.7 x 49.3 | | 德國 柏林東亞藝術博物館 | 1988-327 |

畫家小傳：彌生。姓氏不詳。身世待考。

王宗洛

| 花卉圖 | 摺扇面 紙 | | 設色 | 18.2 x 54.7 | | 德國 柏林東亞藝術博物館 | 1988-347 |

畫家小傳：王宗洛。畫史無載。身世待考。

雲道人

| 泉竹月色圖 | 軸 | 絹 | 水墨 | 246.8 x115.2 | | 德國 科隆東亞藝術博物館 | A55.11 |

畫家小傳：雲道人。姓名、身世待考。

韓　濬

| 山水圖 | 摺扇面 紙 | | 設色 | 18.4 x 52.5 | | 德國 科隆東亞藝術博物館 | A81.1 |

畫家小傳：韓濬。畫史無載。身世待考。

寓　五

山水圖	冊頁	紙	水墨	不詳		德國 科隆東亞藝術博物館	
人物圖	冊頁	紙	設色	不詳		德國 科隆東亞藝術博物館	
人物	冊頁	紙	設色	不詳		德國 科隆東亞藝術博物館	

畫家小傳：寓五。畫史無載。身世待考。

沈一張

| 山水圖 | 冊頁 | 紙 | 設色 | 24.2 x 29.2 | | 德國 科隆東亞藝術博物館 | |

畫家小傳：沈一張。畫史無載。身世待考。

仲　廉

| 花卉圖 | 冊頁 | 紙 | 水墨 | 38.2 x 33 | | 德國 漢堡 Museum für Kerst and Gewerbe | |

名稱	形式	質地	色彩	尺寸 高x寬cm	創作時間	收藏處所	典藏號碼

畫家小傳：仲廉。姓氏不詳。身世待考。

沈稚周

| 高士讀書圖 | 摺扇面 紙 | | 設色 | 17.3 × 51.7 | | 瑞士 蘇黎士黎得堡博物館 | |

畫家小傳：沈稚周。畫史無載。身世待考。

黃孝許

| 山水圖 | 摺扇面 紙 | | 水墨 | 18.3 × 51 | | 瑞士 蘇黎士黎得堡博物館 | |

畫家小傳：黃孝許。畫史無載。身世待考。

邵承裕

| 山水圖 | 摺扇面 紙 | | 水墨 | 18.8 × 53.4 | | 瑞士 蘇黎士黎德堡博物館（蘇黎士私人寄存） | |

畫家小傳：邵承裕。畫史無載。身世待考。

陸松雲

| 山水圖 | 摺扇面 紙 | | 水墨 | 18.5 × 51 | | 瑞士 蘇黎士黎德堡博物館（蘇黎士私人寄存） | |

畫家小傳：陸松雲。畫史無載。身世待考。

周作楫

| 叭叭鳥圖 | 摺扇面 紙 | | 設色 | 18 × 57.5 | | 捷克 布拉格 Narodoni Gale-rie v Praze | Vm505-1171/107 |

畫家小傳：周作楫。畫史無載。身世待考。

維 新

| 花卉圖 | 軸 紙 | | 設色 | 43 × 32.5 | | 捷克 布拉格 Narodoni Museum v Praze-Naprstokovo Museum, | 19274 |

畫家小傳：維新。畫史無載。身世待考。

凌 益
附：

| 山溪賞月圖 | 摺扇面 紙 | | 設色 | 16 × 50 | | 紐約 佳士得藝品拍賣公司/拍 | |

名稱	形式	質地	色彩	尺寸 高x寬cm	創作時間	收藏處所	典藏號碼
						賣目錄 1984.06.29.	

畫家小傳：凌益。畫史無載。身世待考。

李 御

附：

| 山水（11幀） | 冊 | 紙 | 設色 | （每幀）24 ×
30 | | 紐約 佳士得藝品拍賣公司/拍
賣目錄 1989.12.04 | |

畫家小傳：李御。畫史無載。身世待考。

錢 潮

附：

| 花鳥、草蟲圖（8幀） | 冊 | 絹 | 設色 | （每幀）20.5
× 21.5 | | 紐約 佳士得藝品拍賣公司/拍
賣目錄 1990,11,28. | |

畫家小傳：錢潮。畫史無載。身世待考。

孔 宣

附：

| 案供瓶花圖 | 軸 | 紙 | 設色 | 82.2 × 37.4 | | 紐約 蘇富比藝品拍賣公司/拍
賣目錄 1982,06,04. | |

畫家小傳：孔宣。畫史無載。身世待考。

楊士傑

附：

| 花下雄雞圖 | 軸 | 紙 | 設色 | 128.2 × 30.7 | | 紐約 蘇富比藝品拍賣公司/拍
賣目錄 1981,11,07. | |

畫家小傳：楊士傑。畫史無載。錢塘西泠人，寓居上海。身世待考。

李 彬

附：

| 街頭賣藝人 | 摺扇面 紙 | | 設色 | 17.8 × 49.5 | | 紐約 蘇富比藝品拍賣公司/拍
賣目錄 1981,11,07. | |

畫家小傳：李彬。畫史無載。字君質。身世待考。

曹克家

名稱	形式	質地	色彩	尺寸 高x寬cm	創作時間	收藏處所	典藏號碼

附：

花卉貓石圖（曹克家畫貓，汪 溶補景） — 橫幅 紙 設色 31.7 x 63.5 — 紐約 蘇富比藝品拍賣公司/拍賣目錄 1981,11,07.

畫家小傳：曹克家。畫史無載。身世待考。

汪 溶

附：

花卉貓石圖（曹克家畫貓，汪 溶補景） — 橫幅 紙 設色 31.7 x 63.5 — 紐約 蘇富比藝品拍賣公司/拍賣目錄 1981,11,07.

畫家小傳：汪溶。畫史無載。身世待考。

沈經遠

附：

閒步看山圖 — 軸 紙 水墨 141 x 39 — 紐約 蘇富比藝品拍賣公司/拍賣目錄 1981,11,07.

畫家小傳：沈經遠。畫史無載。身世待考。

寄 庵

附：

策杖尋勝圖 — 軸 紙 設色 64.8 x 32.7 — 紐約 蘇富比藝品拍賣公司/拍賣目錄 1980,12,19.

畫家小傳：寄庵。姓名、身世待考。

陸 恢

名稱	形式	質地	色彩	尺寸	創作時間	收藏處所
三壽作朋圖（陸恢、翁雒合作）	卷	紙	設色	不詳	癸丑（咸豐三年，1853）正月	北京 故宮博物院
嶽麓紀遊圖	卷	紙	設色	不詳	壬辰（光緒十八年，1892）九月九日	上海 上海博物館
浯溪澹巖前後圖	卷	紙	設色	不詳	癸巳（光緒十九年，1893）春晚	上海 上海博物館
窗齋集古圖（任薰、陸恢窗齋集古圖卷2之1段）	卷	絹	設色	不詳		上海 上海博物館
西湖遊賞圖	卷	絹	設色	不詳	丙戌（光緒十二年，1886）春仲	南京 南京博物院

名稱	形式	質地	色彩	尺寸 高x寬㎝	創作時間	收藏處所	典藏號碼
松隱庵讀書圖（陸恢、金東、顧澐合畫，為伯雲作）	卷	紙	設色	不詳	乙未（光緒二十一年，1895）重九	常州 江蘇省常州市博物館	
山水圖（凝碧灣淙碧亭）	卷	紙	水墨	23.3 x 163.6	丁未（光緒三十三年，1907）七月	日本 京都國立博物館（上野有竹齋寄贈）	A甲 192
仿北苑溪山圖	軸	紙	水墨	273.7 x 74.1		台北 故宮博物院	國贈 024864
仿新羅山人野燒圖	軸	紙	設色	不詳		台北 故宮博物院	國贈 031098
幽澗古松圖	軸	紙	淺設色	112.5 x 39.9	丁未（光緒三十三年，1907）	台北 市立美術館	
鷗波春色（四時山水圖之1）	軸	紙	設色	360 x 71.1		台北 清玩雅集	
北苑夏山（四時山水圖之2）	軸	紙	設色	360 x 71.1		台北 清玩雅集	
黃鶴秋風（四時山水圖之3）	軸	紙	設色	360 x 71.1		台北 清玩雅集	
華原旅蹟（四時山水圖之4）	軸	紙	設色	360 x 71.1	宣統元年（己酉，1909）冬晚	台北 清玩雅集	
柳枝三雀圖	軸	紙	設色	130.5 x 48.5		台北 張添根養和堂	
臨漢石室羅漢畫像	軸	紙	設色	101 x 41	壬寅（光緒二十八年，1902）冬至	台中 台灣省立美術館	
墨梅圖（為平泉作）	橫幅	紙	水墨	66 x 125.6	丁巳（民國六年，1917）二月	香港 香港大學馮平山博物館	HKU.P.67.1
花鳥圖（4幅）	軸	絹	設色	（每幅）28.2 x 45.3	丁酉（光緒二十三年，1897）	北京 故宮博物院	
百菊雄鷄圖	軸	紙	設色	不詳	丁酉（光緒二十三年，1897）十月	北京 故宮博物院	
柳鵝圖	軸	紙	設色	134.8 x 41	庚子（光緒二十六年，1900）	北京 故宮博物院	
窹歌軒圖	軸	紙	設色	106 x 35	癸卯（光緒二十九年，1903）正月廿四日	北京 故宮博物院	
餞春圖	軸	紙	設色	178 x 94.6	丁未（光緒三十三年，1907）	北京 故宮博物院	
玉堂富貴圖	軸	紙	設色	184.5 x 96	宣統三年辛亥（1911）	北京 故宮博物院	
丹荔紅蕉圖	軸	紙	設色	不詳	甲寅（民國三年，	北京 故宮博物院	

名稱	形式	質地	色彩	尺寸 高x寬㎝	創作時間	收藏處所	典藏號碼
					1914）夏		
小圃像（陸恢、蔡月槎合作）	軸	紙	設色	不詳	壬午（光緒八年，1882）	北京 中央工藝美術學院	
浮巒暖翠圖	軸	紙	設色	117 x 38	丙辰（民國五年，1916）	石家莊 河北省博物館	
（臨郭熙）雪景山水圖	橫幅	紙	設色	93.6 x 109.1	光緒十九年，癸巳（1893）秋九月	上海 上海博物館	
晴巒暖翠圖	軸	紙	設色	不詳	丁未（光緒三十三年，1907）	上海 上海博物館	
薔薇圖	軸	紙	設色	不詳	丁未（光緒三十三年，1907）	上海 上海博物館	
南嶽雲開圖（為伯雨作）	軸	紙	設色	不詳	辛亥（宣統三年，1911）初夏	上海 上海博物館	
山堂讀易圖	軸	紙	設色	不詳	乙卯（民國四年，1915）	上海 上海博物館	
汪郎亭像圖（與吳大澂合畫）	軸	紙	設色	不詳	壬辰（光緒十八年，1892）秋	南京 南京博物院	
浦口奇峰圖	軸	紙	設色	不詳	丁未（光緒三十三年，1907）	南京 南京博物院	
匡廬春霽圖	軸	紙	設色	不詳	丙辰（民國五年，1916）	南京 南京博物院	
花卉圖（16幅）	軸	金箋	設色	205.5 x 449	宣統元年，己酉（1909）十二月	南京 南京博物院	
百事如意圖（陸恢、□良材、趙雲壑、倪田、黃山壽合作）	軸	紙	設色	不詳		南京 南京市博物館	
仿石濤山水圖	軸	紙	設色	145 x 38.5		昆山 崑崙堂美術館	
水閣青山圖	軸	紙	設色	不詳	丙子（光緒二年，1876）	杭州 浙江省博物館	
歲朝清供圖	軸	紙	設色	不詳	辛亥（宣統三年，1911）	德清 浙江省德清縣博物館	
春雲滿塢圖	軸	紙	設色	不詳	乙卯（民國四年，1915）	廣州 廣東省博物館	
仿王紱三清圖	軸	紙	水墨	178.8 x 68.2	甲寅（民國三年，1914）三月望日	日本 京都國立博物館（上野有竹齋寄贈）	A甲 219 典藏號碼
古翠圖（古柏圖）	軸	綾	水墨	157.3 x 41.3	甲寅（民國三年，	日本 兵庫縣住友吉左衛門先	

名稱	形式	質地	色彩	尺寸 高x寬cm	創作時間	收藏處所	典藏號碼
					1914）春日	生	
山塢雲歸圖	軸	綾	水墨	148.9 × 41	甲寅（民國三年，1914）長夏	日本 大阪市立美術館	
仿燕肅青綠山水圖	摺扇面	紙	設色	不詳		台北 故宮博物院	國贈 031097
山水圖	摺扇面	紙	設色	不詳		台北 故宮博物院	國贈 025008-1
山水圖	摺扇面	紙	設色	不詳		台北 故宮博物院	國贈 025008-2
松下眠琴圖	摺扇面	紙	設色	19.3 × 54.2		北京 故宮博物院	
雜畫（8幀）	冊	絹	設色	（每幀）27 × 34.5	辛卯（光緒十七年，1891）正月五日	上海 上海博物館	
臨各家山水圖（10幀）	冊	紙	設色	（每幀）26.4 × 34.3	癸卯（光緒二十九年，1903）七月	上海 上海博物館	
摹古山水圖（12幀，為鞏伯作）	冊	紙	設色	（每幀）54.1 × 34.6	戊申（光緒三十四年，1908）三月	南京 南京博物院	
山水花卉團扇面（10幀）	冊	絹	設色	不詳	戊戌（光緒二十四年，1898）	蘇州 江蘇省蘇州博物館	
鄧尉尋春圖（郭驥、陸恢合冊2之1幀）	冊頁	紙	設色	不詳		蘇州 江蘇省蘇州博物館	
廉州設色山水圖（為曉霞仁兄大人作）	摺扇面	紙	設色	17 × 52	己亥(光緒二十五年，1899)四月	昆山 崑崙堂美術館	
摹古人物圖（10幀）	冊	絹	設色	（每幀）28 × 35.8		美國 鳳凰市美術館(Mr.Roy And Marilyn Papp 寄存）	
附：							
花果圖	卷	絹	設色	33 × 543	己亥（光緒二十五年，1899）正月	香港 佳士得藝品拍賣公司/拍賣目錄 1989,09,25.	
花鳥圖	卷	紙	設色	32.5 × 583	乙酉（光緒十一年，1885）冬日	香港 佳士得藝品拍賣公司/拍賣目錄 1990,03,19.	
沒骨百花圖	卷	絹	設色	29.5 × 640	辛丑（光緒二十七年，1901）秋七月七日	香港 佳士得藝品拍賣公司/拍賣目錄 1998,04,26.	
臨戴熙山水圖	軸	紙	水墨	不詳	光緒癸卯（二十九年，1903）	上海 朵雲軒	
臨董源秋山圖	軸	紙	設色	不詳	庚申（民國九年，1920）新正	上海 朵雲軒	
桂花圖	軸	紙	設色	不詳	庚申（民國九年，1920）	上海 朵雲軒	

名稱	形式	質地	色彩	尺寸 高×寬㎝	創作時間	收藏處所	典藏號碼
豆架圖	軸	紙	設色	不詳		上海 朵雲軒	
花卉圖	軸	紙	設色	不詳		上海 朵雲軒	
花卉圖	軸	紙	設色	不詳		上海 朵雲軒	
花果圖	軸	紙	設色	不詳		上海 朵雲軒	
花果圖	軸	紙	設色	不詳		上海 朵雲軒	
貓圖	軸	紙	設色	不詳		上海 朵雲軒	
博古瓶梅圖	軸	紙	設色	不詳	庚子（光緒二十六年，1900）	上海 上海文物商店	
嬰戲圖	軸	紙	設色	101.1 × 60	己酉（宣統元年，1909）	上海 上海文物商店	
富春大嶺停雲圖	軸	紙	設色	不詳	己未（民國八年，1919）長夏	上海 上海文物商店	
簾幙迎涼圖	軸	絹	設色	不詳		上海 上海文物商店	
羅漢圖	軸	紙	設色	不詳	丁巳（民國六年，1917）	常州 常州市文物商店	
秋日山居圖	軸	紙	設色	不詳	丁巳（民國六年，1917）	常州 常州市文物商店	
山城春雨圖	軸	紙	設色	不詳		常州 常州市文物商店	
松巖觀瀑圖	軸	紙	設色	96 × 44		紐約 佳士得藝品拍賣公司/拍賣目錄 1983,11,30.	
丹實秋成圖	軸	紙	設色	145 × 39.7	丁未（光緒三十三年，1907）清明日	紐約 蘇富比藝品拍賣公司/拍賣目錄 1984,12,05.	
鷗波春色圖（仿古四季山水圖之1）	軸	紙	設色	362 × 71		香港 蘇富比藝品拍賣公司/拍賣目錄 1986,05,22.	
北苑夏山圖（仿古四季山水圖之2）	軸	紙	設色	362 × 71		香港 蘇富比藝品拍賣公司/拍賣目錄 1986,05,22.	
黃鶴秋風圖（仿古四季山水圖之3）	軸	紙	設色	362 × 71		香港 蘇富比藝品拍賣公司/拍賣目錄 1986,05,22.	
華原旅蹟圖（仿古四季山水圖之4）	軸	紙	設色	362 × 71		香港 蘇富比藝品拍賣公司/拍賣目錄 1986,05,22.	
描金花卉圖（8幅）	軸	黑藍箋	金色	（每幅）139 × 23.5	甲午（光緒二十年，1894）夏日	紐約 佳士得藝品拍賣公司/拍賣目錄 1989,12,04.	
仿董源山水圖	軸	紙	設色	180 × 48		香港 佳士得藝品拍賣公司/拍賣目錄 1998,04,26.	
貓石花鳥圖（4幅）	軸	絹	設色	（每幅）113	甲申（光緒十年，	香港 佳士得藝品拍賣公司/拍	

名稱	形式	質地	色彩	尺寸 高×寬cm	創作時間	收藏處所	典藏號碼
				× 23.5	1884）冬日	賣目錄 1998,11,02.	
餞春圖	軸	紙	設色	69 × 40.5	己未（民國八年，1919）二月	香港 佳士得藝品拍賣公司／拍賣目錄 1998,11,02.	
高嶺層煙圖	橫幅	紙	設色	33 × 49		香港 佳士得藝品拍賣公司／拍賣目錄 1998,11,02.	
澹冶秋山圖	軸	紙	設色	147.3 × 80	辛亥（宣統三年，1911）仲秋	香港 蘇富比藝品拍賣公司／拍賣目錄 1999,10,31.	
仿元四家山水圖（4幅）	軸	紙	設色、水墨	（每幅）172.3 × 45		香港 蘇富比藝品拍賣公司／拍賣目錄 1999,10,31.	
山水圖（為珍侯仁兄大人作）	摺扇面	紙	水墨	14 × 39	庚戌(宣統二年，1910)六月	紐約 佳士得藝品拍賣公司／拍賣目錄 1984,06,29.	
山水圖	摺扇面	紙	設色	18.3 × 52.7	丁未(光緒三十三年，1907)	紐約 蘇富比藝品拍賣公司／拍賣目錄 1984,12,05.	
山水圖	摺扇面	紙	設色	17.4 × 49.5	己亥(光緒二十五年，1899)	紐約 蘇富比藝品拍賣公司／拍賣目錄 1984,12,05.	
山水圖	摺扇面	紙	設色	18.5 × 45.6		香港 佳士得藝品拍賣公司／拍賣目錄 1995,04,30.	
花間犬戲圖（任頤、陸恢合作）	摺扇面	紙	設色	19 × 52.5	庚辰（光緒六年，180）秋仲	香港 佳士得藝品拍賣公司／拍賣目錄 1995,04,30.	
山居圖	摺扇面	紙	設色	18.2 × 45.8	壬寅（光緒二十八年，1902）六月	香港 佳士得藝品拍賣公司／拍賣目錄 1995,04,30.	
桃花鱖魚圖	摺扇面	金箋	設色	18 × 53	丁亥（光緒十三年，1887）秋	香港 佳士得藝品拍賣公司／拍賣目錄 1995,04,30.	
蔬果圖（8幀）	冊	絹	設色	？	丙午（光緒三十二年，1906）	紐約 佳士得藝品拍賣公司／拍賣目錄 1995,04,30.	

畫家小傳：陸恢。字廉夫。號狷盦。江蘇吳江人。生於文宗咸豐元（1851）年。卒於民國九（1920）年。精鑑別，善書法。工畫山水、花卉，取法古今各家而不拘一格。曾客吳大澂幕。（見寒松閣談藝瑣錄、韜養齋筆記、中國畫家人名大辭典）

梅寶璐

名稱	形式	質地	色彩	尺寸 高×寬cm	創作時間	收藏處所	典藏號碼
摹原濟自畫像	軸	紙	設色	不詳	光緒二年（丙子，1876）立秋	北京 故宮博物院	

畫家小傳：梅寶璐。畫史無載。署款紀年作品見於德宗光緒二(1876)年。身世待考。

向　鏞

名稱	形式	質地	色彩	尺寸 高x寬㎝	創作時間	收藏處所	典藏號碼
竹石圖	軸	紙	水墨	不詳	丙子（？光緒二年，1876）	南京 南京博物院	

畫家小傳：向鏞。畫史無載。流傳署款作品紀年疑為德宗光緒二（1876）年。身世待考。

林 紓

名稱	形式	質地	色彩	尺寸 高x寬㎝	創作時間	收藏處所	典藏號碼
□隱圖（第2卷）	卷	紙	水墨	不詳	壬子（民國元年，1912）五月	北京 故宮博物院	
仿王翬山水圖	卷	紙	設色	不詳	丁巳（民國六年，1917）二月花朝	北京 故宮博物院	
沐月讀書圖	軸	紙	水墨	82.2 × 39.4	庚戌（宣統二年，1910）長夏	台北 市立美術館	
碧峰樓閣圖	軸	絹	青綠	80 × 32	壬戌（民國十一年，1922）春日	台北 國泰美術館	
靈巖龍湫圖	軸	紙	設色	146 × 79	壬戌（民國十一年，1922）閏五月	台北 清玩雅集	
雪景圖	軸	紙	水墨	31 × 35		埔里 蕭再火先生	
花卉圖（牡丹）	摺扇面	紙	設色	18.5 × 52		台北 台灣博物館	AH000767
附：							
雪景圖	卷	紙	設色	23.5 × 130.1		香港 蘇富比藝品拍賣公司/拍賣目錄1999,10,31.	
雪景圖	軸	紙	水墨	132.5 × 31.5		紐約 佳士得藝品拍賣公司/拍賣目錄1984,06,29.	
山水圖	軸	紙	設色	118.8 × 46.8		紐約 蘇富比藝品拍賣公司/拍賣目錄1984,12,05.	
家鄉佳景圖	軸	紙	水墨	177.8 × 96	乙卯（民國四年，1915）四月	紐約 佳士得藝品拍賣公司/拍賣拍賣1988,11,30.	
雪景山水圖	軸	絹	設色	133.5 × 32.5	癸亥（民國十二年，1923）十月	紐約 佳士得藝品拍賣公司/拍賣目錄1992,06,02.	
清暉翠微圖	軸	絹	設色	133.3 × 67.3		香港 蘇富比藝品拍賣公司/拍賣目錄1999,10,31.	

畫家小傳：林紓。初名群玉。字琴南。號畏廬。福建閩縣人，曾寓台灣台南。生於文宗咸豐二（1852）年。卒於民國十三（1924）年。以譯歐、美文學見稱於時。工畫山水、花鳥。（見陳衍林紓傳、江中衡讀畏廬老人遺畫記、中華畫人室筆記、中國畫家人名大辭典、清代台南府城書畫展覽專集）

潘振鏞

名稱	形式	質地	色彩	尺寸 高×寬㎝	創作時間	收藏處所	典藏號碼
仕女圖（4幅）	軸	紙	設色	（每幅）133×22	光緒庚子（二十六年，1900）秋七月	昆山　崑崙堂美術館	
人物圖（朱偁等雜畫冊10之1幀）	冊頁	紙	設色	不詳		天津　天津市藝術博物館	
附：							
柳蔭仕女圖	軸	絹	設色	111.7 × 26.7		紐約　蘇富比藝品拍賣公司/拍賣目錄1986,09,25、26.	
仕女圖（12幀）	冊	絹	設色	（每幀）13.3×15.3	光緒辛巳（七年，1881）	香港　蘇富比藝品拍賣公司/拍賣目錄1986,05,22.	

畫家小傳：潘振鏞。字承伯。號雅聲。江蘇秀水人。生於文宗咸豐二(1852)年，卒於民國十(1921)年。為潘楷孫，潘大臨子。承繼家學，工書畫。畫仕女法費丹旭，筆墨清輕淡雅，潔淨無塵；畫花卉師甌香館，亦似之；間作山水，法近文徵明。（見郭氏藝林悼友錄、中國畫家人名大辭典）

龔　海

名稱	形式	質地	色彩	尺寸 高×寬㎝	創作時間	收藏處所	典藏號碼
水閣琴韻圖	軸	紙	設色	不詳		南京　南京博物院	
雲山林屋圖	軸	紙	設色	不詳	丁丑（？光緒三年，1877）	杭州　浙江省博物館	
附：							
聽泉圖	軸	紙	水墨	170.8 × 43		香港　佳士得藝品拍賣公司/拍賣目錄1991,03,18.	

畫家小傳：龔海。字岳庵。海門人，流寓上海。善畫山水，師法北宗而頗具墨彩。流傳署款作品紀年疑似德宗光緒三（1877）年。（見墨林今話續編、海上墨林、中國畫家人名大辭典）

項文彥

名稱	形式	質地	色彩	尺寸 高×寬㎝	創作時間	收藏處所	典藏號碼
淪茗清話圖	卷	紙	設色	不詳	光緒甲午（二十年，1894）正月	北京　中國歷史博物館	
松亭聽泉圖	軸	紙	水墨	130 × 67.5	辛卯（光緒十七年，1891）中秋	台北　長流美術館	
溪山策杖圖（為文本作）	軸	紙	水墨	不詳	乙未（光緒二十一年，1895）五月	瀋陽　故宮博物館	
仿徐幼文山水圖（為安國作）	軸	紙	水墨	不詳	庚子（光緒二十六年，1900）五月	北京　故宮博物院	
竹林烹茶圖照會（為芝舸作）	橫幅	紙	設色	不詳	光緒丁丑（三年，1877）	青島　山東省青島市博物館	
臨黃公望山水圖	軸	紙	水墨	100.2 × 31.3		美國　耶魯大學藝術館	1945.379

名稱	形式	質地	色彩	尺寸 高x寬cm	創作時間	收藏處所	典藏號碼
山水圖（2幅）	軸	紙	水墨	（每幅）36.3 x 32.8		美國 辛辛那提市藝術館	RAk1991-3a,b
山水圖（4幅）	軸	紙	設色	（每軸）74.2 x 39.9		美國 辛辛那提市藝術館	RAk1991-2a,b ,c,d
山水圖（鄭士芳、項文彥山水合冊11之5幀）	冊頁	紙	設色	不詳	光緒甲午（二十年，1894）	天津 天津市藝術博物館	
山水圖	摺扇面	紙	水墨	18 x 52.2		美國 哈佛大學福格藝術館	
附：							
雪樹秋嵐圖	軸	絹	設色	133.3 x 64.1	戊寅（光緒四年，1878）春日	紐約 佳士得藝品拍賣公司/拍賣目錄 1988,06,02.	
臨張擇端清明上河圖	卷	絹	設色	25.7 x 313	壬辰（光緒十八年，1892）春日	紐約 蘇富比藝品拍賣公司/拍賣目錄 1988,11,30.	

畫家小傳：項文彥。字蔚如。山陽人。曾官山東通濟橋閘官。善畫山水，遠參雲林、子久，近承王鑑、王原祁，筆致蒼勁，墨氣淹潤。流傳署款紀年作品見於德宗光緒三（1877）至二十六（1900）年。（見韜養齋筆記、中國畫家人名大辭典）

馮鏡如

| 蘭石圖 | 軸 | 紙 | 水墨 | 132 x 44.9 | 丁丑（光緒三年，1877）春三月 | 日本 東京藝術大學美術館 | 501 |

畫家小傳：馮鏡如。畫史無載。字指華。流傳署款紀年作品見於德宗光緒三（1877）年。身世待考。

程 嶼

| 山水圖（？幀） | 冊 | 紙 | 水墨 | （每幀）22.7 x 24.8 | | 杭州 浙江省博物館 | |

畫家小傳：程嶼。畫史無載。身世待考。

程 祿

| 山水圖（12幀） | 冊 | 紙 | 設色 | 不詳 | | 杭州 浙江省博物館 | |

畫家小傳：程祿。畫史無載。身世待考。

顧 威

| 溪山漁樂圖 | 卷 | 紙 | 設色 | 不詳 | | 杭州 浙江省博物館 | |

畫家小傳：顧威。畫史無載。身世待考。

周 書

| 鶴氅踏雪圖 | 軸 | 絹 | 設色 | 不詳 | | 杭州 浙江省博物館 | |

名稱	形式	質地	色彩	尺寸 高x寬cm	創作時間	收藏處所	典藏號碼

畫家小傳：周書。畫史無載。身世待考。

余　鴻

| 元木像 | 軸 | 絹 | 設色 | 不詳 | | 杭州 浙江省博物館 | |

畫家小傳：余鴻。畫史無載。身世待考。

陶方琦

| 蘭花圖 | 卷 | 絹 | 水墨 | 不詳 | | 紹興 浙江省紹興市博物館 | |

畫家小傳：陶方琦。字子縝。浙江會稽人。德宗光緒三（1877）年進士。善詩詞，芊綿綺麗，為越縵先生之高弟。又工畫花卉。（見寒松
　　　　　閣談藝瑣錄、中國畫家人名大辭典）

舒　浩

| 人物圖（朱偁等雜畫冊10之 | 冊頁 | 紙 | 設色 | 不詳 | | 天津 天津市藝術博物館 | |
| 1幀） | | | | | | | |

畫家小傳：舒浩。號萍橋。浙江寧波人。工畫人物、山水、花鳥，筆致工細縝密，雅秀天然。（見海上墨林、中國畫家領航員大辭典）

宋石年

| 人物圖（朱偁等雜畫冊10之 | 冊頁 | 紙 | 設色 | 不詳 | | 天津 天津市藝術博物館 | |
| 1幀） | | | | | | | |

畫家小傳：宋石年。畫史無載。身世待考。

顧　思

| 人物圖（朱偁等雜畫冊10之 | 冊頁 | 紙 | 設色 | 不詳 | | 天津 天津市藝術博物館 | |
| 1幀） | | | | | | | |

畫家小傳：顧思。畫史無載。身世待考。

織華女史

| 人物圖（朱偁等雜畫冊10之 | 冊頁 | 紙 | 設色 | 不詳 | | 天津 天津市藝術博物館 | |
| 1幀） | | | | | | | |

畫家小傳：織華女史。畫史無載。姓名不詳。待考。

吳淑娟

| 山水圖 | 軸 | 紙 | 水墨 | 107.5 x 44.5 | | 台北 張添根養和堂 | |

名稱	形式	質地	色彩	尺寸 高x寬㎝	創作時間	收藏處所	典藏號碼
柿樹圖	軸	紙	設色	不詳	癸亥（民國十二年，1923）秋日	北京 故宮博物院	
青山幽居圖	軸	絹	設色	129.4 x 39.7	癸亥（民國十二年，1923）春二月	日本 大阪市立美術館	

畫家小傳：吳淑娟。女。號杏芬女史。安徽歙縣人。生於文宗咸豐三（1853）年。卒於民國十九（1930）年。善畫山水、人物，尤長於惲壽平花卉。名高滬上，與吳昌碩並稱「二吳」。（見清代畫史、中國畫家人名大辭典）

澹 人

山水圖（8幀）	冊	紙	水墨	不詳		鎮江 江蘇省鎮江市博物館	

畫家小傳：澹人。畫史記載畫家，字號澹人者有二，一為高士奇，一為莊洞生，是否二者之一，待考。

任 預

樗散圖	卷	紙	設色	不詳	甲申（光緒十年，1884）	南京 南京博物院	
胥江春曉圖	卷	紙	設色	34 x 136.5	庚寅（光緒十六年，1890）春日	南京 南京博物院	
山人觀瀑	軸	紙	水墨	178 x 39.5	丙子（光緒二年，1876）	台北 私立中國文化大學華岡博物館	1172
煙寺暮鐘圖	軸	紙	設色	174.5 x 94		台北 清玩雅集	
一篙晚晴圖	軸	紙	設色	不詳	丙申（光緒二十二年，1896）	長春 吉林省博物館	
春山漁舟圖	軸	紙	設色	不詳	甲午（光緒二十年，1894）	瀋陽 故宮博物院	
金明齋像	軸	紙	設色	108.2 x 46.5	同治辛未（十年，1871）	北京 故宮博物院	
人物圖	橫幅	紙	設色	56.5 x 134.5	戊寅（光緒四年，1878）	北京 故宮博物院	
虎溪三笑圖	軸	紙	設色	不詳	丙申（光緒二十二年，1896）	北京 故宮博物院	
金明齋小像	軸	紙	設色	92.3 x 36.2		北京 故宮博物院	
江梅夫人肖像圖	軸	紙	設色	134 x 40.5	光緒五年（己卯，1879）	上海 上海畫院	
擬宋人粉本花鳥圖（4幅）	軸	紙	設色	不詳	辛巳（光緒七年，	南京 南京博物院	

名稱	形式	質地	色彩	尺寸 高x寬cm	創作時間	收藏處所	典藏號碼
					1881）冬暮		
溪橋歸騎圖	軸	紙	設色	不詳	癸未（光緒九年，1883）	南京 南京博物院	
九老圖	軸	紙	設色	不詳	光緒己丑（十五年，1889）	南京 南京博物院	
張仙送子圖	軸	紙	設色	不詳	庚寅（光緒十六年，1890）	南京 南京博物院	
桃源問津圖	軸	金箋	設色	不詳	壬辰（光緒十八年，1892）	南京 南京博物院	
年年得意圖	軸	紙	設色	不詳	戊戌（光緒二十四年，1898）	南京 南京博物院	
叱石成羊圖	軸	絹	設色	不詳		南京 南京博物院	
牧童晚歸圖	軸	紙	設色	95.3 x 38.3		南京 南京博物院	
觀瀑圖	軸	紙	設色	不詳	光緒乙未（二十一年，1895）	南京 南京市博物館	
梅妻鶴子圖	軸	紙	設色	不詳	乙亥（光緒元年，1875）	無錫 江蘇省無錫市博物館	
射雁圖	軸	紙	設色	131.7 x 66.2	乙未（光緒二十一年，1895）	蘇州 江蘇省蘇州博物館	
丹開九鼎圖	軸	紙	設色	57 x 68		昆山 崑崙堂美術館	
桐蔭仕女圖	軸	紙	設色	不詳	同治壬申（十一年，1872）	杭州 浙江省博物館	
山水圖（4幅）	軸	紙	設色	（每幅）165.2 x 46	壬申（同治十一年，1872）仲秋	杭州 浙江省博物館	
花卉、草蟲圖（4幅）	軸	紙	設色	（每幅）123.6 x 22.9	光緒二年（丙子，1876）小春月	杭州 浙江省博物館	
湖上參禪圖	軸	紙	設色	122.8 x 53.2	光緒戊子（十四年，1888）	杭州 浙江省博物館	
仿趙千里青綠山水圖	軸	紙	設色	148.9 x 39.2		杭州 浙江省博物館	
鍾馗圖	軸	紙	設色	不詳	丁酉（光緒二十三年，1897）	德清 浙江省德清縣博物館	
松鶴圖	軸	紙	設色	不詳		溫州 浙江省溫州博物館	

名稱	形式	質地	色彩	尺寸 高×寬cm	創作時間	收藏處所	典藏號碼
蔡榮莊像	軸	紙	設色	不詳		定海 浙江省舟山地區文化局	
山水圖	軸	紙	水墨	106.1 × 42.4		日本 東京河井荃廬先生	
仙女圖	軸	紙	設色	不詳		日本 東京河井荃廬先生	
山水圖	摺扇面	紙	設色	不詳		台北 故宮博物院	國贈 024995-1
風雪柴門外圖	冊頁	紙	水墨	25.4 × 26.5	丙子（光緒二年，1876）秋七月	台北 市立美術館	
山水圖（清錢慧安等雜畫冊 8 之 2 幀）	冊頁	紙	設色	不詳		上海 上海畫院	
山水圖（12 幀）	冊	紙	設色	不詳	辛巳（光緒七年，1881）九月	南京 南京博物院	
仿石谷子山水圖	摺扇面	紙	設色	不詳	庚寅（光緒十六年，1890）	南京 南京博物院	
仿大癡山水圖	摺扇面	紙	設色	不詳	王辰（光緒十八年，1892）	南京 南京博物院	
潯陽夜月圖	摺扇面	紙	設色	不詳		南京 南京博物院	
仕女圖（為康如老哥大人作）	摺扇面	紙	設色	18.2 × 51.5		昆山 崑崙堂美術館	
秋林讀易圖	摺扇面	紙	設色	不詳	辛巳（光緒七年，1881）	杭州 浙江省杭州西泠印社	
仿古山水圖（12 幀）	冊	紙	設色	（每幀）22 × 28.5	丁亥（光緒十三年，1887）	杭州 浙江省杭州西泠印社	
十二生肖圖（12 幀）	冊	紙	設色	不詳		桐鄉 浙江省桐鄉博物館	
柳岸殘月圖	摺扇面	紙	設色	不詳	王午（光緒八年，1883）	湖州 浙江省湖州市博物館	
人物圖	摺扇面	紙	設色	17.8 × 52.2		德國 柏林東亞藝術博物館	1988-268
附：							
四季花卉圖	卷	紙	設色	27 × 592	甲午（光緒二十年，1894）	天津 天津市文物公司	
花鳥圖	卷	紙	設色	33 × 246.2		香港 佳士得藝品拍賣公司/拍賣目錄 1989,01,16.	
金魚水藻圖	橫幅	紙	設色	不詳	庚辰（光緒六年，1880）	上海 上海文物商店	

名稱	形式	質地	色彩	尺寸 高×寬㎝	創作時間	收藏處所		典藏號碼
秋山蕭寺圖	軸	紙	設色	不詳	丁亥（光緒十三年，1887）	上海	上海文物商店	
當朝一品圖	軸	紙	設色	不詳	丁亥（光緒十三年，1887）	上海	上海文物商店	
報捷圖	軸	紙	設色	不詳	乙未（光緒二十一年，1895）	上海	上海文物商店	
秋山晚翠圖	軸	紙	設色	不詳	丙申（光緒二十二年，1896）	上海	上海文物商店	
江南黃葉村圖	軸	紙	設色	不詳		上海	上海文物商店	
湖上騎驢圖	軸	紙	設色	178.4 × 47		紐約	蘇富比藝品拍賣公司/拍賣目錄 1984,06,13.	
夕陽歸牧圖	軸	紙	設色	178.4 × 47	戊戌（光緒二十四年，1898）仲夏	紐約	蘇富比藝品拍賣公司/拍賣目錄 1985,06,03.	
山水圖	軸	紙	水墨	142.8 × 39		紐約	佳仕得藝品拍賣公司/拍賣目錄 1986,12,01.	
山水圖	軸	紙	設色	178 × 52.7	丙戌（光緒十二年，1886）	紐約	蘇富比藝品拍賣公司/拍賣目錄 1986,12,04.	
山水人物圖	軸	紙	設色	81.3 × 42	丙子（光緒二年，1876）春三月	紐約	蘇富比藝品拍賣公司/拍賣目錄 1987,12,08.	
富春山圖	軸	紙	設色	90.2 × 29.8		香港	佳士得藝品拍賣公司/拍賣目錄 1989,01,16.	
師大癡道人富春山圖意山水	軸	紙	設色	89.5 × 29.5		香港	佳士得藝品拍賣公司/拍賣目錄 1991,03,30.	
忠孝節義圖（4幅）	軸	紙	設色	（每幅）173 × 46.2	壬辰（光緒十八年，1892）春三月下澣	香港	佳士得藝品拍賣公司/拍賣目錄 1992,09,28.	
人物圖	摺扇面	紙	設色	不詳	庚辰（光緒六年，1880）	無錫	無錫巿文物商店	
山水圖（12幀）	冊	紙	設色	（每幀）25 × 32.5		香港	佳士得藝品拍賣公司/拍賣目錄 1992,09,28.	

畫家小傳：任預（或作豫）。字立凡。浙江蕭山人，居上海。任熊之子。生於文宗咸豐三（1853）年，卒於德宗光緒二十七（1901）年。為人疏懶落拓。承家學，工畫山水，別開蹊徑；畫人物、花鳥，類似乃父。卒年不及五十。（見寒松閣談藝瑣錄、韜養齋筆記、海上墨林、中國畫家人名大辭典）

錢　宏

名稱	形式	質地	色彩	尺寸 高×寬cm	創作時間	收藏處所	典藏號碼
水閣晤對圖	軸	絹	設色	不詳	戊寅（？光緒四年，1878）	煙臺 山東省煙臺市博物館	

畫家小傳：錢宏。畫史無載。流傳署款作品紀年疑為德宗光緒四（1878）年。身世待考。

林 楓

溪山訪友圖	軸	絹	設色	不詳	戊寅（？光緒四年，1878）	南京 南京博物院	

畫家小傳：林楓。畫史無載。流傳署款作品紀年疑為德宗光緒四（1878）年。身世待考。

宋伯魯

山水圖并書詩	摺扇面	紙	設色	不詳	乙卯（民國四年，1915）九月一日	北京 故宮博物院	
懷園歸憩圖（為鯉門作）	冊頁	紙	設色	不詳	庚申（民國九年，1920）端節後	北京 故宮博物院	

畫家小傳：宋伯魯。字芝田。山西醴泉人。生於文宗咸豐四（1854）年，卒於民國二十一（1932）年。光緒十二年翰林。工書善畫。畫山水，出入四王，筆墨蒼勁淹潤；花卉具陳淳、徐渭風韻。（見韜養齋筆記）

王采繁

牡丹圖	軸	絹	設色	不詳	己卯（光緒五年，1879）	南京 南京博物院	

畫家小傳：王采繁。女。江蘇太倉人。王原祁六世孫女。與姐采蘋承家學，能書、工詩且善畫。流傳署款紀年作品見於德宗光緒五（1879）年。（見墨林今話、中國畫家人名大辭典）

廷 雍

摹李咸熙意蜀山行旅圖	卷	絹	設色	不詳	己卯（光緒五年，1879）冬	瀋陽 遼寧省博物館	
補松岑坐看雲起圖像	卷	紙	設色	不詳	壬辰（光緒十八年，1892）秋日	北京 故宮博物院	

畫家小傳：廷雍。清宗室。字紹民（一作邵民）。號畫巢、谿山野客。仕官至直隸布政使護總督。工書，宗北魏。善畫山水，初法王翬，後入王鑑、王時敏，而上窺倪黃，蒼潤秀逸，全聚筆端。流傳署款紀年作品見於德宗光緒五（1879）至十八（1892）年。（見韜養齋筆記、八旗畫錄、中國美術家人名辭典）

朱大有

蘭花圖	摺扇面	紙	水墨	不詳	己卯（？光緒五年	南通 江蘇省南通博物苑	

名稱	形式	質地	色彩	尺寸 高x寬cm	創作時間	收藏處所	典藏號碼
					，1879）冬		

畫家小傳：朱大有。畫史無載。流傳署款作品紀年疑為德宗光緒五(1879)。身世待考。

許　旭

溪岸觀魚圖（為蓮陽鄭老師作）	軸	金箋	水墨	25.8 x 42.4	己卯（？光緒五年，1879）仲春	日本 中埜又左衛門先生	

畫家小傳：許旭。畫史無載。流傳署款作品紀年疑為德宗光緒五(1879)。身世待考。

黃山壽

淇園高士圖（四屏之1）	軸	紙	設色	111.8 x 51.5		台北 市立美術館	
三秋佳色圖（四屏之2）	軸	紙	設色	111.8 x 51.5		台北 市立美術館	
柏陰雙犬圖（四屏之3）	軸	紙	設色	111.8 x 51.5		台北 市立美術館	
坐看楓林圖（四屏之4）	軸	紙	設色	111.8 x 51.5	乙未（光緒二十一年，1895）夏四月	台北 市立美術館	
墨梅圖	軸	紙	水墨	159.5 x 41.1		台北 張添根養和堂	
百事如意圖（陸恢、□良材、趙雲壑、倪田、黃山壽合作）	軸	紙	設色	不詳		南京 南京市博物館	
人物圖	軸	紙	設色	不詳		常州 江蘇省常州市博物館	
山水圖（4幅，楊伯潤、黃山壽、何維樸、倪田合作）	軸	絹	設色	不詳	乙巳（光緒三十一年，1905）	杭州 浙江省博物館	
扶疏日上（竹石圖）	軸	紙	水墨	146.5 x 78.6		日本 大阪市立美術館	
荷花翠鳥圖	軸	絹	設色	128.5 x 32.8		美國 印地安那波里斯市藝術博物館（私人寄存）	

附：

長嘯天風圖	軸	幾	設色	不詳	庚戌（宣統二年，1910）	常州 常州市文物商店	
秋山凝翠圖	軸	紙	設色	142.2 x 787	丁巳（民國六年，1917）春三月	紐約 佳士得藝品拍賣公司/拍賣目錄 1980,10,25.	
菊石圖	軸	紙	設色	147.3 x 40	壬寅（光緒二十八	紐約 佳士得藝品拍賣公司/拍	

名稱	形式	質地	色彩	尺寸 高×寬㎝	創作時間	收藏處所	典藏號碼
					年，1902）秋日	賣目錄 1988,06,02.	
歲朝圖	軸	紙	設色	117.8 × 31	己亥（光緒二十五年，1899）長夏	香港 佳士得藝品拍賣公司/拍賣目錄 1995,10,29.	
十二金釵圖	軸	紙	設色	124.5 × 58	壬辰（光緒十八年，1892）嘉平月	香港 佳士得藝品拍賣公司/拍賣目錄 1998,09,15.	
仿米山水圖	摺扇面	紙	水墨	不詳		常州 常州市文物商店	

畫家小傳：黃山壽。字旭初（一作勛初）。號旭遲老人、蜀道人。江蘇武進人，僑寓上海。生於文宗咸豐五（1855）年。卒於民國八（1919）年。工書法。善畫人物、仕女，學改琦，古雅妍秀；兼工雙鉤花鳥、青綠山水、墨龍等。（見寒松閣談藝瑣錄、韜養齋筆記、海上墨林、中國畫家人名大辭典）

倪 田

名稱	形式	質地	色彩	尺寸 高×寬㎝	創作時間	收藏處所	典藏號碼
松蔭牧馬	軸	紙	設色	248.3 ×105.5		台北 故宮博物院	國贈 024848
花鳥	軸	紙	設色	不詳		台北 故宮博物院	國贈 025006
山水圖	軸	紙	設色	150.5 × 41	丁巳（民國六年，1917）	台北 台北市立美術館	
秋郊飲馬圖	軸	紙	設色	135 × 67	壬子（民國元年，1912）秋八月	瀋陽 故宮博物館	
四紅圖	軸	絹	設色	132.4 × 50	光緒丁酉（二十三年，1897)冬十一月	北京 故宮博物院	
昭君出塞圖	軸	紙	設色	不詳	辛亥（宣統三年，1911）上月上浣	北京 故宮博物院	
一望關河蕭索圖	軸	紙	設色	118.7 × 54.3	宣統辛亥（三年，1911）	北京 故宮博物院	
採蓮圖	軸	紙	設色	不詳	辛亥（宣統三年，1911）秋七月	北京 故宮博物院	
石鼎聯句圖	軸	紙	設色	不詳	癸丑（民國二年，1913）秋八月	北京 故宮博物院	
松鴿圖	軸	紙	設色	不詳		北京 故宮博物院	
放馬圖	軸	紙	設色	不詳	光緒丁酉（二十三年，1897）	北京 中國美術館	
三俠圖	軸	紙	設色	不詳	光緒辛丑（二十七	北京 中國美術館	

名稱	形式	質地	色彩	尺寸 高x寬cm	創作時間	收藏處所	典藏號碼
					年，1901）		
牧牛圖	軸	紙	設色	不詳	辛亥（宣統三年，1911）	北京 北京畫院	
梧桐鳳凰圖	軸	紙	設色	不詳	壬子（民國元年，1912）冬十月	北京 中央工藝美術學院	
停琴待月圖	軸	紙	設色	不詳	乙卯（民國四年，1915）	北京 中央工藝美術學院	
林和靖像	軸	紙	設色	不詳	光緒癸卯（二十九年，1903）春正月	揚州 江蘇省揚州市博物館	
松陰論道圖	軸	紙	設色	147 x 80	乙卯（民國四年，1915）	南通 江蘇省南通博物苑	
倦繡圖（吳穀祥、倪田合作）	軸	紙	設色	不詳		上海 上海博物館	
補吳昌碩六十六歲肖像	軸	紙	水墨	不詳		上海 上海博物館	
無量壽佛圖	軸	紙	設色	不詳	戊午（民國七年，1918）	上海 上海畫院	
四紅圖	軸	紙	設色	不詳	庚寅（光緒十六年，1890）	南京 南京博物院	
松下牧牛圖	軸	紙	設色	不詳	光緒乙未（二十一年，1895）	南京 南京博物院	
花卉翎毛圖	軸	紙	設色	不詳	光緒戊戌（二十四年，1898）	南京 南京博物院	
山水圖	軸	紙	設色	不詳	光緒丙午（三十二年，1906）	南京 南京博物院	
溪山論道圖	軸	紙	設色	不詳	宣統辛亥（三年，1911）	南京 南京博物院	
梅花仕女圖	軸	紙	設色	不詳	戊午（民國七年，1918）	南京 南京博物院	
漁舟唱晚圖	軸	紙	設色	不詳	己未（民國八年，1919）	南京 南京博物院	
雙馬圖	軸	紙	設色	不詳	己未（民國八年，1919）	南京 南京博物院	
鍾馗圖	軸	紙	設色	133.5 x 65.5	光緒己亥（二十五年，1899）	南京 江蘇省美術館	
秋郊牧馬圖	軸	紙	設色	不詳	乙卯（民國四年，1915）	南京 江蘇省美術館	

名稱	形式	質地	色彩	尺寸 高×寬㎝	創作時間	收藏處所	典藏號碼
羲之愛鵝圖	軸	紙	設色	不詳	丙辰（民國五年，1916）	南京 江蘇省美術館	
為子通作牛圖	軸	紙	設色	不詳		南京 南京市博物館	
百事如意圖（陸恢、□良材、趙雲壑、倪田、黃山壽合作）	軸	紙	設色	不詳		南京 南京市博物館	
牧牛圖	軸	紙	設色	不詳	光緒甲辰（三十年，1904）	常熟 江蘇省常熟市文物管理委員會	
仿王麓臺山水圖	軸	紙	設色	不詳	乙卯（民國四年，1915）	蘇州 江蘇省蘇州博物館	
貓圖	軸	紙	水墨	不詳		蘇州 江蘇省蘇州博物館	
山水圖（4幅，楊伯潤、黃山壽、何維樸、倪田合作）	軸	絹	設色	不詳	乙巳（光緒三十一,j 1，1905）	杭州 浙江省博物館	
人馬圖	軸	紙	設色	不詳	光緒丙申（二十二,j 1，1896）	紹興 浙江省紹興市博物館	
牧馬圖	軸	紙	設色	不詳	丁巳（民國六年，1917）	紹興 浙江省紹興市博物館	
田家秋光圖	軸	紙	設色	147.4 × 39.2	光緒癸卯（二十九年，1903）重午月	日本 大阪市立美術館	
藤花雙兔圖	軸	紙	設色	132.6 × 43.8		韓國 首爾月田美術館	
人物	摺扇面	紙	設色	不詳		台北 故宮博物院	國贈 025008
秋林覓句圖	紈扇面	絹	設色	不詳	乙巳（光緒三十一年，1905）	南通 江蘇省南通博物苑	
仿華嵒人物故事圖（為愙齋作，12幀）	冊	紙	設色	不詳	庚寅（光緒十六年，1890）春二月	上海 上海博物館	
人物圖（清倪田等山水人物冊12之4幀）	冊頁	紙	設色	不詳		蘇州 江蘇省蘇州博物館	
捕魚圖	摺扇面	紙	設色	15 × 49	光緒丁未（三十三年，1907）七月	昆山 崑崙堂美術館	
楊柳樓臺圖（楊柳樓臺圖冊之1幀）	冊	紙	設色	不詳	乙未（光緒二十一年，1895）冬日	韓國 首爾國立中央博物館	
附：							
高士圖	軸	紙	設色	125 × 74.2	光緒癸卯（二十九年，1903）七月	紐約 蘇富比藝品拍賣公司/拍賣目錄 1980,12,19.	
人物山水圖	軸	紙	設色	134 × 65.4	戊午（民國七年，	紐約 蘇富比藝品拍賣公司/拍	

名稱	形式	質地	色彩	尺寸 高×寬㎝	創作時間	收藏處所	典藏號碼
					1918）秋八月	賣目錄 1980,12,19.	
金谷名姝圖	軸	紙	設色	92 × 24.1		紐約 蘇富比藝品拍賣公司/拍 賣目錄 1980,12,19.	
聽松悟禪圖（任薰、倪田、金 束合作）	軸	紙	設色	47 × 59	庚子(光緒二十六 年，1900）春正月 上浣	香港 蘇富比藝品拍賣公司/拍 賣目錄 1984,11,11.	
牧童圖	軸	紙	設色	159.2 × 40	庚戌（宣統二年， 1910）秋仲	香港 蘇富比藝品拍賣公司/拍 賣目錄 1986,05,22.	
松鼠圖	軸	紙	設色	126.5 × 31.1	光緒庚子(二十六 年，1900）冬十 月	香港 蘇富比藝品拍賣公司/拍 賣目錄 1986,05,22.	
鍾馗圖	軸	紙	設色	132.1 × 71.4	光緒癸巳（十九年 ，1893）五月之 吉	香港 蘇富比藝品拍賣公司/拍 賣目錄 1986,05,22.	
山水圖（4 屏）	軸	紙	設色	（每屏）131.4 × 31.1	甲辰（光緒三十年 ，1904）七月	紐約 蘇富比藝品拍賣公司/拍 賣目錄 1986,12,04.	
寧戚販牛圖	軸	紙	設色	134.1 × 65.5	光緒丙申（二十二 年，1896）七月	紐約 佳仕得藝品拍賣公司/拍 賣目錄 1986,06,04.	
蘇武牧羊圖	橫軸	紙	設色	33.5 × 99	光緒丙午（三十二 年，1906）八月 上浣	香港 佳仕得藝品拍賣公司/拍 賣目錄 1987,01,12.	
歲朝圖（程璋、倪田、朱偁 合作）	軸	紙	設色	134.6 × 62.3		紐約 蘇富比藝品拍賣公司/拍 賣目錄 1988,06,01.	
貓、犬圖（2 幅）	軸	紙	設色	（每幅）139 × 33	丙辰（民國五年， 1916）四月	紐約 蘇富比藝品拍賣公司/拍 賣目錄 1988,11,30.	
晚湖覓句圖	軸	紙	設色	105.5 × 54	光緒丁未（三十三 年，1907）七月	紐約 佳士得藝品拍賣公司/拍 賣目錄 1988,11,30.	
馬上封侯圖	軸	紙	設色	152.4 × 82.5	丁巳（民國六年， 1917）夏午月上 浣	香港 佳士得藝品拍賣公司/拍 賣目錄 1989,01,16.	
耄耋圖	軸	紙	設色	130.3 × 65.4	甲寅（民國三年， 1914）冬十二月	香港 佳士得藝品拍賣公司/拍 賣目錄 1989,01,16.	
飼馬圖	軸	紙	設色	159 × 82.5	光緒丁未（三十三 年，1907）夏六 月	香港 佳士得藝品拍賣公司/拍 賣目錄 1989,09,25.	

名稱	形式	質地	色彩	尺寸 高x寬cm	創作時間	收藏處所	典藏號碼
石壁飛鳥圖	軸	紙	設色	148 x 79	丁巳（民國六年，1917）新秋	香港 佳士得藝品拍賣公司/拍賣目錄1990,03,19.	
無量壽佛圖	軸	紙	設色	141.5 x 27.5	戊午（民國七年，1918）長夏	香港 佳士得藝品拍賣公司/拍賣目錄1990,03,19.	
寒林鍾馗圖（王震補鍾馗，吳昌碩題）	軸	紙	設色	137.5 x 67.5	甲寅（民國十三年，1924）五月	香港 佳士得藝品拍賣公司/拍賣目錄1991,03,30.	
書成玩鵝圖	軸	紙	設色	151 x 81.5	己未（民國八年，1919）七月上浣	紐約 佳士得藝品拍賣公司/拍賣目錄1991,05,29.	
相馬圖	軸	紙	設色	146.6 x 462.		香港 佳士得藝品拍賣公司/拍賣目錄1995,4,30.	
柳蔭雙馬圖	軸	紙	設色	128.3 x 64.8	甲辰（光緒三十年，1904）三月中浣	紐約 佳士得藝品拍賣公司/拍賣目錄1995,9,19.	
鍾馗圖	軸	紙	設色	158 x 83.8	乙卯（民國四年，1915）夏日	香港 佳士得藝品拍賣公司/拍賣目錄1995,10,29.	
掃花仕女圖	軸	紙	設色	149 x 40	宣統庚戌（二年，1910）四月	香港 佳士得藝品拍賣公司/拍賣目錄1998,04,26.	
調馬圖	軸	紙	設色	107 x 50	癸丑（民國二年，1913）六月之吉	香港 佳士得藝品拍賣公司/拍賣目錄1998,04,26.	
李清照小像	軸	絹	設色	102 x 26.5	戊午（民國七年，1918）春仲	香港 佳士得藝品拍賣公司/拍賣目錄1998,11,02.	
花鳥圖	摺扇面	金箋	設色	不詳	丁酉（光緒二十三年，1897）	常州 常州市文物商店	
雜畫（11幀）	冊	紙	設色	（每幀）29 x 35.6	光緒庚子（二十六年，1900）	武漢 湖北省武漢市文物商店	
松蔭高士圖	紈扇面	絹	設色	24 x 25		紐約 佳仕得藝品拍賣公司/拍賣目錄1986,12,01.	
人物圖（12幀）	冊	紙	設色	（每幀）25.7 x 32.7		香港 佳士得藝品拍賣公司/拍賣目錄1989,09,25.	
山水、花鳥、人物圖（12幀）	冊	絹	設色	（每幀）29.5 x 42	甲午（光緒二十年，1894）春	香港 佳士得藝品拍賣公司/拍賣目錄1990,03,19.	

畫家小傳：倪田。初名寶田。字墨畊。江蘇揚州人。生於文宗咸豐五（1855）年。卒於民國八（1919）年。工畫人物、仕女、佛像、

名稱	形式	質地	色彩	尺寸 高x寬cm	創作時間	收藏處所	典藏號碼

花卉、山水等，初學王素，後取法任頤，筆墨高逸遒勁；尤善畫馬。（見寒松閣談藝瑣錄、韜養齋筆記、海上墨林、中國畫家典）人名大辭

楊得霖

| 花鳥圖（8幀） | 冊 | 絹 | 設色 | 不詳 | 光緒庚辰（六年，1880） | 長沙 湖南省博物館 | |

畫家小傳：楊得霖。字雨巖。浙江龍泉人。工畫花鳥，賦色清澹；兼善草蟲，頗有逸趣。流傳署款紀年作品見於德宗光緒六（1880）年。（見孟容畫談、中國畫家人名大辭典）

□良材

| 百事如意圖（陸恢、□良材、趙雲壑、倪田、黃山壽合作） | 軸 | 紙 | 設色 | 不詳 | | 南京 南京市博物館 | |

畫家小傳：□良材。姓氏不詳。與陸恢同時。身世待考。

趙雲壑

| 百事如意圖（陸恢、□良材、趙雲壑、倪田、黃山壽合作） | 軸 | 紙 | 設色 | 不詳 | | 南京 南京市博物館 | |

畫家小傳：趙雲壑。畫史無載。與陸恢同時。身世特考。

費念慈
附：

| 觀荷圖 | 摺扇面 | 紙 | 設色 | 17.5 x 48 | 甲午（光緒二十年，1894）六月 | 香港 佳士得藝品拍賣公司/拍賣目錄 1995,04,30. | |

畫家小傳：費念慈。字屺懷。號西蠡。江蘇武進人，寄居蘇州。生於文宗咸豐五（1855）年，卒於德宗光緒三十一（1905）年。光緒十一年優貢。為學氾濫百家，精嗜人術。工書法。善畫山水，疏秀妍雅，品在惲壽平、王翬之間。（見寒松閣談藝瑣錄、海上墨林、中國畫家人名大辭典）

蘇騰蛟

| 山水 | 摺扇面 | 絹 | 設色 | 24.5 x 24.2 | 庚辰（光緒六年，1880） | 香港 中文大學中國文化研究所文物館 | |

畫家小傳：蘇騰蛟。畫史無載。流傳署款紀年作品見於德宗光緒六（1880）年。身世待考。

胡 洤

| 課詩圖（胡洤、沙馥合作） | 卷 | 紙 | 設色 | 不詳 | 光緒庚辰（六年，1880）長夏 | 南京 南京博物院 | |

名稱	形式	質地	色彩	尺寸 高x寬cm	創作時間	收藏處所	典藏號碼

畫家小傳：胡洤。畫史無載。與沙馥同時。流傳署款紀年作品見於德宗光緒六(1880)年。身世待考。

顧亮基

| 自畫像 | 軸 | 紙 | 水墨 | 不詳 | 光緒六年（庚辰，1880） | 北京 故宮博物院 | |

畫家小傳：顧亮基。畫史無載。流傳署款紀年作品見於德宗光緒六(1880)年。身世待考。

劉小峰

| 仿元人法山水圖 | 軸 | 紙 | 水墨 | 132.1 x 31.4 | 庚寅（？光緒六年，1880）秋七月 | 日本 江田勇二先生 | |

畫家小傳：劉小峰。畫史無載。流傳署款作品紀年疑似德宗光緒六（1880）年。身世待考。

鄭文焯

| 指畫寒山接福圖 | 軸 | 紙 | 設色 | 不詳 | 庚辰（光緒六年，1880） | 北京 中央美術學院 | |
| 無量壽佛圖 | 軸 | 紙 | 設色 | 108 x 37.5 | 游兆敦牂之歲（丙午，光緒三十二年，1906）大梁之月 | 日本 松丸先生 | |

畫家小傳：鄭文焯。字小坡。號叔問、大鶴山人。原高密鄭氏，康成後裔，先世為東海鎮守，從滿清入關，賜隸漢軍正白旗籍。生於文宗咸豐六（1856）年，卒於民國七（1918）年。光緒元年中鄉試。工詩詞，通醫理，精金石考證之學，工書法及篆刻。善畫人物、山水，富書卷氣。與王壬秋、朱彊村友好。清亡後，以賣書畫自給。（見海上墨林、寒松閣談藝瑣錄、中國畫家人名大辭典）

郭宗儀

| 壽石圖 | 軸 | 紙 | 水墨 | 131.6 x 46.9 | 光緒辛巳（七年，1881）首春 | 日本 大阪市立美術館 | |

畫家小傳：郭宗儀，一名定儀。字小泉。工書、畫。作松鶴、菖蒲、壽石、盆蘭等，饒有韻趣。流傳署款紀年作品見於德宗光緒七（1881）年。（見海上墨林、清朝書畫家筆錄、中國畫家人名大辭典）

葉鳳岡

| 仿青藤筆意山水圖 | 冊頁 | 紙 | 水墨 | 不詳 | 辛巳（光緒七年，1881）秋月 | 台北 黃天橫先生 | |

畫家小傳：葉鳳岡。畫史無載。流傳署款紀年作品見於德宗光緒七(1881)年。身世待考。

吳嘉敬

名稱	形式	質地	色彩	尺寸 高x寬cm	創作時間	收藏處所	典藏號碼
山水圖（12幀）	冊	紙	設色	不詳	辛巳（？光緒七年，1881）	天津 天津市藝術博物館	

畫家小傳：吳嘉敬。畫史無載。流傳署款作品紀年疑為德宗光緒七(1881)年。身世待考。

徐 楨

| 花鳥圖 | 摺扇面 | 金箋 | 設色 | 不詳 | 辛巳（光緒七年，1881）秋月 | 南京 南京博物院 | |

畫家小傳：徐楨。畫史無載。流傳署款紀年作品見於德宗光緒七(1881)年。身世待考。

薛 錕

附：

| 牡丹白鶴圖 | 軸 | 絹 | 設色 | 103.5 x 51.4 | 辛巳（光緒七年，1881）小陽月 | 紐約 蘇富比藝品拍賣公司/拍賣目錄1984,10,12、13. | |

畫家小傳：薛錕。畫史無載。作品自署龍門人，鈐印內廷供奉，疑為德宗朝內廷畫工。待考。

鈕嘉蔭

| 雙松圖 | 橫幅 | 紙 | 水墨 | 不詳 | 光緒己亥（二十五年，1899）暘月 | 太原 山西省博物館 | |

畫家小傳：鈕嘉蔭。字叔閶。號閶叔。江蘇吳縣人。生於文宗咸豐七(1857)年，卒於民國四(1915)年。精鑒別，工書法及篆刻、金石考證。畫山水，初宗王翬，後乃汎濫元、明及清初諸大家，作品蒼潤古秀，自成一家。間寫花卉、草蟲，亦有韻致。（見韜養齋筆記、中國美術家人名辭典）

蔡月槎

| 小圜像（陸恢、蔡月槎合作） | 軸 | 紙 | 設色 | 不詳 | 壬午（光緒八年，1882） | 北京 中央工藝美術學院 | |

畫家小傳：蔡月槎。畫史無載。與陸恢同時。流傳署款紀年作品見於德宗光緒八（1882）年。身世待考。

葉 范

| 秋葵雄雞圖 | 軸 | 紙 | 設色 | 136 x 42 | 壬午（光緒八年，1882）秋仲 | 台北 歷史博物館 | |

畫家小傳：葉范。字蘋澄。安徽龍眠人，僑寓福州。工畫花鳥，作品古樸渾厚，神似任熊，布局結構能時出新意。又工書，宗法北朝，與趙之謙相彷彿，惟中鋒圓潤則有過之。流傳署款紀年作品見於德宗光緒八(1882)年。（見福建美術家傳略、中國美術家人名辭典）

郭 羆

名稱	形式	質地	色彩	尺寸 高x寬cm	創作時間	收藏處所	典藏號碼
畫蘭石圖	軸	紙	水墨	不詳	辛丑（光緒二十七年，1901）秋七月	台北 曾焜耀先生	
墨梅（傲霜圖）	軸	紙	水墨	不詳		台南 楊文富先生	
墨梅圖	軸	紙	水墨	不詳		台南 楊文富先生	
梅花小品	軸	紙	水墨	不詳		台南 楊文富先生	
墨梅圖	橫軸	紙	水墨	79 x 147	辛丑（光緒二十七年，1901）春日	台北 王錫謙先生	

畫家小傳：郭彝。字藻臣。台灣台南安平人。生於文宗咸豐八(1858)年。卒於宣統帝元(1909)年。曾隨羅建祥佐理嘉義縣政。善畫墨梅，聞名於時，畫法師承余玉龍。(見清代台南府城書畫展覽專集)

周 峻
附：

竹院風雨圖	短卷	絹	水墨	35.5 x 68		紐約 蘇富比藝品拍賣公司/拍賣目錄 1986.12.04.	
花卉圖（12幀）	冊	絹	水墨	不詳	癸未（光緒九年，1883）	上海 朵雲軒	
竹林人物圖	摺扇面	金箋	水墨	18.4 x 50.8		紐約 蘇富比藝品拍賣公司/拍賣目錄 1984.12.05.	

畫家小傳：周峻。字雲峰。四川涪州人，流寓上海。善畫墨竹，師從蔣矩亭；兼畫細竹，煙雨萬竿，冥濛蕭瑟，殊有情致。流傳署款紀年作品見於德宗光緒九(1883)年。(見寒松閣談藝瑣錄、海上墨林、中國畫家人名大辭典)

余玉龍

寒梅圖	軸	紙	水墨	不詳	歲在甲申（光緒十年，1884）仲春	台南 楊文富先生	
墨梅（4幅，仿青藤道人筆意）	軸	紙	水墨	（每幅）128 x 34	歲在癸未（光緒九年，1883）	埔里 蕭再火先生	
墨梅	軸	紙	水墨	不詳		台北 黃天橫先生	

畫家小傳：余玉龍。號冰雲、夢熊。福建人。同治(1862-1874)間遊台灣。工隸書。擅畫墨梅，仿明徐渭。流傳署款紀年作品見於德宗光緒九(1883)年。(見清代台南府城書畫展覽專集)

丁文蔚

紫藤圖圖	軸	紙	設色	不詳	昭陽協洽（癸未，光緒九年，1883）十月既望	上海 上海博物館	

名稱	形式	質地	色彩	尺寸 高×寬㎝	創作時間	收藏處所	典藏號碼

畫家小傳：丁文蔚。字豹卿。浙江蕭山人。工畫折枝花卉，鮮麗無比。流傳署款紀年作品見於德宗光緒九(1883)年。（見寒松閣談藝瑣錄、中國畫家人名大辭典）

許子野

| 藻蟹圖 | 軸 | 紙 | 水墨 | 35 × 50.5 | 光緒九年（壬午，1883）春 | 日本 大阪橋本大乙先生 | |
| 花卉草蟲圖（10幀） | 冊 | 絹 | 設色 | （每幀）24.6 × 27.9 | | 日本 愛知縣新美忠夫先生 | A2842 |

畫家小傳：許子野。畫史無載。流傳署款紀年作品見於德宗光緒九（1883）年。身世待考。

馮 頤

附：

| 人物圖（笑問客從何處來） | 紈扇面 絹 | | 水墨 | 26.6 × 26.6 | 壬午（光緒九年，1883）秋日 | 紐約 蘇富比藝品拍賣公司/拍賣目錄1981,11,07. | |

畫家小傳：馮頤。畫史無載。流傳署款紀年作品見於德宗光緒九（1883）年。身世待考。

吳慶雲

山水圖	軸	紙	水墨	198.5 × 54.4		台北 故宮博物院	贈畫 000523N
溪畔人家圖	軸	紙	設色	32.2 × 33.1	癸丑（民國二年，1913）秋日	香港 香港美術館・虛白齋	XB1992.239
擬王蒙蜀山行旅圖	軸	紙	設色	135 × 66	甲辰（光緒三十，1904）嘉平月	瀋陽 故宮博物館	
秋景山水圖	軸	紙	設色	不詳	己丑（光緒十五年，1889）	北京 故宮博物院	
仿趙大年作春溪漁艇圖	軸	紙	設色	不詳	丁酉（光緒二十三年，1897）冬月	北京 故宮博物院	
江村雨意圖	軸	紙	水墨	不詳	戊申（光緒三十四年，1908）春二月	北京 故宮博物院	
仿李思訓山水圖	軸	紙	設色	不詳	甲寅（民國三年，1914）冬十一月	北京 故宮博物院	
秋山夕照圖（為杏村作）	軸	紙	設色	不詳	乙卯（民國四年，1915）夏日	北京 故宮博物院	

名稱	形式	質地	色彩	尺寸 高x寬cm	創作時間	收藏處所	典藏號碼
遠寺夕照圖（為敬修作）	軸	紙	設色	104 x 51.7	癸卯（光緒二十九年，1903）冬日	北京 中國美術館	
夏山煙雨圖	軸	紙	設色	不詳	戊申（光緒三十四年，1908）	北京 中國美術館	
海州全圖（通景4幅）	軸	紙	設色	96.5 x 178.8	壬辰（光緒十八年，1892）小陽月	北京 中央美術學院	
春江煙雨圖	橫幅	紙	設色	不詳	甲午（光緒二十年，1894）	天津 天津市美術學院	
溪橋煙雨圖	軸	紙	設色	不詳	戊申（光緒三十四年，1908）	天津 天津市美術學院	
山水圖	軸	紙	設色	147 x 79.5	己酉（宣統元年，1909）	天津 天津市人民美稱出版社	
仿米山水圖	軸	紙	設色	不詳	癸巳（光緒十九年，1893）	南京 江蘇省美術館	
山水圖（4幅）	軸	紙	設色	不詳	甲申（光緒十年，1884）	南京 南京市博物館	
春谿新綠圖	軸	紙	設色	不詳	光緒辛丑（二十七年，1901）	常州 江蘇省常州市博物館	
山水圖（4幅）	軸	紙	設色	不詳	光緒甲辰（三十年，1904）	佛山 廣東省佛山市博物館	
煙雨歸村圖	軸	紙	水墨	141.1 x 138	癸巳（光緒十九年，1893）春日	日本 橫濱岡山美術館	
山水圖（12幀）	冊	紙	設色	不詳	壬辰（光緒十八年，1892）	天津 天津市美術學院	
江城放棹圖	摺扇面	粉箋	設色	不詳	丁亥（光緒十三年，1887）	合肥 安徽省博物館	
花鳥圖（朱偁等雜畫冊8之2幀）	冊頁	紙	設色	不詳	光緒己亥（二十五年，（1899）	上海 上海畫院	
仿米山水圖（2幀）	冊	紙	設色	不詳	丙申（光緒二十二年，1896）	南京 南京市博物館	
附：							
仿吳鎮秋山白雲圖	軸	紙	水墨	不詳	乙卯（民國四年，1915）秋日	北京 北京市文物商店	
雲龍圖	軸	紙	水墨	不詳	戊戌（光緒二十四年，1898）	上海 上海文物商店	

名稱	形式	質地	色彩	尺寸 高×寬㎝	創作時間	收藏處所	典藏號碼
仿米家筆法山水	軸	紙	水墨	148 × 39.3	癸卯（光緒二十九年，1903）十一月	紐約 蘇富比藝品拍賣公司/拍賣目錄 1980,12,19.	
溪橋煙雨圖	軸	紙	設色	132 × 32.4		紐約 蘇富比藝品拍賣公司/拍賣目錄 1980,12,19.	
擬米海嶽筆意雲山圖	軸	紙	設色	98.5 × 21	辛卯（光緒十七年，1891）夏日	紐約 蘇富比藝品拍賣公司/拍賣目錄 1980,12,19.	
秋林叢秀圖	軸	紙	設色	176 × 90	己亥（光緒二十五年，1899）春日	紐約 佳仕得藝品拍賣公司/拍賣目錄 1986,12,01.	
海天旭日圖	橫軸	紙	設色	64 × 109.2	辛卯（光緒十七年，1891）春三月	紐約 佳士得藝品拍賣公司/拍賣目錄 1987,06,03.	
春溪新綠圖	軸	紙	設色	30.5 × 33	甲寅（民國三年，1914）夏日	紐約 佳士得藝品拍賣公司/拍賣目錄 1988,06,02.	
溪橋煙雨圖	軸	紙	設色	1501 × 78	癸丑（民國二年，1913）夏	紐約 佳士得藝品拍賣公司/拍賣目錄 1988,11,30.	
萬松風雨圖	軸	紙	設色	247 × 122	癸卯（光緒二十九年，1903）夏日	紐約 佳士得藝品拍賣公司/拍賣目錄 1990,05,31.	
山水通景（5幅）	軸	紙	設色	（每幅）168.9 × 49.5	辛丑（光緒二十七年，1901）夏日	香港 佳士得藝品拍賣公司/拍賣目錄 1989,01,16.	
仿王翬山水圖	軸	紙	設色	146.7 × 80	丙戌（光緒十二年，1886）嘉平月	紐約 佳士得藝品拍賣公司/拍賣目錄 1994,06,01.	
蜀山行旅圖	軸	紙	設色	117 × 40	甲寅（民國三年，1914）冬日	紐約 佳士得藝品拍賣公司/拍賣目錄 1995,04,30.	
春溪新綠圖	軸	紙	設色	173 × 47.5	光緒己丑（十五年，1889）菊月	紐約 佳士得藝品拍賣公司/拍賣目錄 1995,04,30.	
雲山雨意圖	軸	紙	設色	130.5 × 63	丁酉（光緒二十三年，1897）秋日	香港 佳士得藝品拍賣公司/拍賣目錄 1996,11,03.	
秋山夕照圖	軸	紙	設色	133.5 × 33	己酉（宣統元年，1909）夏日	紐約 佳士得藝品拍賣公司/拍賣目錄 1997,09,19.	
秋林雨隱圖	軸	絹	設色	161 × 84.4	壬辰（光緒十八年，1892）秋八月	香港 佳士得藝品拍賣公司/拍賣目錄 2001,04,29.	

畫家小傳：吳慶雲。字石僊。後以字行。號潑墨道人。江蘇上元人，流寓上海。生年不詳。卒於民國五（1916）年。善畫山水，尤長於煙雨圖法，能參用西法，墨暈淋漓，煙雲生動，明晦隱現，極有情致。流傳署款紀年作品見於德宗光緒十（1884）年，至民國四（1915）年。（見韜養齋筆記、海上墨林、中國畫家人名大辭典）

管念慈

名稱	形式	質地	色彩	尺寸 高x寬cm	創作時間	收藏處所	典藏號碼
漢宮春曉圖（為魯沂舅祖大人作）	摺扇面	紙	設色	18.8 × 56	甲申（光緒十年，1884）春三月	日本 東京細川護貞先生	

畫家小傳：管念慈。字劬安，一作劬庵。江蘇無錫（一作吳縣）人。德宗光緒中，供奉內廷，掌如意館，受知於孝欽皇后。善畫山水，學王翬；又畫花卉，學惲壽平，秀雅絕倫。更精於臨摹。晚年寓上海，與吳友如同繪點石齋畫報，有名於時。（見海上墨林、韜養齋筆記、中國畫家人名大辭典）

顏 元

名稱	形式	質地	色彩	尺寸 高x寬cm	創作時間	收藏處所	典藏號碼
松下抱琴圖	軸	紙	設色	76.5 × 35.5	壬申（民國二十一年，1932）春王月	昆山 崑崙堂美術館	
山水圖（清楊伯潤等雜畫冊10之1幀）	冊頁	紙	設色	不詳		天津 天津市藝術博物館	

畫家小傳：顏元。號半聾居士。籍里不詳。生於文宗咸豐十（1860）年，卒於民國二十三（1934）年。畫史無載。身世待考。

周 鏞

名稱	形式	質地	色彩	尺寸 高x寬cm	創作時間	收藏處所	典藏號碼
水亭閒話圖	軸	紙	設色	不詳		台北 故宮博物院	國贈 031100
仿米虎兒山水圖	冊頁	紙	水墨	33 × 40.5		台北 黃君璧白雲堂	
米法山水圖	摺扇面	紙	水墨	18.8 × 53.2		美國 火魯奴奴Hutchinson先生	

附：

名稱	形式	質地	色彩	尺寸 高x寬cm	創作時間	收藏處所	典藏號碼
山水圖（12幀）	冊	紙	水墨	（每幀）37.5 × 40.5	乙酉（光緒十一年，1885）十二月	紐約 佳士得藝品拍賣公司/拍賣目錄 1989.12.04.	

畫家小傳：周鏞。字備笙。浙江錢塘人。為張熊弟子。工畫山水，得四王神韻；又畫花卉、人物，能傳張熊衣缽，名噪上海。惜廿八歲英年早卒。流傳署款紀年作品見於德宗光緒十一（1885）年。（見海上墨林、寒松閣談藝瑣錄、中國畫家人名大辭典）

潘 嵐

名稱	形式	質地	色彩	尺寸 高x寬cm	創作時間	收藏處所	典藏號碼
人物圖（朱偁等雜畫冊10之1幀）	冊頁	紙	設色	不詳		天津 天津市藝術博物館	
花鳥圖（8幀）	冊	絹	設色	不詳	乙酉（？光緒十一年，1885）	溫州 浙江省溫州博物館	

畫家小傳：潘嵐。畫史無載。流傳署款作品紀年疑為德宗光緒十一（1885）年。身世待考。

唐冠玉

名稱	形式	質地	色彩	尺寸 高x寬cm	創作時間	收藏處所	典藏號碼
山水圖	軸	紙	設色	102.7 × 44.1	乙酉（？光緒十一年，1885）春	美國 洛杉磯郡立藝術館	

名稱	形式	質地	色彩	尺寸 高x寬㎝	創作時間	收藏處所	典藏號碼

畫家小傳：唐冠玉。畫史無載。浙江吳興人。流傳署款作品紀年疑似德宗光緒十一（1885）年。身世待考。

曾 熙

名稱	形式	質地	色彩	尺寸 高x寬㎝	創作時間	收藏處所	典藏號碼
秋江晚靄圖	卷	紙	設色	不詳	癸亥（民國十二年，1923）三月	北京 故宮博物院	
歲寒圖（松竹石圖）	軸	紙	水墨	106 x 45	癸亥（民國十二年，1923）中秋前	台中 台灣省立美術館	
山水圖	軸	紙	設色	不詳	丙辰（民國十五年，1926）立冬前	北京 故宮博物院	
山水圖（12幀）	冊	紙	水墨	不詳		昆山 崑崙堂美術館	
附：							
隱廬圖	卷	紙	設色	35.2 x 165.1	丁卯（民國十六年，1927）中秋	紐約 蘇富比藝品拍賣公司/拍賣目錄1986,06,03.	
墨松圖	軸	紙	水墨	81.5 x 40.5	癸亥（民國十九年，1930）冬夜	紐約 佳士得藝品拍賣公司/拍賣目錄1983,11,30.	
老松壁立圖	軸	紙	水墨	95.3 x 33.6		紐約 蘇富比藝品拍賣公司/拍賣目錄1986,06,03.	
山水圖	軸	紙	設色	115 x 46		紐約 佳仕得藝品拍賣公司/拍賣目錄1986,06,04.	
梅花圖	橫幅	紙	設色	52.7 x 104.2	丁卯（民國十六年，1927）四月望日	紐約 蘇富比藝品拍賣公司/拍賣目錄1986,12,04.	
山水圖	軸	紙	設色	82.6 x 47	戊辰（民國十七年，1928）九月既望	紐約 蘇富比藝品拍賣公司/拍賣目錄1988,11,30.	
醉舟圖	軸	紙	設色	127 x 46.5		香港 佳士得藝品拍賣公司/拍賣目錄1989,09,25.	
山水圖（4幅）	軸	紙	水墨	（每幅）122 x 51		香港 佳士得藝品拍賣公司/拍賣目錄1990,10,07.	
仿倪瓚山水圖	軸	紙	水墨	141 x 78	己巳（民國十八年，1929）二月	香港 佳士得藝品拍賣公司/拍賣目錄1991,03,30.	
山水圖（4幅）	軸	紙	設色	（每幅）112 x 46	己巳（民國十八年，1929）正月	香港 佳士得藝品拍賣公司/拍賣目錄1996,04,28.	

畫家小傳：曾熙。初名嗣元，更字子緝。號農髯。湖南衡陽人。生於文宗咸豐十一（1861）年，卒於民國十九（1930）年。光緒二十九（1903）進士。曾主講石鼓書院。民國初，鬻字於上海。年六十始作畫，作山水、松石，能以篆隸筆意入畫，不求形似，別有逸致。（見清代畫史補錄、海上書畫家年鑑、姜丹書稿、徐鑫齡稿、中國美術家人名辭典）

名稱	形式	質地	色彩	尺寸 高x寬cm	創作時間	收藏處所	典藏號碼

鄭孝胥

| 墨松圖 | 軸 | 綾 | 水墨 | 132.8 x 32.9 | 癸亥（民國十二年，1923） | 日本 大阪市立美術館 | |

畫家小傳：鄭孝胥。字太夷。號蘇戡、海藏。福建閩縣人。生於清文宗咸豐十一(1860)年。卒於民國二十七(1938)年。曾官湖南布政使。入民國，鬻字上海以自給。工詩，善書，擅畫松，古樸渾穆。（見福建畫人傳、海上書畫名家年鑑、中國美術家人名辭典）

蒙而耆

| 山水圖 | 軸 | 紙 | 水墨 | 106 x 35 | 丙戌（光緒十二年，1886） | 香港 中文大學中國文化研究所文物館 | |
| 山水圖 | 摺扇面 絹 | | 水墨 | 51.7 x ？ | 戊子（光緒十四年，1888） | 香港 霍寶材先生 | |

畫家小傳：蒙而耆。字杰生。自號鹹菜道人。廣東番禹人。為諸生。能詩，工書，善畫。作山水，以乾筆皴擦，間仿藍瑛寫峰巒，自開生面。流傳署款紀年作品見於德宗光緒十二(1886)、十四(1888)年。（見嶺南畫徵略、翦淞閣隨筆、竹實桐華館談畫、中國美術家人名辭典）

徐家禮

| 溪橋策杖圖（為錦華作） | 卷 | 紙 | 水墨 | 不詳 | 丙戌（光緒十二年，1886）十一月 | 海寧 浙江省海寧市博物館 | |

畫家小傳：徐家禮。字美若。號藹園。浙江海寧人。善畫山水，人稱上溯荊、關，下接二王。流傳署款紀年作品見於德宗光緒十二(1886)年。（見心穀筆記、中國畫家人名大辭典）

張孟

花果圖（擬徐熙畫法）	軸	紙	設色	166.7 x 54.5		日本 東京河井荃廬先生	
仿新羅花果圖	摺扇面 紙		設色	不詳		石家莊 河北省博物館	
花卉圖	摺扇面 紙		設色	不詳	丙戌（光緒十二年，1886）	寧波 浙江省寧波市天一閣文物保管所	

畫家小傳：張孟皋。字學廣。天津人。曾官浙江貳尹。能畫折枝花卉，用筆疏朗可喜。流傳署款紀年作品見於德宗光緒十二(1886)年。（見清代畫史、中國畫家人名大辭典）

吳觀岱

| 山靜松高圖 | 軸 | 紙 | 設色 | 33 x 39.5 | 辛酉（民國十年，1921）長至前三日 | 台北 張添根養和堂 | |
| 停琴聽泉圖 | 軸 | 紙 | 設色 | 不詳 | 庚戌（宣統二年，1910）小陽日 | 北京 故宮博物院 | |

名稱	形式	質地	色彩	尺寸 高x寬cm	創作時間	收藏處所	典藏號碼
山水圖	軸	紙	設色	不詳	乙卯（民國四年，1915）秋八月	北京 故宮博物院	
附：							
盆菊圖	軸	紙	設色	110.5 x 47	癸亥（民國十二年，1923）小春	紐約 佳士得藝品拍賣公司/拍賣目錄 1987,12,11.	
風雨故人來圖	軸	紙	設色	120 x 49	乙丑（民國十四年，1925）四月望後三日	紐約 佳士得藝品拍賣公司/拍賣目錄 1990,11,28.	
老子騎牛圖	軸	紙	設色	120.5 x 40.5	乙卯（民國四年，1915）春日	紐約 佳士得藝品拍賣公司/拍賣目錄 1989,12,04.	

畫家小傳：吳觀岱。初名宗泰，字念康。後改今名。號潔翁。江蘇無錫人。生於穆宗同治元（1862）年。卒於民國十八（1929）年。工。善畫山水、人物，有聲於江南。（見中華畫人表、中國畫家人名大辭典）

陳心授

名稱	形式	質地	色彩	尺寸 高x寬cm	創作時間	收藏處所	典藏號碼
關羽畫像	軸	紙	設色	105.5 x 51	辛丑（光緒二十七年，1901）暮春之月	新竹 涂勝本先生	

畫家小傳：陳心授。字道宗。台灣新竹人。生於穆宗同治元(1862)年。精通經史，十九歲設帳授徒。又工書、善畫。（見台灣鄉土文物淺說）

俞禮

名稱	形式	質地	色彩	尺寸 高x寬cm	創作時間	收藏處所	典藏號碼
荷鴨圖	冊頁	紙	設色	25.2 x 26.5		昆山 崑崙堂美術館	
楊柳樓臺圖（楊柳樓臺圖冊之1幀）	冊	紙	設色	不詳		韓國 首爾國立中央博物館	

畫家小傳：俞禮。畫史無傳。字達夫。生於穆宗同治元(1862)年，卒於民國十一(1922)年。身世待考。

淩瑕

名稱	形式	質地	色彩	尺寸 高x寬cm	創作時間	收藏處所	典藏號碼
梅花圖	摺扇面	紙	水墨	不詳	光緒丁亥（十三年，1887）冬十二月下旬	北京 故宮博物院	

畫家小傳：淩瑕(一名霞)，字子興。號病鶴、疣琴居士、樂石野叟、二金梅室等。浙江湖州歸安人。善詩，為「苕上七子」之一。工書。擅寫梅，水墨數筆，若不經意，而冷韻高情足與金俊明相頡頏。署款紀年作品見於德宗光緒十三(1887)年。（見寒松閣談藝瑣錄、甌缽羅室書畫過目考、中華畫人室筆記、中國畫家人名大辭典）

林照

名稱	形式	質地	色彩	尺寸 高x寬cm	創作時間	收藏處所	典藏號碼
秋圃禽食圖	軸	紙	設色	不詳	光緒丁亥（十三年	台北 吳樹先生	

名稱	形式	質地	色彩	尺寸 高x寬cm	創作時間	收藏處所	典藏號碼
					，1887）秋日		
梅竹孤雀圖	軸	紙	設色	不詳		台北 吳樹先生	

畫家小傳：林照。畫史無載。同治、光緒間人。流傳署款紀年作品見於光緒十三（1887）年。身世待考。

（釋）雪 庵
附：

| 仕女吹簫圖 | 軸 | 紙 | 設色 | 42.5 x 21.2 | 丁亥（光緒十三年，1887）暑夏 | 紐約 蘇富比藝品拍賣公司/拍賣目錄 1981,05,07. | |

畫家小傳：雪庵。僧。畫史無載。流傳署款紀年作品見於德宗光緒十三（1887）年。身世待考。

林海六
附：

| 花卉圖（4幅） | 軸 | 紙 | 設色 | （每幅）99.7 x 20.6 | 丁亥（光緒十三年，1887）臘月九日 | 紐約 蘇富比藝品拍賣公司/拍賣目錄 1980,12,19. | |

畫家小傳：林海六。畫史無載。流傳署款紀年作品見於德宗光緒十三（1887）年。身世待考。

李濱等

| 東海墨緣圖 | 卷 | 紙 | 水墨 | 不詳 | 光緒十四年，戊子（1888） | 北京 中國歷史博物館 | |

畫家小傳：李濱等。畫史無載。流傳署款紀年作品見於德宗光緒十四（1888）年。身世待考。

酈 馥

| 松鶴圖 | 軸 | 紙 | 設色 | 不詳 | 光緒戊子（十四年，1888） | 餘姚 浙江省餘姚縣文管會 | |

畫家小傳：酈馥。字薌谷。浙江諸暨人。為任頤弟子。工畫人物及花鳥，筆力峭勁，頗似乃師。流傳署款紀年作品見於德宗光緒十四（1888）年。（見海上墨林、中國畫家人名大辭典）

張應清

| 和合二仙圖 | 軸 | 絹 | 設色 | 不詳 | | 重慶 重慶市博物館 | |
| 山水、花果圖（？幀） | 冊 | 絹 | 設色 | （每幀）25.9 x 25 | 戊子（光緒十四年，1888） | 成都 四川省博物院 | |

畫家小傳：張應清。畫史無載。流傳署款作品紀年疑為德宗光緒十四（1888）年。身世待考。

潘 耕

名稱	形式	質地	色彩	尺寸 高x寬cm	創作時間	收藏處所	典藏號碼
楊柳樓臺圖（楊柳樓臺圖冊之1幀）	冊	紙	設色	不詳	戊子（光緒十四年，1888）冬至日	韓國 首爾國立中央博物館	

畫家小傳：潘耕。畫史無載。號稼楳。流傳署款作品紀年疑為德宗光緒十四（1888）年。身世待考。

徐菊庵

附：

柳蔭仕女圖	軸	紙	設色	101.6 x 32.4	戊子（光緒十四年，1888）秋	紐約 蘇富比藝品拍賣公司/拍賣目錄1985,04,17.	

畫家小傳：徐菊庵。畫史無載。流傳署款作品紀年疑為德宗光緒十四（1888）年。身世待考。

伍德彝

山水圖	軸	紙	設色	118.6 x 45	癸丑（民國二年，1913）	香港 鄭若琳先生	
山水圖	摺扇面	紙	水墨	51 x ？		香港 霍寶材先生	
山水（晚清名人畫集之1）	冊	紙	水墨	28.7 x 28.5	乙卯（民國四年，1915）	香港 霍寶材先生	

附：

鍾馗圖	軸	紙	設色	56.5 x 29.5	乙巳（光緒三十一年，1905）天中節	紐約 佳士得藝品拍賣公司/拍賣目錄1984,06,29.	

畫家小傳：伍德彝。字懿莊。號乙公。廣東番禺人。生於穆宗同治三（1864）年。卒於民國十七（1928）年。為居廉弟子，善畫花卉，兼作山水亦佳，又工書、善詩詞，偶亦治印。（見廣印人傳補遺、懺庵隨筆、畫人軼聞、中國美術家人名辭典）

施少雨

水墨牡丹	軸	紙	水墨	137.5 x 67.4	癸丑（民國二年，1913）仲秋之月	新竹 涂勝本先生	
清供圖	軸	紙	設色	147.4 x 39.8		台南 蘇清良先生	

畫家小傳：施少雨。字雲。號煙秋山民。生於穆宗同治三(1864)年。卒於民國三十八（1949）年。原籍福建晉江。弱冠遊台灣，遂定居鹿港。喜繪畫，嘗隨陳亦樵遊，獲授花卉畫法，特擅水墨牡丹。（見中原文化與台灣）

梁于渭

仿吳鎮山水圖	紈扇面	絹	設色	24.7 x 25		美國 印地安阿波里斯市藝術博物館	73.61.12

附：

焦墨山水圖	軸	紙	設色	155 x 35.5		紐約 佳士得藝品拍賣公司/拍	

名稱	形式	質地	色彩	尺寸 高x寬㎝	創作時間	收藏處所	典藏號碼
四季山水圖（4幅）	軸	紙	設色	（每幅）124.5 x 29	光緒壬寅（二十八年，1902）季冬中旬	香港 佳士得藝品拍賣公司/拍賣目錄1984,06,29. 賣目錄1996,11,03.	

畫家小傳：梁于渭。字鴻飛（又字杭叔、杭雪）。廣東番禺人。生時不詳。卒於民國元(1912)年。德宗光緒十五(1889)年進士。仕官至禮部祠祭清吏司司員。喜畫花卉，晚嗜山水，法元人，作品意境宕逸。又好金石考證。晚年靠賣畫自給。（見留庵隨筆、楓園畫友錄、廣印人傳、中國美術家人名辭典）。

蘇 淞

荷燕圖	軸	紙	設色	137 x 34		埔里 蕭再火先生	

畫家小傳：蘇淞。字僧癯。福建福州人。德宗光緒(1875-1908)間，旅居台灣霧峰、鹿港等地十餘年。擅長隸書、花鳥畫，風格遒勁。（見台灣鄉土文物淺說）

江 觀

山水圖（12幀）	冊	絹	設色	不詳	己丑（？光緒十五年，1889）	杭州 浙江省博物館	

畫家小傳：江觀。畫史無載。流傳署款作品紀年疑為德宗光緒十五（1889）年。身世待考。

蔣 份

橫山翠微圖	軸	絹	水墨	不詳		杭州 浙江省杭州市文物考古所	

畫家小傳：蔣份。畫史無載。疑似活動於德宗中期人。身世待考。

謝 芝

花鳥圖	軸	絹	設色	不詳		杭州 浙江省杭州市文物考古所	

畫家小傳：謝芝。畫史無載。疑似活動於德宗中期人。身世待考。

許 龍

羲之愛鵝圖	軸	紙	設色	145 x 38.5	己丑（光緒十五年，1889）端陽	嘉義 曾雪窗先生	
米南宮拜石圖	軸	紙	設色	145.2 x 38.8		嘉義 曾雪窗先生	

畫家小傳：許龍。字禹門。號守愚子。台灣諸羅人。少讀書，即喜繪畫。擅長人物、花鳥，人物法黃慎，花鳥學八大山人，作品富書卷氣。流傳署款紀年作品見於德宗光緒十五（1889）年。（見清朝台灣繪畫之研究）

名稱	形式	質地	色彩	尺寸 高×寬㎝	創作時間	收藏處所	典藏號碼
愛新覺羅載湉							
自在香（光緒御筆紙畫扇面上冊之1）	摺扇面	紙	設色	25 × 25.2	己丑（光緒十五年，1889）仲夏	台北 故宮博物院	故畫 03455-1
歲朝清供（光緒御筆紙畫扇面上冊之2）	摺扇面	紙	設色	25 × 25.2	己丑（光緒十五年，1889）仲夏	台北 故宮博物院	故畫 03455-2
殘荷（光緒御筆紙畫扇面上冊之3）	摺扇面	紙	設色	25 × 25.2		台北 故宮博物院	故畫 03455-3
春雲飛彩（光緒御筆紙畫扇面上冊之4）	摺扇面	紙	設色	25 × 25.2	己丑（光緒十五年，1889）仲夏	台北 故宮博物院	故畫 03455-4
牡丹（光緒御筆紙畫扇面上冊之5）	摺扇面	紙	設色	25 × 25.2		台北 故宮博物院	故畫 03455-5
九畹清香（光緒御筆紙畫扇面上冊之6）	摺扇面	紙	設色	25 × 25.2	辛丑（光緒二十七年，1901）	台北 故宮博物院	故畫 03455-6
蓮藕（光緒御筆紙畫扇面上冊之7）	摺扇面	紙	設色	25 × 25.2		台北 故宮博物院	故畫 03455-7
蓮蓬（光緒御筆紙畫扇面上冊之8）	摺扇面	紙	設色	25 × 25.2		台北 故宮博物院	故畫 03455-8
折枝牡丹（光緒御筆紙畫扇面上冊之9）	摺扇面	紙	設色	25 × 25.2		台北 故宮博物院	故畫 03455-9
蘭（光緒御筆紙畫扇面上冊之10）	摺扇面	紙	設色	25 × 25.2		台北 故宮博物院	故畫 03455-10
睡蓮（光緒御筆紙畫扇面上冊之11）	摺扇面	紙	設色	25 × 25.2		台北 故宮博物院	故畫 03455-11
蝶（光緒御筆紙畫扇面上冊之12）	摺扇面	紙	設色	25 × 25.2		台北 故宮博物院	故畫 03455-12
蟬（光緒御筆紙畫扇面上冊之13）	摺扇面	紙	設色	25 × 25.2		台北 故宮博物院	故畫 03455-13
竹蝶（光緒御筆紙畫扇面上冊之14）	摺扇面	紙	設色	25 × 25.2		台北 故宮博物院	故畫 03455-14
松（光緒御筆紙畫扇面上冊之15）	摺扇面	紙	設色	25 × 25.2		台北 故宮博物院	故畫 03455-15
萊菔（光緒御筆紙畫扇面上冊之16）	摺扇面	紙	設色	25 × 25.2		台北 故宮博物院	故畫 03455-16
靈芝（光緒御筆紙畫扇面上冊之17）	摺扇面	紙	設色	25 × 25.2	庚子（光緒二十六年，1900）	台北 故宮博物院	故畫 03455-17

名稱	形式	質地	色彩	尺寸 高x寬cm	創作時間	收藏處所	典藏號碼
晴霞麗日（光緒御筆紙畫扇面下冊之1）	摺扇面	紙	設色	15.5 x 55	庚子（光緒二十六年，1900）	台北 故宮博物院	故畫 03456-1
煙巒佳氣（光緒御筆紙畫扇面下冊之2）	摺扇面	紙	設色	15.5 x 55	庚子（光緒二十六年，1900）	台北 故宮博物院	故畫 03456-2
紫殿春風（光緒御筆紙畫扇面下冊之3）	摺扇面	紙	設色	15.5 x 55		台北 故宮博物院	故畫 03456-3
仿李息齋筆意竹石（光緒御筆紙畫扇面上冊之4）	摺扇面	紙	設色	15.5 x 55		台北 故宮博物院	故畫 03456-4
梅花（光緒御筆紙畫扇面下冊之5）	摺扇面	紙	設色	15.5 x 55		台北 故宮博物院	故畫 03456-5
蘭（光緒御筆紙畫扇面下冊之6）	摺扇面	紙	設色	15.5 x 55		台北 故宮博物院	故畫 03456-6
竹子（光緒御筆紙畫扇面下冊之7）	摺扇面	紙	設色	15.5 x 55		台北 故宮博物院	故畫 03456-7
牡丹（光緒御筆紙畫扇面下冊之8）	摺扇面	紙	設色	15.5 x 55		台北 故宮博物院	故畫 03456-8
梅花（光緒御筆紙畫扇面下冊之9）	摺扇面	紙	設色	15.5 x 55		台北 故宮博物院	故畫 03456-9
蘭（光緒御筆紙畫扇面下冊之10）	摺扇面	紙	設色	15.5 x 55		台北 故宮博物院	故畫 03456-10
竹（光緒御筆紙畫扇面下冊之11）	摺扇面	紙	設色	15.5 x 55		台北 故宮博物院	故畫 03456-11
荷花（光緒御筆紙畫扇面下冊之12）	摺扇面	紙	設色	15.5 x 55		台北 故宮博物院	故畫 03456-12
劍蘭（光緒御筆紙畫扇面下冊之13）	摺扇面	紙	設色	15.5 x 55		台北 故宮博物院	故畫 03456-13
修篁出梢（光緒御筆紙畫扇面下冊之14）	摺扇面	紙	設色	15.5 x 55		台北 故宮博物院	故畫 03456-14
附：							
牡丹圖	軸	紙	設色	98.5 x 61.5	光緒辛卯（十七年，1891）孟夏上澣	紐約 蘇富比藝品拍賣公司/拍賣目錄 1980,12,18.	
葡萄綬帶圖	軸	紙	設色	129 x 63	光緒甲辰（三十年，1904）季秋下澣	紐約 蘇富比藝品拍賣公司/拍賣目錄 1980,12,18.	
花卉圖	軸	絹	設色	119.4 x 59.7	光緒壬寅（二十八年，1902）上浣	紐約 蘇富比藝品拍賣公司/拍賣目錄 1989,09,28、29.	

名稱	形式	質地	色彩	尺寸 高x寬㎝	創作時間	收藏處所	典藏號碼

畫家小傳：愛新覺羅載湉。為文宗嗣子，穆宗從弟。生於同治十（1871）年。穆宗崩，即帝位，是為德宗，建號光緒。卒於光緒三十
　　　　四（1908）年。(見清史稿校註‧德宗紀)

江 標

| 白荷花圖 | 軸 | 絹 | 設色 | 不詳 | 光緒二十年，甲午
（1894） | 上海 上海博物館 | |

畫家小傳：江標。字建霞。元和人。德宗光緒十五（1889）年進士。出汪柳門之門。工小篆，能刻畫金石，又善畫山水。後視學湘中，
　　　　曾繪畫清代諸名人著書之盧舍十六幅，鏤版印作詩箋行世，得者珍如球璧。(寒松閣談藝瑣錄、清代畫家筆錄、中國畫家人
　　　　名大辭典)

陸 琪

| 楊柳樓臺圖（楊柳樓臺圖冊之
1幀） | 冊 | 紙 | 設色 | 不詳 | 己丑（光緒十五年
，1889）夏六月 | 韓國 首爾國立中央博物館 | |

畫家小傳：陸琪。畫史無載。流傳署款紀年作品見於德宗光緒十五（1889）年。身世待考。

顧鴻逵

| 摹古蕉石圖 | 卷 | 紙 | 設色 | 20.6 x 549 | | 台南 石允文先生 | |

畫家小傳：顧鴻逵。畫史無載。身世待考。

甘烜文

| 秋景山水圖 | 卷 | 紙 | 設色 | 31.1 x ? | | 香港 中文大學中國文化研究
所文物館 | 73.433 |

畫家小傳：甘烜文。畫史無載。身世待考。

（釋）成 鷟

| 山水圖 | 摺扇面 紙 | | 水墨 | 15.8 x 49.9 | | 香港 中文大學中國文化研究
所文物館 | 73.119 |

畫家小傳：成鷟。僧）畫史無載。身世待考。

趙 彧

| 山水圖 | 軸 | 絹 | 水墨 | 25 x 20.5 | | 香港 中文大學中國文化研究
所文物館 | |

畫家小傳：趙彧。畫史無載。身世待考。

尼文信

名稱	形式	質地	色彩	尺寸 高x寬cm	創作時間	收藏處所	典藏號碼
山水圖	軸	絹	水墨	82.5 x 44.6		香港 中文大學中國文化研究所文物館	

畫家小傳：尼文信。畫史無載。身世待考。

顧 均

附：

| 花卉（籬畔爭妍圖） | 軸 | 絹 | 設色 | 92.7 x 46.3 | 己丑（光緒十五年，1889）秋八月 | 紐約 蘇富比藝品拍賣公司/拍賣目錄 1981,11,07. | |

畫家小傳：顧均。畫史無載。字培之。江蘇吳人。流傳署款紀年作品見於德宗光緒十五（1889）年。身世待考。

江南屏

附：

| 瓶花水仙圖 | 軸 | 紙 | 設色 | 77.4 x 35.5 | 己丑（光緒十五年，1889）三月 | 紐約 蘇富比藝品拍賣公司/拍賣目錄 1981,04,23、24. | |

畫家小傳：江南屏。畫史無載。流傳署款紀年作品見於德宗光緒十五（1889）年。身世待考。

顧麟士

摹唐寅桃花庵圖	軸	紙	設色	132.5 x 32.5		台北 市立美術館	
擬趙善長臨安雲起圖	軸	紙	水墨	132.5 x 32.5		台北 張添根養和堂	
仿李咸熙岌嶪寒雲	軸	紙	設色	136.5 x 34	乙丑（民國十四年，1925）大暑	台北 張添根養和堂	
水榭迎涼圖	軸	紙	護色	不詳	辛卯（光緒十七年，1891）二月	北京 故宮博物院	
山水圖（12幀，為詩舫作）	冊	紙	設色	不詳	丙申（光緒二十二年，1896）夏	上海 上海博物館	
山水人物（為紀鴻仁兄姻大人作）	摺扇面	紙	設色	17.5 x 52		昆山 崑崙堂美術館	

附：

山水圖	卷	紙	水墨	34 x 270.8	辛酉（民國十年，1921）正月	紐約 佳士得藝品拍賣公司/拍賣目錄 1996,09,18.	
會琴圖（仿戴熙山水）	軸	紙	設色	167.6 x 65.4	乙巳（光緒三十一年，1905）秋七月	紐約 佳士得藝品拍賣公司/拍賣目錄 1990,05,31.	
山水圖（仿吳歷山水）	軸	紙	水墨	149.5 x 73.5		香港 佳士得藝品拍賣公司/拍	

名稱	形式	質地	色彩	尺寸 高x寬cm	創作時間	收藏處所	典藏號碼
山水圖（陸恢、顧麟士、高邕、楊伯潤合作山水4之1幅）	軸	紙	水墨	178 x 47.5	丙申（光緒二十二年，1896）三月	紐約 佳士得藝品拍賣公司/拍 賣目錄 1991,03,30. 賣目錄 1993,06,04.	
山水圖	軸	紙	設色	132.5 x 65	癸亥（民國十二年，1923）暮秋	香港 佳士得藝品拍賣公司/拍 賣目錄 1994,10,30.	
蘇州園林圖（12幀）	冊	紙	設色	（每幀）25 x 32		紐約 佳士得藝品拍賣公司/拍 賣目錄 1984,06,29.	
山水圖（2幀）	冊頁	紙	水墨	（每幀）25 x 34	辛酉（民國十年，1921）冬	香港 蘇富比藝品拍賣公司/拍 賣目錄 1986,05,22.	
仿戴熙山水（8幀）	冊	紙	設色	（每幀）16.5 x 26		紐約 佳士得藝品拍賣公司/拍 賣目錄 1996,03,27.	
山水圖（12幀）	冊	紙	水墨、設色	（每幀）26 x 34.5		紐約 佳士得藝品拍賣公司/拍 賣目錄 1996,09,18.	
仿古山水圖（12幀）	冊	紙	水墨	（每撟）16.2 x 21.6	戊申（光緒三十四年，1908）秋夜	香港 蘇富比藝品拍賣公司/拍 賣目錄 1999,10,31.	

畫家小傳：顧麟士。字鶴逸。號西津漁父。江蘇元和人。顧文彬之孫。生於穆宗同治四（1865）年。卒於民國十九（1930）年。工畫山水畫，因家過雲樓收藏古書畫甚夥，涵濡功深，故筆多逸氣，尤長於臨古。（見寒松閣談藝瑣錄、清畫家詩史、中國畫家人名大辭典）

許南英

名稱	形式	質地	色彩	尺寸 高x寬cm	創作時間	收藏處所	典藏號碼
古梅圖	軸	紙	水墨	130 x 66		台北 曾焜耀先生	
寒梅圖	軸	紙	水墨	不詳	壬子（民國元年，1912）秋日	台北 吳樹先生	
墨梅	摺扇面	金箋	水墨	不詳		台南 楊文富先生	

畫家小傳：許南英。字子蘊。號蘊白、允白、窺園主人、留髮頭陀、龍馬書生、毗舍耶客、春江冷宦等。德宗光緒十六(1890)年進士。台灣割讓日本，曾組義軍相抗。事後，日人懸賞緝捕，遂內渡。生平以梅自況，故特愛畫梅，清絕不俗。（見清代台南府城書畫展覽專集）

王瓘

名稱	形式	質地	色彩	尺寸 高x寬cm	創作時間	收藏處所	典藏號碼
山水圖（12幀）	冊	紙	水墨	不詳	光緒庚寅（十六年，1890）	天津 天津市藝術博物館	

畫家小傳：王瓘。字孝玉（一作孝禹）。安徽桐城人。曾參與端方幕下。精鑒別金石書畫，工書法篆刻，又善畫山水。畫筆蒼渾秀潤，得力於王時敏、王鑑。流傳署款紀年作品見於德宗光緒十六（1890）年。（見韜養齋筆記、中國畫家人名大辭典）

丁寶書

名稱	形式	質地	色彩	尺寸 高×寬㎝	創作時間	收藏處所	典藏號碼
仿華喦丹楓畫眉圖	軸	紙	設色	不詳	庚午（民國十九年，1930）	北京 故宮博物院	
秋光淡雅圖	軸	紙	設色	103 × 26.5		昆山 崑崙堂美術館	

畫家小傳：丁寶書。字雲軒、芸軒。江蘇無錫人。生於穆宗同治五（1866）年，卒於民國二十五（1936）年。自幼嗜畫，從同邑高研五習翎毛、花卉，其後宗法惲壽平，兼以寫生，晚年精參華喦。作品神采生動，古艷雅逸，無時習。（見梁溪小誌、中國美術家人名辭典）

張兆祥

| 花卉圖（2冊，24幀） | 冊 | 金箋 | 設色 | （每幀）29.5 × 60 | 自庚寅（光緒十六年，1890）至辛卯（1891） | 天津 天津市藝術博物館 | |

附：

| 仿沈石田筆意作花石圖 | 軸 | 紙 | 設色 | 104.1 × 53.4 | 壬午（光緒八年，1882）春三月 | 紐約 蘇富比藝品拍賣公司/拍賣目錄1988,11,30. | |

畫家小傳：張兆祥。號龢菴。河北天津人。善畫花鳥，設色妍雅，備極工緻；作折枝花卉，尤覺秀麗生動。流傳署款紀年作品見於德宗光緒十六（1890）年。（見韜養齋筆記、清朝書畫家筆錄、中國畫家人名大辭典）

□夢生

| 蕉竹圖 | 摺扇面 | 金箋 | 設色 | 不詳 | 辛卯（？光緒十七年，1891） | 北京 故宮博物院 | |

畫家小傳：□夢生。姓不詳。流傳署款作品紀年疑為德宗光緒十七（1891）年。身世待考。

錢德容

| 菊花圖 | 軸 | 絹 | 設色 | 不詳 | 辛卯（？光緒十七年，1891） | 南京 南京博物院 | |

畫家小傳：錢德容。畫史無載。流傳署款作品紀年疑為德宗光緒十七（1891）年。身世待考。

曹 華
附：

| 山水圖 | 摺扇面 | 紙 | 設色 | 19 × 52.7 | 辛卯（光緒十七年，1891）三月上浣 | 紐約 蘇富比藝品拍賣公司/拍賣目錄1981,11,05. | |

畫家小傳：曹華。畫史無載。流傳署款作品紀年見於德宗光緒十七（1891）年。身世待考。

李瑞清

名稱	形式	質地	色彩	尺寸 高×寬㎝	創作時間	收藏處所	典藏號碼
松石圖	摺扇面	紙	水墨	不詳		北京 中國歷史博物館	
摹石濤花卉、人物圖（8幀）	冊	紙	設色	不詳		美國 普林斯頓大學藝術館	68-193
附：							
花卉圖	卷	絹	設色	33 × 237	戊申（光緒三十四年，1908）正月晦日	香港 佳士得藝品拍賣公司/拍賣目錄 1994,10,30.	
相馬圖	軸	絹	設色	53.3 × 52.7		紐約 佳仕得藝品拍賣公司/拍賣目錄 1986,06,04.	
羅漢圖	軸	紙	設色	121.5 × 51		香港 佳士得藝品拍賣公司/拍賣目錄 1990,03,19.	
古木奇石圖（王震補石）	軸	紙	設色	94 × 45	甲戌（民國二十三年，1934）仲春	香港 佳士得藝品拍賣公司/拍賣目錄 1990,03,19.	
春波魚戲圖	軸	紙	設色	78.5 × 29	乙未（光緒二十一年，1895）夏月	香港 佳士得藝品拍賣公司/拍賣目錄 1993,03,22.	

畫家小傳：李瑞清。字仲麟。號梅庵、梅癡、清道人等。江西臨川人。生於穆宗同治六（1867）年。卒於民國九(1920)年。光緒二十一年進士，入翰林。曾任南京兩江優級師範監督、兼江寧提學使。熱心提倡藝術教育。善書法，能寫各種書體。又能畫山水、花卉、佛像，而以書法筆墨行之，古拙超逸。著有清道人選集行世。（見清畫家詩史、書林紀事、姜丹書稿、中國美術家人名辭典）.

王 震

名稱	形式	質地	色彩	尺寸 高×寬㎝	創作時間	收藏處所	典藏號碼
芭蕉圖	軸	紙	設色	227.8 × 94.8		台北 故宮博物院	贈畫 000522N
猛虎圖	軸	紙	設色	230.2 ×108.7		台北 故宮博物院	贈畫 000789N
一葦渡江圖	軸	紙	設色	136.8 × 33		台北 市立美術館	
紫藤圖	軸	紙	設色	180 × 93.5	癸亥（民國十二年，1923）冬仲	台北 清玩雅集	
松菊圖	軸	紙	設色	34.5 × 25.5	乙丑（民國十四年，1925）歲寒	台北 張添根養和堂	
達摩圖	軸	紙	設色	112 × 50.5	庚午（民國十九年，1930）端午	台北 張添根養和堂	
幽亭論古圖	軸	紙	設色	41.5 × 50.5		台北 張添根養和堂	
無量壽佛圖	軸	紙	設色	139.5 × 34.5	丙寅（民國十五年，1926）秋	台北 張添根養和堂	
長松雙鶴圖	軸	紙	設色	167 × 45	辛未（民國二十年，1931）新秋	台北 張添根養和堂	

名稱	形式	質地	色彩	尺寸 高x寬cm	創作時間	收藏處所	典藏號碼
竹雨草堂圖	軸	紙	設色	130.5 × 32	壬戌（民國十一年，1922）新秋	台北 張添根養和堂	
觀音圖	軸	紙	設色	134.5 × 33.5	丁卯（民國十六年，1927）冬月	台北 張添根養和堂	
李鐵拐圖	軸	紙	設色	125.5 × 41.5	甲寅（民國三年，1914）仲夏	台北 張添根養和堂	
淵明持甕圖	軸	紙	設色	139 × 41	丁卯（民國十六年，1927）冬月	台北 張添根養和堂	
樹下高僧圖	軸	紙	設色	112 × 59.5	壬戌（民國十一年，1922）初夏	台中 台灣省立美術館	
五毒圖	軸	紙	設色	174 × 93	癸亥（民國十二年，1923）首夏	台中 台灣省立美術館	
歲朝清供圖	軸	紙	設色	133 × 66	己巳（民國十八年，1929）新春	台中 台灣省立美術館	
鐵珊禪師像	軸	紙	設色	不詳	壬戌（民國十一年，1922）夏	北京 故宮博物院	
菊石圖	軸	紙	設色	不詳	甲戌（民國二十三年，1934）九秋	北京 故宮博物院	
缶盧講藝圖	軸	紙	水墨	120 × 52.5	壬申（民國十六年，1927）	杭州 浙江省杭州西泠印社	
東坡抱研圖	軸	紙	設色	137.2 × 46.6	己未（民國八年，1919）十二月十九日	日本 大阪市立美術館	
雪景山水圖	軸	紙	設色	138.6 × 45.5	己巳（民國十八年，1929）夏	日本 大阪市立美術館	
達摩圖	軸	紙	設色	172.1 × 95.1	戊辰（民國十七年，1928）暮春	日本 京都泉屋博古館	
蘆雁圖	軸	紙	設色	105.5 × 32.6	癸亥（民國十二年，1923）春仲	日本 松丸先生	
書畫（畫似住友先生）	摺扇面	紙	設色	19 × 54.1	甲子（民國十三年，1924）夏仲	日本 京都泉屋博古館	
附：							
杖笠採梅圖	軸	紙	設色	152.3 × 47	壬戌（民國十一年，1922）	紐約 蘇富比藝品拍賣公司/拍賣目錄1980,12,18.	
金山江天寺	軸	紙	設色	132 × 32.8	甲子（民國十三年	紐約 蘇富比藝品拍賣公司/拍	

名稱	形式	質地	色彩	尺寸 高x寬cm	創作時間	收藏處所	典藏號碼
					，1924）暮春	賣目錄 1984,06,13.	
達摩圖	軸	紙	水墨	111 x 47		紐約 蘇富比藝品拍賣公司/拍 賣目錄 1984,06,13.	
劍門圖（與吳昌碩合作，贈木幡先生）	軸	綾	水墨	128.5 x 41	丁卯（民國十六年，1927）秋仲	紐約 佳士得藝品拍賣公司/拍 賣目錄 1984,06,29.	
蕉蔭貓鳥圖（為叔子仁兄作）	軸	紙	設色	135.5 x 66	丙寅（民國十五年，1926）夏日	紐約 佳士得藝品拍賣公司/拍 賣目錄 1984,06,29.	
山茶白頭圖	軸	紙	設色	151 x 33	辛酉（民國十年，1921）冬	紐約 佳士得藝品拍賣公司/拍 賣目錄 1984,06,29.	
鍾馗圖	軸	紙	硃紅	105 x 56.7	戊辰（民國十七年，1928）端午	香港 蘇富比藝品拍賣公司/拍 賣目錄 1984,11,21.	
石上竹雞圖	軸	紙	設色	134 x 66.5	壬戌（民國十一年，1922）冬仲	香港 蘇富比藝品拍賣公司/拍 賣目錄 1984,11,21.	
一葦渡江圖	軸	紙	設色	121 x 32.8	丁卯（民國十六年，1927）仲春	香港 蘇富比藝品拍賣公司/拍 賣目錄 1984,11,21.	
白鷺圖	軸	紙	設色	43.3 x 54.3	庚午（民國十九年，1930）孟夏	紐約 蘇富比藝品拍賣公司/拍 賣目錄 1984,12,05.	
人物圖	軸	紙	水墨	138.5 x 40	庚申（民國九年，1920）孟冬	紐約 蘇富比藝品拍賣公司/拍 賣目錄 1984,12,05.	
無量壽佛	軸	紙	設色	104.4 x 41.3	癸亥（民國十二年，1923）	紐約 蘇富比藝品拍賣公司/拍 賣目錄 1985,06,03.	
夜遊赤壁圖	軸	紙	設色	133.5 x 66.7	庚午（民國十九年，1930）夏四月	香港 蘇富比藝品拍賣公司/拍 賣目錄 1986,05,22.	
達摩圖（吳昌碩題）	軸	紙	設色	93 x 57.5	癸丑（民國二年，1913）十一月望日	香港 蘇富比藝品拍賣公司/拍 賣目錄 1986,05,22.	
歲朝圖	軸	紙	設色	136 x 66.5	辛酉（民國十年，1921）大寒	香港 蘇富比藝品拍賣公司/拍 賣目錄 1986,05,22.	
幽亭觀瀑圖	軸	紙	設色	113 x 40		香港 蘇富比藝品拍賣公司/拍 賣目錄 1986,05,22.	
踏雪尋梅圖	軸	紙	設色	149.2 x 40.5	戊辰（民國十七年，1928）春仲	香港 蘇富比藝品拍賣公司/拍 賣目錄 1986,05,22.	
釋迦牟尼佛圖	軸	紙	設色	105.4 x 50.8	庚午（民國十九年，1930）暮春	紐約 蘇富比藝品拍賣公司/拍 賣目錄 1986,06,03.	
稻雀圖	軸	紙	設色	136 x 32.4	甲子（民國十三年	香港 佳仕得藝品拍賣公司/拍	

名稱	形式	質地	色彩	尺寸 高×寬 cm	創作時間	收藏處所	典藏號碼
					，1924）夏	賣目錄 1987,01,12.	
葡萄圖	軸	紙	設色	134.6 × 34		香港 佳仕得藝品拍賣公司/拍賣目錄 1987,01,12.	
無量壽佛圖	軸	紙	設色	137.7 × 33	庚午（民國十九年，1930）孟夏	紐約 佳士得藝品拍賣公司/拍賣目錄 1987,06,03.	
東土初祖圖	軸	紙	設色	137 × 68	丁卯（民國十六年，1927）晚秋	香港 佳士得藝品拍賣公司/拍賣目錄 1988,01,18.	
達摩渡江圖	軸	紙	設色	136 × 43	戊午（民國七年，1918）冬月	香港 佳士得藝品拍賣公司/拍賣目錄 1988,01,18.	
仿八大荷花圖	軸	紙	水墨	181 × 71	乙卯（民國四年，1915）冬仲	香港 佳士得藝品拍賣公司/拍賣目錄 1988,01,18.	
歸牧軒讀畫圖	橫幅	紙	設色	34.5 × 38	丁巳（民國六年，1917）春初	香港 佳士得藝品拍賣公司/拍賣目錄 1988,01,18.	
南屏佛祖圖	軸	紙	水墨	216 × 92	壬申（民國二十一年，1932）仲春	香港 佳士得藝品拍賣公司/拍賣目錄 1988,01,18.	
竹雀圖	軸	紙	設色	104 × 30.5	乙亥（民國二十四年，1935）九秋	紐約 佳士得藝品拍賣公司/拍賣目錄 1988,06,02.	
博古圖樣 4 幅）	軸	紙	設色	（每幅）131 × 31	癸酉（民國二十二年，1933）九秋	紐約 佳士得藝品拍賣公司/拍賣目錄 1988,11,30.	
雁來紅圖	軸	紙	設色	177.2 × 45.8	庚申（民國九年，1920）秋仲	紐約 佳士得藝品拍賣公司/拍賣目錄 1988,11,30.	
富貴白頭圖	軸	紙	設色	121.5 × 59.8	庚午（民國十九年，1930）冬	紐約 佳士得藝品拍賣公司/拍賣目錄 1988,11,30.	
持螯賞菊圖	軸	紙	設色	150.5 × 81.3	乙丑（民國十四年，1925）九秋	香港 佳士得藝品拍賣公司/拍賣目錄 1989,01,16.	
探梅圖	軸	紙	設色	119.4 × 55.8	庚申（民國九年，1920）春仲	香港 佳士得藝品拍賣公司/拍賣目錄 1989,01,16.	
無量壽佛圖	軸	紙	設色	132 × 56	己未（民國八年，1919）冬仲	香港 佳士得藝品拍賣公司/拍賣目錄 1989,01,16.	
米顛拜石圖	軸	紙	設色	145.5 × 80	乙丑（民國十四年，1925）夏	香港 佳士得藝品拍賣公司/拍賣目錄 1989,01,16.	
水仙石鳥圖	軸	紙	水墨	136 × 33.5	辛酉（民國十年，1921）冬仲	紐約 佳士得藝品拍賣公司/拍賣目錄 1989,06,01.	
春江醉歸圖	軸	紙	設色	74.3 × 29.3		香港 佳士得藝品拍賣公司/拍	

名稱	形式	質地	色彩	尺寸 高×寬㎝	創作時間	收藏處所	典藏號碼
						賣目錄1989,09,25.	
樹上童子圖	軸	紙	設色	74.3 × 29.3	甲戌（民國二十三年，1934）仲夏	香港 佳士得藝品拍賣公司/拍	
						賣目錄1989,09,25.	
竹雀頑石圖	軸	紙	設色	99.7 × 59.7	癸丑（民國二年，1913）歲暮	香港 佳士得藝品拍賣公司/拍	
						賣目錄1989,09,25.	
鶴壽圖	軸	紙	淺設色	140 × 23.5	甲戌（民國三年，1914）冬至	香港 佳士得藝品拍賣公司/拍	
						賣目錄1989,09,25.	
無量壽佛圖	軸	紙	設色	135.3 × 65	甲子（民國十三年，1924）夏仲	香港 佳士得藝品拍賣公司/拍	
						賣目錄1989,09,25.	
溪畔秋菊圖	橫幅	紙	設色	66.3 × 96.7	戊午（民國七年，1918）秋日	香港 佳士得藝品拍賣公司/拍	
						賣目錄1989,09,25.	
野老騎驢圖	軸	紙	設色	137.5 × 56	己未（民國八年，1919）仲春	香港 佳士得藝品拍賣公司/拍	
						賣目錄1989,09,25.	
觀月圖	軸	紙	設色	181 × 97	甲寅（民國三年，1914）秋仲	香港 佳士得藝品拍賣公司/拍	
						賣目錄1989,12,04.	
觀音圖	軸	紙	水墨	139 × 35	戊辰（民國十七年，1928）冬初	紐約 佳士得藝品拍賣公司/拍	
						賣目錄1990,03,19.	
賞雪圖	軸	紙	淺設色	137 × 32.5	己巳（民國十八年，1929）仲冬	香港 佳士得藝品拍賣公司/拍	
						賣目錄1990,03,19.	
百事如意圖	軸	紙	設色	107.5 × 43	乙亥（民國二十四年，1935）	香港 佳士得藝品拍賣公司/拍	
						賣目錄1990,03,19.	
鍾馗圖	軸	紙	設色	153 × 81	甲寅（民國三年，1914）立夏日	香港 佳士得藝品拍賣公司/拍	
						賣目錄1990,03,19.	
面壁九年圖	軸	紙	水墨	174 × 45.5	甲戌（民國二十三年，1934）仲春	香港 佳士得藝品拍賣公司/拍	
						賣目錄1990,03,19.	
荷花翠鳥圖	軸	紙	設色	154 × 84	壬申（民國二十一年，1932）新秋	香港 佳士得藝品拍賣公司/拍	
						賣目錄1990,03,19.	
硃筆福喜偕臨圖	軸	紙	硃紅	114 × 52.5	癸酉（民國二年，1913）午月午日午時	香港 佳士得藝品拍賣公司/拍	
						賣目錄1990,03,19.	
無量壽佛圖	軸	紙	設色	159 × 53.3	丙辰（民國五年，1916）新春	香港 佳士得藝品拍賣公司/拍	
						賣目錄1990,03,19.	
無量壽佛圖	軸	紙	設色	136.5 × 68.5	壬申（民國二十一年，1932）初夏	香港 佳士得藝品拍賣公司/拍	

名稱	形式	質地	色彩	尺寸 高x寬cm	創作時間	收藏處所	典藏號碼
籬邊秋色圖	軸	紙	設色	136.5 × 68.5	癸亥（民國十二年，1923）孟夏	香港 佳士得藝品拍賣公司/拍賣目錄1990,03,19.	
溪橋夜泊圖	軸	紙	水墨	177.8 × 61	辛酉（民國十年，1921）春初	香港 佳士得藝品拍賣公司/拍賣目錄1990,03,19.	
五老圖	軸	紙	設色	149 × 80	丙子（民國二十四年，1936）仲春	香港 佳士得藝品拍賣公司/拍賣目錄1990,03,19.	
陶淵明圖	軸	紙	設色	151.5 × 32	丁卯（民國十六年，1927）夏仲	香港 佳士得藝品拍賣公司/拍賣目錄1990,03,19.	
劉海戲蟾圖	軸	紙	設色	178.5 × 95.5	甲戌（民國二十三年，1934）新秋	香港 佳士得藝品拍賣公司/拍賣目錄1990,03,19.	
南無阿彌陀佛	軸	紙	淺設色	137.5 × 65	癸酉（民國二十二年，1933）九秋	香港 佳士得藝品拍賣公司/拍賣目錄1990,03,19.	
觀瀑圖	軸	紙	設色	136 × 68	壬申（民國二十一年，1932）初夏	紐約 佳士得藝品拍賣公司/拍賣目錄1990,05,31.	
龜壽圖	軸	紙	設色	97 × 31.5	乙巳（光緒三十一年，1905）立秋日	香港 佳士得藝品拍賣公司/拍賣目錄1990,10,07.	
鍾馗圖	軸	紙	硃砂	145.5 × 81.5	癸酉（民國二十二年，1933）端陽節	香港 佳士得藝品拍賣公司/拍賣目錄1990,10,07.	
陶淵明賞菊圖	軸	紙	設色	148.5 × 79	庚申（民國九年，1920）仲秋	香港 佳士得藝品拍賣公司/拍賣目錄1990,10,07.	
無量壽佛	軸	紙	設色	105 × 45.5	癸亥（民國十二年，1923）嘉平月朔	香港 佳士得藝品拍賣公司/拍賣目錄1990,10,07.	
歲朝圖（與張幸光、鄧散木等合作）	軸	紙	設色	140.5 × 66	癸酉（民國二十二年，1933）仲冬	香港 佳士得藝品拍賣公司/拍賣目錄1990,10,07.	
端陽供景（與旭初、琅笙等合作）	軸	紙	設色	136 × 68.5	丙辰（民國五年，1916）夏	香港 佳士得藝品拍賣公司/拍賣目錄1990,10,07.	
接福圖	軸	紙	設色	133.5 × 64.5		香港 佳士得藝品拍賣公司/拍賣目錄1990,10,07.	
梧桐山雞圖	軸	紙	設色	128.5 × 66	戊午（民國七年，1918）寒食節	香港 佳士得藝品拍賣公司/拍賣目錄1990,10,07.	
鳥石圖	軸	紙	設色	98 × 38.5		香港 佳士得藝品拍賣公司/拍賣目錄1990,10,07.	
荷花鴛鴦圖	軸	紙	設色	151 × 40.5		香港 佳士得藝品拍賣公司/拍賣目錄1990,10,07.	

名稱	形式	質地	色彩	尺寸 高×寬㎝	創作時間	收藏處所	典藏號碼
荷花圖	軸	紙	設色	141 × 68.5	丁丑（民國二十六年，1937）夏仲	香港 佳士得藝品拍賣公司/拍賣目錄 1990,10,07.	
梅鶴圖	軸	紙	設色	149 × 80	甲寅（民國三年，1914）人日	香港 佳士得藝品拍賣公司/拍賣目錄 1990.10.07	
老樹昏鴉圖	軸	紙	水墨	138 × 68.5	乙卯（民國四年，1915）冬仲	紐約 佳士得藝品拍賣公司/拍賣目錄 1990,11,28.	
白鶴壽星圖	軸	紙	設色	133 × 66	庚申（民國九年，1920）冬仲	香港 佳士得藝品拍賣公司/拍賣目錄 1991,03,18.	
鍾馗圖	軸	紙	設色	89.7 × 62.5	癸亥（民國十二年，1923）秋初	香港 佳士得藝品拍賣公司/拍賣目錄 1991,03,18.	
和合二仙圖	軸	紙	設色	149 × 80	辛未（民國二十年，1931）仲秋	香港 佳士得藝品拍賣公司/拍賣目錄 1991,03,18.	
王母壽星圖	軸	紙	設色	152.3 × 83	戊辰（民國十七年，1928）新春	香港 佳士得藝品拍賣公司/拍賣目錄 1991,03,18.	
無量壽佛圖	軸	紙	設色	107 × 48	庚申（民國九年，1920）秋七月	香港 佳士得藝品拍賣公司/拍賣目錄 1991,03,18.	
百事如意圖	橫幅	紙	設色	32 × 41	丁丑（民國二十六年，1937）元旦	香港 佳士得藝品拍賣公司/拍賣目錄 1991,03,18.	
歲朝圖	軸	紙	設色	135.5 × 68	壬申（民國二十一年，1932）新春	香港 佳士得藝品拍賣公司/拍賣目錄 1991,03,18.	
鶴壽圖	軸	紙	設色	133 × 66	庚申（民國九年，1920）冬仲	香港 佳士得藝品拍賣公司/拍賣目錄 1991,03,18.	
春江晚渡圖	橫幅	紙	設色	65.5 × 128.5	丙寅（民國十五年，1926）春初	香港 佳士得藝品拍賣公司/拍賣目錄 1991,03,18.	
勸世歌圖	軸	紙	設色	154 × 57.5	庚午（民國十九年，1930）仲冬	香港 佳士得藝品拍賣公司/拍賣目錄 1991,03,18.	
夏山放牧圖	軸	紙	設色	138 × 68.5	癸亥（民國十二年，1923）春二月	香港 佳士得藝品拍賣公司/拍賣目錄 1991,03,30.	
玉蘭小鳥圖	軸	紙	設色	137.5 × 68	丙辰（民國五年，1916）春仲	香港 佳士得藝品拍賣公司/拍賣目錄 1991,03,30.	
東坡過橋圖	軸	紙	設色	132 × 65	甲寅（民國三年，1914）歲寒	香港 佳士得藝品拍賣公司/拍賣目錄 1991,03,30.	
夏山放牧圖	軸	紙	設色	138 × 68.5	癸亥（民國十二年，1923）春二月	香港 佳士得藝品拍賣公司/拍賣目錄 1991,03,30.	

名稱	形式	質地	色彩	尺寸 高×寬cm	創作時間	收藏處所	典藏號碼
踏雪尋梅圖	軸	紙	設色	49 × 70	辛酉（民國二十二年，1933）秋仲	紐約 佳士得藝品拍賣公司/拍賣目錄 1991,05,29.	
飛燕圖	軸	紙	設色	87.2 × 33		香港 佳士得藝品拍賣公司/拍賣目錄 1992,03,30.	
菊石花貓圖	軸	紙	設色	135 × 67.5	壬申（民國二十一年，1932）仲春	香港 佳士得藝品拍賣公司/拍賣目錄 1992,03,30.	
老僧圖	軸	紙	設色	129.5 × 38	己未（民國八年，1919）秋	香港 佳士得藝品拍賣公司/拍賣目錄 1992,03,30.	
無量壽佛圖	軸	紙	設色	132 × 66	癸亥（民國十二年，1923）十月朔	香港 佳士得藝品拍賣公司/拍賣目錄 1992,03,30.	
仿八大鳥石圖	軸	紙	水墨	135.1 × 33.2	辛酉（民國十年，1921）冬仲	紐約 佳士得藝品拍賣公司/拍賣目錄 1992,06,02.	
積福圖	軸	紙	硃紅	76 × 40.5	辛未（民國二十年，1931）端午	紐約 佳士得藝品拍賣公司/拍賣目錄 1992,06,02.	
策杖看山圖	軸	紙	設色	141 × 95	己巳（民國十八年，1929）九秋	香港 佳士得藝品拍賣公司/拍賣目錄 1992,09,28.	
芭蕉八哥圖	軸	紙	設色	132 × 36		香港 佳士得藝品拍賣公司/拍賣目錄 1992,09,28.	
紈扇仕女（吳昌碩題）	軸	紙	水墨	137.4 × 51.3		香港 佳士得藝品拍賣公司/拍賣目錄 1992,09,28.	
鍾馗圖	軸	紙	設色	149.2 × 82.3	癸酉（民國二十二年，1933）午月午日午時	香港 佳士得藝品拍賣公司/拍賣目錄 1992,09,28.	
漁翁圖	橫幅	紙	設色	34 × 69.8	丙子（民國二十五年，1936）孟夏	香港 佳士得藝品拍賣公司/拍賣目錄 1992,09,28.	
富貴壽考圖	軸	紙	設色	164 × 82	丁巳（民國六年，1917）孟秋	香港 佳士得藝品拍賣公司/拍賣目錄 1993,03,22.	
壽桃圖	軸	紙	設色	178 × 96	壬戌（民國十一年，1922）春仲	香港 佳士得藝品拍賣公司/拍賣目錄 1993,03,22.	
狸奴捕雀圖	軸	紙	設色	151 × 69	丁巳（民國六年，1917）華朔	香港 佳士得藝品拍賣公司/拍賣目錄 1993,03,22.	
和合二仙圖	軸	紙	設色	149.8 × 80.4		香港 佳士得藝品拍賣公司/拍賣目錄 1993,10,24.	
新春童嬉圖	橫幅	紙	設色	52 × 107	庚申（民國九年，1920）新春	香港 佳士得藝品拍賣公司/拍賣目錄 1993,10,24.	

名稱	形式	質地	色彩	尺寸 高×寬 cm	創作時間	收藏處所	典藏號碼
玉花聰圖	軸	紙	設色	136 × 28	丁卯（民國十六年，1927）夏	香港 佳士得藝品拍賣公司/拍賣目錄 1993.10.24	
菊石圖	軸	紙	設色	176 × 93	甲子（民國十三年，1924）	香港 佳士得藝品拍賣公司/拍賣目錄 1993,10,24.	
梅妻鶴子圖	軸	紙	設色	151 × 40.5		紐約 佳士得藝品拍賣公司/拍賣目錄 1993,12,01.	
品茶圖	軸	紙	設色	32.5 × 24.8		香港 佳士得藝品拍賣公司/拍賣目錄 1994,10,30.	
松山漫步圖	軸	紙	設色	138.5 × 67.8	庚午（民國十九年，1930）冬初	香港 佳士得藝品拍賣公司/拍賣目錄 1994,10,30.	
鍾馗圖	軸	紙	設色	151.5 × 80	乙卯（民國四年，1915）首夏	香港 佳士得藝品拍賣公司/拍賣目錄 1994,10,30.	
無量壽佛圖	軸	紙	設色	119.5 × 37	壬戌（民國十一年，1922）冬仲	紐約 佳士得藝品拍賣公司/拍賣目錄 1995,30,22.	
四鳥語石圖（吳昌碩、王震合作）	軸	紙	設色	112.5 × 38	丙寅（民國十五年，1926）三月	紐約 佳士得藝品拍賣公司/拍賣目錄 1995,03,22.	
赤蛇圖	軸	紙	設色	136 × 34	癸酉（民國二十二年，1933）冬仲	紐約 佳士得藝品拍賣公司/拍賣目錄 1995,04,30.	
松下人物（吳昌碩、王震合作）	軸	絹	水墨	96.5 × 43.2	癸亥（民國十二年，1923）小暑節	紐約 佳士得藝品拍賣公司/拍賣目錄 1995,09,19.	
燕子圖	軸	紙	設色	不詳	丁卯（民國十六年，1927）秋九月	香港 佳士得藝品拍賣公司/拍賣目錄 1996,04,28.	
蔬果圖	軸	紙	設色	不詳	甲子（民國十三年，1924）夏仲	香港 佳士得藝品拍賣公司/拍賣目錄 1996,04,28.	
朱楚華先生圖像	軸	紙	設色	117 × 52	乙亥（民國二十四年，1935）九秋	香港 佳士得藝品拍賣公司/拍賣目錄 1996,04,28.	
飛燕圖	軸	紙	設色	136 × 57	壬申（民國二十一年 1932）歲暮	香港 佳士得藝品拍賣公司/拍賣目錄 1996,11,3.	
祖師圖	軸	紙	水墨	58 × 36	丁卯（民國十六年，1927）春仲	紐約 佳士得藝品拍賣公司/拍賣目錄 1997,09,19.	
八哥菊石圖	軸	紙	設色	171 × 39.5	丁巳（民國六年，1917）仲秋	香港 佳士得藝品拍賣公司/拍賣目錄 1998,04,26.	
四季山水圖（4幅）	軸	紙	設色	（每幅）150 × 38.5	庚申（民國九年，1920）孟夏	香港 佳士得藝品拍賣公司/拍賣目錄 1998,04,26.	
達摩圖	軸	紙	設色	133 × 43	庚申（民國九年，	香港 佳士得藝品拍賣公司/拍	

名稱	形式	質地	色彩	尺寸 高×寬cm	創作時間	收藏處所	典藏號碼
					1920）春仲	賣目錄 1998,04,26.	
古寺鐘聲圖	橫幅	紙	設色	64.5 × 128	丙寅（民國十五年，1926）仲夏	香港 佳士得藝品拍賣公司/拍 賣目錄 1998,09,15.	
天中辟邪圖	軸	紙	設色	150.8 × 82.2	乙亥（民國二十四年，1935）端午時	香港 蘇富比藝品拍賣公司/拍 賣目錄 1999,10,31.	
戲蟾圖	軸	紙	設色	139.6 × 68.6	甲寅（民國三年，1914）四月	香港 蘇富比藝品拍賣公司/拍 賣目錄 1999,10,31.	
花鳥圖（6幀）	冊	紙	設色	（每幀）45 × 33	丁卯（民國十六年，1927）立夏節」	紐約 佳士得藝品拍賣公司/拍 賣目錄 1984,06,29.	
松鶴遐齡圖	摺扇面	紙	水墨	18 × 50.8	辛未（民國二十年，1931）夏	紐約 佳仕得藝品拍賣公司/拍 賣目錄 1986,12,01.	
山水、人物、花鳥圖（10幀）	冊	紙	設色	（每幀）29.2 × 29.2	甲子（民國十三年，1924）四月	香港 佳仕得藝品拍賣公司/拍 賣目錄 1987,01,12.	
花鳥圖（12幀）	冊	紙	設色	（每幀）27 × 40.5	癸酉（民國二十二年，1933）秋	香港 佳士得藝品拍賣公司/拍 賣目錄 1990,03,19.	
無量壽佛圖	摺扇面	紙	設色	19 × 51	壬戌（民國十一年，1922）之秋七月既望	紐約 佳士得藝品拍賣公司/拍 賣目錄 1983,11,30.	
漁翁圖	摺扇面	紙	設色	18.5 × 42	乙丑（民國十四年，1925）	香港 佳士得藝品拍賣公司/拍 賣目錄 1995,04,30.	
一團和氣圖	冊頁	紙	設色	27.2 × 24	癸酉（民國二十二年，1933）九秋	香港 佳士得藝品拍賣公司/拍 賣目錄 1995,04,30.	

畫家小傳：王震。字一亭。自號白龍山人。浙江吳興人，寄居上海。生於穆宗同治六（1867）年，卒於民國二十七（1938）年。曾任
　　上海昌明藝術專科學校校長。工書畫。畫善花鳥、人物、山水，佛像等。初學任伯年，後師吳昌碩，筆致雄健，技術純熟，
　　天真爛漫，作品極受海內外人士喜愛。（見海上書畫名家年鑑、楓園畫友錄、中國美術家人名辭典）

商笙伯

歲朝清供圖（吳昌碩、王震、商笙伯合作）	軸	紙	設色	不詳	丁巳（民國六年，1917）	蘇州 江蘇省蘇州博物館	

畫家小傳：商笙伯。畫史無載。與王震同時。身世待考。

梁友石

羊城山水形勝圖	橫軸	紙	設色	70 × 130	壬辰（光緒十八年，1892）	中山 廣東省立中山圖書館	

畫家小傳：梁友石。畫史無載。流傳署款紀年作品見於穆宗光緒十八（1892）年。身世待考。

名稱	形式	質地	色彩	尺寸 高x寬㎝	創作時間	收藏處所	典藏號碼

黃瑞圖

| 四君子圖（4屏） | 軸 | 紙 | 水墨 | （每屏）130 x 33 | 壬辰（光緒十八年，1892）仲秋之月 | 埔里 蕭再火先生 | |

畫家小傳：黃瑞圖。字雲池。原籍鄞江，定居台灣新竹。咸豐、同治間秀才。工書、善畫。畫擅花鳥，行筆迅急，瀟灑野逸。流傳署款紀年作品見於德宗光緒十八（1892）年（見台灣鄉土文物淺說）

蘇　元

| 花卉圖（4幅，各為：牡丹，荷花，菊花，天竺梅花） | 軸 | 紙 | 設色 | （每幅）67 x 33 | | 埔里 蕭再火先生 | |

畫家小傳：蘇元。字笑三。號夢鹿山樵、笑道人。福建晉江人。德宗光緒十八（1892）年優貢生。歷官澹川縣教諭、台灣淡水縣教諭。台灣割讓日本時，離台返閩。民國四年，重遊並卜居彰化八卦山麓。善畫花卉、翎毛，頗得李鱓筆意。（見台灣鄉土文物淺說）

黃廷桂

| 墨石圖 | 軸 | 紙 | 水墨 | 43.4 x 65.9 | | 韓國 首爾月田美術館 | |

畫家小傳：黃廷桂。字小泉。籍里不詳，僑居上海。工畫山水。以賣畫為生，有名於時。（見寒松閣談藝瑣錄、中國畫家人名大辭典）

樊　熙

| 竹林消夏圖 | 摺扇面 | 紙 | 設色 | 18 x 52.3 | 壬辰（光緒十八年，1892） | 北京 故宮博物院 | |

畫家小傳：樊熙。畫史無載。流傳署款紀年作品見於德宗光緒十八（1892）年。身世待考。

黃宗鼎

| 彩蝶圖 | 摺扇面 | 金箋 | 設色 | 25.3 x 53.5 | | 埔里 蕭再火先生 | |

畫家小傳：黃宗鼎。字越士（一作樾溆）。台灣淡水人。光緒(1875-1908)間舉人。曾官永定縣教諭。能詩。喜丹青。割台後，不知所終。（見台灣鄉土文物淺說）

廖慶三

| 馬上相逢圖 | 軸 | 紙 | 設色 | 127 x 66 | | 埔里 蕭再火先生 | |

畫家小傳：廖慶三。字毓華。號橫琴山樵。福建汀州人。光緒(1875-1908)間，流寓至台灣，徙居虎尾、竹塘、北斗、新竹等地。善畫人物。（見台灣鄉土文物淺說）

李慈銘

| 天際歸舟圖 | 紈扇面 | 絹 | 設色 | 不詳 | 壬辰（光緒十八年，1892） | 德清 浙江省德清縣博物館 | |

名稱	形式	質地	色彩	尺寸 高x寬㎝	創作時間	收藏處所	典藏號碼

畫家小傳：李慈銘。字怤伯。號蓴客。浙江會稽人。德宗光緒六年進士。詩文名滿天下。著述頗富。晚年作畫，大有逸趣。流傳署款紀年作品見於光緒十八（1892）年。（見樊山筆錄、中國畫家人名大辭典）

吳鳳生

疏柳秋蟬（花鳥四屏之1）	軸	紙	設色	137 x 34		埔里 蕭再火先生	
芭蕉雄雞（花鳥四屏之2）	軸	紙	設色	137 x 34		埔里 蕭再火先生	
牡丹戲蝶（花鳥四屏之3）	軸	紙	設色	137 x 34		埔里 蕭再火先生	
紫薇雙燕（花鳥四屏之4）	軸	紙	設色	137 x 34		埔里 蕭再火先生	
楊柳鳴蟬圖	軸	紙	設色	134 x 65		中山 廣東省立中山圖書館	

畫家小傳：吳鳳生。原名松，字寄梧。廣東潮州人。光緒(1875-1908) 間至台灣。工畫。擅長畫花鳥、草蟲及墨蟹。間作山水。（見台灣鄉土文物淺說）

湯 鋐

| 蔬果圖 | 卷 | 紙 | 設色 | 不詳 | 壬辰（光緒十八年，1892） | 濟南 山東省博物館 | |

畫家小傳：湯鋐。字東笙。江蘇陽湖人。工書。善畫花卉，風枝露葉，生態逼真。與吳咨同時齊名。流傳署款紀年作品見於德宗光緒十八（1892）年。（見讀畫輯略、清朝書畫家筆錄、中國畫家人名大辭典）

□省曾

| 水石清娛圖 | 冊頁 | 紙 | 設色 | 不詳 | | 北京 故宮博物院 | |

畫家小傳：□省曾。姓不詳。身世待考。

尹子雲

| 山水圖 | 軸 | 絹 | 水墨 | 不詳 | | 北京 故宮博物院 | |

畫家小傳：尹子雲。姓不詳。身世待考。

吳 東

| 山居圖 | 卷 | 紙 | 設色 | 不詳 | | 北京 故宮博物院 | |

畫家小傳：吳東。畫史無載。身世待考。

孫文炯

| 山水圖 | 軸 | 紙 | 設色 | 不詳 | | 北京 故宮博物院 | |

畫家小傳：孫文炯。畫史無載。身世待考。

名稱	形式	質地	色彩	尺寸 高x寬㎝	創作時間	收藏處所	典藏號碼

胡石予

墨梅圖（為山村彭熙先生作）	軸	紙	水墨	92 × 42	民國十九年（庚午，1930）夏	昆山 崑崙堂美術館	
陸游詩意圖	軸	紙	水墨	52 × 42.5		昆山 崑崙堂美術館	

畫家小傳：胡石予。生於穆宗同治七(1868)年，卒於民國二十七(1938)年。畫史無載。身世待考。

后　祺

指畫花果圖（8幀）	冊	紙	設色	不詳	癸巳（光緒十九年，1893）	北京 故宮博物院	

畫家小傳：后祺。畫史無載。流傳署款紀年作品見於德宗光緒十九（1893）年。身世待考。

楊蔭沼

附：

花卉圖（幅）	軸	紙	水墨	不詳	癸巳（？光緒十九年，1893）	上海 上海友誼商店	

畫家小傳：楊蔭沼。畫史無載。流傳署款作品紀年疑為德宗光緒十九（1893）年。身世待考。

程　璋

綠陰清趣圖	軸	紙	設色	134 × 66.5	甲子（民國十三年，1924）秋日	台北 清玩雅集	
雙貓窺魚圖	軸	紙	設色	147.8 × 80.5	庚午（民國十九年，1930）上巳	北京 故宮博物院	
仕女圖	軸	絹	設色	82.5 × 50		定海 浙江省舟山地區文化局	
附：							
奇石異卉圖	卷	紙	水墨、設色	29.5 × 179.5	癸亥（民國十二年，1923）重陽	香港 蘇富比藝品拍賣公司/拍賣目錄 1999,10,31.	
秋園叢趣圖	軸	紙	設色	99 × 49	己未（民國八年，1919）春	香港 蘇富比藝品拍賣公司/拍賣目錄 1986,05,22.	
野鹿（雲壑仙蹤圖）	軸	紙	設色	136.5 × 33.4		香港 蘇富比藝品拍賣公司/拍賣目錄 1986,05,22.	
牡丹草蟲圖	軸	絹	設色	124.5 × 25.5		香港 蘇富比藝品拍賣公司/拍賣目錄 1986,05,22.	
歲朝圖（程璋、倪田、朱偁合作）	軸	紙	設色	134.6 × 62.3		紐約 蘇富比藝品拍賣公司/拍賣目錄 1988,06,01.	

名稱	形式	質地	色彩	尺寸 高x寬㎝	創作時間	收藏處所	典藏號碼
柳蟬圖	軸	紙	設色	67.4 × 32.4		紐約 蘇富比藝品拍賣公司/拍賣目錄 1988,11,30.	
畫馬（林溪散馬）	軸	紙	設色	112 × 56	癸亥（民國十二年，1923）春二月	紐約 蘇富比藝品拍賣公司/拍賣目錄 1988,11,30.	
罌粟蜜蜂圖	軸	紙	設色	60.5 × 36		香港 佳士得藝品拍賣公司/拍賣目錄 1988,01,18.	
秋塘貓鳥圖	軸	紙	設色	135.5 × 34.7		香港 佳士得藝品拍賣公司/拍賣目錄 1989,09,25.	
花貓玫瑰圖	軸	紙	設色	136 × 66	戊午（民國十九年，1930）	香港 佳士得藝品拍賣公司/拍賣目錄 1989,09,25.	
封侯圖	軸	紙	設色	114.3 × 54	己巳（民國十八年，1929）春	香港 佳士得藝品拍賣公司/拍賣目錄 1990,03,19.	
水仙野鶴圖	軸	紙	設色	135.5 × 33	丁巳（民國六年，1917）冬	香港 佳士得藝品拍賣公司/拍賣目錄 1991,03,18.	
雪猴圖	軸	紙	設色	177.8 × 93.4	己未（民國八年，1919）年	香港 佳士得藝品拍賣公司/拍賣目錄 1992,03,30.	
松猿圖	軸	紙	設色	152.5 × 83.5	庚午（民國十九年，1930）春	香港 佳士得藝品拍賣公司/拍賣目錄 1992,03,30.	
三友圖（任頤、虛谷、程璋合作）	軸	紙	設色	149 × 58.8	光緒辛卯（十七年，1891）夏四月	香港 佳士得藝品拍賣公司/拍賣目錄 1992,03,30.	
金魚玉蘭	軸	紙	設色	135.5 × 65.6		香港 佳士得藝品拍賣公司/拍賣目錄 1992,09,28.	
猿猴圖	軸	紙	設色	150 × 81	己未（民國八年，1919）秋	香港 佳士得藝品拍賣公司/拍賣目錄 1992,09,28.	
花下公雞圖（吳昌碩題）	軸	紙	設色	148.6 × 39.5		紐約 佳士得藝品拍賣公司/拍賣目錄 1994,11,30.	
東籬秋菊圖	軸	紙	設色	148 × 40.5	乙卯（民國四年，1915）十月朔	紐約 佳士得藝品拍賣公司/拍賣目錄 1995,03,22.	
雙猿圖	軸	紙	設色	134.5 × 67	乙丑（民國十四年，1925）歲杪	香港 佳士得藝品拍賣公司/拍賣目錄 1996,04,28.	
清波扁舟圖	軸	紙	設色	66.5 × 28.5	丙寅（民國十五年，1926）冬	香港 佳士得藝品拍賣公司/拍賣目錄 2001,04,29.	
櫻桃九熟圖	摺扇面	紙	設色	18 × 51	庚午（民國十九年，1930）夏	香港 蘇富比藝品拍賣公司/拍賣目錄 1986,05,22.	

名稱	形式	質地	色彩	尺寸 高x寬cm	創作時間	收藏處所	典藏號碼
牡丹小鳥圖	摺扇面	紙	設色	18.5 × 42		香港 佳士得藝品拍賣公司/拍賣目錄 1995,04,30.	
牧馬圖	摺扇面	紙	設色	18.5 × 43.2	辛未（民國二十年，1931）初夏	香港 佳士得藝品拍賣公司/拍賣目錄 1995,04,30.	
貓雀圖	摺扇面	紙	設色	19 × 48	乙丑（民國十四年，1925）夏	香港 佳士得藝品拍賣公司/拍賣目錄 1995,04,30.	

畫家小傳：程璋。字達人。號瑤笙。江蘇江寧人。生於穆宗同治八（1869）年，卒於民國二十七（1938）年。善畫山水、人物、花鳥，尤精傳神。（見墨香居畫識、中國畫家人名大辭典）

吳 節

名稱	形式	質地	色彩	尺寸 高x寬cm	創作時間	收藏處所	典藏號碼
仕女圖	軸	絹	設色	不詳	甲午（？光緒二十年，1894）	天津 天津市藝術博物館	

畫家小傳：吳節。畫史無載。流傳署款作品紀年疑為德宗光緒二十（1894）年。身世待考。

邱 衍

名稱	形式	質地	色彩	尺寸 高x寬cm	創作時間	收藏處所	典藏號碼
梅花圖	軸	紙	水墨	不詳	甲午（？光緒二十年，1894）	天津 天津市藝術博物館	

畫家小傳：邱衍。畫史無載。流傳署款作品紀年疑似德宗光緒二十（1894）年。身世待考。

王丕曾

附：

名稱	形式	質地	色彩	尺寸 高x寬cm	創作時間	收藏處所	典藏號碼
山水圖	軸	紙	水墨	不詳		上海 上海文物商店	

畫家小傳：王丕曾。畫史無載。身世待考。

申 蕚

附：

名稱	形式	質地	色彩	尺寸 高x寬cm	創作時間	收藏處所	典藏號碼
仕女圖	軸	絹	設色	不詳		上海 上海文物商店	

畫家小傳：申蕚。畫史無載。身世待考。

姚 珩

附：

名稱	形式	質地	色彩	尺寸 高x寬cm	創作時間	收藏處所	典藏號碼
牡丹錦雞圖	軸	紙	水墨	不詳		上海 上海文物商店	

畫家小傳：姚珩。畫史無載。身世待考。

梁 璨

名稱	形式	質地	色彩	尺寸 高x寬㎝	創作時間	收藏處所	典藏號碼

附：

竹石圖	軸	紙	水墨	不詳		上海 上海文物商店	

畫家小傳：梁璨。畫史無載。身世待考。

曹 湘

附：

仙山樓閣圖	軸	絹	設色	不詳		上海 上海文物商店	

畫家小傳：曹湘。畫史無載。身世待考。

陸豫順

附：

溪橋騎驢圖	軸	紙	設色	不詳	辛卯（？光緒十七年，1891）	上海 上海文物商店	

畫家小傳：陸豫順。畫史無載。流傳署款作品紀年疑為德宗光緒十七（1891）年。身世待考。

黃白封

附：

瑤天瑞雪圖	軸	絹	設色	不詳		上海 上海文物商店	

畫家小傳：黃白封。畫史無載。身世待考。

楊 芝

附：

劉海戲蟾圖	軸	紙	設色	不詳		上海 上海文物商店	

畫家小傳：楊芝。畫史無載。身世待考。

錢世銓

附：

馬尾松圖	軸	紙	水睡	不詳		上海 上海文物商店	

畫家小傳：錢世銓。畫史無載。身世待考。

嚴 恭

附：

荷花圖	軸	紙	設色	不詳		上海 上海文物商店	

畫家小傳：嚴恭。畫史無載。身世待考。

名稱	形式	質地	色彩	尺寸 高×寬㎝	創作時間	收藏處所	典藏號碼

麿 翁

附：

| 松亭獨坐圖 | 軸 | 綾 | 水墨 | 不詳 | | 上海 上海文物商店 | |

畫家小傳：麿翁。畫史無載。身世待考。

吳 澍

附：

| 玉蘭孔雀圖 | 軸 | 絹 | 設色 | 不詳 | | 上海 上海文物商店 | |

畫家小傳：吳澍。畫史無載。身世待考。

葛一橋

附：

| 玉蘭圖 | 軸 | 紙 | 水墨 | 不詳 | | 上海 上海文物商店 | |

畫家小傳：葛一橋。畫史無載。身世待考。

成 詣

| 秋林惜別圖 | 摺扇面 | 紙 | 設色 | 不詳 | 甲午（？光緒二十年，1894） | 南京 南京博物院 | |

畫家小傳：成詣。畫史無載。流傳署款作品紀年疑為德宗光緒二十（1894）年。身世待考。

黃雲仙

| 山水圖 | 橫幅 | 紙 | 設色 | 不詳 | 光緒甲午（二十年，1894） | 鍾祥 湖北省鍾祥縣博物館 | |

畫家小傳：黃雲仙。畫史無載。流傳署款紀年作品見於德宗光緒二十（1894）年。身世待考。

金夢石

| 梅花雄雞圖（金夢石畫雞、何研北補梅） | 軸 | 紙 | 設色 | 131 × 65 | 庚戌（宣統二年，1910）小春 | 台中 台灣省立美術館 | |

畫家小傳：金夢石。本名龢，字夢石，後以字行。江蘇吳縣人。生於穆宗同治八（1869）年。卒時不詳。工畫人物、花卉、翎毛。寫意畫蒼莽閒牽，筆意奔放，頗具高致；工筆畫，筆致工細，形神畢肖，栩栩如生。（見台灣省立美術館編印典藏目錄1、12頁）

汪洛年

| 楚江送別圖 | 卷 | 紙 | 設色 | 不詳 | 甲辰（光緒三十年，1904） | 北京 故宮博物院 | |
| 西泠印社圖（為輔之作，陳 | 卷 | 紙 | 水墨 | 不詳 | 丙午（光緒三十二 | 杭州 浙江省博物館 | |

名稱	形式	質地	色彩	尺寸 高x寬㎝	創作時間	收藏處所	典藏號碼
豪、汪洛年、高時豐合卷3之第2段)					年，1906)		
仿王翬嵩山圖	軸	紙	設色	不詳	甲辰（光緒三十年，1904）十一月	北京 中央美術學院	
非園八景圖（8幀）	冊	紙	設色	不詳	己未（民國八年，1919）閏七月晦日	杭州 浙江省博物館	
仿高克恭山水圖	摺扇面	紙	設色	20 × 56.2		瑞士 蘇黎士黎德堡博物館（私人寄存）	

畫家小傳：汪洛年。字社耆。號鷗客。浙江錢塘人。生於德宗同治九（1870）年。卒於民國十四（1925）年。戴用柏弟子。工書、篆刻。善畫山水，用筆潔淨，氣韻清逸。（見廣印人傳、中國畫家人名大辭典）

劉世芳

附：

名稱	形式	質地	色彩	尺寸 高x寬㎝	創作時間	收藏處所	典藏號碼
溪山勝景圖（4幅，劉世芳、嚴思明合作）	軸	絹	設色	（每幅）55.3 × 22.9	光緒乙未（二十一年，1895）秋仲	紐約 蘇富比藝品拍賣公司/拍賣目錄1985,04,17.	

畫家小傳：劉世芳。畫史無載。身世待考。

嚴思明

附：

名稱	形式	質地	色彩	尺寸 高x寬㎝	創作時間	收藏處所	典藏號碼
溪山勝景圖（4幅，劉世芳、嚴思明合作）	軸	絹	設色	（每幅）55.3 × 22.9	光緒乙未（二十一年，1895）秋仲	紐約 蘇富比藝品拍賣公司/拍賣目錄1985,04,17.	

畫家小傳：嚴思明。畫史無載。身世待考。

洪以南

名稱	形式	質地	色彩	尺寸 高x寬㎝	創作時間	收藏處所	典藏號碼
墨竹圖	軸	紙	水墨	135.3 × 32.5		台北 王國璠玉禾山房	
墨竹圖	軸	紙	水墨	131 × 33		埔里 蕭再火先生	

畫家小傳：洪以南。字逸雅。號墨樵、無量癡者。台灣台北艋舺人。生於穆宗同治十（1871）年。卒於民國初（1912）年。德宗光緒二十一（1895）年邑庠生。工書。能詩。善畫。（見台灣鄉土文物淺說）

任 霞

名稱	形式	質地	色彩	尺寸 高x寬㎝	創作時間	收藏處所	典藏號碼
桐蔭聽簫圖	軸	紙	設色	不詳	光緒辛丑（二十七年，1901）	瀋陽 故宮博物院	
牡丹玉蘭圖（仿南沙蔣恒軒本）	軸	紙	設色	101.5 × 37.2	甲辰（光緒三十年，1904）春三月	杭州 浙江省博物館	

名稱	形式	質地	色彩	尺寸 高x寬cm	創作時間	收藏處所	典藏號碼
松下泛舟圖	摺扇面	紙	設色	不詳	光緒己亥（二十五年，1899）六月	日本 東京河井荃廬先生	
附：							
雙鹿水仙圖	軸	紙	設色	132.6 x 60.3	光緒丁酉（二十三年，1897）冬十月上浣	紐約 蘇富比藝品拍賣公司/拍賣目錄 1980,12,19.	
高士閒步圖	軸	紙	設色	148 x 39.4	光緒丙申（二十二年，1896）仲冬之吉	香港 佳仕得藝品拍賣公司/拍賣目錄 1987.01.12	

畫家小傳：任霞。字雨華。浙江山陰人。任頤長女。畫承家學。善畫人物、花卉。流傳署款紀年作品見於德宗光緒二十二（1896）至三十（1904）年。（見海上墨林增錄、中國畫家人名大辭典）

劉鸞翔

名稱	形式	質地	色彩	尺寸 高x寬cm	創作時間	收藏處所	典藏號碼
八哥紅葉圖	軸	紙	設色	111 x 62	丙申（光緒二十二年，1896）乞巧日	中山 廣東省立中山圖書館	

畫家小傳：劉鸞翔。畫史無載。流傳署款紀年作品見於德宗光緒二十二（1896）年。身世待考。

李溶

名稱	形式	質地	色彩	尺寸 高x寬cm	創作時間	收藏處所	典藏號碼
歲朝圖	軸	紙	設色	不詳	戊戌（？光緒二十四年，1896）	南通 江蘇省南通博物苑	

畫家小傳：李溶。畫史無載。流傳署款作品紀年疑為德宗光緒二十四（1896）年。身世待考。

李賓嘉

名稱	形式	質地	色彩	尺寸 高x寬cm	創作時間	收藏處所	典藏號碼
附：							
山水圖	摺扇面	紙	水墨	不詳	戊戌（？光緒二十四年，1898）	常州 常州市文物商店	

畫家小傳：李賓嘉。畫史無載。流傳署款作品紀年疑為德宗光緒二十四（1898）年。身世待考。

金鼎

名稱	形式	質地	色彩	尺寸 高x寬cm	創作時間	收藏處所	典藏號碼
法李唐筆意山水圖（為君符老盟翁作，明清書畫合綴帖之9）	摺扇面	金箋	設色	15.6 x 49.5	戊戌（光緒二十四年，1898）夏日	美國 聖路易斯市吳訥孫教授	

畫家小傳：金鼎。字耐卿。大興人。同治時人。與吳猷友好，光緒中同繪點石齋畫報，有名於時。工書及篆刻。善畫花卉。流傳署款紀年作品見於德宗光緒二十四（1898）年。（見海上墨林、廣印人傳、中國畫家人名大辭典）

俞原

名稱	形式	質地	色彩	尺寸 高x寬cm	創作時間	收藏處所	典藏號碼
採菱圖	軸	紙	設色	不詳	壬戌（民國十一年,1922）八月）	北京 故宮博物院	

畫家小傳：俞原，本名宗原。字語霜。別號女林山民。浙江歸安人。生於穆宗同治十三（1874）年，卒於民國十一（1922）年。寓上海賣畫自給，與吳昌碩等共創海上題襟館，以繪畫會友。工畫山水、人物、花卉，作品水墨淋漓，蓋追慕石濤畫風而出新意。並治金石碑版之學。（見海上墨林、寶鳳閣隨筆、虹廬畫談、歷代畫史彙傳補編、中國美術家人名辭典）

任田

名稱	形式	質地	色彩	尺寸 高x寬cm	創作時間	收藏處所	典藏號碼
三俠圖	軸	絹	設色	不詳	光緒辛丑（二十七年,1901）秋九月中浣	北京 中國美術館	
鍾馗圖	軸	絹	設色	不詳	光緒己亥（二十五年,1899）午月	南京 江蘇省美術館	

畫家小傳：任田。畫史無載。流傳署款紀年作品見於德宗光緒二十五（1899）、二十七（1901）年。身世待考。

楊振

附：

名稱	形式	質地	色彩	尺寸 高x寬cm	創作時間	收藏處所	典藏號碼
秋林行旅圖	軸	紙	設色	149.8 x 40.6	光緒己亥（二十五年,1899）新秋上浣之吉	紐約 蘇富比藝品拍賣公司/拍賣目錄 1981,05,07.	

畫家小傳：楊振。畫史無載。字金聲。流傳署款紀年作品見於德宗光緒二十五（1899）年。身世待考。

林天爵

名稱	形式	質地	色彩	尺寸 高x寬cm	創作時間	收藏處所	典藏號碼
心閒伴鶴圖	軸	紙	設色	120 x 67	己巳（民國十八年,1929）冬	埔里 蕭再火先生	

畫家小傳：林天爵。字修其。號古愚。台灣彰化人。生於德宗光緒初（1875），六十而卒。天資高，幼年即展現繪畫才能。及長，讀書而外，惟以書畫自適，於畫初習芥子園畫譜，後專力於黃慎。（見台灣鄉土文物淺說）

劉惜

附：

名稱	形式	質地	色彩	尺寸 高x寬cm	創作時間	收藏處所	典藏號碼
江南名勝圖（21幀）	冊	紙	水墨	（每幀）22 x 24		紐約 佳士得藝品拍賣公司/拍賣目錄 1988,06,02.	

畫家小傳：劉惜。字默台（一字書舫）。湖南寧鄉人。秉性超曠。工畫，嗜音律，好為詩，與時名士胡達源、彭浚、石承藻、鄧顯鶴相友善。嘗入京都，大學士覺羅德厚薦入如意館，試畫稱旨，詔充內廷供奉官。後遍遊吳、越、湘中名勝，繪為山水畫稿。

沈麟元

名稱	形式	質地	色彩	尺寸 高×寬㎝	創作時間	收藏處所	典藏號碼
松林清話圖（沈麟元、蒲華合作）	軸	絹	設色	不詳	庚子（光緒二十六年，1900）	金華 浙江省金華市太平天國侍王府紀念館	

畫家小傳：沈麟元。字竹齋、卓哉。浙江錢塘人。工書。善畫山水，筆力蒼勁，頗似奚岡。流傳署款紀年作品見於德宗光緒二十六（1900）年。（見寒松閣談藝瑣錄、中國畫家人名大辭典）

陳衡恪

名稱	形式	質地	色彩	尺寸 高×寬㎝	創作時間	收藏處所	典藏號碼
蘭花圖	軸	紙	水墨	131.9 × 30.7		台北 市立美術館	
山水圖	軸	紙	設色	130 × 30	壬戌（民國十一年，1922）之秋	昆山 崑崙堂美術館	
附：							
松高岳峻圖	軸	紙	設色	48.3 × 34		紐約 蘇富比藝品拍賣公司/拍賣目錄 1983,02,25.	
紅梅水仙圖	軸	灑金箋	設色	46 × 49.5		紐約 佳士得藝品拍賣公司/拍賣目錄 1983,11,30.	
牡丹時果圖	軸	紙	設色	95.5 × 44		紐約 佳士得藝品拍賣公司/拍賣目錄 1984,06,29.	
畫姜白石詞意山水	軸	紙	設色	37.5 × 27.3		香港 蘇富比藝品拍賣公司/拍賣目錄 1984,11,11.	
蓮子圖	軸	紙	設色	137.2 × 33.3	壬戌（民國十一年，1922）臘月	紐約 蘇富比藝品拍賣公司/拍賣目錄 1985,06,03.	
松高岳峻（為雁峰先生四十大壽作）	軸	紙	設色	48.5 × 34		香港 蘇富比藝品拍賣公司/拍賣目錄 1986,05,22.	
老少年壽石圖	軸	紙	設色	128.3 × 28.8		紐約 蘇富比藝品拍賣公司/拍賣目錄 1986,12,04.	
荷花圖	軸	紙	設色	89 × 46.5		香港 佳仕得藝品拍賣公司/拍賣目錄 1987,01,12.	
山水圖	軸	紙	設色	136.5 × 34	壬戌（民國十一年，1922）六月	紐約 佳士得藝品拍賣公司/拍賣目錄 1987,06,03.	
桃樹圖	軸	紙	設色	171.4 × 46.7		紐約 蘇富比藝品拍賣公司/拍賣目錄 1987,12,08.	
菊枝圖	軸	紙	設色	171.4 × 46.7		紐約 蘇富比藝品拍賣公司/拍賣目錄 1987,12,08.	
蘭石圖	軸	紙	設色	171.4 × 46.7		紐約 蘇富比藝品拍賣公司/拍賣目錄 1987,12,08.	
山水圖	軸	紙	水墨	68 × 32.1		紐約 蘇富比藝品拍賣公司/拍	

名稱	形式	質地	色彩	尺寸 高×寬cm	創作時間	收藏處所	典藏號碼
仿石濤紫藤圖	軸	紙	設色	66 × 33		香港 佳士得藝術拍賣公司/拍賣目錄 1987,12,08.	
荷花圖	軸	紙	設色	132 × 39.5	癸亥（民國十二年，1923）長夏	香港 佳士得藝品拍賣公司/拍賣目錄 1988,01,18.	
黃牡丹圖	軸	紙	設色	148 × 42.5		香港 佳士得藝品拍賣公司/拍賣目錄 1988,01,18.	
水墨山水圖	軸	紙	水墨	97.2 × 33.7		香港 佳士得藝品拍賣公司/拍賣目錄 1989,01,16.	
梅花水仙圖	軸	紙	設色	137.8 × 33		香港 佳士得藝品拍賣公司/拍賣目錄 1989,01,16.	
仿八大山水圖	軸	紙	水墨	67.3 × 33.2	癸丑（民國二年，1913）四月三日	香港 佳士得藝品拍賣公司/拍賣目錄 1989,01,16.	
山水圖	軸	紙	水墨	101.5 × 50.7	己未（民國八年，1919）八月	香港 佳士得藝品拍賣公司/拍賣目錄 1989,09,25.	
松石圖	軸	紙	設色	126 × 37.5		香港 佳士得藝品拍賣公司/拍賣目錄 1989,09,25.	
芭蕉野菊圖	軸	紙	設色	133 × 31		香港 佳士得藝品拍賣公司/拍賣目錄 1990,03,19.	
枯木斑鳩圖	軸	紙	設色	136.5 × 32.5		香港 佳士得藝品拍賣公司/拍賣目錄 1990,03,19.	
無量壽佛圖	軸	紙	水墨	70.8 × 39	己未（民國八年，1919）夏月浴佛日	紐約 佳士得藝品拍賣公司/拍賣目錄 1990,11,28.	
秋園艷錦圖	軸	紙	設色	133.5 × 33		香港 佳士得藝品拍賣公司/拍賣目錄 1991,03,18.	
迎春花圖	軸	紙	設色	66.5 × 33.5		香港 佳士得藝品拍賣公司/拍賣目錄 1992,03,30.	
荷花圖	軸	紙	設色	162.8 × 46.2	壬戌（民國十一年，1922）春）	香港 佳士得藝品拍賣公司/拍賣目錄 1992,03,30.	
健松圖	軸	紙	設色	93 × 44.6	庚申（民國九年，1920）孟冬	香港 佳士得藝品拍賣公司/拍賣目錄 1992,09,28.	
仿沈周山水圖	軸	紙	設色	137.2 × 57		香港 佳士得藝品拍賣公司/拍賣目錄 1992,09,28.	
歲朝清供圖	軸	紙	設色	114 × 41.5	癸亥歲（民國十二年，1923）	香港 佳士得藝品拍賣公司/拍賣目錄 1992,09,28.	

名稱	形式	質地	色彩	尺寸 高×寬㎝	創作時間	收藏處所	典藏號碼
纖竹艷花圖	軸	紙	設色	88 × 45.5	庚申（民國九年，1920）莫春	香港 佳士得藝品拍賣公司/拍賣目錄 1992,09,28.	
山水圖	軸	紙	水墨	136.2 × 43.4	乙卯（民國四年，1915）秋	香港 佳士得藝品拍賣公司/拍賣目錄 1992,09,28.	
荷花圖（張大千為補添魚狗水草）	軸	紙	水墨	132.1 × 32.3		紐約 佳士得藝品拍賣公司/拍賣目錄 1998,03,24.	
竹林鳴雀圖	軸	紙	設色	129 × 32		香港 佳士得藝品拍賣公司/拍賣目錄 1998,11,02.	
江南名勝圖（21幀）	冊	紙	水墨	（每幀）22 × 24		紐約 佳士得藝品拍賣公司/拍賣目錄 1988,06,02.	
花卉圖（10幀）	冊	紙	設色	（每幀）24.1 × 30.5		紐約 蘇富比藝品拍賣公司/拍賣目錄 1984,12,05.	
山水圖	摺扇面	紙	設色	19.5 × 63		香港 蘇富比藝品拍賣公司/拍賣目錄 1986,05,22.	
湖天過雨圖	冊頁	紙	設色	37.5 × 27		香港 蘇富比藝品拍賣公司/拍賣目錄 1986,05,22.	
仿石濤山水圖（8幀）	冊	紙	設色	（每幀）17 × 26.7		香港 佳士得藝品拍賣公司/拍賣目錄 1992,03,30.	
花卉圖（2幀）	摺扇面	紙	設色	（每幀）19 × 55.8		香港 蘇富比藝品拍賣公司/拍賣目錄 1999,10,31.	

畫家小傳：陳衡恪。字師曾。號所居曰槐堂、唐石簃、染倉室。江西義寧人。為陳寶箴孫，陳三立（散原）子。生於德宗光緒二(1876)年。辛於民國十二(1923)年。天賦聰慧，自幼即工詩文，善書。曾赴日本習博物，歸國後，歷任教師、教育部編審、北京高師、北京美專教授，積極從事美術教育，獎拔後進。其善畫、工篆刻。於畫，作山水廣師沈周、石濤、石谿、藍瑛等，絕去四王，作品瘦硬有力；作花卉，綜合陳淳、徐渭、華嵒、李鱓而參以吳昌碩，作品挺拔俊逸；偶作人物，亦有金農、羅聘遺意。（見俞劍華追記、中國美術家人名辭典）

彭壽年

附：

名稱	形式	質地	色彩	尺寸 高×寬㎝	創作時間	收藏處所	典藏號碼
梅屋品茗圖（2幅）	軸	紙	設色	（每幅）111.7 × 55.9	庚子（光緒二十六年，1900）仲夏	紐約 蘇富比藝品拍賣公司/拍賣目錄 1982,06,05.	

畫家小傳：彭壽年。畫史無載。流傳署款紀年作品見於德宗光緒二十六(1900)年。身世待考。

吳涵

附：

名稱	形式	質地	色彩	尺寸 高×寬㎝	創作時間	收藏處所	典藏號碼
菊花圖	軸	紙	水墨	138.5 × 38		紐約 佳士得藝品拍賣公司/拍	

名稱	形式	質地	色彩	尺寸 高×寬cm	創作時間	收藏處所	典藏號碼

賣目錄 1991.05.29

畫家小傳：吳涵。字子茹。浙江安吉人。吳昌碩之女。生於德宗光緒二(1876)年。卒於民國十六(1927)年。為稟貢生，官至知縣。淵源家學，善訓詁、詞章、書畫、金石、篆刻等，造詣精深。(見海上墨林、廣印人傳、中國美術家人名辭典)

姚 華

名稱	形式	質地	色彩	尺寸 高×寬cm	創作時間	收藏處所
華山圖（為筱莊作）	軸	紙	設色	不詳	戊午（民國七年，1918）四月	北京 故宮博物院
附：						
牡丹圖	橫軸	紙	設色	40 × 67	乙丑（民國十四年，1925）閏月	紐約 佳士得藝品拍賣公司/拍 賣目錄 1989,06,01.
山水圖	軸	紙	設色	133 × 32.4	壬戌（民國十一年，1922）春暮	香港 佳士得藝品拍賣公司/拍 賣目錄 1989,09,25.
墨香秋興圖	軸	綾	水墨	116 × 40		香港 佳士得藝品拍賣公司/拍 賣目錄 1989,09,25.
山水圖	軸	紙	設色	132 × 32.5	壬戌（民國十一年，1922）四月	香港 佳士得藝品拍賣公司/拍 賣目錄 1994,10,30.

畫家小傳：姚華。字重光。號茫父，別號蓮花盦主。貴州貴筑人。生於德宗光緒二（1876）年，卒於民國十九（1930）年。於詩文、詞曲、碑版、古器物、考據音韻等，無不精通。亦善書畫。書能篆、隸、真、行，畫則山水、花卉，亦有高深造詣。與陳師曾交善。著有弗堂類稿行世。(見楓園畫友錄、中國美術家人名辭典)

沈 塘

名稱	形式	質地	色彩	尺寸 高×寬cm	創作時間	收藏處所
寶華盦圖（為陶齋作）	卷	紙	設色	不詳	戊申（光緒三十四年，1908）春日	廣州 廣州市美術館
摹惲壽平像並書傳	軸	紙	設色	不詳	辛丑（光緒二十七年，1901）十月	北京 故宮博物院
臨禹之鼎寫王翬像（？幀）	冊	紙	設色	不詳	辛丑（光緒二十七年，1901）八月	北京 故宮博物院
摹禹之鼎寫王原祁像（？幀）	冊	紙	設色	不詳	辛丑（光緒二十七年，1901）秋後	北京 故宮博物院
雲龍慶壽、福祿東海（對幅）	軸	紙	設色	（每幅）175.1 × 45.5		台中 葉啟忠先生

畫家小傳：沈塘（一作唐）。字蓮舫。別號雪廬。世居江蘇吳江，後移家蘇州。幼即愛畫。後從陸恢遊，為吳大澂、張之洞所重。又善篆刻。流傳署款紀年作品見於德宗光緒二十七(1901)至宣統帝宣統三(1903)年。(見費樹蔚撰沈君墓誌銘、卓觀齋筆記、廣印人傳、中國美術家人名辭典)

名稱	形式	質地	色彩	尺寸 高×寬㎝	創作時間	收藏處所	典藏號碼

巢　勳

| 扶杖訪友圖 | 軸 | 絹 | 設色 | 不詳 | 辛丑（光緒二十七年，1901） | 南京　南京博物院 | |

畫家小傳：巢勳。字子餘。號松道人。浙江嘉興人。受畫學於同邑張熊。工畫山水，並能花鳥。所作疏林遠岫、古木寒鴉，翛然有雲林遺意。又曾以芥子園畫傳獨缺人物，遂補輯一編以續，刊行於世。流傳署款紀年作品見於德宗光緒二十七(1901)年。（見寒松閣談藝瑣錄、海上墨林、芥子園畫傳續編序、中國畫家人名大辭典）

張子臣

人物梅花三挖（之1，為明之仁兄大人作）	摺扇面 紙		設色	17.7 × 51	光緒壬寅（二十八年，1902）夏日	昆山　崑崙堂美術館	
人物梅花三挖（之2）	摺扇面 紙		設色	15.8 × 53.5	甲辰（光緒三十年，1904）七夕	昆山　崑崙堂美術館	
人物梅花三挖（之3）	摺扇面 紙		設色	18 × 52		昆山　崑崙堂美術館	

畫家小傳：張子臣（一名子丞）。字蔚印。籍里不詳，客居上海。善畫人物、花卉。流傳署款紀年作品見於德宗光緒二十八（1902）至三十年。（見海上墨林、中國畫家人名大辭典）

許汝榮

| 寒江落雁圖 | 軸 | 紙 | 設色 | 133 × 43.5 | 壬寅（？光緒二十八年，1902） | 台北　台灣博物館 | AH003737 |

松穎靖

| 畫蝶（另面溥圻書） | 摺扇面 紙 | | 設色 | 不詳 | | 台北　故宮博物院 | 國贈 005392 |

畫家小傳：松穎靖。畫史無載。身世待考。

李　墉

| 山水 | 摺扇面 紙 | | 設色 | 不詳 | | 台北　故宮博物院 | 國贈 024995-2 |

畫家小傳：李墉。畫史無載。身世待考。

張慶門

| 溪山深秀 | 軸 | 紙 | 設色 | 不詳 | | 台北　故宮博物院 | 國贈 000519 |

畫家小傳：張慶門。畫史無載。身世待考。

高　華

附：

名稱	形式	質地	色彩	尺寸 高×寬cm	創作時間	收藏處所	典藏號碼
重陽風雨圖	軸	紙	設色	94 × 48.2	壬寅（光緒二十八年，1902）臘月	紐約 蘇富比藝品拍賣公司/拍賣目錄 1982,06,05.	

畫家小傳：高華。畫史無載。流傳署款作品紀年疑為德宗光緒二十八（1902）年。身世待考。

金 城

名稱	形式	質地	色彩	尺寸 高×寬cm	創作時間	收藏處所	典藏號碼
臨梅道人山水圖	軸	紙	水墨	83.9 × 38	乙巳（光緒三十一年，1905）九秋	台北 市立美術館	
松阿高隱圖	軸	紙	設色	105.5 × 48	民國十三年（甲子，1924）	台北 市立美術館	
人物圖	軸	紙	設色	110 × 54	民國十四年（乙丑，1925）	台北 市立美術館	
草原夕陽圖	軸	紙	設色	149.5 × 80	丙寅（民國十五年，1926）正月下旬	台北 清玩雅集	
花鳥圖	軸	紙	設色	不詳	壬子（民國元年，1912）二月	北京 故宮博物院	
花鳥圖（4幅）	軸	紙	設色	不詳	戊午（民國七年，1918）長至後一日	北京 故宮博物院	
柿子圖（為五湖作）	軸	紙	設色	不詳	民國十二年（癸亥，1923）四月	北京 故宮博物院	
附：							
仿新羅山人山水圖	軸	紙	設色	83.8 × 36.8	癸丑（民國二年，1913）五月	香港 蘇富比藝品拍賣公司/拍賣目錄 1984,11,11.	
雪景山水圖	軸	紙	設色	112.5 × 47.3		紐約 佳士得藝品拍賣公司/拍賣目錄 1987,12,11.	
仿楊昇山水圖	軸	紙	設色	140.5 × 59	癸亥（民國十二年，1923）八月	紐約 佳士得藝品拍賣公司/拍賣目錄 1995,03,22.	
橫塘聽雨圖	軸	紙	水墨	135.6 × 55.2	丙寅（民國十五年，1926）春正月二十又七日	紐約 佳士得藝品拍賣公司/拍賣目錄 1995,09,19.	
山水圖	軸	紙	設色	106.7 × 59.3		香港 蘇富比藝品拍賣公司/拍賣目錄 1999,10,31.	
山水圖	摺扇面	紙	水墨	17.8 × 41	癸亥（民國十二年，1923）四月	香港 佳士得藝品拍賣公司/拍賣目錄 1995,04,30.	

名稱	形式	質地	色彩	尺寸 高x寬㎝	創作時間	收藏處所	典藏號碼

畫家小傳：金城。一名紹城。字鞏伯（一作拱北）。號北樓、藕湖。浙江歸安人。生於德宗光緒四(1878)年。卒於民國十五(1926)年。能書及篆刻。善畫山水，間作花鳥。客遊北京，創立畫會，從學甚多。（見陳寶琛金紹城墓志銘、湖社月刊）

雅 竹

| 梅石圖（蒲華、雅竹合作） | 軸 | 紙 | 設色 | 不詳 | 癸卯（光緒二十九
年，1903） | 杭州 浙江省博物館 | |

畫家小傳：雅竹。畫史無載。與蒲華同時。流傳署款紀年作品見於德宗光緒二十九（1903）年。身世待考。

素 筠

附：

| 花鳥壽石圖 | 軸 | 紙 | 設色 | 132 x 63.5 | 癸卯（光緒二十九
年，1903）冬十月 | 紐約 蘇富比藝品拍賣公司/拍
賣目錄 1980,10,25. | |

畫家小傳：素筠。畫史無載。流傳署款紀年作品見於德宗光緒二十九（1903）年。身世待考。

周野橋

| 洪範像 | 軸 | 紙 | 設色 | 不詳 | | 石家莊 河北省博物館 | |

畫家小傳：周野橋。畫史無載。身世待考。

周巘南

| 指畫蒼鷹圖 | 軸 | 紙 | 設色 | 129.5 x 47 | | 石家莊 河北省博物館 | |

畫家小傳：周巘南。畫史無載。身世待考。

楊 易

| 盧墓圖 | 卷 | 紙 | 設色 | 不詳 | | 石家莊 河北省博物館 | |

畫家小傳：楊易。畫史無載。身世待考。

褚 璋

| 菊石圖 | 軸 | 紙 | 水墨 | 不詳 | | 石家莊 河北省博物館 | |

畫家小傳：褚璋。畫史無載。身世待考。

周 欽

| 仙芝永麗圖 | 軸 | 絹 | 設色 | 不詳 | 甲辰（？光緒三十
年，1904） | 天津 天津市藝術博物館 | |

畫家小傳：周欽。畫史無載。流傳署款作品紀年疑為德宗光緒三十（1904）年。身世待考。

名稱	形式	質地	色彩	尺寸 高x寬cm	創作時間	收藏處所	典藏號碼

薛 峻

| 菊石圖 | 軸 | 絹 | 設色 | 96 x 48 | | 石家莊 河北省博物館 | |

畫家小傳：薛峻。畫史無載。身世待考。

陸 振

| 山水圖 | 軸 | 紙 | 水墨 | 不詳 | | 青島 山東省青島市博物館 | |

畫家小傳：陸振。畫史無載。身世待考。

陳夢麟

| 花鳥圖 | 軸 | 紙 | 設色 | 不詳 | | 青島 山東省青島市博物館 | |

畫家小傳：陳夢麟。畫史無載。身世待考。

王 碩

附：

| 煙山圖 | 軸 | 絹 | 水墨 | 不詳 | | 青島 青島市文物商店 | |

畫家小傳：王碩。畫史無載。身世待考。

汪濬文

| 清溪書屋圖 | 軸 | 紙 | 水墨 | 95 x 50 | | 鄭州 河南省博物館 | |

畫家小傳：汪濬文。畫史無載。身世待考。

吳 熹

| 壽星圖 | 軸 | 紙 | 設色 | 172 x 48 | | 太原 山西省博物館 | |

畫家小傳：吳熹。畫史無載。身世待考。

殷 雋

| 溪山遊屐圖 | 卷 | 絹 | 設色 | 不詳 | | 太原 山西省博物館 | |

畫家小傳：殷雋。畫史無載。身世待考。

童 濂

| 荷花雙鳥圖 | 軸 | 絹 | 設色 | 不詳 | | 太原 山西省博物館 | |

畫家小傳：童濂。畫史無載。身世待考。

錢善言

名稱	形式	質地	色彩	尺寸 高x寬cm	創作時間	收藏處所	典藏號碼
菊花圖	橫幅	紙	設色	不詳	丙午（？光緒三十二年，1906）	南京 南京博物院	

畫家小傳：錢善言。畫史無載。流傳署款作品紀年疑為德宗光緒三十二（1906）年。身世待考。

沈　宋

鳳仙雞雛圖	軸	絹	設色	96 x 51.7		嘉興 浙江省嘉興市博物館	

畫家小傳：沈宋。畫史無載。身世待考。

朱瑞凝

西園雅集圖	軸	絹	設色	不詳		紹興 浙江省紹興市博物館	

畫家小傳：朱瑞凝。畫史無載。身世待考。

朱瑞寧

漁家樂圖	軸	絹	設色	不詳		紹興 浙江省紹興市博物館	

畫家小傳：朱瑞寧。畫史無載。身世待考。

胡從先

竹石圖	軸	絹	水墨	不詳		紹興 浙江省紹興市博物館	

畫家小傳：胡從先。畫史無載。身世待考。

玉　方

仙城僧話圖	軸	絹	水墨	102.5 x 43		廣州 廣州市美術館	

畫家小傳：玉方。畫史無載。身世待考。

唐　玫

山水圖	軸	金箋	水墨	38 x 29.6		廣州 廣州市美術館	

畫家小傳：唐玫。畫史無載。身世待考。

劉　芳

山水圖（10幀）	冊	紙	設色	不詳		廣州 廣州市美術館	

畫家小傳：劉芳。畫史無載。身世待考。

惲馨生

石榴蜀葵圖	軸	絹	設色	83 x 49.5		廣州 廣州市美術館	

畫家小傳：惲馨生。畫史無載。身世待考。

名稱	形式	質地	色彩	尺寸 高x寬cm	創作時間	收藏處所	典藏號碼

姚鍾葆

附：

| 輞川二十景圖 | 卷 | 紙 | 設色 | 30.5 x 414 | 光緒乙巳（三十一年，1905）夏六月 | 紐約 佳士得藝品拍賣公司/拍賣目錄 1989.12.04. | |

畫家小傳：姚鍾葆。字叔平。江蘇吳縣人，寓居上海。生時不詳。卒於民國十三（1924）年。性嗜酒。工畫山水，私淑胡遠，筆意新穎。署款紀年作品見於清德宗光緒三十一（1905）年。（見吳縣誌、歷代畫史彙傳補編、卓觀齋筆記、近代六十名家畫傳、中國美術家人名辭典）

張鶴齡

附：

| 臨王翬山水圖 | 摺扇面 紙 | | 設色 | 不詳 | 乙巳（光緒三十一年，1905）仲春 | 無錫 無錫市文物商店 | |

畫家小傳：張鶴齡。畫史無載。流傳署款紀年作品見於光緒三十一（1905）年。身世待考。

蒼　崖

| 山水圖（4幅） | 軸 | 紙 | 設色 | 不詳 | 乙巳（光緒三十一年，1905） | 南京 江蘇省美術館 | |

畫家小傳：蒼崖。流傳署款紀年作品見於光緒三十一（1905）年。姓名、身世待考。

尹金陽

| 墨梅圖 | 軸 | 紙 | 水墨 | 不詳 | 光緒三十二年 (1906) 仲春 | 長沙 湖南省博物館 | |

畫家小傳：尹金陽。字和伯。號和光老人。湖南湘潭人。工畫花卉、草蟲，學元人。作品縝密工雅，有冷逸神韻之趣；又善畫梅，著稱於時。流傳署款紀年作品見於德宗光緒三十二（1906）年。（見徐鑫齡稿、中國美術家人名辭典）

高時豐

| 西泠印社圖（為輔之作，陳豪、汪洛年、高時豐合卷3之第3段） | 卷 | 紙 | 水墨 | 不詳 | 丙午（光緒三十二年，1906） | 杭州 浙江省博物館 | |

畫家小傳：高時豐。字魚占。浙江仁和人。工書及篆刻，又善畫山水。流傳署款紀年作品見於德宗光緒三十二（1906）年。（見廣印人傳、中國畫家人名大辭典）

醒　子

名稱	形式	質地	色彩	尺寸 高x寬cm	創作時間	收藏處所	典藏號碼
花鳥、草蟲圖（4幀）	冊	絹	設色	（每幀）21 x 29.2		杭州 浙江美術學院	

畫家小傳：醒子。姓氏、身世待考。

吳 窈

附：

花鳥圖（6幀）	冊	絹	設色	（每幀）28 x 23		紐約 蘇富比藝品拍賣公司/拍賣目錄 1980,10,25.	

畫家小傳：吳窈。畫史無載。自署綺媛。身世待考。

樓 邨

山水圖	軸	絹	設色	83.5 x 47		台北 國泰美術館	

畫家小傳：樓邨。原名卓立。字省嵩。號新吾、辛壺、玄根等。浙江縉雲人。僑居上海。善畫山水、花卉。亦工書法、篆刻。（見廣印人傳、工餘談藝、中國畫家人名大辭典）

方 洺

仿張真江雲橫谷口圖	軸	紙	水墨	124.1 x 40.6		日本 大阪市立美術館	

畫家小傳：方洺。畫史無載。身世待考。

陳 雄

附：

秋樹鸚鵡圖	軸	紙	設色	126 x 38		上海 上海工藝品進出口公司	

畫家小傳：陳雄。畫史無載。身世待考。

王夢龍

附：

前赤壁圖	軸	紙	水墨	不詳		上海 朵雲軒	

畫家小傳：王夢龍。畫史無載。身世待考。

包國琮

附：

臨姜實節山水圖（8幀）	冊	紙	水墨	不詳		上海 朵雲軒	

畫家小傳：包國琮。畫史無載。身世待考。

名稱	形式	質地	色彩	尺寸 高×寬cm	創作時間	收藏處所	典藏號碼

林瓊瑤

附：

| 牡丹圖 | 冊頁 | 絹 | 設色 | 不詳 | | 上海 朵雲軒 | |

畫家小傳：林瓊瑤。畫史無載。身世待考。

張 貞

附：

| 花卉圖（8幀） | 冊 | 紙 | 設色 | 不詳 | | 上海 朵雲軒 | |

畫家小傳：張貞。畫史無載。身世待考。

趙邃禾

附：

| 為伯年作山水圖 | 軸 | 紙 | 水墨 | 不詳 | | 上海 朵雲軒 | |

畫家小傳：趙邃禾。畫史無載。約與任頤同時。身世待考。

江 漚

附：

| 山水圖 | 卷 | 紙 | 設色 | 26.5 × 143 | | 紐約 佳士得藝品拍賣公司/拍賣目錄 1992.06.02 | |

畫家小傳：江漚。畫史無載。身世待考。

吳 槐

附：

| 觀音大士像 | 軸 | 絹 | 水墨 | 86 × 34 | | 紐約 佳士得藝品拍賣公司/拍賣目錄 1989.06.01 | |

畫家小傳：吳槐。畫史無載。身世待考。

姚 筠

| 福地長春圖 | 軸 | 紙 | 水墨 | 不詳 | 丁未（？光緒三十三年，1901） | 南京 南京市博物館 | |

畫家小傳：姚筠。畫史無載。流傳署款作品紀年疑為德宗光緒三十三（1901）年。身世待考。

胡 濤

| 寶晉齋研山圖、山水圖（16 | 冊 | 紙 | 水墨 | （每幀）約 | | 日本 佐賀縣鍋島報效會 | |

名稱	形式	質地	色彩	尺寸 高x寬cm	創作時間	收藏處所	典藏號碼

帳）　　　　　　　　　　　　　　　　14.9 x 9.2

畫家小傳：胡濤。字耳山。號耳山外史。祖籍浙江紹興，寄居山東濟南。工畫山水、篆刻，俱從西泠八家入手。署款作品約見於德宗光緒
　　　　末(1908)年。(見榆園畫友錄、中國畫家人名大辭典)

王文潛

| 山水、花卉圖（5幀） | 冊 | 紙 | 水墨 | 不詳 | | 北京 故宮博物院 | |

畫家小傳：王文潛。畫史無載。身世待考。

□若水

| 新柳詩意圖 | 軸 | 紙 | 設色 | 不詳 | | 北京 故宮博物院 | |

畫家小傳：□若水。姓氏不詳。身世待考。

□元昭

| 五瑞圖 | 軸 | 紙 | 水墨 | 不詳 | | 北京 故宮博物院 | |

畫家小傳：□元昭。姓氏不詳。身世待考。

何景文

| 麼些族風俗圖 | 卷 | 絹 | 設色 | 不詳 | | 北京 中國歷史博物館 | |

畫家小傳：何景文。畫史無載。身世待考。

白 佩

| 雙松圖 | 軸 | 紙 | 水墨 | 130 x 59.5 | | 南通 江蘇省南通博物苑 | |

畫家小傳：白佩。畫史無載。身世待考。

李 永

附：

| 紅葉神駒圖 | 軸 | 絹 | 設色 | 不詳 | | 無錫 無錫市文物商店 | |

畫家小傳：李永。畫史無載。身世待考。

宣 初

附：

| 花鳥圖 | 軸 | 絹 | 設色 | 59 x 37.2 | | 紐約 蘇富比藝品拍賣公司/拍 | |
| | | | | | | 賣目錄 1985,04,17. | |

畫家小傳：宣初。畫史無載。身世待考。

名稱	形式	質地	色彩	尺寸 高x寬cm	創作時間	收藏處所	典藏號碼

溥 澗

附：

| 玉洞春深圖（花鳥） | 軸 | 紙 | 設色 | 68 x 28 | | 紐約 蘇富比藝品拍賣公司/拍賣目錄1981,05,07. | |

畫家小傳：溥澗。畫史無載。身世待考。

金 章

金魚百影圖	卷	絹	設色	不詳	宣統元年（己酉，1909）七月之望	北京 故宮博物院	
花卉圖	卷	紙	水墨	不詳	辛巳（民國三十年，1941）孟春	北京 故宮博物院	
侗溪鴛鴦圖	摺扇面	金箋	設色	不詳	丙戌（民國三十五年，1946）	北京 故宮博物院	

畫家小傳：金章。女。號陶陶女史。浙江吳興人。金城之三妹。生於德宗光緒十（1884）年，卒於民國二十八（1939）年。幼嗜六法。花卉、翎毛無所不工，尤前於魚藻。曾游學歐洲，歸國畫益進。又與兄長金城等，創辦中國畫學研究會於北京。撰有濠梁知樂一書專論畫魚之法。（見清代畫史補遺、濠梁知樂事、湖社月刊、中國美術家人名辭典）

謝公展

| 秋卉圖 | 軸 | 紙 | 設色 | 146.1 x 29. | | 台北 市立美術館 | |
| 富貴花開圖 | 軸 | 紙 | 設色 | 59 x 46 | | 台北 張添根養和堂 | |

畫家小傳：謝公展。名蘦。字公展，以字行。江蘇丹徒人。生於德宗光緒十（1884）年。卒時不詳。善畫花鳥、蟲魚，出入青藤、白陽之間。

俞 明

臨王紱作秋江泛艇圖	軸	紙	設色	不詳	丁巳（民國六年，1917）春	北京 故宮博物院	
摹張萱武后行從圖	軸	絹	設色	不詳	己未（民國八年，1919）嘉平月	北京 故宮博物院	
折梅獨看圖	摺扇面	紙	設色	不詳	乙丑（民國十四年，1925）大暑	北京 故宮博物院	

附：

| 臨張萱虢國夫人遊春圖 | 卷 | 紙 | 設色 | 38 x 131 | | 香港 佳士得藝品拍賣公司/拍賣目錄1996,11,03. | |
| 彈琴仕女圖 | 軸 | 紙 | 設色 | 31.7 x 39 | | 香港 佳士得藝品拍賣公司/拍 | |

名稱	形式	質地	色彩	尺寸 高×寬cm	創作時間	收藏處所	典藏號碼
雪窗仕女圖	軸	絹	設色	79.5 × 38.2		香港 佳士得藝品拍賣公司/拍 賣目錄 1990,03,19.	
愛蓮圖	軸	紙	設色	44.2 × 27.2	癸酉（民國二十二年，1933）長夏	香港 佳士得藝品拍賣公司/拍 賣目錄 1991,03,18.	
觀蓮圖	軸	紙	設色	94.1 × 43.2		香港 佳士得藝品拍賣公司/拍 賣目錄 1992,09,28.	
採菱圖	軸	紙	設色	129.5 × 34	丁卯（民國十六年，1927）十一月	香港 佳士得藝品拍賣公司/拍 賣目錄 1993,10,24.	
梅花高士圖	軸	紙	設色	135.5 × 66.5		香港 佳士得藝品拍賣公司/拍 賣目錄 1993,10,24.	
憑窗仕女圖	軸	紙	設色	78.7 × 38	庚申（民國九年，1920）大寒	紐約 佳士得藝品拍賣公司/拍 賣目錄 1994,10,30.	
深山羅漢圖	軸	紙	設色	134.7 × 45		紐約 佳士得藝品拍賣公司/拍 賣目錄 1995,04,30.	
蝶仙圖	軸	絹	設色	93.5 × 28.2		香港 佳士得藝品拍賣公司/拍 賣目錄 1995,04,30.	
胡天雪霽圖	軸	紙	設色	104.5 × 34	辛未（民國二十年，1931）九秋	香港 佳士得藝品拍賣公司/拍 賣目錄 1995,10,29.	
雪山聽雁圖	軸	紙	設色	89.5 × 32		香港 佳士得藝品拍賣公司/拍 賣目錄 1995,10,29.	
攬鏡仕女圖	軸	絹	設色	88.3 × 41		香港 佳士得藝品拍賣公司/拍 賣目錄 1996,11,03.	
梅花仕女圖	摺扇面	紙	設色	19.5 × 52.6		香港 佳士得藝品拍賣公司/拍 賣目錄 2001,04,29.	
高士對月圖	摺扇面	紙	設色	19 × 45.7	戊辰（民國十七年，1928）	香港 佳士得藝品拍賣公司/拍 賣目錄 1994,10,30.	

畫家小傳：俞明。字滌凡（一作滌煩）。江蘇吳興人。俞原之姪。生於德宗光緒十（1884）年，卒於民國二十四（1935）年。幼年在上海曾習水彩畫。後專學陳洪綬、任頤人物畫，尤善畫仕女，筆墨沉著，意境清雅；亦工畫肖像、花卉。（見清代畫史補錄、榆園畫誌、中國美術家人名辭典）

李子光

名稱	形式	質地	色彩	尺寸	創作時間	收藏處所	典藏號碼
愛國圖	橫幅	紙	設色	不詳	庚戌（宣統二年，1910）重陽	北京 中國歷史博物館	

畫家小傳：李子光。畫史無載。流傳署款紀年作品見於宣統二（1910）年。身世待考。

名稱	形式	質地	色彩	尺寸 高x寬cm	創作時間	收藏處所	典藏號碼

金 榕

| 梅花圖 | 軸 | 紙 | 設色 | 不詳 | 癸丑（民國二年，1913）十月 | 北京 故宮博物院 | |

畫家小傳：金榕。號壽石。江蘇吳縣人。生於德宗光緒十一（1885）年，卒於民國十七（1928）年。作畫宗法山陰任氏，工畫人物、山水、花鳥、走獸，皆臻工妙，居滬賣畫為生，頗負時名。（見海上墨林、中國美術家人名辭典）

蘇曼殊

附：

| 柳堤煙雨圖 | 摺扇面 紙 | | 設色 | 11.5 x 42 | 壬子（民國元年，1912）仲冬 | 香港 佳仕得藝品拍賣公司/拍賣目錄 1987,01,12. | |

畫家小傳：蘇曼殊。籍里、身世不詳。生於德宗光緒十（1884）年，卒於民國七（1918年。曾出家為僧。善詩文，能畫。

陳岳生

| 東籬宴歸圖 | 軸 | 紙 | 設色 | 132 x 64 | | 中山 廣東省立中山圖書館 | |

畫家小傳：陳岳生。畫史無載。身世待考。

蔣 欽

| 玉堂寶樹圖 | 軸 | 紙 | 設色 | 120 x 59 | | 中山 廣東省立中山圖書館 | |

畫家小傳：蔣欽。字君揚。身世不詳。浙江餘姚人。善作水墨蘭竹。（見越中歷代畫人傳、中國美術家人名辭典）

王 雲

| 花下蹲貓圖 | 軸 | 紙 | 設色 | 133 x 67.5 | 丁卯（民國十六年，1927）春二月 | 台中 台灣省立美術館 | |

畫家小傳：王雲。字夢白。號鄉道人。江西豐城人。生於德宗光緒十三（1887）年。卒於民國二十七（1938）年。善畫花鳥、魚蟲，繪畫富有姿態；尤前畫像，初受任頤影響，後得吳昌碩、陳衡恪指授，更鑽研傳統技法，追摹徐渭、華嵒筆墨，藝乃大進。（見台灣省立美術館編印典藏目錄1、23頁、王雲）

高 嶤

| 玉堂富貴圖 | 軸 | 紙 | 設色 | 170.3 x 60.3 | 民國十三年（甲子，1924） | 台北 市立美術館 | |
| 花鳥圖 | 軸 | 紙 | 設色 | 不詳 | 民國五年（丙辰，1916）暮春 | 北京 故宮博物院 | |

附：

| 春水鴛鴦圖 | 軸 | 紙 | 設色 | 165 x 46 | | 紐約 佳士得藝品拍賣公司/拍賣目錄 1983,11,30. | |

名稱	形式	質地	色彩	尺寸 高x寬cm	創作時間	收藏處所	典藏號碼
花鳥圖（為伸強九兄作）	軸	紙	設色	112.5 x 46.3		香港 蘇富比藝品拍賣公司/拍賣目錄 1984,11,21.	
和鳴（蘆雁圖）	軸	紙	設色	129.5 x 46.6	丁卯（民國十六年，1927）秋月	香港 蘇富比藝品拍賣公司/拍賣目錄 1986,05,22.	
躍獅圖	橫軸	紙	設色	95.7 x 172.7		香港 佳仕得藝品拍賣公司/拍賣目錄 1987,01,12.	
草澤雄風圖	軸	絹	設色	161.3 x 84.5	民國三年（甲寅，1914）五月	香港 佳仕得藝品拍賣公司/拍賣目錄 1987,01,12.	
仙鶴蟠桃圖	軸	紙	設色	89 x 55.2		香港 佳仕得藝品拍賣公司/拍賣目錄 1987,01,12.	
秋樹蒼鷹圖	軸	紙	設色	166 x 79		香港 佳士得藝品拍賣公司/拍賣目錄 1988,01,18.	
石榴小鳥圖	軸	紙	設色	56 x 35.5		紐約 佳士得藝品拍賣公司/拍賣目錄 1989,06,01.	
松鷹圖	軸	紙	設色	177 x 94	己酉（宣統元年，1909）冬日	香港 佳士得藝品拍賣公司/拍賣目錄 1989,01,16.	
錦雉圖	軸	紙	水墨	145 x 41		香港 佳士得藝品拍賣公司/拍賣目錄 1989,01,16.	
鳥石圖	軸	紙	設色	94.5 x 44.5		香港 佳士得藝品拍賣公司/拍賣目錄 1990,03,19.	
松鶴延年圖	軸	紙	設色	144 x 72.5		香港 佳士得藝品拍賣公司/拍賣目錄 1990,03,19.	
三鳩圖	軸	紙	水墨	119 x 40.5		香港 佳士得藝品拍賣公司/拍賣目錄 1991,03,30.	
芙蓉草蟲圖	軸	紙	設色	76 x 35	庚申（民國九年，1920）春	香港 佳士得藝品拍賣公司/拍賣目錄 1992,09,28.	
梅鶴圖	軸	紙	設色	137.5 x 53	壬戌（民國十一年，1922）春	香港 佳士得藝品拍賣公司/拍賣目錄 1992,09,28.	
達摩圖	軸	紙	設色	86 x 31	民國廿一年（壬申，1932）一月	香港 佳士得藝品拍賣公司/拍賣目錄 1992,09,28.	
松鷹圖	軸	紙	水墨	106.6 x 47.5		香港 佳士得藝品拍賣公司/拍賣目錄 1993,03,22.	
秋林小鳥圖	軸	紙	設色	81.5 x 37		香港 佳士得藝品拍賣公司/拍賣目錄 1993,03,22.	

名稱	形式	質地	色彩	尺寸 高x寬cm	創作時間	收藏處所	典藏號碼
七世封侯圖	軸	紙	設色	165.7 x 81	乙丑（民國三年，1914）七夕	紐約 佳士得藝品拍賣公司/拍賣目錄 1995,04,30.	
青松綬帶圖（與陳樹人合作）	軸	紙	設色	90 x 46.7	民國廿一年（壬申，1932）二月	香港 佳士得藝品拍賣公司/拍賣目錄 1995,10,29.	
霜葉修蛇圖	軸	紙	設色	134 x 43.4		香港 佳士得藝品拍賣公司/拍賣目錄 1996,11,03.	
丹山白鳳圖	軸	紙	設色	144.8 x 70		香港 佳士得藝品拍賣公司/拍賣目錄 1996,11,03.	
花鳥圖	軸	紙	設色	129.5 x 48.2	民國十四年（乙丑，1925）五月五日	香港 佳士得藝品拍賣公司/拍賣目錄 1996,11,03.	
月下虎嘯圖	軸	紙	設色	127.5 x 59	民國廿一年（壬申，1932）秋月	紐約 佳士得藝品拍賣公司/拍賣目錄 1998,03,24.	
虎嘯圖	軸	紙	設色	108.6 x 54.3	民國七年（戊午，1918）八月	香港 蘇富比藝品拍賣公司/拍賣目錄 1999,10,31.	
樹雀圖	摺扇面	紙	設色	16 x 54		香港 佳士得藝品拍賣公司/拍賣目錄 1988,01,18.	
松月圖	摺扇面	紙	水墨	16 x 54		香港 佳士得藝品拍賣公司/拍賣目錄 1988,01,18.	
好鳥枝頭圖	摺扇面	紙	設色	18 x 50		香港 佳士得藝品拍賣公司/拍賣目錄 1990,03,19.	
紫薇草蜢圖	摺扇面	紙	設色	19 x 53		香港 佳士得藝品拍賣公司/拍賣目錄 1990,03,19.	
花鳥、走獸圖（紈扇面6幀）	冊	絹	設色	（每幀）20.5 x 20.5		香港 佳士得藝品拍賣公司/拍賣目錄 1993,10,24.	

畫家小傳：高崙。字奇峰。廣東番禺人。高崙之弟。生於德宗光緒十五（1889）年，卒於民國二十二（1933）年。早年學畫於兄。後東渡日本深造。歸國後，致力美術運動，創辦真相畫報於上海，創設美學院於廣州，並任嶺南大學教授。繪畫技法，融合中外，自成面目，為嶺南畫派創始人之一。能畫花卉、翎毛、走獸，均有獨特風格，享譽國際。（見畫人軼聞、中國美術家人名辭典）

包榮翰

附：

奇石圖	軸	紙	水墨	119.3 x 32	乙卯（民國四年，1915）仲秋	紐約 蘇富比藝品拍賣公司/拍賣目錄 1981,11,07.	

畫家小傳：包榮翰。畫史無載。流傳署款紀年作品見於民國四（1915）年。身世待考。

名稱	形式	質地	色彩	尺寸 高×寬cm	創作時間	收藏處所	典藏號碼

高劍僧

附：

危橋策杖圖	軸	紙	設色	85.1 x 40.6		香港 佳士得藝品拍賣公司/拍賣目錄 1989.01.16.	
青竹翠鳥圖	軸	紙	設色	92.5 x 39	庚戌（宣統二年，1910）冬日	香港 佳士得藝品拍賣公司/拍賣目錄 1990.03.19.	
三鷺圖	軸	紙	設色	134 x 65	癸丑（民國二年，1913）秋	香港 佳士得藝品拍賣公司/拍賣目錄 1992.09.28.	
寒林負薪圖	軸	紙	設色	94.2 x 38.5	庚戌（宣統二年，1910）冬日	香港 佳士得藝品拍賣公司/拍賣目錄 1996,11,03.	

畫家小傳：高劍僧。畫史無載。生於德宗光緒二十（1894）年，卒於民國五（1916）年。身世待考。

王文鼎

附：

| 蟠桃勝會圖聯屏（6幅） | 軸 | 金箋 | 設色 | （每幅）218 x ? | 己未（民國八年，1919） | 紐約 佳士得藝品拍賣公司/拍賣目錄 1984.06.29 | |

畫家小傳：王文鼎。畫史無載。流傳署款紀年作品見於民國八（1919）年。身世待考。

劉廣鈺

附：

| 寫新羅山人詩意圖 | 軸 | 紙 | 設色 | 78.8 x 27.7 | 辛酉（民國十年，1921）榴月上浣 | 紐約 蘇富比藝品拍賣公司/拍賣目錄 1981,11,07. | |

畫家小傳：劉廣鈺。畫史無載。流傳署款紀年作品見於民國十（1921）年。身世待考。

沈心海

| 紫氣東來圖 | 軸 | 紙 | 設色 | 139 x 39 | 壬戌（民國十一年，1922）八月 | 昆山 昆山堂美術館 | |

畫家小傳：沈心海。名兆涵。字心海。畫史無載。流傳署款紀年作品見於民國十一（1922）年。身世待考。

管 平

| 仕女賞梅圖 | 軸 | 絹 | 設色 | 95.9 x 45.8 | 甲子（民國十三年，1924）冬十月 | 義大利 羅馬東方藝術博物館（Balbino先生寄存） | |

畫家小傳：管平。字吉安（一作仲康）。江蘇無錫人。光緒內廷供奉管念慈之子。工畫人物，得改琦法。流傳署款紀年作品見於民國十三（1924）年。（見清畫拾遺、清畫家詩史、中國畫家人名大辭典）

名稱	形式	質地	色彩	尺寸 高×寬㎝	創作時間	收藏處所	典藏號碼

馮 繆

附：

紫藤綬帶圖	軸	紙	設色	132 × 64.1	乙丑（民國十四年，1925）夏四月	紐約 蘇富比藝品拍賣公司/拍賣目錄 1980,10,25.	

畫家小傳：馮繆。畫史無載。自署琳臣。流傳署款紀年作品見於民國十四(1925)年。身世待考。

潘達微

清明爆竹圖	軸	紙	設色	93 × 42	丁卯（民國十六年，1927）清明節	中山 廣東省立中山圖書館	

畫家小傳：潘達微。畫史無載。流傳署款紀年作品見於民國十六(1927)年。身世待考。

衡 柱

華嚴瀧圖	軸	紙	設色	不詳	民國十七年（戊辰，1928）春日	北京 故宮博物院	

畫家小傳：衡柱。畫史無傳。流傳署款紀年作品見於民國十七(1928)年。身世待考。

無名氏

(佛、道宗教畫)

名稱	形式	質地	色彩	尺寸 高×寬㎝	收藏處所	典藏號碼
渡海羅漢圖	卷	絹	水墨	39 × ?	美國 耶魯大學藝術館	
玉皇大帝朝儀圖	卷	紙	白畫	65.2 × 462	英國 倫敦大英博物館	1981.4.6.01（ADD430）
西王母朝儀圖	卷	紙	白畫	65.2 × 462	英國 倫敦大英博物館	1981.4.6.02（ADD430）
鍾馗圖	卷	絹	設色	不詳	德國 柏林民俗博物館	I.D.36023
無量壽佛	軸	紙	設色	95.1 × 46	台北 故宮博物院	中畫 00207
番畫無量壽佛	軸	絹	設色	64 × 42	台北 故宮博物院	故畫 02956
舊洋畫（油畫）羅漢	軸	絹	設色	234.4 ×119.5	台北 故宮博物院	故畫 03128
豐綏先兆圖（鍾馗照鏡）	軸	絹	設色	128.2 × 49.3	台北 故宮博物院	故畫 02948
八手坐蓮觀音像	軸	絹	設色	86 × 47	香港 李潤桓心泉閣	K92.92
萬法歸一圖	軸	絹	設色	163.8 ×110.8	北京 故宮博物院	
麻姑獻壽圖	軸	絹	設色	不詳	上海 上海古籍書店	
羅漢圖	軸	絹	設色	88.5 × 40.1	日本 東京出光美術館	

名稱	形式	質地	色彩	尺寸 高x寬cm	創作時間	收藏處所	典藏號碼
菩薩圖	軸	絹	設色	不詳		日本 東京村上與四郎先生	
楊柳觀音像	軸	絹	設色	226.7 x121.6		日本 京都大德寺	
十六羅漢圖（16幅）	軸	絹	設色	130.2 × 50.6		日本 大阪市立美術館	
佛像	軸	紙	水墨	175.5 × 93		美國 紐約布魯克林藝術館	
西藏佛像	軸	麻	設色	不詳		美國 賓夕法尼亞州大學藝術館	
李鐵拐磨劍	軸	絹	設色	171 × 90		美國 賓夕法尼亞州大學藝術館	
麻姑和藍采和	軸	絹	設色	150 × 69		美國 賓夕法尼亞州大學藝術館	
呂洞賓像	軸	絹	設色	161.9 × 85.7		美國 華盛頓特區弗瑞爾藝術館	16.580
觀音像	軸	絹	設色	106.3 × 60.9		美國 印地安那波里斯市藝術博物館	77.315
喇嘛神	軸	麻	設色	66.1 × 42.6		美國 堪薩斯市納爾遜-艾金斯藝術博物館	
道士像	軸	絹	設色	不詳		美國 堪薩斯市納爾遜-艾金斯藝術博物館	
如來說法	軸	絹	設色	118.1 × 60.9		美國 舊金山亞洲藝術館	
西藏佛像羅漢像	軸	麻	設色	62.2 × 44.2		美國 洛杉磯郡立藝術館	
西藏佛像	軸	麻	設色	72.4 × 53.9		美國 洛杉磯郡立藝術館	
西藏佛像	軸	麻	設色	40.9 × 31.8		美國 洛杉磯郡立藝術館	
西藏佛像	軸	麻	設色	66.7 × 55.2		美國 洛杉磯郡立藝術館	
西藏佛像	軸	麻	設色	93 × 56.2		美國 洛杉磯郡立藝術館	
西藏佛像	軸	麻	設色	36.1 × 24.5		美國 洛杉磯郡立藝術館	
地藏十王圖（11幅）	軸	紙	設色	（每幅）156 × 87.6		加拿大 維多利亞藝術館	89.46.1.1-9
高僧圖	軸	絹	設色	149.8 × 77.9		英國 倫敦大英博物館	1926.4.10.011（ADD42）
祿星圖	軸	絹	設色	不詳		德國 柏林民俗博物館	1.D.10711
福祿壽三星圖	軸	絹	設色	不詳		德國 柏林民俗博物館	1.D.24427

名稱	形式	質地	色彩	尺寸 高x寬㎝	創作時間	收藏處所	典藏號碼
道士圖	軸	紙	設色	107.2 x 92.6		瑞典 斯德哥爾摩遠東古物館	NMOK39
媽祖顯聖圖	軸	絹	設色	85.9 x 45.5		荷蘭 阿姆斯特丹Rijks博物館	RAK1991-11: 1-7
地藏圖	軸	絹	設色	46.5 x 24		捷克 布拉格Narodoni GaLe-rie v Praze	Vm931-1151/ 117
十王圖	軸	絹	設色	143 x 70		捷克 布拉格Narodoni Gale-rie v Praze	V2245-11515 2
十王圖	軸	絹	設色	58 x 29		捷克 布拉格Narodoni GaLe-rie v Praze	Vm70-1151/1 15
十王圖（10幅）	軸	紙	設色	（每幅）146 x 38.2		西班牙 佛朗西斯可Museo Del -la Chiesa DiS. Fran -cesco	1-10
釋迦圖	軸	紙	設色	70 x 167		西班牙 馬德里東方藝術博物館	75A
釋迦圖	軸	紙	設色	75 x 167		西班牙 馬德里東方藝術博物館	75B
釋迦圖	軸	紙	設色	69 x 165		西班牙 馬德里東方藝術博物館	75C
釋迦圖	軸	紙	設色	77 x 180		西班牙 馬德里東方藝術博物館	75E
阿彌陀圖	軸	紙	設色	77 x 168		西班牙 馬德里東方藝術博物館	75D
救世佛圖	軸	紙	設色	77 x 180		西班牙 馬德里東方藝術博物館	76E
文殊圖	軸	紙	設色	70 x 167		西班牙 馬德里東方藝術博物館	74A
普賢圖	軸	紙	設色	70 x 167		西班牙 馬德里東方藝術博物館	74B
觀音顯身圖	軸	紙	設色	57 x 125		西班牙 馬德里東方藝術博物館	73C
地藏王圖	軸	紙	設色	69 x 166		西班牙 馬德里東方藝術博物館	81B
閻羅王圖	軸	紙	設色	74 x 166		西班牙 馬德里東方藝術博物館	95Bis

名稱	形式	質地	色彩	尺寸 高×寬㎝	創作時間	收藏處所	典藏號碼
十王圖	軸	紙	設色	61 × 134		西班牙 馬德里東方藝術博物館	81C
十王圖	軸	紙	設色	62 × 132		西班牙 馬德里東方藝術博物館	81F
十王圖	軸	紙	設色	72 × 172		西班牙 馬德里東方藝術博物館	81D
十王圖	軸	紙	設色	72 × 172		西班牙 馬德里東方藝術博物館	
五官王圖	軸	紙	設色	72 × 171		西班牙 馬德里東方藝術博物館	81A
羅漢圖	軸	紙	設色	61 × 132		西班牙 馬德里東方藝術博物館	76A
羅漢圖	軸	紙	設色	61 × 149		西班牙 馬德里東方藝術博物館	76B
羅漢圖	軸	紙	設色	72 × 170		西班牙 馬德里東方藝術博物館	76C
羅漢圖	軸	紙	設色	72 × 170		西班牙 馬德里東方藝術博物館	76D
玉皇上帝像	軸	紙	設色	167 × 74		西班牙 馬德里東方藝術博物館	79C
玉皇上帝像	軸	紙	設色	134 × 74		西班牙 馬德里東方藝術博物館	79A
玉皇上帝像	軸	紙	設色	161 × 66		西班牙 馬德里東方藝術博物館	79B
老子像	軸	紙	設色	166 × 77		西班牙 馬德里東方藝術博物館	80D
元始天尊（玉清）像	軸	紙	設色	160 × 76		西班牙 馬德里東方藝術博物館	77A
天寶君（玉清）像	軸	紙	設色	166 × 77		西班牙 馬德里東方藝術博物館	77A
靈寶君（上清）像	軸	紙	設色	157 × 61		西班牙 馬德里東方藝術博物館	77B
神寶君（太清）像	軸	紙	設色	150 × 61		西班牙 馬德里東方藝術博物館	77C

名稱	形式	質地	色彩	尺寸 高×寬cm	創作時間	收藏處所	典藏號碼
真武君（玄天上帝）像	軸	紙	設色	171 × 87		西班牙 馬德里東方藝術博物館	80C
靈官王元帥像	軸	紙	設色	134 × 61		西班牙 馬德里東方藝術博物館	80A
靈官王元帥像	軸	紙	設色	137 × 60		西班牙 馬德里東方藝術博物館	80B
溫元帥像	軸	紙	設色	234 × 70		西班牙 馬德里東方藝術博物館	84A
二郎神像	軸	紙	設色	131 × 59		西班牙 馬德里東方藝術博物館	84D
山神仙女	軸	紙	設色	126 × 56		西班牙 馬德里東方藝術博物館	83B
八仙圖	軸	紙	設色	51.5 × 53.5		西班牙 馬德里東方藝術博物館	
二十八星宿（4-1）	軸	紙	設色	131 × 61		西班牙 馬德里東方藝術博物館	78A
二十八星宿（4-2）	軸	紙	設色	132 × 62		西班牙 馬德里東方藝術博物館	78B
二十八星宿（4-3 ）	軸	紙	設色	132 × 62		西班牙 馬德里東方藝術博物館	78C
二十八星宿（4-4）	軸	紙	設色	132 × 62		西班牙 馬德里東方藝術博物館	78D
星宿圖	軸	紙	設色	154 × 56		西班牙 馬德里東方藝術博物館	82C
太陰系星曜圖	軸	紙	設色	131 × 61		西班牙 馬德里東方藝術博物館	82D
南極老人和南斗六星圖	軸	紙	設色	154 × 56		西班牙 馬德里東方藝術博物館	82B
十六應真（16幀）	冊	紙	白描	（每幀）27.2 × 20.6		台北 故宮博物院	故畫03615
持國、增廣二王像（無量壽佛冊之1）	冊頁	紙	設色	20 × 12.5		台北 故宮博物院	故畫03616-1
廣目、多聞二王像（無量壽佛冊之2）	冊頁	紙	設色	20 × 12.5		台北 故宮博物院	故畫03616-2

名稱	形式	質地	色彩	尺寸 高×寬cm	創作時間	收藏處所	典藏號碼
說經圖（無量壽佛冊之4）	冊頁	紙	設色	20 × 12.5		台北 故宮博物院	故畫 03616-4
文殊、普賢菩薩（無量壽佛冊之5）	冊頁	紙	設色	20 × 12.5		台北 故宮博物院	故畫 03616-5
降龍羅漢（無量壽佛冊之6）	冊頁	紙	設色	20 × 12.5		台北 故宮博物院	故畫 03616-6
燃燈佛（無量壽佛冊之7）	冊頁	紙	設色	20 × 12.5		台北 故宮博物院	故畫 03616-7
飛鈸羅漢（無量壽佛冊之8）	冊頁	紙	設色	20 × 12.5		台北 故宮博物院	故畫 03616-8
托鉢羅漢（無量壽佛冊之9）	冊頁	紙	設色	20 × 12.5		台北 故宮博物院	故畫 03616-9
誦經圖（無量壽佛冊之10）	冊頁	紙	設色	20 × 12.5		台北 故宮博物院	故畫 03616-10
無量佛（無量壽佛冊之11）	冊頁	紙	設色	20 × 12.5		台北 故宮博物院	故畫 03616-11
誦佛法（無量壽佛冊之12）	冊頁	紙	設色	20 × 12.5		台北 故宮博物院	故畫 03616-12
無壽佛（無量壽佛冊之13）	冊頁	紙	設色	20 × 12.5		台北 故宮博物院	故畫 03616-13
散花（無量壽佛冊之14）	冊頁	紙	設色	20 × 12.5		台北 故宮博物院	故畫 03616-14
補衲圖（無量壽佛冊之15）	冊頁	紙	設色	20 × 12.5		台北 故宮博物院	故畫 03616-15
獻桃圖（無量壽佛冊之16）	冊頁	紙	設色	20 × 12.5		台北 故宮博物院	故畫 03616-16
極樂圖（無量壽佛冊之17）	冊頁	紙	設色	20 × 12.5		台北 故宮博物院	故畫 03616-17
大千世界（無量壽佛冊之18）	冊頁	紙	設色	20 × 12.5		台北 故宮博物院	故畫 03616-18
不動明王（無量壽佛冊之19）	冊頁	紙	設色	20 × 12.5		台北 故宮博物院	故畫 03616-19
伏虎羅漢（無量壽佛冊之20）	冊頁	紙	設色	20 × 12.5		台北 故宮博物院	故畫 03616-20
無量壽佛（無量壽佛會慶圖冊之1）	冊頁	絹	設色	49.2 × 41.5		台北 故宮博物院	故畫 03617-1
燃燈受記（無量壽佛會慶圖冊之2）	冊頁	絹	設色	49.2 × 41.5		台北 故宮博物院	故畫 03617-2
釋迦降生（無量壽佛會慶圖冊之3）	冊頁	絹	設色	49.2 × 41.5		台北 故宮博物院	故畫 03617-3
雪山受道（無量壽佛會慶圖冊之4）	冊頁	絹	設色	49.2 × 41.5		台北 故宮博物院	故畫 03617-4
給孤布金（無量壽佛會慶圖冊之5）	冊頁	絹	設色	49.2 × 41.5		台北 故宮博物院	故畫 03617-5
劫鉢功高（無量壽佛會慶圖冊之6）	冊頁	絹	設色	49.2 × 41.5		台北 故宮博物院	故畫 03617-6
楞迦說法（無量壽佛會慶圖冊之7）	冊頁	絹	設色	49.2 × 41.5		台北 故宮博物院	故畫 03617-7
海洞潮音（無量壽佛會慶圖冊之8）	冊頁	絹	設色	49.2 × 41.5		台北 故宮博物院	故畫 03617-8
龍宮默識（無量壽佛會慶圖冊	冊頁	絹	設色	49.2 × 41.5		台北 故宮博物院	故畫 03617-9

名稱	形式	質地	色彩	尺寸 高×寬㎝	創作時間	收藏處所	典藏號碼
之9)							
文殊師利（無量壽佛會慶圖冊之10）	冊頁	絹	設色	49.2 × 41.5		台北 故宮博物院	故畫 03617-10
普賢萬行（無量壽佛會慶圖冊之11）	冊頁	絹	設色	49.2 × 41.5		台北 故宮博物院	故畫 03617-11
達摩東渡（無量壽佛會慶圖冊之12）	冊頁	絹	設色	49.2 × 41.5		台北 故宮博物院	故畫 03617-12
描金羅漢（30幀，楊宗白題）	冊	紙	設色	（每幀）19.1 × 14.9		台北 故宮博物院	故畫 03437
掛笠圖（羅漢畫冊之1）	冊頁	紙	設色	30.3 × 54.3		台北 故宮博物院	故畫 03614-1
趺坐圖（羅漢畫冊之2）	冊頁	紙	設色	30.3 × 54.3		台北 故宮博物院	故畫 03614-2
誦經圖（羅漢畫冊之3）	冊頁	紙	設色	30.3 × 54.3		台北 故宮博物院	故畫 03614-3
誦經圖（羅漢畫冊之4）	冊頁	紙	設色	30.3 × 54.3		台北 故宮博物院	故畫 03614-4
誦經圖（羅漢畫冊之5）	冊頁	紙	設色	30.3 × 54.3		台北 故宮博物院	故畫 03614-5
誦經圖（羅漢畫冊之6）	冊頁	紙	設色	30.3 × 54.3		台北 故宮博物院	故畫 03614-6
捧蓮圖（羅漢畫冊之7）	冊頁	紙	設色	30.3 × 54.3		台北 故宮博物院	故畫 03614-7
奉法圖（羅漢畫冊之8）	冊頁	紙	設色	30.3 × 54.3		台北 故宮博物院	故畫 03614-8
騎麟圖（羅漢畫冊之9）	冊頁	紙	設色	30.3 × 54.3		台北 故宮博物院	故畫 03614-9
馱經圖（羅漢畫冊之10）	冊頁	紙	設色	30.3 × 54.3		台北 故宮博物院	故畫 03614-10
誦經圖（羅漢畫冊之11）	冊頁	紙	設色	30.3 × 54.3		台北 故宮博物院	故畫 03614-11
參禮圖（羅漢畫冊之12）	冊頁	紙	設色	30.3 × 54.3		台北 故宮博物院	故畫 03614-12
十六應真圖（16幀，白描十六應真冊）	冊	絹	水墨	不詳		台北 故宮博物院	故畫 03615
無量壽佛會慶圖（12幀，無量壽佛會慶圖冊）	冊	絹	設色	不詳		台北 故宮博物院	故畫 03617
騎牛出函關（老子老君圖冊之1）	冊頁	絹	設色	48.5 × 40.3		台北 故宮博物院	故畫 03618-1
仙女散花（老子老君圖冊之2）	冊頁	絹	設色	48.5 × 40.3		台北 故宮博物院	故畫 03618-2
赤松子煉氣（老子老君圖冊之3）	冊頁	絹	設色	48.5 × 40.3		台北 故宮博物院	故畫 03618-3
太微王夫人乘龍遊五嶽（老子老君圖冊之4）	冊頁	絹	設色	48.5 × 40.3		台北 故宮博物院	故畫 03618-4
蓬球遇仙（老子老君圖上冊之	冊頁	絹	設色	48.5 × 40.3		台北 故宮博物院	故畫 03618-5

名稱	形式	質地	色彩	尺寸 高×寬cm	創作時間	收藏處所	典藏號碼
5）							
蘇林煉氣益命（老子老君圖上冊之6）	冊頁	絹	設色	48.5 × 40.3		台北 故宮博物院	故畫 03618-6
美髯仙趙丙（老子老君圖上冊之7）	冊頁	絹	設色	48.5 × 40.3		台北 故宮博物院	故畫 03618-7
衛叔卿服雲母得仙（老子老君圖上冊之8）	冊頁	絹	設色	48.5 × 40.3		台北 故宮博物院	故畫 03618-8
明香徵人設壇五龍岡（老子老君圖上冊之9）	冊頁	絹	設色	48.5 × 40.3		台北 故宮博物院	故畫 03618-9
孫思邈救花蛇（老子老君圖上冊之10）	冊頁	絹	設色	48.5 × 40.3		台北 故宮博物院	故畫 03618-10
許栖巖遇仙（老子老君圖下冊之1）	冊頁	絹	設色	48.5 × 40.3		台北 故宮博物院	故畫 03619-1
古仙薊子訓（老子老君圖下冊之2）	冊頁	絹	設色	48.5 × 40.3		台北 故宮博物院	故畫 03618-2
葛由騎木羊（老子老君圖下冊之3）	冊頁	絹	設色	48.5 × 40.3		台北 故宮博物院	故畫 03618-3
文簫遇吳彩鸞（老子老君圖下冊之4）	冊頁	絹	設色	48.5 × 40.3		台北 故宮博物院	故畫 03618-4
紫陽徵人李八白（老子老君圖下冊之5）	冊頁	絹	設色	48.5 × 40.3		台北 故宮博物院	故畫 03618-5
裴航娶樊夫人（老子老君圖下冊之6）	冊頁	絹	設色	48.5 × 40.3		台北 故宮博物院	故畫 03618-6
東陵聖母變化無方（老子老君圖下冊之7）	冊頁	絹	設色	48.5 × 40.3		台北 故宮博物院	故畫 03618-7
宋倫日行三千里（老子老君圖下冊之8）	冊頁	絹	設色	48.5 × 40.3		台北 故宮博物院	故畫 03618-8
王徵修善成仙（老子老君圖下冊之9）	冊頁	絹	設色	48.5 × 40.3		台北 故宮博物院	故畫 03618-9
長生者白石生（老子老君圖下冊之10）	冊頁	絹	設色	48.5 × 40.3		台北 故宮博物院	故畫 03618-10
老子過函谷關（院畫群仙圖上冊之1）	冊頁	絹	設色	49.7 × 40.3		台北 故宮博物院	故畫 03611-1
雨師赤松子（院畫群仙圖上冊之2）	冊頁	絹	設色	49.7 × 40.3		台北 故宮博物院	故畫 03611-2

名稱	形式	質地	色彩	尺寸 高x寬㎝	創作時間	收藏處所	典藏號碼
安期生受道河上（院畫群仙圖上冊之3）	冊頁	絹	設色	49.7 x 40.3		台北 故宮博物院	故畫 03611-3
裴元仁得道（院畫群仙圖上冊之4）	冊頁	絹	設色	49.7 x 40.3		台北 故宮博物院	故畫 03611-4
孫思邈隱太白山（院畫群仙圖上冊之5）	冊頁	絹	設色	49.7 x 40.3		台北 故宮博物院	故畫 03611-5
秦異人古丈夫（院畫群仙圖上冊之6）	冊頁	絹	設色	49.7 x 40.3		台北 故宮博物院	故畫 03611-6
梅福求道（院畫群仙圖上冊之7）	冊頁	絹	設色	49.7 x 40.3		台北 故宮博物院	故畫 03611-7
劉根得仙（院畫群仙圖上冊之8）	冊頁	絹	設色	49.7 x 40.3		台北 故宮博物院	故畫 03611-8
蕭綦吹簫（院畫群仙圖上冊之9）	冊頁	絹	設色	49.7 x 40.3		台北 故宮博物院	故畫 03611-9
蔡女仙乘鸞（院畫群仙圖上冊之10）	冊頁	絹	設色	49.7 x 40.3		台北 故宮博物院	故畫 03611-10
蓬球求仙訪道（院畫群仙圖下冊之1）	冊頁	絹	設色	49.7 x 40.3		台北 故宮博物院	故畫 03612-1
李珍多成仙記（院畫群仙圖下冊之2）	冊頁	絹	設色	49.7 x 40.3		台北 故宮博物院	故畫 03612-2
陶弘景研讀神仙傳（院畫群仙圖下冊之3）	冊頁	絹	設色	49.7 x 40.3		台北 故宮博物院	故畫 03612-3
許宣平成仙（院畫群仙圖下冊之4）	冊頁	絹	設色	49.7 x 40.3		台北 故宮博物院	故畫 03612-4
張騫仙遇（院畫群仙圖下冊之5）	冊頁	絹	設色	49.7 x 40.3		台北 故宮博物院	故畫 03612-5
女冠薛練仙隱（院畫群仙圖下冊之6）	冊頁	絹	設色	49.7 x 40.3		台北 故宮博物院	故畫 03612-6
裴航娶女仙（院畫群仙圖下冊之7）	冊頁	絹	設色	49.7 x 40.3		台北 故宮博物院	故畫 03612-7
王元敷鄭伯元成仙（院畫群仙圖下冊之8）	冊頁	絹	設色	49.7 x 40.3		台北 故宮博物院	故畫 03612-8
杜懷謙吹長笛（院畫群仙圖下冊之9）	冊頁	絹	設色	49.7 x 40.3		台北 故宮博物院	故畫 03612-9

名稱	形式	質地	色彩	尺寸 高x寬㎝	創作時間	收藏處所	典藏號碼
王夐乘青麒麟（院畫群仙圖下冊之10）	冊頁	絹	設色	49.7 x 40.3		台北 故宮博物院	故畫 03612-10
仙人持杖（院畫群仙讌集圖冊之1）	冊頁	紙	白描	27 x 25.7		台北 故宮博物院	故畫 03613-1
麻姑獻壽（院畫群仙讌集圖冊之2）	冊頁	紙	白描	27 x 25.7		台北 故宮博物院	故畫 03613-2
仙人書翰（院畫群仙讌集圖冊之3）	冊頁	紙	白描	27 x 25.7		台北 故宮博物院	故畫 03613-3
寒山子（院畫群仙讌集圖冊之4）	冊頁	紙	白描	27 x 25.7		台北 故宮博物院	故畫 03613-4
仙人趺坐（院畫群仙讌集圖冊之5）	冊頁	紙	白描	27 x 25.7		台北 故宮博物院	故畫 03613-5
仙人補衲（院畫群仙讌集圖冊之6）	冊頁	紙	白描	27 x 25.7		台北 故宮博物院	故畫 03613-6
何仙姑（院畫群仙讌集圖冊之7）	冊頁	紙	白描	27 x 25.7		台北 故宮博物院	故畫 03613-7
仙人講道（院畫群仙讌集圖冊之8）	冊頁	紙	白描	27 x 25.7		台北 故宮博物院	故畫 03613-8
仙人馴獅（院畫群仙讌集圖冊之9）	冊頁	紙	白描	27 x 25.7		台北 故宮博物院	故畫 03613-9
仙人侶鹿（院畫群仙讌集圖冊之10）	冊頁	紙	白描	27 x 25.7		台北 故宮博物院	故畫 03613-10
朱花仙女（院畫群仙讌集圖冊之11）	冊頁	紙	白描	27 x 25.7		台北 故宮博物院	故畫 03613-11
仙翁（院畫群仙讌集圖冊之12）	冊頁	紙	白描	27 x 25.7		台北 故宮博物院	故畫 03613-12
呂洞賓漢鍾離（歡聯慶節冊之1）	冊頁	絹	設色	17 x 20.7		台北 故宮博物院	故畫 03592-1
韓湘子曹國舅（歡聯慶節冊之3）	冊頁	絹	設色	17 x 20.7		台北 故宮博物院	故畫 03592-3
張果老藍采和（歡聯慶節冊之5）	冊頁	絹	設色	17 x 20.7		台北 故宮博物院	故畫 03592-5
鐵拐李何仙姑（歡聯慶節冊之7）	冊頁	絹	設色	17 x 20.7		台北 故宮博物院	故畫 03592-7

名稱	形式	質地	色彩	尺寸 高×寬cm	創作時間	收藏處所	典藏號碼
八仙浮海圖（山水人物泥金扇面冊之8）	扇面	紙	設色	20.4 × 59.2		台北 故宮博物院	故畫 03562-8
鍾馗（清無款花鳥畫冊之14）	冊頁	紙	設色	不詳		台北 故宮博物院	故畫 03441-14
鬼怪（清無款花鳥畫冊之15）	冊頁	紙	設色	不詳		台北 故宮博物院	故畫 03441-15
十六羅漢圖（16幀）	冊	絹	設色	（每幀）18.7 × 23.8		香港 劉作籌虛白齋	11
羅漢圖（？幀）	冊	絹	設色	（每幀）31.2 × 32		美國 華盛頓特區弗瑞爾藝術館	14.24-3
壽星圖（山水人物冊之2）	冊頁	紙	設色	不詳		美國　紐約Hobart先生	
羅漢圖（清人合綴幅冊之1）	摺扇面	絹	水墨	18.1 × 52.6		英國 倫敦大英博物館	1881.12.10.78（ADD 295）
（圖像畫）							
馮來廬像	卷	紙	設色	不詳		北京 中國歷史博物館	
蓉鏡像	卷	紙	設色	不詳		北京 中國歷史博物館	
孫承宗像（張坦題贊）	卷	紙	設色	不詳		石家莊 河北省博物館	
范氏歷代肖像	卷	絹	設色	不詳		南京 南京博物院	
鄭成功像	軸	紙	設色	100 × 60		台北 台灣博物館	AH001613
施琅像	軸	紙	設色	42.8 × 29.2		台北 台灣博物館	AH001623
陳白沙先生像	軸	紙	設色	122.8 × 46.2	戊午（？）閏三月	香港 中文大學中國文化研究所	73.116
玄燁（聖祖）臨池像	軸	絹	設色	50.7 × 32		北京 故宮博物院	
弘曆（高宗）戎裝騎馬像	軸	絹	設色	322.5 ×232.1		北京 故宮博物院	
孝賢純皇后朝服像	軸	絹	設色	195 × 115.2		北京 故宮博物院	
丁耀亢像	軸	絹	設色	不詳		北京 故宮博物院	
卞永譽像	軸	絹	設色	不詳		北京 故宮博物院	
王士祜像	軸	紙	設色	不詳		北京 故宮博物院	
摹毛奇齡、朱彝尊合像	軸	絹	水墨	不詳		北京 故宮博物院	
包世臣像	軸	紙	設色	不詳		北京 故宮博物院	
汪必農像	軸	紙	設色	不詳		北京 故宮博物院	
法式善像	軸	絹	設色	46.3 × 26.7		北京 故宮博物院	
姚元之像	軸	紙	設色	不詳		北京 故宮博物院	
黃鉞像	軸	絹	設色	112.7 × 56.6		北京 故宮博物院	
董其昌像	軸	紙	設色	不詳		北京 故宮博物院	
睿老像	軸	絹	設色	不詳		北京 故宮博物院	

名稱	形式	質地	色彩	尺寸 高x寬cm	創作時間	收藏處所	典藏號碼
玄燁（聖祖）像	軸	絹	設色	不詳		北京 中國歷史博物館	
明瑞將軍像	軸	絹	設色	不詳	戊子（乾隆三十三年，1768）	北京 中國歷史博物館	
鄭經像	軸	絹	設色	不詳		北京 中國歷史博物館	
鄭克塽像	軸	紙	設色	不詳		北京 中國歷史博物館	
李東陽像	軸	紙	水墨	不詳		北京 中國歷史博物館	
崇地山宮保小像	軸	紙	設色	不詳		北京 中國歷史博物館	
高蘭芬夫人小像	軸	紙	設色	不詳		北京 中國歷史博物館	
張煌言像	軸	紙	設色	不詳		北京 中國歷史博物館	
蔣重申夫人像	軸	紙	設色	不詳		北京 中國歷史博物館	
羅聘像	軸	紙	設色	90.5 x 45.7		天津 天津市藝術博物館	
魏裔介像	軸	絹	設色	205 x 97.8		石家莊 河北省博物館	
魏象樞朝行像	軸	絹	設色	不詳		石家莊 河北省博物館	
白眉老人肖像	軸	紙	設色	不詳		濟南 山東省博物館	
李文藻像	軸	紙	設色	不詳		濟南 山東省博物館	
陳藥洲坐像	軸	紙	設色	不詳		濟南 山東省博物館	
冒襄像	軸	紙	設色	不詳		上海 上海博物館	
摹王鏊像	軸	紙	設色	161.1 x 96.1		南京 南京博物院	
閣相師像	軸	絹	設色	187.4 x 96.2		日本 奈良大和文華館	1169
桓野王像	軸	絹	設色	85.8 x 29.8		日本 神戶川崎武之助先生	
頭等侍衛呼爾查巴圖魯占音保圖像	軸	絹	設色	153.7 x 95		美國 紐約大都會藝術博物館	1989.206
順治帝像	軸	絹	設色	172.7 x 64.3		美國 堪薩斯市納爾遜-艾金斯藝術博物館	
滿清皇子像	軸	絹	設色	120.6 x ?		美國 堪薩斯市納爾遜-艾金斯藝術博物館	
滿清官員像	軸	絹	設色	141.9 x 96.8		美國 堪薩斯市納爾遜-艾金斯藝術博物館	
人物肖像（祖先像）	軸	絹	設色	143.8 x 86.1		美國 堪薩斯市納爾遜-艾金斯藝術博物館	
人物肖像（祖先像）	軸	絹	設色	不詳		美國 堪薩斯市納爾遜-艾金斯藝術博物館	

名稱	形式	質地	色彩	尺寸 高x寬cm	創作時間	收藏處所	典藏號碼
婦女肖像	軸	絹	設色	157.5 x 95.4		美國 加州曹仲英先生	
王氏肖像	軸	絹	設色	158.4 x 96.5		美國 西雅圖市藝術館	Ch32.21
無名氏肖像	軸	絹	設色	94.5 x 49.9		美國 西雅圖市藝術館	Ch47.24
老婦人肖像	軸	紙	設色	158.8 x 90.7		美國 西雅圖市藝術館	Ch33.1678
無名氏肖像	軸	紙	設色	144.7 x 76		美國 西雅圖市藝術館	Ch33.1677
無名氏肖像	軸	絹	設色	187.9 x 95.7		美國 西雅圖市藝術館	Ch38.161
無名氏肖像	軸	絹	設色	148.8 x 98.4		美國 西雅圖市藝術館	Ch34.181
陸魯望圖	軸	絹	設色	127.4 x 76.5		英國 倫敦大英博物館	1936.10.9.036（ADD115）
女王威多烈小照像	軸	絹	設色	70.2 x 41.9		英國 倫敦大英博物館	1954.10.9.014（ADD285）
清官員肖像	軸	絹	設色	不詳		德國 柏林民俗博物館	1.D.35976
坤都爾巴圖魯巴寧阿（平定西域紫光閣次五十功臣像贊之一）	軸	絹	設色	154.8 x 95.4		德國 柏林東方藝術博物館	1957-1
三等侍衛得爾巴圖魯哈木圖庫（平定西域紫光閣次五十功臣像贊第五十）	軸	絹	設色	154.4 x 95.4		德國 柏林東方藝術博物館	1957-2
署參領額爾克巴圖魯巴岱（平定西域紫光閣次五十功臣像贊第十八）	軸	絹	設色	154.3 x 95.5		德國 柏林東方藝術博物館	1957-3
清人肖像圖	軸	絹	設色	175.6 x105.8		捷克 布拉格 Narodoni GaLe-rie v Praze	Vm145-1171/39
蔭齋先生像	軸	絹	設色	189.9 x 89.6		西班牙 佛朗西斯可 Museo Del la Chiesa Di S. Fran-esco	328PAG.81
清朝婦女像	軸	紙	設色	67.9 x 134		西班牙 佛朗西斯可 Museo Del-a Chiesa Di S. Fran-esco	
周武王（聖帝明王善端錄唐虞夏商周冊之1）	冊頁	絹	設色	35.4 x 28.8		台北 故宮博物院	故畫 03129-1

名稱	形式	質地	色彩	尺寸 高×寬㎝	創作時間	收藏處所	典藏號碼
商王成湯（聖帝明王善端錄唐虞夏商周冊之2）	冊頁	絹	設色	35.4 × 28.8		台北 故宮博物院	故畫 03129-2
禹興益稷（聖帝明王善端錄唐虞夏商周冊之3）	冊頁	絹	設色	35.4 × 28.8		台北 故宮博物院	故畫 03129-3
夏后禹（聖帝明王善端錄唐虞夏商周冊之4）	冊頁	絹	設色	35.4 × 28.8		台北 故宮博物院	故畫 03129-4
虞帝舜（聖帝明王善端錄唐虞夏商周冊之5）	冊頁	絹	設色	35.4 × 28.8		台北 故宮博物院	故畫 03129-5
虞帝舜與皋陶（聖帝明王善端錄唐虞夏商周冊之6）	冊頁	絹	設色	35.4 × 28.8		台北 故宮博物院	故畫 03129-6
帝堯（聖帝明王善端錄唐虞夏商周冊之7）	冊頁	絹	設色	35.4 × 28.8		台北 故宮博物院	故畫 03129-7
殷高宗（聖帝明王善端錄唐虞夏商周冊之8）	冊頁	絹	設色	35.4 × 28.8		台北 故宮博物院	故畫 03129-8
周文王（聖帝明王善端錄唐虞夏商周冊之9）	冊頁	絹	設色	35.4 × 28.8		台北 故宮博物院	故畫 03129-9
周武王（聖帝明王善端錄唐虞夏商周冊之10）	冊頁	絹	設色	35.4 × 28.8		台北 故宮博物院	故畫 03129-10
周成王（聖帝明王善端錄唐虞夏商周冊之11）	冊頁	絹	設色	35.4 × 28.8		台北 故宮博物院	故畫 03129-11
周公（聖帝明王善端錄唐虞夏商周冊之12）	冊頁	絹	設色	35.4 × 28.8		台北 故宮博物院	故畫 03129-12
周康公（聖帝明王善端錄唐虞夏商周冊之13）	冊頁	絹	設色	35.4 × 28.8		台北 故宮博物院	故畫 03129-13
周宣公（聖帝明王善端錄唐虞夏商周冊之143）	冊頁	絹	設色	35.4 × 28.8		台北 故宮博物院	故畫 03129-14
漢高祖（聖帝明王善端錄漢冊之1）	冊頁	絹	設色	35.4 × 28.7		台北 故宮博物院	故畫 03130-1
漢文帝（聖帝明王善端錄漢冊之2）	冊頁	絹	設色	35.4 × 28.7		台北 故宮博物院	故畫 03130-2
漢周亞夫將軍（聖帝明王善端錄漢冊之7）	冊頁	絹	設色	35.4 × 28.7		台北 故宮博物院	故畫 03130-7
漢宣帝（聖帝明王善端錄漢冊之8）	冊頁	絹	設色	35.4 × 28.7		台北 故宮博物院	故畫 03130-8

名稱	形式	質地	色彩	尺寸 高x寬cm	創作時間	收藏處所	典藏號碼
漢光武帝（聖帝明王善端錄漢冊之9）	冊頁	絹	設色	35.4 × 28.7		台北 故宮博物院	故畫 03130-9
漢明帝（聖帝明王善端錄漢冊之11）	冊頁	絹	設色	35.4 × 28.7		台北 故宮博物院	故畫 03130-11
唐高祖（聖帝明王善端錄唐後周冊之2）	冊頁	絹	設色	36.2 × 29.3		台北 故宮博物院	故畫 03131-2
唐宣宗（聖帝明王善端錄唐後周冊之16）	冊頁	絹	設色	36.2 × 29.3		台北 故宮博物院	故畫 03131-16
周世宗（聖帝明王善端錄唐後周冊之17）	冊頁	絹	設色	36.2 × 29.3		台北 故宮博物院	故畫 03131-17
張林宗像	冊頁	紙	設色	不詳		上海 上海博物館	
岳飛像	紈扇面	絹	設色	25.2 × 25.9		美國 西雅圖市藝術館	50.180
清高宗像（清高宗畫冊之1）	冊頁	紙	設色	9 × 9		英國 倫敦維多利亞-艾伯特博物館	L3285-19+75a
（故實人物畫）							
胤禛（世宗）臨雍圖	卷	絹	設色	62.8 × 619.2		北京 故宮博物院	
乾隆（高宗）萬壽圖（2卷）	卷	絹	設色	45 × 6389.2		北京 故宮博物院	
竇道康行樂圖	卷	紙	設色	不詳		北京 故宮博物院	
水滸人物圖	卷	絹	設色	27.8 × 983.1		北京 中國歷史博物館	
墨緣重聚圖像	卷	紙	設色	不詳		北京 中國歷史博物館	
穆齋滄溟槎使圖像	卷	紙	設色	不詳		北京 中國歷史博物館	
張子畏秋山歸騎圖	卷	絹	設色	不詳		天津 天津市藝術博物館	
高士奇將車圖	卷	絹	設色	不詳		上海 上海博物館	
康熙南巡賜金圓圖（2卷）	卷	絹	設色	482 × 72.6		成都 四川省博物院	
于子繩行樂圖	卷	絹	設色	不詳		重慶 重慶市博物館	
阮元授經圖	卷	紙	設色	不詳		佛山 廣東省佛山市博物館	
翁方綱、楊廷柱二老話舊圖	卷	紙	設色	31.2 × 106.5		日本 京都國立博物館	A甲 571
明妃出塞圖	卷	紙	設色	21 × 1747		日本 奈良大和文華館	
蕭翼賺蘭亭圖	卷	絹	設色	28.6 × 68.6		美國 紐約布魯克林藝術博物館	
文姬歸漢圖	卷	絹	水墨	25.1 × 348.8		美國 華盛頓特區弗瑞爾藝術	09.232

名稱	形式	質地	色彩	尺寸 高×寬cm	創作時間	收藏處所	典藏號碼
						館	
文姬歸漢圖	卷	絹	水墨	31.5 × 89.5		美國 華盛頓特區弗瑞爾藝術 館	11.219
文王呂尚圖	卷	絹	設色	29.2 × ?		美國 密歇根大學藝術博物館	1966/2.16
陶淵明圖	卷	紙	水墨	25.5 × ?		美國 勃克萊加州大學藝術館	1979.22
坡公笠屐圖	軸	紙	設色	不詳		旅順 遼寧省旅順博物館	
卞永譽為父上壽圖	軸	絹	設色	不詳		北京 故宮博物院	
卞永譽湖山獨釣圖	軸	絹	設色	不詳		北京 故宮博物院	
柳坪倚擔評花圖	軸	紙	設色	不詳		北京 故宮博物院	
建卿保石圖	軸	紙	設色	不詳		北京 故宮博物院	
密齋讀書圖	軸	紙	設色	不詳		北京 故宮博物院	
潘鑑松蔭觀書圖	軸	絹	設色	不詳		北京 故宮博物院	
鄭燮行吟圖	軸	紙	設色	129.5 × 76		北京 故宮博物院	
盧見曾借書圖	軸	絹	設色	不詳		北京 故宮博物院	
玄燁（聖祖）讀書圖	軸	絹	設色	不詳		北京 中國歷史博物館	
弘曆（高宗）臨池圖	軸	絹	設色	不詳		北京 中國歷史博物館	
鄭經行吟圖	軸	紙	設色	不詳		北京 中國歷史博物館	
鄭經觀瀑圖	軸	紙	設色	不詳		北京 中國歷史博物館	
內丘縣令功德圖	軸	絹	設色	不詳		北京 中國歷史博物館	
裕王出征圖	軸	絹	設色	不詳		天津 天津市歷史博物館	
孔繼涵紅燭著書圖	軸	絹	設色	42.5 × 36		濟南 山東省博物館	
陳藥洲蒼茫獨立圖	軸	絹	設色	229 × 67		濟南 山東省博物館	
周茂叔愛蓮圖	軸	絹	設色	39.5 × 28		日本 仙台市博物館	
西園雅集圖	軸	紙	設色	190.5 × 99.1		日本 東京永青文庫	
文姬歸漢圖	軸	紙	設色	68.3 × 42.4		日本 京都貝塚茂樹先生	
林和靖與鶴	軸	紙	設色	286.5 × 68.4		美國 紐約布魯克林藝術博物 館	
竹林七賢	軸	絹	設色	195 × 96		美國 賓夕法尼亞州大學藝術 館	
漢文帝寬仁（聖帝明王善端錄 漢冊之3）	冊頁	絹	設色	35.4 × 28.7		台北 故宮博物院	故畫 03130-3
漢文帝廢肉刑（聖帝明王善端 錄漢冊之4）	冊頁	絹	設色	35.4 × 28.7		台北 故宮博物院	故畫 03130-4

名稱	形式	質地	色彩	尺寸 高×寬㎝	創作時間	收藏處所	典藏號碼
漢文帝愛肠檢身（聖帝明王善端錄漢冊之5）	冊頁	絹	設色	35.4 × 28.7		台北 故宮博物院	故畫 03130-5
漢文帝卻坐正對（聖帝明王善端錄漢冊之6）	冊頁	絹	設色	35.4 × 28.7		台北 故宮博物院	故畫 03130-6
漢光武帝講藝投戈（聖帝明王善端錄漢冊之10）	冊頁	絹	設色	35.4 × 28.7		台北 故宮博物院	故畫 03130-10
漢明帝吏選循良（聖帝明王善端錄漢冊之12）	冊頁	絹	設色	35.4 × 28.7		台北 故宮博物院	故畫 03130-12
漢明帝顯宗親親（聖帝明王善端錄漢冊之13）	冊頁	絹	設色	35.4 × 28.7		台北 故宮博物院	故畫 03130-13
唐太宗作帝範十二篇（聖帝明王善端錄唐後周冊之1）	冊頁	絹	設色	36.2 × 29.3		台北 故宮博物院	故畫 03131-1
唐太宗征突厥（聖帝明王善端錄唐後周冊之3）	冊頁	絹	設色	36.2 × 29.3		台北 故宮博物院	故畫 03131-3
唐太宗悟（聖帝明王善端錄唐後周冊之4）	冊頁	絹	設色	36.2 × 29.3		台北 故宮博物院	故畫 03131-4
唐太宗擇賢任相（聖帝明王善端錄唐後周冊之5）	冊頁	絹	設色	36.2 × 29.3		台北 故宮博物院	故畫 03131-5
唐太宗知過虛受（聖帝明王善端錄唐後周冊之6）	冊頁	絹	設色	36.2 × 29.3		台北 故宮博物院	故畫 03131-6
唐太宗好直德廣（聖帝明王善端錄唐後周冊之7）	冊頁	絹	設色	36.2 × 29.3		台北 故宮博物院	故畫 03131-7
唐太宗虛受（聖帝明王善端錄唐後周冊之8）	冊頁	絹	設色	36.2 × 29.3		台北 故宮博物院	故畫 03131-8
唐太宗以公滅私（聖帝明王善端錄唐後周冊之9）	冊頁	絹	設色	36.2 × 29.3		台北 故宮博物院	故畫 03131-9
唐太宗守成日長（聖帝明王善端錄唐後周冊之10）	冊頁	絹	設色	36.2 × 29.3		台北 故宮博物院	故畫 03131-10
唐太宗廣學舍（聖帝明王善端錄唐後周冊之11）	冊頁	絹	設色	36.2 × 29.3		台北 故宮博物院	故畫 03131-11
唐太宗所寶惟賢（聖帝明王善端錄唐後周冊之12）	冊頁	絹	設色	36.2 × 29.3		台北 故宮博物院	故畫 03131-12
唐太宗囚無留獄（聖帝明王善端錄唐後周冊之13）	冊頁	絹	設色	36.2 × 29.3		台北 故宮博物院	故畫 03131-13

名稱	形式	質地	色彩	尺寸 高x寬㎝	創作時間	收藏處所	典藏號碼
唐太宗怨女出宮（聖帝明王善端錄唐後周冊之14）	冊頁	絹	設色	36.2 x 29.3		台北 故宮博物院	故畫 03131-14
唐太宗用韓休（聖帝明王善端錄唐後周冊之15）	冊頁	絹	設色	36.2 x 29.3		台北 故宮博物院	故畫 03131-15
宋太祖端直軒豁（聖帝明王善端錄宋元明冊之1）	冊頁	絹	設色	35.5 x 28.6		台北 故宮博物院	故畫 03132-1
宋太祖感彼征人（聖帝明王善端錄宋元明冊之2）	冊頁	絹	設色	35.5 x 28.6		台北 故宮博物院	故畫 03132-2
宋太宗躬秉黛耜（聖帝明王善端錄宋元明冊之3）	冊頁	絹	設色	35.5 x 28.6		台北 故宮博物院	故畫 03132-3
宋仁宗元臣獻規（聖帝明王善端錄宋元明冊之4）	冊頁	絹	設色	35.5 x 28.6		台北 故宮博物院	故畫 03132-4
宋仁宗重農（聖帝明王善端錄宋元明冊之5）	冊頁	絹	設色	35.5 x 28.6		台北 故宮博物院	故畫 03132-5
宋仁宗躅胝施仁（聖帝明王善端錄宋元明冊之6）	冊頁	絹	設色	35.5 x 28.6		台北 故宮博物院	故畫 03132-6
宋仁宗遇災焚香上禱（聖帝明王善端錄宋元明冊之7）	冊頁	絹	設色	35.5 x 28.6		台北 故宮博物院	故畫 03132-7
宋仁宗儉德至仁（聖帝明王善端錄宋元明冊之8）	冊頁	絹	設色	35.5 x 28.6		台北 故宮博物院	故畫 03132-8
宋熙寧監門圖繪（聖帝明王善端錄宋元明冊之9）	冊頁	絹	設色	35.5 x 28.6		台北 故宮博物院	故畫 03132-9
宋孝宗論思（聖帝明王善端錄宋元明冊之10）	冊頁	絹	設色	35.5 x 28.6		台北 故宮博物院	故畫 03132-10
金世宗躬行節儉（聖帝明王善端錄宋元明冊之11）	冊頁	絹	設色	35.5 x 28.6		台北 故宮博物院	故畫 03132-11
元世祖用三儒（聖帝明王善端錄宋元明冊之12）	冊頁	絹	設色	35.5 x 28.6		台北 故宮博物院	故畫 03132-12
明太祖嚴而無暴（聖帝明王善端錄宋元明冊之13）	冊頁	絹	設色	35.5 x 28.6		台北 故宮博物院	故畫 03132-13
明太祖仕士作貢（聖帝明王善端錄宋元明冊之14）	冊頁	絹	設色	35.5 x 28.6		台北 故宮博物院	故畫 03132-14
明太祖厚載維坤（聖帝明王善端錄宋元明冊之15）	冊頁	絹	設色	35.5 x 28.6		台北 故宮博物院	故畫 03132-15
明太祖命鄧愈守襄陽（聖帝明	冊頁	絹	設色	35.5 x 28.6		台北 故宮博物院	故畫 03132-16

名稱	形式	質地	色彩	尺寸 高x寬cm	創作時間	收藏處所	典藏號碼
王善端錄宋元明冊之16）							
明太祖命左右導太子遍歷農家（聖帝明王善端錄宋元明冊之17）	冊頁	絹	設色	35.5 x 28.6		台北 故宮博物院	故畫 03132-17
明太祖斂從其薄（聖帝明王善端錄宋元明冊之18）	冊頁	絹	設色	35.5 x 28.6		台北 故宮博物院	故畫 03132-18
明太祖與侍臣論古治亂（聖帝明王善端錄宋元明冊之19）	冊頁	絹	設色	35.5 x 28.6		台北 故宮博物院	故畫 03132-19
明仁宗救饑拯溺（聖帝明王善端錄宋元明冊之20）	冊頁	絹	設色	35.5 x 28.6		台北 故宮博物院	故畫 03132-20
淵明歸莊圖（山水人物泥金扇面（三）冊之8）	摺扇面	泥金紙	設色	不詳		台北 故宮博物院	故畫 03563-8
聖相八元（萬年不老冊之4）	冊頁	絹	設色	39.1 x 56.5		台北 故宮博物院	故畫 03598-4
香山九老（萬年不老冊之5）	冊頁	絹	設色	39.1 x 56.5		台北 故宮博物院	故畫 03598-5
貞元七賢（萬年不老冊之6）	冊頁	絹	設色	39.1 x 56.5		台北 故宮博物院	故畫 03598-6
父子狀元（萬年不老冊之7）	冊頁	絹	設色	39.1 x 56.5		台北 故宮博物院	故畫 03598-7
五老朝元（萬年不老冊之8）	冊頁	絹	設色	39.1 x 56.5		台北 故宮博物院	故畫 03598-8
翰林五鳳（萬年不老冊之9）	冊頁	絹	設色	39.1 x 56.5		台北 故宮博物院	故畫 03598-9
耆英盛會（萬年不老冊之10）	冊頁	絹	設色	39.1 x 56.5		台北 故宮博物院	故畫 03598-10
虎谿三笑（萬年不老冊之11）	冊頁	絹	設色	39.1 x 56.5		台北 故宮博物院	故畫 03598-11
磻溪璜玉-周文王（漁樵耕讀畫上冊之1）	冊頁	絹	設色	16.8 x 40.3		台北 故宮博物院	故畫 03606-1
滄浪鼓枻（漁樵耕讀畫上冊之2）	冊頁	絹	設色	16.8 x 40.3		台北 故宮博物院	故畫 03606-2
嚴瀨羊裘-嚴光（漁樵耕讀畫上冊之3）	冊頁	絹	設色	16.8 x 40.3		台北 故宮博物院	故畫 03606-3
湘帆衡翠（漁樵耕讀畫上冊之4）	冊頁	絹	設色	16.8 x 40.3		台北 故宮博物院	故畫 03606-4
桃源仙櫂-陶潛（漁樵耕讀畫上冊之5）	冊頁	絹	設色	16.8 x 40.3		台北 故宮博物院	故畫 03606-5
河渚長吟-王績（漁樵耕讀畫上冊之6）	冊頁	絹	設色	16.8 x 40.3		台北 故宮博物院	故畫 03606-6
蟹舍煙波-張志和（漁樵耕讀畫上之7）	冊頁	絹	設色	16.8 x 40.3		台北 故宮博物院	故畫 03606-7
笠澤扁月-龜蒙（漁樵耕讀畫	冊頁	絹	設色	16.8 x 40.3		台北 故宮博物院	故畫 03606-8

名稱	形式	質地	色彩	尺寸 高×寬㎝	創作時間	收藏處所	典藏號碼
上之8）							
芦花淺水-司空曙（漁樵耕讀畫上冊之9）	冊頁	絹	設色	16.8 × 40.3		台北 故宮博物院	故畫 03606-9
中流欸乃-柳宗元（漁樵耕讀畫上冊之10）	冊頁	絹	設色	16.8 × 40.3		台北 故宮博物院	故畫 03606-10
寒江簑笠-柳宗元（漁樵耕讀畫上冊之11）	冊頁	絹	設色	16.8 × 40.3		台北 故宮博物院	故畫 03606-11
晚浦歸帆-楊廷秀（漁樵耕讀畫上冊之12）	冊頁	絹	設色	16.8 × 40.3		台北 故宮博物院	故畫 03606-12
柯山觀奕-王質（漁樵耕讀畫下冊之1）	冊頁	絹	設色	16.8 × 40.3		台北 故宮博物院	故畫 03607-1
松磵聽琴-司空圖（漁樵耕讀畫下冊之2）	冊頁	絹	設色	16.8 × 40.3		台北 故宮博物院	故畫 03607-2
長桑隱迹-長桑子（漁樵耕讀畫下冊之3）	冊頁	絹	設色	16.8 × 40.3		台北 故宮博物院	故畫 03607-3
蓬島仙蹤-成廷珪（漁樵耕讀畫下冊之4）	冊頁	絹	設色	16.8 × 40.3		台北 故宮博物院	故畫 03607-4
五月披裘-季札（漁樵耕讀畫下冊之5）	冊頁	絹	設色	16.8 × 40.3		台北 故宮博物院	故畫 03607-5
三冬編史-李彪（漁樵耕讀畫下冊之6）	冊頁	絹	設色	16.8 × 40.3		台北 故宮博物院	故畫 03607-6
青嶂深林-儲光羲（漁樵耕讀畫下冊之7）	冊頁	絹	設色	16.8 × 40.3		台北 故宮博物院	故畫 03607-7
石門斜日-杜甫（漁樵耕讀畫下冊之8）	冊頁	絹	設色	16.8 × 40.3		台北 故宮博物院	故畫 03607-8
孤舟倚岸-杜甫（漁樵耕讀畫下冊之9）	冊頁	絹	設色	16.8 × 40.3		台北 故宮博物院	故畫 03607-9
細路侵雲-李商隱（漁樵耕讀畫下冊之10）	冊頁	絹	設色	16.8 × 40.3		台北 故宮博物院	故畫 03607-10
虎阜溪烟-皮日休（漁樵耕讀畫下冊之11）	冊頁	絹	設色	16.8 × 40.3		台北 故宮博物院	故畫 03607-11
孤山林影-林逋（漁樵耕讀畫下冊之12）	冊頁	絹	設色	16.8 × 40.3		台北 故宮博物院	故畫 03607-12
米芾拜石（無名氏畫山水冊之6）	冊頁	紙	設色	29 × 29.1		台北 故宮博物院	故畫 03631-16

名稱	形式	質地	色彩	尺寸 高×寬㎝	創作時間	收藏處所	典藏號碼
平定回疆戰圖（10幀）	冊	紙	設色	（每幀）55.3 × 90.8		北京 故宮博物院	
平定伊犁回部戰圖（16幀）	冊	紙	設色	（每幀）55.4 × 90.8		北京 故宮博物院	
平定臺灣戰圖（12幀）	冊	紙	設色	（每幀）55. 6 × 91.1		北京 故宮博物院	
平定安南戰圖（6幀）	冊	紙	設色	不詳		北京 故宮博物院	
平定仲苗戰圖（4幀）	冊	紙	設色	不詳		北京 故宮博物院	
平定苗疆戰圖（16幀）	冊	紙	設色	不詳		北京 故宮博物院	
平定廓爾喀戰圖（8幀）	冊	織	設色	不詳		北京 故宮博物院	
北征督運圖（19幀）	冊	絹	設色	不詳		北京 中國歷史博物館	
梁章鉅政蹟圖（5幀）	冊	絹	設色	不詳		南京 南京博物院	
查慎行蘆塘放鴨第二圖（人物畫）	冊頁	絹	設色	不詳		杭州 浙江省博物館	
得勝圖（銅版畫、10幅裝成）	卷	紙	設色	（每幅）約 52.9 × 90.5		台北 故宮博物院	故畫01752
耄耋重周	卷	絹	設色	不詳		台北 故宮博物院	故畫01754
儀駕圖（6之1）	卷	絹	設色	不詳		台北 故宮博物院	故畫01759
儀駕圖（6之2）	卷	絹	設色	不詳		台北 故宮博物院	故畫01760
儀駕圖（6之3）	卷	絹	設色	不詳		台北 故宮博物院	故畫01761
儀駕圖（6之4）	卷	絹	設色	不詳		台北 故宮博物院	故畫01762
儀駕圖（6之5）	卷	絹	設色	不詳		台北 故宮博物院	故畫01763
儀駕圖（6之6）	卷	絹	設色	不詳		台北 故宮博物院	故畫01764
清明上河圖	卷	絹	設色	不詳		台北 故宮博物院	國贈024595
威弧獲鹿圖	卷	絹	設色	37.6 × 195.5		北京 故宮博物院	
內府博右圖（2卷）	卷	紙	設色	不詳		天津 天津市藝術博物館	
元宵燈市圖	卷	紙	水墨	29.1 × 516.5		上海 上海博物館	
打球圖	卷	絹	設色	28.7 × 153.3		日本 京都國立博物館	
西園雅集圖	卷	絹	設色	27.8 × ?		日本 沖繩縣立博物館	
耕作圖	卷	絹	設色	不詳		日本 江田勇二先生	
琵琶行圖	卷	紙	設色	30.4 × 177.5		法國 巴黎賽紐斯基博物館	M.C.4501B

名稱	形式	質地	色彩	尺寸 高×寬cm	創作時間	收藏處所	典藏號碼
阿羅斯圖	卷	絹	設色	26 × 31.4		瑞典 斯德哥爾摩遠東古物館	
賀蘭國人役牛馬圖	軸	絹	設色	207.8 ×161.3	詩塘書題於康熙六年（丁未，1667）五月初一日	台北 故宮博物院	故畫 03680
士女圖	橫幅	絹	青綠	297.5 × 337		台北 故宮博物院	故畫 03721
人物	軸	絹	設色	124 × 53.5		台北 故宮博物院	故畫 02947
戲嬰圖	軸	絹	設色	144.2 × 79.1		台北 故宮博物院	故畫 02955
貨郎圖（花市戲嬰圖）	軸	絹	設色	183.5 ×116.3		台北 故宮博物院	故畫 03127
五老觀峯	軸	紙	設色	167.7 × 88.5		台北 故宮博物院	故畫 02891
院畫十二月月令圖（12幅）	軸	絹	設色	（每幅）175 × 97		台北 故宮博物院	故畫 03106 ~ 03117
台灣番社圖-渡溪、射魚	軸	紙	設色	122 × 27.5	嘉慶二十五年（1820）十二月	台北 台灣博物館	AH001585-1
台灣番社圖-乘屋、織布	軸	紙	設色	122 × 27.5	嘉慶二十五年（1820）十二月	台北 台灣博物館	AH001585-2
台灣番社圖-禾間、舂米、社師	軸	紙	設色	122 × 27.5	嘉慶二十五年（1820）十二月	台北 台灣博物館	AH001585-3
台灣番社圖-賽戲、揉採、鼻簫	軸	紙	設色	122 × 27.5	嘉慶二十五年（1820）十二月	台北 台灣博物館	AH001585-4
平埔族風俗圖	卷	絹	設色	51.5 × 668		台北 台灣博物館	AH000588
夏景貨郎圖	軸	絹	設色	196 × 104.1		北京 故宮博物院	
宮妃呈畫圖	軸	絹	設色	不詳		北京 中央工藝美術學院	
祝嘏圖	軸	絹	設色	不詳		天津 天津市藝術博物館	
雅集圖	軸	紙	設色	179.1 × 80.3		上海 上海博物館	
嬰戲圖	軸	絹	設色	不詳		上海 上海古籍書店	
校射圖	橫幅	絹	設色	不詳		南京 南京博物院	
牽牛織女圖（2幅）	軸	絹	設色	（每幅）64.7 × 24.7		日本 東京藝術人學美術館	493
美人採蓮圖	軸	絹	設色	142.9 × 49.8		日本 京都國立博物館	A甲 0377
仕女圖	軸	絹	設色	不詳		日本 江田勇二先生	
百子嬰戲圖	軸	絹	設色	不詳		日本 江田勇二先生	
仕女賭牌圖	軸	絹	設色	80.1 × 44.4		日本 阿形邦三先生	
春苑宮女圖	軸	絹	設色	39.5 × 50.9		日本 仙台市博物館	
凌波仙女圖	軸	紙	設色	不詳		美國 哈佛大學福格藝術館	1923.190

名稱	形式	質地	色彩	尺寸 高x寬㎝	創作時間	收藏處所	典藏號碼
宮女吹笛圖	軸	絹	設色	130.5 x 56.4		美國 紐約市布魯克林藝術博物館	
母與子圖	軸	紙	設色	144 x 34.5		美國 紐約市布魯克林藝術博物館	
審判圖	軸	絹	設色	151.5 x 84.8		美國 紐約市布魯克林藝術博物館	
庭園佳節	軸	絹	設色	141 x 99		美國 賓夕法尼亞州大學藝術館	
高士圖	軸	絹	設色	156 x 87		美國 賓夕法尼亞州大學藝術館	
歲慶圖	軸	絹	設色	不詳		美國 堪薩斯市納爾遜-艾金斯藝術博物館	
宮女	軸	絹	設色	167.9 x 96		美國 堪薩斯市納爾遜-艾金斯藝術博物館	
納涼仕女	軸	絹	設色	203.2 x106.6		美國 堪薩斯市納爾遜-艾金斯藝術博物館	
仕女圖	軸	絹	設色	213.4 x111.8		美國 堪薩斯市納爾遜-艾金斯藝術博物館	
仕女像	軸	絹	設色	158.1 x 93.9		美國 堪薩斯市納爾遜-艾金斯藝術博物館	
仕女圖	軸	紙	設色	116.3 x 55.4		美國 勃克萊加州大學藝術館	CC247
仕女圖	軸	絹	設色	不詳		美國 夏威夷火魯奴奴藝術學院	
人物圖（吳超敬題）	軸	紙	設色	62.4 x 90.2		加拿大 多倫多皇家安大略博物館	921.32.104
高士仕女圖（槐蔭博古）	軸	絹	設色	171 x 103.8		英國 倫敦大英博物館	1929.11.9.01（ADD68）
美人圖	軸	絹	設色	109 x 78.5		英國 倫敦大英博物館	1936.10.9.019（ADD98）
采花仙女圖	軸	絹	設色	107.7 x 45.6		英國 倫敦大英博物館	1910.2.12.515（ADD 278）
人物圖	軸	紙	設色	135.1 x 131		英國 倫敦大英博物館	1881.12.10（ADD 106）
人物圖	軸	紙	設色	134.4 x 82		英國 倫敦大英博物館	1881.12.10.74（ADD 290）

名稱	形式	質地	色彩	尺寸 高×寬㎝	創作時間	收藏處所	典藏號碼
雪溪載鶴圖	軸	絹	設色	75.6 × 36.5		英國 倫敦大英博物館	1936.10.9.074（ADD154）
行樂圖	軸	絹	設色	95.7 × 64.2		法國 巴黎賽紐斯基博物館	M.C.9222
仕女圖	軸	絹	設色	127 × 53.1		德國 慕尼黑國立民族學博物館	
仕女奕棋圖	軸	絹	設色	150.8 × 61.9		義大利 羅馬國立東方藝術博物館	6007
高士（清無款花鳥畫冊之4）	冊頁	紙	設色	不詳		台北 故宮博物院	故畫 03441-4
松陰結屋（列朝名繪合冊之6）	冊頁	絹	設色	23.3 × 26		台北 故宮博物院	故畫 03479-6
蓮塘畫舸（集古名繪冊之8）	冊頁	絹	青綠	30.7 × 33.6		台北 故宮博物院	故畫 03479-8
蕃騎圖（列朝名繪合冊之14）	冊頁	絹	設色	32.9 × 27.1		台北 故宮博物院	故畫 03479-14
竹葉話舊（集古名繪冊之11）	冊頁	絹	設色	22.6 × 33.3		台北 故宮博物院	故畫 03480-11
犬口救雀（集古名繪冊之2）	冊頁	紙	設色	29.1 × 32		台北 故宮博物院	故畫 03480-2
松下品茗（集古名繪冊之3）	冊頁	紙	設色	32.3 × 28.1		台北 故宮博物院	故畫 03480-3
放形圖（集古名繪冊之9）	冊頁	紙	設色	38.1 × 29		台北 故宮博物院	故畫 03480-9
展卷圖（山水人物泥金扇面一冊之2）	摺扇面	紙	設色	18.4 × 51.3		台北 故宮博物院	故畫 03561-2
農閒圖（山水人物泥金扇面一冊之8）	摺扇面	紙	設色	18.5 × 53.8		台北 故宮博物院	故畫 03561-8
採芝圖（山水人物泥金扇面一冊之11）	摺扇面	紙	設色	20.7 × 54.2		台北 故宮博物院	故畫 03561-11
漁家樂（山水人物泥金扇面一冊之15）	摺扇面	紙	設色	18.7 × 54		台北 故宮博物院	故畫 03561-15
採芝圖（山水人物泥金扇面一冊之20）	摺扇面	紙	設色	18 × 53.5		台北 故宮博物院	故畫 03561-20
茅亭文會圖（山水人物泥金扇面二冊之1）	紈扇面	紙	設色	20.6 × 57.6		台北 故宮博物院	故畫 03562-1
漁隱圖（山水人物泥金扇面二冊之5）	紈扇面	紙	設色	21.5 × 54.4		台北 故宮博物院	故畫 03562-5
觀潮圖（山水人物泥金扇面二冊之9）	摺扇面	紙	設色	18.5 × 55.2		台北 故宮博物院	故畫 03562-9
書齋清課（山水人物泥金扇面二冊之13）	紈扇面	紙	設色	20 × 57.1		台北 故宮博物院	故畫 03562-13
賞月圖（山水人物泥金扇面二冊之17）	摺扇面	紙	設色	18.5 × 55.2		台北 故宮博物院	故畫 03562-17

名稱	形式	質地	色彩	尺寸 高x寬㎝	創作時間	收藏處所	典藏號碼
松陰高士（山水人物泥金扇面三冊之3）	紈扇面	紙	設色	17.8 x 55		台北 故宮博物院	故畫 03563-3
撫琴圖（山水人物泥金扇面三冊之4）	摺扇面	紙	設色	18.6 x 52.4		台北 故宮博物院	故畫 03563-4
山水人物（山水人物泥金扇面三冊之5）	紈扇面	紙	設色	18.5 x 54.6		台北 故宮博物院	故畫 03563-5
漁村樂事（山水人物泥金扇面三冊之9）	摺扇面	紙	設色	18.8 x 54.3		台北 故宮博物院	故畫 03563-9
松下觀泉（山水人物泥金扇面三冊之11）	摺扇面	紙	設色	18.3 x 50.1		台北 故宮博物院	故畫 03563-11
撫琴圖（山水人物泥金扇面三冊之17）	摺扇面	紙	設色	18.4 x 52.3		台北 故宮博物院	故畫 03563-17
踏雪尋梅（山水人物泥金扇面三冊之18）	摺扇面	紙	設色	18.5 x 54.9		台北 故宮博物院	故畫 03563-18
奕棋圖（山水人物泥金扇面二冊之7）	摺扇面	絹	設色	21.4 x 59.6		台北 故宮博物院	故畫 03562-7
奕棋圖（山水人物泥金扇面三冊之7）	摺扇面	絹	設色	18.4 x 51.1		台北 故宮博物院	故畫 03563-7
太平有象燈（院畫歡洽寰區冊之1）	冊頁	絹	設色	20.6 x 27.4		台北 故宮博物院	故畫 03597-1
竹馬行燈（院畫歡洽寰區冊之2）	冊頁	絹	設色	20.6 x 27.4		台北 故宮博物院	故畫 03597-2
放風箏（院畫歡洽寰區冊之3	冊頁	絹	設色	20.6 x 27.4		台北 故宮博物院	故畫 03597-3
燃爆竹（院畫歡洽寰區冊之4）	冊頁	絹	設色	20.6 x 27.4		台北 故宮博物院	故畫 03597-4
麒麟燈（院畫歡洽寰區冊之5）	冊頁	絹	設色	20.6 x 27.4		台北 故宮博物院	故畫 03597-5
嬰戲（院畫歡洽寰區冊之6）	冊頁	絹	設色	20.6 x 27.4		台北 故宮博物院	故畫 03597-6
蹴球提燈（院畫歡洽寰區冊之7）	冊頁	絹	設色	20.6 x 27.4		台北 故宮博物院	故畫 03597-7
魚鶴雙燈（院畫歡洽寰區冊之8）	冊頁	絹	設色	20.6 x 27.4		台北 故宮博物院	故畫 03597-8
吉祥慶燈（院畫歡洽寰區冊之9）	冊頁	絹	設色	20.6 x 27.4		台北 故宮博物院	故畫 03597-9

名稱	形式	質地	色彩	尺寸 高×寬㎝	創作時間	收藏處所	典藏號碼
蛤蟆圖（院畫歡洽寰區冊之1）	冊頁	絹	設色	20.6 x 27.4		台北 故宮博物院	故畫 03597-10
戲羊燈（院畫歡洽寰區冊之1）	冊頁	絹	設色	20.6 x 27.4		台北 故宮博物院	故畫 03597-11
瑤池春宴（萬年不老冊之1）	冊頁	絹	設色	39.1 x 56.5		台北 故宮博物院	故畫 03598-1
進獻瑞木（萬年不老冊之2）	冊頁	絹	設色	39.1 x 56.5		台北 故宮博物院	故畫 03598-2
蟠桃宴會（萬年不老冊之3）	冊頁	絹	設色	39.1 x 56.5		台北 故宮博物院	故畫 03598-3
焚香告天（萬年不老冊之12）	冊頁	絹	設色	39.1 x 56.5		台北 故宮博物院	故畫 03598-12
布種（御題棉花圖上冊之1）	冊頁	絹	設色	23.2 x 25.6		台北 故宮博物院	故畫 03609-1
灌溉（御題棉花圖上冊之2）	冊頁	絹	設色	23.2 x 25.6		台北 故宮博物院	故畫 03609-2
耘畦（御題棉花圖上冊之3）	冊頁	絹	設色	23.2 x 25.6		台北 故宮博物院	故畫 03609-3
摘尖（御題棉花圖上冊之4）	冊頁	絹	設色	23.2 x 25.6		台北 故宮博物院	故畫 03609-4
採棉（御題棉花圖上冊之5）	冊頁	絹	設色	23.2 x 25.6		台北 故宮博物院	故畫 03609-5
揀曬（御題棉花圖上冊之6）	冊頁	絹	設色	23.2 x 25.6		台北 故宮博物院	故畫 03609-6
收販（御題棉花圖上冊之7）	冊頁	絹	設色	23.2 x 25.6		台北 故宮博物院	故畫 03609-7
軋核（御題棉花圖上冊之8）	冊頁	絹	設色	23.2 x 25.6		台北 故宮博物院	故畫 03609-8
彈花（御題棉花圖下冊之1）	冊頁	絹	設色	23.2 x 25.6		台北 故宮博物院	故畫 03610-1
拘節（御題棉花圖下冊之2）	冊頁	絹	設色	23.2 x 25.6		台北 故宮博物院	故畫 03610-2
紡線（御題棉花圖下冊之3）	冊頁	絹	設色	23.2 x 25.6		台北 故宮博物院	故畫 03610-3
挽經（御題棉花圖下冊之4）	冊頁	絹	設色	23.2 x 25.6		台北 故宮博物院	故畫 03610-4
布漿（御題棉花圖下冊之5）	冊頁	絹	設色	23.2 x 25.6		台北 故宮博物院	故畫 03610-5
上機（御題棉花圖下冊之6）	冊頁	絹	設色	23.2 x 25.6		台北 故宮博物院	故畫 03610-6
織布附打油（御題棉花圖下冊之7）	冊頁	絹	設色	23.2 x 25.6		台北 故宮博物院	故畫 03610-7
練染（御題棉花圖下冊之8）	冊頁	絹	設色	23.2 x 25.6		台北 故宮博物院	故畫 03610-8
躬耕圖（蔡景遠進呈無款畫冊之3）	冊頁	絹	設色	21.1 x 27.2		台北 故宮博物院	故畫 03621-3
稼穡禋祀（蔡景遠進呈無款畫冊之5）	冊頁	絹	設色	21.1 x 27.2		台北 故宮博物院	故畫 03621-5
庭燎美勤政（蔡景遠進呈無款畫冊之6）	冊頁	絹	設色	21.1 x 27.2		台北 故宮博物院	故畫 03621-6
賑恤刑獄（蔡景遠進呈無款畫冊之9）	冊頁	絹	設色	21.1 x 27.2		台北 故宮博物院	故畫 03621-9

名稱	形式	質地	色彩	尺寸 高x寬cm	創作時間	收藏處所	典藏號碼
芦葦肥豕（蔡景遠進呈無款畫冊之10）	冊頁	絹	設色	21.1 x 27.2		台北 故宮博物院	故畫 03621-10
封山濬川（蔡景遠進呈無款畫冊之11）	冊頁	絹	設色	21.1 x 27.2		台北 故宮博物院	故畫 03621-11
底定邊陲（蔡景遠進呈無款畫冊之12）	冊頁	絹	設色	21.1 x 27.2		台北 故宮博物院	故畫 03621-12
知人善任（蔡景遠進呈無款畫冊之13）	冊頁	絹	設色	21.1 x 27.2		台北 故宮博物院	故畫 03621-13
澤及四海（蔡景遠進呈無款畫冊之14）	冊頁	絹	設色	21.1 x 27.2		台北 故宮博物院	故畫 03621-14
仁育萬物（蔡景遠進呈無款畫冊之16）	冊頁	絹	設色	21.1 x 27.2		台北 故宮博物院	故畫 03621-16
耕織圖（46幀，御製耕織圖冊）	冊	絹	設色	不詳		台北 故宮博物院	故畫 03625
浸種（院畫耕織圖冊之1）	冊頁	絹	設色	25.2 x 23.3		台北 故宮博物院	故畫 03626-1
耕（院畫耕織圖冊之2）	冊頁	絹	設色	25.2 x 23.3		台北 故宮博物院	故畫 03626-2
耙耨（院畫耕織圖冊之3）	冊頁	絹	設色	25.2 x 23.3		台北 故宮博物院	故畫 03626-3
秒（院畫耕織圖冊之4）	冊頁	絹	設色	25.2 x 23.3		台北 故宮博物院	故畫 03626-4
碌碡（院畫耕織圖冊之5）	冊頁	絹	設色	25.2 x 23.3		台北 故宮博物院	故畫 03626-5
布秧（院畫耕織圖冊之6）	冊頁	絹	設色	25.2 x 23.3		台北 故宮博物院	故畫 03626-6
初秧（院畫耕織圖冊之7）	冊頁	絹	設色	25.2 x 23.3		台北 故宮博物院	故畫 03626-7
淤蔭（院畫耕織圖冊之8）	冊頁	絹	設色	25.2 x 23.3		台北 故宮博物院	故畫 03626-8
拔秧（院畫耕織圖冊之9）	冊頁	絹	設色	25.2 x 23.3		台北 故宮博物院	故畫 03626-9
插秧（院畫耕織圖冊之10）	冊頁	絹	設色	25.2 x 23.3		台北 故宮博物院	故畫 03626-10
一耘（院畫耕織圖冊之11）	冊頁	絹	設色	25.2 x 23.3		台北 故宮博物院	故畫 03626-11
二耘（院畫耕織圖冊之12）	冊頁	絹	設色	25.2 x 23.3		台北 故宮博物院	故畫 03626-12
三耘（院畫耕織圖冊之13）	冊頁	絹	設色	25.2 x 23.3		台北 故宮博物院	故畫 03626-13
灌溉（院畫耕織圖冊之14）	冊頁	絹	設色	25.2 x 23.3		台北 故宮博物院	故畫 03626-14
收割（院畫耕織圖冊之15）	冊頁	絹	設色	25.2 x 23.3		台北 故宮博物院	故畫 03626-15
登場（院畫耕織圖冊之16）	冊頁	絹	設色	25.2 x 23.3		台北 故宮博物院	故畫 03626-16
持穗（院畫耕織圖冊之17）	冊頁	絹	設色	25.2 x 23.3		台北 故宮博物院	故畫 03626-17
春碓（院畫耕織圖冊之18）	冊頁	絹	設色	25.2 x 23.3		台北 故宮博物院	故畫 03626-18
籭（院畫耕織圖冊之19）	冊頁	絹	設色	25.2 x 23.3		台北 故宮博物院	故畫 03626-19
簸揚（院畫耕織圖冊之20）	冊頁	絹	設色	25.2 x 23.3		台北 故宮博物院	故畫 03626-20
礱（院畫耕織圖冊之21）	冊頁	絹	設色	25.2 x 23.3		台北 故宮博物院	故畫 03626-21

名稱	形式	質地	色彩	尺寸 高x寬cm	創作時間	收藏處所	典藏號碼
入倉（院畫耕織圖冊之22）	冊頁	絹	設色	25.2 x 23.3		台北 故宮博物院	故畫 03626-22
祭神（院畫耕織圖冊之23）	冊頁	絹	設色	25.2 x 23.3		台北 故宮博物院	故畫 03626-23
浴蠶（院畫耕織圖冊之24）	冊頁	絹	設色	25.2 x 23.3		台北 故宮博物院	故畫 03626-24
二眠（院畫耕織圖冊之25）	冊頁	絹	設色	25.2 x 23.3		台北 故宮博物院	故畫 03626-25
三眠（院畫耕織圖冊之26）	冊頁	絹	設色	25.2 x 23.3		台北 故宮博物院	故畫 03626-26
大起（院畫耕織圖冊之27）	冊頁	絹	設色	25.2 x 23.3		台北 故宮博物院	故畫 03626-27
捉績（院畫耕織圖冊之28）	冊頁	絹	設色	25.2 x 23.3		台北 故宮博物院	故畫 03626-28
分箔（院畫耕織圖冊之29）	冊頁	絹	設色	25.2 x 23.3		台北 故宮博物院	故畫 03626-29
採桑（院畫耕織圖冊之30）	冊頁	絹	設色	25.2 x 23.3		台北 故宮博物院	故畫 03626-30
上簇（院畫耕織圖冊之31）	冊頁	絹	設色	25.2 x 23.3		台北 故宮博物院	故畫 03626-31
炙箔（院畫耕織圖冊之32）	冊頁	絹	設色	25.2 x 23.3		台北 故宮博物院	故畫 03626-32
下簇（院畫耕織圖冊之33）	冊頁	絹	設色	25.2 x 23.3		台北 故宮博物院	故畫 03626-33
擇繭（院畫耕織圖冊之34）	冊頁	絹	設色	25.2 x 23.3		台北 故宮博物院	故畫 03626-34
窖繭（院畫耕織圖冊之35）	冊頁	絹	設色	25.2 x 23.3		台北 故宮博物院	故畫 03626-35
練絲（院畫耕織圖冊之36）	冊頁	絹	設色	25.2 x 23.3		台北 故宮博物院	故畫 03626-36
蠶蛾（院畫耕織圖冊之37）	冊頁	絹	設色	25.2 x 23.3		台北 故宮博物院	故畫 03626-37
祀謝（院畫耕織圖冊之38）	冊頁	絹	設色	25.2 x 23.3		台北 故宮博物院	故畫 03626-38
緯（院畫耕織圖冊之39）	冊頁	絹	設色	25.2 x 23.3		台北 故宮博物院	故畫 03626-39
織（院畫耕織圖冊之40）	冊頁	絹	設色	25.2 x 23.3		台北 故宮博物院	故畫 03626-40
絡絲（院畫耕織圖冊之41）	冊頁	絹	設色	25.2 x 23.3		台北 故宮博物院	故畫 03626-41
經（院畫耕織圖冊之42）	冊頁	絹	設色	25.2 x 23.3		台北 故宮博物院	故畫 03626-42
染色（院畫耕織圖冊之43）	冊頁	絹	設色	25.2 x 23.3		台北 故宮博物院	故畫 03626-43
攀華（院畫耕織圖冊之44）	冊頁	絹	設色	25.2 x 23.3		台北 故宮博物院	故畫 03626-44
剪帛（院畫耕織圖冊之45）	冊頁	絹	設色	25.2 x 23.3		台北 故宮博物院	故畫 03626-45
成衣（院畫耕織圖冊之46）	冊頁	絹	設色	25.2 x 23.3		台北 故宮博物院	故畫 03626-46
白象花燈（昇平樂事圖冊之1）	冊頁	絹	設色	18.8 x 24.3		台北 故宮博物院	故畫 03628-1
放風箏（昇平樂事圖冊之2）	冊頁	絹	設色	18.8 x 24.3		台北 故宮博物院	故畫 03628-2
蹴球（昇平樂事圖冊之3）	冊頁	絹	設色	18.8 x 24.3		台北 故宮博物院	故畫 03628-3
燃爆竹（昇平樂事圖冊之4）	冊頁	絹	設色	18.8 x 24.3		台北 故宮博物院	故畫 03628-4
踢毽子（昇平樂事圖冊之5）	冊頁	絹	設色	18.8 x 24.3		台北 故宮博物院	故畫 03628-5
掛燈籠（昇平樂事圖冊之6）	冊頁	絹	設色	18.8 x 24.3		台北 故宮博物院	故畫 03628-6
玩傀儡（昇平樂事圖冊之7）	冊頁	絹	設色	18.8 x 24.3		台北 故宮博物院	故畫 03628-7
扮戲（昇平樂事圖冊之8）	冊頁	絹	設色	18.8 x 24.3		台北 故宮博物院	故畫 03628-8
花燈鶴燈（昇平樂事圖冊之	冊頁	絹	設色	18.8 x 24.3		台北 故宮博物院	故畫 03628-9

名稱	形式	質地	色彩	尺寸 高x寬cm	創作時間	收藏處所	典藏號碼
9)							
騎馬燈（昇平樂事圖冊之 10）	冊頁	絹	設色	18.8 x 24.3		台北 故宮博物院	故畫 03628-10
富貴壽考（昇平樂事圖冊之 11）	冊頁	絹	設色	18.8 x 24.3		台北 故宮博物院	故畫 03628-11
庭前賞梅（昇平樂事圖冊之 12）	冊頁	絹	設色	18.8 x 24.3		台北 故宮博物院	故畫 03628-12
達摩易筋八段錦（10 幀）	冊	紙	設色	（每幀）23.8 x 14.5		台北 故宮博物院	故畫 03635
樓閣人物（漆箋畫冊之 1）	冊頁	漆箋	設色	27.6 x 27.5		台北 故宮博物院	故畫 03623-1
南巡圖（20 幀）	冊	絹	設色	不詳		瀋陽 遼寧省博物館	
出使圖（8 幀）	冊	絹	設色	不詳		鎮江 江蘇省鎮江市博物館	
人物圖（清人合綴幅冊之 1）	冊頁	紙	設色	26.4 x 27.6		英國 倫敦大英博物館	1881.12.10.78 （294）
人物圖（清人合綴幅冊之 1）	冊頁	紙	設色	16.5 x 17.6		英國 倫敦大英博物館	1881.12.10.78 （295）
（山水畫）							
越王宮殿圖	卷	絹	設色	不詳		台北 故宮博物院	故畫 01753
瀟湘八景（8 幀合卷）	卷	紙	設色	不詳		台北 故宮博物院（蘭千山館寄存）	
桃源仙境圖	卷	紙	設色	不詳		瀋陽 故宮博物院	
南嶽圖	卷	紙	設色	不詳		瀋陽 遼寧省博物館	
雁蕩山圖	卷	紙	設色	不詳		北京 故宮博物院	
長江萬里圖	卷	絹	設色	不詳		北京 故宮博物院	
萬笏朝天圖	卷	瓷青絹	金色	56.3 x1706.7		天津 天津市藝術博物館	
萬年橋圖	卷	絹	設色	不詳		南京 南京博物院	
西湖圖	卷	絹	設色	不詳		寧波 浙江省寧波市文管會	
長江圖	卷	絹	設色	不詳		日本 京都小川廣己先生	
山水圖	卷	絹	設色	35.8 x 282.2		日本 大阪橋本大乙先生	
雪景圖（龔鼎孳觀題）	卷	紙	水墨	不詳	龔題：順治己亥（十六年，1659）三月三日	美國 紐約大都會藝術博物館	
山水圖	卷	絹	設色	23.7 x ?		美國 堪薩斯市納爾遜-艾金斯藝術博物館	35-262

名稱	形式	質地	色彩	尺寸 高×寬cm	創作時間	收藏處所	典藏號碼
山水圖	卷	紙	設色	不詳		美國 西雅圖市藝術館	
山水圖	卷	紙	設色	19.6 × ?		加拿大 多倫多皇家安大略博物館	973.415
池館延涼（高宗御題）	軸	紙	設色	126.8 × 50.4		台北 故宮博物院	故畫 02915
山市朝嵐圖（高宗御題）	軸	紙	設色	162.7 × 50.5		台北 故宮博物院	故畫 02916
漁莊雨霽（高宗御題）	軸	紙	設色	162.5 × 50.5		台北 故宮博物院	故畫 02917
清暉娛景（山水）	軸	紙	設色	89.4 × 56.5		台北 故宮博物院	故畫 02943
溪山書屋	軸	絹	設色	148.6 × 74.5		台北 故宮博物院	故畫 02949
平陽傳燈寺山圖	軸	絹	設色	129.7 × 69.2		台北 故宮博物院	故畫 02952
山水	軸	絹	設色	84.5 × 65.6		台北 故宮博物院	故畫 02954
院本山水樓閣圖	軸	絹	設色	155.8 × 79.6		台北 故宮博物院	故畫 03118
海天旭日圖	軸	紙	設色	不詳		台北 故宮博物院（蘭千山館寄存）	
松石圖	軸	紙	水墨	178.3 × 64.1		香港 利榮森北山堂	
山水圖	軸	絹	設色	不詳		徐州 江蘇省徐州市博物館	
山水圖	軸	絹	設色	不詳		日本 京都慈照寺	
春秋山水圖（對幅）	軸	絹	設色	（每幅）163.1 × 42.2		日本 熊本縣松田文庫	11-99
山水圖	軸	絹	設色	不詳		日本 江田勇二先生	
山水圖	軸	絹	水墨	不詳		日本 江田勇二先生	
山水圖	軸	絹	水墨	不詳		日本 江田勇二先生	
仿黃公望山水圖（原題王翬作）	軸	紙	水墨	172.2 × 89.5		美國 普林斯頓大學藝術館	69-70
關山行旅圖	軸	絹	設色	147.9 × 63.7		美國 華盛頓特區弗瑞爾藝術館	80.145
冬景山水	軸	絹	水墨	192 × 102		美國 賓夕法尼亞州大學藝術館	

名稱	形式	質地	色彩	尺寸 高x寬cm	創作時間	收藏處所	典藏號碼
叢林圖	軸	絹	設色	174 x 78		美國 賓夕法尼亞州大學藝術館	
仿吳鎮山水圖	軸	絹	水墨	174.7 x 50.6		美國 堪薩斯市納爾遜-艾金斯藝術博物館	
仿王蒙山水圖	軸	絹	水墨	173 x 50.5		美國 堪薩斯市納爾遜-艾金斯藝術博物館	
山水圖	軸	絹	設色	61.5 x 52		美國 堪薩斯市納爾遜-艾金斯藝術博物館	59-23
青綠山水	軸	絹	設色	158.4 x100.9		美國 舊金山亞洲藝術館	B67D4
山水圖	軸	絹	水墨	113.2 x 64.3		美國 聖地牙哥藝術博物館	82.88
雪景山水圖	軸	絹	設色	不詳		瑞典 斯德哥爾摩遠東古物館	NMOK 107
高閣遠帆（山水人物泥金扇面（一）冊之1）	摺扇面	泥金紙	設色	17.8 x 54.7		台北 故宮博物院	故畫 03561-1
臨江宮殿（山水人物泥金扇面（一）冊之5）	摺扇面	泥金紙	設色	17.8 x 54.7		台北 故宮博物院	故畫 03561-5
引路渡橋（山水人物泥金扇面（一）冊之6）	摺扇面	泥金紙	設色	17.8 x 54.7		台北 故宮博物院	故畫 03561-6
春日勝景（山水人物泥金扇面（一）冊之7）	摺扇面	泥金紙	設色	17.8 x 54.7		台北 故宮博物院	故畫 03561-7
水靜樹碧（山水人物泥金扇面（一）冊之13）	摺扇面	泥金紙	設色	17.8 x 54.7		台北 故宮博物院	故畫 03561-13
風生波動（山水人物泥金扇面（一）冊之15）	摺扇面	泥金紙	設色	17.8 x 54.7		台北 故宮博物院	故畫 03561-15
雪意山水（山水人物泥金扇面（一）冊之19）	摺扇面	泥金紙	設色	17.8 x 54.7		台北 故宮博物院	故畫 03561-19
重巖巍巍（山水人物泥金簑面（二）冊之4）	摺扇面	泥金箋	設色	不詳		台北 故宮博物院	故畫 03562-4
山水清暉（山水人物泥金簑面（二）冊之19）	摺扇面	泥金箋	設色	不詳		台北 故宮博物院	故畫 03562-19
春江雙舟（山水人物泥金簑面（三）冊之15）	摺扇面	泥金箋	設色	不詳		台北 故宮博物院	故畫 03563-15
枯樹空亭（山水人物泥金簑面（三）冊之18）	摺扇面	泥金箋	水墨	不詳		台北 故宮博物院	故畫 03563-18

名稱	形式	質地	色彩	尺寸 高×寬㎝	創作時間	收藏處所	典藏號碼
山間樓閣（山水人物泥金箋面（三）冊之20）	摺扇面	泥金箋	設色	不詳		台北 故宮博物院	故畫 03563-20
梅花春水（名人書畫合冊之28）	冊頁	紙	設色	18.3 × 58.8		台北 故宮博物院	故畫 03582-28
降雪霏英（院畫四時和氣冊之1）	冊頁	紙	設色	22.6 × 22.3		台北 故宮博物院	故畫 03593-1
百花魁占（院畫四時和氣冊之2）	冊頁	紙	設色	22.6 × 22.3		台北 故宮博物院	故畫 03593-2
玉珮冰姿（院畫四時和氣冊之3）	冊頁	紙	設色	22.6 × 22.3		台北 故宮博物院	故畫 03593-3
曲廊香霧（院畫四時和氣冊之4）	冊頁	紙	設色	22.6 × 22.3		台北 故宮博物院	故畫 03593-4
名雛對舞（院畫四時和氣冊之5）	冊頁	紙	設色	22.6 × 22.3		台北 故宮博物院	故畫 03593-5
疊錦團絨（院畫四時和氣冊之6）	冊頁	紙	設色	22.6 × 22.3		台北 故宮博物院	故畫 03593-6
日麗長春（院畫四時和氣冊之7）	冊頁	紙	設色	22.6 × 22.3		台北 故宮博物院	故畫 03593-7
春駒弄影（院畫四時和氣冊之8）	冊頁	紙	設色	22.6 × 22.3		台北 故宮博物院	故畫 03593-8
出檻臨風（院畫四時和氣冊之9）	冊頁	紙	設色	22.6 × 22.3		台北 故宮博物院	故畫 03593-9
繞籬浥露（院畫四時和氣冊之10）	冊頁	紙	設色	22.6 × 22.3		台北 故宮博物院	故畫 03593-10
秋圃寒香（院畫四時和氣冊之11）	冊頁	紙	設色	22.6 × 22.3		台北 故宮博物院	故畫 03593-11
真意忘言（院畫四時和氣冊之12）	冊頁	紙	設色	22.6 × 22.3		台北 故宮博物院	故畫 03593-12
秋江顧影（院畫四時和氣冊之13）	冊頁	紙	設色	22.6 × 22.3		台北 故宮博物院	故畫 03593-13
澤國搴茅（院畫四時和氣冊之14）	冊頁	紙	設色	22.6 × 22.3		台北 故宮博物院	故畫 03593-14
迎蟾應羯（院畫四時和氣冊之15）	冊頁	紙	設色	22.6 × 22.3		台北 故宮博物院	故畫 03593-15
瑪瑙盛盤（院畫四時和氣冊之16）	冊頁	紙	設色	22.6 × 22.3		台北 故宮博物院	故畫 03593-16

名稱	形式	質地	色彩	尺寸 高×寬cm	創作時間	收藏處所	典藏號碼
之16）							
大田（蔡景清進呈無款畫冊之3）	冊頁	紙	設色	不詳		台北 故宮博物院	故畫 03621-3
南山幽雅（蔡景清進呈無款畫冊之5）	冊頁	紙	設色	不詳		台北 故宮博物院	故畫 03621-5
庭燎（蔡景清進呈無款畫冊之6）	冊頁	紙	設色	不詳		台北 故宮博物院	故畫 03621-6
泂酌（蔡景清進呈無款畫冊之9）	冊頁	紙	設色	不詳		台北 故宮博物院	故畫 03621-9
行葦（蔡景清進呈無款畫冊之10）	冊頁	紙	設色	不詳		台北 故宮博物院	故畫 03621-10
江漢（蔡景清進呈無款畫冊之12）	冊頁	紙	設色	不詳		台北 故宮博物院	故畫 03621-12
瞻彼洛矣（蔡景清進呈無款畫冊之13）	冊頁	紙	設色	不詳		台北 故宮博物院	故畫 03621-13
南山有臺（蔡景清進呈無款畫冊之16）	冊頁	紙	設色	不詳		台北 故宮博物院	故畫 03621-16
亭台水閣（海東測景冊之1）	冊頁	紙	設色	26.6 x 38.6		台北 故宮博物院	故畫 03622-1
古長城（海東測景冊之2）	冊頁	紙	設色	26.6 x 38.6		台北 故宮博物院	故畫 03622-2
春山隱舍（海東測景冊之3）	冊頁	紙	設色	26.6 x 38.6		台北 故宮博物院	故畫 03622-3
小橋流水人家（海東測景冊之4）	冊頁	紙	設色	26.6 x 38.6		台北 故宮博物院	故畫 03622-4
蓬萊閣（海東測景冊之5）	冊頁	紙	設色	26.6 x 38.6		台北 故宮博物院	故畫 03622-5
山嶺村聚（海東測景冊之6）	冊頁	紙	設色	26.6 x 38.6		台北 故宮博物院	故畫 03622-6
飛雲洞（海東測景冊之7）	冊頁	紙	設色	26.6 x 38.6		台北 故宮博物院	故畫 03622-7
白河瀑布（海東測景冊之8）	冊頁	紙	設色	26.6 x 38.6		台北 故宮博物院	故畫 03622-8
灘河穿石（海東測景冊之9）	冊頁	紙	設色	26.6 x 38.6		台北 故宮博物院	故畫 03622-9
運艘野泊（海東測景冊之10）	冊頁	紙	設色	26.6 x 38.6		台北 故宮博物院	故畫 03622-10
孟津渡口（海東測景冊之11）	冊頁	紙	設色	26.6 x 38.6		台北 故宮博物院	故畫 03622-11
崇樓城河（海東測景冊之12）	冊頁	紙	設色	26.6 x 38.6		台北 故宮博物院	故畫 03622-12
雲山樓閣（漆箋畫冊之1）	冊頁	漆箋	設色	不詳		台北 故宮博物院	故畫 03623-1
湖亭泛舟（漆箋畫冊之6）	冊頁	漆箋	設色	不詳		台北 故宮博物院	故畫 03623-6
高閣遠帆（漆箋畫冊之9）	冊頁	漆箋	設色	不詳		台北 故宮博物院	故畫 03623-9
蒼嶺古剎（中嶽圖冊之1）	冊頁	紙	設色	26.9 x 26.8		台北 故宮博物院	故畫 03624-1

名稱	形式	質地	色彩	尺寸 高×寬㎝	創作時間	收藏處所	典藏號碼
積翠峯永泰峯（中嶽圖冊之2）	冊頁	紙	設色	26.9 x 26.8		台北 故宮博物院	故畫 03624-2
黃益峯中嶽峯（中嶽圖冊之3）	冊頁	紙	設色	26.9 x 26.8		台北 故宮博物院	故畫 03624-3
五乳峯少林寺（中嶽圖冊之4）	冊頁	紙	設色	26.9 x 26.8		台北 故宮博物院	故畫 03624-4
九龍潭龍泉寺（中嶽圖冊之5）	冊頁	紙	設色	26.9 x 26.8		台北 故宮博物院	故畫 03624-5
會善寺（中嶽圖冊之6）	冊頁	紙	設色	26.9 x 26.8		台北 故宮博物院	故畫 03624-6
華益峯嵩嶽寺（中嶽圖冊之7）	冊頁	紙	設色	26.9 x 26.8		台北 故宮博物院	故畫 03624-7
蓮花峯少陽河（中嶽圖冊之8）	冊頁	紙	設色	26.9 x 26.8		台北 故宮博物院	故畫 03624-8
玉箸臥龍兩峯法王寺（中嶽圖冊之9）	冊頁	紙	設色	26.9 x 26.8		台北 故宮博物院	故畫 03624-9
轘轅關（中嶽圖冊之10）	冊頁	紙	設色	26.9 x 26.8		台北 故宮博物院	故畫 03624-10
嵩山南面（中嶽圖冊之11）	冊頁	紙	設色	26.9 x 26.8		台北 故宮博物院	故畫 03624-11
嵩山北面（中嶽圖冊之12）	冊頁	紙	設色	26.9 x 26.8		台北 故宮博物院	故畫 03624-12
天開壽域（院畫天開壽域南極圖冊之1）	冊頁	絹	設色	49 x 41.6		台北 故宮博物院	故畫 03627-1
靈寶上清（院畫天開壽域南極圖冊之2）	冊頁	絹	設色	49 x 41.6		台北 故宮博物院	故畫 03627-2
金闕玉清（院畫天開壽域南極圖冊之3）	冊頁	絹	設色	49 x 41.6		台北 故宮博物院	故畫 03627-3
道德泰清（院畫天開壽域南極圖冊之4）	冊頁	絹	設色	49 x 41.6		台北 故宮博物院	故畫 03627-4
紫微天宮（院畫天開壽域南極圖冊之5）	冊頁	絹	設色	49 x 41.6		台北 故宮博物院	故畫 03627-5
南山永壽（院畫天開壽域南極圖冊之6）	冊頁	絹	設色	49 x 41.6		台北 故宮博物院	故畫 03627-6
西池曲宴（院畫天開壽域南極圖冊之7）	冊頁	絹	設色	49 x 41.6		台北 故宮博物院	故畫 03627-7
蓬島七正（院畫天開壽域南極圖冊之8）	冊頁	絹	設色	49 x 41.6		台北 故宮博物院	故畫 03627-8
高岡九曜（院畫天開壽域南	冊頁	絹	設色	49 x 41.6		台北 故宮博物院	故畫 03627-9

名稱	形式	質地	色彩	尺寸 高×寬cm	創作時間	收藏處所	典藏號碼
極圖冊之9）							
八仙齊慶（院畫天開壽域南 極圖冊之10）	冊頁	絹	設色	49 × 41.6		台北 故宮博物院	故畫 03627-10
天后安瀾（院畫天開壽域南 極圖冊之11）	冊頁	絹	設色	49 × 41.6		台北 故宮博物院	故畫 03627-11
五嶽聯鑣（院畫天開壽域南 極圖冊之12）	冊頁	絹	設色	49 × 41.6		台北 故宮博物院	故畫 03627-12
山水圖（12幀，山水畫冊）	冊	絹	水墨	（每幀）29.8 × 53.7		台北 故宮博物院	故畫 03629
山水圖（12幀，擬古山水冊）	冊	紙	設色	不詳		台北 故宮博物院	故畫 03630
山水圖（22幀，無名氏畫山 水冊）	冊	紙	設色	不詳		台北 故宮博物院	故畫 03631
山水（清無款花鳥畫冊之5）	冊頁	紙	設色	不詳		台北 故宮博物院	故畫 03441-5
水閣（清無款花鳥畫冊之11）	冊頁	紙	設色	不詳		台北 故宮博物院	故畫 03441-11
溪山孤亭（漆箋畫冊之6）	冊頁	漆箋	設色	27.6 × 27.5		台北 故宮博物院	故畫 03623-6
江上歸帆（漆箋畫冊之9）	冊頁	漆箋	設色	27.6 × 27.5		台北 故宮博物院	故畫 03623-9
草堂松徑（列朝名繪合冊之 4）	冊頁	絹	設色	25.1 × 26		台北 故宮博物院	故畫 03479-4
依山樓閣（列朝名繪合冊之 9）	冊頁	絹	青綠	37.3 × 30.5		台北 故宮博物院	故畫 03479-9
碧山層閣（集古名繪冊之16）	冊頁	絹	青綠	30.2 × 23.3		台北 故宮博物院	故畫 03480-16
金壁樓閣（集古名繪冊之17）	冊頁	絹	設色	28 × 29.2		台北 故宮博物院	故畫 03480-17
梅花書屋（名人書畫合冊之 28）	冊頁	絹	設色	16 × 47.2		台北 故宮博物院	故畫 03582-28
仿吳歷山水圖	摺扇面	紙	設色	18 × 52.7		香港 劉作籌虛白齋	
仿王原祁山水圖	摺扇面	紙	水墨	17.8 × 52.5		香港 劉作籌虛白齋	
仿古山水圖（24幀）	冊	絹	設色	不詳		天津 天津市藝術博物館	
山水圖（12幀）	冊	紙	設色	不詳		鎮江 江蘇省鎮江市博物館	
奇石圖（怪石圖扇面冊6幀）	冊	紙	設色	（每幀）18.4 × 57.9		日本 東京國立博物館	
夏山雨後圖	冊頁	紙	水墨	28.5 × 32.6		日本 熊本縣松田文庫	
秋山平遠圖	冊頁	紙	設色	28.6 × 32.8		日本 熊本縣松田文庫	
風雨圖	冊頁	紙	設色	28.9 × 32.8		日本 熊本縣松田文庫	
山水圖（弘齋先生祝壽書畫 冊之11）	冊頁	金箋	設色	29.9 × 36.8		日本 私人	

名稱	形式	質地	色彩	尺寸 高x寬cm	創作時間	收藏處所	典藏號碼
山水圖	摺扇面	紙	設色	15.3 x 38.2		韓國 首爾朴周煥先生	
柳汀圖	摺扇面	紙	水墨	16.3 x 39.6		韓國 首爾朴周煥先生	
秋景山水圖	摺扇面	紙	設色	16.9 x 40.4		韓國 首爾朴周煥先生	
山水圖	摺扇面	紙	設色	15.4 x 39.8		韓國 首爾朴周煥先生	
山水圖	紈扇面	絹	設色	25 x 14.4		韓國 首爾朴周煥先生	
山水圖	紈扇面	絹	水墨	24.8 x 24.4		韓國 首爾朴周煥先生	
江水圖	冊頁	絹	設色	27.5 x 24.5		美國 賓夕法尼亞州大學藝術館	
山間高亭	冊頁	絹	設色	36.5 x 33		美國 賓夕法尼亞州大學藝術館	
山水圖	冊頁	紙	設色	25 x 30.8		美國 印地安那波里斯市藝術博物館	81.226
山水圖	紈扇面	絹	設色	22.6 x 21.8		瑞典 斯德哥爾摩遠東古物館	
山水圖	摺扇面	紙	設色	18.9 x 51.5		瑞士 蘇黎士黎得堡博物館（蘇黎士私人寄存）	
山水圖（清人合綴幅之1）	摺扇面	金箋	水墨	18.6 x 52.3		英國 倫敦大英博物館	1881.12.10.78（ADD294）
平沙落雁圖	冊頁	絹	設色	23.8 x 28.7		英國 倫敦大英博物館	1881.12.10.103（ADD201）
江天暮雪圖	冊頁	絹	設色	23.8 x 28.7		英國 倫敦大英博物館	1881.12.10.102（ADD20 0）

（山水人物畫）

名稱	形式	質地	色彩	尺寸 高x寬cm	創作時間	收藏處所	典藏號碼
淨荷納涼圖	卷	絹	設色	不詳		天津 天津市藝術博物館	
梅林春集圖	軸	絹	設色	166 x 96		天津 天津市藝術博物館	
柳溪放棹圖	軸	絹	設色	不詳		日本 東京張允中先生	
山水高士圖	軸	絹	設色	177 x 72		美國 賓夕法尼亞州大學藝術館	
山水人物圖	軸	絹	設色	159.6 x 48.1		美國 勃克萊加州大學藝術館	CC213
山水人物圖	軸	絹	設色	185.9 x 98.9		加拿大 多倫多皇家安大略博物館	921.32.34
雪溪載鶴圖	軸	絹	設色	75.6 x 36.5		英國 倫敦大英博物館	1936.10.9.074(ADD154)
松岩草閣（御府繪林珍賞冊	冊頁	絹	設色	24.8 x 56.7		台北 故宮博物院	故畫 03502-1

名稱	形式	質地	色彩	尺寸 高x寬cm	創作時間	收藏處所	典藏號碼
之1）							
江濱垂釣（御府繪林珍賞冊之2）	冊頁	絹	設色	24.7 x 55.5		台北 故宮博物院	故畫 03502-2
平崖觀瀑（御府繪林珍賞冊之3）	冊頁	絹	設色	24.6 x 54.8		台北 故宮博物院	故畫 03502-3
憑欄望月（御府繪林珍賞冊之4）	冊頁	絹	設色	24.8 x 56.2		台北 故宮博物院	故畫 03502-4
書屋展卷（御府繪林珍賞冊之5）	冊頁	絹	設色	24.6 x 55.3		台北 故宮博物院	故畫 03502-5
策杖眺山（御府繪林珍賞冊之6）	冊頁	絹	設色	24.6 x 56.5		台北 故宮博物院	故畫 03502-6
梅屋高隱（御府繪林珍賞冊之7）	冊頁	絹	設色	24.6 x 56.5		台北 故宮博物院	故畫 03502-7
古松垂柳（御府繪林珍賞冊之8）	冊頁	絹	設色	24.7 x 56.5		台北 故宮博物院	故畫 03502-8
漁家聚樂圖（名人扇面（乙）冊之3）	摺扇面	紙	設色	不詳		台北 故宮博物院	故畫 03548-3
樹蔭誦讀（山水人物泥金扇面（一）冊之2）	摺扇面	泥金紙	設色	17.8 x 54.7		台北 故宮博物院	故畫 03561-2
踏車汲水（山水人物泥金扇面（一）冊之4）	摺扇面	泥金紙	設色	17.8 x 54.7		台北 故宮博物院	故畫 03561-4
村居豐忙（山水人物泥金扇面（一）冊之8）	摺扇面	泥金紙	設色	17.8 x 54.7		台北 故宮博物院	故畫 03561-8
漁樵閒話（山水人物泥金扇面（一）冊之10）	摺扇面	泥金紙	設色	17.8 x 54.7		台北 故宮博物院	故畫 03561-10
採芝青山（山水人物泥金扇面（一）冊之11）	摺扇面	泥金紙	設色	17.8 x 54.7		台北 故宮博物院	故畫 03561-11
驢騎稅關（山水人物泥金扇面（一）冊之12）	摺扇面	泥金紙	設色	17.8 x 54.7		台北 故宮博物院	故畫 03561-12
山居日靜（山水人物泥金扇面（一）冊之14）	摺扇面	泥金紙	設色	17.8 x 54.7		台北 故宮博物院	故畫 03561-14
騎驢過橋（山水人物泥金扇面（一）冊之17）	摺扇面	泥金紙	設色	17.8 x 54.7		台北 故宮博物院	故畫 03561-17
關山行旅（山水人物泥金扇面（一）冊之18）	摺扇面	泥金紙	設色	17.8 x 54.7		台北 故宮博物院	故畫 03561-18

名稱	形式	質地	色彩	尺寸 高×寬㎝	創作時間	收藏處所	典藏號碼
松下採芝（山水人物泥金扇面（一）冊之 20）	摺扇面	泥金紙	設色	17.8 × 54.7		台北 故宮博物院	故畫 03561-20
梧亭雅集（山水人物泥金箋面（二）冊之 1）	摺扇面	泥金箋	設色	不詳		台北 故宮博物院	故畫 03562-1
載鶴訪友（山水人物泥金箋面（二）冊之 2）	摺扇面	泥金箋	設色	不詳		台北 故宮博物院	故畫 03562-2
秋江泛舟（山水人物泥金箋面（二）冊之 5）	摺扇面	泥金箋	設色	不詳		台北 故宮博物院	故畫 03562-5
對奕賞茶（山水人物泥金箋面（二）冊之 7）	摺扇面	泥金箋	設色	不詳		台北 故宮博物院	故畫 03562-7
八仙芝慶（山水人物泥金箋面（二）冊之 8）	摺扇面	泥金箋	設色	不詳		台北 故宮博物院	故畫 03562-8
秋山行旅（山水人物泥金箋面（二）冊之 10）	摺扇面	泥金箋	設色	不詳		台北 故宮博物院	故畫 03562-10
秋亭對語（山水人物泥金箋面（二）冊之 11）	摺扇面	泥金箋	設色	不詳		台北 故宮博物院	故畫 03562-11
柏石評畫（山水人物泥金箋面（二）冊之 13）	摺扇面	泥金箋	設色	不詳		台北 故宮博物院	故畫 03562-13
秋山赴會（山水人物泥金箋面（二）冊之 14）	摺扇面	泥金箋	設色	不詳		台北 故宮博物院	故畫 03562-14
採芝祝嘏（山水人物泥金箋面（二）冊之 15）	摺扇面	泥金箋	設色	不詳		台北 故宮博物院	故畫 03562-15
臨江閒話（山水人物泥金箋面（二）冊之 16）	摺扇面	泥金箋	設色	不詳		台北 故宮博物院	故畫 03562-16
憑欄賞月（山水人物泥金箋面（二）冊之 17）	摺扇面	泥金箋	設色	不詳		台北 故宮博物院	故畫 03562-17
攜子迎客（山水人物泥金箋面（二）冊之 20）	摺扇面	泥金箋	設色	不詳		台北 故宮博物院	故畫 03562-20
捻鬚聽松（山水人物泥金扇面（三）冊之 1）	摺扇面	泥金紙	設色	不詳		台北 故宮博物院	故畫 03563-1
松風入耳（山水人物泥金扇面（三）冊之 3）	摺扇面	泥金紙	設色	不詳		台北 故宮博物院	故畫 03561-3
坐聆琴聲（山水人物泥金扇面（三）冊之 4）	摺扇面	泥金紙	設色	不詳		台北 故宮博物院	故畫 03563-4
策馬渡江（山水人物泥金扇面（三）冊之 5）	摺扇面	泥金紙	設色	不詳		台北 故宮博物院	故畫 03563-5

名稱	形式	質地	色彩	尺寸 高×寬㎝	創作時間	收藏處所	典藏號碼
面（三）冊之 5）							
畫舫遊江（山水人物泥金扇面（三）冊之 6）	摺扇面	泥金紙	設色	不詳		台北 故宮博物院	故畫 03563-6
松蔭對奕（山水人物泥金扇面（三）冊之 7）	摺扇面	泥金紙	設色	不詳		台北 故宮博物院	故畫 03563-7
漁樂圖（山水人物泥金扇面（三）冊之 9）	摺扇面	泥金紙	設色	不詳		台北 故宮博物院	故畫 03563-9
松下賞瀑（山水人物泥金扇面（三）冊之 11）	摺扇面	泥金紙	設色	不詳		台北 故宮博物院	故畫 03563-11
攜童汲泉（山水人物泥金扇面（三）冊之 12）	摺扇面	泥金紙	設色	不詳		台北 故宮博物院	故畫 03563-12
掛帆遠揚（山水人物泥金扇面（三）冊之 13）	摺扇面	泥金紙	設色	不詳		台北 故宮博物院	故畫 03563-13
高閣看雲（山水人物泥金扇面（三）冊之 14）	摺扇面	泥金紙	設色	不詳		台北 故宮博物院	故畫 03563-14
松亭對話（山水人物泥金扇面（三）冊之 16）	摺扇面	泥金紙	設色	不詳		台北 故宮博物院	故畫 03563-16
停琴聽阮（山水人物泥金扇面（三）冊之 17）	摺扇面	泥金紙	設色	不詳		台北 故宮博物院	故畫 03563-17
雪山雙騎（山水人物泥金扇面（三）冊之 19）	摺扇面	泥金紙	設色	不詳		台北 故宮博物院	故畫 03563-19
漁樵耕讀（12 幀，漁樵耕讀畫冊一）	冊	紙	設色	不詳		台北 故宮博物院	故畫 03606
漁樵耕讀（12 幀，漁樵耕讀畫冊二）	冊	紙	設色	不詳		台北 故宮博物院	故畫 03607
登山訪幽（無名氏畫山水冊之 1）	冊頁	紙	設色	29 × 29.1		台北 故宮博物院	故畫 03631-1
竹亭對奕（無名氏畫山水冊之 2）	冊頁	紙	設色	29 × 29.1		台北 故宮博物院	故畫 03631-2
江溪獨釣（無名氏畫山水冊之 3）	冊頁	紙	設色	29 × 29.1		台北 故宮博物院	故畫 03631-3
漁隱圖（無名氏畫山水冊之 4）	冊頁	紙	設色	29 × 29.1		台北 故宮博物院	故畫 03631-4
桐屋高士（無名氏畫山水冊之 5）	冊頁	紙	設色	29 × 29.1		台北 故宮博物院	故畫 03631-5

名稱	形式	質地	色彩	尺寸 高x寬cm	創作時間	收藏處所	典藏號碼
松陰話舊（無名氏畫山水冊之6）	冊頁	紙	設色	29 x 29.1		台北 故宮博物院	故畫 03631-6
風雨歸舟（無名氏畫山水冊之7）	冊頁	紙	設色	29 x 29.1		台北 故宮博物院	故畫 03631-7
山徑歸樵（無名氏畫山水冊之8）	冊頁	紙	設色	29 x 29.1		台北 故宮博物院	故畫 03631-8
山徑問道（無名氏畫山水冊之9）	冊頁	紙	設色	29 x 29.1		台北 故宮博物院	故畫 03631-9
山嶺雨霽（無名氏畫山水冊之10）	冊頁	紙	設色	29 x 29.1		台北 故宮博物院	故畫 03631-10
疏林亭子（無名氏畫山水冊之11）	冊頁	紙	設色	29 x 29.1		台北 故宮博物院	故畫 03631-11
春山尋幽（無名氏畫山水冊之12）	冊頁	紙	設色	29 x 29.1		台北 故宮博物院	故畫 03631-12
山陝村聚（無名氏畫山水冊之13）	冊頁	紙	設色	29 x 29.1		台北 故宮博物院	故畫 03631-13
茅屋讀書（無名氏畫山水冊之4）	冊頁	紙	設色	29 x 29.1		台北 故宮博物院	故畫 03631-14
山屋讀書（無名氏畫山水冊之5）	冊頁	紙	設色	29 x 29.1		台北 故宮博物院	故畫 03631-15
問道圖（無名氏畫山水冊之17）	冊頁	紙	設色	29 x 29.1		台北 故宮博物院	故畫 03631-17
呦鹿（無名氏畫山水冊之18）	冊頁	紙	設色	29 x 29.1		台北 故宮博物院	故畫 03631-18
坐石觀雲（無名氏畫山水冊之19）	冊頁	紙	設色	29 x 29.1		台北 故宮博物院	故畫 03631-19
歸樵圖（無名氏畫山水冊之20）	冊頁	紙	設色	29 x 29.1		台北 故宮博物院	故畫 03631-20
松巖高士（無名氏畫山水冊之21）	冊頁	紙	設色	29 x 29.1		台北 故宮博物院	故畫 03631-21
雪中山行（無名氏畫山水冊之22）	冊頁	紙	設色	29 x 29.1		台北 故宮博物院	故畫 03631-22
仿文徵明柳溪泛艇圖	摺扇面	紙	設色	17.9 x 52.5		香港 劉作籌虛白齋	
擬徐枋碧梧清夏圖	摺扇面	紙	設色	17.9 x 52.5		香港 劉作籌虛白齋	
春江獨釣圖	冊頁	紙	水墨	29.3 x 32.6		日本 熊本縣松田文庫	
東山碁墅圖	摺扇面	紙	設色	16.9 x 39.9		韓國 首爾朴周煥先生	

名稱	形式	質地	色彩	尺寸 高×寬cm	創作時間	收藏處所	典藏號碼
漁夫圖	摺扇面	紙	設色	15.6 × 38.9		韓國 首爾朴周煥先生	
看雲圖	摺扇面	紙	設色	15.8 × 38.9		韓國 首爾朴周煥先生	
風俗畫	冊頁	紙	設色	24.3 × 21.4		美國 紐約布魯克林藝術博物館	
耕織圖	冊頁	紙	水墨	33.3 × 30		美國 紐約布魯克林藝術博物館	
漁父圖	冊頁	絹	設色	22.1 × 18		美國 紐約布魯克林藝術博物館	
山中行旅圖	冊頁	絹	設色	33.5 × 40.1		美國 賓夕法尼亞州大學藝術館	
山水人物圖	紈扇面	絹	設色	不詳		美國 華盛頓特區弗瑞爾藝術館	
賞菊圖（山水人物冊之3）	冊頁	紙	設色	不詳		美國 紐約Hobart 先生	
仙翁圖（山水人物冊之4）	冊頁	紙	設色	不詳		美國 紐約Hobart 先生	
捕魚圖（山水人物冊之5）	冊頁	絹	設色	不詳		美國 紐約Hobart 先生	
風雨歸人（山水人物冊之6）	冊頁	絹	設色	不詳		美國 紐約Hobart 先生	
坐岸觀帆（山水人物冊之7）	冊頁	絹	設色	不詳		美國 紐約Hobart 先生	
山市行旅（山水人物冊之8）	冊頁	絹	設色	不詳		美國 紐約Hobart 先生	
人物圖（清人合綴帖之3）	冊頁	紙	設色	26.4 × 27.6		美國 倫敦大英博物館	1881.12.10.78-2（ADD294）
人物圖（清人合綴帖之6）	冊頁	紙	設色	26.4 × 27.6		美國 倫敦大英博物館	1881.12.10.78-5（ADD294）
（走獸畫）							
天閑馴良平安八駿（一）	卷	絹	設色	不詳		台北 故宮博物院	故畫 01755
天閑馴良平安八駿（二）	卷	絹	設色	不詳		台北 故宮博物院	故畫 01756
葵石貓禽圖	軸	絹	設色	不詳		日本 江田勇二先生	
虎圖	軸	絹	設色	不詳		日本 江田勇二先生	
牧牛圖	軸	絹	設色	92.8 × 36.5		美國 密西根大學藝術館	
柳陰歸牧圖	冊頁	紙	設色	29.8 × 22.9		美國 哈佛大學福格藝術館	1923.148a
（鱗介畫）							
魚介草蟲圖	卷	絹	設色	不詳		南京 南京博物院	
朱、黑金魚（無名氏畫魚冊之1）	冊頁	紙	設色	不詳		台北 故宮博物院	故畫 03603-1
朱、黑金魚（無名氏畫魚冊之2）	冊頁	紙	設色	不詳		台北 故宮博物院	故畫 03603-2

名稱	形式	質地	色彩	尺寸 高×寬 cm	創作時間	收藏處所	典藏號碼
朱、黑金魚（無名氏畫魚冊之3）	冊頁	紙	設色	不詳		台北 故宮博物院	故畫 03603-3
青、黃金魚（無名氏畫魚冊之4）	冊頁	紙	設色	不詳		台北 故宮博物院	故畫 03603-4
青、紅金魚（無名氏畫魚冊之5）	冊頁	紙	設色	不詳		台北 故宮博物院	故畫 03603-5
黃、白金魚（無名氏畫魚冊之6）	冊頁	紙	設色	不詳		台北 故宮博物院	故畫 03603-6
朱白、黃黑金魚（無名氏畫魚冊之7）	冊頁	紙	設色	不詳		台北 故宮博物院	故畫 03603-7
粉紅、黑黃、紅金魚（無名氏畫魚冊之8）	冊頁	紙	設色	不詳		台北 故宮博物院	故畫 03603-8
紅、黑黃金魚（無名氏畫魚冊之9）	冊頁	紙	設色	不詳		台北 故宮博物院	故畫 03603-9
青、粉紅金魚（無名氏畫魚冊之10）	冊頁	紙	設色	不詳		台北 故宮博物院	故畫 03603-10
朱墨金魚（無名氏畫魚冊之11）	冊頁	紙	設色	不詳		台北 故宮博物院	故畫 03603-11
朱、黑黃金魚（無名氏畫魚冊之12）	冊頁	紙	設色	不詳		台北 故宮博物院	故畫 03603-12
九如圖（蔡景清進呈無款畫冊之1）	冊頁	紙	設色	不詳		台北 故宮博物院	故畫 03621-1
南有嘉魚圖（蔡景清進呈無款畫冊之7）	冊頁	紙	設色	不詳		台北 故宮博物院	故畫 03621-7
怪魚（16幀，海怪圖記冊）	冊	絹	設色	不詳		台北 故宮博物院	故畫 03632
魚、蟹、蝦、螺、貝等（44幀，海錯圖第四冊）	冊	紙	設色	不詳		台北 故宮博物院	故畫 03633
毛龜圖	冊頁	紙	設色	29.5 × 23		美國 哈佛大學福格藝術館	1923.148d
螃蟹圖（翎毛畫）	冊頁	紙	設色	29.5 × 23		美國 哈佛大學福格藝術館	1923.148b
溪畔來雁圖	卷	紙	設色	24.4 × 164.1		美國 哈佛大學福格藝術館	1923.157(2)
鷺灘圖	軸	紙	水墨	106.7 × 54.8		北京 故宮博物院	
秋汀落雁圖	軸	絹	設色	不詳		南京 南京博物院	

名稱	形式	質地	色彩	尺寸 高x寬cm	創作時間	收藏處所	典藏號碼
花鳥圖（冬卉聚禽）	軸	絹	設色	139.8 x 83.9		日本 東京國立博物館	TA-494
孔雀牡丹圖	軸	絹	設色	不詳		日本 成菩提院	
松鷹圖	軸	絹	設色	104.8 x 76		日本 東京永青文庫	
蘆雁圖	軸	絹	設色	不詳		日本 江田勇二先生	
花鳥圖	軸	紙	設色	不詳		日本 江田勇二先生	
花鳥圖（對幅）	軸	絹	設色	（每幅）120.6 x 35.2		日本 京都貝塚茂樹先生	
花鳥圖（牡丹竹石聚禽）	軸	絹	設色	189.6 x 90.		美國 華盛頓特區弗瑞爾藝術館	
花鳥圖（錦雉花卉）	軸	絹	設色	179 x 96.3		英國 倫敦大英博物館	1944.7.8.02(ADD303)
碧桃嬉雀（山水人物泥金扇面（一）冊之 9）	摺扇面	泥金紙	設色	17.8 x 54.7		台北 故宮博物院	故畫 03561-9
梅茶山鳥（山水人物泥金箑面（二）冊之 3）	摺扇面	泥金箋	設色	不詳		台北 故宮博物院	故畫 03562-3
瑤宮雙鳳（山水人物泥金箑面（二）冊之 9）	摺扇面	泥金箋	設色	不詳		台北 故宮博物院	故畫 03562-9
碧桃山鳥（山水人物泥金箑面（二）冊之 18）	摺扇面	泥金箋	設色	不詳		台北 故宮博物院	故畫 03562-18
鳳（鳥譜（一）冊之 1）	冊頁	紙	設色	不詳		台北 故宮博物院	故畫 03599-1
鸞（鳥譜（一）冊之 2）	冊頁	紙	設色	不詳		台北 故宮博物院	故畫 03599-2
孔雀（鳥譜（一）冊之 3）	冊頁	紙	設色	不詳		台北 故宮博物院	故畫 03599-3
開屏孔雀（鳥譜（一）冊之 4）	冊頁	紙	設色	不詳		台北 故宮博物院	故畫 03599-4
鶴（鳥譜（一）冊之 5）	冊頁	紙	設色	不詳		台北 故宮博物院	故畫 03599-5
灰鶴（鳥譜（一）冊之 6）	冊頁	紙	設色	不詳		台北 故宮博物院	故畫 03599-6
小灰鶴（鳥譜（一）冊之 7）	冊頁	紙	設色	不詳		台北 故宮博物院	故畫 03599-7
藍鷴（鳥譜（一）冊之 8）	冊頁	紙	設色	不詳		台北 故宮博物院	故畫 03599-8
北喜鵲（鳥譜（一）冊之 9）	冊頁	紙	設色	不詳		台北 故宮博物院	故畫 03599-9
喜鵲（鳥譜（一）冊之 10）	冊頁	紙	設色	不詳		台北 故宮博物院	故畫 03599-10
山喜鵲（鳥譜（一）冊之 11）	冊頁	紙	設色	不詳		台北 故宮博物院	故畫 03599-11
白喜鵲（鳥譜（一）冊之 12）	冊頁	紙	設色	不詳		台北 故宮博物院	故畫 03599-12
山鷓（鳥譜（一）冊之 13）	冊頁	紙	設色	不詳		台北 故宮博物院	故畫 03599-13
黑山鷓（鳥譜（一）冊之 14）	冊頁	紙	設色	不詳		台北 故宮博物院	故畫 03599-14

名稱	形式	質地	色彩	尺寸 高×寬㎝	創作時間	收藏處所	典藏號碼
靛花（鳥譜（一）冊之15）	冊頁	紙	設色	不詳		台北 故宮博物院	故畫 03599-15
石青（鳥譜（一）冊之16）	冊頁	紙	設色	不詳		台北 故宮博物院	故畫 03599-16
鸜鵒（鳥譜（一）冊之17）	冊頁	紙	設色	不詳		台北 故宮博物院	故畫 03599-17
沈香色八哥（鳥譜（一）冊之18）	冊頁	紙	設色	不詳		台北 故宮博物院	故畫 03599-18
秋香色八哥（鳥譜（一）冊之19）	冊頁	紙	設色	不詳		台北 故宮博物院	故畫 03599-19
白八哥（鳥譜（一）冊之20）	冊頁	紙	設色	不詳		台北 故宮博物院	故畫 03599-20
花八哥（鳥譜（一）冊之21）	冊頁	紙	設色	不詳		台北 故宮博物院	故畫 03599-21
燕八哥（鳥譜（一）冊之22）	冊頁	紙	設色	不詳		台北 故宮博物院	故畫 03599-22
山八哥（鳥譜（一）冊之23）	冊頁	紙	設色	不詳		台北 故宮博物院	故畫 03599-23
海八哥（鳥譜（一）冊之24）	冊頁	紙	設色	不詳		台北 故宮博物院	故畫 03599-24
番八哥（鳥譜（一）冊之25）	冊頁	紙	設色	不詳		台北 故宮博物院	故畫 03599-25
白哥（鳥譜（一）冊之26）	冊頁	紙	設色	不詳		台北 故宮博物院	故畫 03599-26
瑞紅鳥（鳥譜（一）冊之27）	冊頁	紙	設色	不詳		台北 故宮博物院	故畫 03599-27
灰色洋鴿（鳥譜（一）冊之28）	冊頁	紙	設色	不詳		台北 故宮博物院	故畫 03599-28
鸜鵒（鳥譜（一）冊之29）	冊頁	紙	設色	不詳		台北 故宮博物院	故畫 03599-29
毛腳鴿（鳥譜（一）冊之30）	冊頁	紙	設色	不詳		台北 故宮博物院	故畫 03599-30
西綠鸚哥（鳥譜（二）冊之1）	冊頁	紙	設色	不詳		台北 故宮博物院	故畫 03600-1
南綠鸚哥（鳥譜（二）冊之2）	冊頁	紙	設色	不詳		台北 故宮博物院	故畫 03600-2
黑嘴綠鸚哥（鳥譜（二）冊之3）	冊頁	紙	設色	不詳		台北 故宮博物院	故畫 03600-3
洋綠鸚鵡（鳥譜（二）冊之4	冊頁	紙	設色	不詳		台北 故宮博物院	故畫 03600-4
洋綠鸚哥（鳥譜（二）冊之5	冊頁	紙	設色	不詳		台北 故宮博物院	故畫 03600-5
紅頰綠鸚哥（鳥譜（二）冊之6）	冊頁	紙	設色	不詳		台北 故宮博物院	故畫 03600-6
柳綠鸚哥（鳥譜（二）冊之7）	冊頁	紙	設色	不詳		台北 故宮博物院	故畫 03600-7
牙色裏毛大白鸚鵡（鳥譜（二）冊之8）	冊頁	紙	設色	不詳		台北 故宮博物院	故畫 03600-8

名稱	形式	質地	色彩	尺寸 高×寬㎝	創作時間	收藏處所	典藏號碼
葵黃裏毛大白鸚鵡（鳥譜（二）冊之9）	冊頁	紙	設色	不詳		台北 故宮博物院	故畫03600-9
葵黃頂毛小白鸚鵡（鳥譜（二）冊之10）	冊頁	紙	設色	不詳		台北 故宮博物院	故畫03600-10
牙色頂花小白鸚鵡（鳥譜（二）冊之11）	冊頁	紙	設色	不詳		台北 故宮博物院	故畫03600-11
鳳凰鸚鵡（鳥譜（二）冊之12）	冊頁	紙	設色	不詳		台北 故宮博物院	故畫03600-12
金頭鸚鵡（鳥譜（二）冊之13）	冊頁	紙	設色	不詳		台北 故宮博物院	故畫03600-13
青頭紅鸚哥（鳥譜（二）冊之14）	冊頁	紙	設色	不詳		台北 故宮博物院	故畫03600-14
綠翅紅鸚哥（鳥譜（二）冊之15）	冊頁	紙	設色	不詳		台北 故宮博物院	故畫03600-15
翠尾紅鸚哥（鳥譜（二）冊之16）	冊頁	紙	設色	不詳		台北 故宮博物院	故畫03600-16
蓮青鸚鵡（鳥譜（二）冊之17）	冊頁	紙	設色	不詳		台北 故宮博物院	故畫03600-17
黃鸚哥（鳥譜（二）冊之18）	冊頁	紙	設色	不詳		台北 故宮博物院	故畫03600-18
灰色洋鸚哥（鳥譜（二）冊之19）	冊頁	紙	設色	不詳		台北 故宮博物院	故畫03600-19
黃丁香鳥（鳥譜（二）冊之20）	冊頁	紙	設色	不詳		台北 故宮博物院	故畫03600-20
綠丁香鳥（鳥譜（二）冊之21）	冊頁	紙	設色	不詳		台北 故宮博物院	故畫03600-21
了哥（鳥譜（二）冊之22）	冊頁	紙	設色	不詳		台北 故宮博物院	故畫03600-22
山鸚哥（鳥譜（二）冊之23）	冊頁	紙	設色	不詳		台北 故宮博物院	故畫03600-23
倒掛鳥（鳥譜（二）冊之24）	冊頁	紙	設色	不詳		台北 故宮博物院	故畫03600-24
黑嘴倒掛（鳥譜（二）冊之25）	冊頁	紙	設色	不詳		台北 故宮博物院	故畫03600-25
珊瑚鳥（鳥譜（二）冊之26）	冊頁	紙	設色	不詳		台北 故宮博物院	故畫03600-26
黃山鳥（鳥譜（二）冊之27）	冊頁	紙	設色	不詳		台北 故宮博物院	故畫03600-27
綠山鳥（鳥譜（二）冊之28	冊頁	紙	設色	不詳		台北 故宮博物院	故畫03600-28

名稱	形式	質地	色彩	尺寸 高×寬㎝	創作時間	收藏處所	典藏號碼
）							
松鴉（鳥譜（二）冊之29）	冊頁	紙	設色	不詳		台北 故宮博物院	故畫03600-29
白松鴉（鳥譜（二）冊之30）	冊頁	紙	設色	不詳		台北 故宮博物院	故畫03600-30
金翅（鳥譜（三）冊之1）	冊頁	紙	設色	不詳		台北 故宮博物院	故畫03601-1
柿黃（鳥譜（三）冊之2）	冊頁	紙	設色	不詳		台北 故宮博物院	故畫03601-2
黃道眉（鳥譜（三）冊之3）	冊頁	紙	設色	不詳		台北 故宮博物院	故畫03601-3
淡黃道眉（鳥譜（三）冊之4）	冊頁	紙	設色	不詳		台北 故宮博物院	故畫03601-4
五道眉（鳥譜（三）冊之5）	冊頁	紙	設色	不詳		台北 故宮博物院	故畫03601-5
白道眉（鳥譜（三）冊之6）	冊頁	紙	設色	不詳		台北 故宮博物院	故畫03601-6
畫眉（鳥譜（三）冊之7）	冊頁	紙	設色	不詳		台北 故宮博物院	故畫03601-7
石畫眉（鳥譜（三）冊之8）	冊頁	紙	設色	不詳		台北 故宮博物院	故畫03601-8
山畫眉（鳥譜（三）冊之9）	冊頁	紙	設色	不詳		台北 故宮博物院	故畫03601-9
燕雀（鳥譜（三）冊之10）	冊頁	紙	設色	不詳		台北 故宮博物院	故畫03601-10
白花雀（鳥譜（三）冊之11）	冊頁	紙	設色	不詳		台北 故宮博物院	故畫03601-11
山花雀（鳥譜（三）冊之12）	冊頁	紙	設色	不詳		台北 故宮博物院	故畫03601-12
金雀（鳥譜（三）冊之13）	冊頁	紙	設色	不詳		台北 故宮博物院	故畫03601-13
侶鳳逑（鳥譜（三）冊之14）	冊頁	紙	設色	不詳		台北 故宮博物院	故畫03601-14
南相思鳥（鳥譜（三）冊之15）	冊頁	紙	設色	不詳		台北 故宮博物院	故畫03601-15
粉眼（鳥譜（三）冊之16）	冊頁	紙	設色	不詳		台北 故宮博物院	故畫03601-16
金眼（鳥譜（三）冊之17）	冊頁	紙	設色	不詳		台北 故宮博物院	故畫03601-17
嗝口八觜（鳥譜（三）冊之18）	冊頁	紙	設色	不詳		台北 故宮博物院	故畫03601-18
槐串（鳥譜（三）冊之19）	冊頁	紙	設色	不詳		台北 故宮博物院	故畫03601-19
金鈴（鳥譜（三）冊之20）	冊頁	紙	設色	不詳		台北 故宮博物院	故畫03601-20
白頭金鈴（鳥譜（三）冊之21）	冊頁	紙	設色	不詳		台北 故宮博物院	故畫03601-21
太平雀（鳥譜（三）冊之22）	冊頁	紙	設色	不詳		台北 故宮博物院	故畫03601-22
太平雀（鳥譜（三）冊之23）	冊頁	紙	設色	不詳		台北 故宮博物院	故畫03601-23
珠頂紅（鳥譜（三）冊之24）	冊頁	紙	設色	不詳		台北 故宮博物院	故畫03601-24

名稱	形式	質地	色彩	尺寸 高x寬cm	創作時間	收藏處所	典藏號碼
花紅燕（鳥譜（三）冊之25）	冊頁	紙	設色	不詳		台北 故宮博物院	故畫03601-25
花黃燕（鳥譜（三）冊之26）	冊頁	紙	設色	不詳		台北 故宮博物院	故畫03601-26
山火燕（鳥譜（三）冊之27）	冊頁	紙	設色	不詳		台北 故宮博物院	故畫03601-27
南百舌（鳥譜（三）冊之28）	冊頁	紙	設色	不詳		台北 故宮博物院	故畫03601-28
北百舌（鳥譜（三）冊之29）	冊頁	紙	設色	不詳		台北 故宮博物院	故畫03601-29
雌北百舌（鳥譜（三）冊之30）	冊頁	紙	設色	不詳		台北 故宮博物院	故畫03601-30
藍靛頦（鳥譜（四）冊之1）	冊頁	紙	設色	不詳		台北 故宮博物院	故畫03602-1
黑靛頦（鳥譜（四）冊之2）	冊頁	紙	設色	不詳		台北 故宮博物院	故畫03602-2
紅靛頦（鳥譜（四）冊之3）	冊頁	紙	設色	不詳		台北 故宮博物院	故畫03602-3
白靛頦（鳥譜（四）冊之4）	冊頁	紙	設色	不詳		台北 故宮博物院	故畫03602-4
靠山紅（鳥譜（四）冊之5）	冊頁	紙	設色	不詳		台北 故宮博物院	故畫03602-5
金絲麻鶵（鳥譜（四）冊之6）	冊頁	紙	設色	不詳		台北 故宮博物院	故畫03602-6
黃鸝（鳥譜（四）冊之7）	冊頁	紙	設色	不詳		台北 故宮博物院	故畫03602-7
鶯雛（鳥譜（四）冊之8）	冊頁	紙	設色	不詳		台北 故宮博物院	故畫03602-8
蛇頭鳥（鳥譜（四）冊之9）	冊頁	紙	設色	不詳		台北 故宮博物院	故畫03602-9
白頭翁（鳥譜（四）冊之10）	冊頁	紙	設色	不詳		台北 故宮博物院	故畫03602-10
白頭郎（鳥譜（四）冊之11）	冊頁	紙	設色	不詳		台北 故宮博物院	故畫03602-11
雙喜（鳥譜（四）冊之12）	冊頁	紙	設色	不詳		台北 故宮博物院	故畫03602-12
吉祥鳥（鳥譜（四）冊之13）	冊頁	紙	設色	不詳		台北 故宮博物院	故畫03602-13
五更鳴（鳥譜（四）冊之14）	冊頁	紙	設色	不詳		台北 故宮博物院	故畫03602-14
西寧白（鳥譜（四）冊之15）	冊頁	紙	設色	不詳		台北 故宮博物院	故畫03602-15
偷倉（鳥譜（四）冊之16）	冊頁	紙	設色	不詳		台北 故宮博物院	故畫03602-16
長春花鳥（鳥譜（四）冊之17）	冊頁	紙	設色	不詳		台北 故宮博物院	故畫03602-17
嘉雀（鳥譜（四）冊之18）	冊頁	紙	設色	不詳		台北 故宮博物院	故畫03602-18
白嘉雀（鳥譜（四）冊之19）	冊頁	紙	設色	不詳		台北 故宮博物院	故畫03602-19
花嘉雀（鳥譜（四）冊之20）	冊頁	紙	設色	不詳		台北 故宮博物院	故畫03602-20
黃雀（鳥譜（四）冊之21）	冊頁	紙	設色	不詳		台北 故宮博物院	故畫03602-21
山雀（鳥譜（四）冊之22）	冊頁	紙	設色	不詳		台北 故宮博物院	故畫03602-22
鵪鶉（鳥譜（四）冊之23）	冊頁	紙	設色	不詳		台北 故宮博物院	故畫03602-23
北牛鵪（鳥譜（四）冊之24）	冊頁	紙	設色	不詳		台北 故宮博物院	故畫03602-24
南牛鵪（鳥譜（四）冊之25）	冊頁	紙	設色	不詳		台北 故宮博物院	故畫03602-25
白翎（鳥譜（四）冊之26）	冊頁	紙	設色	不詳		台北 故宮博物院	故畫03602-26

名稱	形式	質地	色彩	尺寸 高x寬㎝	創作時間	收藏處所	典藏號碼
阿蘭（鳥譜（四）冊之 27）	冊頁	紙	設色	不詳		台北 故宮博物院	故畫 03602-27
米色阿蘭（鳥譜（四）冊之 28）	冊頁	紙	設色	不詳		台北 故宮博物院	故畫 03602-28
鳳頭阿蘭（鳥譜（四）冊之 29）	冊頁	紙	設色	不詳		台北 故宮博物院	故畫 03602-29
鳳頭花阿蘭（鳥譜（四）冊之 30）	冊頁	紙	設色	不詳		台北 故宮博物院	故畫 03602-30
高崗梧鳳（蔡景清進呈無款畫冊之 8）	冊頁	紙	設色	不詳		台北 故宮博物院	故畫 03621-8
鴛鴦圖（蔡景清進呈無款畫冊之 15）	冊頁	紙	設色	不詳		台北 故宮博物院	故畫 03621-15
花鳥圖（漆箋畫冊之 2）	冊頁	漆箋	設色	不詳		台北 故宮博物院	故畫 03623-2
梅竹鳴鳥（漆箋畫冊之 5）	冊頁	漆箋	設色	不詳		台北 故宮博物院	故畫 03623-5
花間雙鳥（漆箋畫冊之 8）	冊頁	漆箋	設色	不詳		台北 故宮博物院	故畫 03623-8
梅花聚禽（漆箋畫冊之 11）	冊頁	漆箋	設色	不詳		台北 故宮博物院	故畫 03623-11
小鳥捕蟲（漆箋畫冊之 13）	冊頁	漆箋	設色	不詳		台北 故宮博物院	故畫 03623-13
雜畫（12 幀）	冊	絹	設色	（每幀）16.3 x 12.5		日本 山口良夫先生	
竹雀圖（草蟲畫）	冊頁	紙	設色	22.9 x 29.5		美國 哈佛大學福格藝術館	1923.148c
花蝶圖（名人扇面（乙）冊之 1）	摺扇面	紙	設色	不詳		台北 故宮博物院	故畫 03548-1
薔薇蜂蝶（山水人物泥金扇面（一）冊之 3）	摺扇面	泥金紙	設色	17.8 x 54.7		台北 故宮博物院	故畫 03561-3
野芳草蟲（山水人物泥金箋面（二）冊之 12）	摺扇面	泥金箋	設色	不詳		台北 故宮博物院	故畫 03562-12
蜂蝶蘭菊（山水人物泥金箋面（三）冊之 10）	摺扇面	泥金箋	設色	不詳		台北 故宮博物院	故畫 03563-10
畫唐李建勳詠蝴蝶（瓞綿繁衍冊之 1）	冊頁	紙	設色	不詳		台北 故宮博物院	故畫 03596-1
畫唐徐□詠蛺蝶（瓞綿繁衍冊之 2）	冊頁	紙	設色	不詳		台北 故宮博物院	故畫 03596-2
畫唐徐昭慶詠粉蝶（瓞綿繁衍冊之 3）	冊頁	紙	設色	不詳		台北 故宮博物院	故畫 03596-3

名稱	形式	質地	色彩	尺寸 高x寬㎝	創作時間	收藏處所	典藏號碼
畫宋林逋詠戲蝶（歘綿繁衍冊之4）	冊頁	紙	設色	不詳		台北 故宮博物院	故畫03596-4
畫元貢師泰詠新蝶（歘綿繁衍冊之5）	冊頁	紙	設色	不詳		台北 故宮博物院	故畫03596-5
畫元陳樵詠遊蝶（歘綿繁衍冊之6）	冊頁	紙	設色	不詳		台北 故宮博物院	故畫03596-6
蝴蝶（24幀，花甲圖冊）	冊	絹	設色	不詳		台北 故宮博物院	故畫03620
繡球花蝶（漆箋畫冊之3）	冊頁	漆箋	設色	不詳		台北 故宮博物院	故畫03623-3
菊花蜨蝶（漆箋畫冊之4）	冊頁	漆箋	設色	不詳		台北 故宮博物院	故畫03623-4
花蝶（漆箋畫冊7）	冊頁	漆箋	設色	不詳		台北 故宮博物院	故畫03623-7
花卉草蟲（漆箋畫冊之12）（植卉畫）	冊頁	漆箋	設色	不詳		台北 故宮博物院	故畫03623-12
無名氏畫花卉（一）	卷	絹	設色	不詳		台北 故宮博物院	故畫01757
無名氏畫花卉（二）	卷	絹	設色	不詳		台北 故宮博物院	故畫01758
歲朝圖	橫幅	絹	設色	不詳		北京 中央美術學院	
玉堂富貴圖	軸	絹	設色	不詳		上海 上海博物館	
叢菊圖	軸	絹	設色	186.8 x 98.3		日本 田原武重先生	
臨吳鎮風竹圖	軸	紙	水墨	不詳		美國 波士頓美術館	
荷花圖(梅峰題)	軸	絹	設色	75.1 x 48.2		德國 慕尼黑 Mrs Lilly Pre -etorius	
柏樹蘭蕙（清花卉畫冊冊之）	冊頁	紙	設色	不詳		台北 故宮博物院	故畫03517-3
桃花繡球（清花卉畫冊四冊之3）	冊頁	紙	設色	不詳		台北 故宮博物院	故畫03520-3
秋花（清花卉畫冊四冊之5）	冊頁	紙	設色	不詳		台北 故宮博物院	故畫03520-5
蘭花（清花卉畫冊四冊之9）	冊頁	紙	設色	不詳		台北 故宮博物院	故畫03520-9
翠竹磐石圖（名人便面畫冊之6）	摺扇面	紙	水墨	不詳		台北 故宮博物院	故畫03558-6
紅紫牡丹（山水人物泥金箋面（二）冊之6）	摺扇面	泥金箋	設色	不詳		台北 故宮博物院	故畫03562-6
海棠菊花（歡聯慶節冊之2）	冊頁	絹	設色	17 x 20.7		台北 故宮博物院	故畫03592-2
蟠桃萱花（歡聯慶節冊之4）	冊頁	絹	設色	17 x 20.7		台北 故宮博物院	故畫03592-4
薔薇老來紅（歡聯慶節冊之8）	冊頁	絹	設色	17 x 20.7		台北 故宮博物院	故畫03592-8

名稱	形式	質地	色彩	尺寸 高×寬㎝	創作時間	收藏處所	典藏號碼
清供圖（院畫歡洽寰區冊之12）	冊頁	絹	設色	20.6 × 27.4		台北 故宮博物院	故畫 03597-12
牡丹（無名氏畫花鳥冊之1）	冊頁	絹	設色	不詳		台北 故宮博物院	故畫 03604-1
蘭花（無名氏畫花鳥冊之2）	冊頁	絹	設色	不詳		台北 故宮博物院	故畫 03604-2
菊花（無名氏畫花鳥冊之3）	冊頁	絹	設色	不詳		台北 故宮博物院	故畫 03604-3
蘆葦（無名氏畫花鳥冊之4）	冊頁	絹	設色	不詳		台北 故宮博物院	故畫 03604-4
柏樹（無名氏畫花鳥冊之5）	冊頁	絹	設色	不詳		台北 故宮博物院	故畫 03604-5
紫藤（無名氏畫花鳥冊之6）	冊頁	絹	設色	不詳		台北 故宮博物院	故畫 03604-6
蘭花（無名氏畫花鳥冊之7）	冊頁	絹	設色	不詳		台北 故宮博物院	故畫 03604-7
荷花（無名氏畫花鳥冊之8）	冊頁	絹	設色	不詳		台北 故宮博物院	故畫 03604-8
菊、樹（無名氏畫花鳥冊之9）	冊頁	絹	設色	不詳		台北 故宮博物院	故畫 03604-9
蘭、竹（無名氏畫花鳥冊之10）	冊頁	絹	設色	不詳		台北 故宮博物院	故畫 03604-10
白梅（無名氏畫花鳥冊之11）	冊頁	絹	設色	不詳		台北 故宮博物院	故畫 03604-11
竹子（無名氏畫花鳥冊之12）	冊頁	絹	設色	不詳		台北 故宮博物院	故畫 03604-12
桃、柳（無名氏畫花鳥冊之13）	冊頁	絹	設色	不詳		台北 故宮博物院	故畫 03604-13
夾竹桃（無名氏畫花鳥冊之14）	冊頁	絹	設色	不詳		台北 故宮博物院	故畫 03604-14
墨梅（無名氏畫花鳥冊之15）	冊頁	絹	設色	不詳		台北 故宮博物院	故畫 03604-15
蘭花（16幀，無名氏畫蘭花冊）	冊	絹	設色	不詳		台北 故宮博物院	故畫 03608
瓞衍瓜蕃圖（蔡景清進呈無款畫冊之1）	冊頁	紙	設色	不詳		台北 故宮博物院	故畫 03621-2
多黍多稌圖（蔡景清進呈無款畫冊之4）	冊頁	紙	設色	不詳		台北 故宮博物院	故畫 03621-4
蓼蕭圖（蔡景清進呈無款畫冊之14）	冊頁	紙	設色	不詳		台北 故宮博物院	故畫 03621-14
茄子（漆箋畫冊之14）（雜畫）	冊頁	漆箋	設色	不詳		台北 故宮博物院	故畫 03623-14
蟠桃獻壽（萬壽無疆上冊之1）	冊頁	絹	設色	39 × 34.8		台北 故宮博物院	故畫 03588-1
壽曜薇垣（萬壽無疆上冊之2）	冊頁	絹	設色	39 × 34.8		台北 故宮博物院	故畫 03588-2

名稱	形式	質地	色彩	尺寸 高×寬㎝	創作時間	收藏處所	典藏號碼
壽儀金鳳（萬壽無疆上冊之3）	冊頁	絹	設色	39 × 34.8		台北 故宮博物院	故畫 03588-3
壽日凌霄（萬壽無疆上冊之4）	冊頁	絹	設色	39 × 34.8		台北 故宮博物院	故畫 03588-4
壽瑑三多（萬壽無疆上冊之5）	冊頁	絹	設色	39 × 34.8		台北 故宮博物院	故畫 03588-5
福壽齊天（萬壽無疆上冊之6）	冊頁	絹	設色	39 × 34.8		台北 故宮博物院	故畫 03588-6
壽錦萬稯（萬壽無疆上冊之7）	冊頁	絹	設色	39 × 34.8		台北 故宮博物院	故畫 03588-7
合歡上壽（萬壽無疆上冊之8）	冊頁	絹	設色	39 × 34.8		台北 故宮博物院	故畫 03588-8
壽蒂長生（萬壽無疆上冊之9）	冊頁	絹	設色	39 × 34.8		台北 故宮博物院	故畫 03588-9
調羹稱壽（萬壽無疆上冊之10）	冊頁	絹	設色	39 × 34.8		台北 故宮博物院	故畫 03588-10
壽永竹苞（萬壽無疆上冊之11）	冊頁	絹	設色	39 × 34.8		台北 故宮博物院	故畫 03588-11
喬松並壽（萬壽無疆上冊之12）	冊頁	絹	設色	39 × 34.8		台北 故宮博物院	故畫 03588-12
壽圓富貴（萬壽無疆下冊之1）	冊頁	絹	設色	38.8 × 34.7		台北 故宮博物院	故畫 03589-1
蓮開壽域（萬壽無疆下冊之2）	冊頁	絹	設色	38.8 × 34.7		台北 故宮博物院	故畫 03589-2
菊呈萬壽（萬壽無疆下冊之3）	冊頁	絹	設色	38.8 × 34.7		台北 故宮博物院	故畫 03589-3
天祝萬壽（萬壽無疆下冊之4）	冊頁	絹	設色	38.8 × 34.7		台北 故宮博物院	故畫 03589-4
壽珠寶相（萬壽無疆下冊之5）	冊頁	絹	設色	38.8 × 34.7		台北 故宮博物院	故畫 03589-5
壽長金芝（萬壽無疆下冊之6）	冊頁	絹	設色	38.8 × 34.7		台北 故宮博物院	故畫 03589-6
壽徵海宴（萬壽無疆下冊之7）	冊頁	絹	設色	38.8 × 34.7		台北 故宮博物院	故畫 03589-7
佛壽仙緣（萬壽無疆下冊之	冊頁	絹	設色	38.8 × 34.7		台北 故宮博物院	故畫 03589-8

名稱	形式	質地	色彩	尺寸 高x寬㎝	創作時間	收藏處所	典藏號碼
大壽還丹（萬壽無疆下冊之9）	冊頁	絹	設色	38.8 x 34.7		台北 故宮博物院	故畫 03589-9
壽世長春（萬壽無疆下冊之10）	冊頁	絹	設色	38.8 x 34.7		台北 故宮博物院	故畫 03589-10
群仙拱壽（萬壽無疆下冊之11）	冊頁	絹	設色	38.8 x 34.7		台北 故宮博物院	故畫 03589-11
椿壽萬本（萬壽無疆下冊之12）	冊頁	絹	設色	38.8 x 34.7		台北 故宮博物院	故畫 03589-12
燈輝綺節（四時歡慶冊之1）	冊頁	絹	設色	18.3 x 22.7		台北 故宮博物院	故畫 03590-1
春盤花朝（四時歡慶冊之2）	冊頁	絹	設色	18.3 x 22.7		台北 故宮博物院	故畫 03590-2
觴流曲水（四時歡慶冊之3）	冊頁	絹	設色	18.3 x 22.7		台北 故宮博物院	故畫 03590-3
華獻伏曇（四時歡慶冊之4）	冊頁	絹	設色	18.3 x 22.7		台北 故宮博物院	故畫 03590-4
榴明曉日（四時歡慶冊之5）	冊頁	絹	設色	18.3 x 22.7		台北 故宮博物院	故畫 03590-5
荷引薰風（四時歡慶冊之6）	冊頁	絹	設色	18.3 x 22.7		台北 故宮博物院	故畫 03590-6
鍼樓乞巧（四時歡慶冊之7）	冊頁	絹	設色	18.3 x 22.7		台北 故宮博物院	故畫 03590-7
月殿飛香（四時歡慶冊之8）	冊頁	絹	設色	18.3 x 22.7		台北 故宮博物院	故畫 03590-8
高台試馬（四時歡慶冊之9）	冊頁	絹	設色	18.3 x 22.7		台北 故宮博物院	故畫 03590-9
雪岸探梅（四時歡慶冊之10）	冊頁	絹	設色	18.3 x 22.7		台北 故宮博物院	故畫 03590-10
珠簾添線（四時歡慶冊之11）	冊頁	絹	設色	18.3 x 22.7		台北 故宮博物院	故畫 03590-11
士鼓吹圝（四時歡慶冊之12）	冊頁	絹	設色	18.3 x 22.7		台北 故宮博物院	故畫 03590-12
八仙慶壽（福壽齊天冊之1）	冊頁	絹	設色	39.2 x 57.8		台北 故宮博物院	故畫 03591-1
進獻瑞芝（福壽齊天冊之2）	冊頁	絹	設色	39.2 x 57.8		台北 故宮博物院	故畫 03591-2
老子過關（福壽齊天冊之3）	冊頁	絹	設色	39.2 x 57.8		台北 故宮博物院	故畫 03591-3
三蘇濟美（福壽齊天冊之4）	冊頁	絹	設色	39.2 x 57.8		台北 故宮博物院	故畫 03591-4
至道九老會（福壽齊天冊之5）	冊頁	絹	設色	39.2 x 57.8		台北 故宮博物院	故畫 03591-5
嘉祐四真（福壽齊天冊之6）	冊頁	絹	設色	39.2 x 57.8		台北 故宮博物院	故畫 03591-6
商山四皓（福壽齊天冊之7）	冊頁	絹	設色	39.2 x 57.8		台北 故宮博物院	故畫 03591-7
陳搏望氣（福壽齊天冊之8）	冊頁	絹	設色	39.2 x 57.8		台北 故宮博物院	故畫 03591-8
四世三公（福壽齊天冊之9）	冊頁	絹	設色	39.2 x 57.8		台北 故宮博物院	故畫 03591-9
睢陽五老（福壽齊天冊之10）	冊頁	絹	設色	39.2 x 57.8		台北 故宮博物院	故畫 03591-10
思邈延師（福壽齊天冊之11）	冊頁	絹	設色	39.2 x 57.8		台北 故宮博物院	故畫 03591-11
師事名賢（福壽齊天冊之12）	冊頁	絹	設色	39.2 x 57.8		台北 故宮博物院	故畫 03591-12
雜畫（16幀，四時和氣冊）	冊	紙	設色	不詳		台北 故宮博物院	故畫 03593

名稱	形式	質地	色彩	尺寸 高×寬㎝	創作時間	收藏處所	典藏號碼
萬年一統（院畫萬年一統冊之1）	冊頁	絹	設色	55.1 × 41.5		台北 故宮博物院	故畫 03594-1
萬壽長春（院畫萬年一統冊之2）	冊頁	絹	設色	55.1 × 41.5		台北 故宮博物院	故畫 03594-2
萬星拱北（院畫萬年一統冊之3）	冊頁	絹	設色	55.1 × 41.5		台北 故宮博物院	故畫 03594-3
萬民頂祝（院畫萬年一統冊之4）	冊頁	絹	設色	55.1 × 41.5		台北 故宮博物院	故畫 03594-4
萬國咸寧（院畫萬年一統冊之5）	冊頁	絹	設色	55.1 × 41.5		台北 故宮博物院	故畫 03594-5
萬頃嘉禾（院畫萬年一統冊之6）	冊頁	絹	設色	55.1 × 41.5		台北 故宮博物院	故畫 03594-6
萬卉花王（院畫萬年一統冊之7）	冊頁	絹	設色	55.1 × 41.5		台北 故宮博物院	故畫 03594-7
萬寶告成（院畫萬年一統冊之8）	冊頁	絹	設色	55.1 × 41.5		台北 故宮博物院	故畫 03594-8
萬年天子（院畫萬年一統冊之9）	冊頁	絹	設色	55.1 × 41.5		台北 故宮博物院	故畫 03594-9
萬里扶遙（院畫萬年一統冊之10）	冊頁	絹	設色	55.1 × 41.5		台北 故宮博物院	故畫 03594-10
萬派朝宗（院畫萬年一統冊之11）	冊頁	絹	設色	55.1 × 41.5		台北 故宮博物院	故畫 03594-11
萬笏朝天（院畫萬年一統冊之12）	冊頁	絹	設色	55.1 × 41.5		台北 故宮博物院	故畫 03594-12
萬年玉曆（聖壽齊天冊之1）	冊頁	絹	設色	54 × 43.3		台北 故宮博物院	故畫 03595-1
萬福駢臻（聖壽齊天冊之2）	冊頁	絹	設色	54 × 43.3		台北 故宮博物院	故畫 03595-2
萬仙祝壽（聖壽齊天冊之3）	冊頁	絹	設色	54 × 43.3		台北 故宮博物院	故畫 03595-3
萬民樂業（聖壽齊天冊之4）	冊頁	絹	設色	54 × 43.3		台北 故宮博物院	故畫 03595-4
萬國來王（聖壽齊天冊之5）	冊頁	絹	設色	54 × 43.3		台北 故宮博物院	故畫 03595-5
萬戶蠶桑（聖壽齊天冊之6）	冊頁	絹	設色	54 × 43.3		台北 故宮博物院	故畫 03595-6
萬斛珠璣（聖壽齊天冊之7）	冊頁	絹	設色	54 × 43.3		台北 故宮博物院	故畫 03595-7
萬世經綸（聖壽齊天冊之8）	冊頁	絹	設色	54 × 43.3		台北 故宮博物院	故畫 03595-8
萬軸牙籤（聖壽齊天冊之9）	冊頁	絹	設色	54 × 43.3		台北 故宮博物院	故畫 03595-9
萬象同春（聖壽齊天冊之10）	冊頁	絹	設色	54 × 43.3		台北 故宮博物院	故畫 03595-10
萬壑松風（聖壽齊天冊之11）	冊頁	絹	設色	54 × 43.3		台北 故宮博物院	故畫 03595-11

名稱	形式	質地	色彩	尺寸 高×寬㎝	創作時間	收藏處所	典藏號碼
萬事如意（聖壽齊天冊之12）	冊頁	絹	設色	54 × 43.3		台北 故宮博物院	故畫 03595-12
天開壽域（天開壽域南極圖冊之1）	冊頁	絹	設色	不詳		台北 故宮博物院	故畫 03627-1
靈寶上清（天開壽域南極圖冊之2）	冊頁	絹	設色	不詳		台北 故宮博物院	故畫 03627-2
金闕玉清（天開壽域南極圖冊之3）	冊頁	絹	設色	不詳		台北 故宮博物院	故畫 03627-3
道德泰清（天開壽域南極圖冊之4）	冊頁	絹	設色	不詳		台北 故宮博物院	故畫 03627-4
紫薇天宮（天開壽域南極圖冊之5）	冊頁	絹	設色	不詳		台北 故宮博物院	故畫 03627-5
南山永壽（天開壽域南極圖冊之6）	冊頁	絹	設色	不詳		台北 故宮博物院	故畫 03627-6
西池曲宴（天開壽域南極圖冊之7）	冊頁	絹	設色	不詳		台北 故宮博物院	故畫 03627-7
蓬島七正（天開壽域南極圖冊之8）	冊頁	絹	設色	不詳		台北 故宮博物院	故畫 03627-8
高崗九曜（天開壽域南極圖冊之9）	冊頁	絹	設色	不詳		台北 故宮博物院	故畫 03627-9
八仙齊慶（天開壽域南極圖冊之10）	冊頁	絹	設色	不詳		台北 故宮博物院	故畫 03627-10
天后安瀾（天開壽域南極圖冊之11）	冊頁	絹	設色	不詳		台北 故宮博物院	故畫 03627-11
五岳聯鑣（天開壽域南極圖冊之12）	冊頁	絹	設色	不詳		台北 故宮博物院	故畫 03627-12
武術圖解（10幀，八段錦冊）	冊	絹	設色	不詳		台北 故宮博物院	故畫 03635
新疆疆域圖（19幀，新疆圖冊）	冊	絹	設色	不詳		台北 故宮博物院	故畫 03648
日本長崎貿易圖（8幀，長崎貿易圖冊）	冊	絹	設色	不詳		台北 故宮博物院	故畫 03649
陶瓷燒製步驟（14幀，陶瓷譜冊一）	冊	紙	設色	不詳		台北 故宮博物院	故畫 03650
宋代名窯瓷器圖樣（10幀，陶瓷譜冊二）	冊	紙	設色	不詳		台北 故宮博物院	故畫 03651
宋、明名窯瓷器圖樣（10幀	冊	紙	設色	不詳		台北 故宮博物院	故畫 03652

名稱	形式	質地	色彩	尺寸 高x寬cm	創作時間	收藏處所	典藏號碼
，精陶韞古冊）							
毛詩圖（29幀，毛詩品物圖考（一）冊）	冊	絹	設色	不詳		台北 故宮博物院	故畫 03653
毛詩圖（33幀，毛詩品物圖考（二）冊）	冊	絹	設色	不詳		台北 故宮博物院	故畫 03654
毛詩圖（32幀，毛詩品物圖考（三）冊）	冊	絹	設色	不詳		台北 故宮博物院	故畫 03655
毛詩圖（19幀，毛詩品物圖考（四）冊）	冊	絹	設色	不詳		台北 故宮博物院	故畫 03656
附：							
允禮像（徐揚補景）	卷	絹	設色	不詳		北京 中國文物商店總店	
松竹石圖	軸	紙	水墨	不詳		大連 遼寧省大連市文物商店	
歲朝圖	軸	絹	設色	119 x 61.8		北京 北京市工藝品進出口公司	
桃花源圖	軸	絹	設色	不詳		上海 朵雲軒	
教子圖	軸	絹	設色	不詳		上海 朵雲軒	
荷塘樓閣圖	軸	絹	設色	不詳		上海 朵雲軒	
樓臺賞月圖	軸	絹	設色	不詳		上海 朵雲軒	
耕、織圖（2冊，？幀）	冊	紙	設色	不詳		北京 北京市工藝品進出口公司	
仕女圖（12幀）	冊	絹	設色	不詳		上海 朵雲軒	

參考資料書目

故宮書畫錄（四冊）　　　　　　　　　　　台北　國立故宮博物院印行、
　　　　　　　　　　　　　　　　　　　　　　　民國 44 年

故宮書畫圖錄（一 ～ 廿二冊，繼續編印中）　台北　國立故宮博物院印行、
　　　　　　　　　　　　　　　　　　　　　　　民國 78 年始

海外遺珍圖冊（故宮特藏國外公私收藏中國文物圖片）

　　　　　　　　　　　　　　　　　　　　　台北　國立故宮博物院圖書文
　　　　　　　　　　　　　　　　　　　　　　　獻處圖書館藏

台北市立美術館二十週年典藏圖錄總覽　　　台北　台北市立美術館編
　　　　　　　　　　　　　　　　　　　　　台北　市立美術館出版

唐宋元明清／書畫大展（圖錄）　　　　　　台北　長流美術館出版

典藏目錄（一 ～ 四編）台灣省立美術館編　台中　台灣省立美術館印行

中華文物集粹－清玩雅集收藏展 II　　　　台北　鴻禧美術館印行

養和堂珍藏書畫集　　　　　　　　　　　　台北　國泰美術館發行、民國
　　　　　　　　　　　　　　　　　　　　　　　69 年

霽月光風　顏雪花著　　　　　　　　　　　台北　典藏藝術家庭股份有限
　　　　　　　　　　　　　　　　　　　　　　　公司出版、2003 年

中國古代書畫圖錄（共廿三冊）　　　　　　北京　文物出版社出版發行

藝苑掇英（期刊）上海博物館編輯　　　　　上海　人民美術出版社出版

崑崙堂藏書畫集　崑崙堂美術館編　　　　　江蘇省崑山　崑崙堂美術館印
　　　　　　　　　　　　　　　　　　　　　　　行

崑崙堂米福元藏書畫集（宋、元卷）　　　　上海　三聯書店、2004 年 10
　　　　　　　　　　　　　　　　　　　　　　　月印行

淮安明墓出土書畫　江蘇省淮安縣博物館編　北京　文物出版社出版、1988 年

四味書屋珍藏書畫集　　　　　　　　　　　安徽　美術出版社、1989 年 7
　　　　　　　　　　　　　　　　　　　　　　　月印行

館藏精品 — 浙江省博物館藏書畫精品選　　廣東美術館編

　　　　　　　　　　　　　　　　　　　廣西　美術出版社印行

廣東省立中山圖書館館藏金石書畫選　　　廣東　嶺南美術出版社、2002
　　　　　　　　　　　　　　　　　　　年 11 月印行

Painting as a Recreation in China – Some His-pi Paintings in the Mu-fei
　　　　　　　　　　　　　　　　　　　香港　中文大學發行、求精印務公司
　　　　　　　　　　　　　　　　　　　承印

Collection –(木扉藏畫考評)　鄭德坤著　香港　中文大學中國文化研究所發
　　　　　　　　　　　　　　　　　　　行、1973 年

明清繪畫展覽（目錄）　　　　　　　　　香港　政府印務局印行、1970 年
明清廣東名家山水畫展（目錄）　　　　　香港　中文大學中國文化研究所發
　　　　　　　　　　　　　　　　　　　行、1973 年

海外所在中國繪畫目錄（美、加地區）　東洋學文獻センター叢刊
　　　　　　　　　　　　　　　　　　日本　東京大學東洋文化研究所
　　　　　　　　　　　　　　　　　　附屬東洋學センター印行、平成 6
　　　　　　　　　　　　　　　　　　年

海外所在中國繪畫目錄（歐洲地區）　　東洋學文獻センター叢刊
　　　　　　　　　　　　　　　　　　日本　東京大學東洋文化研究所附
　　　　　　　　　　　　　　　　　　屬東洋學センター印行、平成 4 年

海外所在中國繪畫目錄（日本地區）　　東洋學文獻センター叢刊
　　　　　　　　　　　　　　　　　　日本　東京大學東洋文化研究所附
　　　　　　　　　　　　　　　　　　屬東洋學センター印行、平成 10 年

海外所在中國繪畫目錄（台、港、澳地區）　東洋學文獻センター叢刊
　　　　　　　　　　　　　　　　　　日本　東京大學東洋文化研究所附
　　　　　　　　　　　　　　　　　　屬東洋學センター印行、平成 9 年

東京國立博物館名品圖錄　　　　　　　日本　東京便利堂印行、昭和 40 年
上野有竹齋蒐集中國書畫圖錄　　　　　日本　京都國立博物館發行、昭和
　　　　　　　　　　　　　　　　　　41 年

靜嘉堂－中國繪畫　　　　　　　　　　日本　東京靜嘉堂文庫發行、昭和
　　　　　　　　　　　　　　　　　　61 年

奈良國立博物館名品圖錄　奈良國立博物館編
　　　　　　　　　　　　　　　　　　日本　京都同朋堂出版、昭和 54 年
大阪市立美術館藏中國繪畫　大阪市立美術館編
　　　　　　　　　　　　　　　　　　日本　朝日新聞社發行、昭和 50 年
重要美術品等認定物件目錄　文部省教化局編

　　　　　　　　　　　　　　　　　日本　東京思文閣出版、昭和 47 年

東洋美術文獻目錄（定期刊行物所載古美術文獻）　東京國立文化財美術研究所
　　　　　　　　　　　　　　　　　　　編纂
　　　　　　　　　　　　　　　　　日本　東京柏林社書店出版、昭和
　　　　　　　　　　　　　　　　　　　56 年

槐安居樂事　高島菊次郎、高島泰二編纂　日本　東京求龍堂發行、昭和 39 年

日本現在中國名畫目錄　原田尾山撰　　　日本　京都臨川書局印行、昭和 50
　　　　　　　　　　　　　　　　　　　年

中國の名畫 – 唐宋の人物畫　小林太市郎編
　　　　　　　　　　　　　　　　　日本　東京平凡社發行、公元 1957
　　　　　　　　　　　　　　　　　　　年

宋代の繪畫（特別展）　大和文華館編　　日本　奈良大和文華館發行、平
　　　　　　　　　　　　　　　　　　　成元年

宋元の美術（中國美術展 4）　大阪市立美術館編
　　　　　　　　　　　　　　　　　日本　朝日新聞社發行、昭和 53 年

對幅 – 中國繪畫の名品集展　　　　　　日本　奈良大和文華館發行、平成
　　　　　　　　　　　　　　　　　　　7 年

日本の美術 7　　文化廳、東京國立博物館、京都國立博物館、奈良國立博物館
　　　　　　　　　　　　　　　　　　　監修
　　　　　　　　　　　　　　　　　日本　東京至文堂發行、1993 年

The Freer Gallery of Art, 1 China (弗瑞爾藝術陳列館收藏；中國部分)　日本　東
　　京 Kodansha Ltdd　印行.

Masterpieces of Chines and Japanese Art : Freer Gallery of Art HandbookFriends of
　　Wen Cheng-Ming : a View from the Crawford Collection (文徵明的友朋：檢視
　　顧洛阜先生的收藏)　美國　華府弗瑞爾藝術陳列館發行

Chinese Art Under The Mongols : The Yuan Dynasty　(公元 1279-1368).(元代繪畫
　　特展專刊　雪曼李、何惠鑑合撰)　美國　克利夫蘭藝術博物館印行

Eight Dynasties of Chinese Painting ; The Collections of the Nelson Gallery – Atkins
　　Museum, Kansas City, and The Cleveland Museum of Art（八代遺珍特展；堪
　　薩斯市納爾遜-艾金斯藝術博物館和克利夫蘭藝術博物館藏品聯合展覽）
　　美國　克利夫蘭藝術博物館發行

Proceedings of the " Tung Ch'i-ch'ang " International Symposium　（"董其昌"國
　　際研討會圖錄）　美國　納爾遜-艾金斯藝術博物館發行

Heritage of The Brush：The Roy and Marilyn Papp Collection of Chinese Painting.

Phoenix Art Museum.(筆端蒼翠：帕普羅-瑪莉蓮夫妻收藏中國名畫圖錄) 美國 鳳凰市美術館發行

Fine Chinese Ceramics, Works of Art and Paintings, York Avenue Galleries, Friday, April 25, 1980, SOTHEBY'S.（紐約 蘇富比藝品拍賣公司/拍賣目錄 1980 年 4 月 25 日）

Chinese Funiture and Docorations including Pantings,Rugs and Textiles ,Saturday, October 25,1980 at 10:15 am and 2 pm, SOTHEBY'S New York.（紐約 蘇富比藝品拍賣公司/拍賣目錄 1980 年 10 月 25 日）

Chinese Paintings, Japanese Paintings and Screens / Property of the Estate of haster Dale Carter, Thursday , December 18, 1980 at 2pm, SOTHEBY'S .York Avenue Galleries.（紐約 蘇富比藝品拍賣公司/拍賣目錄 1980 年 12 月 18 日）

Chinese Paintings, Japanese Paintings and Screens, December 19, 1980, SOTHEBY'S York Avenus Galleries.(紐約 蘇富比藝品拍賣公司/拍賣目錄 1980 年 12 月 19 日）

Later Chinese and Japanese Works of Art and Furniyure, Saturday, February 28, 1981, SOTHEBY'S York Avenue Galleries.(紐約 蘇富比藝品拍賣公司/拍賣目錄 1981 年 2 月 28 日）

Later Japanese and Chinese Works of Art and Snuff Bottles, York Avenue Gallerise, April 23 and 24, 1981, SOTHEBY'S. (紐約 蘇富比藝品拍賣公司/拍賣目錄 1981 年 4 月 23、24 日）

Chinese Furniture and Docorations including Rugs Textiles and Paintings, York venue Galleries, Thursday, May 7, 1981, SOTHEBY'S. (紐約 蘇富比藝品拍賣公司/拍賣目錄 1981 年 5 月 7 日）

Fine Chinese Ceramics, Works of Art and Paintings, York Avenue Galleries, Friday, May 8, 1981, SOTHEBY'S. (紐約 蘇富比藝品拍賣公司/拍賣目錄 1981 年 5 月 8 日）

Chinese Fan Paintings from The Collection of the late Chan Yee Pong, York Avenue Galleries, November 5, 1981, SOTHEBY'S. (紐約 蘇富比藝品拍賣公司/拍賣目錄 1981 年 11 月 5 日）

Chinese Furniture and Decorations including Rugs, Textiles and Paintings, York Avenue Galleries, Saturday, November 7, 1981, SOTHEBY'S. (紐約 蘇富比藝品拍賣公司/拍賣目錄 1981 年 11 月 7 日）

Fine Chinese Works of Art and Paintings, York Avenue Galleries, Friday, June 4, 1982, SOTHEBY'S. (紐約 蘇富比藝品拍賣公司/拍賣目錄 1982 年 6 月 4 日）

Chinese Furniture and Decorations, York Avenue Galleries, Saturday, June 5, 1982, York Avenue Galleries, SOTHEBY'S. (紐約　蘇富比藝品拍賣公司/拍賣目錄 1982 年 6 月 5 日）

Fine Chinese Ceramics, Works of Art, Chinese and Japanese Paintings, York Avenue Galleries, Friday, November 19, 1982, SOTHEBY'S. (紐約　蘇富比藝品拍賣公司/拍賣目錄 1982 年 11 月 19 日）

Fine Chinese Lades, Works of Art and Paintings, York Avenue Galleries, Friday, Februnay 25, 1983, SOTHEBY'S.(紐約　蘇富比藝品拍賣公司/拍賣目錄 1983 年 2 月 25 日）

Chinese Paintings, Wednesday, Novenber 30, 1983 CHRISTIE'S New York..(紐約 佳士得藝品拍賣公司/拍賣目錄 1983 年 11 月 30 日）

Fine Chinese Ceramics, Works of Art and Paintings, New York Galleries, Wednesday, December 7, 1983, SOTHEBY'S. (紐約　蘇富比藝品拍賣公司/拍賣目錄 1983 年 12 月 7 日）

Fine Chinese Paintings , New York, Wednesday, June 13, 1984, SOTHEBY'S.(紐約 蘇富比藝品拍賣公司/拍賣目錄 1984 年 6 月 13 日）

Fine Chinese Decorative Works of Art, Paintings and FurniTure including China Trade Paintings, New York, October 12 and 13, 1984, SOTHEBY'S.(紐約　蘇富比藝品 拍賣公司/拍賣目錄 1984 年 10 月 12、13 日）

Fine Chinese Paintings, New York, Wednesday, December 5, 1984, SOTHEBY'S FOUNDEED 1744.(紐約　蘇富比藝品拍賣公司/拍賣目錄 1984 年 12 月 5 日)

Fine Chinese Paintings, New York, Wednesday, June 13, 1984, SOTHEBY'S FOUN-DEED 1744.(紐約　蘇富比藝品拍賣公司/拍賣目錄 1984 年 6 月 13 日)

Fine Classic and Contemporary Chinese Painting and Calligraphy, Friday, June 29, 1984 CHRISTIE'S New York.(紐約　佳士得藝品拍賣公司/拍賣目錄 1984 年 6 月 29 日)

Fine Modern Chinese Paintings and Traditional Scholars Articles, Friday, 17th February, 1984 at 5:30 PM precisely , SOTHEBY PARKE BERNET(HONG KONG) LTD.(香港　蘇富比藝品拍賣公司/拍賣目錄 1984 年 2 月 17 日)

Moden and Contemporary Chinese Paintings, Hong Kong, , ednesday, 21th November, 1984 at 3 PM., SOTHEBY'S FOUNDEED 1744.(香港　蘇富比藝品拍賣公司/ 拍賣目錄 1984 年 11 月 21 日)

Fine Chinese Paintings, Property of Estate Dr. IP Yee, Hong Kong, , Wednesday, 21th November, 1984 at 11 PM., SOTHEBY'S FOUNDEED 1744.(香港　蘇富比藝

品拍賣公司/拍賣目錄 1984 年 11 月 21 日)

Fine Chinese Decorative Works of Art Paintings and Furnitures in Cluding China Trade Paintings, New York, Wednesday, April 17, 1985, SOTHEBY'S FOUNDEED 1744.(紐約 蘇富比藝品拍賣公司/拍賣目錄 1985 年 4 月 17 日)

SOTHEBY'S FOUNDEED 1744, Fine Chinese Paintings, New York, Tursday, June 3, 1986 at 10: 15 AM.(紐約 蘇富比藝品拍賣公司/拍賣目錄 1985 年 6 月 3 日)

Fine Chinese Painting and Calligraphy, Monday, June 13,, 1985 , CHRISTIE'S New York.(紐約 佳士得藝品拍賣公司/拍賣目錄 1985 年 6 月 13 日.)

Fine Chinese Painting and Calligraphy, Wednesday, June 29, 1985 , CHRISTIE'S New York.(紐約 佳士得藝品拍賣公司/拍賣目錄 1985 年 6 月 29 日)

Fine Chinese Painting and Calligraphy, Friday, December 5, 1985 , CHRISTIE'S New York.(紐約 佳士得藝品拍賣公司/拍賣目錄 1985 年 12 月 5 日)

Fine Chinese Painting and Calligraphy, Wednesday, June 4, 1986 , CHRISTIE'S New York.(紐約 佳士得藝品拍賣公司/拍賣目錄 1986 年 6 月 4 日)

Fine Chinese Painting and Calligraphy, Monday, December 1, 1986 , CHRISTIE'S New York.(紐約 佳士得藝品拍賣公司/拍賣目錄 1986 年 12 月 1 日)

SOTHEBY'S FOUNDEED 1744, Fine Modern Chinese Paintings, Hong Kong , Thursday , 22th ,May, 1986.(香港 蘇富比藝品拍賣公司/拍賣目錄 1986 年 5 月 22)

Fine Chinese Paintings and Calligraphy from the Sixuezhai Collection, New York, Tuesday, December 8, 1987, SOTHEBY'S FOUNDEED 1744.(紐約 蘇富比藝品拍賣公司/拍賣目錄 1987 年 12 月 8 日)

Fine Chinese Painting and Calligraphy, Wednesday, June 3, 1987 , CHRISTIE'S New York.(紐約 佳士得藝品拍賣公司/拍賣目錄 1987 年 6 月 3 日)

Fine Chinese Painting and Calligraphy, Friday, December 11, 1987 , CHRISTIE'S New York.(紐約 佳士得藝品拍賣公司/拍賣目錄 1987 年 12 月 11 日)

Fine Nineteenth and Twentieth Century Chinese Painting , at the Mandarin Hotel , Monday, January 12, 1987 , CHRISTIE'S Hong Kong.(香港 佳士得藝品拍賣公司/拍賣目錄 1987 年 1 月 12 日)

SOTHEBY'S. Fine Chinese Paintings , New York ,Wednesday, June 1 , 1988.(紐約 蘇富比藝品拍賣公司/拍賣目錄 1988 年 6 月 1 日)

SOTHEBY'S. Fine Chinese Paintings , New York ,Wednesday, Novenber 30 , 988.(紐約 蘇富比藝品拍賣公司/拍賣目錄 1988 年 11 月 30 日)

Fine Chinese Painting and Calligraphy, Thursday, June 2, 1988 , CHRISTIE'S New

York.(紐約　佳士得藝品拍賣公司/拍賣目錄　1988 年 6 月 2 日)

The Chinese Painting and Calligraphy - Including a selection of Fine Ming And Qing Fan Paintings, Wednesday, Novenber 30, 1988 , CHRISTIE'S New York.(紐約 佳士得藝品拍賣公司/拍賣目錄　1988 年 11 月 30 日)

Fine Nineteenth and Twentieth Century Chinese Painting , at the Hilton Hotel , Hong Kong, Monday, January 18, 1987 , CHRISTIE'S Hong Kong.(香港 佳士得藝品 拍賣公司/拍賣目錄　1988 年 1 月 18 日)

SOTHEBY'S. Fine Chinese Decorative Works of Art , New York ,, September 28 and 29 ,1989.(紐約 蘇富比藝品拍賣公司/拍賣目錄　1989 年 9 月 28、29 日)

CHRISTIE'S New York , Important Classical Chinese Painting , Thursday, June12, 1989.(紐約 佳士得藝品拍賣公司/拍賣目錄　1989 年 6 月 1 日)

CHRISTIE'S New York , Fine Chinese Painting and Calligraphy , Thursday, June 1, 1989.(紐約 佳士得藝品拍賣公司/拍賣目錄　1989 年 6 月 1 日)

The Chinese Painting and Calligraphy , Monday, December 4, 1989. CHRISTIE'S New York.(紐約 佳士得藝品拍賣公司/拍賣目錄　1989 年 12 月 4 日)

Important Classical Chinese Painting , Monday, December 4, 1989.CHRISTIE'S New York.(紐約 佳士得藝品拍賣公司/拍賣目錄　1989 年 12 月 4 日)

Fine Nineteenth and Twentieth Century Chinese Painting , at the Hilton Hotel , Hong Kong, Monday, January 16, 1989 , CHRISTIE'S Hong Kong.(香港 佳士得藝品 拍賣公司/拍賣目錄　1989 年 1 月 16 日)

Fine 19th and 20th Century Chinese Paintings , Hong Kong, Monday, 25 September, 1989 , CHRISTIE'S SWIRE.(香港 佳士得藝品拍賣公司/拍賣目錄　1989 年 9 月 25 日)

Fine 19th and 20th Century Chinese Paintings(Part 1) , Hong Kong, Monday, 19 March, 1990, CHRISTIE'S SWIRE.(香港 佳士得藝品拍賣公司/拍賣目錄 1990 年 3 月 19 日)

Fine 19th and 20th Century Chinese Paintings(Part 2) , Hong Kong, Monday, 19 March, 1990, CHRISTIE'S SWIRE.(香港 佳士得藝品拍賣公司/拍賣目錄 1990 年 3 月 19 日)

Fine Chinese Painting and Calligraphy, New York , Thursday, May 31, 1990 , CHRISTIE'S.(紐約 佳士得藝品拍賣公司/拍賣目錄 1990 年 5 月 31 日)

Important Classical Chinese Painting , New York , Thursday, May 31, 1990 , CHRIS-TIE'S.(紐約 佳士得藝品拍賣公司/拍賣目錄 1990 年 5 月 31 日)

Fine 19th and 20th Century Chinese Paintings(Part 1) , Sunday, 7 October , 1990, at

The Hong Kong Hilton Hotel CHRISTIE'S SWIRE.(香港 佳士得藝品拍賣公司/拍賣目錄 1990 年 10 月 7 日)

Fine 19th and 20th Century Chinese Paintings(Part 2) , Sunday, 7 October , 1990, at The Hong Kong Hilton Hotel CHRISTIE'S SWIRE. (香港　佳士得藝品拍賣公司/拍賣目錄　1990 年 10 月 7 日)

Important Classical Chinese Painting , New York, Wednesday, Novenber 28, 1990, CHRISTIE'S.(紐約 佳士得藝品拍賣公司/拍賣目錄 1990 年 11 月 28 日)

Fine Classical Chinese Painting and Calligraphy , New York, Wednesday, Novenber 28, 1990, CHRISTIE'S.(紐約 佳士得藝品拍賣公司/拍賣目錄 1990 年 11 月 28 日)

The Chinese Painting and Calligraphy , New York, Wednesday, May 29, 1991, CHRISTIE'S.(紐約 佳士得藝品拍賣公司/拍賣目錄 1991 年 5 月 29 日)

Fine Chinese Painting and Calligraphy, New York , Monday, Novenber 25, 1991 , CHRISTIE'S.(紐約 佳士得藝品拍賣公司/拍賣目錄 1990 年 5 月 31 日)

Chinese Painting and Calligraphy from the Ellen B. Elliott Collection , New York , Monday, November 25, 1991 , CHRISTIE'S.(紐約 佳士得藝品拍賣公司/拍賣目錄 1991 年 11 月 25 日)

Fine 19th and 20th Century Chinese Paintings , Hong Kong, Monday, 18 March, 1991, CHRISTIE'S SWIRE.(香港 佳士得藝品拍賣公司/拍賣目錄 1991 年 3 月 18 日)

Fine 19th and 20th Century Chinese Paintings , Hong Kong, Monday, 28 September , 1992, CHRISTIE'S SWIRE.(香港 佳士得藝品拍賣公司/拍賣目錄 1992 年 9 月 28 日)

Fine Chinese Painting and Calligraphy, New York , Tuesday, June 2, 1992 , HRIS-TIE'S.(紐約 佳士得藝品拍賣公司/拍賣目錄 1992 年 6 月 2 日)

Fine Chinese Painting and Calligraphy, New York , Wednessday, December 2, 1992 , CHRISTIE'S.(紐約 佳士得藝品拍賣公司/拍賣目錄 1992 年 12 月 2 日)

Fine Chinese Painting and Calligraphy from Li Family Qunyzhai Collection, New York , Wednessday, December 2, 1992 , CHRISTIE'S.(紐約 佳士得藝品拍賣公司/拍賣目錄 1992 年 12 月 2 日)

Fine Chinese Painting and Calligraphy, New York , Friday, June 4, 1993 , CHRISTIE'S.(紐約 佳士得藝品拍賣公司/拍賣目錄 1993 年 6 月 4 日)

Fine Chinese Paintings and Calligraphy, New York , Friday, June 4, 1993 ,CHRISTIE'S.(紐約 佳士得藝品拍賣公司/拍賣目錄 1993 年 6 月 4 日)

Fine Chinese Paintings and Calligraphy, New York , Wednesday, December 1, 1993 , CHRISTIE'S.(紐約 佳士得藝品拍賣公司/拍賣目錄 1993 年 12 月 1 日)

Fine Chinese Painting and Calligraphy from Pierre Dubosc Collection, New York , Wednesday, December 1, 1993 , CHRISTIE'S.(紐約 佳士得藝品拍賣公司/拍賣目錄 1993 年 12 月 1 日)

Fine 19th and 20th Century Chinese Paintings , Hong Kong, Sunday, 24 October , 1993, CHRISTIE'S SWIRE.(香港 佳士得藝品拍賣公司/拍賣目錄 1993 年 10 月 24 日)

Fine Chinese Paintings, New York , Wednesday, June 1, 1994 , CHRISTIE'S.(紐約 佳士得藝品拍賣公司/拍賣目錄 1994 年 6 月 1 日)

Fine Chinese Paintings and Calligraphy, New York , Wednesday, ,Novenber 30, 1994 , CHRISTIE'S.(紐約 佳士得藝品拍賣公司/拍賣目錄 1994 年 11 月 30 日)

Fine Chinese Classical Paintings and Calligraphy , Hong Kong, Sunday, 30 October , 1994, CHRISTIE'S SWIRE.(香港 佳士得藝品拍賣公司/拍賣目錄 1994 年 10 月 30 日)

Fine 19th and 20th Century Chinese Paintings , Hong Kong, Sunday, 30 October , 1994, CHRISTIE'S SWIRE.(香港 佳士得藝品拍賣公司/拍賣目錄 1994 年 10 月 30 日)

Fine Chinese Paintings and Calligraphy , New York , Wednesday, March 22, 1995 , CHRISTIE'S.(紐約 佳士得藝品拍賣公司/拍賣目錄 1995 年 3 月 22 日)

Fine Chinese Paintings Calligraphy and Rubbings, New York , Tuesday, September 19, 1995 , CHRISTIE'S.(紐約 佳士得藝品拍賣公司/拍賣目錄 1995 年 9 月 19 日)

Fine 19th and 20th Century Chinese Paintings , Hong Kong, Sunday, 30 April , 1995, CHRISTIE'S.(香港 佳士得藝品拍賣公司/拍賣目錄 1995 年 4 月 30 日)

Fine Chinese Classical Paintings and Calligraphy , Hong Kong, Sunday, 30 April , 1995, CHRISTIE'S.(香港 佳士得藝品拍賣公司/拍賣目錄 1995 年 4 月 30 日)

A Selection of Fine 19th & 20th　Centuy Classical Fans , Hong Kong, Sunday, 30 April , 1995, CHRISTIE'S.(香港 佳士得藝品拍賣公司/拍賣目錄 1995 年 4 月 30 日)

Fine Chinese Classical Paintings and Calligraphy , Hong Kong, Sunday, 29 October , 1995, CHRISTIE'S.(香港 佳士得藝品拍賣公司/拍賣目錄 1995 年 10 月 29 日)

Fine Chinese Paintings and Calligraphy , New York , Wednesday, 27 March, 1996 , CHRISTIE'S.(紐約 佳士得藝品拍賣公司/拍賣目錄 1996 年 3 月 27 日)

"The Chang Family Han Lu Studio An Important Private Collection of Chinese

Paintings and Calligraphy from 1940's Shanghai", New York , Wednesday, 18 September, 1996 , CHRISTIE'S.(紐約 佳士得藝品拍賣公司/拍賣目錄 1996 年 9 月 18 日)

CHRISTIE'S , Fine Chinese Paintings, Calligraphy, and Rubbings, New York , 18 September , 1996.(紐約 佳士得藝品拍賣公司/拍賣目錄 1996 年 9 月 18 日)

Fine Chinese Classical Paintings and Calligraphy , Hong Kong, Sunday, 28 April , 1996, CHRISTIE'S.(香港 佳士得藝品拍賣公司/拍賣目錄 1996 年 4 月 28 日)

Fine 19th & 20th Centuy Chinese Painttings , Hong Kong, Sunday, 28 April , 1996, CHRISTIE'S.(香港 佳士得藝品拍賣公司/拍賣目錄 1996 年 4 月 28 日)

CHRISTIE'S, New York , Fine Chinese Paintings & Calligraphy , Friday, 19Septem-ber, 1997.(紐約 佳士得藝品拍賣公司/拍賣目錄 1997 年 9 月 19 日)

CHRISTIE'S. New York ,Fine Chinese Paintings and Calligraphy , Tuesday, 24 March, 1998.(紐約 佳士得藝品拍賣公司/拍賣目錄 1998 年 3 月 24 日)

CHRISTIE'S , New York ,Fine Chinese Paintings and Calligraphy , Tuesday, 15 September, 1998.(紐約 佳士得藝品拍賣公司/拍賣目錄 1998 年 9 月 15 日)

CHRISTIE'S , Los Angeles ,Asian Art , Wednesday, 20 May, 1998.(洛杉磯 佳士得藝品拍賣公司/拍賣目錄 1998 年 5 月 20 日）

CHRISTIE'S , Hong Kong , Fine Modern and Contemporary Chinese Painttings , Sunday, 26 April , 1998.(香港 佳士得藝品拍賣公司/拍賣目錄 1998 年 4 月 26 日)

Fine Chinese Paintings from the Tsi Ku Chai Collection; A Fortieth Anniversary Celebration , Monday, 2 Novenber 1998, Hong Kong, CHRISTIE'S. (香港 佳士得藝品拍賣公司/拍賣目錄 1998 年 11 月 2 日)

CHRISTIE'S. Hong Kong, Fine Modern and Contemporary Chinese Paintings , Monday, 2 Novenber 1998.(香港 佳士得藝品拍賣公司/拍賣目錄 1998 年 11 月 2 日)

Important Classical Chinese Paintings and Calligraphy , SOTHEBY'S , Hong Kong , Sunday October 31 , 1999.(香港 蘇富比藝品拍賣公司/拍賣目錄 1999 年 10 月 31 日)

Fine Modern and Contemporary Chinese Paintings , SOTHEBY'S , Hong Kong , Sunday October 31 , 1999.(香港 蘇富比藝品拍賣公司/拍賣目錄 1999 年 10 月 31 日)

CHRISTIE'S. Hong Kong , Fine Classical Chinese Paintings and Calligraphy , Sunday , 29 April 2001.(香港 佳士得藝品拍賣公司/拍賣目錄 2001 年 4 月 29 日)

後 記

　　《中國歷代畫家存世作品總覽》，不是學術研究性的著作，只是一部提供對中國歷代繪畫有興趣或從事這方面研究人士的工具書，告訴存世古畫現有狀況、基本資料以及收藏處所的情形，不涉及這些存世畫蹟的真偽問題，純粹是部資訊性的參考書。算是從事藝術工作一輩子的作者，對於自己服務工作的略盡棉薄，也是對社會應該做的一點貢獻，衷心冀望能夠發揮它的功能與作用，獲得大家的滿意和肯定。

　　對於本書的編寫，筆者一直內心存在著感觸，那便是國人做學問不重視工具書。記得剛進故宮工作，對於研究茫茫然而不知從何著手，後來在圖書館看到日本人寫的一本匯總有關中國藝術文章的目錄書，收錄了過去所有中日文發表過的藝術文章題目，分門別類，才知道藝術的研究有那些？那些內容是有人寫過的？給了我許多的啟示。後來把對工具書的想法求教一位長者，他似乎不以為然的說那不是真正做研究學問的人做的事。但是做了那麼長久的研究後，還是覺得工具書的重要，工具書就彷彿是打開學問寶庫的鑰匙。假如過去的學者們想法稍為開放些，受人歡迎的《大漢和辭典》作者應該是國人而非日本人了，這便是催生本書編寫的原因。

　　本書能夠順利出版，作者內心充滿感謝。首先，要感謝文史哲出版社彭正雄先生，給予大力支持。彭先生是位有志弘揚中華文化，熱心推動文藝出版事業的人士，與我相識三十餘年，在當下出版事業日趨蕭條，得知我四處探詢尋覓出版者，多以如此鉅量著作考慮成本為難時，慨然允應幫忙出版；同時因為我原先打字編排好的書稿，他覺得字體小恐怕讀者看來覺得吃力，決定整個加以換大，工作龐大費時

數月有餘，連週末都放棄休息而在趕工，情誼厚重豈是感謝二字可以表達。再要感謝歐豪年先生，歐先生為享譽國際的大畫家，執教文大藝研所與我同事，我平素敬仰他的畫和書法，其實他的詩文造詣極高，我曾看過他的《挹翠山堂吟草》，所作詩什意境高遠文字鏗鏘，堪稱"三絕"；我最喜愛他那出自唐孫過庭書譜的書法，認為允稱古今一人，承他百忙中為本書封面題署書名。另是在下的學長傅申先生，精擅書畫而外，更是蜚聲國際研究中國藝術史權威，常時應邀出國演講、出席國際學術會議，承他抽暇寫贈序文一篇。由於上面諸位的幫襯，增光添采，使得出版更為完滿。再致謝忱。

于驥逸（清）　　四・2018	𠬝君素（質夫，明）　　二・941	卜永譽（今之，清）四・1963-1964
	𠬝允執（明）　　二・760-761	卜　忠（清）　　五・2972
四　畫	𠬝胤執（明）　　二・1109	卜　琰（明）　　二・777-778
	𠬝　睿（清）　　四・2098	尹
五	元	尹子雲（清）　　六・3626
五　德（清）　　五・3168	元　介（清）　　六・3278	尹　伸（明）　　二・831
六	元　徹（明）　　二・1184	尹　沅（清）　　六・3480
六　泉（清）　　六・3361	元　濟（見釋道濟）	尹金錫（和伯，清）　　六・3644
六　橋（清）　　五・2939	斗	尹祖懋（清）　　六・3567
月	斗笠生（清）　　六・3224	尹　耟（于耟，清）　　四・2004
月　光（明）　　三・1228	友	尹從道（清）　　三・1851
月　洲（明）　　三・1227-1228	友　松（清）　　六・3373	尹源進（清）　　三・1527
月　梅（明）　　三・1232	兂	尹　銓（清）　　六・3480
心	兂　宗（清）　　六・3552	尹　錫（懷元，清）五・3058-3059
心　宰（清）　　六・3312	仇	毛
心　農（清）　　六・3235	仇　英（實父，明）　　一・518-534	毛上炱（羅照，清）　　五・2939
心源道人（華山王，明）　二・930	仇　珠（杜陵內史，明）　二・657	毛　周（榴村，清）　　五・3103
木	仇　譜（明）　　二・1196	毛　松（宋）　　一・110
木　庵（見釋隱元）	尤	毛奇齡（大可，清）三・1574-1575
水	尤　存（古存，清）四・1938-1939	毛延壽（漢）　　一・2
水　波（清）　　六・3562	尤汝瑛（清）　　四・2047	毛冠德（明）　　二・937
井	尤　求（子求，明）　　二・616-619	毛　翀（清）　　四・1959
井玉樹（丹木，清）　　五・2943	尤　采（清）　　四・1991	毛　益（宋）　　一・110-111
牛	尤　英（文庵，清）　　五・3174	毛　倫（仲痒，元）　　一・294
牛石慧（清）　　三・1580-1581	尤　萃（清）　　四・2517	毛祥麟（端文，清）　　六・3531
牛從龍（明）　　二・996	尤　詔（伯宣，清）　　五・3051	毛　寅（明）　　三・1234
牛樞暐（老標，清）四・2046-2047	尤道垣（清）　　三・1585	毛　翌（明）　　二・605
巴	尤道益（清）　　六・3398	毛　鈖（清）　　六・3220
巴慰祖（子籍，清）　　五・2891	尤與麋（清）　　六・3410	毛復光（明）　　二・1216
巴顏布哈（守仁，元）一・290-291	尤　蔭（貢父，清）五・2778-2780	毛際可（會侯，清）　　三・1778
今	卜	毛錫年（長儒，清）　　三・1809
今　諳（清）　　三・1528	卜　久（神芝，清）　　三・1571	毛繼祖（明）　　二・862
介	卜　文（清）　　五・3085	孔
介　文（清）　　五・3054-3055	卜文瑜（潤甫，明）　二・849-857	孔伯明（清）　　四・2080
𠬝	卜永式（清）　　四・2251	孔守訓（清）　　五・2861-2862

孔　宣（清）　六・3573	方其居士（清）　五・3119	文　石（明）　二・821
孔貞一（明）　二・1186	方　邵（清）　四・2093	文永豐（鹿曹，清）　四・2424
孔貞運（明）　三・1226	方　洺（清）　六・3645	文　同（與可，宋）　一・63-64
孔衍栻（清）　四・2197	方咸亨（吉偶，清）三・1558-1560	文伯仁（德丞，明）　二・572-583
孔素瑛（玉田，清）　五・3090	方貞觀（清）　五・2532	文　定（子敬，清）三・1394-1395
孔傳銛（清）　五・2619	方　泰（大士，清）　五・3093	文　室（明）　二・654
孔傳薪（清）　五・2869-2870	方　梅（雪坡，清）　五・3143	文　坢（見釋本光）
孔福禧（明）　二・880-881	方　巢（清）　六・3249	文　柟（曲轅，清）三・1329-1330
孔毓圻（鍾在，清）四・2045-2046	方　涵（清）　五・3092	文　炳（清）　四・1993
孔　憲（清）　五・3135	方　乾（又乾，清）　四・2113	文　俶（端容，明）二・1042-1045
孔憲彝（繡山，清）六・3307-3308	方國圻（南公，清）　四・1933-1934	文恐庸（清）　五・2906
孔繼泰（鶴瞻，清）五・3044-3045	方從義（清隅，元）　一・272-274	文　揆（賓日，清）　三・1831
孔繼涵（清）　五・3022	方　華（甘白，清）　五・2976	文從先（用之，明）　二・983
孔繼榮（十山，清）　五・3097	方　琛（黃山，清）五・2854-2855	文從忠（華岳，明）　二・982
孔繼潤（清）　五・3066	方　登（嘯門，明）　二・792	文從昌（順之，明）　二・816-817
孔繼槲（清）　五・3021	方　絜（矩平，清）　六・3292	文從簡（彥可，明）　二・825-828
勾	方　瑞（清）　四・2518	文　彭（壽丞，明）　一・553-554
勾龍爽（宋）　一・69	方椿年（宋）　一・145	文　鼎（學匡，清）五・3049-3051
方	方　筠（清）　六・3373	文　嘉（休丞，明）　一・560-572
方大猷（歐餘，清）三・1344-1346	方畹儀（白蓮居士，清）　五・2780	文　實（明）　三・1240
方士庶（循遠，清）四・2451-2460	方　維（爾張，清）　三・1857	文徵明（徵仲，明）　一・443-478
方士模（清）　四・1984-1985	方維儀（仲賢，明）　二・918	文熙光（明）　二・748
方元宗（清）　五・3089	方壺大師（仙止，清）　五・3094	文震亨（啟美，明）　二・974-975
方元鹿（竹樓，清）五・2736-2737	方膏茂（清）　四・2094	文震孟（明）　二・792
方元煥（明）　二・705	方　謞（清）　四・2116	文　熹（清）　五・2831
方正陽（清）　二・1172	方　濟（巨川，清）六・3320-3321	文　穆（清）　五・3171
方世清（清）　五・3104	方　爕（見臺山）	文　點（與也，清）三・1774-1778
方世鳴（清）　三・1812-1813	方　龍（清）　三・1423	文謙光（明）　二・1006
方以智（見釋弘智）	方　薰（蘭士，清）五・2820-2825	文　蘭（清）　四・2037
方　旭（明）　二・1182-1183	**文**	**王**
方守耕（清）　五・3072	文元素（明）　三・1238	王一清（明）　三・1231
方　伸（清）　四・2226	文元善（子長，明）　二・716	王一鵬（九萬，明）　一・479
方孝維（清）　四・2197	文元獻（明）　二・1216	王又栩（清）　五・3132
方岐臣（清）　六・3564-3565	文　正（泉石，明）　二・982-983	王又曾（清）　五・3087
方　宗（伯蕃，明）　二・1178	文世光（仲英，清）三・1436-1437	王三錫（邦懷，清）五・2651-2652

王上宮（明）	二・794-795	王以莊（清）	五・3132	王圻（西溪，清）	五・2966
王大慶（明）	三・1230	王永（清）	四・2198	王玖（次峰，清）	五・2709-2710
王士元（宋）	一・51	王永光（清）	四・2038-2039	王希孟（宋）	一・88
王士譽（令子，清）	三・1611	王立中（彥強，元）	一・269	王利用（賓王，宋）	一・105
王之仕（清）	四・2117	王立本（宗則，元）	一・291	王廷元（贊明，清）	五・2898
王之圭（清）	六・3220	王世昌（歷山，明）	二・583-584	王廷綬（清）	五・2761
王之彥（明）	二・1215	王世祥（明）	一・350	王佑（彥真，明）	一・478
王之翰（清）	五・2669	王世紳（鶴生，清）	五・3082	王抒藻（清）	五・3148
王之璽（清）	四・2017	王世榮（清）	六・3215	王杏燕（清）	六・3233
王子元（臺宇，明）	二・1097-1098	王功後（弗矜，清）	五・3170	王良臣（明）	三・1236-1237
王子年（明）	二・996	王令壽（清）	四・2043	王良衡（清）	六・3491
王子新（明）	二・997	王丕曾（清）	六・3629	王含光（鶴山，清）	三・1841
王子讓（清）	六・3562	王召（清）	六・3555	王臣（清）	四・2523-2524
王土（子毛，清）	四・2377	王弁（清）	四・2117	王汶（清）	四・1937
王心一（純甫，明）	二・1004	王石（曰堅，清）	四・2485	王沖（明）	三・1224
王丹武（清）	五・2634	王右（明）	一・347	王芊田（清）	五・2759
王无咎（清）	三・1530	王玉生（明）	二・1195-1196	王旼（容穆，清）	四・2248
王化成（明）	二・678	王玉海（清）	五・2932	王岡（南石，清）	五・2775
王中立（振之，明）	二・928-929	王玉璋（鶴舟，清）	六・3293	王岱（山長，清）	四・2039
王井（元）	一・300	王玉燕（玳梁，清）	五・3013	王岵孫（清）	五・3077
王友（明）	二・1050	王式（無倪，明）	二・1181-1182	王宜（嶰谷，清）	五・2646
王允安（明）	三・1216	王年（清）	四・1936-1937	王宜山（清）	五・3022
王允齡（延卿，清）	四・2201	王州元（清）	五・3051-3052	王宗洛（清）	六・3571
王元（明）	二・819-820	王仲元（元）	一・291	王定國（宋）	一・108
王元初（紫崖，清）	三・1625	王仲玉（明）	一・331	王定儒（明）	二・760
王元珍（清）	六・3562	王仲成（清）	三・1439	王尚湄（清）	五・2861
王元慧（清）	三・1817	王仲謙（清）	五・2859-2860	王尚廉（清宇，明）	二・910
王元勳（湘洲，清）	五・2948	王好文（元）	一・303	王采繁（清）	六・3588
王元耀（潛之，明）	二・716	王圭（明）	二・1180	王牧（清）	四・2000
王文治（禹卿，清）	五・2766-2767	王成（明）	二・765	王者佐（師尹，清）	四・2449
王文煒（清）	六・3549	王守仁（伯安，明）	一・480	王承庚（明）	三・1234
王文鼎（清）	六・3653	王守謙（明）	二・1139	王承烈（明）	二・792
王文潛（清）	六・3647	王任治（明）	三・1230	王承楓（陛臣，清）	六・3488
王正（端人，清）	四・2320-2321	王克三（清）	六・3438	王承詰（清）	四・2512
王古山（清）	五・2826	王岑（玉峰，清）	五・2654	王居正（憨哥，宋）	一・63

王　凫（清）　　　五・2570	王穀祥（祿之，明）　一・554-560	王穉登（百穀，明）　二・647-648
王　鼎（贊元，清）　四・2013	王　稷（清）　　　四・2379-2380	王　聲（遹駿，明）　二・1007-1008
王齊翰（五代）　　　一・41	王　輝（宋）　　　　一・149	王羲之（逸少，魏晉）　一・5
王　廙（世將，魏晉）　一・5	王　磊（石丈，清）　四・2465-2466	王肇基（鏡香，清）　五・2561
王　嘉（逸上，清）　四・2222	王　緣（馥生，清）　六・3535	王　緒（雪舟，清）　五・2862-2863
王　端（子正，宋）　一・59	王　翬（石谷，清）　三・1648-1717	王　謙（牧之，明）　一・363
王端淑（玉瑛，清）　三・1845	王蔭昌（清）　　　　六・3231-3232	王　諤（廷直，明）　一・417
王　翚（耕南，清）　四・2219	王　賓（仲光，明）　二・1186	王　鍾（一亭，清）　五・2952
王　碩（清）　　　　六・3642	王　質（孟文，明）　二・1118	王戴仕（浮玉，明）　二・862
王　聘（清）　　　　四・2015	王　震（一亭，清）　六・3615-3624	王　禮（秋言，清）　六・3309-3310
王　蓍（伏草，清）　四・1994-1995	王　虢（清）　　　　四・2044	王　翹（叔楚，明）　二・663-664
王　蒙（叔明，元）　一・263-269	王魯伯（清）　　　　三・1530	王　簡（惟文，清）　三・1729
王　蓀（琴言，清）　五・2934-2935	王　凝（宋）　　　　一・83	王　謨（清）　　　　四・1999
王　綦（履若，明）　二・844-846	王　曉（宋）　　　　一・50	王　贄（明）　　　　二・1092
王夢龍（清）　　　　六・3645	王　樸（玉樵，清）　五・2646	王鎮衡（位南，清）　五・2755
王　綏（清）　　　　四・2519-2520	王樹銘（意亭，清）　五・2781	王　燾（清）　　　　五・3163
王　維（摩詰，唐）　一・17	王樹穀（原豐，清）　四・1995-1997	王　馥（香祖，清）　六・3182-3183
王維丞（清）　　　　六・3559	王學浩（孟養，清）　五・2956-2964	王　瀚（其仲，清）　三・1491
王維烈（無競，明）　二・912-913	王　澤（潤生，清）　五・2981-2982	王　瀛（十洲，清）　六・3226
王維新（仲鼎，明）　二・1139	王　蕃（清）　　　　四・2249	王　璽（明）　　　　二・1092-1093
王維翰（墨林，清）　六・3385	王　錦（顯庭，清）　五・3118-3119	王　繹（思善，元）　一・288
王　銓（東發，清）　四・2102	王錫綬（分符，清）　二・1142	王　鵬（龍友，清）　四・2230
王銓伯（清）　　　　五・2565	王錫綬（清）　　　　二・1177	王　寵（履吉，明）　一・518
王鳳儀（審淵，清）　五・2780-2781	王　霖（春波，清）　五・3014-3015	王　瀾（清）　　　　六・3561
王　儉（明）　　　　二・1189-1190	王　鼎（茗源，清）　四・2498	王　藻（宋）　　　　一・150
王　儀（清）　　　　四・2103	王　燮（清）　　　　六・3558	王譽昌（露湑，清）　四・2315
王　徵（清）　　　　四・2113	王　徽（我調，清）　五・2982	王　醴（三泉，明）　二・1047-1048
王德普（清）　　　　五・2669	王應祥（明）　　　　二・1068	王　鏽（清）　　　　四・2178
王　履（安道，元）　一・287-288	王應華（清）　　　　三・1833	王　露（清）　　　　四・1933
王　撰（異公，清）　三・1568-1569	王應曾（清）　　　　五・3008	王獻琛（世希，清）　六・3398-3399
王　潤（裕庭，清）　六・3184	王應綬（子卿，清）　六・3181	王　瓖（東皋，清）　六・3274
王　潛（東皋子，清）五・2706-2707	王　濛（仲祖，魏晉）　一・5	王續增（清）　　　　五・2927-2928
王　畿（郇雨，清）　五・2945	王　濤（素行，清）　五・2671	王　鐸（覺斯，清）　三・1302-1305
王　穀（正叔，宋）　一・89	王鴻藻（清）　　　　四・1936	王　瓘（國器，宋）　一・54
王　穀（明）　　　　二・1193	王璩峻（明）　　　　二・1099	王　瓘（孝玉，清）　六・3613

石　海（清）	五・2707-2708	他		年王臣（瘦生，清）	五・2889
石　集（清）	六・3323	他　山（明）	二・1183	年希堯（清）	五・2618
石　堅（清）	六・3563	仍		年　英（清）	五・3154
石　崖（清）	六・3182	仍　詰（清）	三・1816	如	
石　溪（明）	三・1235	尼		如　山（冠九，清）	六・3311
石　銳（以明，明）	一・354	尼文信（清）	六・3611-3612	如　柏（清）	四・2106
石樵山人（明）	二・1188	用		竹	
石　澥（清）	四・2045	用　田（元）	一・297-298	竹　心（清）	六・3317
石　谿（見釋髡殘）				竹　西（清）	五・3056
石　濤（見釋道濟）		**六　畫**		竹　莊（清）	五・2769
史				竹　賓（清）	六・3249-3250
史　文（尚質，明）	一・481	汝		竹　嶺（清）	五・3121
史元麟（明）	二・747	汝文淑（明）	二・1218	牟	
史兆增（清）	五・2804	行		牟仲甫（宋）	一・138
史兆霖（清）	六・3406	行　齋（明）	二・1186	牟　益（德新，宋）	一・145-146
史志堅（雪幢，明）	二・1199	先		牟　義（清）	四・2238
史　杠（柔明，元）	一・219-220	先　方（清）	四・2523	老	
史　周（世衡，清）	五・2966	光		老　田（清）	四・2139
史　典（清）	五・2861	光　襄（明）	二・1185-1186	老　陵（明）	一・422-423
史　忠（廷直，明）	一・361-362	仰		米	
史亮采（清）	四・2115-2116	仰　之（清）	五・2933	米友仁（元暉，宋）	一・91-92
史喻義（子曉，清）	四・2001	仰廷宣（清）	五・3088	米　芾（元章，宋）	一・77-78
史敬文（南北朝）	一・8	因		米萬鍾（仲詔，明）	二・804-807
史道碩（魏晉）	一・6	因　宏（明）	二・1093	米漢雯（紫來，清）	三・1828
史　載（清）	四・2522	因陀羅（元）	一・297-298	安	
史　漢（清）	三・1808	朴		安正文（清）	五・3088
史爾祉（沙墟，清）	三・1781-1782	朴　夫（明）	三・1231	安紹芳（茂卿，明）	二・778
史錫節（清）	四・2524	西		安嘉善（明）	二・1188
史顏節（睿子，清）	三・1330-1331	西邨耀（清）	五・3118	安廣譽（无咎，明）	二・1122
史顯祖（宋）	一・145	西林春（清）	六・3312	艾	
史鑑宗（遠公，清）	五・2920	印		艾啟蒙（醒庵，清）	五・2610-2611
布		印　山（清）	六・3561	艾　宣（宋）	一・70-71
布　穀（明）	二・1213	向		艾陵主人（清）	四・2011
北		向　鏞（清）	六・3579-3580	伊	
北海道人（清）	三・1729	年		伊大麓（壽先，清）	五・3052-3053

朱　六（清） 五・3087	朱邦采（明） 二・699	朱　耷（見釋八大）
朱文景（清） 五・3052	朱　臣（晉三，清） 四・2089	朱　恒（秋鶴，清） 四・2082
朱文新（滌齋，清） 五・3146	朱孝純（子穎，清） 五・2810-2811	朱南雍（越崢，明） 二・664
朱文實（明） 二・1017	朱芝垞（明） 一・338	朱　苨（孟辯，明） 一・329
朱文漪（明） 二・1162	朱　侃（明） 一・331	朱　英（宣初，清） 六・3235-3236
朱文震（青雷，清） 五・2649-2650	朱佳會（日可，清） 三・1809	朱約佶（明） 三・1224
朱方藹（吉人，清） 五・2831	朱命世（明） 二・1123	朱　衮（明） 一・490
朱　王（清） 五・3135	朱　明（明） 二・995	朱倫瀚（涵齋，清） 四・2241-2243
朱世恩（明） 二・1190	朱　昂（明） 二・1172	朱容重（子莊，清） 三・1638-1639
朱　白（天藻，清） 四・1999	朱昂之（青立，清） 五・3036-3040	朱時翔（清） 五・3082
朱以派（明） 二・1155	朱　招（清） 五・2801	朱　栻（清） 五・3088
朱　玉（宋） 一・147	朱　采（明） 二・679	朱　烜（丙南，清） 五・2808
朱　玉（君璧，元） 一・248	朱治憪（明） 二・1107-1108	朱　朗（子朗，明） 二・652-653
朱　玉（清） 五・3086	朱　泗（明） 二・1205	朱素人（清） 六・3319
朱　本（溉夫，清） 五・3005-3007	朱　珏（二玉，清） 四・1967	朱　書（清） 六・3371
朱　先（允先，明） 二・778	朱　玟（清） 四・2514	朱　陵（子望，清） 三・1446
朱汝琳（清） 四・2377	朱　承（小農，清） 六・3196-3197	朱　軒（韶九，清） 三・1531-1533
朱有燉（周憲王，明） 一・348	朱承爵（子儋，明） 一・506	朱起麟（清） 五・2619
朱自恒（清） 四・2514	朱　岷（導江，清） 四・2505	朱　偶（孟廬，清） 六・3373-3376
朱　同（大同，明） 一・331	朱孟潛（明） 二・819	朱　寅（孔暘，明） 一・343
朱多炡（真吉，明） 二・711	朱宗儒（明） 一・426	朱崇儒（輝之，明） 一・399
朱多樵（明） 二・1016	朱　育（時齋，清） 五・3168	朱常淶（明） 二・1189
朱　成（聖和，清） 五・3097	朱　竺（明） 二・843	朱惟德（宋） 一・148
朱成鈠（明） 二・1196	朱其昌（清） 四・2094	朱乾山（明） 二・1218-1219
朱　存（清） 六・3370	朱其鎮（明） 二・825	朱國盛（敬韜，明） 二・1026
朱在廷（清） 三・1808	朱叔重（念廬，元） 一・289	朱　復（明） 二・1211
朱光普（東美，宋） 一・102	朱叔徵（明） 二・981	朱　凱（堯民，明） 二・655
朱亦軒（清） 四・2522	朱受甫（明） 二・1047	朱　棟（東巨，清） 五・2919-2920
朱良佐（明） 二・759-760	朱　昶（明） 一・350	朱　琰（桐川，清） 五・2967
朱克恭（金門畫士，明） 二・801	朱　昱（清） 四・2054	朱　琳（子佩，明） 二・1190
朱　沆（達夫，清） 五・3008	朱　昭（清） 四・2240-2241	朱　絪（清） 四・2030-2031
朱　呆（清） 四・2521	朱拱欋（明） 二・656	朱　腴（鐵橋，清） 六・3329
朱見深（明） 一・409	朱胤俊（明） 二・711	朱統綜（明） 二・1120
朱　完（明） 二・760	朱胤雋（清） 三・1852	朱統鏼（明） 二・1154
朱　邦（近之，明） 一・479	朱厚照（明） 一・488	朱統鐷（明） 二・1154

佟	余　人（怡庵，明）　　三・1239	杜子明（清）　　　　四・2032
佟世晉（康侯，清）　四・2217	余正元（中山，明）　　二・1181	杜世紳（清）　　　　五・3104
佟國珍（錫瑤，清）　六・3225	余世權（明）　　　　　二・1049	杜世綏（清）　　　　五・2837
佟毓秀（鍾山，清）四・1955-1956	余玉龍（冰雲，清）　　六・3598	杜玄禮（明）　　　　二・1032
佟慶泰（清）　　　　五・2727	余尚焜（晴江，清）五・2870-2871	杜采亮（嚴六，清）　四・2086
冷	余　欣（清）　　　　　六・3553	杜　董（懼男，明）　一・400-401
冷　枚（吉臣，清）四・2230-2233	余金體（清）　　　　　四・2017	杜　煦（明）　　　　二・1136
冷　謙（啟敬，元）　　一・277	余　昇（明）　　　　　三・1240	杜爾梅（清）　　　　四・2512
佘	余　彥（清）　　　　　四・2058	杜冀龍（士良，明）二・1003-1004
佘文植（樹人，清）六・3306-3307	余　洋（莘園，清）　　五・2754	杜　濬（清）　　　　二・1156
佘國觀（顓若，清）　五・2819	余　省（曾三，清）四・2460-2465	杜　鰲（海山，清）　五・2871
佘啟祥（春帆，清）　六・3316	余秋帆（清）　　　　　六・3270	杜　瓊（用嘉，明）　一・348-349
佘嘉惠（清）　　　　五・3152	余　珣（荀若，元）　　一・245	杜覿龜（五代）　　　　一・35
車	余　崟（維嶽，清）五・3103-3104	**呂**
車以載（積中，清）四・2009-2010	余偉器（清）　　　　　五・3072	呂小隱（清）　　　　六・3270
沙	余　集（蓉裳，清）五・2833-2834	呂文英（明）　　　　一・399
沙芳華（清）　　　　四・2202	余壽康（清）　　　　　五・3144	呂元勳（象周，清）　五・2767
沙宛在（明）　　　　二・1194	余　穎（在川，清）　　五・2611	呂希文（清）　　二・1193-1194
沙春遠（清）　　　　六・3553	余　鴻（清）　　　　　六・3583	呂　材（小隱，清）　六・3363
沙聲遠（包山，清）　四・2233	余　輝（南州，清）　　五・2817	呂　拙（宋）　　　　一・58
沙　馥（山春，清）六・3402-3404	余　鍔（起潛，清）五・3107-3108	呂　紀（廷振，明）　一・481-486
辛	余鵬翀（少雲，清）　　五・2970	呂偣孫（清）　　　　四・2053
辛　璲（小玫 清）　六・3385	**巫**	呂師堅（清）　　三・1624-1625
邢	巫小咸（清）　　　　　六・3362	呂　健（六陽，明）　二・793-794
邢志儒（明）　　　　二・655	巫　璀（石溪，清）　　五・2755	呂　智（清）　　　　四・1957
邢　侗（子愿，明）二・711-712	**孝**	呂　棠（小村，明）　二・771
邢國賢（東帆，明）　二・654	孝　初（明）　　　　　二・1067	呂　琮（又周，清）五・2730-2731
邢慈靜（清）　　　　二・747	**即**	呂　翔（子羽，清）　五・3072
阮	即　非（清）　　　　　五・3092	呂　詔（清）　　　　四・2099
阮　元（伯元，清）　五・3041	**初**	呂雲葆（清）　　　　三・1560
阮　年（遐千，清）　四・1965	初　陽（明）　　　　　二・716	呂煥成（吉文，清）三・1621-1624
阮　郜（五代）　　　一・46	**杜**	呂敬甫（明）　　　　二・635
阮國珍（清）　　四・1958-1959	杜大中（明）　　　　　二・1094	呂端浚（明）　　　　一・339
阮　解（清）　　　　四・1958	杜大成（允修，明）　　一・412	呂　璿（清）　　　　三・1541
余	杜大綬（子紆，明）二・911-912	呂　潛（孔昭，清）三・1539-1540

呂　學（時敏，清）四・2200-2201	宋　犖（仲牧，清）　三・1788-1789	何景文（清）　　　　六・3647
呂學東（清）　　　五・2952	宋　樞（清）　　　五・3071-3072	何　皓（照公，清）六・3205-3206
呂臻成（清）　　　五・3171	宋　澳（明）　　　　　二・1189	何植槐（清）　　　　六・3373
呂　禧（清）　　　五・2972	宋　賦（清）　　　　　三・1784	何　煜（清）　　　　六・3372
呂　鍠（清）　　　三・1584	宋德宜（清）　　　　　三・1822	何瑗玉（清）　　　　六・3443
呂璧松（清）　　　六・3308	宋賓孟（明）　　　　　三・1227	何道生（立之，清）　五・3046
呂顧良（明）　　　二・1174	宋徽宗（見趙　佶）	何園客（清）　　　　四・1987
宋	宋　賢（湘筠，清）五・3119-3120	何　榍（清）　　　　四・1985
宋之繩（清）　　　三・1821	宋　霖（六雨，清）　　六・3207	何　遠（履芳，清）三・1625-1626
宋之麟（清）　　　三・1808	宋懋晉（明之，明）　二・762-764	何遠補（清）　　　　三・1862
宋天麐（清）　　　四・1969	宋駿業（聲求，清）　　四・2081	何端正（清）　　　　三・1857
宋石年（清）　　　六　3583	**何**	何爾航安（清）　　　六・3219
宋　旭（石門，明）二・627-634	何大昌（清）　　　　　四・2034	何維樸（詩孫，清）　六・3487
宋　旭（曉林，清）　五・2570	何士成（清）　　　　　四・2115	何　澄（祕監，元）　　一・205
宋光寶（藕塘，清）　六・3258	何元英（清）　　　三・1860-1861	何　澄（彥澤，明）　一・352-353
宋汝志（宋）　　　一・147	何友晏（九陞，清）　　三・1841	何　璉（明）　　　　　二・1161
宋　克（仲溫，元）　一・288	何文煌（昭夏，清）四・2198-2199	何　廣（清）　　　　四・2140
宋克健（清）　　　五・2561	何元熙（清）　　　　　六・3434	何　適（達生，明）　二・1142
宋伯魯（芝田，清）　六・3588	何　白（無咎，明）二・1132-1133	何　濂（元潔，明）　　二・771
宋　杞（受之，明）　一・328	何　充（宋）　　　　　一・83	何　錦（清）　　　四・2031-2032
宋孝真（清）　　五・2757-2758	何延年（清）　　　　　四・2016	何　龍（明）　　　　　二・747
宋依仁（墨癡，清）　六・3382	何芝庵（清）　　　　　六・3188	何　龍（禹門，清）五・2980-2981
宋　珏（比玉，明）二・848-849	何作裕（清）　　　　　六・3570	何　顒（伯求，清）　三・1609
宋　果（清）　　　六・3315	何其仁（元長，清）三・1852-1853	何　藩（清）　　　五・2774-2775
宋思仁（藹若，清）　五・2767	何青年（宋）　　　　　一・150	何騰蛟（雨生，清）　三・1487
宋　恒（清）　　　四・2032	何步武（清）　　　　　四・2323	**沈**
宋　迪（復古，宋）　一・82	何　恬（清）　　　　　五・3052	沈一張（清）　　　　六・3571
宋高宗（見趙　構）	何　泓（郢生，明）　　三・1241	沈三復（清）　　　四・2175-2176
宋　梓（清）　　　五・3016	何　翀（丹山，清）六・3282-3283	沈士充（子居，明）　二・881-887
宋理宗（見趙　昀）	何　荃（宋）　　　　　一・153	沈士志（清）　　　　四・2518
宋登春（應元，明）　二・620	何　深（清）　　　　　五・3071	沈士鯉（明）　　　　二・1027
宋　照（清）　　　四・1987	何淳之（仲雅，明）　　二・769	沈士麟（明）　　　　二・1119
宋　暐（清）　　四・2013-2014	何研北（見何煜）	沈士灝（明）　　　　二・1208
宋　裔（生士，清）　四・1938	何紹基（子貞，清）　　六・3232	沈之壽（清）　　　　六・3275
宋葆淳（帥初，清）五・2928-2930	何紹業（子毅，清）　　六・3232	沈五集（采，清）　　四・2172

沈心海（兆涵，清）	六・3653	沈　俊（梅庵，明）	二・802	沈　喻（清）	四・2377
沈公繩（明）	二・989	沈　昭（秋萼，明）	二・903	沈　庸（清）	四・1957
沈　介（明）	二・747	沈昭文（明）	二・804	沈　峀（清）	四・2486
沈　仕（懋學，明）	二・635-636	沈　星（榆白，清）	四・2089	沈　堅（清）	四・2196
沈世勛（芳洲，清）	五・2722	沈春澤（雨若，明）	二・1117	沈　景（清）	六・3548
沈世傑（清）	六・3380	沈映暉（朗乾，清）	五・2725	沈　楷（清）	四・2056
沈　白（濤思，明）	二・1033-1034	沈　宣（明德，明）	二・1087	沈　焯（竹賓，清）	五・3290-3291
沈永令（聞人，清）	三・1405	沈　度（民則，明）	一・348	沈　巽（士俌，元）	一・291
沈可培（清）	五・3070	沈　貞（貞吉，明）	一・353	沈　華（祇臣，清）	四・2034
沈弘道（明）	二・1206	沈　貞（清）	六・3390	沈華範（清）	四・2017
沈有邑（明）	二・1159	沈　恒（恒吉，明）	一・358	沈詠蘭（清）	四・2480
沈　全（璧如，清）	五・3012-3013	沈　恢（明）	三・1228	沈雲英（明）	二・1195
沈屺瞻（樹奇，清）	三・1576	沈　咸（明）	二・1189	沈　閎（渚遠，清）	三・1819-1820
沈如岡（清）	五・2932	沈　洪（子旋，清）	三・1851	沈　塘（蓮塘，清）	六・3638
沈兆涵（清）	六・3536-3537	沈衍之（清）	三・1608	沈　源（清）	五・2672-2675
沈　宋（清）	六・3643	沈　英（清）	六・3361	沈　煥（清）	五・3009-3010
沈　完（全卿，清）	二・844	沈　容（二川，清）	五・2716	沈瑞鳳（鳴岐，清）	四・2113
沈　岐（清）	六・3309	沈　唐（樹堂，清）	五・3043	沈稚周（清）	六・3572
沈志學（清）	五・2525	沈　哲（明）	二・1212	沈經遠（清）	六・3574
沈希遠（明）	一・329	沈　峰（衡山，清）	五・2560	沈　軾（欽伯，清）	五・2753
沈芝亭（清）	六・3323	沈　峻（清）	三・1832	沈　載（清）	三・1411
沈廷煜（清）	六・3280-3281	沈　時（可山，清）	三・1319-1320	沈　鉉（元）	一・300-301
沈廷瑞（樗崖，清）	四・1983	沈　挺（清）	五・2728	沈　鈺（衡齋，清）	五・2560
沈　迂（無回，明）	二・1017	沈振麟（鳳池，清）	六・3377-3380	沈道寬（清）	六・3297
沈宗敬（恪庭，清）	四・2165-2169	沈　桂（石樵，清）	五・3013-3014	沈道灝（清）	五・3083
沈宗維（朗山，清）	五・2844	沈　浩（文淵，清）	五・3080	沈　遇（公濟，明）	一・335
沈宗騫（熙遠，清）	五・2771-2774	沈　烜（樹棠，清）	六・3183	沈　鳳（凡民，清）	四・2316-2317
沈　昉（清）	三・1851	沈　朗（清）	五・2807	沈　毅（采石，清）	六・3383
沈　忠（德方，清）	五・3007	沈　荃（繹堂，清）	三・1576-1577	沈　榮（石薌，清）	六・3207-3208
沈　治（約庵，清）	三・1498	沈　陛（清）	四・2248	沈　蒼（葭埃，清）	四・2085-2086
沈　周（啟南，明）	一・367-394	沈　寅（明）	二・1041	沈　銓（南蘋，清）	四・2279-2290
沈尚卿（清）	五・2781	沈梅峰（清）	六・3535	沈　銓（師橋，清）	五・3144
沈孟堅（元）	一・242	沈　琅（清）	四・2015	沈　碩（宜謙，明）	二・610-611
沈　祁（雨公，清）	三・1847	沈　僖（清）	五・3068	沈　韶（爾調，清）	三・1818-1819
沈雨生（老舲，清）	六・3188	沈　復（二白，清）	六・3201-3202	沈　雒（清）	六・3369

汪　璉（清）	四・2037	吳日昕（藥雨，清）	五・3151-3152	吳　求（彥侶，清）	五・3170
汪　徽（仲徽，明）	二・981	吳心來（田午，清）	三・1839	吳良知（明）	三・1225
汪應時（清）	三・1832	吳元良（明）	三・1223	吳　芝（清）	三・1424
汪懋仁（明）	二・888	吳元楷（辛生，清）	六・3286	吳廷羽（左千，明）	二・1026
汪懋極（清）	六・3553	吳元瑜（公器，宋）	一・82	吳　侃（諤生，清）	五・2662-2663
汪濟川（元）	一・300	吳元澄（湛若，清）	四・2441	吳　定（子靜，清）	三・1814-1815
汪　鴻（延年，清）	六・3232-3233	吳中秀（清）	三・1578	吳宗愛（絳雪，清）	四・2002-2003
汪　濬（秋潤，清）	三・1484	吳中學（明）	二・665	吳叔元（思白，清）	五・2856-2857
汪濬文（清）	六・3642	吳允楷（清）	六・3484	吳叔明（宋）	一・151
汪　龍（潛也，清）	四・2138	吳世英（明）	二・1188	吳尚霑（潤江，清）	六・3416
汪繩武（清）	五・2753	吳世恩（明）	二・831-832	吳　秀（文山，清）	五・2598-2599
汪繩瑛（祖扃，清）	五・2721	吳世睿（清）	三・1858	吳秀淑（玉枝，清）	六・3289-3290
汪　鏞（笠甫，清）	五・3065-3066	吳　正（項臣，清）	六・3198	吳　昌（昌伯，清）	四・2024
汪　巘（清）	四・2507	吳　令（信之，明）	二・935-936	吳昌明（清）	六・3215
汪　瀨（石梁，清）	五・3021	吳　白（晢侯，清）	四・2087	吳昌壽（少村，清）	六・3292
汪　靄（吉臣，清）	五・3081	吳必榮（明）	二・1115	吳昌碩（俊卿，清）	六・3493-3530
汪　□（清）	四・2060	吳弘猷（明）	二・1009	吳　昕（仲徵，清）	五・2558
吳		吳　份（明）	二・1213	吳　易（友素，明）	二・1162
吳一麟（聖徵，清）	五・2761	吳　旭（皋若，清）	四・2013	吳來周（清）	六・3329
吳九思（恂齋，清）	五・3042-3043	吳自孚（浣華，清）	六・3205	吳　岳（蒼崖，清）	五・2940-2941
吳又和（清）	四・2116	吳自孝（明）	三・1223	吳　松（清）	四・2320
吳大素（季章，元）	一・284	吳　江（清）	四・2080-2081	吳　東（清）	六・3626
吳大澂（清卿，清）	四・2424	吳兆年（清）	四・2291	吳東發（侃叔，清）	五・2925
吳小荷（清）	六・3411	吳　枀（清）	四・2444-2445	吳東槐（清）	六・3558
吳士冠（相如，明）	二・932	吳　艮（散華，清）	五・2681	吳秉智（清）	六・3432
吳子野（清）	五・3099	吳　竹（清）	六・3565	吳秉權（經可，清）	六・3483
吳之琯（明）	二・1209-1210	吳伯玉（明）	二・880	吳　玫（問石，清）	六・3532
吳之瑾（乙杉，清）	六・3336	吳伯英（清）	四・2517	吳　芷（艾庵，清）	四・2136
吳之鑠（明）	二・1209	吳伯理（巢雲子，明）	一・338	吳　俊（竹圃，清）	五・2952
吳之驎（子野，清）	五・3175	吳　攸（清）	四・2117	吳俊臣（宋）	一・146
吳　山（南陽，清）	五・2564	吳　宏（遠度，清）	三・1487-1490	吳　咨（聖俞，清）	六・3311
吳山濤（岱觀，清）	三・1410-1411	吳　宏（博山，清）	四・2051-2053	吳省曾（身三，清）	五・2861
吳　支（明）	二・1034	吳　岑（清）	五・3097	吳　星（清）	三・1609
吳文淑（清）	五・3073	吳志伊（明）	二・1095	吳春林（清）	六・3410
吳文徵（南�，清）	五・3118	吳　玖（清）	五・3043-3044	吳　炳（宋）	一・125

吳　眉（明）	二・1068	吳國杰（清）	四・2322	吳　栐（朝英，清）	五・2732
吳　珍（明）	三・1240-1241	吳　珵（元玉，明）	一・481	吳　楫（明）	二・1208-1209
吳　秋（清）	三・1834	吳規臣（香輪，清）	五・3107	吳　滔（伯滔，清）	六・3480-3482
吳　彥（清）	三・1423	吳紹瓚（明）	二・1122	吳　溥（敦兮，清）	六・3266
吳彥國（長文，清）	三・1846	吳翌鳳（枚庵，清）	五・2983	吳　煊（退庵，清）	五・3117
吳述善（清）	三・1419	吳　隆（明）	二・1090-1091	吳　煥（銘山，清）	四・2099
吳建寧（明）	三・1234	吳　訥（仲言，明）	二・1015	吳　祺（以拒，清）	五・2579
吳　俶（慎修，清）	五・2754-2755	吳　偉（士英，明）	一・412-416	吳　稚（明）	二・982
吳晉錫（清）	四・2111	吳偉業（駿公，清）	三・1405-1407	吳　筠（湘碧，清）	四・2138
吳　宮（香城，清）	四・1984	吳博垕（補齋，清）	五・2817-2818	吳　節（清）	六・3629
吳　宸（清）	五・2677	吳　斌（清）	三・1621	吳　綃（素公，清）	三・1809
吳家鳳（瑞生，明）	二・1065	吳　喬（清）	五・3162	吳　雋（子重，清）	六・3335-3336
吳娟娟（明）	二・760	吳　媛（文青，清）	三・1528	吳　達（行生，清）	四・2009
吳致中（元）	一・294	吳　楷（辛生，清）	五・2930-2931	吳道玄（唐）	一・16
吳悟亭（清）	五・3021-3022	吳　棫（偉仙，清）	五・2568	吳道嚴（清）	三・1787
吳　時（清）	四・2442	吳　湘（白洋，明）	二・888	吳　猷（友如，清）	六・3492
吳時培（明）	二・791	吳　湘（若耶，清）	四・2179-2180	吳蕭雲（竹蓀，清）	四・2119
吳　振（振之，明）	二・890-892	吳　焯（啟明，明）	二・799-800	吳嘉敬（清）	六・3596-3597
吳振武（威中，清）	四・2116	吳　焯（俊生，清）	四・2446-2447	吳　榕（蓮椒，清）	五・3153
吳　晃（仙台，明）	二・1091	吳　琦（紫山，清）	五・2653-2654	吳　槐（清）	六・3646
吳　桂（廷秋，明）	二・640-641	吳　皓（仲白，明）	二・1171	吳榮光（伯榮，清）	五・3105
吳　桂（清）	五・2631-2632	吳　翔（清）	五・2755	吳　犖（牧皋，清）	六・3314
吳　桐（清）	六・3486	吳　善（清）	三・1842	吳　箕（清）	三・1827
吳　烜（清）	五・3153	吳　筏（明）	三・1219	吳　韶（明）	二・1049
吳　舫（方舟，清）	四・2001	吳　堅（清）	五・2834	吳鳳生（寄梧，清）	六・3626
吳　韋（山帶，清）	三・1817-1818	吳期遠（子遠，清）	三・1821	吳爾成（明）	三・1223
吳　窕（清）	六・3645	吳　雲（清）	三・1781	吳爾龥（清）	四・2322
吳　培（清）	五・2567	吳　雲（少甫，清）	六・3298-3299	吳　徵（明）	二・1136
吳　崑（清）	三・1867	吳　雯（清）	四・2113	吳慶雲（石僊，清）	六・3599-3601
吳從煜（清）	四・2083-2084	吳　閑（清）	四・2173	吳　履（公之坦，清）	五・2855-2856
吳　晃（清）	五・3176	吳傳清（明）	二・1161	吳穀祥（秋農，清）	六・3538-3541
吳　彬（文仲，明）	二・657-663	吳　會（明）	二・1178-1179	吳　澍（清）	六・3631
吳　涵（子茹，清）	六・3637-3638	吳　慎（清）	四・2517	吳　澐（清）	五・2898
吳淑娟（杏芬，清）	六・3583-3584	吳　照（照南，清）	五・2970-2971	吳　漻（清）	五・3068
吳淑蘭（清）	五・2799	吳　暉（秋朗，清）	五・2617	吳熙載（讓之，清）	六・3228-3230

吳　璋（漢田，清）	五・2566	吳繼善（志衍，明）	二・1170
吳　璉（冰崖，清）	四・2090	吳　瑾（瑩之，元）	一・282
吳　醇（清）	三・1840	吳　霽（竹堂，清）	五・3122
吳墨庵（明）	二・1207	吳顯麟（清）	六・3549
吳　歷（漁山，清）	三・1639-1648	吳　麟（瑞卿，明）	一・535
吳　衡（潤秋，清）	六・3532	吳　麟（明）	二・931
吳　曒（元朗，清）	四・2092	吳　麟（子瑞，清）	五・2569
吳　熹（清）	六・3642	吳觀岱（念康，清）	六・3604-3605
吳豫杰（次諒，清）	四・2171	吳　驥（清）	五・2837
吳　諤（青城，清）	四・2521	吳　鑾（明）	二・892
吳　鐏（清）	六・3286	**李**	
吳　錦（晝堂，清）	五・3117	李一白（明）	二・1034
吳　霈（清）	五・2979	李一和（明）	二・1210
吳　鼎（及之，清）	五・2971	李三畏（吉六，清）	五・2953
吳應年（清）	五・3146	李士光（明）	二・1213
吳應枚（小穎，清）	五・2705-2706	李士行（遵道，元）	一・236
吳應貞（含五，清）	四・2498	李士安（元）	一・274
吳鴻勛（子嘉，清）	六・3558	李士宏（元）	一・290
吳鴻業（希周，清）	六・3277	李士通（明）	二・709
吳　濟（清）	四・2079	李士達（仰槐，明）	二・705-709
吳　燦（清）	三・1773	李士遠（明）	二・1009
吳　璐（清）	五・3168-3169	李之洪（清）	六・3371
吳　龍（在田，清）	四・2098	李之時（清）	四・2509
吳　龍（善疆，清）	四・2124	李子光（清）	六・3649
吳瞻泰（清）	四・2139	李子長（明）	一・479-480
吳　鎮（仲圭，元）	一・231-236	李于堅（明）	二・1185
吳　騏（明）	一・488	李　山（金）	一・195
吳　麐（栗園，清）	四・2447-2448	李　山（紫琅，清）	四・2244
吳寶書（松崖，清）	六・3204-3205	李日華（君實，明）	二・791
吳　藍（清）	四・2080	李方叔（唐）	一・24
吳　藏（清）	四・2172	李方鄒（清）	六・3561
吳　鵬（展雲，清）	四・2208	李方膺（虬仲，清）	四・2486-2496
吳　騫（槎客，清）	五・3099	李文濤（清）	五・3091
吳蘇臺（明）	二・1112	李公年（宋）	一・87
吳闓思（清）	四・2211-2212	李公麟（伯時，宋）	一・73-76

李元昌（漢王，唐）	一・13
李元達（元）	一・300
李元濟（宋）	一・69
李孔修（明）	一・554
李　升（子雲，元）	一・280
李　丹（清）	三・1729
李世佐（梓園，清）	五・2594
李世則（思若，清）	五・2978
李世倬（漢章，清）	四・2414-2424
李仙根（清）	六・3480
李　平（伯時，宋）	一・111
李　平（清）	六・3285
李　永（清）	六・3647
李永年（宋）	一・149
李永年（清）	四・2082
李永昌（周生，明）	二・1137-1138
李　用（清）	六・3561
李用方（明）	一・489-490
李用雲（清）	五・3091
李仲宣（象賢，宋）	一・89
李仲略（簡之，金）	一・196
李　吉（宋）	一・69
李安忠（宋）	一・95
李　因（今生，明）	二・1143-1148
李匡濟（清）	六・3327
李光奎（明）	二・1197
李　成（咸熙，宋）	一・49-50
李如苞（子青，清）	六・3547
李　在（以政，明）	一・354-355
李存箕（明）	二・1048
李含渼（南溟，清）	四・2043-2044
李含漢（清）	四・2001
李克新（明）	三・1232
李志熊（清）	四・2510
李希臋（清）	四・2239-2240

李敬謨（息耘，清）	五・2643	李熙垣（星門，清）	五・3153	李　麟（次公，明）	二・757-759
李　椿（宋）	一・150	李熙泰（清）	六・3282	李　靄（清）	四・2323
李楨開（清）	六・3438	李　碻（宋）	一・150		
李　溶（清）	六・3633	李　賞（清）	三・1577	**八　畫**	
李溥光（玄暉，元）	一・224-225	李　蔚（明）	二・1095		
李新枝（清）	四・2044	李慕龍（葛庵，清）	五・3066-3067	**官**	
李　瑋（公炤，宋）	一・63	李震生（清）	四・2115	官　銓（清）	四・2101
李　瑛（宋）	一・108	李澤普（明）	二・1186-1187	**長**	
李瑞清（仲麟，清）	六・3614-3615	李　濂（川父，明）	一・517	長　陰（清）	五・2859
李　福（備五，清）	五・3175	李　蕃（介人，清）	四・2018	**青**	
李　葂（嘯村，清）	五・2681	李豫德（清）	五・2733	青丘道人（明）	二・1218
李慈銘（炁伯，清）	六・3625-3626	李　舉（清）	五・3094	**東**	
李　貫（雲谷，清）	三・1613-1614	李　遹（平甫，金）	一・196	東渚翁（明）	二・1215
李　猷（宋）	一・91	李　錫（清）	五・2843	**旻**	
李鳴鳳（明）	二・1192-1193	李　鋼（清）	六・3185	旻　生（清）	四・2114
李嘉福（笙漁，清）	六・3440	李　穎（箕山，清）	三・1843	**和**	
李嘉績（清）	三・1583	李應斗（清）	六・3531	和　春（清）	五・3119
李　漁（笠翁，清）	三・1422-1423	李　燦（珠園，清）	五・2942	和　柱（清）	五・3103
李　瑤（寶珠，清）	五・2809	李營道（清）	四・2098	**門**	
李翠蘭（明）	二・751	李曈曦（艾庵，清）	三・1847	門應兆（吉占，清）	五・3012
李肇亨（會嘉，明）	二・888-890	李　謙（自牧，清）	五・2618	**於**	
李　遠（明）	三・1229	李鍾衡（明）	二・1006	於子明（宋）	一・149
李遠條（清）	四・2486	李　濱等（清）	五・3606	**阿**	
李　頎（五代）	一・45	李　璿（白樓，清）	六・3258	阿加加（元）	一・295
李　魁（清）	六・3437	李　邃（清）	六・3564	阿克效布（清）	六・3545
李　儀（清）	六・3368	李癡和（明）	二・1167	阿　岑（清）	三・1580
李　德（清）	五・2748	李　轍（清）	六・3562-3563	阿爾粹（清）	四・2004
李德柔（勝之，宋）	一・84	李贊華（五代）	一・32	**招**	
李德茂（宋）	一・112	李　嚴（築夫，清）	四・2448-2449	招銘山（子庸，清）	六・3200
李　慶（得餘，清）	六・3293	李敫謨（清）	五・2643	**杭**	
李賓嘉（清）	六・3633	李　譽（永之，清）	五・3015-3016	杭士銘（清）	五・2525
李　墉（清）	六・3639	李　蘭（清）	五・3098	杭文鳳（清）	五・2647
李慧林（清）	五・2680	李　驊（白臣，清）	三・1666-1667	杭世駿（大宗，清）	四・2500-2501
李潛夫（明）	二・832	李　巒（清）	五・2533	杭應申（清）	五・2708
李　熙（清）	四・2516	李　鱓（宗揚，清）	四・2341-2366	**松**	

松　田（元）	一・299	
松　岑（清）	五・2672	
松　庵（清）	六・3566	
松穎靖（清）	六・3639	

來

來呂禧（西老，清）	四・2170
來　周（明）	二・1199
來　復（陽伯，明）	二・1025

尚

尚　友（清）	五・2920
尚　濱（清）	四・2098

易

易元吉（慶之，宋）	一・65-66
易祖栻（張有，清）	五・2717
易懷端（清）	五・2872

味

味　青（清）	六・3437-3438

卓

卓　峰（清）	三・1827
卓　琮（清）	五・3092

房

房慎庵（清）	四・2117
房　毅（清）	六・3543

法

法式善（開文，清）	五・2953
法坤厚（南峰，清）	六・3210-3211
法若真（漢儒，清）	三・1439-1442
法　樗（清）	五・3083
法　藻（清）	五・3046

祁

祁　序（宋）	一・71
祁豸佳（止祥，明）	二・1034-1039
祁李孫（清）	三・1853-1854
祁鳴雷（清）	四・2519
祁鴻孫（明）	二・1089

岳

岳　正（動方，明）	一・364
岳　岱（東伯，明）	一・553
岳　嵿（清）	四・2516
岳　禮（會嘉，清）	四・2226

居

居　中（明）	二・1197
居世綏（清）	六・3490
居　巢（楳生，清）	六・3302-3303
居　節（士貞，明）	二・586-589
居　廉（古泉，清）	六・3385-3390
居　慶（佩徵，清）	六・3400
居懋時（明）	二・652

屈

屈兆麟（清）	六・3381-3382
屈　礿（處誠，明）	一・350
屈秉筠（宛仙，清）	五・3054
屈　鼎（宋）	一・61-62

宗

宗支燕（明）	二・1209
宗　言（山響，清）	四・2040
宗　信（明）	二・603
宗　珍（明）	二・1197-1198
宗　原（清）	四・2507
宗　測（敬微，南北朝）	一・8
宗　然（清）	四・2104
宗　塤（清）	四・2005
宗　鋐（西侯，清）	五・2730

武

武元吉（清）	四・2442
武元直（善夫，金）	一・196
武　丹（衷白，清）	三・1867-1869
武　玉（清）	四・2516
武光輔（明）	二・1208
武宗元（總之，宋）	一・61

武（右欄）

武洞清（宋）	一・62-63
武　修（清）	五・2644
武進功（凌雲，清）	四・2515

季

季如泰（明）	二・1091
季　炳（暐菴，清）	三・1619-1620
季開生（天中，清）	三・1611
季寓庸（是因，明）	二・888
季應召（清）	五・2672
季　灝（清）	六・3560

明

明　兆（南北朝）	一・11
明　旭（明）	二・1099
明武宗（見朱厚照）	
明宣宗（見朱瞻基）	
明炳麟（清）	六・3283
明　福（亮臣，清）	五・3106-3107
明憲宗（見朱見深）	

其

其　堅（清）	五・2879
其　錄（明）	三・1227

秀

秀　琨（清）	六・3196

叔

叔　元（清）	五・2558
叔　平（清）	五・2933
叔　伊（明）	二・1215
叔　泰（清）	五・2768
叔　達（明）	二・1126

庚

庚　生（清）	六・3332

秉

秉　恒（清）	五・2586

直

直　翁（宋）	一・148-149

冽		邵 陵（清）	四・2105	林充徹（清）	四・2096
冽 泉（明）	二・1217	邵曾詔（袞綸，清）	五・2942	林有麟（仁甫，明）	二・1003
洪		邵逸先（古民，清）	四・2005	林 良（以善，明）	一・394-398
洪 範（清）	六・3206	邵聖藝（虞麓，清）	五・3121	林 祁（清）	六・3560
玫		邵 節（明）	二・1135	林尚古（清）	四・2512
玫 谷（清）	五・2632	邵 徵（元凝，明）	二・1005	林 昌（清）	六・3567
雨		邵 誼（思宜，明）	一・330	林長英（明）	二・1166
雨 田（明）	一・422	邵 錦（清）	四・2122-2123	林孟祥（明）	三・1226
雨 谷（清）	六・3559	邵 彌（僧彌，清）	二・1017-1024	林 俊（待用，明）	一・409-410
芥		邵 龍（雲窩，明）	二・637	林 埍（惟堅，明）	一・339
芥 舟（清）	四・2467	邵 寶（國賢，明）	一・416	林 高（清）	六・3554
芸		邵□咸（清）	四・2506	林庭珪（宋）	一・116-117
芸 香（清）	六・3221	**孟**		林海六（清）	六・3606
邱		孟九涵（清）	五・2997	林 紓（琴南，清）	六・3580
邱文播（五代）	一・37	孟子端（清）	三・1638	林 梅（明）	二・1184
邱 谷（清）	五・2672	孟 求（清）	四・2034	林 雪（明）	二・1050-1051
邱 衍（清）	六・3629	孟 津（明）	二・1206	林朝英（伯彥，清）	五・2838-2839
邱 園（嶼雪，清）	四・2050	孟 珍（玉潤，元）	一・259-260	林華皖（清）	三・1862
邱 蓀（雲漪，清）	六・3483	孟春保（清）	五・3143	林 照（清）	六・3605-3606
邱學敏（清）	五・2943	孟涵九（清）	五・3162	林 椿（宋）	一・111-112
邱 鑑（清）	五・2828	孟習甌（清）	五・2567	林 楓（清）	六・3588
邵		孟 煦（明）	二・795	林 達（明）	二・605-606
邵士開（清）	五・2955	孟毓森（玉笙，清）	六・3336	林 嘉（咸甫，清）	六・3533
邵士燮（友園，清）	五・2954-2955	孟覲乙（麗堂，清）	五・3130-3131	林 熊（公兆，清）	四・2442
邵之鯤（明）	二・1219	**林**		林 蓁（清）	四・2053
邵子潛（明）	二・1216	林 山（明）	二・1210-1211	林 廣（明）	一・357
邵 芝（清）	四・2240	林子奐（卷阿，元）	一・292	林 質（明）	二・1120
邵 泌（清）	四・2044	林之淑（清）	四・2106	林 璜（仲玉，清）	五・2633
邵承裕（清）	六・3572	林之蕃（孔碩，明）	二・1179-1180	林 霖（清）	五・3090
邵 高（彌高，明）	二・1108	林天爵（修其，清）	六・3634	林 璧（清）	四・2228
邵振先（清）	三・1560	林 丘（清）	四・2028	林瓊瑤（清）	六・3646
邵 偉（清）	五・2944	林令旭（預仲，清）	四・2229	林 覺（鈴子，清）	六・3270-3271
邵梅臣（香伯，清）	五・3133	林台衡（兆清，明）	二・1098-1099	**金**	
邵 郴（清）	三・1866	林占魁（清）	六・3433	金二英（清）	六・3549
邵逢春（清）	四・2234	林汝梅（若村，清）	六・3415	金上震（清）	四・1937

周廷策（一泉，明）	二・794	周　峻（雲峰，清）	六・3598	周　瑞（明）	二・1040
周　官（戀夫，明）	一・481	周　埏（明）	二・988-989	周聖昌（崇郎，明）	三・1229
周宗濂（明）	一・339	周時臣（丹泉，明）	二・761	周　經（清）	三・1825-1826
周　尚（清）	四・2083	周　朗（元）	一・271	周　道（履坦，清）	四・2040
周尚文（素堅，清）	五・2843-2844	周　砥（履道，元）	一・289	周道行（明）	二・801-802
周　岫（清）	六・3553	周　書（清）	六・3582-3583	周貫如（清）	六・3325
周　昉（景元，唐）	一・21-22	周　荃（靜香，清）	三・1633-1634	周　鼎（明）	二・1028
周　昉（浚明，清）	五・2730	周訓禮（清）	六・2996	周寧遠（清）	六・3221
周昌言（清）	六・3227	周　偉（清）	五・3083	周　槐（翠雲，清）	五・2904
周　杲（楚揆，清）	四・2105	周　密（公謹，元）	一・199	周榮起（研農，明）	二・1174
周　拔（清漢，清）	五・2776	周　釜（清）	六・3564	周　碩（清）	四・2171
周松泉（清）	六・3203	周　彬（致用，清）	六・3285	周　綸（龍泓，明）	二・802-803
周　枕（清）	六・3325	周淑祜（明）	二・1163	周　銓（巨衡，清）	四・2199
周秉忠（明）	二・792	周淑禧（明）	二・1163-1164	周　斆（明）	二・1203
周東卿（宋）	一・149	周　望（清）	五・3160	周夢龍（起潛，明）	二・997-998
周東瞻（明）	二・1067	周　笠（牧山，清）	五・2595-2598	周　儀（清）	五・2860
周孟琇（明）	二・1184	周野橋（清）	六・3641	周　璚（崑來，清）	四・2060-2062
周季常（宋）	一・117	周　傑（清）	四・1971	周　蓮（子愛，清）	六・3194
周季節（明）	二・1219	周　復（文生，清）	四・2008-2009	周　魯（清）	三・1577
周　典（清）	五・2858	周　皓（清）	五・2757	周　濂（蓮亭，清）	六・3198
周邵孫（明）	二・1219	周曾培（佩三，清）	五・2978	周　璘（子珉，清）	五・2768
周　邰（清）	五・2592	周　棠（召伯，清）	六・3279-3280	周　篔（青士，清）	三・1571
周　亮（清）	四・2514	周　淵（明）	一・328	周　翰（明）	二・639
周亮工（元亮，清）	三・1434	周　渙（清）	四・2099	周　蕃（自根，明）	二・1127
周　度（思玉，明）	二・1001-1002	周　琇（公瓚，明）	一・364	周　輯（清）	六・3218
周星詒（清）	六・3308	周　弼（明）	三・1234	周　穎（明）	二・1112
周　洽（載熙，清）	四・1992-1993	周裕度（公遠，明）	二・858	周　濟（保緒，清）	六・3201
周祚新（又新，明）	二・1157-1158	周　凱（仲禮，清）	六・3178-3179	周　繩（明）	二・1155
周　封（于邰，清）	五・2993	周順昌（景父，明）	二・936	周　謙（清）	六・3327
周　咸（明）	二・1040-1041	周　欽（清）	六・3641	周　龍（東陽，明）	二・1027-1028
周　眉（白公，清）	四・2083	周　閑（存伯，清）	六・3330-3331	周　鼐（公調，明）	二・1148
周　茲（清）	四・2197	周　愈（二漁，清）	六・3545	周　禮（令邑，清）	四・2510
周茂源（明）	二・1208	周　愷（長康，清）	三・1423-1424	周鎮州（清）	五・2566
周　庭（清）	六・3438	周　煒（清）	六・3282	周　鎬（子京，清）	六・3202-3203
周　容（鄮山，清）	三・1507	周　新（明）	二・1195	周　攀（清）	四・2220

染		計　僑（臣僑，清）	三・1616	姜承宗（明）	二・1149
染華吟客（清）	六・3188	**洪**		姜思周（周臣，明）	二・1056
涑		洪以南（逸雅，清）	六・3632	姜貞吉（明）	二・1016
涑　倉（明）	三・1221	洪朱祉（清）	六・3560	姜恭壽（靜宰，清）	五・2664
秋		洪金昆（清）	五・3084	姜　桂（芳垂，清）	五・2718
秋　池（清）	五・3116	洪　承（清）	六・3370	姜　浤（清）	六・3195
秋　潭（明）	三・1221	洪　寅（清）	四・2499	姜　起（清）	四・1965-1966
郎		洪　都（客玄，清）	三・1830	姜　翀（清）	四・1936
郎世寧（清）	四・2434-2440	洪　璜（清）	四・2087	姜造周（清）	四・2180
郎秉中（清）	五・2943-2944	洪　範（石農，清）	五・3147	姜　渭（清）	五・3057
郎葆辰（文臺，清）	五・3020-3021	洪　儲（清）	四・1935	姜　雲（清）	四・2012
柳		**侯**		姜　筠（穎生，清）	六・3535-3536
柳　村（清）	五・3134-3135	侯仕賢（清）	六・3214	姜葆元（石夫，清）	五・3022
柳　尚（清）	四・2093-2094	侯　正（清）	五・2636	姜　誠（清）	五・3153-3154
柳　岱（清）	四・2508	侯艮暘（石庵，清）	三・1533	姜道隱（五代）	一・35
柳　堉（公韓，清）	三・1863-1865	侯　坤（清）	五・3014	姜實節（學在，清）	四・1972-1974
柳　遇（仙期，清）	四・2216-2217	侯邦基（清）	六・3549	姜　漁（清）	五・3148-3149
柳　隱（如是，清）	三・1498	侯岐曾（明）	二・1126	姜　壽（清）	六・3326
查		侯峒曾（明）	二・1126	姜爾鵬（清）	三・1783
查士標（二瞻，清）	三・1450-1471	侯　建（清）	四・2094	姜　瑩（清）	六・3484
查　昉（日華，清）	五・2707	侯　悅（清）	四・2252	姜　璜（清）	四・2140
查非異（清）	四・2519	侯　梅（來英，清）	四・2482	姜　壎（曉泉，清）	五・3040-3041
查奕照（丙堂，清）	五・2993	侯　翌（子沖，宋）	一・58	姜　隱（周佐，明）	二・715
查為義（集堂，清）	五・2559	侯　晰（燦辰，清）	四・2170	姜　燾（福卿，清）	六・3326
查慎行（悔餘，清）	四・2003	侯雲松（觀白，清）	五・3116	姜　懷（清）	六・3271-3272
查嗣琛（德尹，清）	四・2024	侯裕基（清）	五・2644	**茅**	
查　樞（清）	五・2984	侯　遠（清）	四・2214	茅　旦（明）	二・1202
查繼佐（伊璜，明）	二・1096-1097	侯懋功（延賞，明）	二・650-652	茅玉媛（小素，明）	二・1179
香		**姜**		茅　培（厚之，明）	二・1009
香□居士（清）	六・3383	姜之璜（清）	四・1966	茅　麐（天石，清）	四・2441
計		姜文載（命車，清）	五・2649	茅　瀚（靜遠，清）	五・2713
計　芬（小隅，清）	五・3167-3168	姜　弘（清）	五・3067	茅　寵（清）	二・679
計　桂（清）	五・3071	姜廷幹（綺季，清）	三・1838-1839	**施**	
計　埰（清）	五・3215	姜　岱（仰山，清）	五・3023-3024	施于政（明）	二・1205-1206
計　盛（明）	二・1214	姜　泓（在湄，清）	三・1606-1607	施文錦（清）	五・3155

姚　剗（雪芝，明）二·1065	胡良生（清）六·3390	胡維翰（清）六·3553
姚　珩（清）六·3629	胡芑香（清）六·3314	胡德位（明）二·1183
姚　淑（仲淑，清）三·1866	胡廷暉（元）一·229	胡德增（清）五·3169
姚凱元（清）四·2081-2082	胡邦良（清）四·2027	胡　璋（鐵梅，清）六·3541-3542
姚　揆（聖符，清）四·2040	胡宗仁（彭舉，明）二·824	胡　震（鼻山，清）六·3321-3322
姚　琰（明）三·1222	胡宗信（可復，明）二·858-859	胡頷君（清）五·3097
姚　琛（清）六·3214	胡宗蘊（明）二·1220-1221	胡勳裕（成之，清）五·3117
姚　苣（明）二·1180	胡　治（清）三·1859	胡　濂（清）四·2007
姚　華（重光，清）六·3638	胡直夫（元）一·295	胡　璞（清）六·2948
姚　裕（啟寧，明）二·823	胡相端（智珠，清）六·3209	胡　蕃（熙人，清）四·2180
姚　源（澄千，清）五·2560	胡　涂（清）六·3595-3596	胡錫珪（三橋，清）六·3440-3442
姚　筠（清）六·3646	胡奕虹（觀光，清）五·2611-2612	胡　濂（清）四·2007
姚與穆（清）四·2320	胡　奐（清）四·1958	胡　璞（清）五·2948
姚嗣懋（本仁，清）五·3134	胡珀旭（明）三·1236	胡　蕃（熙人，清）四·2180
姚　綬（公綬，明）一·364-366	胡貞開（清）四·2080	胡錫珪（三橋，清）六·3440-3442
姚廣孝（明）一·330	胡若寅（清）四·2079	胡應麟（明）二·1219
姚德厚（明）一·400	胡　遠（見胡公壽）	胡　濤（耳山，清）六·3646-3647
姚　潛（明）二·1119	胡容安（清）四·2252	胡　聰（明）二·1214
姚　瑩（清）五·3176	胡　峻（清）五·2707	胡翹楚（清）五·3132
姚應龍（清）五·2761-2762	胡時驤（清）三·1773	胡　鎮（清）四·2380
姚　燮（梅柏，清）六·3276	胡　桂（月香，清）五·2994-2996	胡　瓌（五代）一·32-33
姚鍾葆（叔平，清）六·3644	胡起昆（明）二·995-996	胡　儼（若愚，明）一·331-332
姚　巖（會昌，明）二·1099	胡從先（清）六·3643	
胡	胡　章（清）三·1450	
胡九思（默軒，清）六·3233-3234	胡　湄（飛濤，清）四·2014-2015	**十　畫**
胡　大（清）三·1786-1787	胡　皋（公邁，明）二·1089-1090	
胡大中（明）二·770	胡　欽（明）二·1127-1128	**展**
胡士昆（元清，清）三·1847	胡舜臣（宋）一·97-98	展子虔（隋）一·12
胡公壽（瘦鶴，清）六·3338-3341	胡　靖（獻卿，明）二·1169-1170	**庭**
胡仙鋤（清）六·3557	胡義贊（石查，清）六·3401-3402	庭　游（清）四·2523
胡永昌（清）六·3308	胡　節（竹君，清）四·2084	**茹**
胡玉昆（元潤，明）二·1131-1132	胡鼎崧（峻峰，清）五·3007	茹之俊（清）五·3044
胡石予（清）六·3627	胡　慥（石公，清）三·1618-1619	**荔**
胡位咸（清）六·3493	胡榕若（清）四·2320	荔　崖（清）五·3134
胡宋智（明）二·1208	胡　演（明）二·997	**荀**
		荀　勖（公曾，魏晉）一·5

荊

荊　浩（浩然，五代）　一・31

晁

晁補之（无咎，宋）　一・82

晏

晏　如（清）　三・1450

晏斯盛（清）　六・3493

時

時羽白（明）　二・670-671

栗

栗橚存（清）　五・2645

桂

桂　琳（明）　二・1184

桂　馥（冬卉，清）　五・2820

桐

桐　原（清）　三・1530

桓

桓　範（元則，三國）　一・4

柴

柴文杰（清）　六・3555

柴居正（宋）　一・153

柴貞儀（如光，清）　三・1814

柴　楨（君正，元）　一・285

柴靜儀（季嫻，清）　三・1814

柴　翹（明）　二・1183

晉

晉　民（明）　二・1100

晉明帝（見司馬紹）

晉　澤（清）　四・2041

宮

宮素然（金）　一・197

家

家鳴鳳（明）　二・1065

郶

郶　璭（方壺，清）　四・1934

郝

郝明龍（清）　五・3067-3068

郝惟訥（清）　三・1822

郝　敬（仲輿，明）　二・913-914

郝　澄（長源，宋）　一・63

郊

郊心遠（清）　五・3073

郊志潮（清）　六・3204

納

納　庵（清）　六・3294

素

素　侯（清）　六・3326

素　庵（明）　三・1231-1232

素　筠（清）　六・3641

桑

桑苧翁（明）　一・331

桑　楨（清）　六・3215-3216

祚

祚　增（清）　五・3171

祖

祖率英（清）　四・2512

奚

奚　岡（純章，清）　五・2907-2919

奚　冠（清）　三・1816

奚　湘（竹橋，清）　六・3385

凌

凌　雲（清）　三・1773

涂

涂　洛（清）　四・2445

海

海　靖（清）　三・1866-1867

耿

耿宗塤（清）　三・1839

能

能　印（清）　四・2011

班

班達里沙（清）　四・2126-2127

珪

珪　觀（清）　三・1225-1226

席

席文卿（澹如，清）　五・3146

席　玉（明）　二・819

席佩蘭（韻芬，清）　五・3163

韋

韋　布（清）　六・3214

韋　偃（唐）　一・21

韋道豐（明）　三・1224

韋　鑾（唐）　一・21

浦

浦文璿（清）　五・2967

浦道宗（清）　五・3081

浦寶春（少篁，清）　六・3434

祝

祝天裕（明）　二・1190

祝允明（希哲，明）　一・416

祝世祿（明）　二・654

祝次仲（孝友，宋）　一・117

祝　昌（山嘲，清）　三・1829-1830

祝　筠（清）　六・3537

耕

耕　雲（清）　五・2715-2716

殷

殷　元（明）　二・1177

殷元良（宋）　一・155

殷自成（元素，明）　二・926

殷　宏（明）　二・620

殷　奇（清）　六・3296

殷柏齡（清）　六・3567

殷　茂（清）　四・2010

殷　焜（清）　五・2762

殷　湜（清）	五・2705	秦　鑒（清）	四・2515	夏　英（清）	四・1966
殷　善（明）	一・367	倪		夏建松（清）	四・2512
殷　瑚（清）	四・2482	倪于讓（明）	二・1135	夏　時（明）	二・1141
殷　輅（明）	二・1176	倪仁吉（心惠，清）	四・1968	夏　珪（禹玉，宋）	一・128-132
殷　雋（清）	六・3642	倪元璐（汝玉，明）	二・1029-1032	夏　偉（明）	二・654
殷樹柏（曼卿，清）	五・3069	倪　正（清）	五・3056-3057	夏　森（宋）	一・138
翁		倪　田（墨耕，清）	六・3590-3595	夏　森（茂林，清）	三・1371-1372
翁小海（清）	六・3194	倪弘鰲（明）	二・1203	夏　雯（治徵，清）	四・2009
翁　仁（清）	五・2650	倪芥孫（清）	四・2118	夏　雲（山農，清）	四・2084-2085
翁方綱（正三，清）	五・2798-2799	倪　耘（芥蓀，清）	六・3404	夏　葵（廷暉，明）	一・360
翁同龢（叔平，清）	六・3399-3400	倪　瑛（明）	二・1091-1092	夏　墫（子儀，清）	六・3293-3294
翁　芝（彩南，清）	五・3058	倪　榮（明）	二・1216-1217	夏嗣禹（清）	五・3068
翁　昇（清）	三・1578	倪　端（仲正，明）	一・356-357	夏　雷（清）	五・3131
翁松年（康飴，清）	四・1982	倪　璨（硯石鉏夫，清）	五・3041-3042	夏　榮（清）	五・3122
翁　修（清）	四・2212			夏　鼎（清）	五・2557
翁　昱（清）	五・3148	倪　瓚（元鎮，元）	一・253-259	夏　肇（丕雉，清）	五・3123-3124
翁是揆（是平，清）	五・3145-3146	倪　驤（清）	五・2680	夏　歷（清）	六・3545
翁　陵（壽如，清）	三・1608	夏		夏　霖（清）	六・3278
翁　溥（半癡，清）	六・3363	夏大貞（吉菴，清）	四・2007	夏　鑾（鳴之，清）	五・2992-2993
翁　雒（穆仲，清）	六・3192-3194	夏大復（清）	五・2653	袁	
翁學易（明）	三・1233	夏之鼎（禹庭，清）	五・3162-3163	袁文可（清）	三・1832-1833
秦		夏文鉉（清）	六・3570	袁孔彰（叔賢，明）	二・1039-1040
秦大育（清）	四・2112	夏令儀（鹿城女史清）	六・3534	袁　玄（明）	二・941
秦子卿（清）	六・3369	夏　永（明遠，元）	一・281	袁　江（文濤，清）	四・2127-2136
秦汝恒（宋）	一・153	夏　旦（清）	四・2090	袁　杓（清）	五・2953
秦炳文（硯雲，清）	六・3264-3265	夏邦楨（清）	六・3490-3491	袁　杲（顏卿，清）	六・3334
秦祖永（逸芬，清）	六・3363-3365	夏　官（圻父，清）	三・1782	袁尚統（叔明，明）	二・807-812
秦　涵（清）	三・1621	夏宗輅（清）	五・3165	袁尚維（清）	五・3099
秦舜友（心卿，明）	二・1174	夏叔文（元）	一・296	袁　枝（清）	五・2970
秦瑞熙（輯五，清）	五・2731	夏　芷（廷芳，明）	一・359-360	袁　沛（少迂，清）	六・3211-3212
秦　漢（淮夏，清）	五・2968	夏侯瞻（魏晉）	一・6	袁孟德（明）	二・1215
秦　漣（文水，清）	四・2251	夏厚重（煙林，明）	二・762	袁洵甫（清）	六・3368
秦　儀（梧園，清）	五・2887-2889	夏　昶（孟暘，明）	一・330	袁　英（清）	六・3434
秦懋德（明）	二・1122	夏　昶（仲昭，明）	一・340-343	袁挹元（清）	六・3490
秦　燁（清）	六・3297	夏洪範（清）	五・3067	袁　桐（琴材，清）	五・2931

袁　祥（清）	六・3277	唐　辰（清）	六・3210	高汝澥（清）	五・2681
袁　訓（清）	六・3383	唐　岱（毓東，清）	四・2202-2207	高克明（宋）	一・61
袁嶠丘（明）	二・1109	唐　岳（清）	四・2248-2249	高克恭（彥敬，元）	一・207-208
袁紹美（清）	五・2955-2956	唐　玫（清）	六・3643	高　岑（蔚生，清）	三・1499-1503
袁　雪（清）	三・1811	唐　茨（子晉，清）	四・1969	高　岑（善長，清）	四・1985
袁　問（審焉，明）	二・1109	唐　俊（石耕，清）	四・2307-2308	高　汾（晉原，清）	五・3023
袁　棠（湘湄，清）	五・3099	唐冠玉（清）	六・3602-3603	高　迂（清）	三・1866
袁舜裔（石生，清）	五・2651	唐　英（俊公，清）	五・2566	高廷禮（彥恢，明）	一・337-338
袁　楷（雲隱，明）	二・1000	唐郁文（清）	四・1972	高　岱（清）	四・2180
袁　源（清）	五・2582	唐庭楷（清）	五・2860	高承謨（清）	六・3567
袁　瑛（近華，清）	五・2898-2901	唐時升（明）	二・1125-1126	高　阜（康生，清）	三・1450
袁道登（道生，明）	二・1158	唐桂凝（清）	五・2857-2858	高其佩（韋之，清）	四・2182-2196
袁　鉞（震業，清）	四・2501	唐　泰（明）	二・1118	高　秉（青疇，清）	五・2826
袁　瑱（清）	五・2858	唐　素（素霞，清）	五・3097-3098	高　南（明）	二・1194-1195
袁慰祖（律躬，清）	五・2632	唐　耘（明）	二・1168	高　原（處泰，清）	五・3168
袁　模（清）	五・2871	唐　寅（伯虎，明）	一・427-443	高凌雲（清）	五・2859
袁　澄（青甫，清）	六・3332	唐　宿（宋）	一・55	高時豐（魚占，清）	六・3644
袁　樹（豆杓，清）	五・2834-2835	唐　棟（明）	二・1195	高　朗（明遠，明）	二・1173
袁　樞（伯應，明）	二・1196	唐　棣（子華，元）	一・250-251	高振南（清）	五・2997
袁　璜（明）	二・1206	唐雲高（清）	六・3278	高泰源（清）	六・3217-3218
袁　耀（昭道，清）	五・2550-2557	唐賡揚（清）	五・2618	高　邕（邕之，清）	六・3545-3546
袁鏡蓉（清）	五・3155	唐履雪（清）	四・2507	高　乾（其昌，清）	四・2311
袁麗明（明）	二・1209	唐　潔（清）	四・2179	高　棱（清）	六・3296
唐		唐　璉（汝器，清）	五・2972	高然暉（元）	一・295
唐千里（清）	五・2594-2595	唐　鴻（清）	六・3552	高　翔（鳳岡，清）	四・2428-2431
唐子晉（于光，清）	三・1606	唐龍禎（清）	四・1972	高　華（清）	六・3639-3640
唐日昌（爾熾，清）	四・1935	唐　醻（去非，清）	三・1402	高　詠（阮懷，清）	四・2039
唐　介（清）	六・3236	**高**		高　鈞（鶴浦，清）	五・2648
唐　可（明）	二・1101-1102	高士年（清）	六・3249	高　陽（秋浦，明）	二・933-934
唐宇全（清）	三・1812	高士奇（澹人，清）	四・1963	高　塞（國鼐，清）	四・2092
唐宇昭（孔明，清）	三・1377-1378	高文進（宋）	一・54	高　崈（奇峰，清）	六・3650-3652
唐　光（清）	四・2178	高　友（三益，明）	二・1097	高　械（清）	五・2928
唐志尹（聘三，明）	二・1110	高玉階（清）	五・2985	高　煃（次愚，清）	六・3325
唐志契（元生，明）	二・901-902	高名衡（明）	二・1159	高　鼎（明）	一・368
唐希雅（五代）	一・42	高汝奎（南阜，清）	五・2681	高　遇（雨吉，清）	四・1931-1932

高　鳳（宋）	一・153	馬永忠（宋）	一・146-147	馬雲程（明）	二・880
高鳳翰（西園，清）	四・2291-2307	馬守真（湘蘭，明）	二・699-702	馬　愈（抑之，明）	一・399
高　塵（清）	五・2648	馬　良（天錫，清）	五・3089	馬敬思（清）	三・1610
高劍僧（清）	六・3653	馬　定（明）	三・1235	馬　圖（瑞卿，清）	四・2233
高層雲（二鮑，清）	三・1789	馬　坦（清）	四・2253	馬　瑞（清）	六・3569
高　箎（清）	六・3216	馬　昂（雲上，清）	四・2032-2033	馬　軾（敬瞻，明）	一・360
高　蔭（嘉樹，清）	六・3508-3509	馬　昂（若軒，清）	四・2450	馬　賁（宋）	一・87
高樹程（靳玉，清）	五・2976-2977	馬　治（孝常，元）	一・292	馬　電（明）	二・783
高澤寰（清）	五・2647	馬和之（宋）	一・102-104	馬　肇（宋）	一・134
高　暹（金）	一・197	馬玫圖（清）	六・3568	馬　遠（欽山，宋）	一・118-125
高駿升（清）	四・2027	馬秉良（清）	五・3171-3172	馬　銓（清）	六・3210
高龍光（清）	五・2663	馬　芳（清）	四・1992	馬　德（清）	五・2525
高　熏（公廣，金）	一・196	馬　俊（惟秀，明）	一・424	馬　徵（明）	二・819
高　簡（澹游，清）	三・1799-1807	馬　宥（清）	四・2115	馬履泰（叔安，清）	五・2907
高懷寶（宋）	一・54-55	馬是行（清）	四・2196	馬　豫（觀我，清）	四・2176
高　藏（清）	五・2819	馬　昭（清）	四・2511	馬　賢（清）	五・2732
高　儼（望公，清）	三・1482-1484	馬思贊（清）	四・2113	馬興祖（宋）	一・106
高　麟（清）	五・2983	馬　栻（清）	五・2817	馬　衡（右襄，清）	四・2198
馬		馬負圖（伯河，清）	三・1445-1446	馬　瀚（清）	四・2314
馬一卿（明）	二・804	馬　咸（嵩洲，清）	五・2997	馬　瓊（清）	五・2861
馬人龍（清）	五・2599	馬　眉（子白，清）	三・1557-1558	馬　麟（宋）	一・132-134
馬又白（清）	五・2760	馬　茗（清）	六・3555	**孫**	
馬士英（瑤草，明）	二・1015-1016	馬家桐（景韓，清）	六・3312	孫一致（清）	四・2116
馬之駿（清）	六・3259	馬　振（岡千，清）	五・3161	孫人俊（瑤源，清）	五・2614-2615
馬六曾（清）	四・2112	馬師班（清）	五・3147	孫三錫（子寵，清）	六・3324
馬元欽（三峰，清）	五・2891	馬　荃（江香，清）	四・2119-2121	孫大癡（明）	二・1175
馬元馭（扶曦，清）	四・2140-2147	馬　崶（清）	四・2124-2125	孫文炯（清）	六・3626
馬文熙（清）	六・3544	馬　湘（明）	二・1184	孫文泰（明）	二・1193
馬文麟（清）	五・3010	馬　捷（清）	四・2083	孫日紹（明）	二・1149
馬公顯（宋）	一・106	馬　琯（清）	六・3556-3557	孫世昌（少峰，清）	五・3143
馬曰琯（嶰谷，清）	四・2434	馬　琬（元璧，元）	一・275-276	孫　石（清）	四・2140
馬世昌（宋）	一・107	馬　菖（清）	六・3545	孫弘業（明）	二・765
馬世俊（章民，清）	四・2481	馬　逸（南坪，清）	五・2612	孫兆麟（開素，明）	二・1133
馬世達（明）	三・1236	馬　達（宋）	一・117-118	孫　艾（世節，明）	一・425
馬世榮（宋）	一・106-107	馬　雲（清）	三・1529	孫伯年（清）	五・2632-2633

孫　位（唐）	一・26	孫喬立（清）	五・2858	徐元玠（清）	二・1142-1143
孫　宏（清）	五・2579	孫　棣（清）	六・3483	徐元彝（明）	二・637
孫克弘（允執，明）	二・641-647	孫　楷（清）	六・3544	徐文若（昭質，明）	二・1140
孫志皋（清）	五・2663-2664	孫　綮（清）	六・3362	徐　方（允平，清）	四・2054-2055
孫君澤（元）	一・283-284	孫　湛（明）	二・1065	徐　午（芝田，清）	五・3163
孫　林（子周，明）	二・1012-1014	孫　琰（清）	五・2943	徐世昌（宋）	一・108
孫廷振（明）	二・1217	孫　隆（從吉，明）	一・367	徐世揚（明）	二・1172-1173
孫　直（清）	六・3561	孫　逸（無逸，清）	三・1773-1774	徐必默（清）	三・1583-1584
孫　阜（書年，清）	四・2169-2170	孫雲鳳（碧梧，清）	五・3080	徐　令（清）	六・3216
孫尚易（清）	五・2668	孫　為（清）	五・2682	徐本潤（自峰，清）	四・2042
孫知微（太古，宋）	一・62	孫　瑞（清）	四・2089-2090	徐　甲（木齋，清）	五・2943
孫　坤（咨夫，清）	六・3181	孫　道（清）	六・3220	徐用錫（晉齋，清）	四・2378
孫　枝（叔達，明）	二・621-624	孫義鋆（子和，清）	六・3195-3196	徐弘澤（潤卿，明）	二・1090
孫　法（清）	六・3554	孫鳴球（紫珍，清）	六・3431	徐光範（清）	六・3219
孫　治（琴泉，清）	六・3383	孫嘉塗（清）	五・3093-3094	徐　充（子擴，明）	一・554
孫　玥（藝香，清）	六・3225	孫熊兆（明）	二・1123	徐安生（明）	二・1028
孫　芳（清）	四・2089	孫　綬（清）	三・1857	徐在柯（半山，清）	三・1529
孫　金（清）	五・2980	孫維漢（清）	六・3307	徐　良（明）	一・368
孫　亭（明）	二・1203	孫維暹（清）	五・3120	徐　邦（彥庸，清）	三・1620
孫竑禾（清）	三・1584	孫　銓（鑑堂，清）	五・3053	徐　佐（清）	五・2967
孫星術（清）	五・3073	孫　億（維鏞，清）	三・1837-1838	徐克潤（田瑛，清）	六・3338
孫汧如（阿匯，清）	三・1390	孫　璉（明）	三・1240	徐呈祥（清）	六・3184-3185
孫洪庚（清）	六・3561-3562	孫　璜（尚甫，清）	三・1578-1579	徐　言（清）	四・1987-1988
孫帥易（清）	五・3046	孫　謀（明）	二・1155	徐宗道（延之，明）	二・655
孫胤昌（清）	四・2518	孫　謙（明）	二・1175	徐　岡（九成，清）	五・2826-2827
孫原湘（子瀟，清）	五・3089-3090	孫　龍（明）	一・398-399	徐　岱（明）	二・1162
孫海波（清）	六・3220	孫　鎬（清）	五・3091	徐　昉（澹圃，清）	四・2218-2219
孫　浪（白閒，清）	四・2138	孫　鼇（清）	四・2520	徐　昇（清）	三・1612-1613
孫　祜（清）	五・2627-2629	**徐**		徐　易（象先，清）	四・2012
孫　益（清）	六・3570	徐三易（竹堂，清）	五・2898	徐　來（清）	三・1856
孫師昌（晉安，清）	五・3054	徐三庚（清）	3359	徐來琛（小村，清）	五・3164
孫　寅（虎臣，清）	五・2594	徐大珩（聲昭，清）	四・2221-2222	徐　枋（昭法，清）	三・1546-1551
孫從讜（清）	五・2586	徐士安（明）	二・1000	徐　青（清）	四・1991
孫　啟（明）	二・1214	徐天序（清）	五・3164-3165	徐秉義（清）	四・2222
孫　淇（清）	四・2444	徐元吉（清）	五・3154-3155	徐承熙（笠亭，清）	五・3175

徐　玫（采若，清）	四·2136-2137	徐景曾（清）	四·2178	徐　糠（清）	五·2633
徐　玫（清）	四·2174-2175	徐　智（明）	二·918	徐　鎬（奇峰，清）	五·2941
徐孟潛（明）	二·819	徐　揚（雲亭，清）	五·2737-2740	徐寶篆（湘雯，清）	六·3365
徐　芬（清）	五·3056	徐　渭（文長，明）	二·611-615	徐　瀛（清）	三·1863
徐雨亭（清）	四·2090	徐渭仁（文台，清）	六·3266	徐　鵬（雲程，清）	五·2799
徐昭華（伊璧，清）	四·2177	徐琴壺（清）	六·3564	徐　藻（明）	二·996
徐彥復（明）	二·1196	徐菊庵（清）	六·3607	徐　蘭（秀夫，明）	一·347
徐　柱（鋼立，清）	五·2934	徐　賁（幼文，元）	一·292-294	徐　蘭（芬若，清）	四·2250
徐　柟（清）	四·1936	徐　偮（清）	六·3560	徐體微（妙庭，清）	五·3168
徐柏齡（節庵，明）	二·1123	徐　敬（敬仲，明）	一·329	徐觀政（清）	五·2616-2617
徐洪錫（清）	六·3559-3560	徐　溶（雲滄，清）	四·2078-2079	徐觀海（清）	五·3085
徐　炤（清）	四·1969	徐　源（咸清，明）	二·1210	徐　讚（明）	二·1111
徐　恒（祝平，清）	六·3312	徐　煥（清）	六·3180		
徐　政（清）	三·1584	徐　疎（清）	四·2041	**十 一 畫**	
徐禹功（宋）	一·111	徐鳳彩（清）	四·2520	**率**	
徐家禮（美若，清）	六·3604	徐　鼎（崎東，清）	五·3123	率　翁（元）	一·298
徐晟雅（清）	四·2172	徐　榮（明）	二·1119	**屠**	
徐時顯（子揚，清）	五·2997	徐　槙（清）	六·3597	屠　倬（孟昭，清）	五·3157-3159
徐　泰（階平，明）	二·994	徐　維（鹿逸，清）	五·2871	屠　遠（清）	四·2178
徐　浩（清）	四·2514	徐　賦（清）	四·2041	屠　曒（清）	五·3052
徐　祥（小倉，清）	六·3483-3484	徐　遠（清）	六·3305	**寄**	
徐　祚（宋）	一·151	徐　韶（清）	六·3370	寄　庵（清）	六·3574
徐　甡（行來，清）	三·1810	徐廣道（古巖，宋）	一·148	寄園光（清）	四·2323
徐　素（明）	二·1143	徐　潤（清）	六·3569-3570	**勗**	
徐　釚（電發，清）	三·1818	徐　熙（五代）	一·41-42	勗　林（清）	五·3099-3100
徐　䆇（䆇臣，清）	三·1807	徐熙□（清）	五·3081	**婁**	
徐崇矩（宋）	一·54	徐　璋（瑤圃，清）	四·2483-2484	婁　堅（明）	二·1126
徐崇嗣（宋）	一·53	徐　稷（稼臣，清）	四·2138	**偉**	
徐　峽（明）	二·1191	徐　嶧（桐華，清）	五·2975-2976	偉　元（明）	二·1212
徐　堅（孝先，清）	五·2634-2636	徐曉峰（清）	六·3326	**堵**	
徐　悰（伴阮，清）	四·1988	徐　澢（清）	四·2111-2112	堵　霞（綺齋，清）	四·2252
徐　梁（清）	六·3286	徐　澤（宋）	一·155	**堅**	
徐　球（清）	五·3043	徐　霖（子仁，明）	一·423-424	堅白子（元）	一·261
徐　莐（清）	六·3201	徐懋緯（明）	二·654-655	**區**	
徐　鈇（彥常，清）	五·3055-3056	徐　燦（湘蘋，清）	四·2076	區亦軫（明）	二·900

凌禹績（明） 二·1197	梅　谿（清） 五·3100	許自宏（清） 五·2977
凌　益（清） 六·3572-3573	梅寶璐（清） 六·3579	許　舟（明） 二·664
凌培之（清） 五·3073	梅　顛（明） 二·1187	許　佑（辟鏖，清） 四·2181-2182
凌雲翰（五雲，明） 二·1137	**章**	許良標（清） 六·3380-3381
凌　瑯（子興，清） 六·3605	章　于（梓邨，清） 五·2996-2997	許宗渾（箕山，清） 五·2948
凌　畹（又蕙，清） 三·1541	章日能（清） 三·1855-1856	許　俊（明） 一·363
凌　衡（清） 四·2177	章元愷（明） 二·1140-1141	許南英（子蘊，清） 六·3613
凌　霞（子興，清） 六·3415	章台鼎（明） 二·1160	許　迪（宋） 一·90
康	章汝端（明） 二·1211	許　容（默公，清） 四·2197
康以宜（清） 五·3090	章　谷（言在，清） 三·1504-1506	許庭堅（鄰石，清） 五·2986
康　忭（清） 五·2993	章　采（子真，清） 三·1581-1582	許從龍（佐王，清） 四·2170-2171
康　辰（左璇，清） 五·3069	章　法（石渠，清） 五·2534	許　淳（初古，清） 六·3321
康里巎巎（見巎 巎）	章　美（明） 二·1066	許國柄（蒱坡，清） 五·3120
康　侯（清） 五·3132	章　原（清） 四·2211	許崇謙（明） 二·1118
康　琇（清） 3554	章勘功（服伯，清） 五·2891	許　莊（清） 六·3233
康　愷（飲和，清） 五·3059	章　參（清） 四·2233	許　期（清） 六·3369
康　濤（石舟，清） 四·2501-2503	章　疏（清） 三·1425	許　湘（衡山老人，清） 五·2677
莫	章　逸（是山，清） 五·2977-2978	許　琛（清） 五·3045
莫可儔（雲玉，清） 四·1936	章　詔（廷綸，清） 三·1528	許荫材（清） 五·2620-2621
莫是歹（明） 二·652	章　敬（清） 五·2525	許　逸（清） 五·2758
莫是龍（雲卿，明） 二·648-650	章　鈺（清） 五·2997	許　筠（綸亭，清） 六·3404
莫　奎（清） 四·2123	章葆熙（清） 六·3557	許道寧（宋） 一·64-65
莫春暉（廣元，清） 五·3131	章　憲（鑄浦居士，明） 二·820	許　遇（不棄，清） 四·2051
莫　紳（清） 四·2046	章　錦（棋谷，清） 五·2718	許維垣（清） 六·3275
莫爾森（清） 六·3552	章　聲（子鶴，清） 三·1626-1629	許維嶔（清） 四·2172
梅	**許**	許夢龍（滄溟，清） 三·1831
梅之煥（清） 四·2017	許士寅（清） 六·3315	許　儀（子韶，明） 二·1086-1087
梅之燃（明） 二·1195	許子野（清） 六·3599	許　震（元） 一·301
梅　庚（耦長，清） 三·1854-1855	許之漸（清） 四·1935	許　繕（尚文，明） 一·347
梅知白（清） 六·3549	許乃穀（玉年，清） 五·3173	許　穎（逸人，清） 四·2445
梅　翀（清） 四·2095-2096	許　文（清） 五·3170-3171	許　謙（在亭，清） 五·2776
梅　清（淵公，清） 三·1560-1568	許　友（有介，清） 三·1575	許　龍（禹門，清） 六·3608
梅　喆（明） 二·1207	許　永（南郊，清） 四·2093-2094	許　濱（谷陽，清） 五·2593
梅琢成（清） 四·2096	許　旭（清） 六·3589	許　麗（贊華，清） 五·2752
梅　與（清） 五·3083	許汝榮（清） 六·3639	許　觀（瀾伯，清） 五·2886-2887
梅　蔚（清） 四·2043		

崔			梁　擅（不塵，清）	三・1840	郭允謙（清）	六・3180
崔子忠（道母，明）		一・1045-1046	梁　燕（清）	五 3084	郭世元（明）	二・1112
崔日東（清）		五・2634	梁　瑤（昆璧，清）	五 3086	郭世隆（明）	二・1123
崔　白（子西，宋）		一・69-70	梁褒炎（清）	四・1968	郭存仁（水村，明）	二・844
崔　白（康伯，清）		六・3372	梁　濤（清）	三・1528	郭汝礪（清）	五・3008-3009
崔成名（清）		四・2508	梁　璨（清）	六・3629-3630	郭　旬（明）	二・933
崔彥輔（遵暉，元）		一・275	梁靄如（遠文，清）	六・3187	郭　忱（清）	五・3091
崔　憨（子中，宋）		一・71	梁繼善（清）	三・1665-1666	郭汾涯（明）	二・655-656
崔　瑤（筠谷，清）		五・2652	盛		郭尚先（元聞，清）	五・3173
崔　璞（明）		二・1121	盛大士（子履，清）	五 3094-3095	郭宗儀（小泉，清）	六・3596
崔繡天（明）		二・1133	盛　中（明）	二・1160	郭　岱（石君，清）	六・3310-3311
崔　錯（象九，清）		四・2503-2504	盛　丹（伯含，明）	二・1164-1165	郭忠恕（恕先，宋）	一・50-51
崔蘅湘（嶽麓，清）		五・2775-2776	盛弘景（明）	二・1122	郭　畀（天錫，元）	一・252
梁			盛　安（行之，明）	二・903	郭　虎（清）	五・3169
梁于渭（鴻飛，清）		六・3607-3608	盛　年（大有，明）	二・819	郭　城（清）	四・1971
梁小癡（清）		五・2533	盛昌年（元）	一・286	郭　思（得之，宋）	一・88
梁元柱（仲玉，明）		二・917-918	盛於斯（明）	二・1008	郭　桐（琴村，清）	六・3278
梁友石（清）		六・3624	盛　芳（明）	一・329	郭　純（文通，明）	一・337
梁令瓚（唐）		一・19	盛胤昌（茂開，明）	二・1154	郭　敏（伯達，元）	一・252
梁　亨（見梁嵩）			盛茂焌（明）	二・1093	郭敏磐（清）	六・3217
梁　孜（思伯，明）		二・639	盛茂煒（明）	二・1120	郭乾祐（五代）	一・37-38
梁禿山（宋）		一・153	盛茂穎（明）	二・1093-1094	郭景昕（清）	四・2003
梁秀石（清）		六・3270	盛茂燁（念庵，明）	二・919-925	郭朝祚（清）	五・2615
梁孟昭（夷素，明）		二・1149	盛惇大（甫山，清）	五・2965-2966	郭朝端（清）	五・2710
梁　嵩（迪叔，清）		五・2731	盛符升（明）	三・1234	郭　琦（清）	六・3223
梁　祚（清）		四・1934	盛紹先（克振，明）	二・1025	郭　瑚（清）	六・3562
梁　素（清）		四・2137-2138	盛　琳（五林，明）	二・1134	郭　詡（仁宏，明）	一・411-412
梁師閔（循德，宋）		一・88	盛　著（叔彰，明）	一・329	郭鼎京（清）	三・1839
梁　基（清）		五・2730	盛　穎（明）	二・1121	郭　端（明）	二・1173
梁啟運（文震，明）		二・704-705	盛　懋（子昭，元）	一・238-242	郭儀霄（清）	六・3236
梁清遠（明）		二・1119	盛　禮（清）	四・2506	郭　熙（宋）	一・67-69
梁　楷（宋）		一・136-138	郭		郭　適（樂郊，清）	五・3013
梁德潤（清）		五・3166	郭人麟（嘉瑞，清）	四・2103	郭　鞏（無疆，清）	四・1969-1970
梁　樞（拱之，清）		五・3151	郭之經（清）	四・2084	郭　諶（明）	一・554
梁　鋐（子遠，清）		三・1631	郭元宰（清）	三・1833	郭　麐（藻臣，清）	六・3597-3598

郭　礎（清）　三・1638	曹　代（淮月，清）　四・2199-2200	曹　璟（明）　二・1212
郭　麐（祥伯，清）　五・3055	曹　旭（清）　六・3368	曹　錡（穉雲，清）　六・3179
郭蘭慶（清）　六・3373	曹有光（子夜，清）　三・1472-1474	曹　羲（羅浮，明）　二・846-848
郭　驥（友三，清）　五・3172-3173	曹克家（清）　六・3573-3574	曹　鏷（良金，明）　一・427
陶	曹妙清（比玉，明）　一・328	曹夔音（清）　五・2708
陶方琦（子縝，清）　六・3583	曹　沂（清）　六・3181-3182	曹　灝（清）　三・1856
陶弘景（通明，南北朝）　一・9	曹廷棟（楷人，清）　五・2535	曹□雅（清）　四・2118-2119
陶　成（孟學，明）　一・402-403	曹　庚（清）　五・3084-3085	**陸**
陶　成（清）　五・2950	曹　京（清）　五・2733	陸二龍（伯驤，清）　四・2482
陶列卿（清）　五・3087-3088	曹　岳（次岳，清）　三・1728	陸士仁（文近，明）　二・815-816
陶　冶（明）　二・794	曹於道（清）　五・2827-2828	陸士琦（明）　二・1199
陶　宏（文度，清）　四・2221	曹松年（清）　四・2507	陸介祉（純瑕，清）　三・1607-1608
陶　俌（明）　三・1239	曹　泓（清）　四・2251	陸允誠（明）　三・1233
陶　泓（硯山，明）　二・1140	曹知白（貞素，元）　一・225-226	陸仲淵（元）　一・302
陶　亮（清）　六・3314-3315	曹肯穀（明）　二・1024	陸世康（清）　五・3121
陶貞元（清）　五 2856	曹　垣（星子，清）　三・1813-1814	陸平原（清）　五・2525
陶　淇（錐庵，清）　六・3313-3314	曹相文（清）　四・2506	陸守重（明）　三・1233
陶紹源（清）　六 3405	曹　振（二白，明）　二・1141-1142	陸兆榛（明）　三・1241
陶景清（清）　六・3367	曹泰然（明）　二・1109	陸西星（明）　二・818
陶　然（清）　六・3569	曹　起（清）　四・1958	陸羽漸（清）　四・2379
陶　琯（梅石，清）　六・3207-3208	曹　堂（仲升，明）　二・1116	陸　伸（清）　六・3556
陶　琳（松石，清）　六・3536	曹　湘（清）　六・3630	陸　佃（清）　五・3136
陶復初（元）　一・290	曹　琇（五章，清）　四・2446	陸克正（明）　二・1203
陶　源（西疇，清）　五・2980	曹　華（清）　六・3614	陸志煜（爾瑩，清）　三・1854
陶　鉉（菊村，元）　一・278	曹　溶（花尹，清）　三・1445	陸　沇（伯元，清）　六・3221
陶　鼎（立亭，清）　五・3057-3058	曹　溪（清）　四・2114-2115	陸　定（文祥，明）　二・1016
陶鼎鈺（清）　四・1940	曹　瑛（清）　四・1982-1983	陸　坦（周行，清）　三・1577
陶　嶯（清）　四・2096	曹　瑝（清）　三・1821-1822	陸岱毓（清）　三・1585
陶錦中（清）　五・2932	曹　鉉（清）　四・2038	陸　杲（明霞，南北朝）　一・9
陶　燾（詒孫，清）　六・3312	曹　榜（玉堂，清）　五・3116	陸松雲（清）　六 3572
陶　馥（蘭娟，清）　六・3290	曹履吉（提遂，明）　二・1004	陸　治（叔平，明）　一・535-551
陶　驤（清）　四・2379	曹　澄（清）　四・2518	陸承宗（清）　五・2858
曹	曹　潤（聽山，清）　四・2209-2210	陸季衡（元）　一・252
曹公己（五代）　一・32	曹熙志（明）　二・1166	陸　青（宋）　一・127
曹　玉（明）　二・1188	曹　銳（鍔堂，清）　五・2779-2780	陸　亮（清）　四・2451
曹仲元（五代）　一・38	曹樹德（清）　五・2680	陸　厚（元）　一・294

陸　度（清）	四・2010	陸鳴鳳（明）	二・1218	陸　驥（明）	二・1119
陸信忠（宋）	一・151-152	陸鳴謙（南村，清）	五・2727-2728	陳	
陸　俁（侶松，清）	六・3483	陸　槐（蔭庭，清）	五・3043	陳一元（清）	三・1832
陸　恢（廉夫，清）	六・3574-3579	陸　漢（清）	四・2140	陳一章（靜山，清）	五・3054
陸　泉（清）	五・2948-2949	陸漢昭（明）	二・1219	陳一得（清）	四・2512
陸　英（宗凱，清）	五・2671	陸　蒙（明）	二・1110	陳一潢（明）	三・1221
陸建伯（清）	六・3551	陸　遠（清寰，清）	三・1824	陳三謨（清）	三・1859
陸　音（清）	四・2515	陸　遠（靜致，清）	三・1631-1633	陳　士（明）	二・1034
陸　飛（起潛，清）	五・2670-2671	陸鳳陽（伯生，明）	二・1190	陳士俊（獻廷，清）	五・2722
陸　原（清）	二 1161-1162	陸儀吉（明）	二・705	陳子和（明）	二・584-585
陸　振（清）	六・3642	陸　廣（季弘，元）	一・261-262	陳于王（明）	二・1207
陸師道（子傳，清）	二・606-607	陸廣明（無果，明）	二・1191	陳于廷（宮常，清）	四・1970
陸　陞（清）	三・1583	陸　鋐（清）	五・2800	陳于來（清）	五・3083
陸　密（明）	二・1207	陸　蕅（日為，清）	四・2076-2078	陳太占（花農，清）	六・3201
陸探微（南北朝）	一・8	陸　璣（次山，清）	六・3361	陳太章（明之，明）	一・423
陸　渭（清）	五・2653	陸　翰（少徵，明）	二・1120	陳公遴（清）	四・1966
陸淡容（芳秋，清）	五・3045-3046	陸遵書（扶遠，清）	五・2807	陳公瓚（清）	三・1621
陸　鈖（鼎儀，清）	四・1970	陸　鋼（紫英，清）	六・3431	陳介夫（伯儒，明）	二・982
陸　復（明本，明）	一・487-488	陸豫順（清）	六・3630	陳　仁（明）	二・711
陸　楷（振之，清）	五・3151	陸襄鉞（清）	六・3322	陳仁秩（明）	二・1210
陸　棠（書常，清）	五・2800-2801	陸　鴻（叔遠，清）	三・1613	陳元素（古白，明）	二・978-980
陸　森（清）	六・3316	陸　鴻（儀吉，清）	四・2466-2467	陳元基（清）	六・3561
陸斯行（清）	四・1957	陸鴻漸（明）	三・1234	陳元復（西林，清）	五・2619
陸　琰（清）	四・2443	陸　燦（慕雲，清）	五・2887	陳元贇（清）	六・3371
陸　琪（清）	六・3611	陸　鏐（清）	四・2173	陳　心（清）	五・2905
陸　逵（清）	三・1861	陸　薪（山子，清）	四・2024	陳心授（道宗，清）	六・3605
陸　雲（清）	四・2516	陸謙貞（明）	二・861	陳允升（仲升，清）	六・3329-3330
陸　滔（大生，清）	三・1787	陸　曜（唐）	一・25	陳允埈（明）	二・1176
陸　源（清）	四・2517	陸　燿（朗夫，清）	五・2985-2986	陳允儒（清）	四・2109
陸　瑜（清）	四・2033	陸　鎬（清）	六・3555	陳　尹（莘野，清）	四・2228-2229
陸瑞徵（兆登，明）	二・1008	陸寶仁（清）	五・2944	陳丹衷（旻昭，明）	二・1180-1181
陸　經（明）	二・1047	陸　鵬（清）	四・2097	陳　丑（明）	三・1222
陸道淮（上游，清）	四・2321-2322	陸　蘋（清）	三・1506	陳及之（遼金）	一・195
陸　鈺（清）	五・2728	陸　嶙（清）	六・3550-3551	陳　立（雪笠，清）	五・3091
陸　鼎（子調，清）	五・2727	陸　灝（平遠，清）	三・1860	陳立善（元）	一・276-277

陳　正（清）	四・1972-1973	陳邦柱（清）	五・2647	陳　洽（清）	四・1939
陳正言（明）	二・1169	陳邦選（仲子，清）	六・3334	陳洪綬（章侯，明）	二・1069-1086
陳永价（清）	五・2677	陳宗淵（明）	一・335	陳洪綱（清）	三・2002
陳　白（明）	二・1048	陳明自（明）	二・1162-1163	陳　炤（崇光，清）	六・3372
陳　弘（清）	五・2905	陳　昌（清）	五・2677	陳　政（香山，清）	五・2642
陳弘法（清）	四・2115	陳昌言（清）	五・3107	陳　祐（君祚，清）	三・1474-1475
陳　玄（明）	三・1228	陳　昕（清）	六・3371	陳香泉（子文，明）	二・1199
陳玄藻（爾鑑，清）	二・1089	陳　坤（載安，清）	四・2036-2037	陳眉公（清）	五・3092
陳　申（蠶庵，清）	四・1955	陳　岳（甫申，清）	五・2649	陳　紀（明）	一・487
陳仲仁（元）	一・230-231	陳岳生（清）	六・3650	陳若愚（清）	六・3537
陳　字（無名，清）	三・1634-1637	陳岳樓（清）	六・3370	陳　英（文實，明）	一・401
陳　旭（明）	二・983	陳　岷（山民，清）	四・1954-1955	陳　貞（履元，元）	一・285
陳如珪（清）	六・3328	陳　卓（中立，清）	三・1789-1792	陳貞慧（明）	二・1121
陳　帆（秋浦，清）	三・1506-1507	陳直躬（宋）	一・71	陳　勉（清）	六・3227
陳汝文（花城，清）	六・3531	陳尚古（彥樸，清）	二・981-982	陳偕燦（少香，清）	六・3223
陳汝言（惟允，元）	一・284	陳居中（宋）	一・135-136	陳高彥（清）	四・2516
陳汝礪（清）	三・1226	陳　枚（殿掄，清）	五・2561-2564	陳　容（公儲，宋）	一・143-144
陳百川（清）	五・2769	陳　治（山農，清）	三・1846	陳　庭（子庭，清）	三・1620
陳有知（明）	二・825	陳　治（伯平，清）	六・3338	陳　峻（石庵，清）	五・3176
陳有寓（墨泉，明）	二・637	陳　泳（清）	四・2031	陳振案（清）	三・1729
陳式金（以和，清）	六・3196	陳季淳（明）	二・1150	陳　栝（子正，明）	二・607-609
陳光裕（清）	六・3565	陳　玫（清）	四・2041	陳　桐（石生，清）	五・2585-2586
陳亦樵（維樞，清）	六・3531-3532	陳孟原（元）	一・303	陳　桓（岱門，清）	五・2727
陳兆鳳（清）	六・3380	陳叔起（明）	一・357	陳　浩（明）	二・863
陳兆熊（清）	五・2567	陳　武（良用，清）	六・3195	陳　淜（清）	四・2016
陳　佑（惟孝，明）	二・1170	陳　表（明）	二・678	陳　砥（清）	四・2037-2038
陳　岐（友山，清）	五・2619	陳　表（清）	四・2097	陳　珩（宋）	一・144
陳克明（南叔，清）	3212	陳　芹（子野，明）	一・505-506	陳　書（清）	四・2062-2067
陳　沂（宗魯，明）	一・426-427	陳　俞（古虞，清）	四・2505	陳　訓（伊言，清）	四・2104
陳尚生（清）	六・3320	陳　衍（塞翁，明）	二・1178	陳務滋（植夫，清）	六・3266
陳　玖（清）	五・2942-2943	陳　星（日生，清）	三・1386-1387	陳　釗（清）	六・3315
陳良楚（明）	二・1000-1001	陳　思（明）	二・1099	陳率祖（怡庭，清）	五・2667-2668
陳良璧（明）	二・777	陳思樹（清）	六・3549	陳　乾（清）	六・3368
陳　孚（子實，清）	四・2027-2028	陳　柱（明）	二・830-831	陳　基（清）	五・2632
陳邦直（方大，清）	四・2447	陳　泉（糜叔，清）	六・3320	陳　培（清）	四・2522

陳崇本（清）	六・3555	陳　雲（明）	二・1156	陳夢蓮（明）	二・1098
陳崇光（若木，清）	六・3435-3436	陳　閎（唐）	一・16-17	陳夢鶴（清）	三・1522
陳　崧（壽山，清）	五・2643	陳　廉（明卿，明）	二・1057	陳夢麟（清）	六・3642
陳曼八（清）	三・1638	陳　嵩（肖生，清）	五・3077-3078	陳　遠（中復，明）	一・330
陳國治（清）	五・2887	陳　暄（清）	五・3072-3073	陳　說（明）	二・1134
陳國鍈（清）	四・2180	陳　楫（清）	五・2860	陳　銓（叔權，明）	一・335
陳掖臣（清）	三・1578	陳　煥（子文，明）	二・765-769	陳　銓（清）	五・2931-2932
陳　淳（見陳道復）		陳煊□（清）	六・3563	陳　銑（蓮汀，清）	五・3172
陳　清（明）	二・1143	陳　瑗（筠谿，清）	六・3179	陳鳳鳴（清）	五・3084
陳清波（宋）	一・146	陳　瑞（明）	一・399-400	陳　德（明）	一・423
陳清遠（渠山，清）	六・3205	陳　瑞（清）	五・3078	陳　墉（明）	二・1119
陳　珽（明）	三・1237	陳　裸（誠將，明）	二・771-776	陳　樽（仲尊，清）	六・3206
陳　敏（清）	六・3291	陳　靖（清）	五・3079	陳　媯（明）	二・1165
陳紹英（生甫，明）	二・799	陳萬里（明）	二・1220	陳　穀（齦生，清）	四・2496
陳階平（清）	六・3196	陳　粲（蘭谷，明）	二・714-715	陳　撰（楞山，清）	四・2222-2226
陳逢堯（瞻雲，清）	六・3439	陳虞胤（明）	二・1206	陳　熙（子明，明）	二・1123
陳　雪（雪人，清）	四・2084	陳　道（明）	二・996	陳　澍（明）	二・1171
陳曾則（清）	六・3565	陳道復（復甫，明）	一・490-505	陳　潤（明）	二・993
陳　惠（清）	六・3548	陳　詢（士問，明）	一・488	陳　潽（清）	四・2314-2315
陳　森（奉璋，清）	五・3117	陳詩庭（令華，清）	五・3070	陳　潮（東之，清）	六・3248
陳　湘（石渠，清）	五・2672	陳　農（耕農，清）	四・2220	陳　範（明）	二・1005
陳　焰（清）	六・3567	陳　鼎（理齋，清）	六・3182	陳　箋（明）	三・1232
陳　琳（仲美，元）	一・230	陳　豪（藍洲，清）	六・3439-3440	陳滕柱（清）	三・1852
陳　琦（清）	五・3166	陳　寧（清）	五・2669	陳　蓮（明）	二・1215
陳　彭（幼籛，清）	四・2322	陳嘉言（孔彰，明）	二・1102-1107	陳醇儒（清）	三・1863
陳　舒（原舒，清）	三・1434-1436	陳嘉樂（子顯，清）	五・2808-2809	陳　震（明）	二・1176
陳堯卿（清）	三・1621	陳嘉選（明）	二・1125	陳　勳（清）	四・2031
陳　敞（漢）	一・2	陳　槐（清然子，明）	二・823-824	陳　衡（璇玉，清）	三・1629-1630
陳登龍（秋坪，清）	五・2876	陳漢第（清）	六・3179	陳衡恪（師曾，清）	六・3635-3637
陳　善（宋）	一・107	陳端甫（明）	二・978	陳　器（清）	四・2111
陳　善（清）	四・2374	陳　禎（清）	六・3405	陳　樸（清）	三・1856
陳　逵（清）	五・3058	陳維垏（清）	三・1858	陳　樾（明）	二・611
陳逸舟（清）	六・3315	陳　緒（清）	五・3078	陳　澧（蘭甫，清）	六・3292
陳　鈞（清）	六・3180	陳　綱（嗜梅，清）	六・3311	陳　藩（清）	六3400
陳　雄（清）	六・3645	陳夢遠（明）	二・1162	陳　璜（明）	二・934-935

張志和（唐）	一・20-21	張　雨（伯雨，元）	一・231	張　珪（金）	一・197
張吾園（清）	六 3566	張雨森（作霖，清）	五・2677-2680	張　祐（天吉，明）	一・338
張克信（明）	一・339	張　衍（清）	五・2708	張　祐（清）	四・1971
張孝思（則之，清）	三・1859-1860	張　修（損之，清）	三・1810	張祥河（元卿，清）	五・3173-3174
張　灼（明）	二・1187	張　度（明）	二・1032	張師誠（清）	五・3013
張見陽（清）	四・1959	張　度（吉人，清）	六・3398	張　純（明）	二・907
張　辰（清）	三・1843-1844	張品邁（龍壁，清）	五・3087	張純修（子敏，清）	四・2211
張　芑（子揚，明）	二・1179	張　星（清）	四・2511-2512	張　素（遡璜，清）	三・1319
張廷玖（清）	四・2444	張春雷（安甫，清）	六・3214	張素卿（唐）	一・26
張廷彥（清）	五・2721	張思恭（宋）	一・150-151	張　翀（子羽，明）	二・665-670
張廷濟（順安，清）	五・3059	張思訓（元）	一・303	張　翀（東谷，清）	五・2595
張延年（清）	五・2968	張　恂（堞恭，清）	三・1481-1482	張　荃（清）	五・3085
張延甫（清）	六・3383	張　洽（月川，清）	五・2664-2667	張荔村（清）	六・3490
張　庚（浦山，清）	四・2317-2320	張　炳（清）	四・2031	張迺耆（壽民，清）	六・3186-3187
張　詔（清）	四・2116	張　珂（玉可，清）	三・1808	張訓禮（宋）	一・112
張　奇（正父，清）	三・1504	張　彥（伯美，明）	二・1002-1003	張　偉（赤臣，清）	四・2244-2246
張宜尊（少白山人，清）	五・3169	張彥輔（六一，元）	一・277	張　寅（省卿，明）	一・553
張宗蒼（默存，清）	四・2366-2374	張　胤（明）	二・1175	張　崑（秋谷，清）	五・2979
張　坦（怡度，清）	三・1425	張　紀（文止，明）	二・634-635	張　崟（寶崖，清）	五・2998-3005
張　坤（清）	五・3086	張　風（大風，明）	二・1150-1154	張崇鈞（清）	五・2619-2620
張　昉（叔昭，清）	三・1437-1438	張　茂（宋）	一・127	張培敦（硯樵，清）	五・3102
張　昀（嵎寅，清）	五・2731	張若澄（鏡壑，清）	五・2804-2807	張　啟（清）	五・2713
張　忠（原孝，明）	二・715-716	張若靄（晴嵐，清）	五・2636-2641	張啟祖（墨田，明）	二・801
張　怡（藝齋，清）	五・3122	張　貞（清）	六・3646	張國忠（清）	四・2522
張　杰（柯亭，清）	五・2614	張述渠（筠谷，清）	五・2780	張國維（清）	四・2171-2172
張　尚（清）	五・2860	張　迪（清）	五・2967	張　晞（東扶，清）	四・2108
張尚思（清）	五・2891	張　建（明）	二・1209	張　習（明）	一・410
張　扁（清）	四・2096	張　倫（清）	三・1852	張旋吉（履祥，清）	三・1528
張　季（季奇，明）	二・830	張家珍（璨子，明）	二・1179	張　深（叔淵，清）	五・3175-3176
張孟皋（學廣，清）	六・3604	張　峻（清）	四・2179	張　淮（清）	2177
張承泉（清）	六・3569	張時芳（明）	二・1160-1161	張　烺（日生，清）	四・2059-2060
張秉忠（清）	五・3121-3122	張　振（春嵐，清）	六 3361	張　敔（莒園，清）	五・2801-2803
張芳汝（元）	一・302	張振岳（清）	四・2017	張　紳（士行，元）	一・291-292
張芳寂（竹屋道人，元）	一・230	張　浚（雲行，清）	六・3296	張紹祖（篠田，清）	五・2616
張其沆（清）	六・3219	張　烈（清）	四・2239	張　翎（石樵，清）	五・2585

張　莘(秋穀,清)　五•2892-2893
張問陶(仲冶,清)　五•3034-3036
張　乾(清)　六•3486
張雪溪(清)　六•3225
張雪漁(清)　六•3556
張　傑(明)　一•517-518
張　復(復陽,明)　一•357
張　復(元春,明)　二•671-678
張　堅(墨緣居士,清)　五•3121
張堯恩(孺承,明)　二•906
張　幅(明)　二•610
張　幄(清)　五•2643
張　景(仲若,清)　五•2569
張勝溫(宋)　一•143
張敦復(明)　二•1159-1160
張敦禮(宋)　一•66
張　斌(清)　六 3550
張　喬(喬倩,明)　二•1170
張　棟(鴻勛,清)　五•2747-2748
張　涵(明)　二•655
張　渥(叔厚,元)　一•272
張　琦(玉奇,清)　二•1174
張　琪(曉村,清)　五•2644-2645
張　舒(明)　二•1089
張舜民(芸叟,宋)　一•78-79
張舜咨(師夔,元)　一•281-282
張為邦(清)　五•2719-2720
張　臯(鳴九,清)　五•3095-3096
張　裕(明)　二•1173
張　弼(明)　三•1229
張　雅(清)　六•3568
張　翕(清)　四•2523
張　苑(清)　六•3534
張登龍(清)　四•2213
張　畫(文始,清)　四•2313-2314
張　路(天馳,明)　一•418-421
張　軫(清)　五•2579
張　欽(清)　四•2114
張　鈇(明)　一•517
張雲騰(清)　六•3566-3567
張開福(質民,清)　六•3248
張　詘(明)　一•409
張　龕(清)　四•2522
張　圖(仲謀,五代)　一•32
張　愷(明)　二•1109
張　愷(樂齋,清)　五•3165-3166
張　楫(清)　五•2760-2761
張　滔(明)　二•816
張　照(得天,清)　四•2377-2378
張　煒(芝瓢,清)　四•2485-2486
張　瑋(湅南,清)　五•2645
張　瑀(金)　一•197
張瑞翔(清)　六•3432
張瑞圖(長公,明)　二•812-814
張　甄(清)　四•2228
張嗣成(太玄,元)　一•248
張　福(明)　一•331
張　經(我絲,清)　四•2173-2174
張　經(研夫,清)　五•2731-2732
張　萱(唐)　一•19-20
張　萱(孟奇,明)　二•760
張道浚(廷先,清)　四•2315
張道渥(水屋,清)　五•2927
張道澤(清)　五•3045
張　雋(清)　六•3309
張僧乙(西友,清)　五•2879
張僧繇(南北朝)　一•9-10
張齊翰(五代)　一•46
張　寧(靖之,明)　一•402
張　鳴(鶴衢,清)　四•2172
張　嘉(清)　四•2000
張　僊(無忮,明)　二•1008
張　槃(小蓬,清)　六•3305-3306
張　演(清)　五•3080-3081
張　漣(南垣,清)　三•1346
張　熊(子祥,清)　六•3260-3264
張　維(叔維,明)　二•1050
張維明(清)　五•3166
張維屏(子樹,清)　五•3152-3153
張　翥(運南,清)　三•1841
張夢奎(元)　一•301
張　遠(梅岩,元)　一•279
張　遠(子遊,清)　三•1856-1857
張　遠(超然,清)　四•2440-2441
張　遜(仲敏,元)　一•284
張爾葆(葆生,明)　二•858
張鳳翼(伯起,明)　二•1094
張　廣(秋江,明)　一•553
張慶門(清)　六•3639
張　嶒(清)　五•2781
張　德(元)　一•300
張德純(明)　二•930
張德堦(清)　五•2693
張德琪(元)　一•294
張德榮(明)　三•1241
張德輝(秋蟾,明)　一•367
張　澂(明)　二•1136
張　熙(明)　四•1938
張　穀(清)　四•2249
張　翬(文翥,明)　一•410
張　適(鶴民,清)　三•1394
張賜寧(坤一,清)　五•2882-2886
張　震(春鷺,清)　六•3226
張　衡(平子,漢)　一•2
張學曾(爾唯,明)　二•1058-1059

童　鈺（璞巖，清）　五・2711-2713	華鏡宇（題蓉，清）　四・2521	項　悰（屺雲，清）　四・2083
童　增（清）　三・1331	華　鯤（子千，清）　五・2595	項　紳（道存，清）　六・3197
童　衡（偓潭，清）　五・2947-2948	華　鼃（星槎，清）　六・3533	項聖謨（孔彰，清）　三・1331-1344
童　濂（清）　六・3642	**萊**	項維仁（果園，清）　五・3144-3145
童　錦（天孫，清）　四・1991	萊　仙（見陳珽）　三・1237	項夢魁（清）　三・1504
童冀駒（清）　五・3045	**彭**	項德裕（明）　二・1202
童　璸（清）　四・2016	彭士質（清）　四・2005	項德新（復初，明）　二・1200-1201
曾	彭玉麟（雪琴，清）　六・3317-3318	項緹章（屏山，清）　六・3359
曾士俊（明）　二・1201	彭　年（孔嘉，明）　二・586	項穆之（莘甫，清）　五・2878
曾士衡（清）　三・1816	彭　城（清）　三・1865	**湯**
曾　岳（文伯，清）　四・2218	彭起龍（清）　六・3559	湯世澍（潤之，清）　六・3401
曾　則（明）　二・1197	彭　晶（德勉，明）　一・367	湯正仲（叔雅，宋）　一・135
曾衍東（七如，清）　五・3160-3161	彭國才（清）　六・3548	湯　禾（秋穎，清）　五・2758
曾茂西（清）　六・3366-3367	彭　棨（亦堂，清）　五・2817	湯光啟（式九，清）　四・1971
曾　畬（清）　四・2523	彭舜卿（素仙，明）　二・620	湯圭年（清）　六・3177
曾統勳（波猷，清）　六・3334	彭　進（浚民，清）　五・2781	湯祖祥（充閭，清）　四・2252-2253
曾　熙（子緝，清）　六・3603	彭　暘（春谷，清）　六・3366	湯純嘏（清）　四・2179
曾熙志（明）　三・1238	彭與義（元）　一・299	湯　密（入林，清）　四・2482-2483
曾　鑑（受伯，清）　五・2642-2643	彭壽年（清）　六・3637	湯婉君（明）　二・1220
曾　鯨（波臣，明）　二・795-796	彭睿壗（公吹，清）　四・2211	湯　琦（清）　六・3187
華	彭澤源（清）　五・3122	湯貽汾（若儀，清）　五・3136-3142
華子宥（清）　六・3227-3228	彭　舉（明）　二・1155	湯祿名（樂民，清）　六・3272-3273
華沙納（清）　六・3337	彭謙豫（清）　五・2633	湯　瑒（澹如，清）　五・3098
華重光（清）　六・3554	彭鯤躍（南溟，清）　四・2026	湯嘉名（清）　六・3307
華　冠（慶吉，清）　五・2835-2836	彭　鶴（明）　二・1213	湯壽民（清）　六・3307
華　胥（羲逸，清）　四・2025-2026	**項**	湯　賓（清）　六・3328
華　浚（貞木，清）　五・2713	項元汴（子京，明）　二・625-627	湯　鋐（東笙，清）　六・3626
華　烜（清）　五・3053	項文彥（蔚如，清）　六・3581-3582	湯懋名（清）　六・3307
華祖立（元）　一・260	項玉筍（知文，清）　三・1490-1491	湯　謙（松阿，清）　五・2955
華　嵒（秋岳，清）　四・2253-2279	項　均（清）　五・2831-2832	**馮**
華期凡（清）　五・2945	項佩魚（小溪，清）　五・2931	馮大有（宋）　一・150
華　乾（清）　五・2887	項　松（清）　四・2514	馮士甄（清）　六・3482
華隱浩（清）　五・3171	項　奎（子聚，清）　三・1571-1573	馮　仙（清）　四・2513
華鍾英（清）　五・3096	項　容（唐）　一・24	馮仙湜（沚鑑，清）　三・1822-1824
華翼綸（篷秋，清）　六・3329	項御徵（明）　二・1005	馮可宗（明）　二・1171

黃元璧（崑璜，清）	六・3534	黃居寶（辭玉，五代）	一・37	黃　彪（震泉，明）	二・615
黃文立（清）	四・2118	黃尚質（子殿，明）	二・620	黃媛介（皆令，清）	三・1450
黃公望（子久，元）	一・221-224	黃昌言（明）	二・621	黃景星（明）	二・1156
黃少滇（明）	三・1239	黃　易（大易，清）	五・2893-2898	黃　棓（清）	五・2944
黃丹書（廷受，清）	五・3068	黃　松（天其，清）	四・2378-2379	黃　淼（清）	五・3083
黃　四（清）	六・3548	黃河清（清）	六・3434	黃　焯（清）	五・2728
黃四岳（清）	六・3551	黃秉義（明）	二・1211	黃　琛（清）	五・2800
黃　仍（隱齋，清）	四・1931	黃　卷（開益，清）	三・1425	黃　筌（要叔，五代）	一・35-37
黃正色（明）	二・1162	黃長吉（明）	二・1137	黃貽桂（清）	六・3557
黃白封（清）	六・3630	黃金耀（明）	二・1126	黃雲仙（清）	六・3631
黃平格（清）	五・3066	黃　俊（克明，清）	三・1580	黃　慎（躬懋，清）	四・2393-2414
黃　戊（清）	五・2955	黃　恒（清）	五・3081-3082	黃　照（煦堂，清）	五・2644
黃本復（來一，清）	五・2642	黃彥標（樹之，清）	四・2171	黃　溙（正川，清）	五・2720-2721
黃甲雲（清）	四・2117-2118	黃　柱（子立，明）	二・1141	黃　溥（清）	五・2905
黃玉柱（笏山，清）	六・3400	黃　洲（清）	五・2819-2820	黃　瑛（清）	五・2954
黃　石（彙萬，明）	二・1140	黃炳中（明）	二・910-911	黃　瑚（清）	五・3166
黃石符（圯上，明）	二・1170-1171	黃　若（若之，清）	四・2509	黃瑞圖（雲池，清）	六・3625
黃百家（清）	五・3432	黃音在（清）	五・2599	黃　經（維之，清）	四・2112
黃自修（清）	五・3088	黃　宸（景州，明）	二・777	黃萬佩（清）	五・3085
黃向堅（端木，清）	三・1407-1410	黃家瑚（清）	六・3218	黃葉初（清）	五・2809
黃　佐（明）	二・647	黃恩發（清）	五・3096	黃　裔（兩先，清）	六・3197-3198
黃　均（穀原，清）	五・3124-3129	黃　栻（清）	四・1959	黃　道（清）	六・3550
黃克晦（孔昭，明）	二・754	黃　珮（明）	二・1063	黃道周（幼元，明）	二・975
黃克晦（清）	六・3439	黃　益（明）	二・1008	黃　鈺（清）	五・2615-2616
黃　呂（次黃，清）	五・2825-2826	黃培芳（子實，清）	六・3195	黃　鉞（左田，清）	五・2935-2938
黃孝許（清）	六・3572	黃　基（端揆，清）	六・3537	黃　鉉（清）	五・2534
黃　沅（芷香，清）	五・2949	黃　梓（清）	三・1834	黃　閎（益軒，清）	五・3171
黃希穀（明）	一・367	黃　深（清）	四・1998-1999	黃　鼎（尊古，清）	四・2067-2076
黃希憲（千頃，明）	二・636	黃　涵（清）	五・2648	黃　齊（思賢，宋）	一・87
黃足民（清）	六・3274-3275	黃　章（清）	三・1393	黃　嘉（清）	五・2939-2940
黃廷桂（小泉，清）	六・3625	黃　章（清）	六・3482	黃　裳（思蔭，清）	五・2954
黃　念（清）	五・2933-2934	黃　翊（九霄，明）	一・410	黃　漪（清）	四・2518
黃宗炎（晦水，清）	三・1481	黃彩鳳（清）	五・2752	黃　衛（葵圃，清）	四・2123-2124
黃宗鼎（越士，清）	六・3625	黃　盛（清）	五・2859	黃履易（清）	五・2593
黃居寀（伯鸞，五代）	一・51-52	黃　野（清）	三・1826	黃　增（為舟，清）	五・2889-2891

鄔　曉（清）	四・2000	萬邦治（明）	二・656
詹		萬承紀（廉山，清）	五・3051
詹　和（僖和，明）	一・506-507	萬其藩（伯瀚，清）	五・2752-2753
詹景鳳（東圖，明）	二・702-704	萬祚亨（元嘉，明）	二・1116
詹　雲（清）	四・2046	萬國禎（伯文，明）	二・704
溫		萬　嵐（袖石，清）	六・3284
溫汝遂（遂之，明）	二・584	萬　象（明）	二・1194
溫忠翰（清）	六・3536	萬　壽（清）	三・1609
溫　儀（可象，清）	五・2532-2533	萬壽祺（年少，清）	三・1379-1381
溫　嶠（太真，魏晉）	一・6	**葛**	
虞		葛一橋（清）	六・3631
虞　沅（畹之，清）	四・2005-2007	葛玄芳（明）	二・1198
虞景星（東皋，清）	四・2427	葛　旭（明）	二・1091
虞堯臣（清）	三・1620	葛　苑（明）	二・1192
虞　湜（清）	六・3249	葛　尊（龍芝，清）	六・3333
虞　謙（伯益，明）	一・335	葛　敬（清）	四・1993
虞　謨（清）	五・2567	葛徵奇（無奇，明）	二・1113
虞　蟾（步青，清）	六・3204	葛　樽（芝龍，清）	六・3551
賈		葛　璠（明）	二・1171
賈士球（清）	五・3056	**鄒**	
賈　全（清）	五・2903	鄒一桂（原褒，清）	四・2323-2335
賈　洙（明）	二・1203	鄒士隨（景和，清）	四・2307
賈師古（宋）	一・107	鄒之麟（虎臣，明）	二・914-916
賈　崧（清）	六・3143	鄒元斗（少微，清）	四・2484-2485
賈　淞（右湄，清）	四・2121-2122	鄒式金（木石，明）	二・1113
賈　策（治安，元）	一・277	鄒　坤（子貞，清）	四・2222
賈　鉉（玉萬，清）	四・2173-2174	鄒　典（明）	二・1138-1139
賈漢復（清）	三・1852	鄒迪光（彥吉，明）	二・705
賈鴻儒（清）	六・3550	鄒復雷（元）	一・287
萬		鄒　翊（清）	四・2116
萬人望（明）	二・1205	鄒國豐（明）	二・993-994
萬上遴（輞岡，清）	五・2840-2843	鄒　喆（方魯，清）	三・1542-1546
萬　个（清）	四・2253	鄒　溥（清）	五・2669
萬必大（清）	四・2044-2045	鄒滿字（清）	三・1530
萬邦正（明）	二・656	鄒嘉生（明）	三・1221

鄒壽坤（子貞，清）	四・2104-2105
鄒　遠（明）	二・1220
鄒　衡（明）	一・480
鄒　禧（清）	四・2079-2080
鄒擴祖（若泉，清）	五・2932-2933
鄒　鵬（明）	二・1218
鄒顯吉（黎眉，清）	三・1817
褚	
褚廷琯（研民，清）	三・1867
褚宗道（元）	一・269
褚　章（清）	五・2906
褚　勛（叔明，明）	二・977
褚　遠（清）	四・2290
褚　璋（清）	六・3641
褚　篆（明）	二・1028-1029
褚　籌（清）	四・1937
愛	
愛新覺羅允禧（清）	五・2623-2627
愛新覺羅弘旿（清）	五・2740-2747
愛新覺羅弘曆（清）	五・2621-2623
愛新覺羅福全（見裕親王）	
愛新覺羅永恩（清）	五・2752
愛新覺羅永琦（清）	五・2950
愛新覺羅永瑆（清）	五・2950-2951
愛新覺羅永瑢（清）	五・2879-2882
愛新覺羅旻寧（清）	五・3163
愛新覺羅奕誴（清）	六・3406
愛新覺羅福臨（清）	三・1834
愛新覺羅綿奕（清）	六・3322
愛新覺羅綿愷（清）	六・3322
愛新覺羅綿億（清）	六・3322
愛新覺羅戴湉（清）	六・3609-3611
董	
董　內（清）	五・3008
董世祺（清）	六・3549-3550

楊克忠(明) 二・1092
楊　法(清) 五・2776
楊　玘(清) 五・3082
楊　良(硯齋,清) 四・2499-2500
楊　芝(清) 六・3630
楊　廷(清) 三・1860
楊邦基(德懋,金) 一・196
楊念伯(柳谷,清) 五・3166
楊　宛(宛若,明) 二・1096
楊　易(清) 六・3641
楊　昇(唐) 一・19
楊昌文(明) 二・1208
楊昌沂(清) 六 3314
楊昌緒(補凡,清) 六・3149-3150
楊　忠(清) 四・2515
楊東正(清) 六・3569
楊　枝(明) 三・1232
楊治卿(明) 二・619
楊所修(修白,明) 二・901
楊　芳(清) 四・2045
楊　亭(玄草,清) 三・1426
楊　修(德祖,三國) 一・4
楊　春(南磵,清) 五・2645
楊恢基(石樵,清) 四・2148
楊　朏(唐) 一・21
楊　朏(宋) 一・62
楊庭光(唐) 一・16
楊　振(金聲,清) 六・3634
楊　晉(子鶴,清) 四・1940-1954
楊時倬(明) 二・1206-1207
楊　桐(清) 四・2221
楊泰基(清) 四・2041
楊　豹(清) 四・2197
楊　埰(清) 五・3136
楊　堉(義山,清) 五・3099
楊得霖(雨巖,清) 六・3595
楊欲作(體之,清) 五・3154
楊　梓(清) 四・2218
楊復光(明) 二・1117
楊婕妤(宋) 一・134
楊　涵(水心,清) 四・2087
楊　溯(汝文,明) 二・1057
楊湛思(琴山,清) 五・3149
楊　補(無補,清) 三・1347
楊　鈍(也魯,清) 六・3259
楊雍建(清) 三・1858
楊　煇(元) 一・294
楊　節(居儉,明) 一・487
楊道真(明) 二・1139
楊達仙(紫髯,明) 二・1117-1118
楊　鉉(明) 二・1150
楊　微(金) 一・197
楊　寧(唐) 一・19
楊嘉植(清) 四・2315
楊　槢(清) 五・3163
楊維禎(廉夫,元) 一・251-252
楊維聰(海石,清) 三・1852
楊　遜(清) 三・1616
楊　鉩(鼎玉,清) 三・1522
楊　鳳(清) 五・2859
楊　慶(子仙,清) 五・3270
楊德贍(清) 五・2646
楊　履(清) 四・2379
楊蔭沼(清) 六・3627
楊鄉椿(清) 四・2315
楊　鋒(清) 六・3248-3249
楊震卿(明) 三・1230
楊樹聲(清) 四・1969
楊應期(明) 二・1190
楊　燦(清) 五・2620
楊　鎮(清) 五・2940
楊　濱(清) 六・3570
楊　瓊(明) 二・1034
楊　蘊(清) 四・2047
楊繼盛(明) 一・636
楊繼鵬(念沖,明) 二・1039
楊　鐸(清) 六 3247-3248
楊顯承(明) 二・1194
楊　纘(明) 一・489

十　四　畫

寧

寧　素(清) 五・3088

僧

僧　□(明) 二・1185

對

對　亭(清) 四・2314

瘦

瘦　生(清) 六・3562

碧

碧　眼(清) 五・2925
碧霞野叟(明) 二・1217

臺

臺　山(清) 六・3259

蒙

蒙而耆(清) 六・3604

閩

閩許宰(明) 三・1237

赫

赫　奕(澹士,清) 四・2375-2377
赫達資(清) 五・2722-2723

嘉

嘉　梅(明) 二・1212
嘉　賓(明) 二・1090

蔡潤石（玉卿，明）	二・1174-1175	潘雲馭（清）	三・1630	鄭東升（明）	二・802
蔡　輝（明）	二・793	潘　嵐（清）	六・3603	鄭　松（著巖，清）	五・2758
蔡　器（晴江，清）	五・2799	潘　懷（清）	三・1772-1773	鄭松泉（清）	六・3209
蔡　澤（蒼霖，清）	四・2024-2025	潘　椿（清）	四・2498-2499	鄭　炘（清）	六・3313
蔡錦泉（文泉，清）	六・3282	潘煥宙（清）	四・2009	鄭法士（隋）	一・12
蔡興祖（清）	六・3286-3287	潘達微（清）	六・3654	鄭　武（清）	六・3337
蔡　翰（清）	六・3565	潘　鳳（清）	四・2519	鄭　珍（子尹，清）	六・3281
蔡應宣（清）	六・3561	潘　澄（清）	三・1424-1425	鄭　珊（雪湖，清）	六・3292-3293
蔡　璿（明）	二・1166	潘　潤（清）	五・2769	鄭思肖（憶翁，宋）	一・154-155
蔡　簡（明）	二・848	潘遵祁（覺夫，清）	六・3313	鄭　重（千里，明）	二・998-1000
蔡　曦（明）	二・1101	潘應聘（明）	二・1176	鄭　奐（清）	四・2513
蔡□翰（清）	六・3531	潘　齡（清）	四・2097	鄭　虔（弱齋，唐）	一・18
潘		**鄭**		鄭　培（山如，清）	四・2310-2311
潘大琨（梧莊，清）	五・3096	鄭大有（明）	一・353-354	鄭　敘（秩生，清）	四・2011-2012
潘世祿（明）	二・997	鄭大觀（明）	二・1229	鄭　梁（禹楣，清）	四・2123
潘　任（明）	二・1181	鄭士芳（蘭坡，清）	五・3150-3151	鄭　淮（桐源，清）	三・1850
潘守忠（小橋，明）	二・1047	鄭山輝（元秉，明）	一・328	鄭紫城（方回，清）	五・2799
潘光旭（清）	六・3486	鄭之紘（清）	三・1575	鄭紫城（清）	五・3082
潘　圭（鎮卿，清）	六・3337	鄭元勳（超宗，明）	二・1068-1069	鄭　㟧（清）	六・3547
潘　岐（荇池，清）	六・3209	鄭文林（顛仙，明）	一・424	鄭景賢（明）	三・1233
潘志省（以魯，明）	二・664	鄭文英（明）	一・358	鄭　斌（清）	五・2932
潘　松（益堂，清）	五・2634	鄭文焯（小坡，清）	六・3596	鄭　棟（清）	四・2446
潘　林（清）	五・2944	鄭公志（清）	四・2519	鄭　維（清）	五・2615
潘是稷（南田，清）	五・2723-2725	鄭　石（明）	一・423	鄭　銓（清）	五・2532
潘　恒（清）	四・1991	鄭以寧（清）	五・3053-3054	鄭　澥（清）	四・2252
潘思牧（樵侶，清）	五・2972-2975	鄭去疾（師山後學，清）	六・3296	鄭　蕙（清）	六・3370
潘奕雋（守愚，清）	五・2852	鄭守賢（明）	二・1205	鄭　燮（克柔，清）	四・2467-2480
潘　玹（清）	五・3089	鄭伯□（清）	六・3363	鄭　禧（熙之，元）	一・285
潘恭壽（慎夫，清）	五・2863-2869	鄭　完（完德，清）	三・1620	鄭　績（紀常，清）	六・3365-3366
潘振鏞（承伯，清）	六・3580-3581	鄭孝胥（蘇戡，清）	六・3604	鄭　謨（小癡，清）	五・3162
潘　耕（稼楳，清）	六・3606-3607	鄭　村（清）	六・3557	鄭觀圖（少翊，清）	六・3308
潘崇寧（清）	四・2444	鄭延杰（春生，清）	五・2800	**蔣**	
潘　淑（清）	六・3359	鄭尚翰（清）	六・3220	蔣山卿（子雲，明）	一・517
潘　渭（清）	五・3132	鄭　岱（在東，清）	四・2510-2511	蔣文藻（明）	一・417
潘曾瑩（申甫，清）	六・3285-3286	鄭　旼（慕倩，清）	三・1402-1405	蔣予檢（矩亭，清）	六・3227

錢環中（清）	五・2558	龍　伸（明）	二・1041-1042	鍾　珆（清）	三・1631
錢　燿（霞生，清）	六・3371	**繆**		鍾　惺（伯敬，明）	二・825
錢繩武（清）	四・2016-2017	繆予真（清）	三・1841-1842	鍾　期（解伯，清）	四・2109-2110
錢　灃（南園，清）	五・2852-2854	繆　桂（清）	五・3073	鍾　琦（清）	五・2759
錢蘭坡（二湖，清）	五・3090	繆　椿（丹林，清）	五・2877-2878	鍾　學（雪舫，明）	一・402
錢　黯（清）	四・2044	繆嘉蕙（素筠，清）	六・3431	鍾　禮（欽禮，明）	一・400
錢　鑑（宏士，清）	五・2670	繆　輔（明）	一・363-364	鍾離尚濱（清）	六・3552
		繆　謨（丕文，明）	二・1177	鍾鶴齡（清）	三・1833

十 七 畫

		薛		**韓**	
彌		薛　仁（明）	二・1220	韓天壽（清）	五・3092-3093
彌　生（清）	六・3571	薛廷文（魯哉，清）	五・3081	韓　文（明）	二・1127
儲		薛　岫（明）	二・1220	韓中裕（清）	四・2442
儲大有（宋）	一・150	薛始亨（明）	二・1173	韓孔武（清）	四・2180
檀		薛明益（明）	二・993	韓　尼（明）	二・862
檀芝瑞（元）	一・298-299	薛　泓（笠人，清）	四・2221	韓　旭（荊山，明）	一・426
縵		薛雨驪（清）	五・3021	韓　虬（唐）	一・25
縵　卿（清）	四・2118	薛　宣（竹田，清）	三・1834-1836	韓　周（清）	五・3053
璩		薛　峻（清）	六・3642	韓東洋（明）	二・1218
璩之璞（君瑕，明）	二・926	薛　烜（清）	六・3277	韓秀實（明）	一・356
勵		薛　珩（清）	四・2039	韓　咸（無我，清）	五・2633-2634
勵宗萬（滋夫，清）	五・2582-2584	薛素素（潤卿，明）	二・820-821	韓若拙（宋）	一・90
霞		薛　雪（生白，清）	四・2249	韓　范（清）	四・2519
霞　樵（清）	六・3225	薛　漁（清）	五・2648	韓　晟（宋）	一・155
應		薛　銓（衡夫，清）	五・3130	韓　校（學莊，清）	五・2983
應　旭（明）	二・1218	薛　（清）	五・2534	韓　祐（宋）	一・107
應　臣（清）	四・2508	薛　稷（嗣通，唐）	一・14	韓　滉（太沖，唐）	一・22-23
應時良（清）	六・3369	薛　澂（清）	五・2768	韓　源（明）	三・1240
應　（清）	三・1859	薛　鋘（清）	六・3597	韓　幹（唐）	一・17
濮		薛　爵（清）	五・3104-3105	韓嘉謀（明）	二・1196
濮　桓（明）	一・412	薛　懷（竹君，清）	五・2726	韓榮光（祥河，清）	六・3283
濮　森（清）	六・3436	薛　疇（壽魚，清）	五・2616	韓　蓀（清）	六・3215
鴻		薛　巒（清）	六・3369	韓瑤蓀（清）	四・2441
鴻　朗（明）	三・1240	**鍾**		韓夢麟（明）	二・1049
龍		鍾子韓（清）	五・2558	韓　燦（清）	四・2321
		鍾　圻（敬和，清）	五・2934	韓　濬（清）	六・3571

韓　璧（清）	四・2516	戴　蒼（葭湄，清）	四・1939	謝宇澄（清）	六 3228
韓　曠（野株，清）	三・1826-1827	戴　遠（士弘，清）	五・2753	謝汝明（清）	一・357
韓　鑔（清）	五・3073	戴　趙（明）	二・1213	謝　成（仲美，清）	二・1156-1157
韓　鑄（冶人，清）	五・2615	戴　熙（醇士，清）	六・3236-3247	謝　舟（清）	五・2799-2800
戴		戴　嶧（唐）	一・25	謝伯誠（元）	一・289
戴大有（書年，清）	三・1845	戴　澤（明）	三・1226	謝　谷（石農，清）	四・1971
戴子來（文庶，清）	四・2086-2087	戴應宏（清）	五・2819	謝　芝（清）	六・3608
戴天瑞（西塘，清）	四・2126	戴　禮（説用，清）	五・2590-2591	謝廷逸（清）	四・2181
戴公望（貞石，清）	六・3202	戴　彝（尚古，清）	六・3198	謝宗鳳（清）	五・3024
戴本孝（務旃，清）	三・1534-1539	戴　鑑（賦軒，清）	五・3061	謝定遠（清）	四・2101
戴以恒（用伯，清）	六・3377	戴顯堂（清）	六・3205	謝定壽（清）	四・2034-2035
戴安期（清）	四・2209	戴衢亨（蓮士，清）	五・2968-2970	謝星一（明）	二・1187
戴兆登（步瀛，清）	六・3545	**蕭**		謝重燕（清）	五・2682-2683
戴克昌（醜石，清）	六・3294	蕭一芸（閣友，清）	四・1954	謝庭芝（仲和，元）	一・279
戴廷栻（清）	四・2124	蕭九成（韶亭，清）	五・2926	謝　晉（孔昭，明）	二・648
戴明説（道默，明）	二・1051-1055	蕭月潭（元）	一・303	謝　晉（雲屏，清）	五・2920
戴　音（清）	四・1986-1987	蕭　放（希逸，南北朝）	一・11	謝時中（清）	四・2510
戴思望（懷古，清）	四・1985-1986	蕭海山（明）	三・1239	謝時臣（思忠，明）	一・507-517
戴　恒（定谷，清）	五・3078	蕭　晨（靈曦，清）	四・2047-2050	謝祖德（明）	三・1236
戴　泉（宗淵，明）	一・416	蕭雲從（尺木，清）	三・1321-1329	謝　袞（明）	二・1195
戴　洪（清）	四・2504-2505	蕭　照（宋）	一・102	謝國章（雲倬，清）	四・2000-2001
戴　峻（古巖，清）	五・2534-2535	蕭　椿（清）	五・2984	謝　彬（文侯，清）	三・1372-1374
戴　晉（明）	二・1056	蕭　增（明）	三・1236	謝　彬（清）	六・3405
戴　浩（明）	一・367-368	蕭　慧（清）	五・2612	謝淞洲（滄湄，清）	五・2617
戴　梓（文開，清）	四・1993-1994	蕭蔭春（清）	六・3545	謝紹烈（承啟，明）	二・1193
戴　淳（厚夫，元）	一・248	蕭　瀜（遼金）	一・195	謝　雪（玉儂，清）	六・3547
戴　琬（宋）	一・90	**謝**		謝為憲（孝定，清）	三・1843
戴　琇（清）	四・2009	謝小蘊（清）	五・3085	謝琯樵（穎蘇，清）	六・3300-3301
戴　華（清）	三・1850	謝　山（清）	四・2082	謝　槙（養竹，清）	五・3168
戴　逵（安道，魏晉）	一・6-7	謝天游（爾方，明）	二・1001	謝靖孫（清）	四・2101-2102
戴　進（文進，明）	一・343-347	謝元傑（清）	六・3533	謝道齡（邢臺，明）	一・932-933
戴欽玉（明）	二・1165	謝文禮（清）	六・3570	謝　遂（清）	五・2938-2939
戴　嵩（唐）	一・24-25	謝公展（翥，清）	六・3648	謝維嶽（清）	四・2172-2173
戴　經（清）	四・2220	謝公桓（次圭，清）	六・3488	謝　赫（南北朝）	一・8-9
戴道亨（清）	六・3249	謝　丹（雲谷，清）	五・2799-2800	謝　蓀（天令，清）	四・2012-2013

謝 塘（清）	五・3012	歸 莊（元恭，清）	三・1443-1445	魏 湘（秀芳，清）	三・1321
謝 徵（明）	二・1186	歸 湘（溶溶，清）	四・1968	魏 節（清）	三・1238
謝 畿（清）	五・2769-2770	歸 瑎（石林，清）	四・1937	魏學濂（子一，明）	二・1177
謝 樸（（廣勤，清）	四・2239	**顏**			
謝 縉（葵丘，明）	一・348	顏 元（半聾居士，清）	六・3602	**十 九 畫**	
謝 環（庭循，清）	一・353	顏孔章（明）	二・792		
謝 齡（梅岑，清）	五・3121	顏石山（清）	六・3220	**韻**	
謝蘭生（佩士，清）	五・2987-2989	顏 庚（元）	一・301	韻 香（清）	六・3233
謝 鑑（清）	四・2507	顏 宗（學淵，明）	一・352	**鏡**	
謝鑑禮（清）	六・3284-3285	顏 岳（清）	四・2213	鏡 湖（清）	五・3093
謝觀生（退谷，清）	五・3023	顏 炳（朗如，清）	六・3433	**爛**	
		顏 胤（清）	三・1863	爛庵居士（元）	一・301
十 八 畫		顏直之（方叔，元）	一・224	**瀚**	
		顏 庵（元）	一・302	瀚雲月（清）	六・3563-3564
擴		顏 曾（清）	六・3215	**藩**	
擴 宗（清）	五・3166-3167	顏 翔（明）	二・1216	藩閥盛（清）	五・3067
覆		顏 愷（清）	五・3123	**顛**	
覆 干（清）	四・2467	顏 輝（秋月，元）	一・227-229	顛道人（見胡 大）	
薩		顏 嶧（青來，清）	四・2106-2108	**邊**	
薩都刺（天錫，元）	一・261	**瞿**		邊文進（景昭，明）	一・335-337
織		瞿應紹（陛春，清）	六・3183-3184	邊 武（伯京，元）	一・271-272
織華女史（清）	六 3583	瞿 麐（翠巖，清）	五・2827	邊楚善（明）	一・339
鎦		瞿 鏡（清）	四・2037	邊壽民（頤公，清）	五・2570-2578
鎦 爵（明）	二・1220	**魏**		邊 魯（至愚，元）	一・282
關		魏丁青（清）	五・3046	邊 鸞（唐）	一・23
關上恒（清）	四・2080	魏士傑（清）	四・2119	**關**	
關 嵐（文山，清）	五・2979-2980	魏子良（清）	四・2208-2209	關 仝（五代）	一・31
廖		魏之克（見魏 克）		關世運（明）	三・1239
廖 翁（清）	六・3631	魏之璜（考叔，明）	二・796-799	關 思（九思，明）	二・779-783
豐		魏伯年（清）	五・3098	關 乾（清）	五・3171
豐興祖（宋）	一・147	魏 克（叔和，明）	二・904-906	關裕度（明）	二・793
歸		魏居敬（明）	二・861	關 槐（晉卿，清）	五・2945-2947
歸有光（明）	三・1238	魏時敏（明）	二・1110	關繼維（清）	四・2447
歸昌世（休文，明）	二・828-830	魏 匏（浮尊，清）	五・2650-2651	**譚**	
歸 昭（清）	四・2520	魏野堂（清）	六・3121	譚山古（明）	三・1241-1242

蘇　邈（明）　　　　　二・1198	釋・石　濂（清）　　　　三・1639	釋・海　崙（清）　　　　五・3163
蘇　誼（仲瞻，清）三・1820-1821	釋・本　光（子宋，清）四・1997-1998	釋・祖　璇（明）　　二・1204-1205
蘇　霖（遺民，明）　　　二・1178	釋・本　誠（元）　　　　　一・290	釋・真　然（清）　　六・3318-3319
蘇　濟（明）　　　　　　二・1134	釋・巨　然（五代）　　一・43-45	釋・真　慧（宋）　　　　　一・83
蘇　濬（清）　　　　　六・3217	釋・可　瑞（明）　　二・1049-1050	釋・寄　塵（衡麓，清）　五・3022
蘇騰蛟（清）　　　　　六・3595	釋・弘　仁（六奇，清）三・1411-1419	釋・梵　隆（茂宗，宋）一・105-106
蘇　鶴（清）　　　　　五・2831	釋・弘　智（清）　　三・1421-1422	釋・晦　逸（清）　　　　四・1987
釋	釋・仲　仁（花光，宋）　一・83-84	釋・常　瑩（見李肇亨）
釋・一　智（廩峰，清）四・2442-2443	釋・自　扃（道開，清）　　三・1534	釋・清　永（清）　　四・2312-2313
釋・一　菴（元）　　　　　一・290	釋・自　渡（清）　　　　四・2312	釋・深　度（清）　　　　三・1542
釋・七　處（見朱睿瞀）三・1523-1525	釋・光　鷲（跡刪，清）　四・2109	釋・紹　達（清）　　三・1839-1840
釋・八　大（人屋，清）三・1585-1606	釋・因陀羅（元）　　一・296-297	釋・通　明（清）　　　　五・2682
釋・了　明（明）　　　　二・1117	釋・西　崖（清）　　　　五・2646	釋・通　微（恒徹，清）　四・2217
釋・大　汕（清）　　　　四・2028	釋・成　衡（湘南，清）　四・2498	釋・雪　庵（見李溥光）
釋・大　振（清）　　四・2039-2040	釋・成　鷲（清）　　　　六・3611	釋・雪　庵（清）　　六・3606-3607
釋・大　雲（清）　　　　三・1866	釋・竹　禪（清）　　　　六・3359	釋・雪　舟（靜生，清）六・3533-3534
釋・大　鵬（東堂，清）　四・2524	釋・寂　住（明）　　二・792-793	釋・雪　笠（清）　　　　四・2112
釋・上　復（明）　　二・1111-1112	釋・志　中（明）　　　　二・1006	釋・雪　蕉（中炳，清）　四・2218
釋・上　睿（尋游，清）三・1795-1799	釋・戒　淨（宋）　　　　　一・91	釋・雪　莊（清）　　　　四・2139
釋・上　震（清）　　三・1393-1394	釋・宗　欽（清）　　　　五・2731	釋・貫　休（德隱，五代）一・33-35
釋・子　瑩（明）　　　　二・751	釋・宗　瑩（元）　　　　　一・302	釋・復　原（明）　　　　三・1238
釋・天　如（片玉，元）一・299-300	釋・居　簡（北磵，宋）　　一・155	釋・惠　崇（宋）　　　一・56-57
釋・今　盌（清）　　　　三・1576	釋・明　中（大恒，清）五・2659-2661	釋・普　明（元）　　　一・262-263
釋・心　越（拙多，清）三・1827-1829	釋・明　儉（智勤，清）六・3304-3305	釋・普　荷（擔當，清）　三・1320
釋・方　厓（元）　　　　　一・279	釋・明　徹（觀性，清）五・3129-3130	釋・普　澤（曇潤，清）　四・2035
釋・木　麞（明）　　　　二・1041	釋・性　合（明）　　　　　二・848	釋・無　準（宋）　　　　　一・148
釋・幻　庵（清）　　　　四・2090	釋・性　能（清）　　　　五・3166	釋・虛　谷（虛白，清）六・3341-3353
釋・幻住永中（元）　　　　一・299	釋・性　淨（明）　　　　二・1160	釋・智　融（邢沚，宋）　　一・99
釋・止　中（香雪，清）　三・1541	釋・智　果（唐）　　　　　一・12	釋・逸　然（志融，明）　二・863
釋・月　舟（元）　　　　　一・302	釋・法　常（宋）　　　一・138-142	釋・超　揆（輪庵，清）四・2094-2095
釋・正　悟（元）　　　　　一・302	釋・法　禎（雪碉，元）　　一・263	釋・超　澂（清）　　　　五・2761
釋・世　塵（白峰，清）　三・1615	釋・知　空（清）　　　　四・1967	釋・傳　悟（清）　　　　四・2483
釋・白　丁（過峰，清）　四・2181	釋・門無關（元）　　　　　一・297	釋・微　密（明）　　　　　二・819
釋・白漢瀓（明）　　　　二・1204	釋・若　芬（仲石，元）一・142-143	釋・溫日觀（子溫，元）一・220-221
釋・只　得（清）　　　　五・2705	釋・高　泉（清）　　　　三・1833	釋・溥　圓（大方，元）　一・225
釋・石　莊（石頭和尚，清）五・2559-2560	釋・栢子庭（元）　　　　　一・269	釋・達　受（亦舟，清）　六・3197

顧　琳（清） 六・3216	顧　璸（蘭谷，清） 五・3094	龔　寬（漢） 一・2
顧琦玉（清） 六・3382	顧　蕙（畹芳，清） 六・3183	龔　植（樵生，清） 六・3546-3547
顧善有（明） 二・1167	顧應泰（雲鶴，清） 五・3133-3134	龔　遠（明） 二・1008
顧　翔（清） 五・2977	顧鴻逵（清） 六・3611	龔　顯（明） 二・928
顧　進（彥湘，清） 四・2108	顧　融（清） 四・2082	顯
顧　超（子超，清） 六・3556	顧　譔（清） 五・3068	顯完子（清） 六・3548
顧　達（清） 六・3384	顧　懷（明） 二・1213	
顧尊燾（向臨，清） 三・1842	顧　驥（清） 三・1817	**二 十 四 畫**
顧閎中（五代） 一・41	顧　鶴（清） 五・3009	
顧　廉（又簡，清） 五・2945	顧鶴慶（子餘，清） 五・3046-3049	巑
顧　愷（方樂，清） 五・2568-2569	顧　驄（雲車，明） 二・977-978	巑　巑（子山，元） 一・250
顧愷之（長康，魏晉） 一・6	顧懿德（原之，明） 二・931-932	靈
顧　楠（清） 五・2761	顧麟士（鶴逸，清） 六・3612-3613	靈　熊（清） 六・3558
顧　源（清甫，明） 二・930		
顧　瑛（仲瑛，元） 一・269	**二 十 二 畫**	**□　　畫**
顧　瑛（玉山道人，明） 二・983		
顧　雋（栖梅，清） 六・3224-3225	酈	□大海（清） 六・3567
顧鼎銓（逢伯，清） 四・2103-2104	酈　馥（薌谷，清） 六・3606	□元昭（清） 六・3647
顧　寧（東一，清） 五・2755-2756	讀	□文瑞（清） 三・1808
顧壽潛（明） 二・1218	讀　體（明） 三・1222	□文輝（明） 二・1195
顧　漣（清） 四・2180-2181		□沚度（清） 六・3490
顧　菼（吳羹，清） 五・3145	**二 十 三 畫**	□良材（清） 六・3595
顧　銘（仲書，清） 四・1955		□松坡（清） 六・3218
顧　銓（載衡，清） 五・2925	龔	□省曾（清） 六・3626
顧　韶（螺峰，清） 六・3270	龔有暉（旭齋，清） 五・3149	□若水（清） 六・3647
顧慶恩（世卿，明） 二・879-880	龔有融（晴皐，清） 五・2968	□　兼（明） 二・1185
顧德輝（見元顧瑛）	龔　柱（清） 四・2100	□　琬（宋） 一・91
顧德謙（五代） 一・41	龔　玻（清） 五・2777	□　棟（明） 二・1185
顧　潞（清） 六・3369	龔　振（又圉，清） 四・2098	□葉淇（清） 三・1533
顧　澐（若波，清） 六・3417-3421	龔　海（岳庵，清） 六・3581	□　猷（清） 四・2123
顧　潤（清） 六・3547	龔　賢（半千，清） 三・1507-1521	□嘉祐（清） 六・3555
顧　震（大震，清） 五・2860	龔培雍（清） 四・2112-2113	□夢生（清） 六・3614
顧魯望（清） 六・3531	龔　梁（清） 五・2861	□　璟（清） 五・2581-2582
顧凝遠（青霞，明） 二・1024-1025	龔　開（聖予，宋） 一・153-154	□薇亭（清） 六・3555-3556
顧　樵（樵水，清） 三・1446-1447	龔　達（和之，清） 四・2177-2178	□蘊高（明） 二・1168-1169
顧熾昌（清） 五・2718	龔鼎孳（孝升，清） 三・1471	□　澧（明） 二・1143

人 名 索 引 檢 目 表

一畫	3721	介	3722	丘	3727	戌	3729	巫	3732	祁	3741
一	3721	及	3722	田	3727	伍	3729	孝	3732	岳	3741
二畫	3721	元	3722	石	3727-8	匡	3729	即	3732	居	3741
二	3721	斗	3722	史	3728	多	3729	初	3732	屈	3741
九	3721	友	372	布	3728	有	3729	杜	3732	宗	3741
刁	3721	亢	3722	北	3728	后	3729	呂	3732-33	武	3741
卜	3721	仇	3722	他	3728	全	3729	宋	3733	季	3741
丁	3721	尤	3722	仍	3728	任	3729	何	3733	明	3741
三畫	3721	卞	3722	尼	3728	江	3729	沈	3733-35	其	3741
三	3721	尹	3722	用	3728	宇	3729	汪	3735-36	秀	3741
小	3721	毛	3722	**六畫**	3728	朱	3729-31	吳	3736-38	叔	3741
干	3721	孔	3722-3	汝	3728	**七畫**	3731	李	3738-40	庚	3741
山	3721	勾	3723	行	3728	克	3731	**八畫**	3740	秉	3741
子	3721	方	3723	先	3728	廷	3731	官	3740	直	3741
千	3721	文	3723	光	3728	佛	3731	長	3740	冽	3741
女	3721	王	3723-7	仰	3728	志	3731	青	3740	洪	3741
大	3721	**五畫**	3727	因	3728	希	3731	東	3740	玫	3741
之	3721	世	3727	朴	3728	貝	3731	旻	3740	雨	3741
上	3721	半	3727	西	3728	岑	3731	和	3740	芥	3741
士	3721	可	3727	印	3728	伯	3731	門	3740	屈	3741
于	3721-2	玉	3727	向	3728	完	3731	於	3740	宗	3741
四畫	3722	古	3727	年	3728	谷	3731	阿	3740	武	3741
五	3722	巨	3727	如	3728	改	3731	招	3740	季	3741
六	3722	弘	3727	竹	3728	佟	3732	杭	3740	明	3741
月	3722	永	3727	牟	3728	冷	3732	松	3740-41	其	3741
心	3722	玄	3727	老	3728	余	3732	來	3741	秀	3741
木	2	甘	3727	米	3728	車	3732	尚	3741	叔	3741
水	3722	申	3727	安	3728	沙	3732	易	3741	庚	3741
井	3722	司	3727	艾	3728	辛	3732	味	3741	秉	3741
牛	3722	左	3727	伊	3728-9	邢	3732	卓	3741	直	3741
巴	3722	白	3727	仲	3729	阮	3732	房	3741	冽	3742
今	3722	包	3727	成	3729	余	3732	法	3741	洪	3742

人 名 索 引 檢 目 表

3789-3791

國家圖書館出版品預行編目資料

```
┌─────────────────────────────────────────────┐
│ 中國歷代畫家存世作品總覽 / 佘城編著. -- 初    │
│   版. -- 臺北市：文史哲，民 106.07            │
│     冊： 公分                                 │
│   ISBN 978-986-314-374-1（全套，精裝）        │
│                                               │
│                                               │
│   1.書畫 2.目錄 3.中國                         │
│                                               │
│   941.021                        106011255    │
└─────────────────────────────────────────────┘
```

中國歷代畫家存世作品總覽

編 著 者：佘　　　　　城
出 版 者：文 史 哲 出 版 社
　　　　　http://www.lapen.com.tw
　　　　　e-mail：lapen@ms74.hinet.net
登記證字號：行政院新聞局版臺業字五三三七號
發 行 人：彭　　　正　　　雄
發 行 所：文 史 哲 出 版 社
印 刷 者：文 史 哲 出 版 社
　　　　　臺北市羅斯福路一段七十二巷四號
　　　　　郵政劃撥帳號：一六一八〇一七五
　　　　　電話886-2-2351-1028・傳真886-2-2396-5656

精裝六冊定價新臺幣 12,000 元

二〇一七年（民一〇六）七月初版

ISBN 978-986-314-374-1　　　92020